刑事訴訟の諸問題

石井一正

判例タイムズ社

はしがき

　本書は，私が裁判官在官当時及び退官後に執筆した論稿のうち，主要なものをとりまとめた論文集である。最も古い論稿は，昭和46（1971）年に発表したもので（第13章），私がまだ判事補のころに執筆したものである。逆に，最も新しいもの（第11章）は，退官後に奉職した関西大学法科大学院教授をこれまた定年退職した後の平成25（2013）年に発表しているから，およそ，40年以上にわたる期間の論稿ということになる。

　裁判官在官当時の論稿は，いずれもかなり前に執筆したものであるから，そのテーマに関連して今の時点で付け加えて述べてみたいというものもあり，あるいはまた，引用している判例・学説もその当時収集したものに限られているからその後の主要な判例・学説を付け加える必要を感じるものもあった。退官後に執筆した論稿でも同様のものがある。そこで，本書を刊行するに当たって，旧論稿には加筆等をせず（誤字・脱字の訂正のほか文献表示の統一はしている），これに代わるものとして，いくつかの追加論文を執筆し，あるいはまた，旧論稿の末尾に「追記」として，その後の判例・学説を挙げて，これらの動向を紹介した。

　追加した論文は，第3章「わが国刑事司法に対する評価の変遷――来し方を振り返って」，第10章「続・過失犯における訴因変更」，第15章「証拠開示判例の展開」，第26章「続・刑事事実認定を考える」及び第29章「刑事控訴審の片面的構成について」の5篇であるが，比較的最近に発表した2篇（第2章「わが国刑事司法の改革とその変容」及び第11章「訴因変更の要否に関する最高裁判例の新基準について――過失犯におけるそれを中心に」）も，執筆の意図は，追加論文と同じである。ちなみに，追加論文のうち，第15章及び第29章は，同じテーマについて既に私の著書（『刑事実務証拠法〔第5版〕』〔判例タイムズ社，2011〕及び『刑事控訴審の理論と実務』〔判例タイムズ社，2010〕）に記述している部分を新しい判例を取り入れるなどして補正したものである。

　旧論稿の末尾にその後の学説・判例等を追記したものは，第5章，第7章，

はしがき

第8章, 第16章ないし第18章, 第20章ないし第22章及び第30章の10篇である。

いずれの論稿も, ときどきの関心や必要から取り上げたテーマを, 実務家の視点から考察したものであって, 統一された問題意識から体系的に考察したというようなものではない。しかし, こうして並べてみると, 結果的には, わが国の刑事司法全般にわたるものから, 捜査─公訴・訴因─公判─証拠─事実認定─控訴審と一応刑事訴訟のほぼ全域にわたった論稿になっていることに気付く。

私の諸論稿に共通しているものがあるとすれば, 執筆の意図が, 刑事訴訟の実務において生起する重要なテーマについて一実務家の見解を公にし, その問題について更に議論を巻き起こすとともに, 実務の法解釈・運用になんらかの裨益をしたいということにあったという点であろう。実務家の論稿は, 研究者のそれのようにその人が一生をかけて体系的な理論を構築するというものではなく, 各人が研究・考察したところを述べ合って, それらの蓄積の上に実務がより良い方向に進んでいくことを目指すものではないか, というのが私の変わらぬ考えであった。

執筆の時期が, 前に述べたように, 判事補時代から退官後までちらばっており, 取り上げたテーマは当時の職務や関心に照応しているのは, 今となっては感慨深く, 私にとっては, 懐かしい。

職務との関係で言えば, 交通事件に関するものが比較的多いのは, 私が大阪地裁の刑事交通部（現在はない）に在席していた期間が比較的長かったことによるものであるし, 昭和63 (1988) 年4月から裁判官退官時の平成14 (2002) 年6月までに執筆した論稿が数少ないのは, この間高裁の陪席裁判官として多忙であったことやその後は, 所長・長官として司法行政に専念し裁判事務から遠ざかっていた期間が長かったからである。

長い裁判官時代の実務や刑事訴訟法の研究を振り返ってみると, 私自身のわが国の刑事司法に対する見方もまた年代に応じて変遷しており, それが少しは, 各論稿に反映しているかも知れない。このあたりは, 上記の「わが国刑事司法に対する評価の変遷──来し方を振り返って」（第3章）で述べているが,

一実務家の半生記としてお読み頂き，機会があれば読者の感想や批判を承る機会があれば幸いである。

　私は，今年の6月で喜寿を迎える。昭和38年裁判官に任官しているから法曹としても既に50年を超えた。現在でも，特別顧問教授として関西大学法科大学院と多少のかかわりを持っているが，もはや研究者としても法曹としても，引退に近い時期に差しかかっている。前掲『刑事控訴審の理論と実務』の「はしがき」において，私は，「私の法律家としての『定年』もそんなに先ではない」と書いたが，今回はいよいよその時期が目前に迫ったという感が強い。

　喜寿という大きな節目を祝って論文集を発刊することができたことは，私にとってはこの上もない喜びである。本書の出版にご尽力頂いた判例タイムズ社の浦野哲哉社長，編集部の遠藤智良氏に対し，ここに記して深い感謝の意を表したい。思えば，私と判例タイムズ社とのお付き合いも半世紀に近い。また，両氏との交流も相当長く，変わらぬご厚誼とご協力を頂いている。重ねて，御礼を申し上げたい。

　　　　　　　　　　　　　　　　　　　　　　　平成26年4月
　　　　　　　　　　　　　　　　　　　　　　　石井　一正

主要文献略称

〔判例集〕
一審刑集　第一審刑事裁判例集
下刑　下級裁判所刑事裁判例集
下民　下級裁判所民事裁判例集
刑月　刑事裁判月報
刑集　最高裁判所刑事判例集
刑集　大審院刑事判例集
刑録　大審院刑事判決録
高刑　高等裁判所刑事判例集
高民　高等裁判所民事判例集
裁時　裁判所時報
裁特　高等裁判所刑事裁判特報
裁判集刑　最高裁判所裁判集(刑事)
裁判集民　最高裁判所裁判集(民事)
新聞　法律新聞
東高時報　東京高等裁判所判決時報(刑事)
判特　高等裁判所刑事判決特報

〔雑誌等〕
警研　警察研究
刑資　刑事裁判資料
刑弁　季刊刑事弁護
刑法　刑法雑誌
警論　警察学論集
現刑　現代刑事法
最判解説(刑)　最高裁判所判例解説刑事編
司研　司法研修所論集
自正　自由と正義
重判解　重要判例解説(ジュリスト臨時増刊)
ジュリ　ジュリスト
曹時　法曹時報
判タ　判例タイムズ
判時　判例時報
ひろば　法律のひろば
法教　法学教室
法時　法律時報
法セ　法学セミナー

初出一覧

第Ⅰ部　刑事司法全般
第1章　わが国刑事司法の特色とその功罪（司研79号，1987-Ⅰ）
第2章　わが国刑事司法の改革とその変容（判タ1365号，2012年4月15日）
第3章　わが国刑事司法に対する評価の変遷——来し方を振り返って（書下し）

第Ⅱ部　捜　査
第4章　違法の承継について（『鈴木茂嗣先生古稀祝賀論文集(下)』〔成文堂，2007年〕）
第5章　公訴提起後の捜索差押（判タ631号，1987年6月1日。のちに『刑事公判の諸問題』〔判例タイムズ社，1989年〕所収）
第6章　押収物の保管（『捜査法大系Ⅲ』〔日本評論社，1972年〕）

第Ⅲ部　公訴・訴因
第7章　一罪の一部起訴（判タ274号，1972年5月。のちに『刑事法演習(1)』〔判例タイムズ社，1974年〕所収）
第8章　包括一罪と訴訟条件（判タ282号，1972年12月。のちに『刑事法演習(1)』〔判例タイムズ社，1974年〕所収）
第9章　過失犯における訴因変更——判例の総合的研究（判時792号〔判評202号〕，1975年12月1日）
第10章　続・過失犯における訴因変更（書下し）
第11章　訴因変更の要否に関する最高裁判例の新基準——過失犯におけるそれを中心に（判タ1385号，2013年4月）
第12章　訴因変更の要否——酒酔い運転と酒気帯び運転（判例解説）（『判例百選刑事訴訟法〔第4版〕』別冊ジュリ1981年10月。旧題「訴因変更の要否(1)——酒酔い運転と酒気帯び運転」）
第13章　訴因変更命令の形成力（判例解説）（『判例百選刑事訴訟法〔新版〕』別冊ジュリ1971年5月）

第Ⅳ部　公判手続
第14章　証拠開示の在り方（刑事法ジャーナル2号，2006年1月）
第15章　証拠開示判例の展開（『刑事実務証拠法〔第5版〕』〔判例タイムズ社，2011年〕）
第16章　異議の申立（『公判法大系Ⅲ』〔日本評論社，1975年〕）

初出一覧

第Ⅴ部　証　拠
第17章　自由な証明について（司研59号，1977-Ⅰ）
第18章　自白の証拠能力（判タ470号，1982年8月15日。のちに『刑事公判の諸問題』〔判例タイムズ社，1989年〕所収）
第19章　任意性を欠く第三者の供述の証拠能力——最三小決昭54.10.16を契機として（判タ445号，1981年9月15日。旧題「任意性を欠く第三者の供述の証拠能力——最高裁昭和54年10月16日決定を契機として」）
第20章　違法収集証拠排除の基準——最一小判昭53.9.7以降の判例を中心として（判タ577号，1986年2月27日）
第21章　捜査手続の違法とその後に収集された証拠の証拠能力（判例評釈）（現刑60号，2004年4月。旧題「最新重要判例評釈(108)」）
第22章　犯人識別供述の証明力（判タ738号，1990年12月1日）

第Ⅵ部　事実認定
第23章　刑事裁判における事実認定について（判タ1089号，2002年7月15日）
第24章　刑事裁判における事実認定について(続)——事実認定の専門性と日常性（判タ1097号，2002年10月1日）
第25章　刑事事実認定を考える（『法曹養成実務入門講座(2)——事実認定・渉外事件』〔大学図書，2005年〕）
第26章　続・刑事事実認定を考える（書下し）

第Ⅶ部　刑事控訴審
第27章　刑事控訴審の実情と若干の感想（判タ952号，1997年12月15日）
第28章　「裁判員制度のもとにおける控訴審の在り方」の連載終了に当たって（判タ1278号，2008年11月15日）
第29章　刑事控訴審の片面的構成について（『刑事控訴審の理論と実務』〔判例タイムズ社，2010年〕）

第Ⅷ部　その他
第30章　交通事故における過失の個数（判時808号，809号，1976年5月11日，同21日）
第31章　道路交通法違反事件の量刑について（判タ325号，1975年11月。旧題「量刑の実証的研究」）

目 次

はしがき　i
主要文献略称　iv
初出一覧　v

第Ⅰ部　刑事司法全般

第1章　わが国刑事司法の特色とその功罪——1

第1　はじめに ………………………………………………………………… 1
第2　わが国刑事司法の特色 ………………………………………………… 2
　1　統一性のある官僚組織 ………………………………………………… 2
　2　十分な捜査と慎重な起訴 ……………………………………………… 5
　3　詳密な審理および判決 ………………………………………………… 9
　4　まとめ …………………………………………………………………… 11
第3　わが国刑事司法の功罪 ………………………………………………… 12
　1　評価の視点 ……………………………………………………………… 12
　2　具体的評価 ……………………………………………………………… 14
　　(1)　「統一性のある官僚組織」について　14
　　(2)　「十分な捜査と慎重な起訴」について　15
　　(3)　「詳密な審理および判決」について　19
　3　評価のまとめ …………………………………………………………… 23

第2章　わが国刑事司法の改革とその変容——24

第1　はじめに ………………………………………………………………… 24
第2　検察審査会の議決の法的拘束力（起訴強制）について ……………… 27
　1　検察審査会制度の改革とその経緯 …………………………………… 27

(1)　改革の内容　27
　　　(2)　改革の経緯　28
　　2　検察審査会制度の改革とわが国刑事司法の変容 ……………………………　31
　　　(1)　「統一性のある官僚組織による公訴」の変容　31
　　　(2)　「慎重な起訴」の変容　32

第3　裁判員制度の創設と公判前整理手続の導入等について …34
　　1　裁判員制度の創設と公判前整理手続の導入等の改革とその経緯 ……　34
　　　(1)　改革の内容　34
　　　　　ア　裁判員制度について　35／イ　公判前整理手続の導入等について　36
　　　(2)　改革の経緯　39
　　　　　ア　裁判員制度について　40／イ　公判前整理手続の導入等について　43
　　2　裁判員制度の創設と公判前整理手続の導入等の改革とわが国刑事司
　　　　法の変容 ………………………………………………………………………　45
　　　(1)　「統一性のある官僚組織による公判」の変容　45
　　　(2)　「詳密な審理及び判決」の変容　48

第4　犯罪被害者の刑事手続への参加について …………………53
　　1　犯罪被害者の刑事手続への参加に関する改革とその経緯 ……………　53
　　　(1)　改革の内容　53
　　　　　ア　参加の対象となる被告事件及び参加の手続　54／イ　被害者参加弁護士　54／
　　　　　ウ　参加人の権限　55
　　　(2)　改革の経緯　57
　　2　犯罪被害者の刑事手続への参加に関する改革とわが国刑事司法の変容
　　　　………………………………………………………………………………　59
　　　(1)　「統一性のある官僚組織による公判」の変容　59
　　　(2)　「詳密な審理及び判決」の変容　61

第5　おわりに …………………………………………………………63

第3章　わが国刑事司法に対する評価の変遷
　　　　──来し方を振り返って──66

第1　はじめに ……………………………………………………………66
第2　法曹になるまで …………………………………………………66
第3　新任判事補のころ ………………………………………………70

第4　その後の判事補時代 ……………………………………… 75
 第5　判事になってからの10年 ………………………………… 80
 第6　その後の10年 ……………………………………………… 91
 第7　退官まで──所長，長官の時代 ………………………… 95

第Ⅱ部　捜　　査

第4章　違法の承継について──99

第1　はじめに ……………………………………………………… 99
第2　逮捕手続の違法と勾留，起訴前勾留の違法と起訴後
　　　の勾留 …………………………………………………………… 99
　　1　逮捕手続の違法と勾留 ……………………………………… 99
　　2　起訴前勾留の違法と起訴後の勾留 ……………………… 101
第3　違法捜査と公訴提起の効力 ……………………………… 103
第4　先行捜査手続の違法と証拠収集手続──排除法則にお
　　　ける違法の承継 ……………………………………………… 106
第5　まとめ ……………………………………………………… 110

第5章　公訴提起後の捜索差押──115

〔問題〕 ……………………………………………………………… 115
第1　はじめに …………………………………………………… 115
第2　学説・判例の概観 ………………………………………… 116
第3　検　討 ……………………………………………………… 121
　　1　公訴提起後の強制処分の主体 …………………………… 122
　　2　公判中心主義 ……………………………………………… 124
　　3　当事者対等の原則──武器平等の原則 ………………… 127

第4　まとめ ……………………………………………………… 129
【追　記】………………………………………………………… 131

第6章　押収物の保管——132

第1　保管方法 …………………………………………………… 134
第2　保管責任 …………………………………………………… 135
　1　保管義務の内容 …………………………………………… 135
　2　裁判例にみる保管義務の具体例 ………………………… 136
第3　廃棄処分，換価処分その他 ……………………………… 139
　1　廃棄処分，換価処分 ……………………………………… 139
　2　その他の処分 ……………………………………………… 141
第4　押収物の保管に関するその他の問題 …………………… 142
〔参考文献〕………………………………………………………… 142

第Ⅲ部　公訴・訴因

第7章　一罪の一部起訴——143

設問1〜3 ………………………………………………………… 143
第1　問題の所在 ………………………………………………… 143
第2　一罪の一部起訴の可否 …………………………………… 146
　1　学説の検討 ………………………………………………… 146
　2　判例の傾向 ………………………………………………… 152
第3　設問の検討 ………………………………………………… 154
　1　設問1について …………………………………………… 154
　2　設問2について …………………………………………… 154
　3　設問3について …………………………………………… 155
〔参考文献〕………………………………………………………… 157

【追　記】……………………………………………………………………… 157

第8章　包括一罪と訴訟条件——164

設問 ………………………………………………………………………………… 164
第1　問題の所在 ………………………………………………………………… 164
第2　単独強姦と共同強姦の罪数関係 ………………………………………… 165
第3　包括一罪と訴訟条件 ……………………………………………………… 166
　1　検　討………………………………………………………………………… 166
　2　判例の傾向…………………………………………………………………… 171
第4　結　論 ……………………………………………………………………… 172
〔参考文献〕………………………………………………………………………… 172
【追　記】………………………………………………………………………… 172

第9章　過失犯における訴因変更
　　　——判例の総合的研究——174

第1　はじめに …………………………………………………………………… 174
第2　過失犯における訴因の記載 ……………………………………………… 175
第3　過失犯における訴因の変更 ……………………………………………… 178
　1　訴因変更要否の一般的基準 ………………………………………………… 178
　2　訴因変更要否の具体的基準——判例の総合的研究 ……………………… 180
　　(1)　事故の状況が全く異なる場合　181
　　(2)　事故の状況の一部が異なる場合　182
　　(3)　事故の状況は同一であるが過失をとらえる時点が異なる場合　187
　　(4)　事故の状況，過失をとらえる時点は同一であるが，注意義務が異なる場合　188
　　(5)　事故の状況，過失をとらえる時点，過失の態様も同一であるが，注意義務をつくす手段等が異なる場合　194
第4　おわりに …………………………………………………………………… 198

第10章　続・過失犯における訴因変更——202

第1　はじめに ………………………………………………… 202
第2　過失犯における訴因変更——講演録 …………………… 203
　1　訴因制度が実務に及ぼした影響 ………………………… 204
　　(1)　訴因と公訴事実の関係——審判対象論　204
　　(2)　訴因の判決拘束力の範囲——訴因事実と非訴因事実，訴因変更の要否　206
　2　訴因変更要否の一般的基準 ……………………………… 208
　3　過失犯における訴因変更の要否に関する判例 ………… 209
　　(1)　昭和50年代以降の判例の紹介　211
　　(2)　過失犯における訴因変更の要否に関する判例の分析　220
　4　過失犯における訴因変更の実務 ………………………… 221
　　(1)　裁判官の立場として　221
　　(2)　検察官の立場として　222

過失犯における訴因変更の要否に関する判例——昭和50年から平成14年まで …………………………………………………… 223
〔訴因変更を必要とした判例〕 ……………………………… 223
〔訴因変更を不要とした判例〕 ……………………………… 225

第11章　訴因変更の要否に関する最高裁判例の新基準
　　　　——過失犯におけるそれを中心に——227

第1　はじめに ………………………………………………… 227
第2　訴因変更の要否に関する最高裁判例の新基準 ………… 230
　1　新基準の内容 …………………………………………… 230
　2　新基準の問題点 ………………………………………… 232
第3　過失犯における訴因変更要否の基準 …………………… 242
　1　過失犯における訴因変更の要否に関する三つの最高裁判例 …… 242
　　(1)　昭和46年判例　242
　　(2)　昭和63年判例　243
　　(3)　平成15年判例　244
　2　三つの最高裁判例と新基準との関係 …………………… 245
　　(1)　昭和46年判例について　245

(2) 昭和 63 年判例について　249
　(3) 平成 15 年判例について　253
〔訴因変更を必要とした判例〕……………………………………………… 257
〔訴因変更を不要とした判例〕……………………………………………… 259

第 12 章　訴因変更の要否──酒酔い運転と酒気帯び運転（判例解説）──261

第 1　事実の概要 ……………………………………………………… 261
第 2　決定要旨 ………………………………………………………… 261
第 3　解　説 …………………………………………………………… 262
【参考文献】……………………………………………………………… 265

第 13 章　訴因変更命令の形成力（判例解説）──266

第 1　事実の概要 ……………………………………………………… 266
第 2　判　旨 …………………………………………………………… 266
第 3　解　説 …………………………………………………………… 267
【参考文献】……………………………………………………………… 271

第 Ⅳ 部　公判手続

第 14 章　証拠開示の在り方──273

第 1　はじめに ………………………………………………………… 273
第 2　改正法の立法経緯 ……………………………………………… 275
第 3　改正法の特色 …………………………………………………… 277
第 4　改正法運用の在り方 …………………………………………… 280

1　証拠開示拡充のための柔軟で積極的な姿勢 ……………………… 281
　2　開示された証拠の適正な使用 ……………………………………… 281
　3　証拠開示に関する裁判所の的確で迅速な裁定 …………………… 282

第 15 章　証拠開示判例の展開──284

第 1　はじめに ………………………………………………………… 284
第 2　証拠開示判例の展開 …………………………………………… 284
　1　開示対象証拠の範囲 ……………………………………………… 284
　　(1)　証拠の存否に争いがある場合　285
　　(2)　検察官が保管していない証拠　286
　　(3)　取調べメモ等　287
　2　検察官請求証拠の開示 …………………………………………… 288
　3　類型証拠の開示 …………………………………………………… 289
　　(1)　刑訴法 316 条の 15 第 1 項 1 号の証拠物　289
　　(2)　同項 5 号の供述録取書等　289
　　(3)　同項 6 号の供述録取書等　291
　　(4)　同項 8 号の取調べ状況報告書　292
　4　主張関連証拠の開示 ……………………………………………… 293
　　(1)　主張の明示性　293
　　(2)　関連性　294
　　(3)　必要性　295
　5　開示の相当性 ……………………………………………………… 296
　6　その他 ……………………………………………………………… 298

第 16 章　異議の申立──300

第 1　はじめに ………………………………………………………… 300
第 2　裁判長の処分に対する異議の申立 …………………………… 300
　1　異議の機能・性質 ………………………………………………… 300
　2　異議の対象 ………………………………………………………… 301
　3　異議の理由 ………………………………………………………… 306
第 3　手続の省略を肯認しない旨の異議 …………………………… 307

第 4　意見としての異議 …………………………………………… 310
〔参考文献〕……………………………………………………………… 311
【追　記】……………………………………………………………… 311

第Ⅴ部　証　　拠

第17章　自由な証明について——313

第 1　はじめに ………………………………………………………… 313
第 2　自由な証明の対象 ……………………………………………… 316
　1　証明の対象 ……………………………………………………… 316
　2　自由な証明の対象 ……………………………………………… 318
　　(1)　情　状　325
　　(2)　訴訟法上の事実　327
第 3　自由な証明の意義 ……………………………………………… 329
　1　証拠資料 ………………………………………………………… 330
　2　採証手続 ………………………………………………………… 335
第 4　おわりに ………………………………………………………… 339
【追　記】……………………………………………………………… 340

第18章　自白の証拠能力——345

設問 1～3 ……………………………………………………………… 345
第 1　はじめに ………………………………………………………… 345
第 2　設問の検討 ……………………………………………………… 347
　1　〔設問 1〕について …………………………………………… 347
　　(1)　被疑者の取調べにおける弁護人の立会権　347
　　(2)　任意性　350
　2　〔設問 2〕について …………………………………………… 351
　　(1)　利益に結びつけられた自白　351

(2) 任意性　351
　　　ア　提示された利益の内容　352／イ　利益の提示者と利益の関係　352／
　　　ウ　利益提示の態様　352
　3　〔設問3〕について ……………………………………………………… 356
　　(1) 私人の違法収集証拠と排除法則　356
　　(2) 任意性　359
【追　記】 …………………………………………………………………………… 360
　1　排除法則について ……………………………………………………… 360
　2　自白法則について ……………………………………………………… 361

第19章　任意性を欠く第三者の供述の証拠能力
　　　　　——最三小決昭54.10.16を契機として——364

第1　はじめに ……………………………………………………………… 364
第2　最高裁昭和54年10月16日決定の紹介 ……………………………… 366
第3　刑訴法325条の解釈 ………………………………………………… 367
第4　任意性を欠く第三者の供述の証拠能力 …………………………… 369
　1　学説・判例の概観 ……………………………………………………… 369
　2　検　討 …………………………………………………………………… 372
　　(1) 虚偽排除の観点　373
　　(2) 人権擁護の観点　375
　　(3) 共同被告人の自白調書　379
第5　まとめ ………………………………………………………………… 380

第20章　違法収集証拠排除の基準——最一小判昭53.9.7
　　　　　以降の判例を中心として——381

第1　はじめに ……………………………………………………………… 381
第2　証拠排除の一般的基準 ……………………………………………… 384
第3　判例の紹介 …………………………………………………………… 387
　1　別件型 …………………………………………………………………… 388

2 本件型 389
   3 所持品検査型 390
   4 任意同行型 391
 第4 証拠排除の具体的基準 392
   1 「違法の重大性」について 392
     (1) 違法の類型別考察 392
     (2) 違法の程度の判断要素 396
       ア 違法の客観的側面 396／イ 違法の主観的側面 398／
       ウ 違法行為と証拠物押収との関連性 399
   2 「排除相当性」について 400
 【追 記】 405
   1 その後の判例 406
   2 その後の学説 412

第21章 捜査手続の違法とその後に収集された証拠の証拠能力（判例評釈）——414

 第1 事実の概要 414
 第2 判決要旨 415
 第3 評 釈 416
   1 はじめに 416
   2 違法の承継 417
     (1)「後の違法」 418
     (2)「前の違法」 419
   3 派生証拠の証拠能力 422
 【追 記】 425

第22章 犯人識別供述の証明力——427

 第1 はじめに 427
 第2 犯人識別供述の危険性 428
   1 観察対象の非特徴性 429

xvii

目次

  2 体験の常態性 ……………………………………………… 429
  3 視覚による記憶は失われやすい …………………………… 429
  4 犯人識別供述は比較対照という困難な作用を本質とする …… 429
  5 人は一度犯人と被告人の同一性を承認するとこれに固執する傾向が
    ある ………………………………………………………… 430
 第3 危険性に対処するための諸方策 ……………………………… 430
  1 犯人選別手続の細則を法令・通達などで定める …………… 431
  2 犯人選別手続に弁護人の立会権を保障し，これに違反して得られた
    犯人識別供述を排除する …………………………………… 431
  3 犯人選別手続に適正手続の保障の観点からの基準を考え，この基準
    に違反して得られた犯人識別供述を排除する …………… 431
  4 補強規則の設定 …………………………………………… 432
  5 犯人識別供述の質が悪く，かつ，他に犯人と被告人を結び付ける証
    拠あるいは犯人識別供述の正確性を支持する証拠がない場合は，
    審理を打ち切る（陪審の判断に付さない）………………… 432
  6 心理専門家の証言あるいは証言鑑定の活用 ……………… 432
 第4 判例の紹介 …………………………………………………… 433
  1 信用性肯定例（判例①〜⑥）……………………………… 433
  2 信用性否定例（判例⑦〜⑫）……………………………… 436
 第5 犯人識別供述の証明力判断の基準――注意則 ……………… 439
  1 観察条件 …………………………………………………… 439
    (1) 観察対象の既知性　440
    (2) 観察の客観的条件　440
    (3) 観察の主観的条件　441
    (4) 観察対象の特徴　442
  2 犯人目撃と選別との時間的間隔等 ………………………… 442
  3 犯人選別手続 ……………………………………………… 444
    (1) 写真による面割りの留意点　445
    (2) 実物の面通しの留意点　445
  4 目撃者の供述と被告人の実像との一致・不一致 ………… 446
  5 目撃者の数 ………………………………………………… 446
  6 犯人識別供述の周辺部分の記憶 …………………………… 447

【追　記】……………………………………………………………… 447

第Ⅵ部　事実認定

第23章　刑事裁判における事実認定について──451

第1　はじめに ……………………………………………………… 451
第2　刑事裁判における事実認定 ………………………………… 452
　1　事実認定が困難な事件の特徴 ……………………………… 452
　2　「疑わしきは罰せず」の原則 ……………………………… 454
第3　供述証拠の信用性判断の方策 ……………………………… 456
第4　供述証拠の信用性判断の方法 ……………………………… 458
　1　証拠全体の大局的判断 ……………………………………… 458
　2　供述証拠の信用性判断の基本的視点 ……………………… 459
　3　供述証拠の信用性判断の具体的方法 ……………………… 462
　　(1)　徴憑の有無の認定　463
　　(2)　徴憑からの真偽の推認　463
　4　供述証拠の信用性判断のその他の方法 …………………… 465
第5　おわりに──刑事裁判における二つの「事実観」………… 466

第24章　刑事裁判における事実認定について（続）──事実認定の専門性と日常性──470

第1　はじめに ……………………………………………………… 470
第2　職業裁判官の事実認定能力──事実認定の専門性 ……… 473
第3　素人裁判官の事実認定能力──事実認定の日常性 ……… 479
第4　おわりに──裁判員制度を活かすために ………………… 482
　1　明快でコンパクトな証拠調べ ……………………………… 482
　2　職業裁判官と裁判員との十分な意思疎通 ………………… 485

3　裁判員の人数，選任方法 ………………………………… 486
　　4　裁判員には，事実認定と量刑に専念できる態勢・権限を ……… 487

第25章　刑事事実認定を考える——489

第1　事実認定の重要性——事実認定は刑事司法のかなめ …… 489
　　1　事実認定が刑事司法の中心課題 ………………………… 489
　　2　警察の捜査と事実認定 …………………………………… 489
　　3　検察官の起訴・不起訴の決定と事実認定 ……………… 490
　　4　死刑事件における被告人と犯人の同一性に関する事実認定 ……… 490
　　5　訴訟手続上の事項（自白の任意性，証拠物の収集手続など）に関する
　　　事実認定 ……………………………………………………… 491
　　6　量刑の基礎となる事実に関する事実認定 ……………… 492
　　7　適正な事実認定は刑事裁判の生命 ……………………… 492

第2　事実認定の困難性——事実認定の悩みは法曹の職業病 … 492
　　1　刑事事実認定特有の困難さ ……………………………… 493
　　2　犯罪の隠密性 ……………………………………………… 493
　　3　物証の乏しさとその証明力の限界 ……………………… 494
　　4　実体的真実主義からの要請 ……………………………… 495
　　5　刑事事実認定における証明の程度 ……………………… 496

第3　事実認定の専門性と日常性——事実認定はだれでもで
　　きるか ……………………………………………………………… 498
　　1　日常生活の中での事実認定との類似点・相違点 ……… 498
　　2　裁判員制度を考える上で ………………………………… 499

第4　事実認定の将来——事実認定はどう変わるか ………… 501
　　1　国民参加による変容 ……………………………………… 501
　　2　科学的知見導入の拡充・強化 …………………………… 502
　　3　事実認定研究の進展 ……………………………………… 503

第26章　続・刑事事実認定を考える——505

第1　はじめに …………………………………………………… 505

第2 裁判員裁判における事実認定 ……………………………… 505
第3 事実認定に関する最高裁判例の動向 ………………………… 513
1 事実認定の基本原理に関する判例 ………………………………… 513
2 上訴審における事実誤認の審査方法ないし判断基準 …………… 515
3 最高裁の破棄判例 …………………………………………………… 516
第4 再審の動向 ………………………………………………………… 525
第5 事実認定の原理・方法について——木谷・石井論争を踏まえて ……………………………………………………… 529
1 木谷・石井論争について …………………………………………… 529
2 事実認定の基本原理——「合理的疑い」について ……………… 532
3 事実認定の方法——供述証拠の信用性判断について …………… 541

第Ⅶ部　刑事控訴審

第27章　刑事控訴審の実情と若干の感想——547

第1 はじめに ……………………………………………………………… 547
第2 刑事控訴審の実情 ………………………………………………… 548
1 控訴率 ………………………………………………………………… 548
2 控訴趣意書の提出と控訴の理由 …………………………………… 553
3 事実の取調べ ………………………………………………………… 555
4 破棄率 ………………………………………………………………… 557
5 上告率 ………………………………………………………………… 563
6 まとめ ………………………………………………………………… 565
第3 刑事控訴審の運用 ………………………………………………… 565

第28章　「裁判員制度のもとにおける控訴審の在り方」の連載終了に当たって——576

第1 はじめに ……………………………………………………………… 576

xxi

第2 裁判員制度のもとにおける控訴審の在り方——考えられる三つの方向 …… 577
第3 「尊重論」の実務上の問題点 …… 578
第4 控訴審の現状 …… 579
1 事後審の定義及び現行控訴審の構造 …… 579
2 統計的考察及びその評価 …… 581
　(1) 事実の取調べに関する統計と実態の分析　581
　(2) 破棄・自判に関する統計と実態の分析　583
第5 事後審に徹した控訴審の運用 …… 585
1 事実の取調べについて …… 585
2 量刑の審査について …… 591
3 事実認定の審査について …… 594
4 破棄後の手続——自判と差戻しについて …… 597
第6 おわりに …… 599

第29章　刑事控訴審の片面的構成について——601

第1 はじめに …… 601
第2 刑事訴訟法の片面的構成について …… 604
第3 刑事控訴審の片面的構成について …… 605
1 事実認定の審査における片面性 …… 605
2 量刑の審査における片面性 …… 607
3 職権調査における片面性 …… 609
4 事実の取調べにおける片面性 …… 610
第4 裁判員裁判の「片面的尊重論」について …… 611

第Ⅷ部　その他

第30章　交通事故における過失の個数──615

第1　はじめに ………………………………………………………… 615
第2　過失の個数の基準 ……………………………………………… 616
第3　注意義務個別化の基準 ………………………………………… 619
　1　基準の意義 …………………………………………………… 619
　2　基準の内容 …………………………………………………… 620
第4　過失単一説の検討 ……………………………………………… 623
　1　理論上の問題 ………………………………………………… 626
　2　実践上の問題 ………………………………………………… 633
第5　過失単一説と過失複数説の相違 ……………………………… 637
　1　実体面の相違 ………………………………………………… 637
　2　手続面の相違 ………………………………………………… 638
【追　記】……………………………………………………………… 641

第31章　道路交通法違反事件の量刑について──645

第1　はじめに ………………………………………………………… 645
第2　大阪地裁の裁判例 ……………………………………………… 647
　1　資料の概観 …………………………………………………… 647
　　(1)　違反の種類と実刑率　647
　　(2)　求刑および科刑　648
　　(3)　控訴率　650
　　(4)　被告人の年令，職業など　650
　2　実刑と執行猶予 ……………………………………………… 650
　　(1)　車の所有　651
　　(2)　免許──無免許の区別　651
　　(3)　違反内容　651
　　(4)　前　科　652

第3　大阪高裁の裁判例 …………………………………………………… 656
1　資料の概観 ……………………………………………………………… 657
(1)　違反の種類と破棄率　657
(2)　原審および控訴審の刑　658
(3)　上告率　659
(4)　被告人の年令，職業　659
2　棄却と破棄 ……………………………………………………………… 660
(1)　違反内容　660
(2)　前　科　660
(3)　棄却，破棄の理由　663

判例索引 ……………………………………………………………………… 676

第Ⅰ部　刑事司法全般

第1章　わが国刑事司法の特色とその功罪

第1　はじめに

　わが国刑事司法は諸外国のそれと比べてどのような特色を有するのか，あるいはその長所と短所はどのようなところにあるのか，というテーマは，きわめて魅力的であり，興味深い。それはあたかも，日本と外国との比較論や日本の国民性論が日本人にとってことに好まれるのと同じ基盤に由来するのかも知れない。ただ，最近比較的よくこのテーマがとりあげられるのは，それなりの理由があるように思える。一つには，現行の刑事訴訟法が施行されて間もなく40年が経過することになり，人間でいえば中年を迎え，これが「日本の刑訴」だ，といえる特色が備わってきた一方で，何かと故障も出はじめる年ごろになってきたので，これまでの年月をふり返って点検してみよう[1]という気運が強くなってきたことである。二つには，現行の刑事訴訟法が英米法を実際どの程度継受したのかという議論がここ数年来盛んとなり，これとの関係でわが国刑事司法の特色なりその評価が浮き彫りにされることになったということである。すなわち，現行刑事訴訟法制定当初はとくに強かった，現行法は英米法を継受し大陸法系の旧法から転換したという見方に対し，次第に英米法化の限界が意識されるようになり，近時はむしろ，日本の刑事訴訟法は英米のそれと「似ても似つかぬ」独自のものであり，かえって旧法と連続性があるという見方が有力になり，進んで，旧法と連続しているものこそ日本的特色ではないかということが問題とされるに至ったのである。

　ところで，刑事司法の日本的特色については，それほど見解の差がないにもかかわらず，その評価は全く分かれている。すなわち，「アズ・ナンバーワン」といわんばかりの肯定的・楽観的な評価の対極に「奇型の定着[2]」とか「かな

---

1)　田宮裕「あすの刑事訴訟法への視点」ジュリ852号158頁。

り絶望的である[3]」とかの否定的・悲観的な評価が下されているのである。このような事象は，私にとって誠に面白い。と同時に実務家の感覚として，わが国刑事司法が両極端の評価を受けることに異和感を覚える。私が本稿で，わが国刑事司法の特色をとりあげ，その功罪を少しく検討したいと考えた理由の一半はそこにある。

だが，刑事司法の日本的特色を抽出してみること自体簡単ではないし，わが国刑事司法の評価は刑事訴訟法の研究者および実務家が戦後提起したほとんどすべての重要な問題に関連してくるところがあり，問題域はきわめて広い。

司法研修所が創立40周年という一つの区切りを迎えるという。私自身も任官して今年で25周年を迎える。その大半を刑事裁判にたずさわってきた者の一員として，この節目にやはり過去をふり返り，未来を展望してみたいという中年特有の（？）欲求にかられる。本記念論文集に寄稿を求められた際に，力不足を承知でこのような大それたテーマをとりあげたもう一半の理由は，そこにある。

第2　わが国刑事司法の特色

1　統一性のある官僚組織

わが国刑事司法（本稿では，捜査・公訴・公判に限る。）の特色を，その組織ないしこれを構成する人の面でとらえれば，統一性のある官僚組織であるという点に求められるであろう。

(1)　わが国では，捜査はもとより公訴・公判においても一般市民が参加することは，ほとんどない。公訴・公判はすべて検察官および職業裁判官という官僚によって行われている。正しく「官僚司法」であり，この点が，以下述べるように，諸外国と異なっている。

すなわち，わが国では，公訴は，いうまでもなく「検察官がこれを行う。」とされており（刑事訴訟法247条），私人による訴追を許していない（国家訴追

---

2)　毛利与一「奇型の定着——新刑訴の四半世紀」自正24巻2号2頁。
3)　平野龍一「現行刑事訴訟の診断」『団藤重光博士古稀祝賀論文集(4)』（有斐閣，1985）423頁。

主義)。一般市民が公訴に影響を及ぼしうるのは，わずかに，親告罪の場合と検察審査会に過ぎない。親告罪は告訴すなわち被害者の処罰意思が公訴の有効要件であるから，被害者は，告訴するかどうかを決することによって公訴を左右することができる。しかし，告訴は，司法警察員または検察官に対してなされるものであって，私訴ではないし，告訴があったからといって検察官が公訴を提起しなければならないというものではない。

検察審査会は，英米の大陪審(起訴陪審)にヒントを得て，検察官の「公訴権の実行に関し民意を反映せしめてその適正を図るため」(検察審査会法1条)設けられたもので，公訴に関する，否刑事司法に関する唯一の民衆参加ではある。しかし，審査の対象が不起訴処分に限られている点(同法2条)とその議決に直接の効力がない点(同法41条)において，英米の大陪審(起訴陪審)に比べ，民衆参加の形態として十分なものではない。

これに比し，アメリカの大陪審(起訴陪審)では，一般市民が刑事訴追の適否そのものを審査する。イギリスは，1933年にこの制度を廃止したが，伝統的に私人訴追主義である。現に私人訴追が認められているし，警察による訴追も本質的には私人訴追である。

大陸法系のドイツ(西ドイツ，以下同じ。)およびフランスでは，わが国と同様，検察官が公訴提起の権限を有しており(ドイツ刑事訴訟法152条1項，フランス刑事訴訟法1条1項)，原則として国家訴追主義がとられているが，ドイツでは，一定の罪(住居侵入，侮辱など)については，被害者が直接訴追することができる(ドイツ刑事訴訟法374条)ほか，被害者などは，それ以外の罪についても，提起された公訴に訴訟参加することができる(同法395条)。フランスでも，被害者は，私訴原告人となることを申し立てることによって，公訴を開始させることができる(フランス刑事訴訟法1条2項[4])。

次に，公判の段階に目を転ずると，わが国では，すべての刑事事件——小は軽犯罪法違反，交通違反から大は死刑事件まで——が職業裁判官によって審判されている。

これに比し，英米では，周知のとおり，陪審制度(小陪審，審理陪審)があ

---

4) 諸外国における訴追の主体については，三井誠「諸外国における起訴の方法」熊谷弘ほか編『公判法大系Ⅰ』(日本評論社，1980) 91頁以下など参照。

り，一般市民が事実の認定にあたる。また，イギリスの治安判事は，常任の有給治安判事を除き，大部分正規の法律的な資格を有しない一般市民であるが，治安判事が治安裁判所の刑事事件の審判などを行っている。

　大陸法系のドイツおよびフランスでは，参審制度がとられている。すなわち，ドイツの陪審裁判所，フランスの重罪法院は，いずれも職業裁判官と一般市民から選出された陪審員とで構成され，陪審員は，事実の認定，刑の量定双方につき職業裁判官と共同してこれにあたる。名は「陪審」であるが，実質は，参審である[5]。

　(2)　わが国では，捜査・公訴・公判を行う者に一般市民は含まれておらず，これらの者がすべて官僚であるというだけではなく，よく統一された全国組織に属していることも，その特色である。

　すなわち，全国47の都道府県に属し地方分権的に運営されることを建前とする警察も，警察行政の調整を職務とする警察庁の強力な指導によって，全国的組織としての実体を備えるに至っている。検察官は，「検察官同一体の原則」に象徴されるように，検事総長を頂点とする全国的組織である検察庁に属している。裁判官は，職務の遂行において独立であり上命下服ではないが，やはり統一された全国組織である裁判所に属し，上訴制度を通じて最終的には最高裁判所の審査に服する。加えて，警察・検察庁・裁判所とも，繰り返し行われる各種の研修・研究会，連絡会・協議会・会同等により組織としての統一性と均質性が強化されている。全国的規模の異動（転勤）も同様な効果を有するといえようか。

　これに比し，諸外国ことに英米では，刑事訴訟は本来的に地方分権的なものと観念されている。たとえば，アメリカでは各自治体警察がおよそ非中央集権的に存在しており，その権限行使ぶりにも統一性がなく，地域差が見られる[6]。イギリスの警察も伝統的に地方警察であり，犯罪の訴追は地方的な事務

---

5)　ドイツの陪審裁判所については，内田一郎「西ドイツの陪審裁判所の変遷に関する一考察」平場安治博士還暦祝賀『現代の刑事法学(下)』（有斐閣，1977) 38頁以下など，フランスの「陪審」については，澤登佳人ほか訳『フランス刑事法〔刑事訴訟法〕』（成文堂，1982) 256頁以下など参照。
6)　アメリカの警察については，神長勲「アメリカの警察」『現代の警察（法セ増刊）』（日本評論社，1980) 214頁以下など参照。

であって中央政府の仕事ではないという理念がある[7]。アメリカの地方検事は選挙によって選ばれ，だれからも監督を受けない。アメリカでは，検事はいるが，日本のような全国組織の検察庁はないと考えてよいのであろう[8]。裁判所も，英米は，日本のような統一性のある単一組織ではない。

大陸法系のドイツ，フランスは，英米に比べると，まだしも統一性のある司法組織を持つといえようが，たとえば，ドイツの検察官についていえば，検察官は各裁判所に附置された検事局に属し，検事局は各州ごとに独立しているから，全国的な「検察官同一体の原則」は確立していない[9]。

2 十分な捜査と慎重な起訴

わが国刑事司法の特色を，公判前の手続すなわち捜査・公訴の段階でとらえれば，「十分な捜査と慎重な起訴」という言葉に要約されよう。

(1) 重大犯罪が発生した場合を想定してみよう。警察の捜査は，犯行現場の詳細な見分，遺留された証拠品の収集，鑑識活動などはもとより，関係者からの事情聴取，付近の聞き込みなど徹底した基礎的捜査にはじまり（犯罪捜査規範4条2項参照），これを踏まえて捜査方針が決定され，捜査方針に応じて，捜査官は事案を解明し犯人を検挙するとの強固な信念を持って全力を傾注する（同2条1項参照）。捜査は上司の指揮により組織的に行われる（同5条，8条参照）。容疑者が浮かび上がってくれば，容疑者の有利な事情（アリバイなど）も調査したうえ，犯人と断定できるかどうかについて慎重な検討が加えられ，断定できれば逮捕状の請求に至る（断定できなければ，他に犯人を求める捜査が開始されると同時に，その者が犯人でないことの捜査も続けられる。）。被疑者の逮捕

---

[7] テプリン（兒島武雄訳）『警察・検察と人権』（岩波書店，1960）23頁。イギリスの警察については，なお，戒能通厚「イギリスの警察」前掲注6)『現代の警察』226頁以下など参照。
[8] アメリカの検察については，市川敬雄「アメリカの検察」『現代の検察（法セ増刊)』（日本評論社，1981）274頁以下，飯島澄雄『アメリカの法律家(下)』（東京布井出版，1976）114頁以下など参照。
[9] 三井・前掲注4) 91頁。なお，ドイツ，フランスの検察については，福井厚「西ドイツの検察」前掲注8)『現代の検察』280頁以下，新倉修「フランスの検察」前掲注8)『現代の検察』286頁以下など参照。

後は，被疑者の取調べを中核として，更に捜査が継続される。被疑者の取調べは，犯行の客観的状況，主観的側面のみならず犯行に至る動機・経緯・背景事情および犯行後の状況，更には身上経歴など情状面にも及ぶ。要するに，被疑者の取調べによって，被疑者に有利，不利の一切の事情が明らかにされ，事案の詳細が解明されることが期待されており，したがって，被疑者の取調べは公訴提起までほぼ連日行われる。もとより，これと並行して，自白の裏付け捜査が，否認の場合は弁解の真実性の有無に関する捜査が，これまた精力的に行われる（同170条参照）。

警察の捜査を受けて，更に検察官の捜査が続けられる。検察官の捜査は，警察の捜査ほど網羅的ではないが，重要参考人については重ねて取調べがなされ，被疑者の取調べは不可欠とされる。

なお，捜査の経過および結果は，すべてといっていいくらい書面化されている点（同13条参照）も特徴的である。おびただしい捜査報告書，詳細な実況見分調書，膨大な参考人供述調書，何通にものぼる被疑者供述調書……。警察および検察の捜査のエネルギーのかなりの部分は，これら書類の作成に費やされているといっても過言ではない。

右に述べた捜査のやり方が現実に行われているすべての事件の捜査のそれをあらわしているわけではないが，これに象徴されるわが国の捜査を諸外国と比べてみれば，「事案を解明するため，十分な捜査が必要であり，そのため被疑者の取調べが重視される」という点に，その最大の特色を見い出すことができよう。

英米では，起訴の際に必要とされる犯罪の嫌疑の程度がわが国におけるそれと比べて低い（後述）ゆえもあるのか，一応の有罪証拠を収集するだけで捜査は足れりとされており，被疑者の供述は重視されていない。もともと取調べのための拘束という観念はないうえ，周知のとおり，アメリカではマクナブ＝マロリー原則およびミランダ原則により，イギリスでは「裁判官準則」（Judges' Rules[10]）により，被疑者の取調べは，わが国ほど十分にできない状態にある[11]。

ドイツでは，予審の廃止（1974年）により，検察官が「捜査の主宰者」として被疑者の取調べもできるのであるが（被疑者は出頭義務を負うが，弁護人の立

会権が認められている——ドイツ刑事訴訟法163条a3項, 168条c1項), 実際には警察が捜査を担当し, 検察官による捜査はほとんど行われていない。警察による捜査は, わが国ほど十分なものではなく, 被疑者の取調べについても, 出頭義務は否定されており, 一回程度ごく簡単に取り調べるだけという状態である[12]。

　フランスの捜査は, 予審判事による捜査と警察による捜査に分かれる。予審判事は, 事実についても行為者の性格についても, また, 被疑者に不利な面ばかりでなく, 有利な面についても, 真実を発見する任務を持ち, 真実の発見に有用な一切の手続を行う（フランス刑事訴訟法81条1項）。被疑者の取調べは不可欠であり, 被疑者の協力が真実の発見にとりわけ有用であると考えられている（被疑者は出頭義務を負う。）予審判事による捜査は, わが国の捜査に似ているようにも見える。ただし, 捜査の主体が裁判官で, 被疑者の取調べもわが国ほど徹底したものではないし, 弁護人の立会権が認められていることに留意すべきである[13]（同法118条1項）。

　(2)　わが国では, 検察官が被疑者を起訴する際に必要とされる嫌疑の程度は,「有罪の確信」である。「単なる嫌疑で人を起訴すべきではない, というのが検察官の起訴のあり方についての伝統的な考え方ないし心構えであった。そ

---

10)　イギリスでは, Police and Criminal Evidence Act 1984制定に伴い, 警察の実務規範（Code of Practice）が発布され, このうちの被拘束者の取調べに関する部分は, 従前の「裁判官準則」にとって代わるもののようであるが, 被疑者の取調べが基本的に制約されていることに変わりはない（渥美東洋「イギリスの警察および刑事証拠法の『実務規範』(1)」判タ595号25頁以下）。
11)　アメリカ, イギリスの捜査法制については, 岡部泰昌「アメリカの犯罪捜査(1)(2)」法時54巻9号75頁以下, 54巻10号111頁以下, 庭山英雄「イギリスの犯罪捜査(1)(2)」法時54巻9号84頁以下, 54巻10号122頁以下, 捜査の実情については, 佐野真一ほか「座談会・諸外国の刑事法廷」法の支配28号85頁以下, 井上正仁ほか「座談会・刑事訴訟の当面する諸問題(2)」法の支配48号33頁以下など参照
12)　ドイツの捜査法制については, 高田昭正「西ドイツの犯罪捜査」法時54巻11号128頁以下, 大野平吉「西ドイツの犯罪捜査・補遺」法時54巻11号137頁以下, 捜査の実情については, 佐野ほか・前掲注11) 86頁以下, 井上ほか・前掲注11) 47頁以下など参照。
13)　フランスの捜査法制については, 澤登ほか訳・前掲注5) 194頁以下, 362頁以下, 内田博文「フランスの犯罪捜査」法時54巻9号90頁以下, 捜査の実情については, 佐野ほか・前掲注11) 87頁以下, 井上ほか・前掲注11) 40頁以下など参照。

して，これは現在も続く実務慣行でもある[14]。」「有罪の確信」は，裁判官が有罪判決をする際の心証に近いものと理解されている。このような「確信」の有無を決するため，担当検察官は，被疑者にとって有利，不利一切の証拠を検討し，すでに判明している被疑者の弁解のみならず，公判で出されることの予測される弁解，反証等も考慮する[15]。担当検察官は，自己の判断の当否について同僚の助言を求めることもあるし，決裁という形で上司の検討・助言を受ける。注目される重大事件では，ときによって，上級検察庁との協議を経て起訴，不起訴が決定されることすらある。

犯罪の嫌疑が一応「有罪の確信」を充たす場合でも，わが国では，検察官に広範な訴追裁量が認められているから（刑事訴訟法248条——起訴便宜主義），被疑者は常に起訴されるとは限らない。担当検察官は，この裁量権の行使についても，慎重な態度でのぞむ。そして，起訴猶予処分は，本人の改善・更生に資するところが大きいとして，その刑事政策的機能が強調される。

検察官の不起訴処分には，確定判決のような一事不再理効はないが（最二小判昭32.5.24刑集11巻5号1540頁），事実上ファイナルであり，いったん不起訴にした事件をあらためて起訴することは，実際上あまり行われていない。また，起訴した事件の公訴の取消し（刑事訴訟法257条）も，ほとんど行われていない。それだけに，起訴，不起訴の決定には一層の慎重さが要求されるということであろう。

わが国の公訴権運用の特色は，正しく，その慎重さにあるといえる。

これに比し，英米では，根拠のない起訴を防止するため正式起訴の前に，前述の大陪審（起訴陪審）や予備審問の手続が置かれているが，そこでの起訴基準は，犯行につき「一応の証明」（Prima facie case）ないし「相当の理由」（Probable cause）の存在であって[16]，「有罪の確信」がなければ起訴しないと

---

14) 岩下肇「検察官はいかなる場合に起訴すべきか」ひろば17巻8号13頁。このほか，検察実務の伝統ないし慣行として同旨のことを指摘した検察官の論述は多い。ただし，理論上「有罪の確信」まで要すると解すべきかについては，論者によりニュアンスに差異が見られる（たとえば，鈴木義男「公訴の提起に必要な嫌疑の程度」臼井滋夫ほか『刑事訴訟法判例研究』〔東京法令出版，1983〕199頁以下参照）。
15) 岩下・前掲注14) 13頁。

いうのは，検察官に裁判官的役割を与えることになるから，認められていない[17]。

ドイツでは，検察官は，事実につき十分な証拠がある限り，すべての犯罪を起訴する義務を負っている（ドイツ刑事訴訟法152条2項——起訴法定主義。ただし，例外はある。）公訴提起後，裁判所は，十分な嫌疑があると認めたときに，公判手続の開始を決定する（同法203条）。しかし，この嫌疑の程度は，逮捕・勾留に必要な嫌疑よりも低いものだとされている[18]。

3　詳密な審理および判決

わが国刑事司法の特色を，公判手続の段階でとらえれば，「詳密な審理および判決」という言葉に要約されよう。

重大犯罪の公判を例にとってみよう。検察官の詳細な冒頭陳述に続いて，大量の書証および証拠物の取調べ請求がなされる。自白事件であれば，被告人側がこれら検察官請求の書証に同意する（刑事訴訟法326条）から，大量の証拠はそのまま裁判所に提出されることになる。これらの証拠は，いわば「十分な捜査」の成果であって，犯罪の発生および被告人が犯人であることを証明する重要な証拠はいうに及ばず，犯行の動機・経緯・背景事情に関する証拠，情状に関する証拠（被告人の身上経歴，前科，性格行状，はては学業成績，被害者の感情，ときには被害者の性格行状に関する証拠等々……）を含んでいる。検察官の立証は，一つの要証事実を一つの証拠で証明するというものではなく，一つの要証事実を可能な限りの複数の証拠で証明するという点できわめて濃密であり，かつ，犯罪事実および情状の隅々まで可能な限り証明するという点でこまやかである。

---

16)　兒島武雄『イギリスの予備審問』司法研究報告書18輯3号111頁，光藤景皎『刑事訴訟行為論』（有斐閣，1974）60頁以下，B・J・ジョージ「日米刑事訴訟の比較研究」ジュリ278号64頁，ローク・M・リードほか『アメリカの刑事手続』（有斐閣，1987）123頁以下など参照。
17)　『日米比較刑事訴訟手続——ハールバット教授セミナー記録』司法研修所研修叢書50号136頁。
18)　平野・前掲注3）408頁。なお，ドイツにおける公訴の実情については，佐野ほか・前掲注11）98頁以下，井上ほか・前掲注11）55頁以下など参照。

ちなみに，これだけ大量の書証を法廷で全文朗読することは，実際上困難であるから，多くは要旨の告知（刑事訴訟規則203条の2）で「取調済」とし，後に裁判官が丹念に精査せざるをえない。書証の多用（活用）こそ，短い開廷時間で「十分な捜査」と「詳密な審理および判決」を結ぶ橋なのである。
　否認事件であれば，争いのある事項に関する書証は，そのままには証拠とはならない代わりに，検察官請求の人証の取調べが行われることになるが，その主尋問は，調書の内容を復元すべく詳細，緻密になされ，反対尋問もまた微に入り細を穿つ。反対尋問だけで数開廷の審理を要するというのも，稀ではない。人証の取調べ結果は公判調書に正確に記録され——速記録の場合は逐語的に——膨大な訴訟記録が積み重ねられる。
　被告人側の反証および情状立証も，可能な限り詳密になされる。裁判所が，当事者の詳密な立証をさえぎるときは，「粗略な審理」とのそしりを受け，あるいは，「被告人の納得」という観点からきびしい批判を受けかねない。誠に，わが国の刑事公判の立証面での特色は，詳密，ていねい，重厚な証拠調べをよしとするところにある。
　裁判所の事実認定および量刑判断も，また，詳密である。被告人が訴因につき有罪であるか否かを大ざっぱに判断し，訴因に見合う大まかな刑を決めるというものではない。たとえば，殺意の有無が争点であれば，これを推認させる間接事実の厳密な評価を踏まえ，殺意の有無はもちろんのこと，殺意があるとすれば，それは確定殺意か未必の殺意か，その発生時期はいつかというところまで確定する。量刑もまた，細かく——ときには一月，二月きざみに——検討される。そのうえ，判決書は詳細，厳密に起案される。判決書のうち「証拠の標目」だとか「法令の適用」といったある意味では形式的な部分でさえ，細心の注意を払って起案されているのが実情である。
　「詳密な審理および判決」というわが国刑事司法の特色は，第一審公判にあらわれるだけではなく，控訴審ときには上告審にも見られる。
　これに比し，英米では，周知のとおり，アレインメントの制度があり，被告人が有罪の答弁をすると，公判を開かないで裁判官は刑の言渡しをする。無罪の答弁があって陪審裁判による場合，証人尋問が主となるが（書面の利用は少ない），陪審員の時間的負担や認識能力などへの配慮から，争点はしぼられ，

証人尋問も簡潔に行われる。陪審の評決は，通常有罪・無罪の結論だけで理由を述べない。陪審によらない裁判の場合も，わが国のような詳密な立証や認定はなされない[19]。

ドイツ，フランスでは，わが国の旧法当時と同様，起訴の際起訴状に一件記録が添付されて裁判所に提出され，裁判長は，公判において証人等を尋問しまたは訴訟指揮を行うため，事前にこれらを読むが，公判では証人等の尋問が行われ（ドイツでは，一件記録が直ちに証拠となるわけではない――ドイツ刑事訴訟法250条――から，書面の利用は少ない。），職権主義であるから，裁判長が尋問し，当事者の尋問はあまりなされない。事実認定も概括的なところで済ませるようである[20]。

4 まとめ

わが国の刑事司法（捜査・公訴・公判）を諸外国のそれと比較すれば，「統一性のある官僚組織により運営され，十分な捜査を基に検察官は慎重に起訴をし，裁判所は詳密な審理および判決をしている」ところに特色がある，と結論づけられよう。

もとより，わが国刑事司法の特色がこれに尽きるというわけではない。このほかにも，副次的には，たとえば，「書面主義」とか「書面尊重主義」とでも称しうる特色を指摘することができる。前に述べた，捜査段階における大量の書類の作成，公判における書証の多用（活用），念入りな公判調書の作成とその利用，判決書の作成に多大の努力が傾注されていること……。これらは，正しく，わが国の刑事司法が「書く司法」であることを示している。また，公判

---

[19] 英米の公判審理の実際については，島田仁郎「欧米における公判審理の実際(1)英国」熊谷弘ほか編『公判法大系Ⅱ』（日本評論社，1975）27頁以下，敷田稔「欧米における公判審理の実際(2)米国」同書52頁以下，B・J・ジョージ（田宮裕訳）「日米刑事訴訟の比較研究」ジュリ280号49頁以下，281号51頁以下，282号48頁以下，ローク・M・リードほか・前掲注16）233頁以下，佐野ほか・前掲注11）7頁以下など参照。
[20] ドイツ，フランスの公判審理の実際については，井戸田侃「欧米における公判審理の実際(3)西独」熊谷ほか編・前掲注19）『公判法大系Ⅱ』63頁以下，田中輝和「西ドイツ刑事公判の一事例」斎藤忠昭弁護士追悼『人権と司法』（勁草書房，1984）199頁以下，佐野ほか・前掲注11）8頁以下，大谷直人ほか「座談会・刑事訴訟の当面する諸問題(3)」法の支配49号33頁，43頁以下，澤登ほか訳・前掲注5）496頁以下など参照。

が連日開廷ではなく開廷間隔があくという点も，諸外国と比べた顕著な特色ということができよう[21]。

更にまた，わが国の捜査・公訴・公判を通じての特色を，「精密司法」と表現する見解も有力である[22]。

第3　わが国刑事司法の功罪

1　評価の視点

さて，右に述べたような特色を持つわが国刑事司法をどのように評価すべきであろうか。前に触れたように，一方で，肯定的・楽観的な評価があり，他方では，否定的・悲観的な評価が下されている。問題は第一に，評価の視点にある。評価の視点を西欧先進国の刑事司法すなわち西欧の文化的水準に置き，これとわが国刑事司法との落差を測定するのも，ある意味では日本の伝統的な手法かも知れない。しかし，ここでは，刑事訴訟法1条を手がかりにして，今少し具体的な視点を見い出し，これによってわが国刑事司法の評価をしてみたいと思う。

同条は，刑事訴訟法の目的が，「刑事事件につき，公共の福祉の維持と個人の基本的人権の保障とを全うしつつ，事案の真相を明らかにし，刑罰法令を適正且つ迅速に適用実現する」ことにある旨を宣明している。

「事案の真相を明らか」にするというのは，いわゆる実体的真実主義のことである。実体的真実主義については批判があるが[23]，刑事訴訟は公益に関するものであり，真に有罪の者が処罰を免れたり，真に無実の者が処罰されることは正義に反するから，実体的真実主義を排斥ないしタブー視すべきではない。石は水中に沈み，木の葉は水面に浮くのが望ましいのであって，沈んだも

---

21)　田宮裕「刑事訴訟法の日本的特色」佐々木史朗ほか編『刑事訴訟法の理論と実務』別冊判タ7号10頁以下．
22)　松尾浩也『刑事訴訟法(上)』(弘文堂，1991) 16頁，同「刑事訴訟法の三〇年」判タ365号45頁，同「刑事手続の日本的特色について」研修391号46頁，松尾浩也ほか編『刑事訴訟法を学ぶ』(有斐閣，1977) 40頁以下．
23)　松尾浩也『刑事訴訟の原理』(東京大学出版会，1974) 90頁以下，田宮裕『刑事訴訟とデュープロセス』(有斐閣，1972) 29頁以下，毛利・前掲注2) 8頁以下など．

のを石，浮いたものを木の葉と観念するのは[24]，刑事訴訟の生命を損なう考え方である。だが，問題は，実体的真実主義を過度に強調することにある。この主義は，すでに，挙証責任（疑わしきは罰せず），判決の確定ないし既判力などによって制限されており，また，次に述べる，刑事訴訟法の他の目的によっても制限されることを十分に認識すべきである。最高裁の判決も，「事案の真相の究明も，個人の基本的人権の保障を全うしつつ，適正な手続のもとでされなければならないもの」である旨を明らかにしている[25]。

次に，刑事訴訟法が訴訟関係人ことに被疑者・被告人の人権の尊重ないし適正な手続の保障を目的としていることも論をまたない。

第三に，刑罰法令の迅速な適用実現が刑事訴訟法の目的の一つであることが明らかにされている。「迅速な裁判」は，被告人の権利・利益（憲法37条1項）であると同時に刑事訴訟の公共的見地からも要請される（早い処罰の確保）。「迅速な裁判」の二面性に関し，前者の側面は，審理が著しく遅延して，被告人の権利が害せられたと認められる異常な事態が生じたときは，その審理を打ち切って被告人を救済することができるとした最高裁の判決により，後者の側面は，被告人の留学の便宜を考慮して五年後に判決宣告をしようとするのは，迅速裁判の要請に反するとした最高裁の判決によって明らかにされている[26]。

刑事司法制度がこれら刑事訴訟法の目的に合致するとき，その制度は高い評価を受けるであろうし，逆の場合は低い評価を受けることになる。また，司法制度は，なるべく少ない費用と労力で運営される方が望ましいこともたしかである。費用と労力は，時間すなわち迅速さと併せて，効率性と呼ぶことができよう。

結局のところ，わが国刑事司法を評価する視点としては，実体的真実主義，基本的人権の尊重ないし適正な手続の保障および効率性の三つをあげることができる。

そこで，以下では，わが国刑事司法の特色を右の三つの視点を柱として考察

---

24) 佐藤欣子『取引の社会』（中央公論社，1974）31頁。
25) 最一小判昭53.9.7刑集32巻6号1672頁，判タ369号125頁。
26) 最大判昭47.12.20刑集26巻10号631頁，判タ287号165頁，最大決昭37.2.14刑集16巻2号85頁。

し，その功罪を具体的に評価してみたい。

2 具体的評価

(1) 「統一性のある官僚組織」について

統一性のある官僚組織による刑事司法の運営は，刑事司法の効率化に資するところが大きい。また，統一性のある組織による運営は，当然，統一性のある事件処理を生みだし，手続のあらゆる段階で処理の平等を確保することにも資する（警察の全国的に統一された検挙方針，検察官の起訴，不起訴基準の統一化，あるいは，裁判官の「量刑相場」など[27]）。これは，制度の功というべきであろう。たとえば，公訴に関し私人訴追主義をとれば，訴追の有無が被害者の私情その他の偶然に委ねられることが多く，国民全体について公平で統一のとれた司法的処置がとりにくい危険性がある[28]。しかし，わが国のように，国家訴追主義をとると同時に公訴を統一性のある組織に属する検察官に独占させる制度（起訴独占主義）であれば，訴追の効率性と共に統一性が保たれ，処理の平等が確保される。

次に，「官僚司法」の罪として，とかく人権尊重よりも秩序の維持に重点が置かれ誤判を起こしかねない，と指摘されることがあり，誤判防止のため公判における民衆参加とくに陪審制度の採用が主張される。このような主張をどう受けとめるべきであろうか。

周知のとおり，わが国でも，かつて陪審法が施行されていたが（大正12年公布，昭和3年から施行），昭和18年その施行が停止されて今日に至っている。停止に至る事情すなわち陪審裁判不振の原因についてさまざまな理解がある[29]ことからわかるように，わが国の国民性を所与のものとして向後の陪審制度の導入を否定するのは短絡に過ぎよう。さりとて，「冤罪防止の決め手としての陪審裁判」というスローガンの下にその導入を肯定するのも単純に過ぎ

---

27) 鈴木義男『刑事司法と国際交流』（成文堂，1986）31頁以下，51頁以下参照。
28) 伝統的に私人訴追主義をとるイギリスにおいてすら，訴追の統一性を図るため，近時，警察による訴追に代え，検察官制度が導入されたことは注目に値する（米澤慶治「イギリスの犯罪訴追法案について」判タ544号31頁以下参照）。
29) 浦辺衞『わが国における陪審裁判の研究』司法研修所調査叢書9号2頁以下，116頁以下参照。

ると思われる[30]。陪審制度の導入は，公判運営の方法，事実認定のあり方，上訴制度ひいては刑事裁判の理念の変革を伴うから，導入の是非は，結局のところ，わが国刑事司法全体につき現状の変革を必要とするか否かの議論と切り離して論ずることはできない。

換言すれば，「官僚司法」という特色は，わが国刑事司法の他の特色——「慎重な起訴」，「詳密な審理および判決」，書面主義，非集中審理など——と分かちがたく結びついており，その変革の是非は，他の特色の功罪と併せて考察するのが相当である。そこで，本稿では，この点を指摘するにとどめておきたい。

(2) 「十分な捜査と慎重な起訴」について

わが国刑事司法のうち公判前の手続すなわち捜査・公訴の段階における右の特色をどのように評価すべきかが，わが国刑事司法の功罪を定める最大の分岐点であろう。

「十分な捜査と慎重な起訴」が，まず第一に，刑事訴訟における実体的真実の発見に寄与していることに異論はなかろう。捜査において良質で豊富な証拠資料が集められ，これらが慎重に吟味されることによって，この段階で実体的真実が確保されるのは，公判の段階における実体的真実発見のメカニズムと同一である。というよりむしろ，「十分な捜査と慎重な起訴」という，諸外国に比べれば肥大化した公判前手続は，実体的真実の発見という理念に基づいて作出されたものと考えることができるのである。そして，刑事訴訟法の目的を実体的真実主義に置く以上，「捜査において実体的真実主義の確保がなく，裁判で実体的真実の発見があり得るか疑問である。また，起訴・不起訴が刑事政策的立場からする国家的決定であるとすると，すでにこの段階で実体的真実の上に立たなければならないのである[31]」。

次に，刑事司法の効率性という視点からすると，「十分な捜査と慎重な起訴」は，その任にある警察官および検察官に多大の労力と時間的負担を負わせているとしても，刑事司法全体の効率性を高めていることに，これまた異論はない

---

30) 棚瀬孝雄「刑事陪審と事実認定」判タ603号13頁以下参照。
31) 平場安治「実体的真実主義と当事者主義」日本刑法学会編『刑事訴訟法講座(1)』（有斐閣，1963）18頁。

であろう。すなわち,「十分な捜査」がわが国の高い検挙率を生みだし,これと「慎重な起訴」が連動して諸外国に類のない高い有罪率を支え,このことが,わが国における犯罪抑止の一つの要因になっているとすれば,わが国刑事司法はきわめて効率性がよいといいうる。また,捜査において事案が十分解明されておれば,後の公判段階で生起する争点は減少し,それだけ公判段階における関係者の労力や時間的負担は少なくなる。取調べを通じて被疑者が全面的に犯行を自白している事件であれば,このことは,なおさらである。わが国の公判前の手続は,被疑者の取調べ——その結果としての自白という過程を含むことによって,訴訟事件の大部分を非訟化する作用を果たしているともいえるのである。しかも,争いのない事実および自白事件では,捜査段階ですでに作成ずみの各種の書面が公判で証拠として用いられるから(刑事訴訟法326条),逐一人証によって立証する手間が省け,迅速な裁判も達成できるわけである。

更に,検察官の起訴,不起訴の決定は,先に述べたように,慎重になされているから,犯罪の嫌疑につき疑念の残る事件は大部分この段階でふるい落とされていることにも注目すべきである。検察官のこのようなふるい分け機能すなわち「スクリーン制度」が被疑者を刑事手続の負担から早期に解放すると同時に裁判の効率化に資していることは,「スクリーン制度」がない民事裁判の現状と比べれば,自ずと明らかである。実務家が「あっさりした捜査とおおらかな起訴」という提言に対し容易に賛同しないのは,検察官の「スクリーン制度」の現実的効用を否定しがたいからである。

だがしかし,楯にはすべて両面がある。実体的真実主義を理念とする「十分な捜査」は,勢いのおもむくところ,手続の適正さに対する配慮を欠き,訴訟関係人ことに被疑者の人権を侵害しかねない危険性をはらんでいる[32]。とくに,わが国の「十分な捜査」は,前に述べたように,被疑者の取調べを重視するから,被疑者なかんずく拘束された被疑者の取調べに苛酷さを伴いがちである。これは,わが国刑事司法の罪にあたるものであろう。

32) 松尾浩也『刑事訴訟法(上)』(弘文堂,1979) 16頁,三井誠「刑事訴訟法施行30年と『検察官司法』」佐々木ほか編・前掲注21) 40頁,藤野英一「わが国における刑事訴訟法運用の動態について」岩田誠先生傘寿祝賀『刑事裁判の諸問題』(判例タイムズ社,1982) 152頁以下など。

また,「十分な捜査と慎重な起訴」は,わが国の公判前の手続に,当事者一方の訴訟準備およびその開始という域を超えた,より独自のあるいはより完結性のある性格を付与しているわけであるが,このように肥大化した前手続は,その主宰者としての検察の機能を高める[33]一方,弁護の機能を低下せしめているという批判[34],更には,相対的に第一審公判の比重を軽くさせ,公判はあたかも「有罪であることを確認するところである。」という批判[35]がある。
　現行刑事訴訟法の運用が一応定着した昭和30年代のはじめ頃から,学界で捜査構造論が盛んになりいわゆる弾劾的捜査観が主張され,実務ではいわゆる集中審理論が唱導された。前者は拘束された被疑者の取調べを問題の中心にすえ,後者は公判の活性化をめざすものであって,議論の領域を異にするが,私には,両者は同根から派生した議論のように思える。同根とは,先に述べたように,正に「十分な捜査と慎重な起訴」というわが国刑事司法の特色の持つ罪の面への批判である。
　ここでは,被疑者の取調べの問題について,もう少しとりあげておきたい。
　被疑者の取調べに際して暴行や脅迫を行う捜査官はいないものと確信する論者もいるが[36],残念ながらわれわれの実務の経験は,この確信をもたらしてくれない。被告人が公判廷で,捜査官の暴行,脅迫など違法・不当な取調べを訴えて自白の任意性,信用性を争う事例は,今日においても跡をたたない。もとよりこのような訴えが多発しているからといって,違法・不当な取調べが普遍化していると推測するわけではない。多くの事件では,取調べ状況に関する証拠調べの結果,右の訴えは採用されていないのが実情であろう[37]。しかし,中には違法・不当な取調べの疑いが生じ,被告人の訴えを排斥しえない事例があるのも事実である。ここ2,3年の間に公刊された判例集に登載された事例を拾いあげるだけでも,被疑者取調べの際警察官が,暴行,脅迫を加えた疑い

---

33)　三井教授は,検察官の役割の重要性をとらえてわが国刑事司法の特色を「検察官司法」と表現され（三井・前掲注32）38頁以下）,前述の「精密司法」は「検察官司法」の謂ともいえる,とされる（三井誠「刑事訴訟法の課題(下)」ジュリ733号114頁）。
34)　田宮裕「弁護の機能」石原一彦ほか編『現代刑罰法大系(5)』（日本評論社,1983）74頁以下など。
35)　平野・前掲注3）407頁。
36)　米澤慶治「取調べの理論と実務」刑法27巻1号185頁以下など。

がある（大阪地決昭59.3.9刑月16巻3＝4号344頁，大阪高判昭60.9.24判タ589号127頁，大阪高判昭61.1.30判時1189号134頁），別件勾留中の被疑者に対し連日深夜に及ぶ長時間の厳しい追及を継続し，暴行を加えた疑いも強い（旭川地決昭59.8.27判時1171号148頁），連日連夜長時間犯人ときめつけるに近い取調べを行った（東京高判昭58.6.22判時1085号30頁，東京高判昭60.12.13判時1183号3頁），被疑者取調べの際検察官が，大声で怒鳴り，目前にボールペンを近づけた，座っていた椅子をけったなどの疑いがある（東京地決昭59.6.19判タ589号81頁）などと指摘されているのである。これらの事例は，わが国の捜査実務の中で被疑者取調べに伴う苛酷さが完全に除去されていないことを示している。

　これらの事例は例外的かも知れない。しかし，被疑者の取調べが苛酷になりがちな素地がわが国の捜査実務に内在していることに留意しなければならない。真実発見という目的のためには手段を選ばずという弊に陥りやすいこと，被疑者本人の更生のためにも自白が必要であるとの認識が捜査官に強いこと（強制は"愛のムチ"），人は強制されないと真実ではあるが自己に不利な供述をしないという捜査上の"経験則"の存在等々……。

　もっとも，わが国の捜査実務において，被疑者取調べの適正を確保する要因も少なからず存在する。被疑者から真実の供述を得るには取調官と被疑者との人格的な触れ合いが必要であると強調されていること[38]，警察内部で任意性確保のための教養訓練，上司による指導などが繰り返されていること（犯罪捜査規範164条，165条参照），違法・不当な行為に対する警察内部の監査制度，

37）　捜査段階で自白し法廷で否認するというケースの場合（実務上こういうケースが多い。），被告人側としては，法廷の否認供述と矛盾する捜査段階の自白の証拠能力を極力争わなければ，否認供述が生きてこない。そのためには，"強制された自白"という主張が一つの典型的な争い方になる。"任意に虚偽の自白をした"というのは説得力が乏しいからである。

38）　出射義夫『犯罪捜査の基礎理論』（有斐閣，1952）341頁，米澤・前掲注36）185頁，綱川政雄『被疑者の取調技術』（立花書房，1977）42頁以下など。
　ちなみに，被疑者の取調べに関し「人格の力」，「誠心誠意」，「良心」，「ざんげと更生」などという倫理的要素が強調され，公判において「被告人の納得」という情緒的要素が重視されるのも，わが国刑事司法の特色といえようか。
　なお，被疑者取調べをめぐる警察官の意識と行動については，宮澤節生『犯罪捜査をめぐる第一線刑事の意識と行動』（成文堂，1985）235頁以下が貴重な資料である。

そして，刑事訴訟法上の自白法則および準起訴手続並びに民事法上の損害賠償[39]等々……。

最近では，被疑者取調べに際し，テープレコーダーの導入[40]，弁護人の立会い[41]など適正確保のための諸方策が具体的に提言されているが，ここでは，検察官の役割を強調しておきたい。検察官は法律専門家であり，捜査に直接関与し，かつ起訴，不起訴を決定する権限を有しており，また，いわゆる客観義務を負っている。検察官のこの地位・権限および性格は，捜査段階における違法・不当な行為を防止する役割を検察官に付与するのに適していると考えられる[42]。

上級審で無罪となった重大事件，相次ぐ再審事件からの教訓として，見込み捜査と苛酷な被疑者の取調べが冤罪の一原因であるとの指摘がしばしばなされている。また，糾問的な被疑者の取調べの下に高い有罪率という花が咲いているという見方もある[43]。真実の解明を目的としたはずの被疑者の取調べによりかえって真実を見失うという皮肉な結果を生まないためにも，取調べの適正の徹底が望まれる。

(3) 「詳密な審理および判決」について

「詳密な審理および判決」が実体的真実主義に適合していることは明らかである。豊富な証拠を取り調べこれを仔細に評価することによって実体的真実に近づくことができるからである。アメリカの刑事法学者が，「私が無実で刑事訴追を受けたとしたら，アメリカの裁判官や陪審によるよりは日本の裁判所で審理を受けるほうを選ぶであろう（しかし，逆に実際に罪を犯している場合であれば，無罪になるチャンスは，アメリカの法廷のほうが高いであろう。）」と述べて

---

39) ここ3, 4年の間に，捜査官の行った被疑者の取調べに違法があったことをも理由に損害賠償が認容された事例としては，佐賀地判昭58.12.16判時1100号20頁，東京地判昭59.6.29判時1122号34頁などがある。
40) 渡辺保夫「被疑者尋問のテープ録音制度」判タ608号5頁以下など。
41) 被疑者の取調べにおける弁護人の立会権については，石井一正「自白の証拠能力」判タ470号25頁以下および同掲記の文献参照。
42) 松尾浩也『刑事訴訟の原理』（東京大学出版会，1974）262頁，鈴木茂嗣「捜査の本質と構造」石原ほか編・前掲注34) 130頁以下など参照。
43) 平野龍一ほか「座談会・刑事裁判の実態」自正38巻2号12頁。

いる[44]のは、誠に示唆的である。わが国の刑事裁判が実体的真実の発見に優れているということは、制度の長所であり、功である。

しかし、ここでも、一つの制度には楯の両面があり、その功と罪は背中合わせである。詳密な審理および判決をしようとすれば、当然のことながら、ある程度時間がかかるから、「詳密さ」が裁判の遅延をもたらしかねない[45]。また、「詳密さ」は訴訟関係人に多大の労力的負担を負わせることにもなる。すなわち、制度の効率性を害する。これが、「詳密な審理および判決」の罪の面である。

裁判の遅延についていえば、自白事件では、前述のとおり、書証の利用により「詳密さ」と「迅速さ」は、それほど矛盾しないが[46]、否認事件ことに複雑困難な否認事件では、詳密な証拠調べとくに証人尋問の長期化が迅速な裁判の大きな障害となっている。このことは、従前から指摘されているし[47]、われわれの実感でもある。

また、関係者の労力的負担についていえば、「詳密な審理および判決」が関係者の勤勉さと心身共の大きな負担によってカバーされていることは明らかである。このことは、たとえば、膨大な訴訟記録に基づいて緻密かつ長大な判決を書かなければならない裁判官の苦労を推察して頂ければ、十分である。

そうだとすると、われわれは、「詳密な審理および判決」というわが国刑事公判の特色を一応維持しながらも、その「詳密さ」の中味を今一度見直し、「詳密さ」の度合いをある程度減じていく方向を探らなければならないと思う。すなわち、審判に必要な「詳密さ」と不必要ないし不必要といえぬまでも必要性の程度の低い「詳密さ」を選り分け、後者を切り捨てることが肝要である。このようにして公判が肥大化するのを防止し、真実の発見と制度の効率性とのほどよい調和を図ることが今後の重要な課題であろう。

---

44) B・J・ジョージ・Jr.「比較法的見地から見た日本の刑事訴訟法」ジュリ551号162頁以下。
45) 大久保太郎「訴訟促進の難しさ」石原一彦ほか編『現代刑罰法大系(6)』(日本評論社、1982) 70頁以下、鈴木義男『刑事司法と国際交流』(成文堂、1986) 26頁以下など参照。
46) 反面、書証の多様とその証拠調べの簡略化は「書面主義」とか「書証裁判」という批判を受けている(三井誠「刑事裁判の理念と現実」ジュリ875号160頁以下参照)。
47) 金谷利廣「第一審公判の運用」熊谷ほか編・前掲注19) 16頁など。

訴訟の追行を当事者に委ねている現行刑事訴訟法の構造（当事者主義）を前提にして右の課題を解決するためには，裁判所の的確な訴訟指揮もさることながら，訴訟関係者にたとえば次のような事項についての共通の理解が育たなければならないし，協力も必要であると考える。

(一) 刑事裁判は，被告人が起訴事実につき有罪か無罪かを決め，有罪であれば刑を量定する手続であって，それ以下のものではないしそれ以上のものでもないということ。政治や運動の当・不当，主義主張の正当性などはもともと裁きようがないのである。刑事裁判に刑事事件の解決という機能を超えた別異の社会的機能を賦課するのは邪道である[48]。

(二) 「関連性」は，証拠調べの必要性や尋問・陳述の相当性を判断する際に有用な概念であり，関連性のない証拠を取り調べないことによって，証拠調べの拡散化を防止する機能を有する。ある事実の存否が当事者間で争われたとしよう。その事実の存否が争点の判断に影響を及ぼさなければ，その事実は関連性がないから，その存否に関する，証拠調請求は必要性を欠くものとして却下すべきであるし，尋問・陳述は制止されなければならないはずである（刑事訴訟法295条）。このことはきわめて明らかであるが，実務上必ずしも徹底して実践されているわけでもないように見受けられる。その原因は，おそらく，関連性について裁判所および当事者間で深く検討する機会を経ないまま当事者主義にのっかって証拠調べが先行してしまうところにあると思われる。しかし，このようなやり方では，結果的に無駄な証拠調べを重ねるおそれがあり，これに費やした裁判所および当事者の労力，時間は大きな損失となる。

そこで，裁判所がある事実の存否の関連性に疑問を持った場合，裁判所は関連性につき反対当事者の意見を聞くのはもちろん，その事実の立証を求める当事者に対し率直に疑問を投げかけ，関連性について納得がいくまで釈明を求める措置をとることが必要である。換言すれば，関連性に疑問がある場合，証拠調べの前に関連性についての弁論を尽くす機会を設けるべきである。これによって，関連性についての裁判所の疑問が氷解する場合もあるし，逆に立証を求める者の方が関連性がないことに納得する場合も少なくない。

---

48) 田宮裕『刑事訴訟とデュープロセス』（有斐閣，1972）9頁。

「関連性」は，事件の争点に関する証拠調べを規制するだけではなく，証拠の証明力に関する証拠調べ，情状に関する証拠調べをも規制する。たとえば，証人の供述の信用性に関する尋問は，事件の争点に関する尋問に比べると，多岐にわたることは否めないから，反対尋問における関連性の判断は，主尋問の場合よりも寛大でなければならないと説かれている。しかし，証人の供述の信用性に関する尋問であっても，関連性のある事項には自ずから限界があり（刑事訴訟規則199条の6参照），信用性の判断にほとんど影響がない尋問は，やはりすべきではない。また，罪体に関する証人の尋問の際併せて情状に関連する事項として事件の経緯や背景事情について尋問されることがあるが，情状の尋問であっても，関連性のある事項は自ずから限界があるし，その程度や量は，罪体に関する立証と差があることに留意すべきである。

　㈢　刑事裁判のありようを批判する視座として，「被告人の納得」ということがよくいわれる。被告人が適正な手続を経て適正・妥当な裁判を受けたことを「被告人が納得した」といい，これに反した裁判を受けたことを「被告人が納得しない」というのであれば，「被告人の納得」こそ刑事裁判のかなめということになる。だが，「被告人の納得」というとき，右の意味を超えて，もう少し情緒的・主観的な被告人の心情を意味することが多い。たとえば，“いいたいことを十分にいわせてもらった”という満足感，“沢山の証拠調べをしてもらった”という感謝の気持ち等々……。被告人が，適正な手続を経て適正・妥当な裁判を受けたという客観的な結果のほかに，右の意味での「納得」をもしてくれるならば，訴訟関係者の喜びは，これに過ぎるものはない。したがって，訴訟関係者は被告人の心情にも相応の心くばりをしながら，訴訟を進めているというのが実情と思われる。

　だが，被告人の右の意味での「納得」は，かなり主観的・個別的なものであるから，刑事裁判を批判する視座としては不適当であり，また，この意味での「納得」を強調すると，「関連性」，「重複」などを理由とする証拠調べの規制を弱めさせ，不必要な「詳密さ」にかたむくおそれがある。

　たとえば，被告人に法廷で十分述べたという満足感を与えるために，被告人質問においてすでに証拠調べずみの被告人供述調書の内容と同じ事項を同じ順序で質問していくという方法が時折見かけられるが，重複証拠という点で問題

があるし，効果も少ない。また，証人尋問において主尋問での問いをほとんどそのまま繰り返す反対尋問，あるいは関連性の乏しい事項を根ほり葉ほり聞く尋問が少なくないが，これらの尋問は，被告人に沢山の尋問をしてもらったという満足感を与えることはあっても，重複尋問，関連性という点で問題があるし，無意味である。

判決の「詳密さ」の低減ということも，今後は十分考えねばならぬことであるが，紙数も尽きているので，ここではとりあげない。

3 評価のまとめ

わが国の刑事司法は，実体的真実主義によく適合し，複雑困難な否認事件の公判を別にすれば，おおむね効率よく運営されているが，公判前の段階における人権の尊重ないし適正な手続の確保，検察，弁護，裁判の各機能のバランス等に問題を残す，と評価しえよう。全体として高く評価するか低い評価を下すかは，いうまでもなく，わが国刑事司法の功の面を強調するか，それとも罪の面にスポットをあてるかによる。

第Ⅰ部　刑事司法全般

第2章　わが国刑事司法の改革とその変容

第1　はじめに

　筆者は，かつて，「わが国刑事司法の特色とその功罪」と題した論稿（以下，「旧論稿」という）を公にした。この論稿は，昭和62年12月に司法研修所が創立40周年を記念して発刊した司法研修所論集の特集号（79号）に登載された。旧論稿の「はじめに」に触れておいたように，筆者自身も，任官して25周年を迎え，刑事司法に関するある程度の知識と経験を積み，大阪地裁の総括裁判官として刑事裁判の裁判長を勤めていたころに執筆したものである。
　このような大それたテーマを選んだ理由も，旧論稿の「はじめに」に書いたように，当時わが国刑事司法の特色論が盛んであり，その特色の把握については，論者によりそれほどの差異がないにもかかわらず，その評価については，極端な差異があった。「アズ・ナンバーワン」と言わんばかりの肯定的・楽観的な評価がある一方，「奇型の定着」とか「かなり絶望的である」という否定的・悲観的な評価が下されており，実際に刑事裁判に携わっている者としては，そのような事象に違和感を覚えたからである。もっと言えば，評価の差異は，論者の有する評価の基準の差異によるのではないかという疑問を持っていた。
　例えば，英米の刑事司法の在りようを是とし，これとわが国刑事司法を比較し，それと異なっている部分は，わが国刑事司法の劣っている部分あるいはその負の部分（いわば「罪」）であるという基準に立って評価をすれば，わが国の現行刑事訴訟法は，戦後英米法とりわけ米法の強い影響を受けたと言われるにもかかわらず，刑事司法の基底にある理念ないし実際に現出した状況は，英米のそれと「似ても似つかぬ」独自のものであり，旧法と連続しているこの独自なものこそ日本的特色であるとされるのであるから，このような特色を持つわが国の刑事司法に対し，否定的・悲観的評価が下されやすいであろう。
　そして，わが国の諸制度を英米など先進国のそれと比較してその差異を指摘し，この差異をわが国の負の部分と認識して，これを克服し，先進国に「追い

つき，追い越す」ことをいわば国是とする手法は，わが国の伝統的な発展方法であったと思えるだけに，この評価基準は相当多くの人の共感を呼び，かつ，支持されたと思えるのである。

これに対し，例えば，実体的真実主義の貫徹を評価の基準とすれば，わが国刑事司法と諸外国とりわけ米国のそれとの違いの根幹にあるものがこれであることは，日本の研究者や実務法曹から指摘されているだけではなく，米国の刑事法研究者からも指摘されており，かつ，旧論稿において指摘した，わが国の刑事司法の特色の基底にあるものが実体的真実主義の貫徹にあることは容易に看取できるから，このような特色を持つわが国の刑事司法に対し，肯定的・楽観的な評価が下されやすいと言えよう。

そして，わが国における実体的真実主義は古い歴史を持ち，国民もまた刑事司法に真相の究明を求めていると言われているから，この主義の貫徹を評価の基準とする手法もまた有力であると思えるのである。

しかし，一国の刑事司法の評価は，もっと複合的な視点から，そして，より客観的な基準により評価すべきではないかというのが，旧論稿執筆当時の筆者の発想であった。そこで，旧論稿の「評価の視点」に記載したように，刑事訴訟法の目的を明らかにしている同法1条を手がかりにして，「実体的真実主義」，「基本的人権の尊重ないし適正な手続の保障」及び迅速さなど「効率性」という三つの視点を基準として，わが国刑事司法の特色を評価しようとしたのである。

私が旧論稿において，諸外国と比較してわが国の刑事司法の特色として指摘したのは，「統一性のある官僚組織」により刑事司法（捜査・公訴・公判）が運営されており，一般市民の関与が排除されていること，起訴に至る手続の理念として「十分な捜査と慎重な起訴」が求められていること，起訴後の公判においては「詳密な審理及び判決」が行われていることの三つであった。

そこでも指摘したように，わが国刑事司法の特色がこれに尽きるというわけではない。書面の作成及び利用に精力が費やされていること（「読み書き司法」），連日開廷ではなく開廷間隔があいていること，あるいは，被告人の「反省・謝罪」や「納得」の強調に代表されるように主観的・情緒的要素が強いことなどなど……である。これらの特色は，前記の三つの特色と分かちがたく結

びついているものもあるし，更には，わが国の教育や国民性につながっているものもあろう。

　しかし，わが国刑事司法の特色として，前記の三つの項目が基本的で重要なものであることに異論はないと考えていた。そして，このような特色自体は，既に多くの研究者や実務法曹によって指摘されており，「精密司法」（松尾教授）あるいは「検察官司法」（三井教授）などという著名な言葉で表現されていたものと重なるものである。

　旧論稿を公にしてから既におよそ四分の一世紀が経過した。当然のことながら，この間わが国の刑事司法は変容している。とりわけ，近年の相次ぐ立法により，わが国の刑事司法に大きな改革がなされるに至った。周知のように，公訴の段階において，(1) 検察審査会の一定の議決（起訴議決）に法的拘束力が認められたこと（起訴強制），公判の段階において，(2) 一般市民が一定の重大事件の審理及び判決に参加するようになったこと（裁判員制度），また，裁判員制度の導入と連動して刑事訴訟法が改正され，公判前整理手続が新たに設けられ，そこにおける証拠開示が明文化されたこと，(3) 犯罪被害者等が，一定の範囲で刑事手続に直接参加することが認められたこと（被害者参加），更には，(4) 起訴前の国選弁護制度が導入されるなど弁護体制の充実が図られたことなどである。

　筆者は，かつてある雑誌から巻頭言の寄稿を求められ，これらの立法を視野に入れると，現在は「刑事司法大変革の時代」であると論じたことがあった（現刑 2004 年 12 月号）。当時はまだ裁判員裁判が実施されていなかったが，現実にこれが各地の裁判所で行われて既に 2 年余りが経過し，相当数の裁判員裁判が実施された今となっては，ますますその感が深い。

　旧論稿の補筆の趣旨で，これらの改革が，前に指摘したわが国刑事司法の特色にどのような変容をもたらすのか，ということをここで少しく論じてみたい。もっとも，本稿では，先に掲げた改革のうち，(1) (2) 及び (3) について論じ，(4) については，他の機会に譲り，末尾に簡単に触れる程度にしておきたい。

　なお，これらの改革は未だ動き始めた段階であるから，わが国の刑事司法にどのような変容をもたらすかは，定かでないところも少なくない。それにして

も，ある程度の予測は可能であると考えている。

第2　検察審査会の議決の法的拘束力（起訴強制）について

1　検察審査会制度の改革とその経緯

(1)　改革の内容

　平成16年の検察審査会法の改正[1]により，検察審査会の一定の議決（起訴議決）に拘束力が認められるに至った。すなわち，検察審査会が起訴を相当とする議決（同法39条の5第1項1号）をした場合，検察官はこの議決を参考にして公訴を提起すべきか否かを検討しなければならないのであるが（同法41条1項），検察官が再度公訴を提起しないとの処分をしたときにはこれを検察審査会に通知し（同法41条3項），通知を受けた検察審査会としては，申立人がこれに不服がない旨の申告をしない限り（同法41条の3），当該処分の当否の審査を行わなければならず（同法41条の2第1項，なお，検察官が一定期間内にこの通知をしなかった場合も同様であることにつき，同条2項），審査を行った結果再び起訴を相当と認めるときには，起訴をすべき旨の議決（起訴議決）をするものとされている（同法41条の6第1項）。そして，起訴議決をしたときには，議決書を作成してこれを管轄地方裁判所に送付し（同法41条の7第1項，3項），この送付を受けた裁判所が，公訴の提起及び維持など検察官の職務を行う弁護士を指定し（同法41条の9第1項），指定弁護士は，被疑者の死亡や刑の廃止・大赦など訴訟条件が欠けていることが明らかである場合を除き，速やかに，公訴を提起しなければならないのである（同法41条の10第1項）。指定弁護士は補充的な捜査を行うことはできるが，自らの判断で改めて起訴・不起訴を決定することはできず，起訴議決に拘束されることになる（起訴強制

---

[1]　検察審査会法の改正の概要及び経緯については，辻裕教『裁判員法・刑事訴訟法（司法制度改革概説6）』（商事法務，2005）54頁，伊藤栄二「検察審査会法の改正について」現刑2004年11月号56頁，同「検察審査会法改正の経緯及び概要について」ひろば2009年6月号19頁など参照。改正法の逐条解説としては，辻裕教「刑事訴訟法等の一部を改正する法律（平成16年法律第62号）について(4)・完」曹時58巻8号31頁，落合義和ほか『刑事訴訟法等の一部を改正する法律及び刑事訴訟規則の一部を改正する規則の解説（新法解説叢書21）』（法曹会，2010）321頁がある。

あるいは強制起訴)[2]。

ただし，起訴議決の慎重を期すため，起訴議決をするには，検察審査員の過半数ではなく，8人以上の多数によらなければならない（同法41条の6第1項，なお，起訴を相当とする議決についても同様であることにつき，同法39条の5第2項）。また，再度の審査をするに当たっては，弁護士の中から委嘱された審査補助員（同法39条の2）の法律に関する専門的な知見をも踏まえつつ行わなければならないし（必要的委嘱，同法41条の4），検察官に対し検察審査会議に出席して意見を述べる機会を与えなければならない（同法41条の6第2項）。

(2) **改革の経緯**

検察審査会制度は，周知のように，戦後の司法改革の際はじめてわが国に創設されたものである（昭和24年発足）。すなわち，戦前の検察官制度に批判的であった連合国側（主としてアメリカ側）から「検察の民主化」のため検察官の公選制や英米の大陪審制度の導入などが提案されたが，日本側はこれらの制度が国情に合わないとして受け入れず，結局，検察官適格審査制度及び検察審査会制度を創設してこの問題を収束したのである[3]。

旧論稿において指摘したように，検察審査会は英米の大陪審（起訴陪審）にヒントを得て，検察官の「公訴権の実行に関し民意を反映せしめてその適正を図るため」（同法1条1項）設けられたもので，公訴に関する唯一の国民参加であった。しかし，審査の対象が不起訴処分に限られている点（同法2条1項1号）とその議決に直接の効力がない点（改正前の同法41条）において，英米の大陪審（起訴陪審）に比べ，国民参加の形態として十分なものではなかった。すなわち，検察審査会制度が創設されても，私人訴追を許さず，「公訴は，検

---

[2] したがって，公訴時効が完成しているか否か，裁判権の有無などについて前提となる事実あるいは法律解釈に争いがあって，訴訟条件が欠けていることが明らかでない場合は，指定弁護士は公訴を提起しなければならないことになる。現に，既に起訴済みの明石花火大会歩道橋事故に関する業務上過失致死傷罪事件では公訴時効が完成しているか否かという法律問題が含まれている。

なお，指定弁護士の役割・権限等については，伊藤栄二「検察審査会制度における指定弁護士の役割・権限等について」植村立郎判事退官記念論文集『現代刑事法の諸問題(2)』（立花書房，2011）343頁が詳しい。

[3] この問題に関する日本側とGHQ側との折衝経緯については，出口雄一「検察審査会法制定の経緯―― GHQにおける議論を中心に」ひろば2009年6月号12頁など参照。

察官がこれを行う」（刑訴法247条）というわが国の公訴に関するたてまえ（国家訴追主義あるいは起訴独占主義）は崩されなかったのである[4]。

もっとも、だからといって、検察審査会の国民参加の意義やその果たしてきた役割を軽視することはできない。

検察審査会は全国の地方裁判所及びその主要な支部に設置され（現在総数165）、管轄区域内の衆議院議員の選挙権を有する者の中からくじで選ばれた11名の一般市民が、全国津々浦々において、検察官の公訴権の行使に民意を反映させてきたのである[5]。検察審査会が発足以来処理してきた事件数（被疑者の延べ人員数）は15万件を超え、これに従事した検察審査員（補充員を含む）の総数は50万人を超えるというから、検察審査会は国民の一大司法参加といっても過言ではない[6]。

現在でも、毎年2,000件を超える事件が受理されており（ただし、地域差がはなはだしく、東京、大阪など大都市の検察審査会と地方の裁判所ないし支部所在の検察審査会とは受理件数に著しい差異がある）、「起訴相当・不起訴不当」との議決があった事件も発足以来17,000件を超え（既済事件総数の11％程度）、そのうち検察官が起訴した事件数は、比率こそ低いものの（昭和24年から平成21年までの起訴率8.5％、ただし、近年の起訴率は20ないし30％）、総数からすれば相当数の事件が実際にも議決どおり起訴され、しかもそのほとんどが有罪判決で終わっているのである（有罪率約94％。ただし、無罪率約6％は、通常の起訴による事件の無罪率よりも相当高い）。また、結果的には検察官が不起訴を維持する場合でも、慎重な再捜査・再判断を経て行われている。このように、検察審査会の議決は、改正前においても、実は、大きな役割を果たしていたのである。

---

4) 戦後の刑事訴訟法改正作業において、私人訴追の導入も若干検討されていたとのことである（渡辺咲子「制定過程から見た現行刑事訴訟法の意義と問題点」ジュリ1370号40頁）。
5) 検察審査会の所管事項は、不起訴処分の当否の審査のほか、検察事務に対する建議又は勧告があり（検察審査会法2条1項2号）、前者の事項に比して事例は多くないが、それでも現在までに相当数に達している。司法統計によれば、昭和24年から平成21年までの建議・勧告総数は543件である（最高裁判所事務総局刑事局「平成21年における刑事事件の概況(上)」曹時63巻2号203頁。なお、本文に記載した以下の統計もこれによる）。
6) 検察審査員を経験した人たちは、「検察審査協会」を結成し、多年、会誌を定期的に発行しあるいは講演会を開催するなどして検察審査会の啓蒙活動を続けている。

検察審査会には，検察審査員の審査を補助するため，事務局が設置され，事務局長以下の職員で構成されており，これらの職員は身分上は裁判所の職員として地方裁判所所長の指揮監督下にあるのだが，検察審査会の事務については，検察審査会長の指揮監督を受けてその事務をつかさどり，また，検察審査会の審査は独立かつ非公開で行われており，所長や裁判官が審査会議に出席しあるいは審査に関与することはまったくない（検察審査会法3条，19条，20条，26条）。

　検察審査会は，検察庁から送付された一件記録を検討して不起訴処分の当否を検討するが，審査のため必要があれば，公務所又は公私の団体に照会して必要な事項の報告を求めることができるほか，審査申立人及び証人を呼び出して尋問することも可能である（同法36条，37条）。

　とはいっても，検察審査会の議決に法的な拘束力がないことについては，従来から批判があり，今般の司法制度改革審議会において，検察審査会の一定の議決に基づき公訴が提起される制度の導入が提言され，その意見書をうけて司法制度改革推進本部の下に設置された「裁判員制度・刑事検討会」において，具体的な検察審査会法の改正が審議され，審査補助員制度の新設（同法39条の2）等による審査の充実と合わせて，前述の改革がなされたものである。

　前記審議会及び検討会における議論を振り返ると，検察審査会の当初の起訴を相当とする議決に直接法的拘束力を付与するか（一段階案），それとも改正法のように，検察官の再度の捜査及び処分の再考を経てもなお公訴を提起しなかった場合に検察審査会が再度審査をし，起訴を相当とするときに，その議決に法的拘束力を付与するか（二段階案）という点には，意見が分かれたが，起訴相当の議決に対し，一定の要件の下に法的拘束力を付与すること自体には異論がなかったようである。しかし，起訴議決に法的拘束力を与えることの被疑者に対する負担の大きさ，法律の専門家である検察官が「嫌疑なし」あるいは「嫌疑不十分」と判断した事件を一般市民がこれを覆す判断を良くなしうるのかなどの点について，検討委員会の委員から強い疑義が出され，これらの意見も踏まえて，起訴議決が充実した審査を通じ慎重になされるための法的規制が設けられたことがうかがえるのである。その法的規制としては，前に述べたような特別多数決，審査補助員の必要的委嘱及び検察官の意見の必要的聴取なの

である。

2　検察審査会制度の改革とわが国刑事司法の変容

(1)　「統一性のある官僚組織による公訴」の変容

前述したように，今般の検察審査会制度の改革は，検察審査会の起訴議決に法的拘束力を認めるものの，これに直接公訴提起の効果を与えるものではなく，裁判所から選任され検察官の職務を行う指定弁護士の公訴提起によってその効果を生ずる。この点は，裁判所のする付審判決定と異なる。裁判所が付審判の請求は理由があると認めて付審判決定をすれば，公訴の提起があったものとみなされるのである（法267条，266条2号）。したがって，起訴議決は，私人訴追そのものではない。しかし，前述のとおり指定弁護士は，公訴を提起するか否かの裁量権があるわけではなく，速やかに，起訴議決のあった事件について公訴を提起しなければならないのであるから，実質的には，一般市民で構成された検察審査会の議決により公訴の提起がなされたことと異ならない。起訴強制とか強制起訴と呼ばれるゆえんであり，また，そのような制度構成にしておかないと「公訴権行使の在り方に民意をより直截に反映させる」という司法制度改革審議会の改革意見が実現しないと考えられたのである。

してみると，この制度は，長い間わが国の公訴に関するたてまえであった国家訴追主義に例外を設けたものであり，また，検察官の起訴独占主義に第二番目の例外を設けたものであって（一番目の例外は，前述の付審判決定），画期的なものと評し得よう。

筆者がわが国の刑事司法の特色の一つとして旧論稿で指摘した，「統一性のある官僚組織による公訴」に例外が設けられ，実質的には私人訴追が，部分的にせよ，認められたことになる。

ちなみに，改正法は，裁判員の参加する刑事裁判に関する法律（裁判員法）と同じく，平成21年5月から施行されており，この改正法に基づいて，現時点（平成24年1月）において，既に全国で3件の強制起訴が行われ，そのうち2件については既に公判が始まっている。すなわち，神戸地裁に2件（JR宝塚線脱線事故に関し業務上過失致死傷罪で起訴されたJR西日本の歴代社長3名の事件及び明石花火大会歩道橋事故に関し同罪で起訴された明石警察署元副署長の事件）

及び東京地裁に1件（政治資金規正法違反で起訴された著名な政治家の事件）の事件が係属するに至っている。

　この制度の導入により，裁判員制度と並んで国民の司法参加が進むだけではなく，犯罪被害者の保護にも役立つであろう。既に強制起訴のあった前記3件の事件のうち，神戸地裁に起訴されている2件の事件は，いずれも多数の死傷者が出た事故であり，被害者やその遺族による申立を発端としているだけに，この制度が今後も被害者保護に利用されていくことは容易に洞察できるところである。

(2) 「慎重な起訴」の変容

　旧論稿において，筆者は，わが国の公訴に関する特色として「慎重な起訴」ということを指摘した。この点が，今般の検察審査会制度の改革すなわち起訴議決に法的拘束力を認める制度の導入により変容するか否か。

　まず，検察審査会の起訴議決については，前述のように，充実した審査と慎重な運用が求められている。とはいっても，起訴議決に当たって一般市民である検察審査員に検察官の公訴提起と同じく「有罪の確信」を求めることは困難である。とりわけ，起訴議決の対象となる事件は，再三にわたる捜査を踏まえて起訴するか否かについて検討したにもかかわらず，検察官が「有罪の確信」が得られないとして起訴を見送った事件が主であることに思いを致せば，このことは容易に見通せるところである。また，起訴猶予処分の当否すなわち起訴価値の有無の判断についても，その事件だけを扱う検察審査員に検察官と同じ厳密な判断を求めることは困難であろう。

　そうすると，起訴議決は，検察官の公訴提起と同じ基準で運用されることが期待されているわけではなく，この程度の嫌疑があれば，あるいは，この犯情の事件であれば，検察官限りで事件に終止符を打つのは不相当であって，起訴して裁判所の最終的な判断を求めるのが相当であるという一般市民の常識的な判断基準で運用されることが期待されている制度であると理解すべきであろう。そうすると，強制起訴に限っては「慎重な起訴」というわが国の刑事司法の特色は変容せざるを得ない。

　それでは，この制度の導入が検察官の行う公訴提起に変容をもたらすか。答えは，おそらく「否」であろう。

旧論稿でも指摘したように「有罪の確信」がなければ起訴すべきではないという公訴提起の在り方は，わが国検察の伝統的な考え方であり，長い実務慣行であった。それは，言うまでもなく，公訴提起によって「被告人」という立場に置かれる者の不利益を除去するという極めて正当な根拠に基づいている。加えて，犯罪の嫌疑につき疑念の残る事件を検察官の段階でふるい落とし，公訴提起する事件をしぼることによって裁判の効率化にも役立つという現実的効用も大きい（検察官による「スクリーン制度」）。

わが国でも，昭和30年代にいわゆる弾劾的捜査観の提唱とともに，この「慎重な起訴」のもたらす負の部分（捜査が糾問化するなど公訴提起前の手続が肥大化し，裁判や弁護の機能が相対的に低下し，公判が活性化しないなど）をとらえて，起訴基準の引き下げすなわち「有罪の確信」にまで至らなくても，一応の嫌疑があれば「あっさり起訴」して裁判所の判断に委ねるのが相当であるという提言がなされた。いわゆる弾劾的訴追観の提唱である[7]。しかし，当の検察官はもとより他の実務法曹もこの考え方を受け入れず，加えて，研究者にも賛同する者はほとんどいなかった。「極端に言えば，誰一人賛成しなかった」のである[8]。

「慎重な起訴」の持つ前記メリットを誰しも否定しがたかったからである。そして，この状況はその後もそして現在でも変わっていない。むしろ，昨今の無罪判決で終わった事件についての検察官に対する厳しい批判を考えると，検察官が今後ますます起訴基準を高くして，「より慎重な起訴」という態度を持することはあっても，その逆を想定することはできない。

してみると，今般の検察審査会制度の改革すなわち起訴強制の制度の導入は，検察官の公訴提起の在り方に関する限り，遠い未来はいざ知らず，なんらの変容も与えないという予測ができそうである[9]。

強制起訴の場合は，そこまでの嫌疑の程度は求められないとすると，この手続によって起訴された被告人の公訴提起によるもろもろの負担をどう考えるべきかという問題が先鋭化しかねない。換言すれば，公訴に民意を反映させると

---

[7] 平野龍一「刑事訴訟の促進の二つの方法」ジュリ227号8頁。
[8] 松尾浩也「刑事裁判と国民参加——裁判員法導入の必然性について」曹時60巻9号8頁。

いう国民の司法参加の利点と被告人の人権保障の対立である。既に強制起訴のあった前記三つの事件は，列車事故又は雑踏の中での群集事故に対し関係組織の上位者のどこまでが刑事責任を負うかという困難な事実上・法律上の問題を含み，あるいは，利害を共通する密接な人間集団における共謀の有無という立証上困難な問題を含んでおり，かつ，被告人とされた者は，いずれも再三にわたる捜査を受けその都度不起訴処分になったにもかかわらず，起訴議決により改めて被告人の地位に置かれるだけに，これらの強制起訴に対し，識者の評価が分かれるのも肯けるところである。

後に述べる裁判員制度の評価と同様，強制起訴に対する評価もまた今後の推移に委ねられていると言えそうである。その意味で既に強制起訴されている前記の事件や今後強制起訴される事件の公判の推移及び判決結果が注目される。

第3　裁判員制度の創設と公判前整理手続の導入等について

1　裁判員制度の創設と公判前整理手続の導入等の改革とその経緯

(1)　改革の内容

平成16年に裁判員の参加する刑事裁判に関する法律（裁判員法）が制定され，これにより裁判員制度が創設された。これに関連して同時に刑事訴訟法が改正され，公判前整理手続の導入などがなされた。平成19年には前者の関係についての最高裁判所規則（裁判員の参加する刑事裁判に関する規則）が新たに制定され，後者の関係については，平成17年に刑事訴訟規則が改正されている。また，平成20年には，裁判員法16条8号に規定する「やむを得ない事

---

9) 起訴議決に拘束力が付与されたことが，検察官のする起訴基準の引き下げに働く可能性があるとする見方も有力ではある（三井誠「検察審査会制度の今後」現刑2005年1月号85頁，宇藤崇「検察審査会の役割と制度の概要」ひろば2009年6月号8頁，田口守一ほか「鼎談・刑事司法制度改革の動向」現刑2002年11月号9頁における田口，後藤，椎橋教授らの発言など）。更に，起訴議決に拘束力が付与されたことが，現に検察官の起訴基準を下げる効果を生み出しているという見方もある（福井厚「国民の司法参加と民主主義」村井敏邦先生古稀記念論文集『人権の刑事法学』〔日本評論社，2011〕421頁）。また，起訴基準は「やや遠い未来」においては，確実に近い証拠があれば裁判所の判断を求める方向に動き，検察審査会の起訴議決の強化がその動きを後押しするはずであるとの予測もある（松尾浩也「日本における刑事手続の過去，現在，そして未来」刑法49巻2=3号177頁）。

由」(辞退事由)を定める政令も公布されている[10]。

ア 裁判員制度について

周知のように，裁判員制度は，死刑又は無期の懲役若しくは禁錮に当たる罪など一定の重大な刑事事件(裁判員法2条1項)について，裁判官3名と衆議院議員の選挙権を有する一般市民の中からくじで選ばれた裁判員6名が合議体を構成して，審理及び判決(事実認定及び量刑)をするものである(同条2項)。小合議体による審理及び判決も可能であること(同条3項)，対象事件からの除外例(同法3条1項)，裁判官及び裁判員の権限(同法6条)，裁判員の選任資格や選任・解任の方法など(同法13条ないし48条)についても，詳細に定められている。

裁判員裁判の手続についても同様に詳細な定めがある。このうちで，裁判員裁判の対象事件については，新たに導入された公判前整理手続に付すことが必要的であるとされている点が注目される(同法49条)。また，裁判官はもちろん検察官及び弁護人も，裁判員にとって分かりやすくかつ負担にならない手続をする配慮を随所に求めている点も注目に値する(同法51条，61条2項，66条5項)。

ちなみに，裁判員法は平成21年5月から施行されており，施行後今日に至るまで2年余りが経過し，各地の地方裁判所において既に2,000件を超える裁判員裁判が行われており，その一部は，控訴審の審判を受け，あるいは，控訴審・上告審に係属している。また，選任された裁判員(補充裁判員を含む)の総数も1万6,000人を超えるという。

---

10) 裁判員法についての解説書は多い。ここでは，さしずめ，その概要と立法の経緯を記述した文献として，辻・前掲注1)『裁判員法・刑事訴訟法』65頁，池田修『解説裁判員法——立法の経緯と課題〔第2版〕』(弘文堂，2009)，逐条解説として，辻裕教「裁判員の参加する刑事裁判に関する法律の解説(1)(2)(3)(5)」曹時59巻11号33頁，59巻12号39頁，60巻3号27頁，61巻2号133頁，上冨敏伸「裁判員の参加する刑事裁判に関する法律の解説(4)」曹時61巻1号71頁を挙げておく。

平成16年の改正刑事訴訟法についての解説書も多い。ここでは，さしずめ，その概要と改正の経緯を記述した文献として，辻・前掲注1)『裁判員法・刑事訴訟法』21頁，逐条解説として，辻裕教「刑事訴訟法等の一部を改正する法律(平成16年法律第62号)について(1)(2)(3)」曹時57巻7号1頁，57巻8号19頁，58巻7号1頁，落合ほか・前掲注1)1頁を挙げておく。

イ　公判前整理手続の導入等について

　平成16年の刑事訴訟法の改正により同法316条の後に「争点及び証拠の整理手続」と題する節が追加されて誕生した公判前整理手続についても，現在では良く知られているところであるので，ここではその概要を簡単に説明するのにとどめる。

　争点中心の充実した審理を集中的・連日的に行うことによって，刑事裁判の充実・迅速化を実現するためには，あらかじめ，事件の争点を明らかにし，公判で取り調べる証拠を決定した上で，明確な審理計画を立てておく必要があり（法316の3参照），特に，裁判員裁判の対象事件では，このことは不可欠である。そこで，第一回公判前において事件の争点整理等を行うため公判準備として，裁判所（その事件を審理する裁判所すなわち受訴裁判所）が行う公判前整理手続が新たに設けられたものである。

　公判前整理手続の開始の要件と方法（法316条の2），公判前整理手続の関与者，この手続において行う内容などについても，詳細に定められている（法316条の4ないし同条の12）。関与者の関係では，この手続が必要的弁護事件であること（同条の4），被告人の出頭は必要的でないが，出頭することができるし，裁判所が必要と認めるときは，出頭を求めることができること（法316条の9第1項，2項）などの点が注目される。

　また，公判前整理手続において行うことができる事項は，おおむね，①訴因の明確化・変更，予定主張の明示など主張ないし争点の整理に関するもの（法316条の5第1号ないし3号），②証拠調べの請求，これに対する決定など証拠の整理に関するもの（同条4号ないし9号），③後述する証拠開示に関する裁定（同条10号），④被害者参加（後述）に関する決定（同条11号），⑤公判期日の指定など審理計画の策定に関するもの（同条12号）に分類されるが，同条に列挙された事項に限られるわけではなく，同条に列挙された事項を行う前提あるいは手段として必要なことは，この手続において行うことができる（例えば，規則208条に基づく求釈明，同192条に基づく提示命令など）。

　なおまた，裁判員裁判の対象事件についての公判前整理手続においては，この手続で鑑定を行うことを決定した場合に鑑定の結果報告まで相当の期間を要すると認められるときは，公判前整理手続において鑑定の手続を行う旨の決定

（鑑定手続実施決定）をして，鑑定手続のうち，鑑定の経過及び結果の報告以外のものを行うことができること（裁判員法50条）にも注目すべきである。裁判員裁判において，鑑定のため審理の中断を避けるための立法的手当てである。

　公判前整理手続が終了すると，その後の証拠調べの請求は，やむを得ない事由によってこの手続で請求することができなかった証拠を除き，できないことになっている（法316条の32第1項）。証拠調べ請求の制限が設けられたのは，その後の公判で無制限の証拠調べ請求を認めると，公判前整理手続における争点及び証拠の整理の実効性が損なわれる上，相手方の反証準備のため，審理の中断を余儀なくされると，公判前整理手続において策定した審理計画に従った審理の実現が困難になるからである[11]。

　ちなみに，第一回公判期日後においても，争点及び証拠の整理をする必要が生じることがあるので，裁判所は，審理の経過にかんがみ必要と認めるときは，事件を期日間整理手続に付することができる（法316条の28第1項）。期日間整理手続については，公判前整理手続の規定が準用される（同条2項）。

　更に特筆すべきことは，今回の刑事訴訟法の改正により，懸案であった証拠開示に関する立法がなされ，証拠開示制度が大きく進展したことである。

　証拠開示に関する新規定は相当詳細であるが，その内容は良く知られているところであるので，ここでは，その特色に照準を合わせて概略を記述しておくにとどめる。

　まず，第一に，改正法は，前記公判前整理手続の一環としての証拠開示制度を創設したものである。争点整理のための証拠開示であるから，規定の立て方自体，段階を踏んだ双方の主張及び証拠の整理に関連付けた証拠開示が構想されており，これを段階的個別開示の制度ということもできよう（法316条の13ないし同条の22）。

　第二に，新規定の証拠開示は，上記の段階に応じて，開示の要件や方法，構成等においてそれぞれ異なっている。すなわち，①検察官請求証拠については，被告人側の請求を待たずに検察官の義務として，原則として裁量の余地な

---

11)「やむを得ない事由」については，宮田祥次「公判前整理手続終結後の証拠制限」植村立郎判事退官記念論文集『現代刑事法の諸問題(3)』（立花書房，2011）21頁など参照。

く当然に開示する（法316条の14，なお，この点は，法316条の18により被告人側請求証拠についても同様)，②検察官請求証拠の証明力を判断するため重要な証拠については，一定の類型証拠を列挙し，その枠内から被告人側の請求により，検察官が重要性の程度等を考慮し相当と認めたとき（法316条の15)，③被告人側の主張に関連する証拠については，被告人側の請求により，検察官が関連性の程度等を考慮し相当と認めたときは（同条の20)，いずれも検察官の義務として開示するという仕組みになっている。なお，②，③の開示請求については，被告人側は，開示を請求する証拠の特定のほか，開示の必要性等を明らかにしなければならない（法316条の15第2項，同条の20第2項)。

　第三に，従前の個別開示の判例や実務の運用よりかなり拡充された証拠開示の規定である。

　すなわち，①検察官請求証拠の関係では，検察官が証人等の取調べ請求をする場合は，その者の氏名及び住居を知る機会を与えるだけではなく，供述録取書等のうち，その者が公判期日において供述すると思われる内容が明らかなものの原則的な開示が義務付けられている（法316条の14第2号)。検察官申請証人の従前の供述の開示は正に証拠開示の中心課題の一つであり，被告人側の防御のためには開示の必要性が大きいので，これまでの立法提案者の多くがその義務的開示を主張していたところである。②検察官請求証拠の証明力判断のための証拠開示が定められ，かつ，その類型証拠には，証拠物（法316条の15第1項1号)，実況見分調書を含む検証調書又はこれに準ずる書面（同項2号，3号)，鑑定書又はこれに準ずる書面（同項4号)，被告人の供述録取書等（同項7号）などこれまでの立法提案の中で原則的に開示が相当であると説かれていた証拠に加え，一定の者の供述録取書等が列挙されていること（法316条の15第1項5号及び同項6号）が注目される。この類型の証拠開示はかなり広範囲なものであるから，被告人側の防御に大きな効果を発揮すると思われる。③被告人側の主張に関連する証拠の開示（同条の20）は，被告人側が検察官手持ち証拠の中からその主張を支える有利な証拠を発見して利用する途を開くものであり，この種の開示をどう考えるかも証拠開示のもう一つの中心課題であり，かつ，解決に困難な問題であった。

　第四に，開示に伴う弊害防止のためのさまざまな方策が規定されていること

が特徴的である。

　すなわち，①検察官又は裁判所による開示の時期・方法の指定又は条件を付することができること（同条の15第1項，同条の20第1項，同条の25第1項，同条の26第1項）。開示方法等の指定により開示に伴う弊害を防止するという方策もこれまでの立法提案に見られたところである。また，②開示された証拠の取扱いについては，証拠の複製等の適正な管理が弁護人に義務付けられ（法281条の3），更に，開示された証拠を被告人側が目的外に使用することを禁じ，これに違反した場合の罰則規定をも設けていること（同条の4，同条の5）などである。

　第五に，証拠開示に関し裁判所が果たすべき役割が明確化されたことを指摘することができる。

　すなわち，裁判所が検察官又は被告人が開示すべき証拠を開示していないと認めるときは，相手方の請求により当該証拠の開示を命じなければならないことになっており（同条の26），加えて，裁判所がこの命令をするに当たり，必要と認めるときは，検察官又は被告人側に当該証拠の提示を命ずることができること，また，被告人側が開示命令の請求をし，これについての決定をするに当たり必要と認めるときは，検察官に対し，裁判所が指定する範囲の証拠の標目の一覧表の提示を命ずることができること（同条の27）などである。

　ちなみに，刑事訴訟法等の改正は，平成17年11月から施行されている。これらの改正法が施行されてから既に6年余りを経過し，公判前整理手続及びこの手続における証拠開示についても，多数の実践例及び判例が公にされており，また，多数の研究が積み重ねられている[12]。

(2) 改革の経緯

　裁判員制度の創設及び公判前整理手続の導入など刑事訴訟法の改正も，前述の検察審査会の起訴議決に基づき公訴が提起される制度の導入と同様，今般の司法制度改革審議会において提言され，その意見書をうけて司法制度改革推進本部の下に設置された「裁判員制度・刑事検討会」において，具体的な審議が行われ，これを基礎に前記の立法ないし法改正に至ったものである。

　すなわち，司法制度改革審議会の意見書は，「一般の国民が，裁判の過程に参加し，裁判内容に国民の健全な常識がより反映されるようになることによっ

て，国民の司法に対する理解・支持が深まり，司法はより強固な国民的基盤を得ることができるようになる。このような見地から，差し当たり刑事訴訟手続について，……広く一般の国民が，裁判官とともに責任を分担しつつ協働し，裁判内容の決定に主体的，実質的に関与することができる新たな制度を導入すべきである」と提言し，また，「国民が注目する特異重大な事件にあっては，第一審の審理だけでも相当の長期間を要するものが珍しくなく，こうした刑事裁判の遅延は国民の刑事司法全体に対する信頼を傷つける一因ともなっていることから，刑事裁判の充実・迅速化をはかるための方策を検討する必要がある」，「特に，一部の刑事事件の訴訟手続に国民参加の制度を新たに導入することとの関係で，その要請は一層顕著なものとな（る）」と指摘し，その具体的方策として，充実した争点整理のための新たな準備手続の創設及び証拠開示の拡充，連日的開廷の確保，直接主義・口頭主義の実質化（公判の活性化），裁判所の訴訟指揮の実効性の確保等を提言した。

　これらの提言に至る経緯は，以下のとおりである。

　ア　裁判員制度について

　わが国の司法に対する国民の参加は，従来それほど少ないものではなかった。むしろ相当広い範囲において多数の国民が参加し，重要な働きをしてきたと言えるのである。

　すなわち，前述の検察審査会がそうであるし，視野を民事事件，家裁事件，その他の分野にまで広げると，民事事件における調停委員，司法委員，家事事件における調停委員，参与員，少年事件における補導受託者，「少年友の会」の会員，家庭裁判所委員会の委員などなど……である[13]。更に，視野を矯

---

12) 例えば，平成21年度中に全国の地方裁判所で実施された公判前整理手続の総数は2225件，同じく証拠開示命令の申立があった事件の総数は109件である（曹時63巻2号82頁）。
　公判前整理手続及びこの手続における証拠開示についての研究論文は，多数に上るが，ここでは，包括的なものとして，大阪刑事実務研究会による「公判前整理手続に関する諸問題」と題する一連の論文（判タ1294号ないし1296号，1300号，1301号，1307号，1309号，1311号，1313号，1314号，1316号，1317号，1319号，1328号，1330号，1331号　所収）及び酒巻匡編『刑事証拠開示の理論と実務』（判例タイムズ社，2009）を挙げておく。
　なお，公判前整理手続における証拠開示に関する判例の展開については，石井一正『刑事実務証拠法〔第5版〕』（判例タイムズ社，2011）25頁を参照されたい。

正・保護の関係まで広げると，全国各地で多数の保護司が保護観察に協力していることは良く知られているところである。

　これらの司法参加は，検察審査会の関係で述べたと同様，決して軽視することはできない。とりわけ，調停委員の果たしてきた役割は大きい。この存在なくしては，民事調停も家事調停もその制度の維持ができなかったであろうと考えられる。そして，調停制度は，全国津々浦々の裁判所において，多くの市民の民事・家事紛争の解決に長年──そして現在も──貢献してきたのである。それには，民間人から選ばれた調停委員の常識が活用されてきたことを見逃すことはできない。また，保護観察の遂行には，民間人から選任され，しかも，いわばボランティアである多数の保護司の活動がこれまた欠かせないのである。

　もっとも，前記意見書が指摘するように，司法参加の場面で国民に与えられている権限は限定的であった。すなわち，司法の中核である訴訟手続──刑事裁判で言えば，事実認定及び量刑──に国民が参加して直接これを左右する制度は，昭和の一時期を除き[14]，設けられていなかった。旧論稿で指摘したように，わが国では，すべての刑事事件──小は軽犯罪法違反，交通違反から大は死刑事件まで──が職業裁判官によって審判されてきたのである。この点は，先進諸外国ときわだった差異であるだけに，底流として，先進諸国にならい国民の司法参加──陪審あるいは参審──を求める動きはたえず存在していたと言える。

---

13) 家庭裁判所が少年を試験観察に付す際，併せて少年を適当な施設，団体又は個人に補導を委託することができるのであるが（少年法25条2項3号），委託を受けた者を補導受託者と言い，多くは民間人であり，全国に多数の委託先がある。「少年友の会」とは，少年の更生を援助するため各家庭裁判所に対応して自主的に組織された会であり，多数の民間人が参加している。家庭裁判所委員会とは，家庭裁判所の運営に関し国民の意思を反映させるため，各家庭裁判所に付置されているもので，裁判官その他の法曹のほか，経済界，マスコミ関係者など民間有識者で組織されている。なお，今般の司法改革により，地方裁判所にも同様な委員会が付置されることになり，同様に民間人が参加している。
14) わが国においても，昭和3年から陪審裁判が行われていたが，同18年陪審法の施行が停止され，現在に至っている。停止の原因は，陪審事件の極端な減少にあった。陪審裁判不振の原因については，もともと陪審裁判がわが国の国情に合わなかったとする見解やこの陪審法そのものの不備を強調する見解などさまざまであるが，戦前，戦中という時代的な背景を見逃すことができないと思われる。

ひるがえって，わが国の職業裁判官による刑事裁判に対する評価が一様でないことは，冒頭に指摘したところである。そこでは，両極端の評価があると述べたが，評価の潮流をもう少し詳しく分類すると三通りになると考えられる。そして，この潮流と国民の司法参加に対する受け止め方につながりがあったと思えるのである。
　すなわち，①職業裁判官によるこれまでの刑事裁判を全面的に肯定する見解からは，どちらかと言えば，陪審・参審制度など国民の司法参加に消極的であり，②職業裁判官によるこれまでの刑事裁判を全面的に否定する見解からは，どちらかと言えば，陪審制度の導入を求め，その中間にあって，③職業裁判官によるこれまでの刑事裁判をおおむね肯定するものの，公判における書面の多用すなわち直接主義・口頭主義の後退，非連続開廷，一部の事件における裁判の遅延などに問題があるとする見解からは，どちらかと言えば，これらの現状を打破する起爆剤として参審制度の導入が求められてきた。
　今般の司法制度改革審議会における審議においても，この三つの見解が主張されている。しかし，審議の内容・経緯を見ると，①の国民の司法参加消極論は，さほど強力に主張されず，司法参加を前提として，②の陪審制度の導入か③の参審制度の導入かという点に審議の焦点がしぼられ，激しい意見の対立があったものの，最終的には，裁判員制度という新しい制度の導入が多数の見解に至ったことがうかがわれる。
　今般の司法改革により導入された裁判員制度は，裁判員の選任方法などにおいて陪審的要素はあるものの，職業裁判官と国民が協働して刑事裁判における事実認定及び量刑の決定に当たるという構造からして基本的には参審制度であり，その基礎にある刑事裁判に対する評価は前記の③の見解にあったと言える。このことは，裁判員制度の直接の提唱者である松尾教授の見解やその先人とも言える平野教授の見解からもうかがえるところである。
　③の見解からすれば，国民の司法参加は必要的ではあるが，陪審制度を導入するのは相当でないということになる。職業裁判官によるこれまでの刑事裁判をおおむね肯定するのであれば，陪審すなわち職業裁判官を事実認定から全く排除するシステムは不都合であるからである。松尾教授の言を借りれば，これまでの職業裁判官による刑事裁判は，そのゴール（終局判決）は信頼できる

が，プロセス（これに至る手続）に問題があったので，これを改善するには裁判員制度の導入が「必然的」であったということになるし，平野教授が陪審制度に反対し，強力に参審制度を主張されたのも肯けるところである[15]。

　もっとも，裁判員法が実際に立法されるまでにも，陪審か参審かの対立は尾を引き，それは合議体の構成すなわち参加する裁判員あるいは裁判官の員数の議論として露呈した。例えば，立法直前に，裁判官1人，裁判員11名の構成を良しとする見解が一部から強く主張されたことがあるが，このような主張は裁判員制度を実質的には陪審制度に近づけようとするものであった。

　なおまた，裁判員制度の導入の発想が前記のとおり「刑事裁判のプロセスの改革」であったとすれば，刑事裁判の充実・迅速化をはかるための方策すなわち充実した争点整理のための新たな準備手続の創設及び証拠開示の拡充等に関する刑事訴訟法の改正と裁判員制度の創設は，一体的なもの，むしろ，これらの「刑事裁判のプロセスの改革」を実現するための国民の司法参加という色彩が強いと考えられる。換言すれば，国民が刑事裁判に参加することにより裁判内容（終局判決）がより適正なものになるという発想は，前記意見書にも，もとより指摘はされているものの，前記の色彩に比べれば，格段に薄いと思われるのである。

　前記意見書等が裁判員制度導入の目的として強調しているのは，このほかに，国民が訴訟手続に参加することによる司法の国民的基盤の確立すなわち国民の司法に対する理解・支持が深まることによって司法はより強固な国民的基盤を得ることができるようになるという点である。

イ　公判前整理手続の導入等について

　刑事裁判の充実・迅速化をはかるための方策についても，司法制度改革審議会が発足する以前からたえず提唱され，かつ実践されてきた。昭和30年代に岸判事らによって唱導されたいわゆる「集中審理論」，これをうけての昭和32年及び昭和36年の刑事訴訟規則の改正により交互尋問及び事前準備に関する詳細な規定が設けられて，各地の裁判所において実践されてきたこと，昭和

---

[15] 松尾浩也「刑事裁判と国民参加——裁判員法導入の必然性について」曹時69巻9号14頁，平野龍一「参審制の採用による『核心司法』を——刑事司法改革の動きと方向」ジュリ1148号4頁，同「国民の司法参加を語る」法の支配87号38頁。

40年代には，証拠開示や訴訟の遅延に関する重要な最高裁判例が相次ぎ，下級審の審理に大きな影響を与えたことなどなど……である[16]。これらの成果として，刑事裁判の充実・迅速化が相当程度実現したことは確かである。

しかし，また一方でこれらの方策・実践が不十分であるという批判が根強かったことも事実である[17]。

批判の眼目は，一部の事件における訴訟の遅延，開廷間隔があいていること（非連続開廷），書面の多用による公判の形骸化などなど……であり，これに関連して証拠開示制度が整備されていないことが大きな問題となっていた。

とりわけ，証拠開示に関する法制度の整備については，多くの研究者，実務家が——その実現の可能性を危ぶみつつも——たえず提言してきたところである。それは，証拠開示問題の重要性にもかかわらず，これを解決する直接の規定が乏しいことがこの問題の解決を困難にさせ，かつ，判例による解決や実務慣行による解決にも自ずから限界があったからである。思えば，証拠開示論争を大きく巻き起こした，昭和34年の大阪地裁決定（最三小決昭34.12.26刑集13巻13号3372頁の原決定）の裁判長であった西尾裁判官も，証拠開示に関する規則の制定を希求されており[18]，その後研究者，実務家が具体的な立法提案[19]も行ってきている。それには今回の立法と共通した提案が少なくないことは，前に指摘した。このことからも，これらの立法提案が今回の新規定に多

---

[16] 訴訟の促進に関する立法及び判例の動向を概観したものとして，飯田喜信「迅速裁判と訴訟の促進——裁判の立場から」三井誠ほか編『新刑事手続Ⅱ』（悠々社，2002）283頁など。

[17] その原因にはさまざまな要素を考えることができるが，基本的には，迅速で効率的な刑事裁判が訴訟関係人に与えるメリットが一様でないところにあると思われる。有罪になり受刑することがかなりの程度に予測されるわが国の被告人側にとっては，争点を明示・整理しこれに合わせて計画的な審理が集中的に実施され，迅速な裁判が下されることに，負担感こそあっても，メリット感は乏しい。

[18] 西尾貢一「証拠の開示」佐伯千仭編『生きている刑事訴訟法』（日本評論社，1965）178頁。

[19] 松尾浩也『刑事訴訟法〔新版〕（上）』（弘文堂，1999）225頁，田宮裕『刑事訴訟法〔新版〕』（有斐閣，1996）271頁，酒巻匡『刑事証拠開示の研究』（弘文堂，1988）307頁など。第一回公判期日前の争点整理のための証拠開示に関する立法提案としては，酒巻匡「刑事裁判の充実・迅速化」ジュリ1198号149頁，吉丸眞「刑事訴訟における証拠開示(下)第1回公判期日前の証拠開示を中心に」曹時52巻6号10頁など。

大の影響を及ぼしたことが推知されるのである。

2　裁判員制度の創設と公判前整理手続の導入等の改革とわが国刑事司法の変容

(1)　「統一性のある官僚組織による公判」の変容

　旧論稿において，わが国では，すべての刑事事件が職業裁判官によって審判されており，この点もわが国刑事司法の特色であると指摘したが，裁判員制度の導入により，この特色は，見事に変容した。

　死刑事件を含む重大事件は，組織的犯罪やテロ事件等裁判員に危害が加えられるおそれがあるなどごくごく例外的な場合を除き（裁判員法3条1項），裁判員の参加する合議体で審判しなければならないことになった（同法2条1項）。対象事件であるにもかかわらず裁判所がその裁量により裁判員裁判によらないことはできないのはもとより，被告人も裁判員裁判を辞退できないと解されている。

　裁判員裁判の対象事件をどうするか——重大事件にするかむしろ軽微事件から始めるべきではないか——という点は制度構築の際の大きな論点であったが，司法制度改革審議会の意見書では，対象事件は法定刑の重い重大犯罪とすべきであると提言され，その後の検討委員会における審議，更には立法の過程でも，この方向性は変わらなかったとのことである。対象事件は，年間3,000件程度と推計されており，公判請求事件全体に占める割合こそ少ないものの，社会の耳目を引く重大事件が含まれており，このような重大事件を対象としたのは，この制度導入のインパクトの強さが期待されたからであろう。

　被告人の辞退の可否も，一つの論点であったが，司法制度改革審議会の意見書では，この制度導入の意義からして訴訟の一方当事者である被告人が裁判員裁判を辞退し，職業裁判官のみによる裁判を選択することを認めるべきではないとされ，これをうけて制定された裁判員法にも辞退の規定は設けられていない。その背景にはやはりかつての陪審裁判が被告人の辞退により次第に事件数が減少して衰退したことへの警戒があったものと思われる。

　ところで，裁判員制度の受容に関し，法曹とりわけ実務家はどのような態度であったろうか。もとより，おおまかな推測の域を出ないものであるが，ここ

で振り返ってみたい。

　総じて言えば,「絶対反対」というほどではないが, さりとて「熱烈歓迎」というわけでもなく, いわば「消極的にこれを受容した」と言えようか。そして, このような態度は, 研究者もそうであったし, 一般国民もそうであったと見受けられる。

　一方で, かなり根強い反対論が展開されたことは確かである。そして, 反対論者には二つのグループがあった。一つは, 刑事裁判を現状のまま留めておきたいという考え方の人たちであり, もう一つは, 陪審制度の実現を希望するという人たちであった[20]。前者のグループは, 前述した, わが国の職業裁判官による刑事裁判に対する評価の①の立場（全面的肯定論）に属する人たちであり, 後者のグループは, 同②の立場（全面的否定論）に属する人たちと言えよう。そして, 前者のグループには従来の刑事司法において実績を積み, これに誇りを持つ元裁判官, 元検察官が多く, 後者のグループには, 弁護士層, 研究者の一部とりわけいわゆる「陪審論者」が多かったのも肯けるところである。

　司法制度改革審議会の意見書が出され, その後の推進本部における検討委員会の審議が進む時期に裁判所に在職していた経験からすると, 当時の刑事事件担当の裁判官や検察官の大勢は,「裁判員制度は, 望んで生まれたものではないが, 受け入れると決めた以上, 制度の良さが定着するように育てたい」というところにあったと推察される。弁護士層の大勢は測りがたいが,「陪審論者」を中心とした熱烈な反対論者を除き, 裁判官や検察官より更にこの制度に距離があったと推測される。

　ところで, 裁判員制度導入の意義は, 前述のとおり, おおまかに区分して三つに分かれる。すなわち, ①司法の国民的基盤の確立すなわち国民が訴訟手続に参加することによって国民の司法に対する理解・支持が深まること, 裁判員法の趣旨を説いた同法1条によれば「国民の中から選任された裁判員が裁判官と共に刑事訴訟手続に関与することが司法に対する国民の理解の増進とその信

---

20) 松尾・前掲注15) 16頁。なお, 反対論の根拠のうち, 裁判員裁判が憲法に違反するという主張については, 高裁判例で否定され（東京高判平22.4.22 高刑63巻1号1頁, 判タ1341号37頁), 最高裁判所においても, 最大判平23.11.16 裁時1544号1頁, 判タ1362号62頁で明確に排斥されている。

頼の向上に資すること」，②刑事裁判のプロセスの改善すなわち非連続開廷，書面の重視，一部の事件に見られる遅延した裁判等を連続開廷による集中審理，直接主義・口頭主義の徹底，迅速な裁判等に変革すること，③裁判内容に国民の健全な常識が反映されより適正な裁判を実現すること，である。①は裁判員制度導入のいわば政策的目的あるいは政治制度的な意義ということであり，②は裁判形式の改革，③が裁判内容の改革と言えよう。

　裁判員制度も発足して2年余を経過し，その評価がいくつかの場で公にされている。もとより，今の段階でこの制度を評価することは，本来無理なことであるが，強いて述べれば，裁判員制度導入の前記①，②の意義は十分実現し，③の意義は，もう少し長い目で見なければ判断できない，というのが筆者の感想である。

　全体として言えば，「順調な滑り出し」であり，発足前に危惧されていた問題点（例えば，国民の非協力）は露呈していない。その原因についてはいくつかのことを想定できる。準備段階における法曹三者の献身的な普及活動，繰り返し行われた模擬裁判による実験，法曹三者それぞれの立場からする熱心な研究，裁判員裁判用法廷の充実など物的環境も良く整備されたこと，争点整理，計画的審理の実行に公判前整理手続など前述の刑事訴訟法の改正が効果を発揮したことなどなど……である。しかし，それらに加えて，やはり日本国民の真面目さと知的水準の高さが，「順調な滑り出し」の大きな原因ではなかろうかと考えている。

　③の裁判内容に国民の健全な常識が反映されて裁判がより適正になるという観点からの評価は，裁判員裁判における事実認定及び量刑と従来の職業裁判官によるそれとどの程度違っているのかということをまず検証しなければならないから，今後に持ち越された問題である。既に，いくつかの研究が公にされているが[21]，ある時期には大規模な検証が必要であろう。

　量刑に国民の健全な常識が反映されより適正な裁判を実現するという点は，首肯しやすいし，現に裁判員裁判においては，従来の職業裁判官による量刑と比べて，例えば，刑の執行を猶予する際保護観察に付す割合が高いとか，性犯

---

21) 青木孝之「裁判員裁判における量刑の理由と動向(上)(下)」判時2073号3頁，2074号11頁，同「裁判員裁判における犯罪事実の認定」判時2103号3頁，2104号3頁など。

罪の量刑が重くなっているというような点が指摘されており，前の点は，裁判員が職業裁判官以上に被告人の予後に配慮していることを示すものとも言えようし，後の点などは，従来の職業裁判官のこの種犯罪に対する量刑が軽きに過ぎる量刑相場に安住していたことへの国民の量刑感覚から一石を投じたものと理解することもできよう。

　問題は，事実認定に国民の健全な常識が反映されより適正な裁判を実現するということが具体的にあるいは現実に果たして可能か否かである。刑事裁判における事実認定については，かつて筆者が論じたように，その素人性・万人性（日常性）の側面が存するものの，専門性の側面も強く，前者を過大視し「事実認定はだれでもできる」とか「素人の事実認定能力は職業裁判官のそれに優る」などというのは，誇張した表現である[22]。そうすると，裁判員裁判における事実認定の適正をいかに維持し，あるいは向上させるかは，今後の大きな課題だと思われる。

　事実認定の関係では，犯人と被告人の同一性が激しく争われる重大事件——例えば，死刑か無罪か——において裁判員裁判の事実認定が適正に行われる否かがもっとも注目される。このような裁判こそ，証拠判断が微妙であるばかりでなく，「社会の保護」と「人権の保護」の相克という刑事司法の困難さが切実に立ちはだかり，職業裁判官ですらその重圧にたじろぎかねないからであり，またその裁判結果は，被告人など事件関係者だけではなく，社会一般に多大の影響を及ぼすからである。今後，客観的証拠や直接証拠の乏しい重大事件の増加が予測されるだけに，この種の事件に対する裁判員裁判及びこれに不服がある場合の控訴審の裁判が適正に行われるか否かは，裁判員裁判のみならず刑事司法全体に対する国民の信頼に大きな影響を及ぼすと思われる。

(2) 「詳密な審理及び判決」の変容

　旧論稿において筆者は，「詳密な審理及び判決」がわが国の刑事公判の特色であり，この特色が実体的真実主義に適合していること，しかし，半面「詳密さ」が裁判の遅延をもたらしかねないし，訴訟関係人に多大の労力的負担を負

---

[22] 石井一正「刑事裁判における事実認定について（続）——事実認定の専門性と日常性」判タ1097号5頁。なお，金山薫「事実認定の手法について」前掲注2)『現代刑事法の諸問題(2)』180頁参照。

わせるなどの負の部分も存すると指摘した。

　裁判員制度の創設及び公判前整理手続の導入等の司法改革により，この特色もまた変容することは，多くの人が一致して指摘しているところであるし，現に行われている裁判員裁判の公判においても，如実である。

　刑事裁判にまったくの素人であり，かつ，これに専業できない裁判員が参加し，職業裁判官と協働して事実認定及び量刑に当たる以上，判断の基礎となる情報（主張及び証拠）を最小限のものに規制し，公判に要する時間も，計画されかつ連続したこれまた最小限のものに制限し，なお，情報源はなるべく書面よりも耳で聞いて理解するものを原則とするという必要もある。更に，「分かりやすさ」も最大限求められる。裁判員法も「裁判官，検察官及び弁護人は，裁判員の負担が過重なものとならないようにしつつ，裁判員がその職責を十分に果たすことができるよう，審理を迅速で分かりやすいものとすることに努めなければならない」と定めている（同法51条）。

　判決も審理の終結からそれほど時を置かずして言い渡さなければならないから，評議もこれに基づく判決書の作成にもそれほど多くの時間を割くことはできないであろう。裁判官が膨大な訴訟記録といわば格闘しながら長時間をかけて長大・緻密な判決書を作成するなどという事態は，もはや起こり得ない。

　そして「詳密な審理及び判決」の変容は，裁判員裁判の対象事件以外の職業裁判官のみによる裁判にも次第に及んでいくものと推測される。これらの事件であって複雑困難な事件については，同様に公判前整理手続が行われ，整理された争点及び証拠に基づいて計画的かつ連続した公判が開かれ，早期に判決が言い渡されることになろう。

　更に，刑事訴訟法にも，連日的開廷による継続した審理を行わなければならない旨の規定が新設され，そのための訴訟関係人の協力が要請されている（法281条の6）。この規定は今回の改正により削除された刑事訴訟規則179条の2と同旨であるが，いわば，連日的開廷の原則を刑事訴訟法に明記することによって，裁判員裁判はもちろん職業裁判官のみによる裁判についてもこの原則の実現を改めて強調したものであろう[23]。

　裁判員制度導入の発想が主として「刑事裁判のプロセスの改革」であったとすれば，それは正に的中したことになる。これらの変容に加えて，近時の当事

者主義の強調をも考えると，わが国の刑事裁判は英米のそれに近づくものと思われる。それは，正に岸判事らかつて集中審理を唱導した人たちあるいは当事者主義を強力に主張した平野教授らが念頭に置いたものである。

　これにより，筆者が旧論稿において主張した「不必要ないし必要性の低い詳密さを切り捨て，公判が肥大化するのを防止」することができるから，制度の効率性に資することもできる。

　このような変容に懸念を示す点があるとすれば，情報（主張及び証拠）が制限され過ぎたり，裁判員にとっての「分かりやすさ」にもっぱら目を奪われたり，あるいは，審理・判決を急ぐあまり，「事案の真相の解明」など刑事訴訟法の目的・理念（同法１条）がおろそかになりはしないであろうかということである。

　新しい制度が導入されると，とかく古い制度との「非連続性」あるいは「流行」が強調され，「連続性」あるいは「不易」の部分が軽視されるきらいがあるが，留意すべきであろう。とりわけ，現在は裁判員裁判の定着・発展に全法曹が精力を傾けている時期であるだけに，裁判員裁判のもたらすいわばプラス面が強調されるのは，十分了解できるけれども，長い目でわが国の刑事司法を見てその方向が誤らないように心がけることも一方では法曹の責務であろう。

　裁判員裁判において強調される「分かりやすさ」とか「直接主義・口頭主義の徹底」などは，それ自体一つの価値を持つ理念である。しかし，前記の刑事訴訟の目的・理念，すなわち，事案の真相の解明（実体的真実主義）や基本的人権の保障に背馳してまでこれを貫くものと考えるべきではないことは，見やすい道理である。また，直接主義・口頭主義の強調——書面の排斥も，事件によっては，あるいは，要証事実によっては，適正な事実認定にそぐわない場合が十分ありうる。このことは，実務家，研究者ともに一致した見方であると言えよう[24]。

　考えてみれば，わが国刑事司法の特色である「十分な捜査と慎重な起訴」，

---

23) 裁判員裁判の理念が刑事裁判全体にどのように影響するかについては，中谷雄二郎「刑事裁判の連続性と非連続性——裁判員制度が刑事裁判に与える影響について」原田國男判事退官記念論文集『新しい時代の刑事裁判』（判例タイムズ社，2010）4頁，大野洋「裁判員裁判の現状と刑事裁判全体との関係」前掲注11）『現代刑事法の諸問題(3)』39頁など参照。

「詳密な審理及び判決」あるいは「精密司法」の基底にある原理は実体的真実主義である。実体的真実主義については，批判があるものの，刑事訴訟は刑罰権の実現という公益に関するものであり，真に有罪のものが処罰を免れたり，無実の者（有罪について「合理的疑い」がある者を含む）が処罰されることは正義に反するから，これを排斥ないしタブー視すべきものではない。実体的真実主義というと，とかく「草の根を分けても真犯人を探し出して処罰する考え方（犯人必罰主義）である」とか「裁判所が当事者の主張や当事者が提出した証拠を離れて，職権的に真実を探知する原理である」と理解されかねないが，そうではない。

　事実認定は法廷に提出された証拠にのみ基づいてなされ，それ以外の資料を考慮できないのであるから（証拠裁判主義，法317条），刑事裁判で認定される事実は訴訟法上の真実に過ぎないが，実体的真実主義は，この訴訟法上の真実が限りなく客観的真実に近づくことを要請する原理であると考えられる。また，当事者主義の下，あるいは「主張吟味型訴訟」においても，裁判所の認定した事実が客観的事実に即したものであることを要請しても矛盾はないし，かつその実現は可能なのである。ただし，実体的真実主義の過度の強調は慎むべきであるし，この原理だけですべてを律しようとすることさえ戒めておけば足りると思われる[25]。

　また，多くの人が指摘するように，当事者が立証しなければならない事実，裁判所が認定しなければならない事実が従来よりも限定されたもの——「事案

---

24) 中谷・前掲注23) 16頁，堀江慎司「公判手続における直接主義・口頭主義」刑法43巻3号88頁など。
25) 石井一正『刑事事実認定入門〔第2版〕』（判例タイムズ社，2010）9頁。
　ちなみに，裁判員裁判導入等の変革と実体的真実主義との関係についての論稿は，数多いが，ここでは，「特集・刑事事実認定の現代的課題」刑事法ジャーナル4号所収の諸論文，酒巻匡「裁判員制度と公判手続」ジュリ1370号149頁，植村立郎「裁判員裁判における事実認定に関する若干の考察——事実認定に先行する手続に関する考察をも踏まえて」木谷明編『刑事事実認定の基本問題〔第2版〕』（成文堂，2010）431頁を挙げておく。植村論文432頁には，裁判員裁判の事実認定に関連した論稿が網羅的に挙示されている。なお，最近の実務家のこれに触れた論稿としては，中谷・前掲注23) 18頁，小西秀宣「裁判員裁判についての覚え書——控訴審からみて」前掲注11)『現代刑事法の諸問題(3)』580頁などがある。

の全容」ではなく「事案の核心」——にならざるを得ないことに留意しておけば足りることである。

審理及び判決の詳密さの低減は，必要な好ましい変容であるとしても，これが強調され過ぎ，あるいは，刑事訴訟の実際において行き過ぎることへの警戒もまた怠ってはならない。

このことは，多くの実務家がこれまでにも指摘しているところであるし，裁判員制度の導入に寄与した研究者も同様である。例えば，参審制の採用による「核心司法」を提唱した平野教授は，核心司法はラフ・ジャスティスではないと明言され[26]，松尾教授も，核心司法は精密司法にとって代わるのではなく，精密司法を圧縮して実現するものであると述べられている[27]。また，酒巻教授も，裁判員制度が導入されても裁判内容の「精度」ないし「品質」の維持の必要性を強調されている[28]。

「刑事裁判のプロセスの改革」は成功したが，裁判内容は，前よりも悪くなったというのでは「司法改革」に値しない。裁判員裁判に携わる裁判官は，公判前整理手続における争点及び証拠の整理，公判における証拠調べ，裁判員との評議などさまざまな分野において，「刑事裁判のプロセスの改革」と「裁判内容の精度ないし品質の保持」というときに相反する原理を両立させるという困難な責務を遂行しなければならない。検察官，弁護人もまた同様である。安易に「当事者主義」とか「挙証責任」を振りかざしてはならないのである。

裁判員裁判に対する現在の法曹の取り組みから垣間見えるのは，全法曹が，この困難な責務を果たすために，日夜努力と研究を重ねている様子である。その状況からすると，「取り越し苦労」のそしりを受けるかもしれないが，それを覚悟であえて言えば，わが国の刑事裁判が「木の葉が沈んで石が浮かぶ」ことになってはならないし「沈んだものが石であり，浮かんだものが木の葉である」[29]と観念してはならないのである。

前記のとおり，筆者は，かつてはある雑誌から巻頭言の寄稿を求められた

---

26) 平野・前掲注15) ジュリ1148号5頁。
27) 松尾・前掲注9) 175頁。
28) 酒巻匡「21世紀の刑事裁判——裁判員制度運用上の課題と展望」司研2005-Ⅱ (115号) 109頁。

際,「現在は刑事司法大変革の時代である」と論じたが,同時に「変革の時代は法曹にとって苦労の時代である」とも述べた(現刑 2004 年 12 月号)。裁判員裁判の今後の評価は,法曹三者の真摯な努力と協調によるところが多い。

第 4　犯罪被害者の刑事手続への参加について

1　犯罪被害者の刑事手続への参加に関する改革とその経緯

(1)　改革の内容

　刑事手続における犯罪被害者の保護・参加に関しては,近時相次いで新しい立法がなされている。平成 11 年,平成 12 年の刑事訴訟法等の改正に続き,平成 19 年には更に画期的とも言える同法等の改正がなされた。また,平成 20 年には被害者参加人(後述)のための国選弁護制度についての規定を整備するため関連法規の改正がなされている[30]。

　これらの法改正は,犯罪被害者の保護や権利の拡張に大きな意義を有し,かつ,刑事手続にさまざまな変化をもたらすものではあるが,ここでは,平成 19 年の刑事訴訟法の改正によって導入された被害者参加すなわち犯罪被害者が直接刑事裁判に参加する制度を取り上げて,この制度がわが国の刑事司法にどのような変容をもたらすかについて論ずることにしたい。

　この制度は,以下に述べるように,被害者から被告事件の手続への参加の申出があった場合に,裁判所が相当と認めるときに,手続への参加を許すものと

---

29) 佐藤欣子『取引の社会——アメリカの刑事司法』(中央公論社,1974) 31 頁。
30) 被害者の保護・参加に関する新規定には,犯罪被害者に限定はされないものの主として犯罪被害者に適用されるもの(例えば,ビデオリンク方式による証人尋問を定めた法 157 条の 4),被害者だけではなく,被害者が死亡した場合又は心身に重大な故障がある場合におけるその配偶者,直系の親族若しくは兄弟姉妹にも適用されるものもあるし(例えば,被害者特定事項の秘匿を定めた法 290 条の 2。ちなみに,同条 1 項において明らかにされているように,刑事訴訟法が「被害者等」という場合は,これらの者を総称する),その法定代理人にも適用されるものがある(例えば,被害者等の意見陳述を定めた法 292 条の 2,被害者参加を定めた法 316 条の 33)。また,被害者を含む証人一般に適用される規定も少なくない(例えば,証人付添人制度を定めた法 157 条の 2,証人尋問の際の遮へい措置を定めた同条の 3,証人の住居等の尋問の制限を定めた法 295 条 2 項)。しかし,ここでは,単に「被害者」という用語を用いて記述することにしたい。

し，参加を認められた被害者は，被害者参加人として，公判への出席など法が規定する権限を行使することが認められるというものであって，被害者保護にとっては画期的な制度であり，それだけにこの制度がわが国のこれまでの公訴や公判にどのような変容をもたらすかという問題が重要性を帯びているからである[31]。

ア　参加の対象となる被告事件及び参加の手続

裁判所は，故意の犯罪行為により人を死傷させた罪，強姦罪など性犯罪，自動車運転過失致死傷罪等法定の罪に係る被告事件において，被害者の被告事件の手続への参加を許すものとする。参加の許可は，被害者若しくはその法定代理人又はこれらの者から委託を受けた弁護士が検察官に参加の申出をし，検察官が意見を付して裁判所に通知し，通知を受けた裁判所が，被告人又は弁護人の意見を聴き，犯罪の性質，被告人との関係その他の事情を考慮し，相当と認めるときに決定でこれをする（法316条の33第1項）。

対象となる犯罪が限定されており，しかも，参加を許すについては裁判所の決定を要する点が，同じ被害者の刑事手続への参加である意見陳述（法292条の2）と異なるところである。

イ　被害者参加弁護士

参加が許可された被害者（被害者参加人）は，私費で弁護士を依頼し，その弁護士が参加人の各種の権限を代理・代行することができるのであるが，資力に乏しい被害者参加人も弁護士の援助を受けることができるようにするため，

---

[31] 平成19年の刑事訴訟法改正により新たに設けられた犯罪被害者が刑事裁判に直接参加する諸規定については，白木功ほか「『犯罪被害者等の権利利益の保護を図るための刑事訴訟法等の一部を改正する法律（平成19年法律第95号）』の解説(2)」曹時60巻10号25頁に詳しい解説がある。また，平成19年の法改正についての全般的な文献として，酒巻匡編『Q＆A平成19年犯罪被害者のための刑事手続関連法改正（ジュリストブックス）』（有斐閣，2008）がある。

平成20年の関連法規の改正により整備された被害者参加人のための国選弁護制度については，白木功ほか「『犯罪被害者等の権利利益の保護を図るための刑事手続に付随する措置に関する法律及び総合法律支援法の一部を改正する法律（平成20年法律第19号）』の解説」曹時61巻1号1頁に詳しい解説がある。なお，法曹時報に掲載された上記二つの解説は『平成19年・平成20年の犯罪被害者等保護関連改正法及び改正規則の解説』（法曹会，2009）に収録されており，これには，その後行われた両改正に関連した刑事訴訟規則の改正等についての解説も収録されているので，以下では，これを引用することにする。

関連法規の整備がなされ，ここに被害者参加弁護士の制度が設けられるに至った。

　すなわち，以下に述べる行為を弁護士に委託しようとする被害者参加人であって，その資力が一定額に満たない者は，当該被告事件の係属する裁判所に対し，被害者参加弁護士の選定の請求をすることができ，裁判所は，当該被害者参加人のため被害者参加弁護士を選定することができるようになった。被害者のための国選弁護制度である。

　選定の具体的な手続については，被告人等の国選弁護人の選任と同様，司法支援センター（いわゆる「法テラス」）を経由して裁判所が選定をする（犯罪被害者等の権利利益の保護を図るための刑事手続に付随する措置に関する法律5条ないし7条，総合法律支援法38条の2第1項）。

　　ウ　参加人の権限
　被害者参加人又はその委託を受けた弁護士（被害者参加弁護士を含む。以下，単に「被害者参加人」という）がなし得ることは，以下のとおりである。
　①　公判期日への出席
　被害者参加人は公判期日に出席することができる（法316条の34第1項）。被害者が自ら被害を受けた事件の当事者として，その被害に係る刑事事件の裁判の推移や結果に重大な関心を持つことは，当然であるから，公判期日の優先傍聴（犯罪被害者等の権利利益の保護を図るための刑事手続に付随する措置に関する法律2条）より一歩進めて，この公判への出席が認められたものである。
　ちなみに，出席するとは，傍聴席ではなく，法廷内（いわゆるバー内）に着席することを意味する。
　②　検察官の権限行使に関する意見の申述
　被害者参加人は，検察官に対し，当該被告事件についての検察官の権限の行使に関し，意見を述べることができる。この場合，検察官は，権限を行使し又は行使しないこととしたときは，必要に応じ，その理由を説明しなければならない（法316条の35）。
　③　証人尋問
　被害者参加人は，証人尋問をする場合において，検察官の尋問が終わった後直ちに（検察官の尋問がないときは，被告人又は弁護人の尋問が終わった後），検

察官に対し，尋問事項を明らかにして，その証人の尋問の申出をすることができ，この場合，検察官は，意見を付して，この申出を裁判所に通知する（法316条の36第2項）。

通知を受けた裁判所は，被告人又は弁護人の意見を聴き，審理の状況，申出に係る尋問事項の内容その他の事情を考慮し，相当と認めるときは，申出をした者がその証人を尋問することを許すものとする（同条1項）。

④　被告人質問

被害者参加人が，被告人に対し供述を求めるために質問したいと考える場合も，証人尋問の場合と同様な手続によってこれをすることができる（法316条の37第1項，2項）。ただし，この法律の規定による意見陳述をするために必要があると認められる場合でなければならない（同条1項）。この法律による意見陳述とは，被害者の心情等に関する意見陳述（法292条の2）のほか次に述べる事実又は法律の適用についての意見陳述を含むから，犯罪事実に関する質問も可能である。

被害者参加人が，被告人に問いただしたい事項について直接質問し，これに対する被告人の応答をも判断要素として，意見陳述をすることができるものとすれば，意見陳述をより実質的かつ効果的に行うことができると考えられる。

⑤　事実又は法律の適用に関する意見陳述

被害者参加人が，事実又は法律の適用に関する意見陳述をしたいと考える場合，証人尋問の場合と同様な手続によりこれをすることができる（法316条の38）。

この意見陳述は，検察官の事実及び法律の適用に関する意見陳述（法293条1項，いわゆる論告・求刑）の後速やかにこれをしなければならない（規則217条の36）。この意見陳述の後に弁護人・被告人の最終陳述（法293条2項）がある。

この意見陳述は，検察官のする論告・求刑と同様，被害者の心情とは切り離して，広く事実又は法律の適用に関するものにまで及ぶことができる。したがって，量刑についての意見もこれに含まれる。

ちなみに，以上の被害者参加の規定は第一審の刑事手続において適用されるものであるが，控訴審においても準用されるものがある[32]。

(2) 改革の経緯

被害者参加制度の創設は，先に述べた検察審査会制度の改革や裁判員制度の創設及びこれに連動した公判前整理手続の導入等の改革と異なり，今般の司法制度改革審議会の意見書と直接のつながりはない。同意見書は，被害者の保護に関しては，わずかに「刑事手続の中で被害者等の保護・救済に十分な配慮をしていくべきであり，そのために必要な検討を行うべきである。併せて，被害者等への精神的，経済的ケアをも含めて幅広い社会的な支援体制を整備することが必要である」と指摘しているに過ぎない。

犯罪被害者の保護・支援については，かねてから諸外国と比べわが国の法体制が不備であり，立法による法整備が求められてきた。その背景には，法曹や研究者の指摘（例えば「被害者学」の提唱）もさることながら，社会の耳目を集めた重大な犯罪が発生し（三菱重工爆破事件，地下鉄サリン事件など），被害者の悲惨な実情が多くの人に知れるところとなったこと，更には，実際に犯罪の被害を受けた人々によって組織された全国犯罪被害者の会（「あすの会」）などの積極的な活動や提言があったことなどを指摘することができよう[33]。

具体的な立法としては，先に指摘した平成11年，平成12年の刑事訴訟法の改正により被害者が証人として尋問される場合の保護措置等が新たに設けられ，平成12年には同時に刑事手続に付随した被害者の保護措置を図る法律が制定された（犯罪被害者等の権利利益の保護を図るための刑事手続に付随する措置に関する法律。ちなみに，平成12年の両立法は，「犯罪被害者保護二法」と呼ばれている）[34]。

これらの立法により創設された被害者証人の保護措置としては，住居等についての尋問の制限（法295条2項），証拠調べ請求の際の証人等の氏名等の開示

---

32) 被害者参加に関する諸規定の控訴審の審判における準用（法404条，規則250条）については，石井一正『刑事控訴審の理論と実務』（判例タイムズ社，2010）313頁参照。
33) 被害者参加の立法経緯や「あすの会」の活動等については，前掲注31)『平成19年・平成20年の犯罪被害者等保護関連改正法及び改正規則の解説』1頁，253頁のほか，瀬川晃ほか「座談会・犯罪被害者の権利利益保護法案をめぐって」ジュリ1338号2頁などを参照されたい。
34)「犯罪被害者保護二法」の逐条解説としては，松尾浩也編『逐条解説犯罪被害者保護二法（ジュリストブックス）』（有斐閣，2001）がある。

（法299条）に当たり住居等が知られないようにするなど安全確保について相手方に配慮を求める措置（法299条の2），証人付添人制度（法157条の2），遮へい措置（同条の3），ビデオリンク方式による証人尋問（同条の4）などである。

　平成12年の刑事訴訟法の改正では，更に，被害者が法廷において被害に関する心情などを陳述する制度（意見陳述）が設けられた（法292条の2）。この制度は，被害者のいわば主体的な刑事裁判への関与であり，ここで述べられた意見は，量刑の一資料となるものであるから，これにより裁判が被害者の心情や意見を踏まえた上でなされることがより明確になり，実際にも被害者保護に大きな役割を果たしている[35]。

　その後，平成16年12月には犯罪被害者等基本法が制定され，「刑事に関する手続への参加の機会を拡充するための制度の整備」が国の責務として定められ（同法18条），これをうけて更に，平成17年12月には「犯罪被害者等基本計画」が閣議決定され，これにより「刑事裁判に犯罪被害者等の意見をより反映させるべく，公訴参加制度を含め，犯罪被害者等が刑事裁判手続に直接関与することができる制度について，わが国にふさわしいものを新たに導入する方向で必要な検討を行い，その結論に従った施策を実施する」こととされた。これらの経過を踏まえ，法制審議会における審議・答申を経て，「犯罪被害者等の権利利益の保護を図るための刑事訴訟法等の一部を改正する法律案」が国会に提出・可決されたものである。

　この法律案は，いままで述べてきた被害者の刑事手続への参加を定めた刑事訴訟法の改正だけではなく，同法の改正による被害者の情報の保護策として，公開の法廷での被害者特定事項の秘匿決定（法290条の2）及びこれに関連した諸規定（法291条2項，295条3項，299条の3，305条3項など）も設けられ，加えて，犯罪被害者等の権利利益の保護を図るための刑事手続に付随する措置

---

[35] 証人尋問における被害者の保護措置や意見陳述の実施状況は，毎年法曹時報に掲載される「刑事事件の概況」により知れる。例えば，平成21年度に全国の高裁，地裁及び簡裁で実施された，ビデオリンク方式による証人尋問が行われた証人の数は235人，刑訴法292条の2に基づいて意見陳述（書面によるものを含む）をした被害者の総数は1609人である（曹時63巻2号103頁）。

に関する法律の改正により，刑事手続の成果を利用して刑事事件を審理した裁判所による損害賠償制度も新設された（同法6章）。

2 犯罪被害者の刑事手続への参加に関する改革とわが国刑事司法の変容

(1) 「統一性のある官僚組織による公判」の変容

被害者参加制度の創設により，公判手続に私人である被害者が出席し，上記のとおり限定的なものではあるが，証人尋問や被告人質問を行い，かつ，被害者側のいわば最終弁論である「事実及び法律の適用についての意見陳述」をすることができるようになった。

裁判員制度と同様，ここに私人による公判参加が実現し，官僚・専門家による公判というわが国の従来の特色が変容した。裁判員裁判に被害者が参加した場面を想定すると，壇上の裁判官席の左右に私人である裁判員6名が着席し，検察官側の席にはこれまた私人である被害者が着席し，被告人・弁護人と相対する風景が現出することになった。

ところで，被害者を訴訟法上どう位置付けるかという被害者の訴訟参加制度の根本的な問題について，今回の法改正では，被害者は事件の当事者であっても，刑事訴訟の当事者ではないと考えられており，したがって，公判請求権はもとより，訴因設定権，証拠調べ請求権，上訴権等は認められていない。また，被害者参加制度は，検察官が訴因を設定して事実に関する主張・立証を行う一方で，被告人・弁護人がこれに対する防御を行い，これらを踏まえて公正中立な裁判所が判断を行うという現行の刑事訴訟法の基本的な構造を維持しつつ，その範囲内で，被害者が刑事裁判に参加することを認めるものであり，現行の刑事訴訟法の基本的な構造を変えるものではないと考えられている[36]。

被害者参加制度が創設される立法過程においては，被害者参加人に訴因設定権，証拠調べ請求権，上訴権等を認めるという更に積極的な見解もあったが（全国犯罪被害者の会の「訴訟参加制度要綱」），一方では被害者の訴訟参加制度に反対する見解が弁護士層及び研究者の一部に有力であった。反対論の根本的な

---

36) 前掲注31)『平成19年・平成20年の犯罪被害者等保護関連改正法及び改正規則の解説』60頁など参照。

理由は，この制度は被害者に訴訟当事者ないしこれに準ずる地位を容認するものであり，それは現行の刑事訴訟の基本的構造に反するというところにあった[37]。

法制審議会の結論（「整備要綱（骨子）」）及び実現した立法は，双方の見解を採択せず，前述のとおり，現行の刑事訴訟法の基本的な構造を維持しつつ，その範囲内で，被害者が刑事裁判に参加することを認めるものであると解されている。確かに，被害者参加人の行うことができる訴訟活動は手続的にも，あるいは，その対象においても，抑制的であって「訴訟の当事者」性は乏しいと言えよう。

すなわち，前に述べたように，被害者参加人が証人を尋問したいと考える場合には，検察官の尋問が終わった後直ちに検察官に対し，尋問事項を明らかにしてその証人の尋問の申出をし，検察官が当該事項について自ら尋問しようと考えた場合は，この申出は裁判所に通知されず，そうでない場合にのみ検察官は意見を付してこの申出を裁判所に通知する。そして，通知を受けた裁判所が，被告人又は弁護人の意見を聴き，これを許可したときにはじめて尋問することができることになっている。しかも，尋問事項は，犯罪事実に関するもの

---

[37] 日弁連平成19年5月1日付「犯罪被害者等が刑事裁判に直接関与することができる被害者参加制度に対する意見書」，岩田研二郎「刑事訴訟における被害者参加制度の問題点——法制審議会刑事法部会の審議を中心に」法時79巻5号84頁，川崎英明「刑事裁判への被害者参加制度の批判的検討」刑弁50号89頁など参照。最近の論稿としては，内山安夫「実質的責任論と被害者の人権——被害者参加制度批判」村井敏邦先生古稀記念論文集『人権の刑事法学』（日本評論社，2011）558頁がある。ちなみに，弁護士層の意見は，反対論が全てではなく，刑事弁護委員会関係の弁護士は反対，被害者支援委員会関係の弁護士は賛成と意見が分かれていたようである。

反対論の理由として挙げられているのは，このほか，無罪の推定原則に抵触する，真相解明の妨げになる，被告人が萎縮し自由な供述が困難になるなど被告人の防御の困難性，被告人が被害者やその遺族に逆恨みや報復感情を抱く可能性がある，裁判員裁判においては審理に不当な影響を与えかねず，重罰化のおそれがあるなどである。

これらの反対理由をどう考えるべきかについては，前掲注31）『平成19年・平成20年の犯罪被害者等保護関連改正法及び改正規則の解説』60頁，椎橋隆幸「犯罪被害者等の刑事裁判への参加」前掲注31）『Q＆A平成19年犯罪被害者のための刑事手続関連法改正（ジュリストブックス）』16頁，堀江慎司「刑事手続上の被害者関連施策について——刑事裁判への『直接関与』の制度を中心に」法時79巻5号78頁，川出敏裕「犯罪被害者等の刑事裁判への参加」刑事法ジャーナル9号17頁などを参照されたい。

を除いた情状についての証人の供述の証明力を争うために必要な事項に限られている（法316条の36）。

　被害者参加人が，被告人に対し供述を求めるために質問したいと考える場合，事実又は法律の適用に関する意見陳述をしたいと考える場合も，証人尋問の場合と同様な手続，すなわち，検察官に対する申出―検察官の裁判所に対する通知―裁判所の許可決定が必要であり，また，被告人質問はこの法律の規定による意見陳述をするために必要があると認められる場合でなければならないし，意見陳述の対象は，訴因として特定された事実の範囲内に限られる（法316条の37，同条の38）。

　手続として検察官の経由が必要とされているのは，被害者参加人の訴訟活動が検察官との密接な意思疎通の下に行われることを前提としているものであり，前記検察官に対する意見の申述及びこれに対する検察官の説明の背景も同様である。

　そして，被害者のする証人尋問など訴訟活動が法の範囲を超えた場合には，裁判長がこれを制止することができる（法316条の36第3項，同条の37第3項，同条の38第3項）だけではなく，公判期日への出席が相当でないと判断される場合には，裁判所は公判期日への出席を許さないこともできる（法316条の34第4項）。また，被告人との関係その他の事情を考慮して参加を認めることが相当でないと認められるに至ったときは，参加の許可決定自体を取り消すことすらできるのである（法316条の33第3項）。被害者参加人が，例えば，過度に応報的・感情的な行為に走り，被告人の正当な防御を害するおそれがあれば，これらの措置によって審理の混乱が防止できる仕組みになっている。

(2)　「詳密な審理及び判決」の変容

　それでは，被害者参加制度の創設により，わが国刑事公判がどのように変容するであろうか。

　この制度の創設により，わが国刑事公判の特色である「詳密な審理及び判決」が直ちに大きく変容をするとは思えない。もともと被害者が参加する事件は対象事件が限定されている上（法316条の33第1項），実際に被害者が参加する事件というのは，全体の刑事事件から言えば，ごくわずかであるし（現在のところ対象事件の3％程度），被害者参加入の行うことができる訴訟活動は，

前述のとおり，極めて抑制的であり，これによって，審理が複雑化・詳密化したり，判決が詳細になったりするおそれは少ない。また，逆に，審理及び判決が被害者参加により，簡素化されるなどという契機もまったくない。

この制度の創設により，刑事裁判の審理及び判決が，被害者の心情，意見，主張等を十分踏まえたものになることは，予測できることである。従前の審理及び判決においても，もとより被害者の受けた被害結果やその影響，心情なども踏まえてなされていたとはいうものの，被害者が直接刑事裁判に参加していなかっただけに，被害者側の事情の斟酌は抽象的・間接的であったと言える。一方，被告人は，公判に毎回出席し，弁護人の援助を受けながら，裁判官の面前で自己の心情，意見，主張等を十分に述べる機会が保障されていたから，被告人側の事情の斟酌は極めて具象的・直接的であったと思われる。その意味では，被害者参加制度の創設により，一定限度で両者のアンバランスが回復されたと言えるのであって，犯罪被害者等基本法にいう被害者に個人の尊厳にふさわしい処遇を保障した（同法3条1項）刑事公判に変容することは，立法の所期したものである。

改正法による被害者参加及び被害者参加弁護士の制度は，平成20年12月1日から実施されており，平成21年度には全国の裁判所において相当数の被害者が刑事手続に参加し，公判期日への出席はもとより前記の証人尋問や被告人質問の諸権利を行使している。すなわち，平成21年度中に第一審において参加を申し出た被害者の数は571人，うち参加を許可された被害者の数は560人，うち国選弁護士への委託がされた被害者の数は131人である。被害者参加の対象事件は，自動車運転過失致死傷罪，傷害・同致死，殺人罪及び強姦・強制わいせつなど性犯罪が多い[38]。

さて，被害者参加制度が施行されてほぼ3年を経過した。この3年間の実情については未だ包括的な調査・研究は行われていない。しかし，施行後半年ないし1年を経過した段階での調査・研究の結果は公刊されており[39]，また，2年余りが経過した段階での運用上の問題点が裁判官により指摘されている[40]。

これらの文献によれば，被害者参加制度は，全般的にはおおむね適切に運用

---

[38] 曹時63巻2号104頁。

されており，反対論が危惧したような状況にはないというのがこの制度の運用に携わる者の共通の認識であるとのことである。そして，被害者参加事件数は，増加していくことが予測されている。その原因には，同時に導入された被害者特定事項の秘匿決定（法290条の2），被害者参加人への付添人制度，遮へい措置（法316条の39）など被害者保護の立法措置のほか，前述した被害者参加人のための国選弁護制度の整備などがあったと言えよう。

とはいっても，この制度も未だ緒についたばかりであり，被害者参加のあった事件の被告人側弁護人からは，違和感ないし緊張感があると指摘されており[41]，また，相当数の被害者参加事件を取り扱った裁判官からは，被害者参加人ないし委託を受けた弁護士あるいは被害者参加弁護士との期日の調整，検察官とのコミュニケーションの不足の事例，意見陳述（法316条の38）における検察官のそれ（論告・求刑）との役割分担あるいは被害者参加人と委託を受けた弁護士あるいは被害者参加弁護士との役割分担，被害者参加事件における「生の被害感情」の量刑上の考慮の仕方等さまざまな問題点も指摘されており[42]，裁判員裁判の評価と同様，この制度についても今後の推移を見守る必要があろう。

第5　おわりに

旧論稿において，筆者は，わが国の刑事司法の特色として「事案を解明するため，十分な捜査が必要であり，そのため被疑者の取調べが重視される」と指摘した。そして，「十分な捜査」とこれに連動した「慎重な起訴」というわが国刑事司法の特色をどのように評価すべきかが，わが国刑事司法の功罪を定め

---

39) 馬場嘉郎「被害者参加制度について」法の支配156号97頁，奥村回「被害者参加事件の分析と課題」自正2010年3月号99頁，椎橋隆幸「被害者参加制度について考える――1年間の実績を踏まえて」ひろば2010年3月号4頁，日比一誠「被害者参加制度の運用状況」同13頁，番敦子「弁護士からみた被害者参加制度の評価等」同20頁，石橋房子「被害者参加人のための国選弁護制度と法テラスの犯罪被害者支援業務について」同28頁など。
40) 小池勝雅「被害者参加制度の運用に関する諸問題」前掲注2)『現代刑事法の諸問題(2)』329頁。
41) 奥村・前掲注39) 105頁。
42) 小池・前掲注40) 331頁。

る最大の分岐点であろうと述べた。

　また,「十分な捜査」は実体的真実の発見という理念に基づいていること,「捜査において実体的真実主義の確保がなく, 裁判で実体的真実の発見があり得るか疑問である」[43]とした。しかし, 反面, 被疑者の取調べを重視する「十分な捜査」は, 被疑者なかんずく拘束された被疑者の取調べに過酷さを伴いがちな素地があることを指摘した。

　ところで, 司法制度改革審議会の意見書における提言を受けて, 平成16年の刑事訴訟法の改正により被疑者に対する国選弁護人の選任制度が導入され, 現在では, 公判段階における必要的弁護事件と同じ範囲の事件（死刑又は無期若しくは長期3年を超える懲役若しくは禁錮に当たる事件）について被疑者が勾留ないし勾留請求された場合に国選弁護人選任の請求が認められている（法37条の2）。また, 同年成立した総合法律支援法により設立された司法支援センター（いわゆる「法テラス」）において弁護士を確保する体制も整備された。これらにより, 被疑者段階の弁護体制が飛躍的に充実することになった。平成21年度において約6万1,800件の事件について被疑者国選弁護人が選任されているという[44]。

　また, 一方で, いわゆる「取調べの可視化論」の台頭や接見交通の自由など被疑者の権利の拡大も根強い動きである。取調べの可視化（録音・録画）は, 警察・検察庁において既に一部では実施されている。また, 警察における被疑者取調べの適正化のための監督体制が規則化されている。更に, 近年は, 郵便不正事件に関係した大阪地検特捜部における不祥事を契機として, 検察における被疑者の取調べについて厳しい批判が加えられており, 検察の再生に向けた諸方策の検討・取組が進められるとともに, 被疑者の取調べに変わる新しい捜査方法なども検討されている[45]。

　これらの改革ないし動きは, 被疑者の取調べにまつわる過酷さを除去し, 捜査における適正な手続の保障に大いに役立つと思われる。しかし, 他方で「十分な捜査」の遂行の支障になることも, 見やすいところである[46]。

---

43) 平場安治「実体的真実主義と当事者主義」『刑事訴訟法講座(1)』（有斐閣, 1963) 18頁。
44) 廣瀬健二「公的弁護制度――『法テラス』スタッフ弁護士について」前掲注2)『現代刑事法の諸問題(2)』538頁。

犯罪が巧妙化，隠密化し，一方では市民の捜査への協力が得にくい社会情勢もある。加えて，裁判所が捜査段階で収集された証拠（自白調書や検面調書など）の採用に慎重な姿勢を示す（とりわけ，裁判員裁判において）など，有罪認定のハードルは高くなっているとの感がある。

これらの情勢を考えると，わが国においても，捜査及び訴追の維持が段々と困難な状況に立ち至るのではないかという予測をしている。これらの改革及び動きが，わが国の刑事司法をどう変容させるか，それをどう受け止めるべきか，どのあたりに調和点を見出すべきか，極めて重要な問題であり，わが国の刑事司法にとって残された最大の問題であるとも言えるが，ここでは，これ以上触れない。いずれにしても，適切な刑事司法の運営は，国民のライフラインであることに思いを馳せ，「人権の保護」と「社会の保護」という時に相反する目的の絶妙のバランスが必要であろうと考えている。

---

45) これらについては，川出敏裕「新たな捜査方法の意義と展望」刑事法ジャーナル29号3頁，大澤裕ほか「座談会・検察改革と新しい刑事司法制度の展望」ジュリ1429号8頁，田口守一「新しい捜査・公判のあり方」同66頁など参照。なお，現在，法制審議会の「新時代の刑事司法制度特別部会」において捜査方法の見直しなどについて審議が行われている。
46) 検察官に対するアンケート結果によれば，被疑者段階の弁護の活発化や被疑者の権利意識の向上などにより，最近では被疑者の取調べにより真実の供述を確保することが困難になってきているという（朝日新聞平成23年9月18日付朝刊）。

取調べの可視化については，同様のアンケート結果によれば，取調べの適正さの確保に役立つとしながら，9割の検察官は可視化により真実の供述を得ることが困難になると考えている（朝日新聞平成23年8月9日付朝刊）。また，録音・録画により被疑者を取り調べた警察官の大多数も同様に取調べの適正さの確保に役立つとしながら，全面可視化については真相解明機能が害されるとして否定的であるという（朝日新聞平成23年6月30日付夕刊）。

第Ⅰ部　刑事司法全般

第3章　わが国刑事司法に対する評価の変遷
――来し方を振り返って

第1　はじめに

　わが国の刑事司法に対する評価が両極端に分かれていることは，前に述べた。すなわち，「アズ・ナンバーワン」と言わんばかりの肯定的・楽観的な評価の対極に，「奇形の定着」とか「かなり絶望的である」とかの否定的・悲観的な評価が加えられていた（1，24頁参照）。そして，評価の差異が，国民の司法参加の是非あるいは参加の方法（陪審か参審か）の議論とつながりを持っていたと思えることも，前に述べたとおりである（42頁参照）。

　ところで，裁判官退官後の平成14（2002）年11月に岡山地裁において裁判官等に対する講演を依頼された。その際，「裁判官生活を振り返って」という題目で講演をしたのであるが，そこでは「私の刑事訴訟法観の変遷」という副題を付けて，私自身のわが国刑事司法に対する評価の変遷を述べた。今思い返すと，私自身のわが国刑事司法に対する評価もまた年代により肯定・否定のはざまを揺れ動いてきたと思えたからである。

　その後，私は，関西大学法学部教授として刑事訴訟法を担当し，平成16年法科大学院が設立されたのを機に法科大学院教授としてこちらも主として刑事訴訟法を担当してきた。法科大学院発足に当たり，同大学院の山中敬一教授が『法に生きる――法曹を志す諸君へ』（成文堂，2005）という書物を編まれ，その中で私も「思い出すままに――刑事裁判のことなど」という一文を書いた。

　本書出版の機会に岡山地裁における講演に当たって準備したレジュメと前記『法に生きる』に掲載した一文を基にして多少の補充・訂正を加え，本論稿としたものである。一裁判官の自伝的な所感に過ぎないものであるが，この時代を生きた法曹の一報告として，なんらか裨益するところがあれば，幸いである。

第2　法曹になるまで

　私は，昭和35（1960）年の司法試験に合格し，昭和36（1961）年3月に京都

大学法学部を卒業して同年4月に司法修習生になった。

　京都大学法学部では，平場安治教授の刑事法ゼミに所属していたが，毎回ゼミへ出席するわけでもなく，また，同教授の講義を熱心に受講したわけでもなく，まことに不肖の弟子であった。今振り返ると，宝の山にいながら惰眠をむさぼっていたことになり，惜しいことをしたと思っている。しかし，今でも同教授がゼミでお話されたことがらを断片的には覚えている。「捜査は，当事者の訴訟準備か前手続か」とか「弾劾的捜査観では捜査はできない」などなど……である。

　司法試験の勉強には，平野龍一教授の『刑事訴訟法（法律学全集）』（有斐閣）を使った。この本は，昭和33（1958）年12月に発刊され，私自身も後に述べるように，相当な影響を受けたが，私がこの本を司法試験の勉強に使ったのは，その理論に惹かれるところがあったというより，分厚さや値段が手ごろであったからである。

　周知のように，平野教授のこの書は，英米の刑事訴訟の基本構造である当事者主義をわが国の刑事訴訟法の解釈にどこまで徹底することができるかを試した著作であり，捜査については，「弾劾的捜査観」と「糺問的捜査観」を対置させ，審判の対象については，訴因対象説を主張されるなど従来の刑事訴訟法の解釈にいわば新しい風を吹き込んだもので，その叙述の順序を含め，その後の刑事訴訟法の研究あるいは刑事訴訟法の教科書に多大の影響を与えたものである。

　この書ではまだ平野教授は，職権主義と対置される当事者主義について，それが刑事訴訟の本質であるとまでは明言されていないが，これを強調し，わが国の刑事訴訟法がこの基本原理で解釈運用されることを指向しておられたことは明らかである。その後の同教授の著作『刑事訴訟法概説』（東京大学出版会，1968）では，刑事訴訟にとって当事者主義が本質的であり，被告人に訴訟主体性を認め，主体にふさわしい行動をとる余地を与えることが「適正手続の思想」にかなうもので，当事者主義と適正手続は表裏一体のものであると述べられている。

　「弾劾的捜査観」の主張は，直接的には被疑者の取調べなかんずく拘束された被疑者の取調べに伴う過酷さの除去という目的があったものと考えられる

が，当事者主義が刑事訴訟にとって本質的なものであれば，それは，捜査段階にも及ぼされなければならないという基本的な理念に基づくものと思われる。その理念からすれば，捜査は一方当事者の訴訟準備に過ぎないはずであるし，一方の当事者が相手方の当事者（被疑者）を受忍義務を課してまで取調べることは許されないはずである，ということになる。

　もとより，当事者主義という言葉はこの書によりはじめて用いられたものではない。新刑事訴訟法（現行刑事訴訟法）の誕生に伴い，各種の刑事訴訟法の書物には当事者主義という言葉が出現している。しかし，当時の通説は，刑事訴訟においては，本質的には職権主義が妥当するのであり，当事者主義は被告人の権利保障あるいは真実発見のためといういわば技術的な理由によって補充的に採用されているに過ぎないというものであった（技術的当事者主義あるいは技術的当事者構成）。平野教授は，このような考え方に一理あることを認めつつも，当事者主義は，国家が個人に対して刑罰という制裁を加える場合の基本的な態度であることを指摘してこれを批判されている。

　思えば，連合軍の占領下に連合国――と言っても主として米国法――の強い影響を受けた刑事訴訟法が制定・施行された昭和24（1949）年1月以降多くの学者や実務家が渡米して現地の刑事司法に触れ，あるいは，証拠法など英米法の諸原理について研究を重ねてきたわけであるが，それからほぼ10年を経た時期にこれら英米法の摂取のいわば一つの区切りあるいは集大成としてこの書が誕生したと言えるのではなかろうか。

　この書あるいは平野理論は，当事者主義――被告人の訴訟主体性の確立――という戦後のわが国の刑事司法にとって正当な改革を主張するものであるから，多くの人びとの賛同を得たものであるが，それには「糾問」と「弾劾」，「職権主義」と「当事者主義」あるいは「大陸法」と「英米法」という戦後の日本人にとっては，既に価値観に差異がある言語を用いることによって，増幅されたと言える。

　私もまた8歳のときに終戦を迎え，幼いながら，当時の日本人の米国の豊かさや自由さあるいはその諸制度の持つ民主主義的要素に対するあこがれや崇拝心を今でも鮮明に記憶している。米国は正に夢の国であり，多くの日本人にとっては，当時大流行した歌の題名どおり，「あこがれのハワイ航路」であった。

そして，当事者主義など英米法の諸原理こそ素晴らしいものと思えたのであった。それに比して，同盟国として共に戦いに敗れたドイツなど大陸法の諸原理とりわけ職権主義は，色褪せて見えたのもむべなるかなという感がある。

　昭和36（1961）年4月司法修習生となって前期修習を終え，実務修習は，大阪で受けた。刑事裁判の指導官は，青木英五郎判事でありその補佐は下村幸雄判事補であった。お二人とも刑事訴訟法に詳しい裁判官である。とりわけ，青木判事は，英米法にも造詣が深く，既に昭和25（1950）年に「英米刑事手続における交互尋問と証言調書」という司法研究を公にされている。そして，お二人とも，わが国の刑事司法に対し，批判的な意見を持っておられた。その眼目は，わが国の公判が捜査に依存していること，裁判官の法意識が検察官寄りであることなどなど……であった。裁判官の法意識については，青木判事が「裁判官の戦争責任」を追求し，これに関するいくつかの書物を公にされている。そして，同判事は陪審制度の導入に積極的でもあった。私も青木判事の書かれた書物はほとんど読んでおり，教えられることが多かった[1]。

　刑事裁判の実務修習では，司法研究叢書である「日米比較刑事訴訟手続」をテキストにして何回かに分けて共同研究が行われた。この書は，昭和35（1960）年に司法研修所において米国のハールバット教授を招いて行われたセミナー記録であったが，当時のそうそうたる刑事事件担当の裁判官，検察官，弁護士及び刑事法の著名な学者が集まり，刑事訴訟法のほぼ全域にわたる項目ごとに同教授を中心に意見交換がなされたものである。この書によって私は英米法とりわけ，米国の刑事司法とわが国のそれがこんなにも異なるものかということを身近に知り，大きな感銘を受けた。今でも同教授の「被疑者を20日も保釈なしで拘束し，検察官が取調べて起訴不起訴を決定するという制度はショッキングである」という発言を記憶している。そのころ，私はこのような制度にさしたる違和感も疑問も抱いていなかったからである。おそらくこのセミナーに参加したわが国の実務家及び学者も同様であったと思われる。この書の「はしがき」には，このセミナーは毎回傍聴人を含め「異常な盛況」であったと記されている。

---

1) 青木判事の著作のほとんどは，『青木英五郎著作集全3巻』（田畑書店，1986）に収録されている。

また，刑事裁判の実務修習中に，西尾貢一裁判官の証拠開示についての講義を聞いたこと，当時大阪地裁刑事部の名物裁判長であった網田覚一裁判官の話を聞いたことも鮮明に記憶している。西尾裁判官は，証拠開示論争を大きく巻き起こした昭和34 (1959) 年の大阪地裁決定[2]の裁判長である。網田裁判官は，刑事裁判には「参学眼力」(「正方眼蔵」に記されている言葉という)が必要であり，これを養うには「人間学」の研究が必要であることなどを話された。網田裁判官は，深い東洋哲学の素養を背景に軽妙な語り口で若い修習生を楽しませてくれた。この点は，当時，大阪の刑事弁護の大家であった毛利与一弁護士の語り口も同様である。われわれは，これらの大家の話をよく分からぬまま，とにかく偉い人だと心秘かに感心したものである。ちなみに，網田裁判官もわが国の刑事司法の現状に批判的であった。網田裁判官は，前述の「参学眼力」とともに「裁判官の検察官恐怖症」という言葉をよく使われた。

　平野理論による啓発，大阪地裁における刑事裁判実務修習の体験により，次第に私もわが国の刑事司法の現状に批判的・否定的な評価を下すようになっていった

第3　新任判事補のころ

　昭和38 (1963) 年4月裁判官に任官した。初任地は，実務修習地と同じく，大阪であった。当時は，初任の3年間同じ地に勤務し，民事・刑事・家裁を1年ずつ経験するという仕組みになっており，私も大阪地裁で民・刑各1年，大阪家裁で1年少年事件を担当した。

　大阪地裁の刑事部では，昭和38年4月から昭和39年3月までの1年間，合議部の左陪席と令状部に勤務した。当時は，前記の西尾裁判官が所長代行をしておられ，青木，網田裁判官は既に退官しておられた。

　初任地では，三つの研究会に所属していた。一つは，刑事訴訟法研究会であり，二つは，大阪刑事実務研究会であり，他は同期の裁判官による自主的な研究会であった。

　刑事訴訟法研究会は，どのような経緯でいつごろから誕生したものであるか

---

2) 事前全面証拠開示命令で最三小決昭 34.12.26 刑集 13 巻 13 号 3372 頁により取り消された。

は、よく知らない。ただ、この研究会のいわば第一次報告書とでもいうべき『生きている刑事訴訟法』（日本評論社，1965）の「はしがき」によれば、この書の編者であり、この研究会の主宰者でもあった佐伯千仭教授は、「現行刑事訴訟法が施行されてから15年余りが経過してみると、刑事訴訟法の明文が必ずしもそのとおり運用されていない現実がある一方、証拠開示のように新たな問題も発生しており、また、まだ判例のない領域での問題、更には、判例が一応あっても未解決な問題などがある。このようないわば『生きた刑事訴訟法』の諸問題について直面し悩んでいる関西在住の実務家と学者がふとした機会に各自が抱いている問題を持ち寄って討論してみようということからこの研究会が誕生したものである」と、述べられている。

この書の執筆者を眺めてみると、学者では、佐伯、平場、高田（卓爾）、井戸田、光藤教授ら、裁判官・元裁判官では、前記の西尾、網田、青木、下村のほか佐々木哲蔵判事、兒島武雄判事（後に広島高裁長官）らの名前が並んでおり、更に、弁護士では前記毛利弁護士が名を連ねている。今思えば、私ども新任判事補はいわば見習いとして参加を許されたものであろう。

佐伯教授や毛利弁護士もまたわが国の刑事訴訟法の運用には極めて批判的な見解の方々であった。わが国の刑事司法の現状に否定的な評価を加えたものとして冒頭に掲げた「奇型の定着」という語句は毛利弁護士のそれである[3]。

佐伯教授の著者にも親しんだ。そして、同教授の著作名にちなんで「刑事裁判と人権」などと名づけたノートを作って日々感じるところを記していた。当時の私の関心は、刑事裁判においてどのようにして人権を保障するかというところにあった。まさに「人権派」であり、わが国の刑事司法は「歪んでいる」と考えていた。

この研究会で、令状部での経験を基にして、「違法逮捕と勾留」というテーマで発表し、法律時報に掲載してもらい、後に『続・生きている刑事訴訟法』（日本評論社，1970）に収録された。これが私の初論文で、掲載前にこの研究会の幹事をしておられた井戸田教授に見てもらった。逮捕手続に重大な違法があれば勾留できない、という現在では、通説になっている見解を述べたものだ

---

3) 毛利与一「奇型の定着――新刑訴の四半世紀」自正24巻2号2頁。

が，なぜそうなるのかは，今にして思えば，説得力不足の論文であるし，再度の逮捕を認めないなどかなりドラスティックな内容であった。

いま一つの研究会は，大阪刑事実務研究会で，私の裁判官生活と切り離しえない研究会である。この研究会は，大阪地高裁の刑事裁判官を中心に組織されていたもので，昭和40（1965）年に誕生した。経緯はつまびらかでないが，当時大阪高裁に赴任してこられていた佐々木史郎判事（後に福岡高裁長官）が判例タイムズに連載されていた「刑事実務ノート」の執筆を大阪でも受け持つことを河村澄夫判事（後に広島高裁長官）に持ちかけられ，それをきっかけにこの研究会が結成されたのではないかと推測している。この研究会は，現在も続いており，私は所長になる平成6（1994）年4月までの相当期間をこの研究会の幹事や主宰者として関与したので，愛着の深い研究会である。東京に比べるとどうしても，研究的な仕事に恵まれない関西の裁判官の最大の研究機関として，月1回開催され，この40年間にそれでも，4冊の本[4]を出版しているのは，手前味噌ながら評価できるのではないかと自負している。最近も，活発な研究活動が続けられ，判例タイムズ紙上に公判前整理手続や裁判員裁判を巡る諸論文を公表しているほか，大著『量刑実務大系』全5巻（判例タイムズ社，2011～2013）を出版している。

この研究会で前述の「刑事実務ノート」の一環として「勾留質問」というテーマで発表し，判例タイムズに掲載された。これは，原田修判事との共著で，後に『刑事実務ノート(3)』（判例タイムズ社，1971）に収録された。この論文で「勾留質問における弁護人の立会いの可否」などという問題に触れているのは，当時英米の予備審問を多少勉強していたことの影響である。後にこのような問題が現実化するとは思いもよらなかった（当時は，まだミランダ判決も出ていないときである）。

三つ目は，大阪地裁配属の新任判事補9名で組織していた研究会で，もちろん同期の懇親会という色彩もあったが，結構まじめに持ち回りで，研究発表をしていた。そして，この研究会では，F. T. Giles 著「The Criminal Law」（Penguin Books）を輪読したのが思い出深い。やはりわれわれは，英米法に対

---

[4] 『刑事公判の諸問題』（1989年），『刑事実務上の諸問題』（1993年），『刑事証拠法の諸問題(上下)』（2011年），いずれも判例タイムズ社。

する関心が強かったからである。もちろん大阪地裁の3年間でこの書の輪読は終わらず，途中までになってしまったが，その後私は，こつこつこの書の翻訳をし，完成させた。それは，私の英米法に対する関心の強さとともに，久しく途切れていた語学の勉強の持続に役立たせようと考えていたからである。残されているこの書の翻訳ノートの末尾を見ると，「昭和46年10月完」と記載されている。なお，この書は，前述の兒島判事が『イギリスの刑事裁判』という書名で昭和49年に翻訳出版された（評論社）。

　ちなみに，兒島判事は，昭和35年には既に，デブリン判事の『警察・検察と人権』を翻訳出版されており（岩波書店），当時数少ないイギリス刑事法の権威であったのである。おそらくこの書の翻訳出版は，同氏の判事補の終わりのころではなかったろうか。この本も熟読し，ずいぶんと参考になったものである。とりわけ，イギリスでは，「裁判官準則」によって，拘束された被疑者の取調べは原則的にできないことを知って，彼我の違いに驚いたものである。

　昭和30年代の初めから，東京地裁の岸盛一判事や横川判事などを中心に「集中審理」が提唱され[5]，大阪も遅ればせながら，この理念に沿う審理を専門とする部（第10刑事部）が作られていたのである。しかし，私がこの部にいた短い期間の観察からすると，普通の部と少しも変わらなかった。

　昭和30年代の初めから，一方で捜査構造論が論議され，弾劾的捜査観が少なくとも学会でかなりの支持者を得，他方で裁判実務家を中心に集中審理論が起こってきたのは，偶然とは思えない。おそらく，英米法の摂取がかなり進み，アメリカの刑事司法の実際を知る機会も増えるにつれて，これに強い刺激と影響を受け，「捜査に軸足を置き，相対的に比重の軽い公判」というわが国の刑事司法を変革しようという点において，両者は共通していたのではあるまいか。前者の動きがこれを捜査から変革しようとし，後者の動きがこれを公判から変えようとしたという違いこそあるものの。

　捜査に関して言えば，前述の兒島判事が，令状に関するある論文で，逮捕・勾留の分野はわが国の刑事訴訟の「暗い谷間」であると喝破され，この言葉が一時結構はやったが，このころは，令状や捜査の分野についても学者や実務家

---

[5]「座談会・岐路に立つ刑事裁判」が判例タイムズ誌に連載されたのが昭和30年から同32年にかけて。

の間でかなり論じられるようになっていた。前述の捜査構造論という大問題を背景に，再逮捕や別件逮捕の是非，勾留請求却下の裁判に対し執行停止が可能か，などの問題が論議されていた（別件逮捕が問題となった狭山事件の発生が昭和38〔1963〕年）。私も令状や捜査の問題に興味があったので，ずいぶん勉強した。この分野は，「人権の保護」と「社会の保護」という刑事訴訟法の相対立する原理が濃縮されて現出するだけに，若いわれわれ裁判官の心をとらえたのであろう。

　捜査構造論についても，入手可能な文献はことごとく読んだ。この中で強く影響を受けたのは，立命館大学（当時）の井戸田教授の捜査独自性説・訴訟的捜査構造論であった（教授の捜査構造論が発表されたのが，昭和36〔1961〕年）。この捜査構造論は，弾劾的捜査観と糺問的捜査観という平野教授の提起した捜査観の間に斬新な問題を提起し，いわば第三の捜査構造論を展開したもので，以後の議論の大きなかなめになったものである。井戸田説は，「捜査は一方当事者の訴訟準備に過ぎない」と考えず，捜査の独自性あるいは完結性を主張する点では，弾劾的捜査観と対立するが，検察官を挟んで警察と被疑者側が向かい合うという点では，糺問的捜査観とも異なり，捜査の実態にマッチする面が強かったのである。同時に，この議論は捜査における検察官の位置付けという点に関係してくるから，いわゆる「検察官論」ともつながりがあった。現行刑事訴訟法における検察官の地位・役割・その性格などは，これまた，戦後の刑事訴訟法の大問題の一つであった。

　昭和30年代の旧刑事訴訟法への決別，英米法への傾斜という動きの背景には，これまで触れたような要因のほか，旧刑事訴訟法時代の重大事件について相次いで再審が開始され[6]，あるいは，最高裁で破棄・無罪の判決がなされ[7]，その過程で，捜査官による過酷な被疑者の取調べにより虚偽自白が生み出され，これらの証拠を裁判所がそのまま引き継いで職権的に審理するという旧刑事訴訟法の構造に大きな問題が潜んでいたことが明らかになったということもあると思われる。

---

6) 昭和31（1956）年免田事件について再審開始決定。
7) 昭和32（1957）年から昭和33（1958）年にかけて幸浦事件，小島事件について最高裁破棄・無罪。

また，一方，米国では，昭和35年から幕を開けたウオーレンコートにおいて，刑事司法革命と呼ばれるほどの人権保障に手厚い判決が相次ぎ[8]，これらがわが国に紹介されるとともに，わが国の実務家及び研究者に大きな影響を与え，これら一連の米国連邦最高裁判決こそわが国の「導きの星」と受け取られたことも大きな要因と思われる。

　わが国でも，学界において，適正手続の保障が強調され，違法に収集された証拠の証拠能力を否定するという考え方（排除法則）が有力になり，やがては下級審判決にも浸透してきたのは，これら米国の一連の判決を抜きにしてはあり得なかったと考えられる。

第4　その後の判事補時代

　昭和41（1966）年3月まで大阪で勤務し，同年4月から昭和43年3月までを北海道は旭川地家裁で勤務した。家裁で少年事件を1年担当し，地裁の刑事部で合議事件の左陪席を1年勤めたわけである。

　旭川の刑事部は，けっこう事件が多かった。北端のこんな小裁判所でなぜこんなに当時事件が多かったのか不思議である。あるいは，全国的な当時の趨勢であったろうか。

　旭川で自分が関与した思い出深い事件の一つは，「深川事件」と呼ばれる労働公安事件で，国労が日韓条約に反対して，ストライキをし，深川駅近辺で線路上に立ちはだかって列車の走行を妨害したという威力業務妨害事件である。この種の事件の常としていろいろな主張がなされ全面的に争っている事件ではあるが，線路上に立ちはだかって列車の走行を妨害した事実は，写真等で明白であった。ただ，初めて経験した労働公安事件であって，法廷警備，庁舎警備などが必要であったが，そのころの私にとってはいずれもはじめての経験であった。当時は，国労や日教組の政治的闘争が盛んでそれに絡んで刑事事件が各地で勃発していた。そんな社会情勢であった。そういえば，転勤前の私がいた大阪地裁の部では，大教組の地方公務員法違反事件に対し，憲法違反を理由に無罪の判決をして新聞等で大々的に取り上げられたことがある（地方公務員

8）昭和35（1960）年マップ事件，昭和39（1964）年エスコビード事件，そして昭和41（1966）年は著名なミランダ事件。

ストライキを「あおりそそのかしたもの」に対する処罰の合憲性が各裁判所で争われていた。ただし，この判決には私は加わっていない)。また，旭川地裁刑事部の前の裁判体では，北教組の「学力テスト反対闘争」にからむ公務執行妨害事件が審理・判決されていた（無罪）。そして，一方で学生運動が台頭する前夜であった。

そのころ旭川地裁で判決をした一番著名な事件が「猿払事件」である。猿払村という旭川管内北端にある小さな村の現業郵政事務官が，労組の支援する候補者の選挙ポスターを貼って国家公務員法違反（公務員の政治的行為の禁止違反）に問われ，稚内簡裁に略式起訴されたのが発端である。何せ，公務員の政治的行為それも選挙運動と刑事罰という憲法上の難問を含んでいたため，事件は，労働組合，政党，憲法学者を巻き込んだ大事件になり，旭川本庁の刑事部で合議事件として審理することになった。当時の旭川の刑事部の裁判長は時国康夫判事（後に広島高裁長官）であり，アメリカへ留学して憲法訴訟を学んで帰ってこられ，憲法訴訟とりわけアメリカのそれに造詣の深い人である[9]。われわれは，時国判事の指導を受けながら，アメリカの関連判例や立法などを参考にしてなんとか転勤前に判決をした。ちなみに，この事件が係属する前から，時国判事の指導の下に刑事部の裁判官で憲法訴訟の研究会を何回か開いていたが，これもこの判決をする上で役立ったのである。

猿払事件では，「適用違憲」という当時はまだそんなに一般的でなかった手法で無罪の判断をしたが，その後最高裁で破棄されたのは周知のとおりである。今にして思えば，「適用違憲」とか「法規の限定的解釈」とかあるいはまた「可罰的違法性」などの法理は，その事件の解決の具体例妥当性という面では有効であるかも知れないが，法規の解釈・運用の安定性という面からいえば，問題は残ろう。しかし，当時の私には，そのような発想は乏しかったのである。

当時の旭川には，前述の時国判事ほか，尾中判事（アメリカでの留学から帰国されたばかりで，後に最高裁課長などを勤められたが，早世された），吉丸判事（後に札幌高裁長官），早川判事補（後に最高裁局長，東京高裁部総括），岡田判事補

---

[9] 後に『憲法訴訟とその判断の手法』（第一法規，1996）という著書を出版されている。

(後に大阪高裁長官) などそうそうたる人たちがいた。関西からは，川口判事補 (後に高松高裁長官) もこられていた。そして，所長に大阪からこれまた豪放を誇る木下判事 (後に最高裁判事) が赴任してこられたのである。この人たちは，前述の大阪の裁判官とはまた異なった肌合いの方々であり，この人たちとの交流は私の裁判官としての成長に大きな影響を与えた。

　旭川での勤務 (当時は2年間) を終え，昭和43 (1968) 年4月から昭和46年3月までを書記官研修所で勤務した。神田忠治教官 (後に東京高裁部総括) の後任で主として刑事訴訟法を担当する教官ということであった。

　書記官研修所は，裁判官と家裁調査官を除く，裁判所の職員の中央研修機関であるとともに，書記官および速記官の養成所であった (現在は，調査官を含めた総合研修所が設立されており，速記官の養成は行われていない)。したがって，ここの教官の仕事は，一つは，研修生に対し法律の講義 (私でいえば，刑事訴訟法の講義) や演習 (私でいえば刑事法演習) を実施し，あるいは，ここへの入所試験を実施する (問題作成・採点) というものであり，他は，各種職員の中央研修を企画・実施することであった。

　刑事訴訟法の理論を教えるという仕事の必要性から刑事訴訟法についてずいぶん勉強した。刑事訴訟法の講義は，捜査，訴因，証拠の三分野に力を入れた。これらの分野に自分の興味が傾いていたこともあるが，当時の状況としては (あるいは，今でもそうかも知れないが)，これらの分野にいろいろな問題が集中していたからである。

　捜査については，前述のとおり構造論をはじめ，逮捕・勾留を巡る諸問題，被疑者の取調べに関する問題が論じられ (捜索差押に関する問題はいまだそれほど論じられていなかったように思う)，訴因論については，訴因対象説が次第に優勢になりつつあるとはいえ，この説の強調に危惧感を示す説も唱えられていたし (青柳教授)，実務家の中には公訴事実対象説もいぜん存在したし，団藤説や平場説のようないわば中間説もまた有力であった。更に，従来訴因対象説から言えばこれらの問題はこうこう……公訴事実対象説から言えばこうなる，と言われていたところが，果たして本当にそうなのかを問題にする余地も少なくなかった (たとえば，訴因変更命令の形成力)。証拠法の分野は，もともと実務上重要である上 (とりわけ書記官事務にとって)，当時は伝聞法則にからむ問

題はもとより，排除法則の提唱，証拠開示（前述の西尾決定から10年後の昭和44〔1969〕年に最高裁判例が出されている）や自白の証拠能力に関する違法排除説の台頭など問題が山積していた。

書記官研修所の刑事訴訟法の教科書としては当時鬼塚賢太郎元教官（後に東京高裁部総括）の執筆にかかる『刑事訴訟法の理論』（法曹会，1962年）という本があったが，在庫も乏しくなってきたし，そろそろ改定すべき時期にもなっていたので，事務局長から改定を求められた。そこで，この本の基本的な構成，つまり判例をたくさん引用して，いわば判例をして理論を語らせるという構成を維持しながら，全面的に改定して教科書を書き上げた。執筆期間は教官3年目（昭和45〔1970〕年）の半年程度であったろうか。中身は，講義の重点を反映してか，捜査，訴因，証拠に関する部分が詳しい。完成した後当時最高裁の調査官をしておられた鬼塚判事にその原稿を見てもらったところ，訴因の分野については，訴因対象説の色彩が強すぎて，自分の見解とかなり違う，「刑事訴訟法の理論」というタイトルを継承しないでむしろ新しい本として出版してほしいと言われた。なるほどそんなものかなと思ったものである。それで，『刑事訴訟法講義案』というタイトルにし，原稿を残して書記官研修所を離れた。

昭和47（1972）年にこの教科書は法曹会から出版され（研修教材107号），その後何回か改定されて判例の差し替えなどが行われているものの，地の文章はほとんどが私の書いたとおりのものが今でも使われている。現在では，被害者保護・参加の手続や裁判員制度，公判前整理手続など近時の刑事訴訟法の改正規定をも織り込んで同名の書で版を重ねている（現在4訂版，司法協会）。

内容のアンバランスや分量が多いことから，実は私としては，この本は教材としては失敗作かなと秘かに思っていたところ，案外好評で「名著だ」「名著だ」と言われて，書記官研修所の教材以外のところでもずいぶん活用されてきたとのことである。これは，私にとってうれしい反面「世の中というものは分からぬものだ」という思いを抱かせるものであった。

今読み返してみると，確かに，捜査のところでは，人権重視（捜査総説の分野では「捜査と人権の調和」なる一章を起こしている）の色彩が強いし，訴因論のところでは，鬼塚判事が指摘したように訴因対象説の色彩が強すぎる（例え

ば，訴因変更に関し具体的防御説を断固排斥している）と思うが，やはりそれは当時の私の感覚であったろう。

　もっとも，捜査の構造論については，弾効的捜査観に好意的であったものの，この教科書の性質からして，これを強調せず「被疑者の取調べへの規制」と言う項目を立てその中に弾効的捜査観と糺問的捜査観を対比して紹介するにとどめている。また，証拠開示について当時，私は事前全面開示を良しとする論稿を内部誌に発表していたものの，この書では，問題点の指摘とともに関係する最高裁判例（既に昭和44〔1969〕年に訴訟指揮権に基づく個別開示の判例が出されていた）の紹介にとどめている。この点も，この教科書の性質ということを考慮したことによる。

　ところで，昭和40年代のはじめから，全国の大学が学生紛争で沸き返っていた。東京では，東大の安田講堂に大勢の学生が立てこもり，不退去罪で多数検挙され，神田あたりでも，常に学生のデモ隊と警察官が衝突していた。他の大学も同様で，学内は荒れ放題になり，ろくに授業が実施されないし，学者も落ち着いて研究できない，そんな時期であった。そして，各地の裁判所とりわけ東京地裁にこの学生事件が多数起訴され，裁判所はその対応に苦慮していた（例えば，1日に1,000人を超える逮捕者の勾留請求があった）。書記官研修所では，このころ各種の中央研修に法廷警備の研修を組み入れて，法廷警備の理論と実際についてその衝に当たる職員を研修したものである。これらの研修の企画・実施に当たっていた私は，まったくの未経験の分野について関係の書物を読み，耳学問をしてなんとかその責を果たしたのである。そしてこのころから「荒れる法廷」，「集団事件の審理方式」などを巡って裁判所と弁護士ないし弁護士会との対立があらわになってきた。

　昭和46（1971）年4月新潟地家裁柏崎支部に転任した。この支部は，職員9名，裁判官は地家裁，簡裁を含めて私一人である。したがって，私は支部長であり，裁判所へ入ってはじめて「長」が付いたことになる。この柏崎も思い出深い。

　庁舎も官舎も海岸近くにあり，庁舎は木造で，トイレは水洗ではない。驚いたことに，検察庁の柏崎支部と同居していた。検察庁は1名の副検事と2, 3名の職員がいたが，どちらも少ない数で，毎日顔を合わせていたから，魚つり

などレクレーションも一緒にすることが少なくなかった。また，何か法律上の問題や事件処理上の問題が生ずると副検事は気軽に私に相談に来ていた。まさに旧刑訴の世界である。

　小なりといえども一個の支部であるから，それなりの司法行政事務があり，長として部下の統括や組織責任があり，また，外部との付き合い（各官公署や市役所）もあったが，幸いこれという事件も起こらず，この分野の仕事量もそれほどの負担はなかった。それでも，「長」という立場で物事に対処する経験は，私の裁判官としての成長のいい糧になったと思う。

　1年後の昭和47（1972）年4月から柏崎支部に判事を配置せず，代わりに簡裁判事を配置することになり，私は長岡支部に転勤した。ここは，柏崎と違いものすごく忙しいところで，しかも私は民事事件を主として担当し，かつ，週に2日は，柏崎へ填補することになった。忙しいのはそんなに苦にならなかったが，仕事が主として慣れない民事事件それも単独事件であったから荷が重かった。昭和48（1973）年4月ようやく「補」が取れて判事になり，長かった判事補の時代が終わった。

第5　判事になってからの10年

　昭和49（1974）年4月大阪地裁へ転勤した。久方ぶりの大阪である。所長は，前述の木下判事であった。ここでは，刑事の単独部それも交通専門部へ配属された。当時は交通事件（業務上過失致死傷罪，道路交通法違反）が多発し，その処理のため東京地裁と大阪地裁には，刑事の交通専門部が設けられていたのである（現在はない）。部の裁判官は荒石利雄部総括判事（その後任は半谷恭一判事）等4名であった。

　地裁に起訴される業務上過失致死傷事件は，概して，過失そのものは明白で，犯情の悪い事件が多い。無免許とか，飲酒，ひき逃げなどが付随した交通事故が主であり，過失にしても，赤信号の無視ないし見落とし，高速運転，居眠りなどが多い。したがって，交通専門部の最大の関心事は，そして，当事者の最大の関心事も，量刑それも実刑に処するかそれとも執行猶予を付するかの分別であった。一般の刑事事件では，前科の関係で必然的に実刑になる事件がかなりを占めるが，交通事件の場合はそうではない。

当時は，交通事故の量刑に関する研究も，司法研究のほか各種の法律雑誌に相次いで発表されていた。そこで，私も，交通事件の量刑の勉強に専念した。ここでも，当時公にされていた文献はすべて入手し，整理・分析して，どの種の事件を原則的に実刑にし，どの種の事件を原則的に執行猶予すべきかを考究し，他の裁判官とも意見を交換して研究を重ねた。また，各裁判官が判決をした交通事件の量刑カードを残し（このカードに判決結果のほか主要な量刑因子を記入），これらのカードを元にさらに量刑の研究を続けていくというシステムである。

交通事故が発生していなくても，単なる交通違反（無免許運転，酒酔い・酒気帯び運転，速度違反）だけでも，地裁に起訴され，懲役刑が言い渡され，それも実刑に処す場合があった。当時，前述の大阪刑事実務研究会で量刑の実証的研究をしていたので，その一環として「道路交通法違反事件の量刑について」と題して，大阪地裁交通専門部のこの種の事件の量刑および大阪高裁のこの種事件についての判決結果を調査・分析して報告した（判タ325号〔1975〕，本書645頁）。道路交通法違反事件の実刑と執行猶予の区別を明らかにするとともに，量刑不当で控訴したこの種事件の破棄と棄却の差異を明らかにしたいという目的であった。

交通専門部で勤務した3年間の間に，このほか，「過失犯における訴因変更」という論文（本書174頁）と「交通事故における過失の個数(上)(下)」という論文（本書615頁）を書いている。前者は，業務上過失致死傷事件の審理をしていると訴因の過失と証拠上認定される過失が変動する場合が少なくないが，どの程度の変動があれば，訴因変更を要し，どの程度の変動であれば，訴因変更が不要となるのかを判例に即して，もう少し具体化・類型化できないだろうかという問題意識から，判例の総合研究をしたものである（判時792号〔1975〕）。後者は，当時，過失犯における過失は直近の過失一個しかないという考え方（過失単一説あるいは段階的過失論）が強まり，理論上本当にそうなのかを検証してみたいという気持ちと，この考え方によれば実務は大変窮屈になって，（多数の略式命令事件も含め）混乱するのではないかといういささかの危惧感から書いたものである（判時808号，809号〔1976〕）。もとより私の個人的な見解で，大阪地裁の交通専門部の当時の裁判官の見解は，単一説と複数説が相半ばして

いた。

　当時の私の論文を逐一挙げたのは，このころから次第に私の関心は，実務上の問題に対し，実務を遂行する上で安定してしかも効率的に解決する基準を見出したいというところに向かっていたことを述べたかったからである。後に書いた「違法収集証拠排除の基準」（判タ577号〔1986〕，本書381頁）も同様な志向である。

　もう少し言えば，刑事事件の経験を積むにつれて，被告人や弁護の実態もある程度分かるようになり，「人権の保障」ということも裁判官にとって重要であるが，それだけではいけないので，適正な処罰による「社会の保護」にも目を配るべきであるし，訴訟の効率的で安定した運用も大切であると思うに至っていた。物事の盾の両面を見るという態度は，書記官研修所の教官時代の経験や支部長としての経験を通じて少しずつ養われていたのかも知れない。

　それと同時に，私の内部で英米法モデル——当事者主義，適正手続の保障の強調という流れに関心が薄れていった。それは一つには，一時期これらの観念が学会を支配し，「その考え方は職権主義的である」と言えば，議論の余地なく排斥されるという，いわば「レッテル張り」が蔓延しているとの感がぬぐえなかったからであり，また，「デュープロセス」と一声叫べば，周りはばら色で全部めでたく解決するといわんばかりの風潮を感じたからである。実証的な議論ではなく，いわば政策論が横行し過ぎてはいないか，しかし，それでは学説が実務に裨益するものはないではないか，これが当時の私の印象であった。そして，一方で，実務家が学説を勉強せず，また，尊重もしなくなり，両者の溝が深まりつつある感がしていた。後に，ジュリストの特集「学説と実務」に「裁判官からみた学説と実務について」の一文を求められた際に両者の歩み寄りを提言したのもその故である（ジュリ756号〔1982〕）。

　私のこのような印象の底には，昭和44（1969），45（1970）年ころから，実務において，英米法の影響が弱まり，英米法化，当事者主義化への懐疑論が出はじめ，昭和50（1975）年以降は英米法とりわけ米国法とわが国の刑事司法との異質性が明確にされ，その根本的違いを説く見解が強まったという事情がある。私で言えば，アメリカの刑事司法を直接見聞してきた佐藤欣子氏（当時検察官）の所説とりわけ『取引の社会——アメリカの刑事司法』（中央公論社，

1974）には，鮮烈な影響を受け，また，同様に米国法に詳しい鈴木義男検事の一連の所説にも影響を受けた。前者は，米国の刑事司法の現状をわが国のそれと対比させながら極めてビビッドに描き出した書物であり，「アメリカの刑事裁判について，しばしば，『木の葉が沈んで石が浮かぶ』という感慨を持ったが，アメリカ人ならば，『沈んだものが石であり，浮かんだものが木の葉である』と答えるであろう」と述べていた部分などは，私にとっては印象深い言葉であった。ちなみに，前に引用した（1 頁参照），米国の刑事司法とわが国の刑事司法は「似ても似つかぬ」という言葉は鈴木検事の発言である[10]。

　要するに，わが国の刑事司法と米国の刑事司法は，単に制度が違うというだけではなく，根本的な「事実観」「裁判観」が違うということを知るに至った。そして，このような認識は米国の刑事法学者からも指摘され，その後もかなりあまねく受け入れられたと思われる。また，そして，一方で，わが国の刑事司法もそれなりに長所があり，英米法と違っていることは，すなわち劣っていることではないというような思いに至っていた。

　昭和 44，45 年ころから英米法の影響が弱まり，英米法化，当事者主義化への懐疑論が出はじめ，昭和 50（1975）年以降は英米法とりわけ米国法とわが国の刑事司法との異質性を説く見解が強まったという事情には，米国の刑事司法に対する研究が進み，更に，前述のように多くの人が米国に相当期間滞在して刑事司法の実態を知り，その結果，わが国が継受したもの継受しなかったもの，米国の刑事司法の良さも悪さも，あるいは，わが国に参考になる点もおよそ参考にならない点も把握することができるようになったことが大きな要因と考えられる。

　そして，一方で，わが国の国力が増大し，米国と肩を並べんばかりの状況になったことを背景に，わが国の刑事司法がそれなりに安定的に運用されるようになり（治安の良さ，事件の迅速かつ適正な解決など），法曹関係者（とりわけ，裁判・検察実務家）がわが国の刑事司法に相応の自信を持つようになっていたこと，逆に，米国の連邦最高裁では，昭和 44（1969）年にバーガーコートが前述したウオーレンコートに代わり，ウオーレンコートの打ち出した人権保障的

---

10)「座談会・実務と英米法」ジュリ 600 号（1975）。

判例を後退させる動きがあったこと（例えば，昭和46〔1971〕年のハリス判決），米国における犯罪の多発化に対応して「法と秩序」を強調し，「重罰化」の傾向が顕著になったこと（「スリーストライクアウト法」など）が，その背景事情として考えられよう。

それでは，昭和30年代の初めから主張された当事者主義の強調——訴因対象説，弾劾的捜査観あるいは集中審理論，更にまた，昭和30年代後半から登場した証拠開示を巡る議論はその後どのように展開したであろうか。

当事者主義の強調という傾向は，前に指摘してように，平野理論の出現もあって，少なくとも学界においては，支配的な見解となった。前述の技術的当事者主義に立つ学説も，職権主義との関係については，現行刑事訴訟法においては当事者主義が原則であり職権主義は補充的なものと理解していたから[11]，当事者主義を刑事訴訟の本質と見るか，技術的なものと見るかは，さほど差異をもたらすものではなかった。

実務においても，職権主義を示す訴因変更命令（法312条2項）に関しては，裁判所が検察官に対し，この命令をすべき訴訟法上の義務は，原則として，ないとするのが確立した判例であり[12]，実際にも裁判所がこの命令をするというような事態は皆無と言ってよい。職権証拠調べに関しても，同様な状況にある。また，控訴審における職権調査（法392条2項）に関しても，いわゆる「攻防対象論」が判例上確立しており[13]，検察官が不服を申し立てていない無罪部分についての職権調査が一定の場合には違法とされている。わが国の刑事訴訟でも，訴訟の追行（審判対象の設定，立証など）は，あげて当事者に委ねられてきたと言えよう。

ただ，わが国の刑事司法では，一方で依然として実体的真実主義が強調されており，この関係で当事者主義の強調については，たえず，警戒感が根強かったと言える。例えば，先に挙げた「攻防対象論」の判例についても，この考え方は当事者主義の過度の強調であり実体的真実主義を軽視するものである，とする反対意見が付されており，当時は実務家の間にも反対論が少なくなかった

---

11) 例えば，団藤重光『新刑事訴訟法綱要〔7訂版〕』（創文社，1967）86頁。
12) 最三小判昭33.5.20刑集12巻7号1416頁など。
13) 最大決昭46.3.24刑集25巻2号293頁，判タ260号163頁など。

のである。

その意味では，わが国に根付いた当事者主義は，本来の当事者主義とりわけ，米国におけるそれとはかなり異質のものと言えるかも知れない[14]。

当事者主義の一つの帰結である訴因対象説は，学説においては，支配的な地位を占めるに至った。判例もまた，基本的には，この説によっており，いくつかの最高裁判例では，「訴因が審判の対象である」ことが理由付けの一端として挙げられている[15]。

残るところは，「公訴事実」をどのようなものと考えるかという問題である。訴因対象説から，それは訴因変更の可能な範囲（したがってまた，一事不再理の効力の及ぶ範囲）に関係した，あるいは，その範囲を限界付ける概念（関係概念あるいは限界概念）に過ぎないと説明されることがある。更に徹底した論者からは，この語はもはや不要であると主張される。しかし，刑事訴訟法256条を見ると，検察官が被告人を起訴する場合には　起訴状に「公訴事実」を記載しなければならないのであって，「公訴事実」は正しく検察官が公訴を提起して裁判所に審理・判決を求める具体的な犯罪事実である。この「公訴事実」は訴因の明示を必要とするが，ここでは，公訴事実と訴因は一体のものであり，起訴状に記載された「公訴事実」から訴因を切り離すことはおよそ不可能である（「公訴事実」として記載された部分のうちで，裁判所の判決を拘束する部分とそうでない部分を切り離すことは可能であるとしても）。そうすると，刑事訴訟法256条から言う限り，公訴事実はすなわち訴因であり（狭義の公訴事実），それが審判の対象であると考えるのが自然である。

訴因対象説と対立する公訴事実対象説にいう「公訴事実」は，旧刑訴法と同じく，裁判所が審判する権利と義務を負うのは，検察官が起訴状に記載した「公訴事実」を離れたより広い公訴事実の同一・単一の範囲の事実であると主張するものであり（広義の公訴事実），訴因変更命令の形成力を否定した判例[16]の出現により，その理論的基盤を失ったと考えられ，そのような考え方が現行

---

[14] 松尾教授は，わが国の当事者主義を「擬似当事者主義」あるいは「真実に緊縛された当事者主義」と評しておられる。
[15] 例えば，前掲注13）最大決昭46.3.24。
[16] 最大判昭40.4.28刑集19巻3号270頁，判タ174号223頁。

法上採用できないことは，今日では無論ほぼ異論がないところである。

　次に，それこそ一世を風靡したと言っても良い捜査構造論はどのように展開して行ったかを振り返ってみよう。一言で言えば，この議論はさしたる成果を生まないまま下火になったと言えるのではないか。糺問的捜査観と対立する弾劾的捜査観という図式は，いわばあるべき捜査をモデルとして提示することによって，捜査に関する種々の問題を考えさせるきっかけとなったことは間違いないが，わが国の捜査に関する諸規定の解釈原理とはなり得なかったし，また，捜査の実態ともそぐわなかったからであろう。

　前者に関する例を挙げれば，弾劾的捜査観の帰結として主張された逮捕・勾留された被疑者の取調べ受忍義務の否定については，なんと言っても刑事訴訟法198条1項但書の条文を素直に読む限り，逮捕・勾留されていない（在宅の）被疑者については，取調べ受忍義務を負わないが，逮捕・勾留されている被疑者については，この義務を負うと解さざるを得ないのである。学説では，受忍義務否定説が通説であり，弁護士の論者がこれに賛成し，検察官は反対するのは当然であるとしても，裁判官の論者に受忍義務否定説がほとんどいないのは，この理由によるものである。そして，身柄事件の捜査期間が限定されていることを考慮すると，在宅の被疑者と逮捕・勾留されている被疑者とで，取調べ受忍義務に差異を設けることは相応の合理性があると思われる（刑事訴訟法39条3項により被疑者と弁護人との接見交通についても，被告人段階のそれと違って「捜査のため必要があるときは，制限できる」のも同様の趣旨である）。そして，取調べ受忍義務を負わせることが直ちに被疑者の黙秘権を侵害するとは言えないのである[17]。

　捜査は，おそらく洋の東西を問わず，犯人がまったく不明の段階から始められ，一応特定の犯人が浮かび上がっても未だ浮動の状況にあるという段階も少なくない。そうすると，これらの段階を含む捜査を被告人が確定して起訴された公判段階と同じく，「弾劾的」な構造としてとらえることは，もともと無理である上，捜査は捜査機関が犯人を割り出し，証拠を収集する手続であって，被疑者が確定した後でも——被疑者の取調べをどの程度重視するかは別として

---

[17] 最大判平11.3.24民集53巻3号514頁，判タ1007号106頁。

——捜査機関対被疑者という基本的構造に変わりはないのである。

　捜査における被疑者その他関係者の人権保障のため，一定の範囲で裁判官が捜査に関与することは現行法上いくつかの場面で見られるし（令状主義，勾留質問など），また被疑者は弁護人を選任することができ，弁護人がさまざまな防御活動に行うことに伴い，裁判官が判断を示すことがあるが（準抗告の申立，勾留理由開示請求など），これらとても，「弾劾的」構造とはなっていない。例えば，勾留理由開示は，公開の法廷において，裁判官の面前に検察官と被疑者・弁護人が相対し，勾留の理由に関しそれぞれが意見を述べることになるが，これらの意見を聴いて裁判官が勾留の是非について判断するものではなく，勾留した裁判官が勾留の理由を被疑者に告知する手続に過ぎない（法82条ないし84条）。更に，捜査は一方当事者の訴訟準備という側面があることは間違いないものの，わが国のように検察官が広い訴追裁量を有するところでは，これを超えて，独自性・完結性を持つ「前手続」であることも否定し得ないのである。

　かくして，捜査の分野においては，捜査構造論よりも，捜索差押など従前から存在する捜査方法あるいは強制採尿など新しい捜査方法などについて，その適法性，限界等が論じられるようになり，今日に至っていると思われる。

　なおまた，昭和30年代に，弾劾的捜査観の提唱に連動するものとして，起訴基準の引き下げすなわち「有罪の確信」に至らなくても，一応の嫌疑があれば「あっさり起訴」して裁判所の判断に委ねるのが相当であると言う提言がなされた[18]。しかし，当の検察官はもとより他の実務家もこの考え方を受け入れず，加えて学者にも賛同する者はほとんどいなかったので，現実化しなかったのである。

　一方，昭和30年代に岸判事ら唱導した「集中審理論」は，昭和32年及び同36年に刑事訴訟規則が改正され，交互尋問及び事前準備に関する詳細な規定が設けられて，各地の裁判所において実践されてきた。これにより刑事裁判の充実・迅速化，あるいは「公判の活性化」が相当程度実現したと言える。しかし，他方，これらの方策の実践は不十分であって，一部の事件における訴訟の

---

18) 弾劾的訴追観，平野龍一「刑事訴訟の促進の二つの方法」ジュリ277号（1961）。

遅延，開廷間隔があいていること（非連続開廷），書面の多用による直接主義・口頭主義の形骸化などの批判が根強かったことも事実であり，この批判が今般の司法改革につながったことは，前に述べた（42頁参照）。

　昭和30年代後半から華やかに繰り広げられた証拠開示論争は，立法にまで至らず，実務におけるさまざまな工夫はあったものの，判例としては，前述の西尾決定を取り消し，裁判所の証拠開示命令を否定した前述の最高裁判例から実に10年後の昭和44年に裁判所の訴訟指揮権による個別開示ということで，一つの進展を見たことは，周知のとおりである[19]。

　この交通専門部の時代に，私はもう一つのことを思い立っていた。それは，証拠法を研究し，実務に役立つ本を書こうということであった。どうしてそんなことを思い立ったかというと，実は，前に述べたように，書記官研修所の教官時代，研修生に教えたり，あるいは，各種の研修で提起される証拠法上の問題を解決するために証拠法の知識が必要となるのだが，当時証拠法に関する実務上役に立つ本がほとんどなかったのである。証拠法の本と言えば，例えば，江家義男教授の『刑事証拠法の基礎理論』（有斐閣，1951）にしても，英米証拠法の紹介に重点が置かれており，実務上生起する問題の解決に役立つとは言い難かったのである。

　ならば，いつか自分が書いてやろうという志を持っていたのが，このころようやく現実化したということである。この本の執筆ノートを見返すと，一冊目のはじめの日付が昭和49年9月となっており，このころから研究に取りかかっていたことが分かる。そして，実務上生起する証拠法上の問題の収集や各種資料の収集と並行して，イギリスの証拠法の勉強をした。伝聞法則にしても自白に関する法則にしても，イギリスが発祥地であるから，なんらかの示唆を得られるかも知れないと思っていたからである。一つには，前述のF. T. Gilesの「The Criminal Law」の翻訳と同様せめて英語の本を読むぐらいの力は持続しておきたいという気持ちもあった。何冊かの本を読んでは翻訳して書きとどめるという作業を暇なときにやっていたから，相当の年月がかかった。この関係のノートを見ると，Kennyの「Outlines of Criminal Law」の証拠法の部

---

[19] 最二小決昭44.4.25刑集23巻4号248頁，判タ233号284頁，最二小決昭44.4.25刑集23巻4号275頁，判タ233号290頁。

分の翻訳からはじまり，最後は，昭和62年ころでCrossの「On Evidence」を翻訳している。

証拠法の執筆もこれまた公務の合い間合い間にやっていたから，遅々としてはかどらず，なんと10年後の昭和60年5月ようやく全文の荒原稿を書き終え，その後いろいろ手を入れて昭和63（1988）年2月判例タイムズ社から『刑事実務証拠法』という題名で刊行することができた。この本が好評で，現在では5版を重ねることができたのは，法律家としての私にとって最大の喜びである。誰かが，自分の著書を持つことは，自分の子供を持つより嬉しいことだと言っていたが，あるいはそうかも知れない。

大阪地裁の3年間の勤務を終えて再び転勤になり，今度は函館へ赴任した。昭和52（1977）年4月である。函館は，もうすでに高裁支部は廃止され，地裁は民事1か部と刑事1か部の小裁判所であり，その刑事部の部総括に任命された。要するに，はじめて裁判長を勤めることになったのである。

そのときの所長は，奥村正策判事（後に名古屋高裁長官）で大阪から同時期に赴任され，民事の部総括は久末判事（後に京都家裁所長）で，やはり前年に大阪から赴任していたので，函館は，まさに関西弁裁判所であった。なお，当時の旭川地家裁の所長は，前述の時国判事であり，札幌高裁長官が，横川敏雄判事であった。横川判事もいわゆる「新刑訴派」の一人であり，岸判事と共に集中審理論を主張・実践された著名な刑事裁判官である。多くの著書を出版されていたが，私は司法試験合格後修習生になるまでの間に同判事の書かれた『刑事裁判の理論』と『刑事裁判の実際』という2冊の本を古本屋で見つけて読んでいたことを思い出す。今から思うと，横川判事がこの2冊の本を書かれたのは，判事がまだ30代のころではなかろうか。

函館の刑事事件は少なかった。合議事件も常に数えるほどの数であり，単独事件とても，そんなに忙しいものではなかった。当時たえず松江地方裁判所と年間の受理件数の最下位争いをしていたのを記憶している。それでも，管内の支部・出張所への填補，新任判事補の育成，司法修習生の指導，刑事部職員の指揮・監督，所長の補佐など部総括としての仕事を身につけるには，十分であった。しかし，人間暇なときには案外勉強しないものである。証拠法の執筆は途絶えていた。

函館に3年いて神戸地方裁判所に転勤を命じられ，昭和55（1980）年4月神戸地方裁判所に着任した。刑事三部の右陪席と単独事件を担当することになった。部総括は，大阪地裁の交通部の部総括であった荒石判事であった。ちなみに，所長は，これまた前述の兒島判事であった。

当時の神戸地裁は古い事件がいっぱい残っていた。暴力団がらみの事件で遅々として進んでいない事件もあったし，まだ，学生事件も相当残っていた。学生事件では，神戸大学の先生自身が起訴されている事件もあった。前に述べた昭和40年代のはじめから吹き荒れた学生運動に絡む刑事事件がまだ終わっていなかったのである。

刑事三部には，当時「八鹿事件」が係属していた。この事件は昭和49年ころ但馬地方に発生した，部落開放同盟の糾弾闘争に絡む事件で，7グループの事件で構成され，被告人は10名を超え，被害者は合計100名を超えるという大規模な事件であった。その中心が，部落開放同盟の大勢の者が八鹿高校の多数の先生方を体育館に連れ込んで，糾弾の名の下に暴行を加えて傷害を負わせたという「八鹿事件」であり，部落開放同盟と共産党の対立がこの事件の背景にあった。もちろん被告人側には大勢の弁護人がつき，中核派など新左翼も被告人側に「連帯」していた。被害者側にも弁護士がついていたし，傍聴席も二派に分かれていた。

私が神戸地裁に着任したときは，この事件も5年ほど審理が経過し，そこそこに安定してはいたが，この事件のある日は，部落開放同盟やその応援部隊が庁舎を取り巻き，庁舎警備や法廷警備が必要であったし（常時警察官の派遣を求めていた），法廷で傍聴席から野次が飛んで退廷を命じるという事態も珍しくなかった。年間18回の開廷があらかじめ予定され，その日は朝から晩まで証人尋問をやっていたわけである。証人は被害者がほとんどで，主尋問が済んだのちの反対尋問が長かった。それこそ各弁護人がえんえんと，微にいり細をうがって尋問していた。ある証人などは，3年間にわたり，合計33開廷尋問したことがあった。この事件に限らず，簡潔で効果のある反対尋問がわが国では乏しいことを痛感した。また，裁判所の訴訟指揮権で尋問を制限することの重要性とその難しさを同時に体験した。わが国の刑事裁判が文字どおりの集中審理を実現し得なかった大きな原因は，人証の効果的で簡潔な尋問についに成

第3章　わが国刑事司法に対する評価の変遷

功しなかったことにあると思っている。

結局この事件は，昭和59（1984）年2月判決にたどり着いた。私が主任裁判官として判決の起案をした。事件発生から約10年経過していた。事件の規模が多く，被害者の供述調書はすべて不同意であったから，審理に長期間を要し，また，法廷警備等に苦労した事件であった。

この事件の裁判長の荒石判事は，穏やかな人格者で，「しみじみした人の情け」を好み，「仏の荒石」との表現がぴったりの判事であった。荒石判事は，周囲の人たちから敬愛され，猛者ぞろいの弁護人もその人柄に敬服していた。荒石判事だから，「部落解放同盟」対「共産党」というイデオロギー色の強いこの事件がやれたともいえる。

神戸には都合4年勤務し，この事件の判決を終えて，昭和59（1984）年4月大阪地裁に転任した。

第6　その後の10年

大阪地裁に転任して地裁の部総括として4年間勤務し，その後大阪高裁に変わって陪席として6年間勤務し，平成6年4月札幌家裁所長に出た。この10年は，勤務地としてはずっと大阪であり，住居も安定していた。そして，私にとっては実質的に最後の裁判事務を担当した期間に当たり，最も充実した期間であったように思う。

大阪地裁の部総括をしていたころの昭和62（1987）年，司法研修所40周年記念論文集に寄稿を求められた。私は，前に述べたように，実務家の論文は，実務家しか書けないもので，実務に役立つものを書くべきで，大言壮語などはもってのほかと考えていたが，このときばかりは，少し風呂敷を広げようかという気になって，「わが国刑事司法の特色とその功罪」という論文を書いた（本書1頁）。このような大それたテーマを選んだ理由は，この論文や次の論文に書いたとおりである（本書2頁，24頁）。

この論文では，私は，わが国の刑事司法の特色を「統一性のある官僚組織による捜査・公訴・公判」，「十分な捜査と慎重な起訴」，「詳密な審理及び判決」としてとらえ，これらの特色を持つわが国の刑事司法を刑事訴訟法1条に規定する因子すなわち，「実体的真実主義」，「適正手続の保障」，「迅速な裁判など

91

制度としての効率性」の三点から評価し，その功罪を探ってみた。このような試みが成功したかどうかは分からない。しかし，従来のわが国の刑事司法に対する評価が一定の視点に立った上での極めて否定的・消極的なものが多かっただけに，私の見解は，実際に日々裁判実務を担当している同僚の裁判官からかなりの支持を受けたように思う。

　この論文で私は，わが国刑事司法の功と罪を指摘したつもりであるが，今から思うと，全体としてはやはり肯定的な評価をしている。昭和 62 年と言えば，私自身も，年齢 50 歳，任官して 25 周年を迎え，わが国の刑事司法の実態について相当の知識と理解を持っている時期であるとともに，これに慣れ親しんできた時期であったとも言える。これが肯定的評価の一因かも知れない。

　このころは，前に述べたように，英米法の影響が低下し，わが国の刑事司法と米国のそれとの異質性がむしろ強調され，かえってわが国の旧刑訴法と連続性しているものこそ日本の刑事司法の特色であり，それはそれで悪くないではないか，という感覚が法曹とりわけ裁判・検察実務家に多かったと言えよう。

　一方，わが国へ来日してわが国の刑事司法をつぶさに学んだ米国の刑事法学者も，かつてのハールバット教授などと違い，日本の刑事司法制度に対し，かなり肯定的な評価を下しているのも，興味深いところであった。現行刑事訴訟法が昭和 24 年に施行されて以降，法律雑誌ジュリストは，その節目ごとに「刑事訴訟法の軌跡と展望」というテーマを掲げて特集を編んでいるが（25 周年 = 551 号，40 周年 = 930 号，50 周年 = 1148 号，60 周年 = 1370 号），その 50 周年記念特集号（平成 11〔1999〕年 1 月号）では，第 3 部として「外から見た刑事訴訟法」と題した項目が設けられ，6 名の外国人刑事法学者が，外国人が見たわが国の刑事訴訟法について論稿を寄せている。このうち，トーマス・ヴァイゲント「日本の刑事弁護に対するドイツ法からのコメント」を除けば，いずれもわが国の刑事訴訟法に精通している著名な米国の刑事法学者の論稿であるだけに，興味深いだけではなく，その内容は示唆に富む。そして，もとよりそれぞれが少しずつ視点を異にするものの，総じて米国の刑事司法制度の理念・実情とわが国のそれとの差異を強調し，自国（米国）の刑事司法に辛い評価をし，わが国の刑事司法を肯定的に評価している論稿が目に付く。例えば，ダニエル・H・フット教授は，「日本の刑事司法制度を全体として評価した場合，

その制度は本当に誇るべきもの」と結論付け、「病的でほとんど絶望的なのはアメリカの刑事司法制度なのではないだろうか」と述べている（ダニエル・H・フット「日米比較刑事司法の講義を振り返って」ジュリ1148号172頁）。また、B・Jジョージ Jr 教授は「過去50年間に、日本は、公正で公平な刑事手続を持つという国の必要性を明らかに満たした刑事司法制度を発展させ実施してきた。……世界のどこの国も現実的にはまねをすることはできないものであるかもしれないが、日本の国民と政府が誇ることのできるものである」と結んでいる（B・Jジョージ Jr「外国人から見た日本の刑事訴訟法」ジュリ1148号177頁）。

　大阪地裁時代に学者と裁判官の研究会が誕生した。学者には光藤教授（大阪市大、いずれも当時）、鈴木教授（京大）、三井教授（神戸大）の三氏を迎え、裁判官側は、大阪高裁、大阪地裁の裁判官数名で構成されていた。この研究会は、特にテーマを定めず、各人交代で発表し、研究会終了後ビールを飲みながら、「本音の研究会」に移ったものである。非常に有意義な研究会であり、現在も続いているということである。私はこの研究会のお世話をずっとしていたが、平成6 (1994) 年4月所長に転任するときに引退した。

　前に述べた大阪刑事実務研究会もずっと続いており、こちらの方も幹事を担当し、平成2年ころからは主宰者の役を勤め、多くの会員の研究や論文作成のお手伝いに当たっていたが、こちらの方も同じ時期に引退した。

　昭和63 (1988) 年4月大阪高裁に移った。高裁の刑事事件の審理を担当するのは、はじめての経験である。石田登良夫裁判長の部（刑事四部）の左陪席として勤務し、半年ほどで隣の刑事三部の右陪席に変わった。この刑事三部は、たくさんの長期未済を抱えていた上、「甲山事件」を持っていた。この部に結局私は、平成6 (1994) 年3月末までいたことになる。その間、裁判長は、西村清治判事、池田良兼判事（後に名古屋高裁長官）、逢坂芳雄判事（後に大阪地裁所長）の三人であった。いずれの裁判長も刑事裁判のベテランであり、関西の刑事裁判を担ってきた人である。キャリアが似ているせいか、事件の見方について私と意見が異なるということは、ほとんどなかった。左陪席は、滝川義道判事（後に大阪高裁部総括）、飯田喜信判事（後に東京高裁部総括）などがおり、両氏ともこれまた刑事専門の裁判官であり、かつ優秀な人たちであったから、この人たちとも意見を異にするというような事態はあまりなかった。左陪

席には，このほか，異色として当時神戸大学の刑法の教授から裁判官になった大越判事がいた。「甲山事件」は，本体（殺人）および偽証両事件にかかわったが（主任裁判官ではない），この事件は予期せぬ結末に終わってしまった。

　高裁の陪席裁判官の仕事は，重責でしかも負担が大きい。次々に送られてくる事件の記録をひたすら読み，黙々として判決を起案するという毎日である。はじめて刑事の控訴審を担当した裁判官が誰しも思うことは，いかに乱上訴が多いかということと，これに対し裁判所がいかに誠実かつ綿密に応答しているかということである。言い換えれば，わが国の刑事控訴審はまさに「精密司法」の典型であり，控訴審の陪席裁判官の苦しみは実はこの「精密司法」の重圧に他ならないのである。もちろんその基底には，実体的真実主義と被告人の具体的救済の理念があり，また，「被告人の納得」というはなはだ日本的・情緒的な要因もあった。

　当時はまた，控訴審関係の文献を読み漁っていたが，同様な感想を漏らす控訴審経験者が多いことに気付いたものである[20]。

　もう一つ，気が付いたことは，当時は，各高裁によって，あるいは，同じ高裁でも部によってずいぶんと事件の破棄率に相違があったことである。そのころは，いわば西高東低の様相を呈していた。つまり，大阪，広島，高松各高裁の破棄率が高く，東京，仙台，札幌各高裁のそれは低かった（現在はそれほどの差異はない）。また，大阪高裁でも特定の部の破棄率は突出していた。なぜこのような現象が生まれるのかを見極めることは難しいが，私が高裁の仕事をしていて感じたのは，やはり，控訴審の機能というものをどういう風に考えるのか，換言すれば一審の事実認定なり量刑の裁量幅をどの程度認めるのかということと，一審の審理・判決の現状に対する評価（信頼度）が破棄率の差異の根本にあると思われた。

　いずれにしても，この控訴審の時代は，いろんなことを考えさせてくれた時期に当たる。このころ考えたことは，その後大阪高裁の部総括で戻った時期に「刑事控訴審の実情と若干の感想」という一文にまとめた（判タ952号〔平成9年〕，本書547頁）。これが私の実に10年ぶりの論文なのである。

---

20) 例えば，半谷恭一「控訴審の運用状況」熊谷弘ほか編『公判法大系Ⅳ』（日本評論社，1975）101頁。

もっとも，控訴審の仕事もある程度慣れてくると多少の余裕が出てくるものである。しかも，ありがたいことに，私が高裁にいたころは，刑事事件が減少傾向にあり，したがってまた，長期未済事件も少なくなりつつある時期であった。その故か当時のノートを見ると，「平成3年1月4日『刑事控訴審の実務』という本の執筆を思い立ち，それ以後10年かけてこの書を完成させたい」と記している。これも前の「刑事実務証拠法」同様，刑事の控訴審に関するトータルで実務的な書物がないということからの発想であった（大阪刑事実務研究会が判例タイムズに連載した「刑事控訴審の研究」はかなり古くなっていた）。そして，資料を集め，構想を練り，壮大な計画を立て，執筆を開始した。しかし，その後私は，控訴審を離れ，所長や長官という司法行政の任務に携わることが多くなったため，在官時代にはこの書の完成はならなかった。執筆ノートを見ると，「控訴趣意書」の項に関する荒原稿を書き「事実調べ」に移るところで，執筆を終了している。全体の10分の1程度の執筆量で，平成12年初頭完成を断念した。意欲が減退したこともあるし，その後の私に残された時間と気力，能力を考えると完成は無理と思ったからである。もっとも，退官後の法科大学院教授の時期に発起して執筆を再開し，『刑事控訴審の理論と実務』（判例タイムズ社，2010）という題名で，ようやく出版した。

第7　退官まで——所長，長官の時代

　平成6（1994）年4月札幌家裁所長に転任した。年齢は56歳のときである。札幌家裁は庁舎の新営もなり，とりたてて大問題も発生せず，司法行政に不慣れな点こそあったものの，快適な所長生活であった。

　裁判事務は，家事調停をほんの少し担当していた。調停は，民事調停も同様であるが，民間人である多くの調停委員に担って頂いている。少年事件についても，補導委託や「少年友の会」などこれまた多くの民間の人々の協力を得ている。更に，非行少年を保護観察に付した場合，民間人から選任された多数の保護司がこれに従事していることは周知のとおりである。家庭裁判所委員会も含めると，家庭裁判所の職務は多くの国民の司法参加により成り立っていると言っても過言ではない。家裁の所長としてそのような感想を持った。

　ところが，1年3か月して，稲葉札幌地裁所長（後に広島高裁長官）が東京高

裁に転出され，その後任に任命された。当時速記廃止など職員制度改革問題が出ていて，弁護士会との折衝やモデル部（速記官を配置しない代わりに書記官の人員を増やした部）の創設など懸案事項が重なっていた。また，庁舎の内部改修時期でこれに伴う高裁との折衝もあった。

当時の札幌高裁長官は，旭川時代ご一緒だった吉丸判事であった。吉丸長官は，集中審理のための事前準備の重要性を力説され，そこにおける書記官事務のあり方などに精力的に取り組まれていた。

1年して，札幌地裁の所長から大阪高裁の部総括に転任した。高裁の仕事は慣れているし，右陪席裁判官はこれまた高裁の経験豊富で優秀な清田賢判事（後に大津地家裁所長）であったから，快適に過ごしていたら，しばらくして，京都家裁の所長への転出を内示された。

ここでの所長の仕事のかなりの部分は，実は組合交渉であった。支部交渉（京都地家裁の組合との交渉）と分会交渉（京都家裁の組合）を合わせて年間8回，ほぼ4，5時間ぶっ通しで所長交渉が行われた。質疑の対象は労働条件に関係した一切の事項であった。そんな経験はまったくないし，もともと裁判官はそういうことに不慣れなものであるから，ずいぶんと苦労した。ただ，反面これがあるために司法行政に関する細部をずいぶん勉強した。それこそ給与のきめ方から宿直室のシーツの取替え頻度まで。

約1年半の京都家裁所長を終えて，今度は大阪家裁所長に転任した。平成11（1999）年7月である。ここの勤務は実に36年ぶりである。内示は，岡田大阪高裁長官から受けた。岡田長官も定年前であり，一緒の仕事は，旭川以来であった。

このときに，少年法の改正があり，それに向けていろいろな準備をしたのが記憶に新しい。

平成13（2001）年2月札幌高裁長官に転出した。司法行政の関係では，おりしも，司法制度改革審議会の最終意見書がまとめられる時期であり，これにいかに裁判所が対処するかが，大問題であった。また，一方で，裁判官の不祥事や裁判過誤が大きく取り上げられ，裁判所にとって頭の痛い時期でもあった。

平成14（2002）年6月7日定年により退官し，翌日荷物を整理し，東京で宮内庁など関係機関に挨拶をし，山口最高裁長官に送別の昼食会をしていただい

て，新幹線で一路神戸に向かった。39年余りにわたる裁判官生活に終わりを告げ，わが国の刑事司法とも，直接のつながりはなくなった。

　この時期のわが国の刑事司法の関係では，先に触れたように，司法制度改革審議会において議論された諸改革に裁判所としてどう対処するかが大問題であった。審議会は，平成11（1999）年7月誕生し，翌12年11月の中間報告を経て，平成13年6月最終報告書を提出した。同意見書は，刑事司法の関係では，国民の司法参加（裁判員制度の導入，検察審査会の起訴議決に対し拘束力を付与）のほか裁判員制度の導入に連動した新たな公判準備手続（公判前整理手続）の創設そこにおける証拠開示の立法化，連日開廷，直接主義・口頭主義の徹底による公判の活性化など，わが国の刑事司法が長年抱えていた問題について大きな改革を提言したものであった。その後，これをうけた司法制度改革推進本部の下に設置された「裁判員制度・刑事検討会」において具体的な立法案が審議され，今日では，立法化は終了し，すべての改革が動き出している。これらの改革に加え，被害者の刑事手続への直接参加がわが国の刑事司法にどのような変容をもたらすかについては，先の論文で考察した（本書24頁）。

　私は，「裁判員制度・刑事検討会」における審議の途中に定年退官したので，その後の裁判所の対応は分からない。しかし，在官時代は，裁判所の内部においても，審議会の審議の内容・状況を基に，議論されている改革案にどう対処するかを検討したものである。おそらく，立法化が終了してからは，新しい制度が根付き，発展するように努力が続けられたものと思われる。裁判員制度に関しても，度重なる模擬裁判，司法研究など部内の研究・協議，活発な啓蒙活動などからそのことがうかがわれる。そして，今日では，例えば，「裁判員制度は順調な滑り出しである」と言われているのは，これらの努力が大きな一因であろう（もとより，裁判所だけの努力によるものではないが）。

　刑事司法の中核である訴訟手続への国民の参加すなわち裁判員制度導入の最大の意義は，意見書等が強調するように，これにより国民の刑事司法に対する理解・支持が深まることによって刑事司法は強固な国民的基盤を得ることができるようになるという点にあると考えている。

　翻って，わが国の刑事司法に対する評価が大きく分かれていることは，繰り返し述べたとおりである。これについて，前述したダニエル・H・フット教授

は、「当局に対する信用の度合いなのではないか」と喝破され、続けて「検察官など当局を信頼するためには、外部からのチェックが必要であり、今の日本の制度では、外部からのチェックは事実上ほとんど働いていない」と述べていた（前掲論文173頁）のを想起し、私も同感する。しかし、フット教授が述べたように、「当局を信用せよ」と力説するだけではあまり意味がない。とりわけ、わが国の国民ないしマスコミの当局あるいは「官」（もとより警察官、検察官、裁判官に限らない）に対する複雑な感情あるいは近時の意識的な「官たたき」の風潮を考えれば、なおさらである。

そして、一方で、今日では、国民の多数意見ないしマスコミが報道する「世論」を無視しては、政治も行政も動けない状況にある。司法は、直接これらに動かされるものではないが、司法とてもその円滑な運用にとっては、国民ないし「世論」の理解が不可欠と言えよう。

裁判員制度は、国民が直接裁判所に入り込み、法廷において、検察官及び弁護人等の訴訟活動をつぶさに観察し、かつ、裁判官と顔を突き合わせて意見を交わし、刑事裁判という、ある意味では最も深刻な国家作用に関与するわけだから、それこそ当局の内部をじっくり観察し、これをチェックする制度として、わが国の刑事司法に対する信頼を確保する有効な制度であると、私は思う。わが国では、裁判所、刑事裁判、あるいは裁判官についてかなりの誤解が流布されていると思えるだけに、このような制度はとりわけ重要であろうと考えている。

なるほど、裁判員は、多数の員数ではないが、これから裁判員裁判が長年継続されるならば、その数は膨大なものとなり（検察審査員は既に50万人を超えているという）、それにつれて、司法が国民の理解を得て、発展していく要因になると考えられる。裁判員制度はようやく3年を経過したに過ぎないが、選任された裁判員（補充裁判員を含む）、既に3万人を超えるという。そして、この人たちが体験したことや感想を周囲の人たちに伝えることは、それが評議の秘密にわたらない限り、もとより、許されているのである。裁判員制度が「司法の窓」ひいては司法と国民をつなぐ「太いパイプ」となることを期待して本稿の結びとしたい。

第Ⅱ部　捜　査

第4章　違法の承継について

第1　はじめに

　逮捕手続に違法があった場合，この違法はこれに続く起訴前の勾留の効力に影響を及ぼすか。起訴前の勾留に違法があった場合，その違法は起訴後の勾留の効力に影響を及ぼすか。あるいは，捜査手続に違法があった場合，その違法は公訴提起の効力に影響を及ぼすか，また，違法収集証拠の証拠能力に関し，その証拠の収集手続そのものに違法はないが，それに先立つ捜査手続に違法があった場合，その違法は証拠の証拠能力にどのような影響を及ぼすか，などの問題が論じられている。これらはすべて違法の承継の問題として捉えることができる。

　捜査手続も訴訟手続も，多くの手続が時間的・空間的に積み重なっている。このような重層体の一部に違法があった場合，その違法がすべての手続に影響を及ぼすと考えるのは，ごく常識的に考えても首肯しがたい。一方，ある手続の違法がその手続の効力にのみ影響を与え，他の手続に一切影響を及ぼさないと考えるのも，相当ではない。なぜなら，違法がある手続とこれに続く手続が，表裏一体・不可分なものとして捉えなければならない場合も少なくないからである。そうすると，違法の承継の問題は，関連する手続間のどこで線を引くのが妥当か，ということに帰する。本稿では，このいわば線引きの基準を先にあげた例を取り上げて検討することにしたい。

第2　逮捕手続の違法と勾留，起訴前勾留の違法と起訴後の勾留

1　逮捕手続の違法と勾留

　逮捕手続に違法があった場合，その違法は起訴前の勾留（以下，「被疑者勾留」ともいう）に承継されるのかという問題は，かつて大いに議論された。最

高裁の初期の判例には，逮捕と勾留は別個の手続であるとして，これを消極に解するものがあったが[1]，現在では，下級審判例，学説とも，違法の承継を肯定し，逮捕手続に重大な違法があった場合には，勾留請求を却下し，あるいは，逮捕手続の重大な違法を看過して勾留を認めた裁判に対しては準抗告によりこれを是正することを認めている。そして，実務もそのように運用されていると見てよい[2]。

問題は，その理由をどこに求めるかにあり，この点は，下級審判例上も明確ではないし，学説上も一致していない。学説を大別すると，逮捕前置主義に求める説と他の実質的な理由に求める説に分かれよう。

これを逮捕前置主義に求める見解は，かつて有力に主張されており，被疑者の勾留につき法がこの原則を採用したのは，当然に適法な逮捕を前提とする趣旨であるなどと説明されていた[3]。しかし，逮捕前置主義の趣旨から，理論上当然に違法な逮捕が勾留の効力に影響を及ぼすと理由付けることは難しい。なぜなら，逮捕前置主義は，被疑者の身体の拘束に当たり，はじめから勾留という長期間の拘束を認めず，まず逮捕という短期間の拘束を認め，その後の勾留の段階で再び司法審査を重ねることによって，被疑者の拘束を最小限度にとどめようとする趣旨であって，逮捕の違法と勾留の関係を規律する原則ではないからである。

次に，逮捕前置主義以外の実質的な理由をあげる学説を検討してみよう。

一つの説明は，手続の厳格性の要請とともに，法が逮捕自体について被疑者側に不服申立の手段をまったく認めていないのは，逮捕に関する違法はすべて後の勾留の段階で司法審査に服することを予定しているとするものである[4]。

---

1) 最一小判昭23.10.7刑集2巻11号1284頁，最三小判昭24.7.26刑集3巻8号1391頁など。ただし，いずれも古い判例であり，現在でも，この立場が維持されていると見るには疑問が残る。
2) 学説，判例の動向については，藤永幸治ほか編『大コンメンタール刑事訴訟法(3)』（青林書院，1996）346頁以下〔渡辺咲子〕，伊藤栄樹ほか編『新版注釈刑事訴訟法(3)』（立花書房，1996）124頁以下〔藤永幸治〕など参照。
3) 浦辺衛『刑事実務上の諸問題』（一粒社，1961）173頁など。
4) 木谷明「㈠違法な逮捕を前提とする勾留請求に対する措置，㈡違法な逮捕に引き続く求令状起訴があった場合の措置」新関雅夫ほか編『増補令状基本問題(上)』（判例時報社，2002）274頁以下など。

しかし，逮捕について不服申立の方法がないから当然に勾留の段階でこの点の審査がなされるといえるかについては疑問をさしはさむ余地がある。

そこでもう一つの説明は，逮捕と勾留の密接な関係に注目するものである。すなわち，逮捕と勾留は別個の処分といっても，その本質はいずれも犯罪捜査のための身柄拘束処分であるから，逮捕手続に重大な違法がある場合は被疑者を釈放すべきであって，同じ目的で拘束を継続することは許されないとするものである。ここでは，「勾留は，逮捕という形式で始められた犯罪捜査のための身柄拘束をそのまま更に継続する処分であるということができ，逮捕と異なった新たな目的で身柄拘束を行う処分ではない」と捉えられている[5]。すなわち，被疑者の勾留と逮捕との一体性は，手続面だけではなく，その性質の同一性という点からも肯定されているのである。

被疑者の勾留と逮捕との等質性を根拠とする点では同じであるが，別の観点から両者の関係を捉える見解がある。すなわち，逮捕は勾留のための引致という性質を持ち，勾留審査手続を英米法の予備審問に類したものと捉え，身体拘束の適法性を確認し，あわせて将来の拘束の根拠を確認するものと解する立場である[6]。この見解が，わが国の逮捕と勾留の関係に即応したものといえるかは疑問であるが，被疑者勾留と逮捕との一体性を更に強調するところに特徴がある。

なお，同じく被疑者の勾留と逮捕との等質性を根拠としながら，これに逮捕の違法を勾留段階で審査する必要性等の理由を付加して総合的に説明する見解もある[7]。

2　起訴前勾留の違法と起訴後の勾留

起訴前勾留に違法があった場合，その違法は起訴後の勾留に承継されるかという問題も実務上時折生じる。典型的には，起訴後の勾留に対し，準抗告ない

---

[5] 黒田直行「違法な逮捕を前提とする勾留請求の許否」河村澄夫ほか編『刑事実務ノート(3)』（判例タイムズ社，1988）143頁以下。
[6] 田宮裕『捜査の構造』（有斐閣，1971）165頁以下，同『刑事訴訟法〔新版〕』（有斐閣，1996）84頁以下。
[7] 三井誠「起訴前手続の違法と起訴後勾留の効力(上)」判時975号143頁，同『刑事手続法(1)〔新版〕』（有斐閣，1997）20頁。

し抗告の申立がなされ，あるいは，勾留取消の申立がなされ，その理由として起訴前勾留の違法が主張される場合である。

この問題については，いくつかの最高裁判例を見出すことができる。

まず，①最一小決昭42.8.31刑集21巻7号890頁，判タ211号181頁がある。この事件（麻生連続放火事件あるいは東京ベッド事件）は，被告人が放火未遂等で勾留中に起訴され，起訴後の勾留に移行した事案であるが，起訴前勾留はそれに先立つ窃盗等による別件逮捕勾留の違法を承継した違法があるなどと主張して勾留取消の請求をしたが，棄却されたので，これに対し特別抗告がなされたものである。最高裁は，起訴前勾留の当否は，起訴後の勾留の効力に影響を及ぼさないという理由で，これを棄却している。

違法の承継を否定する根拠として，この判例があげているのは，「起訴後の勾留を維持するか否かは，裁判所の審判の必要という観点から判断されるべきものである」という点である。

ついで，②最二小決昭44.9.27裁判集刑172号529頁も，起訴前勾留が起訴後の勾留に移行した後に，起訴前勾留中に被告人が警察官から拷問を受けたことを理由にこの勾留の取消請求をしたが棄却されたので，これに対し特別抗告がなされた事案である。最高裁は①の判例を引用してこれを棄却している。

次の二例は，起訴前勾留が起訴後の勾留に移行した場合ではないが，同様の法理が判示されている。

③最三小決昭48.7.24裁判集刑189号733頁は，いわゆる逮捕中求令状により起訴後の勾留がなされた事案につき，この勾留に対し違法な再逮捕であることを理由に申し立てられた準抗告を棄却した決定に対する特別抗告において，①②の判例を引用して「起訴後の勾留は，裁判所の審判の必要という観点から裁判官が独自に職権でその要否を判断するものであるから，これに先立つ逮捕手続の当否は，起訴後の勾留の効力に何ら影響を及ぼさない」としてこれを棄却している。

④最一小決昭53.10.31刑集32巻7号1847頁，判タ373号63頁は，有印私文書偽造等の事件につきなされた起訴後の勾留に対する準抗告を棄却した決定に対する特別抗告であるが，起訴後の勾留にいたる経過は，検察官が，同事件の勾留延長の決定を取消し延長請求を却下した準抗告審の裁判の告知を受けた

にもかかわらず，被疑者を釈放しないまま公訴を提起し，あらためて同事件につき勾留の職権発動を求め，裁判官が勾留したという事案である。勾留質問にいたる違法拘束が問題となったのであるが，最高裁は，「その違法は，裁判官が勾留の手続自体としては適法な手続を経た上，裁判所の審判のために必要であるとしてなした起訴後の勾留の効力に影響を及ぼさない」として特別抗告を棄却している。

これら一連の判例からすると，最高裁判例が起訴前勾留の違法が起訴後の勾留に承継されないとする理由は，両者の異質性，すなわち，起訴前勾留は捜査の必要から認められたものであるのに対し，起訴後の勾留は裁判所の審判の必要から認められたもので，両者は，その目的や基本的な性質・内容を異にするというところにあると考えられる。すなわち，起訴前勾留は，被疑者の逃亡又は罪証隠滅の防止を目的とし，検察官の請求に基づいて行われ，起訴後の勾留は，主として被告人の出頭確保を目的とし，裁判所が職権により独自に行う。期間も異なるし，保釈の有無などの点でも両者は異なる。

もっとも，起訴前勾留と起訴後の勾留の性質についての学説は，両者のいくつかの差異を認めながらも，基本的な等質性を強調する見解が有力である。この見解によれば，先に検討した逮捕手続の違法が起訴前勾留に承継されるのと同様に，起訴前勾留に重大な違法があれば，被告人は釈放されるべきであって，起訴後の勾留に移行させるべきではない，すなわち，違法の承継を肯定することになろう[8]。

第3　違法捜査と公訴提起の効力

捜査手続に違法があった場合，違法はこの捜査を経て提起された公訴にどのような影響を与えるか，という問題も，いわゆる公訴権乱用の一類型として，従来から議論されてきた。最高裁でこの点が問題とされた事例もいくつかある。

まず，①最一小判昭41.7.21 刑集20巻6号696頁，判タ196号150頁〔大森

---

[8] 三井誠「起訴前手続の違法と起訴後勾留の効力(下)」判時979号144頁，佐々木史朗「起訴前勾留に対し起訴後に準抗告を申し立てることの適否」新関ほか編・前掲注4)『増補令状基本問題(上)』378頁以下など。

鞭打ち傷害事件〕が著名で代表的な判例である。警察官が速度違反の被疑者を逮捕した際，暴行を加え，被疑者に傷害を負わせたという点が問題となった事案で，一審は，逮捕の必要性がなかったことと逮捕の際のこの暴行は，一種の「拷問」であることや事案の軽微さを総合判断して，この公訴提起は，憲法31条に反しているとして，公訴棄却の判決をした（法338条4号）。この判決に対し，控訴審は，逮捕の必要性を肯定し，暴行は遺憾ではあるが，公訴提起が直ちに憲法31条に違反するものではないとして，原判決を破棄した。

最高裁は，「本件逮捕の手続に所論の違法があったとしても本件公訴提起の手続が憲法31条に違反し無効となるものとはいえない」と判示し，この控訴審判決を維持した。その理由については格段のことは述べず，このことは，二件の最高裁判例（最大判昭23.6.9刑集2巻7号658頁，最大判昭23.12.1刑集2巻13号1679頁）の趣旨に徴し明らかであるとのみ判示している。

ところで，この引用判例はいずれも旧法事件であり，かつ，違法捜査と公訴提起の効力に照準を合わせた判決ではない。前者は勾留状なくして留置した上取調べをした違法があるので爾後一切の手続はこれと連鎖して続けられたものであるから違法であるという主張に対し，この違法があったとしても，それがため当然爾後一切の手続が違法であるとはいえないとしたものであり，後者は，現行犯でもないのに勾引状によらないで逮捕したのは違法であるという主張に対し，このような違法があったとしても，本件では即日適法に勾留状が発せられているのみならず，逮捕の違法そのものは原判決に影響を及ぼさず，別の救済方法によるべきであると判示したものであって，ここでも，格段の理由は判示されていない。

ついで，②最二小判昭44.12.5刑集23巻12号1583頁，判タ241号179頁がある。少年事件（交通事故）の捜査が遅延したため，少年が家庭裁判所の審判を受ける機会を失ったことが問題とされた事案である。原判決は，捜査の違法が重大で，かつ，それを前提としてはじめて公訴提起が可能であるという密接不可分の関係にある場合，前者の違法は後者の効力に影響を及ぼすとして，公訴棄却の判決をした一審判決を維持したが，最高裁は，本件には捜査の違法はないとした上，「仮に捜査手続に違法があるとしても，それが必ずしも公訴提起の効力を当然に失わせるのでないことは，検察官の極めて広範な裁量にかか

る公訴提起の性質にかんがみ明らか」であるとして原判決を破棄した。

これに続く判例としては、③最二小判昭56.6.26刑集35巻4号426頁、判タ444号55頁がある。公職選挙法違反の受供与・受饗応の罪で起訴された被告人と対向的な共犯関係に立つ疑いのある者の一部（町長）が、警察段階の捜査において不当に有利な取扱いを受けて事実上刑事訴追を免れたという点が問題になった事案である。原判決は、本件のように被告人に対する警察の捜査がその対向的な共犯関係に立つ者に対する捜査と比較して不当に不利益なものであり、憲法14条の平等原則に違反する場合は、公訴提起は憲法31条に違反して無効であるとして、公訴棄却の判決をした（法338条4号の準用ないし類推適用）。

最高裁は、要旨「被告人自身に対する警察の捜査が適正に行われており、被告人がその思想、信条などを理由に一般の場合に比べ捜査上不利益に取り扱われたものでないときは、かりに、対向的な共犯関係に立つ疑いのある者の一部が、警察段階の捜査において不当に有利な取扱いを受けて事実上刑事訴追を免れたという事実があったとしても、そのために、被告人自身に対する捜査が憲法14条に違反することになるものではない。なお、本件公訴提起を含む検察段階の措置には、被告人に対する不当な差別や裁量権の逸脱等はなかったというのであるから、これと対向的な関係に立つ疑いのある者の一部が、警察の捜査において前記のような不当に有利な取扱いを受けたことがあったとしても、被告人に対する公訴提起の効力が否定されるべきいわれはない」と判示して、原判決を破棄した。そして、公訴提起の効力に関する判示については、二つの最高裁判例（最一小決昭55.12.17刑集34巻7号672頁、判タ428号69頁、最一小判昭41.7.21刑集20巻6号696頁、判タ196号150頁）を参照判例として引用している。前者の判例は、チッソ水俣病事件に対するものであり、「検察官の訴追裁量権の逸脱が公訴の提起を無効ならしめることはありうるが、それは公訴の提起が職務犯罪を構成するような極限的な場合に限られる」としたものであり、後者は、前掲①の判例である。

以上のように、これらの一連の最高裁判例が捜査の違法は公訴提起の効力に影響を及ぼさないとして、違法の承継を否定していることは明らかである。しかし、その理由付けは明確ではない。①の判例は、その引用する判例を加えて

検討しても，格段の理由を見出すことができないことは，前に触れた。②の判例では，公訴提起の性質すなわち，「検察官の広範な訴追裁量」が違法の承継を否定する理由としてあげられている。しかし，その趣旨は定かではない。③の判例の公訴提起の効力に関する部分の判示も，②の判例と同じく，捜査の違法はないというのだから，いわば傍論である。この部分の判示をどのような趣旨に理解すべきかについても定かではない。

ところで，捜査の違法が公訴提起の効力にどのような影響を及ぼすかという点についての学説も多岐に分かれている。判例を支持し，この影響を否定する見解も有力であるが，他方で，肯定説も多い。しかし，その理由付けには，直接構成の理論（捜査の違法が直ちに訴訟障害事由となるとする見解）と間接構成の理論（捜査の違法があった場合，公訴提起に当る検察官の客観義務違反，あるいは，適正手続を遵守する義務違反という媒介項を設定して公訴提起の無効を導く見解）が鋭く対立している[9]。そして，間接構成の理論を支持する説からは，最高裁の判例は，直接構成の理論に対し消極的態度を表明したものとの見方も示されている[10]。

もっとも，肯定説によっても，捜査の違法が公訴の効力に影響を与え，これを無効とする場合というのは，ごく限られた場合である。しかし，どのような場合を想定するかは，肯定説の理由付けに関連して微妙に差異がある。

第4　先行捜査手続の違法と証拠収集手続——排除法則における違法の承継

証拠能力が争われている証拠の収集手続そのものにはなんらの違法はないが，これに先行する捜査手続に違法があった場合，その違法は証拠収集手続に承継され，その証拠の証拠能力に影響を及ぼすかという問題も，盛んに議論されてきた。

この問題については，周知のとおり，最二小判昭61.4.25刑集40巻3号215

---

[9] 学説の状況については，藤永幸治ほか編『大コンメンタール刑事訴訟法(4)』（青林書院，1995）21頁以下〔高橋省吾〕，伊藤栄樹ほか編『新版注釈刑事訴訟法(3)』（立花書房，1996）341頁以下〔臼井滋夫〕など参照。
[10] 岡部泰昌「違法捜査に基づく公訴提起の効力(下)」判時1019号4頁など。

頁，判タ600号78頁がリーディングケースであり，被告人宅へ承諾なく立ち入った警察官が明確な承諾を得ないで被告人を警察署まで連行し，退去を拒否して尿を提出させた事案において，尿の鑑定書の証拠能力が争われた判例である。判決は，先行の違法行為と後の証拠収集手続とが「同一目的・直接利用」という関係にある場合，先行の違法行為が後の証拠収集手続の適法性に影響を及ぼし，その証拠収集手続そのものに違法がなくても（この事案でも，採尿そのものは強制が加えられることなく，任意の承諾に基づいて行われている），違法性を帯びるとした。

この判例後の最高裁判例は，判文から見る限り，「同一目的」という要件を示さず「直接利用」のみを掲げ（最二小決昭63.9.16刑集42巻7号1051頁，判タ680号121頁，最三小決平7.5.30刑集49巻5号703頁，判タ884号130頁），あるいは，これらの要件を示すことなく職務質問の開始から証拠の収集手続を一個の手続として捉えて違法性を判断するかのような判示をしているが（最三小決平6.9.16刑集48巻6号420頁，判タ862号267頁），実質的には，同一の判断枠組を事案に応じて判示したものと理解されている[11]。

しかし，その後の最二小判平15.2.14刑集57巻2号121頁，判タ1118号94頁は，これらの判例とややおもむきの異なった判示をしている。すなわち，この判例は，窃盗罪による逮捕手続には，逮捕状の呈示がなく，逮捕状の緊急執行もされていない違法があり，これを糊塗するためにした事後の行為に表れた警察官の態度を総合的に考慮すれば，その違法の程度は，令状主義の精神を没却するような重大なものであると結論付け，続けて，本件採尿は，逮捕当日にされたものであるから，重大な違法がある本件逮捕と密接な関連を有する証拠であるとし，「このような違法な逮捕に密接に関連する証拠を許容することは，将来における違法捜査抑制の見地からも相当でないと認められるから，その証拠能力を否定すべきである」と判示して，採尿そのものは任意になされて強制はないとしながらも，被告人の尿に関する鑑定書の証拠能力を否定したものである。

ここでは，違法の承継に関する従来の判断枠組である「同一目的・直接利

---

11) 中谷雄二郎・平6最判解説(刑)189頁以下，今崎幸彦・平7最判解説(刑)231頁以下。

用」とか「直接利用」という語句は使われていない。また，逮捕手続の違法が採尿手続に違法性を帯びさせるという判文もない。そこで，最高裁の新しい判断枠組が示されたと見る余地もないわけではない[12]。しかし，もともと，違法の承継の要件については事案に応じた語句が使われてきたという前記の最高裁判例の傾向に照らすと，この判例は従来の判断枠組を実質的に変更したものではなく[13]，この事案では，違法の承継の要件として「密接関連性」という用語が用いられていると見ることも十分可能である[14]。

　以上の最高裁判例は，いずれも違法の承継を肯定したものである。しかし，一方で，違法の承継という語句こそ用いていないが，違法が，その証拠の収集手続に影響しないことを明らかにして，証拠の証拠能力を肯定した最高裁判例を見出すことができる。

　第一は，最三小判昭58.7.12刑集37巻6号791頁，判タ509号71頁であり，違法な別件逮捕中の自白を資料として発付された逮捕状による逮捕中の被疑者に対する勾留質問調書および同様の勾留状による勾留中の被疑者に対する消防職員の質問調書の証拠能力に関し，勾留質問および消防職員による質問は捜査機関とは別個独立の機関によって行われたものであること，質問の目的も犯罪捜査とは異なっていることをあげて，特段の事情のない限り，これに先立つ捜査手続に違法のある場合でも，これらの質問手続を違法とすべき理由はないとして，各調書の証拠能力を肯定したものである。

　この判例は，事案に則せばいわゆる「毒樹の果実」の理論の適用を否定した事例と解されるが，そこでは，先行の違法行為と当該証拠収集の主体・目的の違いを根拠に先行違法の影響を遮断している点が注目される。

---

12) 長沼範良「排除法則に関する判例理論の展開」現刑55号33頁以下。ここでいわれている新しい判断枠組とは，違法の承継という判断枠組そのものを否定する見解である。すなわち，いわゆる「毒樹の果実」の証拠能力の判断枠組と同様，「直接の証拠獲得手続が先行手続の違法性を承継するか否かを論じる必要はない。端的に，当該違法行為と因果関係を有する証拠がどのような場合に，その証拠能力を否定されるのかを検討すればよいのである」とする説である（川出敏裕「いわゆる『毒樹の果実』の意義と妥当範囲」『松尾浩也先生古稀祝賀論文集（下）』〔有斐閣，1998〕517頁以下）。
13) 朝山芳史「判解」曹時56巻12号242頁。
14) 石井一正・現刑60号76頁，大澤裕「違法収集証拠の証拠能力(3)」井上正仁編『刑事訴訟法判例百選〔第8版〕』141頁など。

第二は，最一小決昭63.3.17刑集42巻3号403頁，判夕669号133頁であり，パトカーが赤色の警光灯をつけずに最高速度を超過して速度違反車両を追尾して得られた速度測定結果の証拠能力に関し，このような追尾方法は，警察官に速度違反の罪が成立することがあるのは格別，追尾によって得られた速度測定結果を内容とする証拠の証拠能力の否定に結びつくような性質の違法はないとしたものである。ここでは，違法のいわば次元の違い，すなわち，警察官の追尾方法が道路交通法上の違法に当たるかどうかということと，違反者（被告人）に対する関係で違法な捜査行為に当るかどうかは，別の次元の問題であり，前者の違法は後者の違反をもたらさないとしている点が注目される。

第三は，最三小決平8.10.29刑集50巻9号683頁，判夕924号155頁である。令状に基づく捜索の現場で警察官が被告人に暴行を加えた違法があった事案であるが，この違法行為は証拠物たる覚せい剤発見の後であり，被告人の発言に触発されて行われたものであって，証拠物を警察官の違法行為の結果収集された証拠として証拠能力を否定することはできないとしたものである。この事案では，違法行為が証拠物発見の後のものであるから，証拠の証拠能力の判断に当たってこの違法を考慮する必要がないともいえる。しかし，厳密には，この証拠物（覚せい剤）は，警察官の暴行の後に予試験を経て差し押さえられているから，違法行為は証拠収集手続の途中に介在していた（差押を基準にすれば，前に）といえなくもない。判決が，警察官の暴行は「被告人の発言に触発されて行われた」と指摘しているのは，この違法行為が単なる一時の感情からの突発的な逸脱行為であり，行為の性質としては，証拠収集手続とは区別されるべきものであるということを判示しているとも見られるのである[15]。

一方，排除法則における違法の承継についての学説に目を向けると，大勢は違法の承継を肯定していると見られる。しかし，承継の要件については，硬軟がある。

すなわち，排除法則は当該証拠の収集手続に違法がある場合に適用されるのが基本であり，それならば，本来的に別個な，しかも証拠収集手続にも当たらない先行行為の違法を考慮に入れることが可能だというには，最小限，両者が

---

15) 三好幹夫・平8最判解説㊄143頁以下。

一個の証拠収集手続たる実質を有して実際に機能した場合だとする見解がある。この説からは，前記昭和 61 年最高裁判例の違法の承継の要件である「同一目的・直接利用」のうち，同一目的の要件は不可欠であるし，違法状態の直接利用の要件もかなり限定された場合にのみ肯定されるということになる[16]。

　これに対し，違法の承継の要件としては，「同一目的・直接利用」は必要であるが，前記の説ほど厳格な基準でこれを判断するべきではないとする趣旨の見解[17]，「同一目的」の要件は必要がなく先行の違法状態の「直接利用」さえあれば足りるとする見解[18]，あるいは，「同一目的・直接利用」の要件を絶対視する必要がなく，因果関係の判断の中に解消すべきものとする見解[19] もある。

第5　まとめ

　以上の各場合に関する判例・学説を参考としながら，違法の承継の共通の基準を探ってみることにしたい。

　ある捜査手続ないし訴訟手続に違法が存する場合，その違法が，その手続の効力に影響を与えることは当然としても，事後の一切の手続の効力に影響を与えるとは考えられない。手続の安定性を害し，訴訟経済にも反するからである。

　しかし，一方で，捜査手続でも訴訟手続でも，細かく見れば複数の異なった手続が連鎖しているが，一つのまとまった手続と評価でき，その内の一つの手続に存する違法は，まとまりのある手続全体に影響を与える事態を認めなければならない。その手続が次の手続の法律上あるいは事実上の前提になって，手続が連鎖している場合がその典型である。たとえば，違法収集証拠における違法の承継の例でいえば，覚せい剤事犯において，尿の採取あるいは覚せい剤の

---

16) 山田耕司「尿の任意提出における『同一目的・直接利用』基準」判タ 779 号 52 頁以下。
17) 山口雅高「違法収集証拠の証拠能力(2)」井上正仁編『刑事訴訟法判例百選〔第 8 版〕』139 頁など。
18) 田口守一「尿の提出及び押収手続は違法性を帯びるが，尿についての鑑定書の証拠能力は否定されないとした事例」判時 1212 号 229 頁など。
19) 朝山・前掲注 13) 241 頁。大谷直人「違法に収集した証拠」松尾浩也＝井上正仁編『刑事訴訟法の争点〔新版〕』（有斐閣，1991）196 頁も同旨か。

押収手続に違法があった場合，その違法はこれに続く尿や覚せい剤についての鑑定の手続に承継され，鑑定書の証拠能力に影響を及ぼすと考えなければならない。おそらくこの結論には異論がないであろう。この場合も，細かくいえば，尿の採取あるいは覚せい剤の押収の後に，捜査官による鑑識技官等に対する鑑定の嘱託（刑事訴訟法223条），鑑定受託者の鑑定作業（尿などに対する成分分析），この結果を書面（鑑定書）に作成して捜査官に送付するという，連鎖した複数の手続が存するのであるが，およそ鑑定を予期しない尿や覚せい剤の押収は考えられないから，これら一連の手続は，連鎖しており，明らかに不即不離あるいは表裏一体，不可分であると見られるのである。

また，一通の捜索差押許可状による捜索とこれにより発見された証拠物の押収も同様な関係にあるし，所持品検査―覚せい剤の発見―現行犯逮捕―覚せい剤の押収という一連の捜査手続も同様な関係にあると考えてよい。排除法則を肯認した最一小判昭53.9.7刑集32巻6号1672頁，判タ369号125頁はこの事案であるが，違法の承継ということを判示せず，押収された覚せい剤の証拠能力に直接言及しているのは，このような捜査手続の特質に注目し，所持品検査の違法は当然に覚せい剤の押収に承継されていると解したからかも知れない。

以上のいわば「当然承継型」ほどの不可分性はないが，これに準ずるほどの一体性が認められる複数の手続の場合も，一つのまとまった手続として，先行手続の違法が後行の手続に承継されると考えなければならない。上記に検討した各場合は，まさにそのような場合に当たるといえるかどうかということが問題であった。

そして，各場合の検討を通じていえることは，違法の承継の基準としては，結局，複数の手続の時間的接着性とそれぞれの手続の性質・目的の同一性にあるといえるのではないか。そして，後者の判断の際には，主体の同一性も考慮されよう。

すなわち，逮捕とこれに続く起訴前勾留は，逮捕前置主義に象徴されるように，手続として不可分であるとともに，逮捕から勾留請求に至る時間も厳格に制限されている（刑事訴訟法203条ないし205条）。この制限時間を遵守しないことにやむを得ない事由がなければ，勾留状を発することができないとする規定すらある（司法206条）。逮捕と起訴前勾留の時間的接着性は明らかである。

しかも，前に述べたように，両者とも捜査のための被疑者の拘束処分であるという点において基本的に等質である。前述のように，この点が逮捕手続の違法が勾留に承継される根拠として有力に主張されているのは，十分首肯できるところである。
　一方，起訴前勾留と起訴後の勾留は，起訴によって前者は自動的に後者に移行するので，手続の時間的接着性はあるものの，前述のとおり，両者の異質性すなわち，起訴前勾留は捜査の必要から認められるものであるのに対し，起訴後の勾留は裁判所の審判の必要から認められるもので，両者は，その目的や性質・内容を異にしている点からして，前者の違法は後者に承継されないと解されるのである。両者の等質性を主張しながら違法の承継を否定する[20]のは説得的ではない。
　捜査と公訴提起は，捜査を経て公訴提起がなされるという意味で時間的な手続の連鎖性はあるが，判例で問題とされた警察の捜査手続を考えてみると，検察官の公訴提起とは，主体を異にすることはもとより，手続の時間的接着性は必ずしも強くない。それに何よりも，両者の異質性すなわち，公訴提起は，捜査で得られた資料を基にした判断とはいえ，検察官の広範な裁量に基づく別個の訴訟行為であって個々の捜査手続とは，まったく切り離された性質のものなのである。わが国のように，法理的にも（刑事訴訟法248条），実際上も，検察官の大幅な不起訴権限が認められているところでは，捜査と公訴の手続は直結していない。それゆえに，捜査手続の違法が公訴提起の効力に影響を及ぼすとは解されないのである。前述の最高裁判例が，違法の承継の否定の理由として公訴提起の性質として「検察官の広範な訴追裁量」をあげているのは，両者のかかる性質の違いに着目したものではないか。
　排除法則における違法の承継については，前述のとおり，最高裁判例は，先行の違法な捜査手続と後行の証拠収集手続とが「同一目的・直接利用」の関係にある場合には，前者の違法が後者に承継されるとしていた。この基準は，両手続の一体性を捜査官の主観・客観両面から捉えたものであると見られる。
　覚せい剤事犯における採尿ないし覚せい剤発見を目的とした任意同行，留め

---

20) 田宮裕「起訴前の別件勾留と起訴後の勾留の関係」昭42重判解238頁。

置き，あるいは，自動車内の検索と尿ないし覚せい剤の押収（前掲最二小判昭61.4.25，最二小決昭63.9.16，最三小決平6.9.16，最三小決平7.5.30）は，この基準を満たし，一体的な手続と見られる。この種事犯における一連の捜査手続を想定すると，手続の主体が異なるとか，手続の異質性は通常は考えられないし，目的の同一性もあえて判示するまでもなく肯定されよう。

ところが，その後の最二小判平15.2.14は，前述のとおり，違法の承継の要件として「密接関連性」という基準を用いている。しかも，事案に即せば，違法な逮捕手続と採尿が「同一目的」とは到底いえないし，「直接利用」性も乏しい。この判例の基準が今後どのように発展するかは，予断を許さないが，この判例が違法の承継の基準を緩めたことは確かであり，従前の判例と整合性に欠けるという批判は免れがたい[21]。

ちなみに，前述の最高裁判例で違法の承継を否定した三つの判例のうち，違法な別件逮捕・勾留中の勾留質問や消防署員による質問の事例は，主体や目的の異質性が明らかな手続に関する事案に関するものであるし，後二者の判例は，証拠収集に結びつく性質のものではない違法が問題とされた事案についてのものであって，違法の承継が否定されるのは当然であるといえよう。

以上のとおり，各場合の検討を通じて違法の承継の基準を探れば，結局「手続の一体性」に求められると考える。

もっとも，起訴前勾留の違法が起訴後の勾留に，捜査の違法が公訴提起に承継されないとして，これにまったく例外がないのかは，一個の問題である。仮に，例外的に前者の違法が後者の効力に影響を与える場合があるとすれば，その根拠は，手続の一体性とは別個の原理，たとえば，排除法則と同様，前の行為の違法を宣明するだけではなく，後の行為を無効とする政策的必要性（違法行為防圧を強調しなければならない必要性など）に求められるであろう[22]。そしてまた，この場合の違法は，捜査の違法が公訴提起の効力に影響を及ぼす場合

---

21) 河村博「違法収集証拠をめぐって」『河上和雄先生古稀祝賀論文集』（青林書院，2003）369頁，373頁。
22) 鈴木教授は，公訴の提起が捜査の違法を引き継いでいる場合は公訴棄却が妥当であるが，犯罪の重さに比較して捜査の違法が著しいときは，その違法が国家に犯人処罰の適格性を欠くに至らしめることがあり，この場合は免訴が妥当であると主張されている（鈴木茂嗣「公訴権行使の限界」熊谷弘ほか編『公判法大系Ⅰ』〔日本評論社，1974〕76頁以下）。

でいえば，極めて程度の高い，いわば「極限的な違法」と解される。

第5章　公訴提起後の捜索差押

〔問題〕　公訴提起後捜査機関は捜索差押をすることができるか。

第1　はじめに

　公訴提起後の捜査の限界すなわち公訴提起後の捜査の方法や程度になんらかの制約はあるのかそれとも公訴提起前のそれと全く同様のことが可能かという問題は，未だ十分に解明されていないが，実務上重要であるし，理論的にも興味深い。公訴提起後の捜査の問題は，後に見るように，一方で捜査の目的に関連し，他方では公判における証拠調および両当事者の平等な訴訟準備という問題に関連するからである。

　公訴提起後の捜査の限界として，従来から議論されてきた主要な点は，公訴提起後，公訴事実について捜査機関ことに検察官が，被告人を取り調べることができるか，参考人とくに証人として尋問することが予定されている者あるいはすでに証人として尋問した者を取り調べることができるかという問題および捜索差押等の強制捜査の可否という問題である。この三つの問題のうち，被告人の取調については，すでに多くの論議が重ねられており，判例も少なくない[1]。参考人の取調の問題は今後さらに検討を要するところではあるが，すでに証人として尋問した者を取り調べることの可否については，最高裁判所の見解が示され，実務上一応の目処がついたということができよう[2]。そこで，ここでは，右の三つのうちの残された問題すなわち公訴提起後の強制捜査の可否を論ずることにしたい。

---

1) 大阪刑事実務研究会でも，すでに取り上げられている（長﨑裕次「公訴提起後に作成された被告人調書の証拠能力」判タ502号43頁〔大阪刑事実務研究会編『刑事公判の諸問題』（判例タイムズ社，1989）423頁所収〕）。
2) 最二小決昭58.6.30刑集37巻5号592頁，判タ500号132頁。
　ちなみに，証人として尋問することが予定されている参考人の取調については，下級審の判例しかない（東京地判昭42.12.18判タ218号259頁，東京高判昭48.5.21判時716号110頁，福井地決昭48.7.17判タ299号419頁，判時717号113頁）。

もっとも，公訴提起後に強制捜査が必要な場合がそれほど多く実務上生起しているというわけではない。たいていの事件では，検察官は，公訴提起時に立証に必要な証拠を収集し終っていると思われる。この点からいえば，公訴提起後の捜査は——強制捜査に限らず——例外的であるし，その程度も公訴提起前の捜査の補充に限られているというのが現状あろう。しかし，事件によっては，公訴提起後の捜査が大巾に必要となる場合が考えられる。たとえば，もともと捜査に時間的制限があって捜査不十分のまま起訴したが，手持の捜査資料では，それがすべて証拠として採用されたとしても，公訴を維持できないと見られる場合，公判で捜査段階では提起されていなかった新たな争点が登場した場合（公判段階ではじめてアリバイの主張や替玉の主張がなされる例も少なくないし，犯罪の態様そのものが公判段階で変化する例もある。）などがそれである。また，公判の証拠調の段階で偽証罪ないし証拠隠滅罪などの疑いが生じ，これを解明する捜査が公訴を維持する上でも必要となる場合もあろう。さらには，犯行に用いられた凶器が未発見のまま公訴提起したが，公訴提起後に凶器の存在場所が探知されこれを押収する必要が生ずる場合も考えられる。

　なお，公訴提起後の捜査といっても，公訴提起されていない事実（余罪）に関する捜査であるがそれが同時に公訴事実に関する捜査にもあたる場合，余罪のみに関する捜査であるが余罪と公訴事実は一罪（科刑上一罪を含む）の関係にある場合（たとえば，常習累犯窃盗罪により公訴提起後，被告人がさらに窃盗罪を犯した場合）などは，ここでの検討の対象外とし[3]，純粋に公訴事実のみに関する捜査の可否に限定し，かつ，強制捜査のうちでも，表題のとおり，捜索差押を中心に論ずることにしたい[4]。

第2　学説・判例の概観

　公訴提起後捜査機関が行う捜索差押の可否を考察する前提として，この問題

---

[3] これらの場合とくに後者の場合はむしろ通常の（公訴提起前の）捜査と考えてよいと思われる。
[4] 公訴提起後の強制捜査としては，捜索差押のほかに，検証，鑑定嘱託から派生する強制処分および被告人の身柄の確保に関する強制処分が考えられるが，被告人の身柄の確保は，被疑者のそれと異なり，捜査機関にその権限がなくあげて裁判所（または裁判官）に委ねられることは明らかである。

に関する従前の論議（学説・判例）を概観し，論点を抽出してみよう。

学説としては，まず，（全面的）消極説がある。たとえば，井戸田教授は，「起訴処分によって，捜査手続は終結したのであるから，公訴提起以後においては捜査手続は存在しない筈である。そこでは公判手続における諸原則が支配する。したがって公訴提起以後においては，捜査の目的を達したのであるから，その目的のためにとくに認められている捜査機関の強制力の行使は，許されるべきではない。しかし公判段階においては，両当事者は充分に準備をする必要がある。かかる意味で準備のための行為のみが認められるが，それは正しくは当事者主義，当事者対等の原則に則って承認されるべきである。」と説かれている[5]。

公訴提起後の捜査は任意捜査に限られるとする右の結論は，捜査の目的ないし構造に関し同教授らが主張される捜査独自性説あるいは訴訟的捜査の構造論の一つの論理的帰結であるとされる。すなわち，捜査独自性説あるいは訴訟的捜査の構造論と呼ばれる見解は，捜査の目的を「検察官が処罰の理由ないしその必要があるかどうかを決定するために嫌疑の有無並びに情状を明らかにすることにある。」と理解し，強制捜査はこのような捜査目的のためにのみ許されているとするから，公訴提起以後においては強制捜査は行いえないことになる[6]。右の見解は，公判手続の原則である公判中心主義や当事者対等の原則という観点を取捨するわけではないが，公訴提起前と後の捜査の質的差異を強調して公訴提起後の強制捜査を否定するところに大きな特色がある。

なお，捜査独自性説ないし訴訟的捜査の構造論に依拠したものではないが，公訴提起後の捜査にきわめて消極的な立場をとられる渥美教授の見解も，公訴提起後の強制捜査を否定する説に属すると思われる。すなわち，同教授は，公訴提起後の捜査の原則的禁止を主張され，裁判所の手による強制処分ですら，検察官側に有利な証拠については原則としてその必要はないと解されているのである[7]。

これら（全面的）消極説に相対するものとして，公訴提起後の強制捜査に制

---

5) 井戸田侃『刑事訴訟法要説 I』（有斐閣，1964）100頁。
6) 井戸田・前掲注5) 66頁，同『刑事手続の構造序説』（有斐閣，1971）79頁以下。
7) 渥美東洋『刑事訴訟法要諦』（中央大学出版部，1974）185頁以下。

117

約を認めない見解も有力に主張されている。たとえば，河上検事は，「起訴後の事件であっても，捜査機関は，捜索，差押，検証といった強制捜査について，裁判所の手を煩わせることなく，強制捜査でき，またそれが，当事者主義，公判中心主義をとる刑訴法の建前と一致しているといえよう。」とされ，条文上の根拠として，刑訴法220条4項が被告人を勾引，勾留する場合の捜索差押を想定していること，同法218条1項が被疑者，被告人を区別せず「犯罪の捜査をするについて必要があるときは」と規定し，文言上被疑者，被告人の別なく捜索差押が可能であるように見え，刑訴規則155条も捜索差押状の請求書の記載要件として「被疑者又は被告人の氏名」をあげていることなどを指摘し，さらに，強制捜査の可否につき第一回の公判期日の前後によって特段の差異は設けられていないと主張されている[8]。佐藤検事も，公訴提起後の捜査につきその必要性が認められる一方，これを禁ずる法律の規定はなく，捜索差押については刑訴法218条，219条が時期の制限をしていないことなどを根拠に，積極説を支持される[9]。

　これらの見解すなわち（全面的）積極説と基本的には同一であると理解されるが，運用上は第一回公判期日以後の強制捜査は慎重であるべきこと（裁判所の強制処分に委ねた方がよいこと）を指摘する見解も根強い[10]。この見解すなわち理論上は公訴提起後第一回公判期日の前後を問わず捜査機関が行う捜索差押等が可能であることを認めつつ運用上は第一回公判期日前に限るという考え方は，前掲注10）に掲記した文献から看取されるように，現行刑訴法制定当初の解釈であり，立案に関係された人々の理解であったのかも知れない。

　学説としては，右に述べた（全面的）消極説と（全面的）積極説の中間に位

---

8) 河上和雄「公訴提起後の捜査とその限界」松尾浩也編『刑事訴訟法の争点』（有斐閣，1979）91頁，河上和雄『捜索・差押（証拠法ノート(1)）』（立花書房，1979）216頁以下。
9) 田宮裕編『刑事訴訟法Ⅰ』（有斐閣，1975）396頁〔佐藤勲平〕。
10) 足立進「押収捜索及び検証」団藤重光ほか編『法律実務講座刑事編(2)』（有斐閣，1953）310頁，出射義夫「捜査の方法」団藤重光ほか編『法律実務講座刑事編(3)』（有斐閣，1954）605頁，宮下明義『新刑事訴訟法逐条解説Ⅱ』（司法警察研究会公安発行所，1949）93頁，団藤重光『条解刑事訴訟法(上)』（弘文堂，1950）410頁，青柳文雄ほか『註釈刑事訴訟法(2)』（立花書房，1976）4頁〔伊藤栄樹〕，安西温『刑事訴訟法(下)〔改訂第2版〕（実務刑事法Ⅳ）』（警察時報社，1998）309頁など。

置するものとして，公訴提起後の強制捜査を全く否定するわけではないが，解釈上なんらかの制限を加えようとする説が多い。公訴提起後の強制捜査は原則的にこれを否定するのがむしろ通説というべきであろう。たとえば，平野教授は，「公訴提起後は，原則として任意捜査に限られる。」とされ，捜索差押等は，特別の理由のない限り，裁判所が自ら行うべきであると主張されている[11]。平場教授も，「公訴提起後は，訴訟準備としての捜査だけが残り，原則として任意捜査に限られるべきである。又捜査によって訴訟の当事者主義を妨害してはならない。」とされ，差押等は，被告人の証拠保全（刑訴法179条）との均衡上，第一回公判期日前に限り，以後は裁判所に行わせるべきであると主張されている[12]。被告人側の訴訟準備である証拠保全との対比上，捜索差押等の強制捜査を制約しようという平場教授の見解は，松尾教授や鈴木教授の説にも見られるところである。両教授とも，捜査機関の行う捜索差押等は，第一回公判期日前でしかも「あらかじめ証拠を保全しておかなければその証拠を使用することが困難な」場合に限り許され，第一回公判期日以後は，裁判所に申し出て証拠調として行うべきであると主張されている[13]。後には，高田教授もこの説に賛同された[14]。

「公訴提起後の捜査は，原則として，任意捜査に限られる。」というこれらの見解――（原則的）消極説とでもよばれよう――は逐一列挙できないが他にも賛同者は多い[15]。しかし，この説の根拠（理由づけ）を詳論したものは少ない。わずかに，松尾教授が「公訴提起によって，被疑者は被告人となり，検察官はこれと対立する当事者として公判手続に臨むのであるから，その間の均衡にも配慮しなければならない。また，第一回公判期日以降は裁判所が証拠調べ

---

11) 平野龍一『刑事訴訟法（法律学全集）』（有斐閣，1958）121頁。
12) 平場安治『刑事訴訟法講義』（有信堂，1965）139頁。
13) 松尾浩也『刑事訴訟法(上)』（弘文堂，1979）172頁，鈴木茂嗣『刑事訴訟法（現代法律学講座28）』（青林書院，1980）85頁。
14) 平場安治ほか『注解刑事訴訟法(中)』（青林書院新社，1974）133頁〔高田卓爾〕。
15) 安平政吉『刑事訴訟法』（弘文堂，1963）313頁，鴨良弼編『刑事訴訟法講義』（青林書院新社，1981）74頁，松岡正章『刑事訴訟法講義Ⅰ』（成文堂，1981）228頁，中武靖夫＝高橋太郎編『捜査法入門』（青林書院新社，1978）322頁，横川敏雄『刑事訴訟』（成文堂，1984）143頁など。

に着手するので，強制処分に属する証拠収集活動は，裁判所の手に委ねるのが適当な場合が多い。」と述べられ，また，鈴木教授が「被告人の当事者としての地位を損なわないよう配慮が必要である。」とされ，高田教授が「もともと公訴提起後は公判中心主義が尊重されるべきで一方的な性質をもつ捜査はできる限りさし控えるべきであるから」と説明されているのが目につく程度である[16]。

これらの理由づけや前記の被告人側の証拠保全との均衡という発想を参考にして整理してみると，通説である（原則的）消極説の根拠（理由づけ）は，およそ次の三点にまとめられよう。
(1) 公訴提起後の強制処分の主体は，裁判所であるべきこと。
(2) 公判中心主義
(3) 被告人の当事者としての地位の尊重あるいは当事者対等（武器平等）の原則

これに対し（全面的）積極説の根拠（理由づけ）は，おおむね，
(1) 公訴提起後の強制捜査を禁止ないし制約した規定はないこと。
(2) かえって，公訴提起後の捜索差押等を認めた規定があること。
(3) 公訴提起前の捜査が時間的に制約されていることもあって，公訴提起後に捜査を行う必要があること，などに整理されよう。

以上が公訴提起後の強制捜査にふれた学説の概観である。次に，この問題に関する判例を見てみよう。公訴提起後の強制捜査の例が少ないせいか，この分野の裁判例はとぼしい。

一つは，地方裁判所に起訴された事件の第一回公判期日後に捜査機関（司法警察員）が簡易裁判所から捜索差押許可状を得て証拠物を差し押さえた処分に対する準抗告審の決定例である[17]。決定は，「第一回公判期日後に被告事件と同一事件につき，捜索差押許可請求をなしたることは，これを必要とする特別の事情の認められない本件の場合は，不当であると言わねばならぬ」と断じ，本件の場合，令状請求の際「被疑者」，「被疑事件」と表示した点は違法とし，

---

16) 松尾・前掲注13) 171頁，鈴木・前掲注13) 85頁，平場ほか・前掲注14) 133頁〔高田卓爾〕。
17) 千葉地館山支決昭 36.5.25 下刑 3 巻 5＝6 号 610 頁。

なお，本件の証拠品の差押の必要性にも疑問を投げかけて，結論的に押収処分を取り消している。

他の一つは，公訴提起後第一回公判期日前に捜査機関（司法警察員）が捜索差押許可状を得て税関において被告人の封書等を差し押えた処分に対する準抗告審の決定例である[18]。決定は，「対物的強制処分については，たとえそれが被告人所有の物に向けられたものであっても，当該事件の第一回公判期日以前までは（同期日以後は公判裁判所の強制処分を促すのが原則である。），捜査官において刑事訴訟法197条に基き，適法に，裁判官の発する令状に基いて捜索，差押等の強制処分をなし得ると解すべき……」と判示している。なお，本決定は，被告事件（出入国管理令違反）の証拠となる本件押収品は，ソ連から発送されてきた被告人の別送品であり，公訴提起時未到着で押収不能の状態であったことも，押収処分の適法性を認めるべき事情だとしている。

このように，わずか二つの裁判例ではあるが，公訴提起後捜査機関が行う捜索差押につき，第一回公判期日前までは許されるが，それ以後は消極的である点において共通しており，しかも，このような態度は，公訴提起後の被告人の取調について第一回公判期日の前後によりその適否を決しようとする判例の傾向[19]とも軌を一にしている点が注目される。

なお，東京地八王子支決昭44.5.9の事例は，捜索差押の対象物が被告人所有の物であり，被告人の当事者性の尊重の趣旨から，これについての捜索差押をより制限すべきだという見解がありえようが[20]，右裁判例は，掲記のとおり，第一回公判前であれば，その点は問わないと判示している点も参考となろう。

第3　検　討

以上の論議を踏まえながら，公訴提起後捜査機関が行う捜索差押の可否について考察してみたい。そのためには，前節で整理したように，公訴提起後の強制処分の主体を検討することが第一に必要であり，ついで，公判中心主義や当

---

18) 東京地八王子支決昭44.5.9刑月1巻5号595頁。
19) 長崎・前掲注1)参照。
20) 藤木英雄ほか『刑事訴訟法入門』（有斐閣，1976）231頁は，被告人の所持する物の捜索差押につき，第一回公判期日後は裁判所に捜索差押を求めるべきであるとする。

事者対等の原則（武器平等の原則）という公判手続の諸原則が捜査機関の強制処分を制約する原理たりうるかどうかを検討することが重要である。

1　公訴提起後の強制処分の主体

　公訴提起の前後を問わず強制処分の主体をどのように措定するか——裁判所（裁判官）か捜査機関か——は困難な問題である。公訴提起前のその問題は，正しく，戦前から論議されていたところであるし，戦後の「捜査構造論」の一つの眼目であったと思われる[21]。ここでは，この問題を，どのようにあるべきかという観点から考察するのではなくて，実定法規およびその沿革からしてどのように現行法上解釈すべきかという観点から考察してみたい。公訴提起後の強制捜査についての前記（全面的）積極説が主張するように，現行法上これが許容されているかどうかが，実務上真先に検討されなければならないからである。

　旧刑訴法は，しばしば説かれているように，捜査機関の強制処分権については，現行法よりも消極的であった。すなわち，検事（あるいはその命令，嘱託を受けた司法警察官）は，要急事件（旧刑訴法 123 条各号）または現行犯事件において，公訴提起前に限り，押収，捜索，検証をなすことができるにすぎなかった（旧刑訴法 170 条，180 条）。ちなみに，旧々刑訴法では，これが現行犯事件に限られていたのであった（旧々刑訴法 144 条 1 項）。およそ強制処分の主体は，予審判事も含めた裁判所であるとするのが，大陸法の流れをくむ旧々刑訴法以来のたてまえであったといえよう。したがって，捜査上これらの強制処分を必要とするときは，通常，公訴提起前であれば，検事が予審判事または区裁判所判事に強制処分請求をすることになるし（旧刑訴法 255 条），公訴提起後であれば，受訴裁判所にまかせておけば足りるのであった（旧刑訴法 140 条，143 条，175 条など）。受訴裁判所は，第一回公判期日前であっても，押収，捜索等が可能であった（旧刑訴法 327 条）。このような構成は，起訴と同時に一切の捜査書類と証拠物とが裁判所に提出され，裁判所は，いわば検察官の嫌疑を引き継ぐ形の訴訟にふさわしく，かつ，職権主義という訴訟の基本的構造にも適合

---

[21] いわゆる弾劾的捜査観は，裁判所（官）のみが将来の公判準備のために強制処分権を有する，と主張する（平野・前掲注 11）84 頁）。

しやすい。また，刑訴法典の体裁としても，押収，捜索，検証といった裁判所の強制処分に関する規定を総則に置く構成が適切であったといえよう。

ところが，現行刑訴法は，裁判所の強制処分に関する規定を総則に置くという法典の構成を変えないまま（押収，捜索に関する規定の内容，位置も，ほぼそっくり旧刑訴法のそれに対応している。），強制処分の主体については，大巾な変更を加えている。すなわち，公訴提起前の強制処分についていえば，被疑者の拘束処分は別として，捜索差押等証拠の収集に関する強制処分は，全面的に捜査機関の権限に移譲され，裁判所の強制処分はない（もとより予審制度は廃止されている。）。裁判所は，令状の発布によってこれら強制処分に司法的抑制を加える立場にすぎない。

公訴提起後の強制処分はどうか。受訴裁判所が公判における証拠調の一環として捜索差押等をなすことができることはいうまでもない（職権でもなしうるが，当事者にも請求権があると解される——刑訴法298条）。だが，それは，起訴状一本主義や予断排除の原則からいって第一回公判期日後に限られる（刑訴規則188条但書参照）。一方，捜査機関が行う捜索差押等に関する刑訴法218条は，現行刑訴法で新設されたものであるが，「犯罪の捜査をするについて必要があるときは，……差押，捜索又は検証をすることができる。」と規定し，犯罪の捜査が公訴提起後にもありうる以上，これらの強制処分の必要があれば，公訴提起の前後を問わず，これを認めていると解釈するのが正しいということになりそうである。この解釈は，前記の（全面的）積極説が主張するとおりさらに積極的には，刑訴法219条，刑訴規則155条1項3号が令状請求書および令状の記載事項として「被疑者若しくは（又は）被告人の氏名」をあげて被告事件についての捜査機関の強制処分がありうることを示していること，同法220条4項が被告人を勾引，勾留する場合の無令状捜索等を予定していることによって裏付けされるであろうし，消極的には，刑訴法226条，227条（捜査のための証人尋問請求）のように時間的制約の明文が同法218条には置かれていないことからも支持されよう。刑訴法218条の解釈に関し，現行刑訴法制定当初から，立案関係者を含めた理解は捜査機関が行う捜索差押等は公訴提起後も可能である，というところにあったと思われることは，先に触れたとおりである。

強制処分の主体に関するこのような立法の経緯は，予審制度の廃止とこれにともなう捜査権限の拡大という戦前からの底流に沿ったものであろう[22]。ただ，被疑者・被告人の拘束処分は別として，捜索差押といった証拠の強制収集の権限を捜査機関に与えるというこの構成は，公訴提起前においては，弾劾的捜査の構造にも合致するという見解が有力であり，公訴提起後においては，証拠の収集および提出は当事者に委ねるという現行刑訴法の基本的構造（当事者主義）にも適合する面があることに留意を要する[23]。

ともあれ，公訴提起後の強制処分は，裁判所によるそれを中心とする刑訴法上の構成（体裁）をとりながら，捜査機関が独自にこれを行うことを許している（令状を得てではあるが）のが現行刑訴法の規定からくる結論であるといわなければならない。換言すれば，公訴提起後の強制捜査を全く否定する見解すなわち前記の（全面的）消極説を支持するのは，現行法規の解釈としては，困難ということである。

そこで，問題は，裁判所の強制処分と捜査機関の強制処分の関係を法解釈としてどう見るかということにつきるわけである。両者の関係を全く二元的に理解する立場は——運用上は第一回公判期日後はなるべく裁判所の強制処分に委ねた方がよいとする見解を含め——前述の（全面的）積極説であるし，法解釈としても原則的に前者の優位，後者の制限を主張する立場が前述の（原則的）消極説（通説）であることはいうまでもない。

裁判所の強制処分と捜査機関のそれとの関係については，明文の規定はない。したがって，後者の制限を解釈上主張するためには，相応の根拠（理由づけ）が必要であろう。それは何かが正に問題である

2　公判中心主義

公訴提起後の捜査を制約する一つの原理として，公判中心主義ということが

---

[22] 立法の経緯については，小田中聰樹『現代刑事訴訟法論』（勁草書房，1977）42頁以下，佐藤欣子「戦後刑事司法における『アメリカ法継受』論」の再検討(上)(下) 警論32巻10号29頁以下，同11号43頁以下に詳しい。
[23] 井上正治「捜査の構造と人権の保障」日本刑法学会編『刑事訴訟法講座(1)』（有斐閣，1963）120頁，田宮裕「捜査の構造」判例時報編集部編『刑事訴訟法基本問題46講』（一粒社，1965）117頁。

いわれる。前掲の松尾教授や高田教授の説かれるところにもそのような考え方がうかがわれるし，井戸田教授も公訴提起後は任意捜査に限られる根拠としてこの原則を付加される。「被告人の取調」の可否の論議の際にも，公判中心主義が消極説の一つの根拠とされた[24]。また，公訴提起後の参考人の取調に関する前述の最高裁決定も，公判中心主義の見地から問題を考察している。

だが，公判中心主義という原則は，現行法の趣旨あるいは精神といわれるとおり，必ずしも明確な内容を持つものではない。公判手続の重点は公判期日における審理に置かなければならぬとするたてまえが公判主義だとするのがおそらく最も包括的な定義であり[25]，そのようなたてまえが現行法上是とされること自体に異論はないであろう。この意味の公判中心主義の理念は，公判期日における審理であれば，公開の法廷でなされかつ当事者が在席し公平な裁判所が主宰する手続であるから，訴訟活動の公明正大さが担保されるというところにあると解される。

この意味の公判中心主義は，公判期日の証拠調手続で行いえることを公判期日外で行うことを抑制しようとするから，公判準備としての証拠調はもちろん公訴提起後の捜査によって証拠を入手しこれを法廷に提出するという迂回な方法をも抑制すると一応はいえる。「被告人の取調」の可否について消極説が公判中心主義を一つの有力な根拠としたのはその趣旨であろう。すなわち，検察官が公訴提起後被告人の供述を求めこれを証拠化したいのであれば，公判期日外に一方的に被告人を取り調べて供述調書を作成しこれを法廷に提出するとい

---

[24] 兒島武夫「公訴提起後の検察官による被告人取調」佐伯千仭編『生きている刑事訴訟法』（日本評論社，1965）82頁，繁田実造「捜査官による被告人に対する取調」井戸田侃編『判例演習講座(9)刑事訴訟法』（世界思想社，1972）104頁，下村幸雄「公訴提起後の取調を録取した供述調書」熊谷弘ほか編『証拠法大系Ⅲ』（日本評論社，1970）257頁。
[25] 団藤重光『新刑事訴訟法綱要〔7訂版〕』（創文社，1967）452頁など。これに対し，公判中心主義とは，公判審理の過程において全心証を形成せしめんとすることであるとする見解もあり（平場安治『刑事訴訟法講義〔改訂版〕』〔有斐閣，1954〕394頁），この見解では，公判中心主義とは起訴状一本主義とほぼ同義であり，旧法時のごとく予審調書や捜査書類が起訴状に添付され公判前に裁判官がこれから心証を形成することを抑止するのが正に公判中心主義の理念だということになる（岸盛一『刑事訴訟法要義』〔広文堂書店，1961〕85頁は同旨で，これを公判手続の自立主義とよんでいる。）。また，青柳教授によれば，形式的意義の公判中心主義に対して実質的意義のそれがあり，実質的意義の公判中心主義は伝聞法則と同義だとされる（青柳文雄『犯罪と証明』〔有斐閣，1972〕264頁）。

うような迂回な方法をとらず，直截に公判期日に被告人質問をするという方法の方が公明正大だからである。すでに証人として尋問された者を捜査機関が取り調べて供述調書を作成しこれを法廷に提出するというような方法は，「現行刑訴法の趣旨とする公判中心主義の見地から好ましいことではなく，できるだけ避けるべきである。」（前掲注2）最二小決昭58.6.30）とされるのも同様な趣旨であろう。証言の証明力を争うのであれば公判期日における証人尋問（反対尋問あるいは再尋問）で行いえるはずのことで，その方が訴訟活動の公明正大さが確保されるからである。

このことは，公訴提起後の捜索差押についてもあてはまる。第一回公判期日前はともかく，裁判所の証拠調手続が始まっている第一回公判期日後のそれは，裁判所にこれを請求して裁判所が実施するという方法の方が，公判中心主義の理念すなわち訴訟活動の公明正大さの確保という点により適合する。実際にも，裁判所の証拠調としての捜索差押の方法によるときは，被告人側は，その必要性について意見を述べ（刑訴規則190条2項），不服があれば異議の申立で争い（刑訴法309条1項），かつ，執行の際に立ち会うことができるのである（刑訴法113条）。

前に触れたように，（全面的）積極説ではあるが運用上は第一回公判期日後の捜索差押等は裁判所に委ねた方がよいという見解が根強いのも，公判中心主義への配慮にその根拠があるものと推測される。

だが一方で，公判期日における審理に重点をおき，審理を充分に，しかも迅速かつ能率的に行うためには，あらかじめ必要な準備をしておかなければならないということも公判中心主義からいえるのである。公判準備を強化することは，公判中心主義と矛盾しないばかりか，むしろこれに役立つと説かれているのはその故である[26]。とくに証拠の収集を当事者に委ねている現行の当事者主義のたてまえを併せて考えれば，当事者が公判期日外で充分な訴訟準備を尽くすことこそ現行法において要請されるところであるともいえるのである。前述のとおり，（全面的）積極説の論者から，裁判所の手を煩わせない強制捜査が当事者主義，公判中心主義をとる刑訴法のたてまえと一致すると説かれるの

26）団藤・前掲注25）452頁。

は，公判中心主義の右のような側面を物語るものであろう。

さらに，証拠調手続としての捜索差押には，捜査機関が一方的に行うそれに比べ，公明正大さの確保という前記メリットがある反面，迅速さおよび秘密の保持を欠くとともに裁判所が捜索差押の必要性を判断するため公判に提出されていない資料を見る必要があり，この点が予断排除の原則との関係で問題が生ずることにも留意しなければならない（研究会の席上この点が相当問題にされた。）。

また，証拠調としての捜索差押の必要性と捜査機関が行うそれらの必要性の程度は同一であるかも吟味されなければならない。前者であれば，捜索差押の結果を記載した書面ならびに押収した物は当然に証拠となるから（刑訴法303条），必要性の程度は，要するに，証拠調の必要性一般のそれとされようが，後者であれば，公訴提起前の捜索差押の必要性と同様それほど高度のものを要求されるわけではないとも考えられる。そうであれば，裁判所が証拠調として捜索差押をするのに適した場合と捜査機関がこれを行うのに適した場合があるので，一律に第一回公判期日後は捜査機関が行う捜索差押は許されない，ともいいがたいのである（研究会の席上このような見解も相当有力であった。）。

以上のような検討の結果からは，一応次のようなことがいえると考えられる。第一に，公判中心主義の原則が公訴提起後の捜査機関が行う捜索差押を制約するとしても，それは裁判所の証拠調が開始された第一回公判期日後のそれについていえることで，第一回公判期日前のそれを制約する原理にはなりえないこと，第二に，公判中心主義の原則が第一回公判期日後のそれを制約する原理として働くとしても，その理念からして，なるべく裁判所の証拠調としての捜索差押によった方が相当であるということはいえても，すべての場合にそうしなければならないとはいい切れないし，また，これによらなければ違法であるとまではいいがたいこと，である。

そこで，この問題は，さらに，公判手続の今一つの原則すなわち当事者対等の原則（武器平等の原則）からの検討を必要とする。

3 当事者対等の原則——武器平等の原則

当事者対等の原則（武器平等の原則）は，公判段階における原則として一般

に承認されている。その意味内容は，両当事者たる検察官，被告人は法律上平等の権利を有し義務を負うべきであるということである。これは，いわば形式的な意義の当事者対等の原則であり，刑事訴訟においては実質的平等をはからなくてはならないとか，この原則はもっと実質的な意味内容を持つものと考えるべきである，と説かれている[27]。

ところで，公訴提起後の捜索差押等強制処分についてこれを見ると，被告人側は，第一回公判期日までは，証拠保全として裁判官にこれら強制処分の請求をすることができ（刑訴法179条），第一回公判期日後は，受訴裁判所に証拠調としてこれらの強制処分の請求をすることになるが，検察官側は，第一回公判期日前は，裁判官の令状を得て自ら捜索差押等をすることができ，第一回公判期日後は，（全面的）積極説に従えば，被告人側と同様な方法によることもできるし，裁判官の令状を得て自ら捜索差押等をすることもできるから，第一回公判期日前はともかく，第一回公判期日後の証拠収集の権限において，両当事者に相当のへだたりがあることがわかる。

そこで，当事者対等の原則とくに被告人側の証拠保全との均衡を根拠として検察官側の強制処分権を制限しようとする考え方が有力に主張されていることは，すでに見たとおりである。

たしかに，訴訟制度の公平さを確保し，また当事者主義を原則とした訴訟構造がうまく機能するためには，少なくとも公判段階においては，当事者対等の原則が強調されなければならない。したがって，証拠収集の面でも両当事者の権限にあまり大きな差があるのは妥当ではない。公訴提起後の強制処分についてこれをいえば，被告人側のそれを法規上認められている以上に拡大することが困難以上，検察官側のそれを当事者対等の原則に則って制限する解釈は充分理由があると思われる。だが，証拠の収集，提出について検察官側は重い責任を負っていることにも注目すべきである。いうまでもなく検察官側は犯罪事実を合理的な疑をいれる余地がない程度に立証しなければならないし，犯罪事実に関する証拠の収集は，犯罪は隠微に行われるのが常態であることの反映として，困難さを伴うのが普通である。これに比し，被告人側が刑事訴訟におい

---

27) 団藤・前掲注25) 89頁，井戸田・前掲注5) 25頁など。

て挙証責任を負うことは，原則として，ない。

そうしてみると，当事者対等の原則に則って検察官側の強制処分を制限するにしても適当なバランスが必要である。換言すれば，被告人側と検察官側とが，証拠収集の権限において全く平等でなければならないと解するのはいきすぎであるが，さりとて，あまりそのへだたりが大きいのは相当でない。

このような観点から考えると，第一回公判期日前は，先ほど述べたように，被告人側には証拠保全として裁判官に対し，捜索差押等の請求をする制度があり，検察官側は裁判官の令状を得て捜索差押等をすることができるから，両者の均衡は，まずまずとれていると解される。なるほど，被告人側の捜索差押の請求には「あらかじめ証拠を保全しておかなければその証拠を使用することが困難な事情」が必要とされ（刑訴法179条1項），検察官側の捜索差押等にはこのような限定がないという差異はあるが，犯罪事実について挙証責任を負い，早期に証拠を収集して立証計画を策定しなければならない検察官側の立場（刑訴法296条，刑訴規則193条1項など参照）を考慮するとこの程度の差異はやむをえないと思われる。しかし，第一回公判期日後の証拠収集の権限は，先に述べたように，（全面的）積極説に従えば，検察官側の右の立場を考慮しても，両当事者のへだたりがあまりに大きく相当でない。第一回公判期日後の捜査機関が行う捜索差押は，当事者対等の原則（武器平等の原則）からしても，なんらかの制約を考えるべきである。

第4　まとめ

公訴提起後捜査機関が行う捜索差押の可否について，結論的なことをまとめておくと，捜索差押は，第一回公判期日前は制約はないが，第一回公判期日後は原則として制約され，これら強制処分の必要があるときは裁判所にその処分の請求（証拠調の請求）をすべきであると考える。

先に検討したとおり，公判中心主義の理念，当事者対等の原則からしても第一回公判期日前は，捜査機関が行う捜索差押を制限する理由はないし，もともとこの期間はやがて始まる公判に向けての準備期間であって検察官側の訴訟準備には公訴提起前にやり残した捜査を行うということも含まれるからである。いわゆる身柄事件の公訴提起前の捜査期間の制限を考えれば，公訴提起後の捜

査の現実的な必要性は肯首しやすい。その意味で，第一回公判期日前の捜査は，公訴提起前のそれにある程度準じることが考えられてよいと思う。現に，捜査のための証人尋問請求は，公訴提起後でも第一回公判期日前は可能であるし（刑訴法226条，227条），被告人の取調についても，第一回公判期日前はこれを肯定する見解が強い[28]ことは，このことを裏付けるものと考えられる。

これに対し，裁判所の証拠調が始まっている第一回公判期日後の捜索差押は，先に考察したように，公判中心主義の理念および当事者対等の原則からして，原則として捜査機関が行うことは許されず，必要があれば，裁判所に証拠調の請求をし，裁判所がこれを実施すべきである。捜査機関としてもこの程度の制約はやむをえないと思われるのである。ただし，第一回公判期日後においても，例外的な場合は，捜査機関が捜索差押を行うことができると解されるが，それは，裁判所に対する請求およびその実施を待っていては捜索差押の実効を期しがたい場合である。捜索差押の実施が時間的に限られているときや被告人側の証拠隠滅が考えられるときはこれにあたると解される。同様の趣旨で，勾引状，勾留状執行の際令状によらないで危険物を捜索差押する（刑訴法220条4項）がごときは当然許されるといえる。これらの例外の場合を除き，第一回公判期日後は，捜査機関が捜索差押を行うことは許されないのであるが，その意味は，かかる捜索差押を違法とする趣旨か不相当とする趣旨かが最後に残る問題である。しかし，これについては，当研究会の結論が一致せず，違法とまではいい切れないとの見解も有力であった。

ちなみに，公訴提起後捜査機関が捜索差押を行うことができる場合は，第一回公判期日の前後を問わず，令状の請求先は「裁判官」ということになるが（刑訴法218条1項），捜索差押に関しては，勾留に関する処分についての刑訴規則187条1項但書のような規定がないから，その「裁判官」には，事件の審判に関与すべき裁判官（受訴裁判所を構成する裁判官）も含まれることになる。ただし，そのような裁判官が現に令状請求を処理するのが妥当かどうかはまた別個の問題である。

---

28) 長崎・前掲注1) 参照。

【追　記】

　本論稿は，大阪刑事実務研究会において「刑事公判の諸問題」と題する研究シリーズの一環として研究発表し，昭和62年6月判例タイムズ誌上に掲載され，その後同研究会編著の『刑事公判の諸問題』（判例タイムズ社，1989）に収録された論文である。

　そこに記述した筆者の論旨および結論は，現在でも変更する必要はないと考えているので，ここではその後の判例および主要な文献を追記するにとどめる。

　判例としては，公訴提起後の捜索差押の適法性についてはじめて最高裁の判断が示されたものがある。最二小決平14.12.17裁判集刑282号1041頁がそれであり，証拠調べが続行されている第12回公判期日後に検察官の請求により裁判官が発した捜索差押許可状により証拠物が差押された場合につき，検察官において受訴裁判所に対し証拠調べの一環として捜索差押を請求したとすれば，差押対象物について被告人らによる証拠隠滅のおそれがあったという事情を挙げて，差押処分を適法としたものである。

　主要な文献としては，合田悦三「被告事件について，捜査機関は捜索差押請求ができるか，できるとした場合には，請求すべき裁判所はどこか」新関雅夫ほか『増補令状基本問題(下)』（一粒社，1997）346頁，豊田健「起訴後の捜索・差押え」河上和雄ほか編『警察実務判例解説（捜索・差押篇）』別冊判タ10号143頁，荒木美穂「第一審判決後の捜索差押許可状の請求」判タ1118号54頁，森寿明「起訴後の捜索差押」長沼範良ほか編『警察基本判例・実務200』別冊判タ26号179頁，波床昌則「第一審判決後の捜索差押許可状の請求」高麗邦彦ほか編『令状に関する理論と実務Ⅱ』別冊判タ35号111頁，青沼潔「被告事件に関する捜索差押えの可否」同書120頁などがある。

　これらの文献は，おおむね私見と同じく，第一回公判期日前の捜索差押は許容され，第一回公判期日後は，原則として裁判所に証拠調べとしての捜索差押を請求すべきであるが，これを待っていては捜索差押の実効性を期しがたいなど一定の場合は，捜査機関による捜索差押を認める見解であり（いわば「緩やかな中間説」），上記の最高裁判例をも勘案すると，この問題は実務上，このような解決に落ち着いているものと考えることができよう。

第6章　押収物の保管

① 「公務員が，公権力の行使によって私人の物件を保管するに至った場合，当該公務員は，その物件の保存をさらに第三者に委託したと否とを問わず，常に善良なる管理者の注意をもって当該物件を保管すべき義務がある。」(最一小判昭 38.1.17 裁判集民 64 号 1 頁)。

② 「いうまでもなく押収は証拠物又は没収すべき物と思料されるものについて必要ある場合になされる強制の処分であり，所有者占有者の占有を排除して国が自らその占有を取得保持し，その間当該物件に対する所有者その他の使用収益処分を制限し，その私有財産権を制約するものであるから，それが没収により国庫に帰属するまでの間押収を継続するについては当該担当者はその押収物について相当の注意をもってこれを保管し，その滅失，破損を未然に防止し，もってその証拠力の保全，没収対象の確保等本来の押収目的に奉仕するとともに，その私有財産権を必要以上に侵害することのないようにすべき義務を負担するものというべく，これ押収という公権力の行使に内在する当然の義務であり，右の趣旨は刑事訴訟規則第 98 条によっても明らかである。……しかし押収にともなう前記の保管義務は窮極において右公権力行使の主体がこれを負うものであり，たとえ刑事訴訟法第 121 条第 222 条の規定により他の者に保管を委託した場合であっても当然その保管責任が解除さるべきものではなく，保管受託者の選択，保管状況の監督等を通じて依然自ら保管責任を負い，受託者に責任を転嫁し得るものではないのである。」(東京地判昭 39.4.28 判タ 163 号 106 頁，判時 381 号 36 頁)。

③ 「およそ検察官等捜査機関による押収は，証拠物又は没収すべき物についてその占有を取得継続するための行為であって，占有の取得に当り強制力を伴わない領置と然らざる差押たるとを問わず，一旦占有が取得された以上，強制的に押収目的のためその占有が継続せられ，そのため私人の当該物件に対する使用収益権の行使は制限されるに至る。しかし右制限は犯罪捜査の必要上やむを得ざる強制力の行使によるものであり，これによる私人の権利の制限も右目的による最小限度の制限に止められなければならないことは言うまでもない

ところである。

　従って押収物件を滅失し，又はこれを毀損することは，本来の押収目的の遂行を阻害するのみでなく他面いわれなく私人の権利をも侵害するものであるから担当検察官は，押収物件の保管に当っては職務上十分な注意を払うべきことは押収に伴う当然の義務というに妨げなく，刑事訴訟法第121条第222条，刑事訴訟規則第98条によってもこの趣旨は明らかである。しかしてこのことは当該押収物件が没収すべき物と思料される物である場合においても同様である。けだし確定判決により当該押収物が没収されるまであくまで『没収』は見込にすぎないからである。」（高知地判昭40.7.8判時428号86頁）。

　④　「憲法35条は個人の住居，書類，及び所持品について濫に侵入，捜索，押収を受けることのない権利を保証し，捜索又は押収をするには正当な理由に基いて発せられ，且つ捜索する場所及び押収する物を明示する裁判官の令状を必要とする趣旨を宣明した規定であって，適法な令状によって押収した物件の換価その他の処分について規定したものではない。また捜索及び押収について裁判官の令状を要件としていることから押収物の換価処分は検事又は司法警察官には全く許されないものであって必らず裁判所のなすべきものであると解しなければならない理由もない。それゆえ押収した物件の換価処分を規定した旧刑訴165条の規定を同174条で検事又は司法警察官の為す押収に準用し，検事又は司法警察官も亦押収物の換価処分ができるとしても前記憲法の規定に違反するものではない。」（最大判昭25.7.19刑集4巻8号1481頁）。

　押収物の保管は，大別すれば，捜査機関による場合と裁判所による場合がある。司法警察職員が，捜査の一方法として証拠物等を差押（刑訴218条・220条）または領置（同法221条）して，事件の捜査中これを保管し，事件送致に伴い証拠物等も検察官に引き継がれ（同法246条），検察官がこれを保管することとなり，公訴提起後公判期日において，検察官が証拠物として取調請求し，証拠調が終了した後これを裁判所に提出し（同法310条），裁判所が領置（同法101条）したときは（あらためて領置を要するというのが通説であり実務でもある），以後裁判所が保管するという形態が実務上の一つの典型である。そこで本稿では，捜査機関による押収物の保管と裁判所による保管とをあわせて述べ

ることにしたい。もとより，両者の間に基本的な差異はない（刑訴222条参照）。ただ，押収物の保管に関する刑訴法の規定はごくわずかであるから，保管の具体的な事務手続等は，警察，検察庁，裁判所それぞれの内部規程，要綱，通達等によって運用されているのが実際であり，これら事務手続は，右の各庁の実情に応じて多少の差異を見るにすぎないのである。ちなみに，基本となる内部規程は，警察においては犯罪捜査規範および各都道府県警察の証拠品取扱要綱であり，検察庁においては証拠品事務規程であり，裁判所においては押収物等取扱規程である。

第1 保管方法

　押収物は押収した場所から運搬してきて押収した者の庁で保管するのが原則である。そのため，各警察，検察庁，裁判所の庁内に倉庫かまたはこれに代わるような施錠，防火設備等の完備した場所（保管庫）が設けられ，一般庁用物品と別に押収物を一括して収納し，喪失や破損を防止するようにはかられている。また押収物のうち通貨は，いわゆる立会封金扱とし，証券，貴金属等貴重品とともに金庫等に収納することとされている（証拠品事務規程16条・18条，押収物等取扱規程9条・10条）。

　しかし，押収物の性質，内容，形状によってはこれを自庁まで運搬してくることまたは自庁で保管することが不便な場合があるので，これらについては，右の原則の例外として，看守者を置きまたは所有者その他の者に保管させることができる（刑訴121条1項・222条）。保管委託は実務上庁外保管とも呼ばれている。これは，押収物保管の一方法であって，仮還付と似た機能を営なむ点があるが法的性質においては異なるし，もとよりこの方法をとったからといって押収の効力が消滅するわけではない（最大判昭23.7.14刑集2巻8号876頁）。

　保管委託の法律関係については，受託者が保管を承諾することにより，公法上一種の押収物寄託契約が成立するものと解されている[1]。受託者は押収物を保管する義務を負い（民法400条・659条参照），保管義務を尽くさないときは，民事上の責任のみならず，場合によっては刑事上の責任を問われることもある

---

1) 村重慶一「押収物の保管責任」研修184号70頁，法務総合研究所『証拠品事務解説』69頁。

(刑法252条・262条等)。押収した者（寄託者）の保管責任については後述する。

保管委託をする場合には、受託者の選択に注意するとともに保管料の要否、保管期間、無断処分禁止等の保管条件を明らかにしておく必要がある。また委託関係を明確にするため、保管請書を徴するなど所要の事務手続を履践し、かつ関係帳簿・諸票に表示しておかなければならない（犯罪捜査規範112条、証拠品事務規程65条以下、昭35.6.14訟一第185号最高裁事務総長依命通達「押収物等取扱規程の施行について」訟廷執務資料29号『押収物等取扱規定の解説』93頁等参照）。

保管委託は、不動産、船舶、自動車、ダイナマイト等を押収した場合に行われることが多い（後出第2の2ア～オの判例参照）。裁判所においては、捜査機関が捜査の段階で保管委託した証拠物を保管場所で検証した上押収し、引き続き保管委託するというのが通常である[2]。

第2 保管責任

1 保管義務の内容

押収の目的は、押収した物を刑事裁判の証明資料として役立たせることにある（附加的には没収刑の確保）。証拠物はその物の存在・状態が証拠になる証拠方法であるから、押収物は喪失等によりその存在を失わせてしまってはならないと同時に押収した際の原状のまま保全されることが望ましい（犯罪捜査規範111条参照）。また、押収は右の目的を達成するために物の占有を一時強制的に取得継続する効力を有するにすぎない。いずれは所有者等に返還すべきものである。このことは押収物が没収することができる物である場合においても同様に考えなければならない。けだし没収はあくまで見込にすぎないからである〔→③〕。そこで押収物の財産的価値の保全も必要である。

この二つの面からして、押収した者は押収物を適切に保管すべき義務を負う〔→②③〕。規則98条は、「押収物については、喪失又は破損を防ぐため、相当

---

2) 永谷行男『押収物の取扱いに関する実証的研究』（書記官実務研究4巻5号）216頁。

の処置をしなければならない」と規定しているが，これは，旧法164条1項と同趣旨の規定であり，いわば条理上当然のことを定めたものである[3]。したがって，この規定の趣旨は，保管者，保管方法，押収物の種類等の如何を問わず，押収物保管に関する通則的な内容として妥当する。それゆえ，各庁における内部規程においても押収物を現に取り扱う者の注意として同様な規定が置かれている（犯罪捜査規範111条，証拠品事務規程2条・3条，押収物等取扱規程4条）。

押収物保管義務の内容は，民訴法における執行官の差押物の保管義務などと同様，善良な管理者としての注意義務である〔→①〕。押収物の保管を第三者に委託したからといって，この義務が免除ないし軽減されることはない〔→①②〕。庁外保管物は，自庁で保管している押収物にくらべて，どうしても目が届きにくい点があるから（後出ア～オに掲げた判例参照），保管責任者は保管状況について受託者から報告を求める等適時その保管状況を確認して（証拠品事務規程69条の2参照），自ら保管している場合と同様に十分な注意を払わなければならないのである。

2　裁判例にみる保管義務の具体例

もとより，押収物につきいかなるときにいかなる処置をなしておれば，善良な管理者としての義務を尽したといえるかは，具体的場合による。保管者が右の義務を尽さず押収物を違法に喪失，破損して所有者等に損害を加えたときは，国または地方公共団体が国家賠償法に基づき損害を賠償する責任を負う（同法1条）。そこで押収物の保管責任が問われた国家賠償の裁判例を中心にこの点を具体的に考察してみよう。

(1)　まず第一に，紛失や盗難により押収物を喪失してはならないことは当然である。

押収物を紛失した裁判例は，いわゆるチャタレイ事件において，問題となった訳書「チャタレイ夫人の恋人」の紙型を保管中，検察庁係官が下巻分を警視庁係官が上巻分を紛失した事例（東京地判昭39.8.15判時383号2頁），いわゆる

---

3)　最高裁判所事務局刑事部『刑事訴訟規則説明書』刑資14号51頁。

免田事件において，検察官が保管中の被疑者の着用していた衣服を紛失した事例（東京地判昭 46.7.31 判時 640 号 56 頁）などがある。紛失や盗難事故があり，和解により国が賠償金の支払に応じた例も紹介されている[4]。

押収物の紛失，盗難のごとき事態は，事務手続を正確に履践し，保管を厳にしておれば考えられないところであるが，捜査機関が一時に多種の証拠物を押収したときは，よほど整理，保存，処分に配慮しなければならないといえよう。

(2) 第二に，押収物を変質，減量，朽廃，荒廃，沈没大破など破損しないように処置すべきである。押収物は多様多種であるから，処置もその物に応じた内容が必要であろう。

裁判例に現われたものは，以下紹介するように，船舶や自動車の保管に関するものが多い。船舶や自動車のようなもともと保管に困難な物を押収するときは，「その収納場所，保管方法等につき相当な用意があるべきはずであり，仮りにもそれについて確たる成算もなしにたやすくこの強制の処分に出て結局これをもてあますというようなことがありとすれば，それは本来つつしむべきことがらであるけれども，すでにその押収がなされ，かつそれが継続されたこと自体を違法とし得ないとする以上は，爾後はその保管責任を完うするものでなければ，結局その公権力の行使そのものを適法ならしめるものでないことは，ことの当然の帰結である」〔→②〕。

船舶の保管に関する裁判例としては，

　ア　税関職員が関税法違反事件について押収し第三者に保管委託中，検察官に引き継がれた船舶が，台風のため防波堤に打ちつけられて大破沈没した事案につき，船舶を仮泊させていた場所は風波に対して安全な場所でなかったことを保管委託された者も知っていたし，関係公務員らもおよそわかっていたはずであるから，「関係公務員ら……はその後における気象条件の変化等に深甚の注意を払い，いやしくも海上不安の兆候がある場合は，逸早くこれをより安全な場所に移す等船舶の安全保持につき万全の措置を講ずるのが当然の義務である」として公務員に過失なしと判断した原判決を破棄したもの〔→①〕。

---

[4] 村重慶一「国家賠償事件にあらわれた検察職員の違法行為」研修 156 号 49 頁以下。

イ　関税法違反事件につき検察官が船舶を押収したが，海岸に繋留したまま付近の某に見張りを依頼した程度で放置していたため，船体の荒廃がはなはだしい状態になった事案につき，検察官は船舶に十分な手入を施すなど保管上適切な措置を講ずべきであったと判断したもの〔→③〕（なお，この判断は控訴審においても支持された——高松高判昭 41.12.15 高民 19 巻 6 号 536 頁，判タ 206 号 111 頁）。

ウ　犯則事件調査のため差し押えた物件の保管責任が問われた場合であるが，税関職員が差押船舶を港内に繋留していたところ，台風下に類焼したが，それは台風襲来前に噴油弁を保管者に返還して運航能力を回復せしめておく義務を係官が怠った結果によると判断したもの（大阪高判昭 37.12.25 判タ 141 号 111 頁）などがある。

自動車の保管に関する裁判例としては，

エ　司法警察職員が窃盗事件につき被疑者所有の貨物自動車一台を押収したが，取りはずした機関部を組み立てることその他自動車に手をふれることを一切禁止した上，被疑者方の者に保管を委託し，雨ざらし状態のまま 5 か月余露天に放置せしめたため，自動車は腐朽損傷した事案につき，司法警察職員に押収物保管上尽すべき善良な管理者の注意を欠いていたとしたもの（東京高判昭 33.1.31 下民 9 巻 1 号 153 頁）。

オ　検察官が道路運送法違反事件の証拠物としてバス 9 台を押収し，所有者に保管委託していたところ，所有者はバスの保管場所に窮して検察官に保管委託を辞退する旨申し出たが，その後バスは道路上に放置されたまま，部品の盗難，破損，機能の低下が急速に進行した事案につき，担当検察官は，右の保管委託辞退後，バスを自ら引き取りあるいは他の適任者に保管委託をし，ないしは検察庁から監視者を派遣するなど所有者の保管に代わるべき処置をとらなかった点に必要な注意を欠いたと判断したもの〔→②〕（なお，この判断は控訴審においても支持された——東京高判昭 40.10.26 判時 428 号 57 頁）などがある。

(3)　第三に，有価証券については，権利保全に必要な措置を講ずることも相当な処置といえるであろう[5]。もっとも権利行使の結果押収者が有価証券の所

---

5) 小野清一郎ほか『ポケット註釈全書刑事訴訟法〔改訂版〕』（有斐閣，1966）229 頁。

持を失うなど押収の目的に反する場合まで、そういえるかは疑問である[6]。

　裁判例としては、警視庁が押収中の株券に対し強制執行（差押）がなされた場合につき、右の差押と押収とは根本的に相容れないものであり、しかも本件の株券の帰属が執行債務者の所有に属するとは断じえないものがあるから、所有者の権利保護のため差押拒否の措置（民訴567条）に出なければならないのに、警視庁側に漫然差押を許した過失があると判断したものが見られる（東京地判昭35.9.13下刑2巻9＝10号1234頁、判タ110号92頁。もっともこの判決は、内縁の夫の詐欺事件の証拠品として押収された株券につき被告人を執行債務者として前記の差押がなされた後被告人がこれを警視庁から窃取したという特異な事案について、被告人の量刑の事情として、押収者の保管義務にふれたものである）。

第3　廃棄処分，換価処分その他

　以上述べたとおり、押収物は喪失または破損しないように原状のまま保管するのが原則であるが、押収物の性質、内容、形状によっては、右の原則によりえない場合があるので、廃棄もしくは換価することにより押収物を処分することが認められている（刑訴121条2項・122条・222条）。また押収の目的を達成するなどのためには、押収物の原状を若干変更する必要がある場合も、一、二考えられる。

1　廃棄処分，換価処分

　廃棄処分、換価処分の対象となる押収物は法定されている。廃棄処分は危険を生ずるおそれがある押収物についてなしうる（刑訴121条2項）。これは、爆発物や伝染病原菌が附着している物のように物理的危険を生ずる蓋然性がきわめて高いものを指すと解されている[7]。

　換価処分は、没収することができる押収物で滅失もしくは破損のおそれがあ

[6) 青柳文雄『刑事訴訟法通論〔新訂版〕』（立花書房、1962）419頁、平場安治ほか『注解刑事訴訟法(上)』（青林書院新社、1969）364頁。
[7) 小野ほか・前掲注5)『ポケット註釈全書刑事訴訟法』229頁、平場ほか・前掲注6)『注解刑事訴訟法(上)』363頁、高田卓爾『刑事訴訟法（現代法律学全集）』（青林書院新社、1971）171頁、伊藤栄樹『刑事訴訟法の実際問題』（立花書房、1967）212頁。

るものまたは保管に不便なものについてなしうる（刑訴122条）。没収することができる押収物であると同時に証拠物でもあるものについては，この処分をすることができないと解するのが多数説である[8]。しかし，法文上右のように解する必然性はないし，証拠物についても廃棄処分が認められることからしても，多数説のように解する理由はないと思われる。また，没収要件が犯罪事実と密接なつながりの下に定められていることからして，没収することができる物は，多かれ少なかれ犯罪事実の証拠としての面を兼有しているのが通常であるから，右のように厳格に解するのは妥当ではあるまい（鹿児島地判昭28.10.27判例体系36-2巻488の4頁参照）。

　換価処分の対象となる滅失もしくは破損のおそれのあるものと，保管に不便なものとを区別する実益はない。ただ，ここでいう保管に不便なものとは，その物の性質上保管に不便なものであって，単に自庁で保管するのが不便だというだけでは足りないことに留意しなければならない（刑訴121条1項参照）。換価処分がなされた例は，米，小豆（仙台高判昭26.1.31判特22号3頁，仙台高判昭27.5.12判特22号129頁，最一小決昭25.10.26刑集4巻10号2170頁），密造酒（福岡高判昭27.2.8判特19号62頁），船舶（最二小決昭30.3.18刑集9巻3号508頁など）等がある。

　廃棄処分，換価処分の要件を欠く押収物につきこれらの処分をなせば，やはり押収物を違法に喪失させたものとして，所有者等に損害を賠償しなければならないことがある。廃棄処分についての裁判例は少ないが（前掲東京地判昭46.7.31参照），換価処分については，密貿易に使用された船舶を押収して換価処分に付した事案につき，没収要件の存否が争われた裁判例が見られる（換価処分を適法としたもの——福岡高判昭29.6.30高民7巻6号513頁，違法としたもの——福岡高宮崎支判昭31.9.27下民7巻9号2655頁。なお冒頭③の裁判例は換価処分につき違法だが過失なしとする）。換価処分に付した押収物が結果的に没収されなかったというだけでは，換価処分は違法とはいえまい。処分の行なわれた時点において没収することができる物との判断が是認できるか否かで決すべきで

---

[8] 平場ほか・前掲注6）『注解刑事訴訟法㊤』364頁，滝川幸辰ほか『刑事訴訟法（法律学体系コンメンタール篇）』（日本評論新社，1950）161頁，団藤重光編『法律実務講座刑事編(2)』（有斐閣，1956）326頁〔足立進〕，高田・前掲注7）171頁，永谷・前掲注2）185頁。

ある[9]。

　廃棄，換価は例外的な処分であるから，慎重な運用が望まれる。時期を逸しない還付，仮還付なり適当な者に保管を委託する方法などによりこれらの処分を避けうるならば，それにこしたことはないのである[10]。また，捜査機関がやむをえずこれらの処分をするときは，その物の写真など代替証拠を残しておくことにも留意しなければならない（犯罪捜査規範113条1項・151条）。

　捜査機関（司法巡査は除かれる〔刑訴222条1項但書〕）が令状なくして換価処分をなしうることは，憲法35条の解釈上問題はない〔→④〕。また捜査機関が保管中の押収物である限り，裁判所の許可を求める必要もない。ただし，検察官が保管中であるが一審で没収の言渡のあった押収物につき，上告審係属中検察官が換価処分をなすにあたり，裁判所の許可を求めた例がある（前掲最二小決昭30.3.18。なお前掲福岡高宮崎支判昭31.9.27参照）。

　裁判所が廃棄・換価処分を行うには，決定に基づく。

　廃棄はその物を焼却しまたは破壊するなど適当な方法による。換価はその物を売却する。売却の方法については特別の規定はないが，公正を期するため公売等が妥当であり，実務上も会計法以下国の財産の売却に関する規定を準用することとしている（証拠品事務規程61条4項，押収物等取扱規程20条2項）。なお，処分の理由・状況を明確にするため関係書類を作成しておくことが事務上必要である（犯罪捜査規範113条2項・151条，証拠品事務規程60〜63条，押収物等取扱規程20条3項）。

2　その他の処分

　すでに押収した物について，その物が真に証拠物，没収すべき物であるかどうかを確認しまたそれとして利用するため，錠のかかっている押収物の錠をはずし，封書である押収物の封を開くなど必要な処分をすることが認められている（刑訴111条2項・222条）。「必要な処分」とは，押収の目的を達成するため

---

[9] 平場ほか・前掲注6)『注解刑事訴訟法(上)』368頁参照。
[10] 平場ほか・前掲注6)『注解刑事訴訟法(上)』363頁，団藤重光『条解刑事訴訟法(上)』（弘文堂，1950）229頁，平場安治『改訂刑事訴訟法講義』（有斐閣，1958）308頁は，他の方法がある場合廃棄処分は許されないとする。

合理的に必要な範囲内の処分を指すものであって，必ずしもその態様を問わない（東京高判昭45.10.21判タ259号193頁，判時620号94頁）。この裁判例は，司法警察職員が未現像のフィルムを証拠品として押収中これを現像した処分を適法と認めている。

次に，押収物を鑑定に付した際，鑑定人は，必要があれば，裁判所（官）の許可を受けて物を破壊することができる（刑訴168条1項・225条1項）。また鑑定の結果押収物に多少の損傷，減量等の変化を生ずる場合もままある。白い粉末がモルヒネかどうかを鑑定する場合には，小量であるが試料として消費しなければならないというような例である（永谷・前掲注2) 74頁）。

これらの場合も，押収物の原状が変更される結果になるが，押収や鑑定の目的を達成するのに必要な処分である限り，やむをえないのである。

第4　押収物の保管に関するその他の問題

押収物の保管に関する問題は，以上に尽きるわけではない。押収物の保管は，きわめて具体的・実務的な面が多いだけに，部内の取扱機関，保管手続，関係帳簿・諸票の作成等事務手続に関する問題も多いが，紙数の都合で本稿ではあまり触れていない。これらについては，前掲注1)『証拠品事務解説』，永谷・前掲注2)『押収物の取扱いに関する実証的研究』，前掲訟廷執務資料29号『押収物等取扱規程の解説』等に詳しいので，これによられたい。

【参考文献】
　本文中に引用したもののほか，
　村重慶一『刑事事件をめぐる国家賠償の研究』法務研究報告書56集3号（昭43)
　村重慶一「検察職員に関する国家賠償」研修219号（昭41)

第Ⅲ部　公訴・訴因

第7章　一罪の一部起訴

設問　検察官は、次のような起訴をすることができるか。
1. 強盗事件を窃盗として起訴すること
2. 住居侵入、窃盗の事件で窃盗のみを起訴すること
3. 強姦事件で告訴が得られないので、その手段である暴行のみを起訴すること

第1　問題の所在

　設問は、いずれも単一の罪[1]が成立するのに、検察官がそのうちの一部を取り上げて起訴すること（以下「一部起訴」という）ができるかということを問題にしている。このような問題は、旧刑事訴訟法のもとにおいても、現行刑事訴訟法のもとにおいても生ずる余地がある。なんとなれば、かような起訴の仕方を直接規制する法規が存しない点で旧法も現行法も同一であるし、検察官が公訴権を原則として独占し（旧法278条、現行法247条）、検察官の起訴の仕方について直接干渉する機関ないし方法が存しない点でも、彼此変りはないからである。

　しかし、この問題の持つ意味は、訴因制度のなかった旧法のもとと訴因制度が採用されている現行法のもととでは、大きく異なってきている。このことは、一部起訴がなされた場合の審判の範囲を考えれば明らかである。

　旧法では、裁判所は起訴状記載の犯罪事実に拘束されないから、裁判所が実体形成の結果これと異なる犯罪事実を見い出せば、なんらの手続を経ることなく、それを認定して差し支えなかったのである。もとより、裁判所が認定でき

---
[1] 設問2の科刑上一罪については、単一性を否定する見解もあるが（中村英郎「訴因について」早稲田法学26巻2・3冊211頁）、通説は単一性を肯定する。以下この通説に従って論を進めることとする。

る事実は，起訴状記載の犯罪事実と単一・同一の範囲内になければならないという制約はあったけれども，本稿で取り上げる一罪の関係にある犯罪事実については，この制約は問題にならない。したがって，旧法のもとで仮に問1のような起訴がなされ，実体形成の結果強盗の罪の成立が明らかになれば，裁判所は，起訴状記載の窃盗の罪に拘束されることなく，強盗の罪を認定して差し支えないし，問2の起訴に対しては，窃盗に加えて住居侵入の罪を認定してもよかったわけである。すなわち，旧法では，裁判所が犯罪を認定する段階でフリーハンドであり，起訴状記載の犯罪事実と実体とのくい違いを容易に埋めることができたから，検察官が実体より縮減した犯罪事実を起訴できるかどうかというような問題は，訴訟法上表面化しないで収束できたのである。ここでは，問1や問2の一部起訴の可否を論ずる実益はあまり大きくはない（問3については，旧法でも問題が残る）。

　ところが，現行法になると，訴因制度が採用され，判決は訴因に拘束されるのが原則になった。訴因の機能や公訴事実との関係については，周知のように，種々の議論（150頁参照）があるけれども，裁判所が訴因と異なる犯罪事実をなんらの手続を経ることなく自由に認定できるわけではないというこの原則は，ひとしく承認されている。もっとも，この原則の例外として，一定の場合には裁判所は訴因変更の手続を経ないで，訴因と異なる犯罪事実を認定することが認められており，その基準についても種々の議論があるところではあるが，仮に設問のような起訴がなされ，実体形成の結果，強盗なり住居侵入窃盗なりが明らかになっても，裁判所がこれらの事実を自由に認定しえないことはどの基準によっても明らかである。すなわち設問の起訴がなされれば，裁判所は検察官の設定した訴因に拘束されることになる。

　訴因変更の手続により一罪全部が訴因として掲げられるようになれば，もとより問題は解消する。しかし，訴因変更は検察官の権限である（法312条1項）。検察官が自発的にこの手続をとらない場合，裁判所は検察官に対し訴因変更を促したり，適当と認めるときは訴因の変更を命ずることもできるが（法312条2項），裁判所がこのような措置をとる義務がある場合は極限されているし，さらに，このような措置をとったからといって当然訴因変更の効果を生ずることはないと解されている[2]。あくまで検察官の訴因変更の手続を別途要す

るのである。

　ここにおいて，訴因と実体とのくい違いを埋める権限は，起訴のさいと同じく検察官にゆだねられており，旧法のような裁判所のフリーハンドは大巾に制約されているということができる。検察官が訴因と実体とのくい違いを放置しておくことは，実務上数少ない。一般論としては，そういえるであろう。しかし，検察官が，なんらかの必要性を認めてあえて一部起訴を望んだような場合には，訴因変更の手続はとられず，実体とのくい違いを残したまま終局をむかえることは実務上も十分考えられる。

　その局面に至ると，裁判所としては，とにかく訴因に対する回答しかできないから，回答の方法として，実体形成の結果認められる大なる犯罪にもかかわらず，その一部である訴因の範囲内の犯罪（たとえば問 1 についていえば窃盗）を認定するか，それとも無罪判決を含めこのような起訴を全面的に否定するなんらかの裁判（後述）をするかの選択にせまられる[3]。これはとりもなおさず，一罪の一部起訴を肯定するか否定するかを決しなければならないことを意味する。このようにして，現行法のもとでは，一罪の一部起訴の可否を解明する必要性が生ずるわけである。

　民事訴訟法においては，実体法上大なる請求権が存する場合でも，その内の一部を訴訟で請求し，裁判所もこれを認定しうることはいうまでもない。刑事訴訟法において，実体法上大なる犯罪が成立するときにその一部を取り上げて起訴・認定することが問題視されるのは，刑事訴訟法の根底にあるとされる実体的真実主義なり，単一の犯罪の不可分性なり，訴因のとらえ方なりが，この問題と密接に結びついているからにほかならない[4]。

　ただ，一罪の一部起訴といっても，種々のケースが考えられることに留意する必要がある。試みにあげてみると，(1)単純一罪の被害金品の一部を除外して起訴する場合，(2)科刑上一罪，包括一罪の一部を除外して起訴する場合（設問2），(3)加重的構成要件該当の罪を基本的構成要件該当の罪として起訴する場合

---

2) 最三小判昭 33.5.20 刑集 12 巻 7 号 1416 頁，最三小決昭 43.11.26 刑集 22 巻 12 号 1352 頁，判タ 229 号 255 頁，最大判昭 40.4.28 刑集 19 巻 3 号 270 頁，判タ 174 号 223 頁。
3) 実体と訴因との関係が一罪とその構成部分という関係になければ，選択の余地はなく無罪の裁判しかない。訴因変更命令に形成力なしとする以上当然の結論である。

（業務上横領を横領，常習窃盗を単純窃盗など），(4)結合犯の一部起訴（設問1，3），(5)既遂を未遂として起訴する場合，(6)強盗を恐喝，殺人を傷害致死，共同正犯を幇助犯として起訴するような場合，などがある。このなかには，実務上もかなり見られるケースもある[5]。設問1のような場合は実務上さすがに稀有だと思われるが，本稿で問題にするところを探るのに適した例として取り上げたわけである。そこで，本稿では，設問1の例を頭におきながら，一罪の一部起訴の可否を一般的に論じ，その後各設問の場合について検討してみたい。

第2　一罪の一部起訴の可否

1　学説の検討

　一罪の一部起訴を原則として肯定する考え方（以下「肯定説」という）と原則としてこれを否定する考え方（以下「否定説」という）が対立している。ここで，「原則として」というのは，先に述べたように，一罪の一部起訴といっても設問を含めて種々のケースが考えられ，ケースによっては，肯定説にあっても例外的に一部起訴を許さないことがあり，また否定説にあっても例外的に一部起訴を認めることがあることを意味している。両説が，どんな場合を自説の原則の例外として考えているかは後に述べるが，例外を設けているとはいっ

---

4) この問題は英米の刑事訴訟制度のもとでも生じうる。米国においては，検察官が実際に犯された犯罪より級の低い犯罪あるいはこれに包含された軽い犯罪で被告人を起訴し，アレインメント手続において，被告人側がこの訴因に対し有罪の答弁をするという形で現われてくることが多い（lesser offense）。このような有罪答弁方策の利用については，取引による司法という批判もある。しかし，基本的に可能であることに疑問はないとされている（B・J・ジョージ・Jr「刑事司法における人権(2)」曹時23巻10号144頁参照）。また，証拠上は重い犯罪が認められ，起訴された犯罪はそれに包含される軽い犯罪あるいは等級の低い犯罪であるとき，制定法に別段の規定がない限り，被告人は無罪になるのではなくて，起訴された犯罪の範囲で有罪となしうるとされている（中浜辰男『米国刑事訴訟手続における訴因』司法研究報告書2輯11号138頁）。

5) (1)のケースは実務上数多いし，(2)のケースのうち，屋内における強窃盗，殺人などの事案では，住宅侵入罪を除外して起訴する方がむしろ一般的である（萩原太郎「訴因と罪数」河村澄夫＝柏井康夫編『刑事実務ノート(2)』〔判例タイムズ社，1969〕60頁参照）。(5)のケースは，窃盗の被害金品が財物とはいえてもとるに足らないものであるときに，まま見られる。

ても，やはり基本的にどちらの立場から出発するかによって，一部起訴を肯定する巾が相当違ってくることは明らかであろう。

まず，肯定説[6]の説くところをまとめるとおよそ次のようになる。すなわち，現行法は当事者主義を強化し，その現われの一つとして訴因制度が採用されている。訴因の法的性質は，検察官の主張であって，実体を反映したものではない。裁判所は訴因の範囲内で審判する権利と義務を有し，訴因をはなれて自由に犯罪事実を認定することはできない。このことの反面として，検察官は，訴訟技術その他法律上の観点（訴訟条件の欠如，立証の困難・争点多岐化の回避，情状など）からして，社会上生起した特定の犯罪事実のうちの一定の事実を摘出し，これを訴因として構成し起訴することができるのである。つまり，検察官には，訴訟の対象の設定に関する裁量権（処分権）が認められていることになる。そして，このような考え方は，公訴事実の同一性があるにもかかわらず訴因を変更しないで無罪判決を受けることもできる事態に相通ずるし，訴因変更命令に形成力なしとする考え方とも結びつく。

以上のような肯定説の考え方に対し，否定説[7]からいくつかの批判が提起されている。以下，順次検討しながら，併せて私見を述べてみたい。

第一の批判は，いうまでもなく，一部起訴が実体的真実に反しはしないかという点にある。刑事訴訟にいう実体的真実の把握，事実認定ということは，外界に生起した事実そのものの認識ではなく，その事実に対する法的意味の理解であるとすれば，強盗の構成部分である窃盗を単純な窃盗として起訴・認定することは，やはり実体的真実に反するといわなければならない（中武）。一部

---

6) 平野龍一「訴因概説」刑事判決研究会編『訴因に関する研究』（判例タイムズ社，1952）100頁，同『刑事訴訟法（法律学全集）』（有斐閣，1958）142頁，井上正治「告訴」日本刑法学会編『刑事訴訟法演習』（有斐閣，1962）49頁，井戸田侃『刑事訴訟法要説Ⅱ』（有斐閣，1967）20頁，鴨良弼編『刑事訴訟法講義』（青林書院新社，1969）105頁〔田宮裕〕，柏木千秋『刑事訴訟法』（有斐閣，1970）286頁，岡部泰昌「刑事手続における検察官の客観義務(2)」金沢法学13巻1号123頁，137頁。

7) 中武靖夫・法教（別冊ジュリ）5巻213頁，同「訴追事実の選択」高田卓爾＝田宮裕編『演習刑事訴訟法』（青林書院新社，1972）185頁，宮崎澄夫「親告罪に関する訴訟上の諸問題」日本刑法学会編『刑事訴訟法講座(1)』（有斐閣，1963）192頁，194頁，196頁，岸盛一『刑事訴訟法要義』（広文堂書店，1961）53頁。

なお，前掲注6) およびこの注掲記の文献は，本文においては著者名だけで引用する。

起訴を認めれば，実体的真実発見ということを無視して検察官の恣意を許すことになりはしないか（岸）。否定説は，まずこの点を強調する。

たしかに，一罪である大なる犯罪に含まれている小さな犯罪を起訴し，その範囲で処罰することは，単に犯人が重い刑を免れたという以上に刑罰法令をゆがんだ形で適用した結果を生じさせ（この点は，次に述べる一罪の不可分性とも関係する），実体的真実に反することは認めなければならないであろう。起訴便宜主義により，ある犯人をまったく起訴しないとか，ある犯人の犯した併合罪のうちの一部を不問に付し他を起訴する場合とは，意味あいを異にするのである。しかし，刑事訴訟における実体的真実主義が唯一支配可能な原理でないことも承認されなければならない。もともと訴因制度を設け，訴因に判決拘束力を認めること自体が，極端な場合には，実体的真実の発見を断念せざるをえない事態を容認せしめている。肯定説がいうように，裁判所は徹底的な実体的真実の発見を任務とするものではなく，検察官の請求の範囲内で真実を発見することが任務である（平野，井上）。もっとも，こうはいっても訴因の裁判所に対する拘束性を強調して裁判所が実体的真実に反する裁判をせざるをえないという事態を好ましいとする趣旨ではない。それゆえ，一般的にいえば，検察官としては一罪の一部起訴をさけるべきであろう。ただ，訴因の設定，変更が検察官にゆだねられ，裁判所が訴因に拘束される結果，検察官が一罪の一部起訴をすれば——検察官にとって，立証技術上の要請や情状の上からいって一部起訴が必要な場合もあることはたしかだし，被告人にとっても多くの場合利益な起訴である——裁判所としては，訴因の範囲内の真実の発見で満足するよりしかたがない，といえよう。検察官が一罪の一部を起訴できるということは，そのことの反面にすぎない。

第二の批判は，単一の犯罪の不可分性に関する。単一の犯罪ことに単純一罪はこれを構成する個々の行為が別個の犯罪として成立するわけではなく，合一して常に一罪が成立する。そしてこのことは，単一の犯罪は訴訟法上も一個の不可分の単位として観念しなければならないという原則をもたらす。一罪の一部起訴を認めるのは，この原則に反しないか（中武）。否定説は，多くこの点をも強調する[8]。右の点に関連して，公訴不可分の原則を否定説の根拠とする見解もある。公訴不可分の原則は一罪の一部について公訴の提起があった場合

にその効力が他の部分に及ぶということを意味するが，その前に本位的一罪の場合はもちろん科刑上一罪の場合においても公訴の提起はその全部についてなされることを要し，単に一部についてのみの起訴は許されない趣旨である，とするのである（宮崎）。

一罪の不可分性ないし公訴不可分の原則の観点からする右の批判に対しては，これらの諸原則が否定説の根拠に果してなりえるものかどうか検討を要する。

まず一罪の不可分性についていえば，全体として単一の犯罪事実であっても，これを構成する個々の行為に注目すれば，それらが一応別個の構成要件に定型化されている事実であると評価できる場合があることを指摘しなければならない。科刑上一罪，包括一罪にあっては，各個の行為がそれぞれ各個の構成要件に該当するのであるから，このことは明瞭であり，設問1のごとき結合犯にあっても，このことは比較的首肯しやすい。すなわち，単一犯罪も，その種類によって程度の差こそあれ，事実としては分割可能である（平野）。そしてこのことは，訴訟手続上構成要件に該当する数だけの独立した訴因を形成しうる余地を示している[9]。もとより一罪を分割できない，すなわち分割すれば別個の訴因を形成しうるだけの事実が存在しない場合，一部起訴が許されないことは明らかである（法339条1項2号）。この意味で，かかる事実の存在は一部起訴を許す最小限度の要請といえよう。そうすると，一部起訴のうち，強盗を恐喝，殺人を傷害致死，共同正犯を幇助犯として起訴する場合（前記(6)のケース）はやや問題がある。科刑上一罪や結合犯などにあっては，独立した訴因を形成しうる自然的事実がともかく並列的に存在する。ところが，この類型になるとそうはいい難いからである。しかし反面考えてみると，暴行・脅迫の程

---

8) なお，江里口清雄「訴因と訴訟条件」平野龍一＝松尾浩也編『刑事訴訟法（実例法学全集）』（青林書院新社，1963）111頁，長島敦「強姦の手段たる暴行を暴力行為等処罰法で処断しうるか」『刑法判例研究』（大学書房，1966）192頁および後掲注17）最二小判昭27.7.11参照。
9) 平場安治「強姦罪について告訴がない場合同罪の手段たる共同暴行のみを処罰しうるか」法学論叢59巻1号81頁，高田義文「強姦未遂罪の構成要件の一部分である脅迫にあたる行為を脅迫罪として起訴した場合の効力——訴因と訴訟条件及び審判の範囲」刑事判例研究会編『刑事判例評釈集(12)』（有斐閣，1954）293頁参照。

度，殺意と傷害の故意，共同正犯と幇助犯とは，その量において流動的なものであり，軽い訴因を形成しうる事実が段階的に存在するといえなくもない。それゆえ，このケースも一部起訴が許される最小限度の要請は一応そなえているといえよう[10]。

さらに，分割可能な単一犯罪でも，各々を別々の訴訟手続の単位とすることは許されない。肯定説もそのことを容認するわけではない。その意味では単一犯罪は訴訟法上不可分である。

次に，公訴不可分の原則であるが，訴因制度の採用された現行法のもとにおいても，この原則がなお妥当するかどうかという根本的な点はともかくとしても，この原則から一部起訴を許さない趣旨を導き出すことには疑問がある。公訴不可分の原則は，単一の罪に対する刑罰権の不可分性あるいは単一科刑の要求から生ずるといわれている。そうすると，この原則を認める以上，一罪を分割して別々に起訴することを許すべきではないことは当然である。しかし，ここで問題にしているのは，一罪をその一部に縮減し他を不問に付す起訴の可否であった。肯定説においても，不問に付された部分をさらに別途起訴できるとするわけではない。また，一部起訴に対する判決の効力（一事不再理効）が一罪全部に及ぶことも是認している。そうすると，一部起訴を肯定しても，公訴不可分の原則の基礎にある刑罰権の不可分性ないし単一科刑の要求と矛盾しないのではないか。いいかえれば，この原則は，一部起訴が現実になされた場合これを不適法視するわけではなく，要するに公訴の効力は残余に及ぶという普通にいわれている趣旨に理解しておけば足りると思われる（平場安治『改訂刑事訴訟法講義』〔有斐閣，1954〕119頁参照）。

第三に，最も根本的な批判として訴因の性質等に関するものがある。肯定説は訴因の性質を検察官の主張としてとらえ，公訴事実と切り離して考えている。しかしこのこと自体問題がある，とされるのである（岸）。

訴因の性質，公訴事実との関係などの諸点は，刑訴法の根源的な問題であるが，今日まだ定説を見ていないようである。一方で，訴因を公訴事実の法律的

---

10) 訴因は幇助犯，証拠上は共同正犯が認められる場合（訴因変更命令の形成力を否定した前掲注2）最大判昭40.4.28の事案）につき，松尾浩也・警研37巻5号141頁，島倉隆・法学新報74巻1号96頁は幇助犯の範囲で有罪の認定をして差し支えないとする。

評価(法律構成)を示すものとしてとらえ，両者の関係は相即表裏なもので，審判の対象は公訴事実であるとする見解がある(公訴事実対象説——法律構成説[11])。この見解からすれば，訴因と公訴事実の不一致を生む一部起訴を大幅に否定すべきことは当然であろう。他方の極に，審判の対象は具体的事実である訴因だとし，訴因と公訴事実を切り離してとらえ，公訴事実には審判の対象としての役割を認めない見解がある(訴因対象説——事実記載説[12])。この見解からは，訴因の性質を検察官の主張だと説かれることが多い。訴因から嫌疑(実体)を切り離し主張として徹底させるこのような考え方は，主張の構成の裁量性——一部起訴の肯定——になじみやすい。要するに，訴因の性質のとらえ方を結び目として，一罪の一部起訴の可否に関する考え方と審判の対象に関する見解とは相関連しているといえよう。

　審判の対象や訴因の性質に関する右の見解のいずれに左袒すべきかは，もとより本稿でよく検討するところではない。ただ，訴因に関する最高裁の判例の流れを観察すると，公訴事実対象説に沿っているとはいえないことは確かなようである。訴因対象説ほど徹底しているかは疑問であるが，基本的には訴因を審判の対象だと考えているのではないか[13]。私見としても，この流れに異をとなえる必要はないと考えている。

　以上検討したように，私見としては，肯定説に賛成したいが，肯定説から出発した場合の限界を考えてみよう。一部起訴が実体的真実にそぐわないことは，先に述べたように，認めざるをえない。そうすると，実体的真実主義にとってたえられない極限的な一部起訴は，正義に反するものとして許されないと解すべきであろう。これが一般的な例外の基準である[14]。他に親告罪で告訴が得られない場合の一部起訴も例外的に許されないと解する(後記第3の3参照)。

---

11) 岸判事などにより代表される(岸・前掲注7) 54頁)。
12) 平野教授などにより代表される(平野・前掲注6)『刑事訴訟法(法律学全集)』132頁)。肯定説の井戸田，田宮教授なども明瞭にこの説に属する。
13) 法378条2号の「事件」に関する最一小決昭25.6.8刑集4巻6号972頁，判タ4号46頁，最二小判昭29.8.20刑集8巻8号1249頁，訴因変更命令の義務性および形成力に関する前掲注2) 掲記の判例など。

2　判例の傾向

　ここで，一罪の一部起訴の可否について判例はどのような傾向にあるかを見てみよう。従来判例で問題になったのは，強姦罪について告訴がない場合にその手段である暴行，脅迫をとり出して起訴できるかという場合に関するものがほとんどである。そしてこの点に関し，下級裁判所の判例は，ある犯罪事実をいかなる訴因で起訴するかは検察官の裁量に属するところであり，法は検察官が一罪の一部を独立の犯罪行為として取り上げ訴因として掲げることを禁じていない，としてこれを肯定する[15]ものとかような起訴を許せば強姦罪を親告罪とした趣旨がそこなわれるとしてこれを否定する[16]ものに分れている。最高裁判所の判例は，はじめ，強姦罪は暴行または脅迫とが合一した単一犯罪であり強姦罪が成立するときは他の罪すなわち暴行罪または脅迫罪が別に成立するものではないし，一部起訴を許せば審判手続の実際上強姦被害が公けにされその結果親告罪の趣旨を達成できない不合理があるという理由でこれを否定した[17]が，翌28年には，同様事案につき肯定するに至った[18]。

　最高裁の判例のうちで，一罪の一部起訴に関するものは，この判例以後見当らない。しかし，右28年の最高裁判例の適用される範囲はおのずから限定されている[19]。一罪の一部起訴の可否一般についての判例の態度はまだ定かではない[20]。強いてこれを知ろうとするには，関係分野におけるその他の判例

---

14)　肯定説の井戸田教授は，一部起訴は起訴便宜主義適用の一場面であるから，違法と認められない場合に限る，とされている（井戸田・前掲注6) 20頁）。
　いずれにしても抽象的な基準であることを免れないが，本文で述べた限界を超える事例として，理論上はたとえば，数回殴打して人を撲殺した事実があるのに最初の殴打だけを暴行罪として起訴し，かかる起訴をする特別の理由もないという場合などが考えられよう。
　限界を超えた一部起訴に対しては，一種の公訴権乱用として，公訴を無効たらしめると解すべきであろう（法338条4号の公訴棄却）。
15)　高松高判昭27.10.16 高刑5巻12号2134頁（ただし，判決要旨外），名古屋高金沢支判昭30.3.8 裁特2巻5号119頁（ただし，傍論）など。
16)　広島高判昭25.12.26 高刑3巻4号692頁，判タ13号70頁，札幌高判昭27.6.25 高刑5巻6号995頁，横浜地横須賀支判昭33.2.28 一審刑集1巻2号307頁，東京地判昭38.12.21 下刑5巻11＝12号1184頁など。
17)　最二小判昭27.7.11 刑集6巻7号896頁，判タ23号40頁。
18)　最大判昭28.12.16 刑集7巻12号2550頁，判タ35号57頁。

から間接的に推測するほかはない。一罪の一部起訴は訴因と実体のくい違いという現象をもたらす。そうすると同一現象についての最高裁の判例がここでの手がかりになろう。最高裁の判例は、訴因が実体にそぐわないと見られる場合であっても裁判所が訴因変更を促がしあるいはこれを命ずる義務を負うことは原則としてないとし、また訴因変更を命じてもこの命令に形成力がないとしていることは先に述べた。さらに、起訴状記載の訴因について有罪の判決が得られる場合であっても、検察官から訴因の変更の請求があれば、法文上および起訴便宜主義のたてまえ上、公訴事実の同一性を害しない限りこれを許可しなければならない、としている[21]。また、控訴審の職権調査の範囲は、控訴を申し立てられた訴因の範囲内に限られ、たとえ一罪の関係にあってもその全部に及ぶわけではないとした判例[22]もある。これらの判例は、訴因制度を重視し訴因の設定変更は検察官の専権であり、審判対象についての裁判所の介入は一審、二審を通じ消極的であるべきこと、したがってその結果訴因と実体とのくい違いが生じたときは、裁判所としてはやむをえないものとしてこれを容認する態度をうかがわしめる。この態度は、先に検討したように、肯定説の思考に近いものを感じさせる。とくに、訴因変更の許可に関する右の判例の事案は、一罪（法条競合）の関係にある縮減された罪への訴因変更を扱ったもので、判旨は、一罪全部が有罪であってもその一部への訴因変更を許可しなければならないとするのである。また、控訴審の職権調査の範囲に関する右の判例の結論

---

[19] 本件は強姦につき告訴がないのでその手段である共同暴行（暴力行為等処罰に関する法律一条違反）を起訴した事案であり、本判決は、後者は前者の構成要素に含まれずそれ以上のものだと見てこれを一部起訴肯定の根拠としているようである。したがって、同じ親告罪でも単純一罪の一部起訴（設問3）についてこれを肯定した判例と見ることにも疑問があるし、親告罪でない一罪の一部起訴一般については判旨は及ばないと解すべきであろう。親告罪、科刑上一罪の一部起訴の可否は、必ずしも一般論としての肯定説、否定説に結びつかないことがあるからである（設問2・3の検討参照）。

[20] 下級裁判所の判例には、非親告罪の一部起訴について判示したものもある。現行刑訴法のもとでは一部起訴は検察官の裁量に属するとしてこれを肯定した札幌高判昭37.11.1高刑15巻8号633頁、判タ140号77頁がこれである。なお、訴因の特定に関する判断理由中において一部起訴を肯定する趣旨を判示したものとして東京高判昭39.4.27東高時報15巻4号76頁、判タ164号115頁がある。

[21] 最一小判昭42.8.31刑集21巻7号879頁、判タ211号182頁。

[22] 最大決昭46.3.24刑集25巻2号293頁。

を適用すれば、控訴審としては一罪全部について有罪の心証を得たとしても、結局控訴を申し立てられた訴因の範囲内での認定しかできないことになる。これを起訴の段階にずらして適用すれば、一罪の一部が「一個の犯罪構成要件を充足し得るものであり、訴因としても独立し得たもの」（判旨参照）である限り、一部起訴を肯定し、訴因の範囲内の事実の認定で満足するということになるであろう。

第3 設問の検討

1 設問1について

先に検討したように、このようなケースの一部起訴の可否については、肯定否定両説が真向から対立する。私見としては、強盗を構成する行為の中に窃盗の訴因を形成しうる事実が存在し、かつこのような起訴を許しても著るしく実体的真実に反するとはいえないので、設問の起訴を肯定したい。裁判所としては窃盗罪の範囲の認定をして差し支えない。

仮に否定説によった場合、裁判所としては強盗罪への訴因の変更を命じ、検察官がこれに応じないときは、無罪の裁判をすることになろう[23]。

2 設問2について

科刑上一罪の一部起訴である問2のようなケースについては、肯定説からはもとより問題はない。否定説からはどうであろうか。

否定説においても、すべての場合を通じ一部起訴が許されないとするわけではないことは先にもふれたとおりである。これが肯定される例外として科刑上一罪の場合があげられている。例外になりうる理由として、この場合の一部起

---

23) 無罪のほかにこの場合考えられる裁判として、第一に公訴棄却の決定（法339条1項2号）がある。設問においては単純な窃盗は存在しないことを知りながらあえて検察官が窃盗のみを起訴したのは有罪の蓋然性もない公訴の提起で公訴権不存在の場合だということを理由にする（中武・前掲注7）法教5巻。もっとも同『演習刑事訴訟法』では、無罪の結論が示されているので、この点改説があったのかも知れない。）。

第二に公訴棄却の判決（法338条4号）がある。不可分のものを切り離して起訴したという違法性が公訴提起の手続に存在することを理由にする（前掲注16）札幌高判昭27.6.25参照）。

訴を認めないとなると単一科刑の要求を過度に貫くことになって不当である（宮崎）とか設問の場合結局重い窃盗罪の刑で処断されることになるから，住居侵入の点を不問に付しても全体的法律評価にあまり影響がない（岸）などと説明されている。

以上のように，本問のような起訴が許されることはほぼ争いがないと結論してよい。本問は実務上相当見られるケースであるし，またとくに問題視されていない現状にあるのもうなずけるところである。事案は本問と異なるが，牽連犯の一部起訴を肯定した大審院時代の判例[24]もある。

3 設問3について

親告罪について告訴が得られないため，その構成部分を別個の非親告罪の構成要件にあたる訴因として起訴するこのケースについては，一部起訴の可否というこれまで検討してきた問題のほか，なお問題が残る。それは，このような起訴を許せば法が被害者の意思を尊重して親告罪とした趣旨（親告罪性）を没却しないかという点である。否定の結論を出した前記下級審の判例および昭和27年の最高裁判例はこの点を強調している。しかし，逆にいえば，一罪全部を起訴することが法律上できないこのような場合にこそ一部起訴を認める必要があるともいえるのである。

そこで，設問に対する考え方としては，一部起訴の可否一般についての見解を設問にも貫いて，これを論理的には肯定（岡部など）あるいは否定（中武など）する見解のほかに，(イ)一部起訴を一般的には肯定するが，この場合には親告罪性を重視して例外的に疑問視する見解（平野，井上，田宮など），(ロ)一部起訴を一般的には否定するが，この場合は法律上全体を起訴できないのだから例外的に肯定する見解（宮崎など），(ハ)親告罪性との調和をはかるため，訴因の証明に当って親告罪の趣旨が没却される場合は否定，他は肯定に解し，設問に即せば，訴因とされた暴行が強姦行為に接着ないしその内容をなすものであれば否定，これに反しその前後にかなり隔った暴行であれば肯定に解してよいとするいわば折衷的な見解（青柳文雄『刑事訴訟法通論〔新訂版〕』〔立花書房，1962〕

---

24) 大判大13.4.5刑集3巻318頁，大判昭7.5.12刑集11巻621頁，大判昭13.6.14刑集17巻433頁，大判昭14.7.13新聞4470号10頁。

195頁)が派生することになる。

　なお，このほかに告訴不可分の原則を根拠として設問を消極に解する見解があるが[25]，この原則は，告訴または告訴の取消の効力の及ぶ範囲についてのものであって，親告罪全部について告訴が得られないかまたは告訴が取り消されたとき親告罪を構成する非親告罪の部分を起訴できるかという設問の解決には，さしあたり直接の関係はないといわなければならない（平場・前掲注9) 81頁参照)。

　さて，一罪の一部起訴を原則的に肯定する私見によれば，親告罪性をどの程度重視するかによって設問を解決すべきことになる。

　訴因を暴行に限定し，これによって審判の対象を画するとしても，このことは，訴因以外の事実が審判のさい現われてこないということではない。訴因の証明のさいあるいは情状審理のさい強姦全体が公けにされる可能性はある。強姦行為に接着ないしその内容をなしている暴行とそうでない暴行とを区別してみても，強姦罪の構成部分である暴行である以上この可能性の大小は程度問題であろう。かくては被害者の意思を尊重してこの罪を親告罪とした法の趣旨をまっとうしないおそれが多分にある。審理を非公開にすることによっては，このおそれを完全に除去できない。なによりも，このような起訴を許せば，強姦未遂罪すなわち強姦の目的で暴行をなしたにとどまる場合も同様に親告罪としている実定法規（刑法180条1項）の趣旨とあい容れない（平場・前掲注9) 論文，注16) 東京地判昭38.12.21参照)。設問3については否定的に解したい。

　設問の起訴が許されない場合，裁判所はいかなる裁判をなすべきか。設問1のさいに検討した裁判（前掲注23) 参照)のほか，さらに訴因変更なくして告訴の不存在を理由に公訴棄却の判決（法338条4号）をすることができるかという問題が残る[26]。

---

25) 斉藤寿郎＝安村和雄編『判例刑事訴訟法(上)』（酒井書店，1961) 90頁，伊藤栄樹『刑事訴訟法の実際問題』（立花書房，1967) 14頁。
26) 前掲注16) 掲記の判例は，札幌高裁判決を除いて，いずれも訴因変更はなされていないが実体形成（強姦）を基準にしてこの判決をしている。しかし，訴訟条件の存否も訴因を基準にするべきだという見解も有力であり（平野・前掲注6)『刑事訴訟法（法律学全集)』152頁など)，この説によれば，訴因変更なくしては右判決はできないことになる。争点は訴因の拘束力を有罪判決に限定するか否かにある。

〔参考文献〕

前掲注6）ないし注9）に引用した文献が主たるものであるが，このほかに横井大三「公訴」『刑訴裁判例ノート(3)』（有斐閣，1972）132頁以下，245頁以下がある。

【追　記】

本論稿は，「刑事法演習」と題するシリーズの一環として執筆し，昭和47年5月に判例タイムズに登載され，後に同社から谷口正孝編『刑事法演習第1巻』として出版された単行本に収録されたものである。したがって，本論稿を発表してから既に40年余りを経過しており，また，そこで取り上げている判例や文献はおおむね昭和46年ころまでに参照し得たものに限られている。

本書を刊行するに当たり，その後の判例や文献を可能な限り収集して改めて検討してみたが，本論稿で示した筆者の見解，すなわち，一罪の一部起訴は，ごく例外的な場合を除き，許容され，裁判所は訴因の範囲内で犯罪の成否を審判すれば足りるという論旨は，今日においても変更する必要はないと考えるに至った。そこで，ここでは，その後の判例や文献を紹介するにとどめ，本論稿の追記としたい。

本論稿で取り上げた「一罪の一部起訴の可否」という問題に対するその後の判例・学説の進展は目覚しいものがある。

とりわけ，本論稿執筆当時，最高裁判例については，これを正面から取り上げたものはなかった。集団強姦罪が成立する場合その手段である共同暴行を暴力行為等処罰に関する法律違反で起訴することができるかという場合についての昭和20年代の最高裁判例は存在したが，本論稿で指摘したように，この判例は一罪の一部起訴の可否一般に通じるものは言い難かった（ちなみに，下級審の判例も強姦罪について告訴がない場合その手段である暴行・脅迫を起訴できるかという場合に関するものが多かった。）。したがって，訴因の機能・性質等――とりわけ，訴因と実体との食い違いという現象にどう対処するか――に関するいくつかの最高裁判例から，この問題に対する最高裁判例の結論を予測せざるを得ない状況であった。しかし，後述するように，現在では，一罪の一部起訴を肯定する最高裁判例が相次いで出され，また，この議論の典型例である単純

一罪の文字通りの一部起訴を肯定する高裁判例も出現している。

　学説も豊富になった。ほとんどの教科書や注釈書にもこの問題が触れられているほか，単行論文も少なくない。また，各種の刑事訴訟法事例問題集（演習本）にも，独立した項目として，こぞってこの問題が取り上げられている。この問題が検察官の訴追裁量権や訴因の性質，さらには実体的真実主義という刑事訴訟法の重要問題を内包するからであろう。と同時に気がつくことは，本論稿執筆当時，否定説も有力であったが，近時は，まったく姿を消していることである。

　ただし，肯定説の中にも，いわば積極的肯定説と消極的肯定説があり[27]，どちらの説から出発するかにより，関連する問題の結論に微妙な差異が生じていることが看取される。また，次第に積極的肯定説が優勢になってきていると見られる点も興味深いところである。積極的肯定説は，検察官の訴追裁量権を強調し，また，このような起訴が多くの場合被告人に利益であり，かつ，訴訟の迅速・円滑な進行にも役立つことを指摘する。一方，消極的肯定説は，実体的真実との乖離の危険性のほか，検察官の権限強化に対する警戒心，あるいは，被害者保護の見地を指摘している。

　以下，本論稿の追記として関連する判例を挙げ，学説については，判例に直接関連したものを主にして付記するにとどめたい。

　まず，最高裁判例としては，最一小決昭59.1.27刑集38巻1号136頁，判タ519号76頁，判時1105号32頁および最大判平15.4.23刑集57巻4号467頁，判タ1127号89頁，判時1829号32頁がある。両者とも著名な判例であるが，前者は，公職選挙法違反の事案であって，交付された金銭等が交付者との共謀の趣旨に従い受交付者から第三者に供与された疑いがある場合であっても，検察官は，立証の難易等の事情を考慮して，交付罪のみで起訴することが許されるとしたもの，後者は，いわゆる「横領物の横領」の事案であって，委託を受けて他人の不動産を占有する者がこれをほしいままに抵当権を設定してその旨の登記を了した後これについてほしいままに売却等の所有権移転行為を行いその旨の登記を了した場合において，所有権移転行為について横領罪が成立する

---

[27] 新屋達之「犯罪事実の一部起訴」松尾浩也＝井上正仁編『刑事訴訟法の争点〔第3版〕』108頁，香城敏麿『刑事訴訟法の構造』〔信山社，2005〕297頁。

以上（この点は判例を変更して，「横領物の横領」を肯定した），先行する抵当権設定行為について横領罪が成立する場合における同罪と後行の所有権移転による横領罪との罪数評価のいかんにかかわらず，検察官は，事案の軽重，立証の難易等諸般の事情を考慮し，先行の抵当権設定行為ではなく，後行の所有権移転行為をとらえて公訴を提起することができる，としたものである。そして，両判例とも，このような起訴があった場合，裁判所は，訴因の犯罪の成否を判断すれば足り，訴因として掲げられていない犯罪（前者で言えば供与罪，後者で言えば，抵当権設定行為についての横領罪）について審理判断すべきものではない，としている[28]。

このほか，論点はややずれるものの，一罪の一部起訴を肯定する判示をした最高裁判例として，告発の効力に関する最三小判平 4.9.18 刑集 46 巻 6 号 355 頁，判タ 798 号 76 頁，判時 1436 号 3 頁〔ロッキード事件〕，窃盗罪の確定判決の一事不再理の効力の範囲に関する最三小判平 15.10.7 刑集 57 巻 9 号 1002 頁，判タ 1139 号 57 頁，判時 1843 号 3 頁がある。なお，共謀共同正犯者が存在すると思われるのに単独犯として起訴された場合，訴因どおり認定することの許否に関する最三小決平 21.7.21 刑集 63 巻 6 号 762 頁，判タ 1335 号 82 頁，判時 2096 号 149 頁もこれに付け加えることができようか。

前記最一小決昭 59.1.27 および最大判平 15.4.23（本書 158 頁）は，起訴されている犯罪の成否について起訴されていない犯罪との関係において微妙な実体法上の問題があり，また，両者の罪数関係にもなお，検討すべき問題が残されているので，典型的な一罪の一部起訴と言えるかどうか疑問があるものの，今日では，一罪の一部起訴を肯定した判例であると見られており，そのような見方に異論はないようである。

ところが，典型的な一罪の一部起訴（本論稿の設問 1 の類型）に関しこれを肯定した高裁判例も出現している。

名古屋高判昭 62.9.7 判タ 653 号 228 頁がそれである。事案は，被告人が夜間自動車を運転中，前方不注視の過失により前方を横断していた歩行者をはね，

---

[28] 前者の判例については，木谷明・昭 59 最判解説(刑)16 頁およびそこに掲げられている文献，後者の判例については，福崎伸一郎・平 15 最判解説(刑)277 頁およびそこに掲げられている文献参照。

被害者は11時間後にこの事故に起因する外傷性ショックにより死亡したにもかかわらず，検察官は，事故直後の加療約3か月を要する傷害の点をとらえて，業務上過失傷害罪で被告人を起訴（略式起訴）したというものである。略式命令の請求を受けた原審（簡易裁判所）は，略式命令不相当と判断し通常の公判手続に移行し，第一回公判期日において，被告人・弁護人とも公訴事実をすべて認め，検察官が取調べ請求した証拠に対しすべて同意して証拠調べを終了したが，第二回公判期日において，裁判官は検察官に対し，業務上過失致死罪への訴因変更を勧告したが検察官はこれに応じなかったという経過をたどったということである[29]。

原審は，要するに，業務上過失致死罪が成立する以上，業務上過失傷害罪の刑責を問う余地がないという理由で無罪の判決をしたところ，検察官の控訴申立を受けた控訴審は（なお，佐藤・前掲注29）論文によれば，検察官の控訴趣意書においても，事故と死亡との因果関係は肯定しているということである），「専権的に訴追権限を有する検察官が，審判の直接的対象である訴因を構成・設定するにあたって，被告人の業務上の過失行為と被害者の死亡との間の因果関係の立証の難易や訴訟経済等の諸般の事情を総合的に考慮して，合理的裁量に基づき，現に生じた法益侵害のいわば部分的結果である傷害の事実のみを摘出して，これを構成要件要素として訴因を構成して訴追し，その限度において審判を求めることも，なんら法の禁ずるところではない」と判示して，原判決を破棄・自判（業務上過失傷害罪で有罪，罰金4万円）したものである[30]。

この事案において，検察官が業務上過失致死罪で起訴しないで被害結果の一部をとらえて業務上過失傷害罪で起訴をし，裁判所の訴因変更の勧告にも応じなかった理由は定かではない。過失の程度や被害者の落ち度など犯情を考慮したためであると推測するものもあるが（佐藤・前掲注29）21頁など），それだけの理由であれば，検察官の「合理的裁量」を逸脱しているのではないかという

---

29) 審理の経過等については，佐藤隆文「犯罪事実の一部の起訴」平野龍一ほか編『新実例刑事訴訟法Ⅱ』〔青林書院，1998〕19頁による。
30) この判例については，木谷明「訴因と裁判所の審判の範囲」松尾浩也ほか編『刑事訴訟法判例百選〔第6版〕』100頁，三浦守「一罪の一部起訴」松尾浩也ほか編『刑事訴訟法判例百選〔第7版〕』86頁，杉田宗久「訴因と裁判所の審判の範囲」井上正仁編『刑事訴訟法判例百選〔第8版〕』90頁およびそれぞれに掲げられている文献参照。

第7章 一罪の一部起訴

疑問を呈するものも見られる（杉田・前掲注30）91頁など）。もっとも，原審は，本件の場合の一部起訴が検察官の「合理的裁量」逸脱しているという理由で無罪の判決をしたわけではなく，このような類型での一罪の一部起訴はおよそ許されず，これに対しては，無罪の判決をすべきであるという文字通りの否定説によっているものと思われる。それに対し，控訴審は，前記のとおりの肯定説を展開し，「合理的裁量」の逸脱の有無については何ら触れていない。このことからすると，この判例は，裁判所が一罪の一部起訴の許否を一般的に判断しうるという立場に立っていないものと解する見方が有力である（三浦・前掲注30）87頁）。

判例については，以上のとおりであって，数こそ少ないものの，一罪の一部起訴を原則的に肯定するというという点で確立していると言えよう。

残る問題は，例外的にせよ，一罪の一部起訴が許されない場合があるか，あるとすれば，それはどのような場合かなどの問題である。例外的な場合の一つとして従来から指摘されてきたのは，親告罪（典型的には，強姦罪）について告訴が得られないため，その手段である犯罪（強姦罪で言えば，暴行・脅迫や住居侵入）をとらえて起訴できるかという問題である（本論稿の設問3）。しかし，この点については，本論稿で掲げた諸判例以後の判例を見出すことはできなかった。ただし，学説では，本論稿以後積極説も有力になってきていることが注目される。例えば，伊藤栄樹ほか編『新版注釈刑事訴訟法(5)』（立花書房，1998）489頁〔柴田孝夫〕，佐藤・前掲注29）論文27頁，香城・前掲注27）『刑事訴訟法の構造』298頁，大澤裕＝今崎幸彦「対談・検察官の訴因設定権と裁判所の審判範囲」法教336号83頁，川出敏裕「訴因による裁判所の審理範囲の限定について」『鈴木茂嗣先生古稀祝賀論文集(下)』（成文堂，2007）326頁などである。

いま一つは，ある犯罪を同時に起訴すれば，全体として一罪になるのに，それをはずして起訴することによって併合罪として処理されることになり，処断刑の範囲が被告人に不利益になったり，あるいは，一事不再理の効力が及ばないという場合である。典型的な例として，住居に侵入して二人を殺害したというような場合が挙げられている。この場合，二つの殺人罪と共に住居侵入罪を起訴すれば，住居侵入罪を「かすがい」として，全体が一罪として処理される

161

が，住居侵入罪を除外して二つの殺人罪のみを起訴すれば，併合罪ということになる（このような場合住居侵入罪が起訴されていないときでも，住居侵入が認められる限り，罪数判断としては，一罪として処理可能であるという解釈もありうる。)。いわゆる「かすがいはずし」である。この類型の一部起訴については，東京高判平17.12.26判時1918号122頁がある。

事案は，児童淫行罪（児童福祉法34条1項6号，60条1項）と児童ポルノ製造罪（児童買春，児童ポルノに係る行為等の処罰及び児童の保護等に関する法律7条3項）が観念的競合であることを前提に児童淫行罪の一部を除外して起訴したために両者の重なり合いがなくなり，前者は家庭裁判所に，後者は地方裁判所に起訴されたが，全部を起訴しておれば，除外された児童淫行罪をかすがいとして観念的競合となり，全部が家庭裁判所に起訴されるべきものであったというものである。前記東京高判平17.12.26は，このような一部起訴も合理性があり，許されると判断している[31]。なお，学説において「かすがいはずし」の一部起訴ついても，近時は，肯定説が有力となってきていると思われる[32]。

一罪の一部起訴がなされ，それが検察官の合理的裁量の範囲内であると考えられ，かつ，訴因の犯罪事実が認められる場合には，訴訟の実際においてそれほど問題は生じない。前掲最一小決昭59.1.27および最大判平15.4.23（本書158頁）や名古屋高判昭62.9.7（本書159頁）が説示するように，裁判所は，訴因外の犯罪事実について審理判断すべきものではないし，また，訴因変更を促したり，これを命ずる義務はない。しかし，一罪の一部起訴が，検察官の合理的裁量の範囲内にあるか否かに疑いが生じた場合や訴因外の犯罪事実が成立することによって訴因の犯罪事実が成立しなくなるような場合，裁判所としてはどのような審理をすべきかなどの問題は残されており，これについても，今のところ判例はない[33]。

最後に，一罪の一部起訴の可否という問題について実体法に遡り詳細に検討

---

[31] ちなみに，児童淫行罪と児童ポルノ製造罪の罪数関係については，後に最一小決平21.10.21刑集63巻8号1070頁により併合罪と解された上，成人の刑事事件についての家庭裁判所の専属管轄が廃止されたので，この事例に限っては，今後問題は生じなくなった。
[32] 井田良ほか『事例研究刑事法Ⅱ刑事訴訟法』〔日本評論社，2010〕486頁〔小島淳〕など。

した論文として，大久保隆志「訴追の限界——一罪の一部起訴は当然か」広島法科大学院論集5号55頁があることを付記しておきたい。

33）学説については，川出・前掲論文（本書161頁），菊池則明「被告人側が主張する訴因外犯罪事実の審理について」法学新報112巻1＝2号253頁，小島淳「一部起訴と裁判所の審判の範囲に関する一考察—検察官の『合理的裁量』と一事不再理効の客観的範囲の『関係』を中心に」研修773号3頁など参照。

第8章　包括一罪と訴訟条件

設問　被告人甲は，A女に対する強姦の事実とこれに引き続いて乙と現場において共同してなした同女に対する強姦の事実双方について，起訴されている。Aの告訴がない場合，裁判所は，起訴事実全体につき，実体的審判をすることができるか。

第1　問題の所在

　設問における被告人甲の起訴事実には，A女に対する単独の強姦と同一人に対する乙と共同しての強姦という二つの事実が含まれている。いうまでもなく強姦罪は親告罪であり（刑法180条1項），被害者等の告訴の存在が訴訟条件であるが，二人以上の者が現場において共同して犯した強姦罪は例外的に親告罪からはずされている（同条2項）。

　ところで，甲の起訴事実である右の単独強姦と共同強姦の罪数関係を数罪（併合罪）であると解せば，設問で問題にしている点はすこぶる簡明である。けだし，数罪（併合罪）であれば，公訴事実は別個であり，訴訟条件の存否すなわち告訴の要否も各罪ごとに決すべきであるから，設問に即せば，単独強姦は親告罪であるにもかかわらず告訴がないのであれば裁判所は実体的審判できないが，共同強姦の点は告訴がなくとも実体的審判は可能である，という結論を容易に導き出すことができるのである。

　しかし，両事実の罪数関係を一罪——のちに検討するように包括一罪——と解せば，一罪の一部が親告罪，残部が非親告罪ということになるから，このような場合，訴訟条件の存否すなわち告訴の要否を一罪全体を通じて決すればよいのか，あるいは一罪といえども単独強姦の部分と共同強姦の部分を切り離して別個に決すべきかが問題となってくる。

　この種の問題は包括一罪に固有というわけではないけれども，包括一罪と訴訟条件その他訴訟法上の取扱いに関する問題は多い。設問以外に，公訴時効，既判力の及ぶ範囲の問題，中間に確定判決が介在する場合の問題等々がある。包括一罪は，単純一罪とちがって，行為の始期と終期に相当の時間的巾があ

り，かつ，その中にいくつかの行為が含まれているから，この種の問題がとくに発生する余地があるといえよう。

第2　単独強姦と共同強姦の罪数関係

　設問を検討する前提として甲の起訴事実である単独強姦と共同強姦の罪数関係を確定しておく必要があることは，前記のとおりである。

　同一人が同一被害者に対して数回姦淫した場合の罪数関係は，時間，場所，行為者の意思，被害者の状態等具体的な事実関係いかんによって定まる（名古屋高判昭 30.4.21 裁特 2 巻 9 号 360 頁）。場所や時間に相当のへだたりがある場合は，数罪（併合罪）と解さざるを得ないであろう[1]。そうでない場合は，一罪──ことに包括一罪──という評価がふさわしいことが多い[2]。

　設問では，単独の姦淫と共同強姦は引き続いて犯されたものであるという以外に具体的な事実関係は述べつくされていないが，たとえば，甲がAを強姦したのちこれを見つけた乙も犯意を生じ，ここに甲乙意を通じあい，同じ場所でおびえていたAを再び姦淫したというような事案を想定しておこう。このような事例における甲の単独強姦と共同強姦の罪数関係を結論的に示せば，包括一罪と評価してよい。すなわち，同一被害者に対し同一もしくは近接した日時場所において同一機会を利用し犯意継続して同種行為が反覆されたと見られるから，いわゆる接続犯としての包括一罪と解することができるのである[3]。もっとも，包括一罪という名称によってどの範囲ないし種類のものを指すかは元来明確ではないし，そのうえ接続犯の成立要件についても，なぜに接続犯が一罪になるのかという理由とからんで論者によって差異があり得るから[4]，設

---

1) 仙台高秋田支判昭 29.2.2 判特 36 号 87 頁。
2) 神戸地判昭 41.12.21 下刑 8 巻 12 号 1575 頁，大阪高判昭 42.5.29 高刑 20 巻 3 号 330 頁，判タ 215 号 144 頁。
3) 最一小決昭 41.11.10 判時 467 号 63 頁の事案は，設問の想定と同様同一の機会に同一の婦女に対し単独の強姦に引き続き共同強姦が犯された場合であるが，岩田裁判官はこれを包括一罪とする考え方を示しておられる。なお，松尾浩也「起訴状に記載されなかった強姦の事実認定が，同一の機会における現場共同強姦罪の情状の判示として許容された事例」判時 480 号 121 頁は，右判例の評論であるが（以下，松尾「評論」として引用する），両罪の関係につき本文同様接続犯としての包括一罪であると評されている。

問の場合右と異なった結論も考えられよう。しかし，本稿は罪数関係そのものを議論するのが目的ではないので，これ以上に立ち入らないで，一応包括一罪という前記結論を前提として論を進めることにしたい。

第3　包括一罪と訴訟条件

包括一罪の一部が親告罪，他が非親告罪で告訴がない場合，全部の事実を審判することができるかという本論に入ろう。予想される結論は，(1)全体として非親告罪になり告訴がなくとも全部の事実を審判できると考えるか（仮に「全体説」とでも名づけよう），(2)親告罪の部分と非親告罪の部分を切り離し，親告罪の部分は告訴がなければ審判できないと考えるか（仮に「分断説」とでも名づけよう），それとも，(3)全体として親告罪になり全部の事実を審判できないと考えるか，である。最後の結論は，刑法180条2項の立法趣旨すなわち共同強姦のような悪質事犯は被害者の意思いかんにかかわらず処罰すべきであるという要請を没却し不当に被告人を利することになるから，一応考慮外にしてよい。結局は全体説と分断説のいずれにくみするかである。

1　検　討

全体説[5]の根拠を考えてみると，まずなんといっても，包括一罪は単純一罪同様本来的（実体法上の）一罪であって，これを構成する各個の行為は一罪の成分にすぎず，各行為ごとに別個の犯罪があるというわけではないから，これを再び分割して一部が親告罪という事態を容認することはできない，という点に求められるであろう。この点は，たとえば結合犯である強盗強姦罪（刑法

---

4) 平場安治「接続犯」平野龍一ほか編『判例演習刑法総論』(有斐閣, 1960) 215頁以下参照。なお，包括一罪の範囲ないし種類についての学説は，団藤重光編『注釈刑法(2)Ⅱ』(有斐閣, 1969) 523頁以下に整理されている。

5) 設問そのものに即してここでいう全体説を主張した文献は見い出し得ない。ただ，林頼三郎『刑事訴訟法論』(厳松堂書店, 1919) 300頁以下において，科刑上一罪が実体法上の一罪であることを前提としてその一部が親告罪残部が非親告罪の場合全体として非親告罪になる旨の詳論がなされている。また，前掲注3）松尾「評論」において全体説の根拠が提示されている（右「評論」の最終的な結論については後掲注15）参照）。以下の記述はこれらを参考として全体説の根拠となり得るものを，およそまとめたものである。

241条）において，強姦の部分が親告罪性を失うことと対比される。さらに，右の一罪の不可分性を訴訟法の面に移していえば，一罪ごとに本来的一罪の訴訟法上の取扱いは一罪全体について画一的になされるべきもので，したがってまた訴訟条件についても，一罪の訴訟条件は一罪全体として有るか無いかのいずれかでなければならない。そう解さないと，一罪の一部に訴訟条件が欠けているためこれを分離して残部につき実体判決をせざるを得ないという事態を招来し，これは明らかに一個の犯罪は不可分的に刑事訴訟の客体となるという原理に反する。

次に，親告罪の趣旨から考えても，設問のような場合，二回の姦淫行為のうちの一方だけを親告罪として扱ったからといって被害者の名誉の保護などの点ではほとんど無意味であろう。

以上が全体説の根拠となり得るものである。以下これを基礎として，二，三の点を検討し，全体説に依るのが相当かどうか考えてみたい。

第一に，単純一罪と包括一罪の差異という面から論ずべき点がある。すなわち，包括一罪の種類にもよるが，包括一罪は単純一罪と異なり相当程度「多行為性」を有するということを指摘できる。ここから，両者を本来的一罪ということで一括りにして同一の結論に服せしめることに疑問をさしはさむ余地はないだろうか。ことに接続犯としての包括一罪は，それぞれが構成要件に該当する複数の行為が一定の関係を持つためにそれぞれの行為の刑法的独立性を稀薄ならしめ一罪として評価されるにすぎない。したがって告訴の要否など訴訟法上の取扱いの面では，再び各行為の独立性に注目しても背理ではないと考える余地がある。さらにいえば，接続犯としての包括一罪は科刑上一罪に準じた訴訟法上の取扱いが可能ではなかろうか，ということである[6]。

科刑上一罪についていえば，牽連犯や観念的競合の一部が親告罪他が非親告罪で告訴がない場合につき，判例は，科刑上一罪が一罪に準じて処断されるということの意味は公訴提起の効力，判決の既判力など法律的効果面についてはこれを不可分的に考察すべきであるというのにすぎないので，事実問題としてこれを可分的に考察することを禁じられているわけではないから，重い罪が非

---

[6] 田宮裕「包括一罪」平野龍一編『刑法判例百選』（有斐閣，1978）95頁。

親告罪であれば軽い親告罪が親告罪性を失うということはないと同時に重い罪が親告罪だからといって軽い非親告罪が親告罪性を帯びることはない，としている[7]。要するに，分断説である。かつての連続犯（削除前の刑法55条）も科刑上一罪と解されていたが，連続犯につき同種の問題を生じたとき，判例はやはり分断説に従っている[8]。連続犯廃止後なお併合罪として処断することが不適当なものは接続犯概念の拡張・援用によって包括一罪としてとりこまれてきた経緯にかんがみれば，連続犯に関する判例の右の態度は十分示唆するところがある。なお，科刑上一罪の場合学説においても右の諸判例と同様に解するのが通説である[9]。

もっとも，ここでただちに次のような反論が生ずる。科刑上一罪は本来数罪であるが，数罪の密接な関係に注目して一罪として処断されるにすぎないものである。したがって科刑上一罪は分断しやすいしまた処断の前提としての訴訟条件の有無はもともと各罪ごとに決してしかるべきものである。これを本来的一罪として分断しがたい包括一罪と同列には処せられない，と。しかし，この反論は，井上（元）教授が述べておられるように[10]決定的ではないと思われる。なぜなら，分断しやすいか分断しがたいかは相対的な事実問題であり，本来的一罪だから分断できないと簡単にはいえないのである。

第二に，本来的一罪であるということの訴訟法上の効果として当然に訴訟条件の有無を一罪全体にわたって画一的に決しなければならないものであろうか。

一罪，数罪という犯罪の個数は，訴訟法上は事件の単一性という概念を通して，刑事事件の単位を決める重要な機能を有することはたしかである。そし

---

[7] 大判昭13.6.14刑集17巻433頁。なお外に，牽連犯につき，大判明44.10.3刑録17輯1569頁，大判昭7.5.12刑集11巻621頁など，観念的競合につき，大判明45.7.23刑録18輯1095頁，大判大4.6.2刑録21輯721頁，東京高判昭30.4.23高刑8巻4号522頁など参照。
[8] 大判昭3.6.27刑集7巻445頁など。
[9] 団藤重光『新刑事訴訟法綱要』（創文社，1967）359頁，平野龍一『刑事訴訟法（法律学全集）』（有斐閣，1958）90頁，高田卓爾『刑事訴訟法（現代法律学全集）』（青林書院，1984）303頁など。
[10] 井上正治「公訴時効の本質」『刑事訴訟法判例学説〔新訂版〕』（酒井書店，1966）143頁。

て，単一の事件は一回の刑事訴訟で解決すべきこと——すなわち一罪を分断して別訴を許さないこと——が要請される。けだし一罪につき一個の刑罰権が発生するから，被告人の法的安定のため刑罰権実現の手続である刑事訴訟も一罪の範囲では一回ですませるべきものである。このことはいわば一つの公理である（田宮裕『刑事訴訟法講義案〔増訂第4版〕』〔宗文館書店，1982〕59頁）。二重起訴禁止の範囲，訴因変更の許される範囲，既判力（一事不再理効）の及ぶ範囲が不可分的に一罪に限界づけられているのはこの理由によると解される。さらに進んで，他の面においても単一の事件の訴訟法上の取扱いは，可及的に単一，不可分であることが望ましいと一応はいえるであろう。それは，そうした方が法律関係を明確化することに役立つし，刑事事件の単位としての機能を稀薄化しないためにも必要だからである。しかし，この面での一罪の不可分性は，一罪を分断して別訴を許さないという意味での前記不可分性が例外を許さないのにくらべ，必ずしも絶対的・本質的な要請ではない。例外をともないつつ，不可分性の原理が支配する分野もあり得るし[11]，不可分性の原理を適用しなくてもよい分野も考えられるのである。すなわち，一罪を分断して訴訟法上の効果を別異に扱うことが不合理でなければ，かなり柔軟に考える余地があると思われる。

　これを訴訟条件の面でいえば，一罪を分断して一部は訴訟条件有り一部は無しというように別異に扱うことが不合理でなければ，必ずしも不可分に解さなくてもよいことになる。全体説は，前述のとおり，かかる事態を理に反すると考えるのであるが，果してそうであろうか。ここにも疑いを容れる余地はある。

　一罪のうちでも，科刑上一罪については訴訟条件の有無ことに告訴の要否を各行為ごとに扱うことが可能なことは先に述べたとおりである。そして科刑上一罪と包括一罪とが，各々を組成する行為を分断しやすいかどうかという点で

---

11) たとえば，告訴の効力の及ぶ物的範囲は不可分的に一罪の範囲と解されているが（告訴不可分の原則），これには科刑上一罪で被害者を異にする場合など例外が認められている。
　また，逮捕・勾留の効力の及ぶ範囲は不可分的に一罪に限界づけられ（事件単位の原則），その結果一罪一勾留の原則ということがいわれているが，包括一罪（常習犯）については，例外的な取扱いが可能である（福岡高決昭42.3.24下刑9巻3号257頁，判タ208号158頁など）。

は，程度の差にすぎないとするならば，包括一罪につき右のような事態を容認してもあながち不合理とはいえまい。加えて，訴因制度をとる現行法の下では，もともと一罪の一部をとり出して起訴し裁判所もこれを認定することが原則として肯認されるのであれば[12]，包括一罪の一部についてのみ実体的審判が可能だと解してもそれほど不合理ではないと考える。ただし，この場合一罪の一部につきなされた実体判決の既判力（一事不再理効）は訴訟条件を欠くため実体的審判を受けることのできなかった部分にも及ぶことを承認しなければならない。この意味での一罪の不可分性は前述したように例外を許さないものである。とはいっても，この結論の妥当性および理論づけに難点がないわけではないので[13]，これをさけるため，一罪のうちの一部が親告罪他が非親告罪という事態は解釈上なるべくさけた方がよいという批判はあり得よう[14]。

　第三に，強姦罪を親告罪だとした刑法の観点から検討してみると，たしかに設問のような場合一連の犯行の一部は親告罪だと解しても，被害者の名誉の保護などの点ではあまり意味がないといえるかも知れない。しかし，たとえ一部でも被害者の意思を尊重するという見方もまた可能であるし，さらに，告訴がなければ処罰されないという被告人甲の反射的利益を考慮しなければならないのである[15]。訴訟条件を被告人の訴追されない権利としてとらえる（熊本典道「観念的競合犯の公訴時効」警研 38 巻 9 号 130 頁）ことが可能であるかどうかは別にしても，訴訟条件を欠くということは，被告人の側からいえば，処罰されないという利益をもたらすことはたしかであり，一罪の一部といえどもこの面を無視できないと思われる。

---

12) 石井一正「一罪の一部起訴」判タ 274 号 50 頁以下。
13) 従来主として，科刑上一罪たとえば住居侵入——強姦につき告訴がないので住居侵入のみを起訴した場合の判決の既判力の範囲という形で論じられてきた。通説は，既判力は強姦の点にまで及ぶとするが，異説もある（吉田常次郎「公訴不可分の原則」判例時報編集部編『刑事訴訟法基本問題 46 講』〔一粒社，1965〕193 頁）。通説の右の結論は，一事不再理の効力を判決の実体的確定力ととらえる限り説明困難であるし，右の効力を検察官の同時訴追義務から説明しかつ告訴権者を訴追側と同視する見解によっても完全なものではない。
14) 林・前掲注 5) 304 頁参照。
15) 松尾・前掲注 3)「評論」は，結論的にはこの観点から告訴のない単独の強姦を不問に付さなければならない，と解しておられる。

2 判例の傾向

ここで，設問を離れて包括一罪と訴訟条件に関する判例の傾向に触れておこう。この分野の判例は多くない。まず，包括一罪と公訴時効に関し，判例は，包括一罪（集合犯）を構成する行為を分断しないで不可分一体と認め，最終行為終了の時を公訴時効の起算点としている[16]。法定刑の異なる罪が包括一罪になり得ると解せば，時効期間算定を各別に行うか一体として重い罪を基準として行うかという問題を生ずる。この点についての判例は見当らないが，右の判例の趣旨や包括一罪に比べて分断しやすい科刑上一罪についてすら「各別に論ずることなく，これを一体として観察し，その最も重い罪につき定めた時効期間による」とする判例[17]の考え方からすれば，結論は容易に推認し得るところである。要するに，公訴時効に関し判例は全体説にくみしている。公訴時効に関しても分断説をとることの可能性を指摘するものもあるが[18]，公訴時効の起算点である「犯罪行為が終った時」（刑事訴訟法253条）の解釈として包括一罪の最終犯行時をとらえる判例の見解は，それはそれとして是認できないわけではないと思われる。

次に，包括一罪の一部に既判力が及ぶため訴訟条件を欠くが，他には既判力が及ばないという場合，たとえば，常習累犯窃盗（盗犯等ノ防止及処分ニ関スル法律三条違反）の一罪として起訴された数個の窃盗犯行の中間に同種犯行による窃盗罪の確定判決が存在し，起訴事実中右の確定判決前の窃盗犯行は確定判決にかかる窃盗犯行と共に包括一罪を構成すべきものと認められる場合について，判例[19]は，確定判決前の犯行は免訴されるべきである，としている。ただし，この判例が，右のような確定判決の存在によって，起訴事実である常習累犯窃盗は二罪に分かれる，という解釈を前提としているならば，必ずしも分断説ともいえないのである。

---

16) 最二小判昭31.8.3刑集10巻8号1202頁，判タ63号48頁，最一小決昭31.10.25刑集10巻10号1447頁。
17) 最一小判昭41.4.21刑集20巻4号275頁，判タ191号148頁。
18) 田宮・前掲『刑事訴訟法講義案』（本書169頁），熊本・前掲論文（本書170頁）。
19) 最二小判昭43.3.29刑集22巻3号153頁，判タ221号176頁。

第4 結 論

　以上検討したように，考え方としては，被告人甲の起訴事実は全体として非親告罪になると解し，告訴がなくとも裁判所は全部の事実につき実体的審判が可能であるとする見解（全体説）と単独強姦の部分は親告罪性を失うものではなく，告訴がない以上裁判所はこの部分につき実体的審判をすることができないとする見解（分断説）の双方があり得る。後者の見解によった場合，裁判所は，判決の理由中において単独強姦の部分の公訴は無効（刑事訴訟法338条4号）である旨を判示することになる。私見としては，全体説には前項で検討したとおりの異論をさしはさむ余地が多分にあるから，たやすく賛成するわけにはいかない。むしろ分断説の方が妥当な結論と思われる。

　ちなみに，設問に類似した実際の事案[20]につき，岩田裁判官が，「包括一罪とはいっても単純な一罪とは異り右単独の強姦と右共同の強姦とは，本来それぞれ行為を異にし，それぞれ各犯罪を構成し，ただ同一犯人により同一の被害者に対し同一機会に犯されたことにより法律上一罪と評価されるに過ぎないものであるから，右包括一罪の一部が親告罪であり，しかも告訴のない場合は，裁判所はこの告訴のない部分については審理判決することは許されないと解すべきである」という意見を述べておられることを補足しておこう。

〔参考文献〕

　本文および注に引用してあるが，このうち直接本問を論じたものは，松尾「評論」である。

【追　記】

　本論稿は，「刑事法演習」と題するシリーズの一環として執筆し，昭和47年12月に判例タイムズ誌に登載され，後に同社から谷口正孝編『刑事法演習(1)』として出版された単行本に収録されたものである。論文の冒頭に掲げた設問のように，親告罪（強姦罪）と非親告罪（共同強姦罪）が包括一罪と解さ

---

20) 前掲注3) 最一小決昭 41.11.10。

れるような場合において告訴がないとき，訴訟条件の有無を包括一罪全体について決すべきか，それとも個々に分断して決すべきかを問題にしたものである。

　本論稿を発表してからすでに40年余りを経過しているが，この問題に対するその後の判例や学説を調査してみたところ，それほど多くのものを見出せなかった。おそらく，設問のような場合の実例がそれほど多くはないことや，実例があったとしても，本論稿で述べた「分断説」が妥当であるとして実務上処理され，学説も格別異論がないからであったかも知れない。以下に掲げる判例・学説も「分断説」によるものと見られる。

　判例としては，東京高判平22.11.16東高時報61巻1=12号282頁があり，本位的訴因である強姦致傷罪を認定せずに予備的訴因である強制わいせつ致傷罪と強姦罪との混合的包括一罪を認定する場合，非親告罪である強制わいせつ致傷罪で処断されても親告罪である強姦罪について告訴は不要とならないと解し，この点では被告人側の所論を採用し，このような場合には告訴は不要であるとする検察官の意見を採用できないとしたものである（もっとも，この事案では告訴があったと認定されている）。

　学説としては，親告罪と非親告罪が包括一罪の関係にあって告訴を欠く場合，非親告罪のみを起訴することができるかという問題について，そのような事案では，本来的にそれぞれが個々に刑罰評価の対象足り得るものであるから，その全体が訴追を免れる結果となるのはあまりに不当だし，その一罪性の意義は，非親告罪部分についての既判力の効果を公訴事実全体について承認することで実質上全うされるとして，非親告罪部分の分割起訴を肯定するものがある（伊藤栄樹ほか『新版注釈刑事訴訟法(5)』〔立花書房，1998〕488頁〔柴田孝夫〕）。

第Ⅲ部　公訴・訴因

第9章　過失犯における訴因変更
——判例の総合的研究

第1　はじめに

　過失犯における訴因の問題は，自動車による交通事故が業務上（重）過失致死傷罪として裁判所に大量に係属するようになったことを契機として，ひとしお活潑に論じられてきた。本稿でとりあげる過失の変動と訴因変更の要否についても，すでにいくつかの文献で検討されているし，最高裁の判決（後記）を含め多数の裁判例が存在するところである。しかし，刑事交通事故の訴訟実務において，この問題がいぜんとして重要性を失わない状況にあるし，現に日々の刑事交通訴訟を処理する際に過失の変動と訴因変更の要否に関する一般的な基準を具体的事件に適用して解決することの困難さと微妙さをたえず感じているところでもある。

　過失犯における訴因変更の要否が，実務上重要でかつ困難な問題であることの原因を推察すると，第一に，交通事故の一連の過程のどの時点にどのような過失をとらえるかということ自体が実は困難かつ微妙な問題であって，訴追者の判断と裁判所の判断がくい違うことが，故意犯に比べて多いといえるのである。事故の状況は訴因も証拠上も一致している場合ですら，過失の構成については見解が異なることがありうるし[1]，交通事故のような瞬間的な犯罪にあっては訴因に記載された事故の状況と大かれ少かれ異なった状況が証拠調手続で明らかにされ，過失の構成もこれにつれて変動することもまた少なくないのである。第二に，過失犯における訴因変更要否の問題は訴因の記載の問題と密接に関係しているのであるが（後述），過失犯の訴因として何をどの程度特定して記載すれば足りるかということ自体が，過失犯の構成要件が「開かれた構成要件」ないし「補充を必要とする構成要件」であるだけに，おおむね定型的

---

[1] 交通事故における過失のとらえ方（構成）については，実務上見解の対立がある。いわゆる段階的過失論ないし単一（直近）過失説と過失併存説ないし複数過失説の対立であり，いまだ未解決の困難な問題である。

な構成要件を持つ故意犯に比べ，困難な問題なのである。そして，訴因の記載として，過失を広く大きく数多くとらえておけば訴因変更の必要性は減ずるが反面争点の決定および被告人の防禦という点では好ましくないのである。逆に，過失をしぼってなるべく詳細かつ具体的に特定して記載すればするほど，証拠上認定される過失とくい違う余地が大きくなって，訴因変更の要否が問題となる場合が増えてくるわけである。第三に，訴因変更の要否については，後述のとおり事実記載説による限り，ことは訴因記載の過失と証拠上認定される過失との具体的な対比にあって，個々具体的な事例によって結論を異にせざるをえないから，この問題の解決にあたっては訴因変更の要否に関する一般的な基準の定立だけではあまり意味がないのである。むしろこれを適用する具体的な方法こそ重要であるが，それがまた非常にむつかしい。しかも，この点の研究が従前必ずしも十分でなかったように思えるのである。

　右の第一，第二の点はともかくとしても，第三の訴因変更の要否に関する一般的基準を適用する方法ないし準則ともいうべきものを総合的に解明することは実務上要請されるところでもあるし，過失犯の訴因変更に関する裁判例は公刊されたものだけでも相当数にのぼる時期でもあるので，判例をなるべく実務的な観点から整理分析して，なんらかの具体的な準則を見出してみたいというのが本稿の目的である。ただ，先に述べたように，過失犯の訴因変更の問題と訴因の記載の問題とは密接に結びついているので，この点に簡単にふれると共に，過失犯に限らず訴因変更要否の一般的基準そのものについて，周知のとおり争いがあり，どの見解を採るかによって過失犯における訴因変更要否の基準もまた変ってくるので，判例の整理分析の前に，この点も簡単に述べておきたい。

第2　過失犯における訴因の記載

　訴因における過失の記載として，通常は，(1)注意義務発生の前提（根拠）となる具体的状況，(2)注意義務の内容，(3)注意義務違反の具体的行為の三要素が含まれる[2]。この三要素が明瞭に区切りを持ちかつ具体的に記載されることによってはじめて過失犯の構成要件が充たされ，罪となるべき事実の「方法」を特定して訴因が明示された（刑訴法256条3項）ことになるのである。そして，

175

このような過失の記載方法そのものは，現在の実務ではほぼ定着しているようであるが，かつては，判決の罪となるべき事実の判示においてすら右の(1)ないし(3)の要素が混然として記載され，被告人に一体いかなる過失があったのか明らかでないと指摘された事例が少なくなかったのである[3]。

現在，訴因における過失の記載について訴因変更の要否に関連して問題となるのは，右の(1)ないし(3)の要素をどの程度詳細具体的に記載すべきか，という点である。

(1)の注意義務発生の前提（根拠）となる事実については，当該注意義務を発生させるに十分な具体性を持って記載されることを要しかつそれで足りるのである。自動車運転者の注意義務の類型的なものは，自動車を運転進行中であるということだけから発生するもの（前方注視，進路の安全確認，左側通行，ハンドルなどの適正操作義務など）のほかは，通行の場所（交差点，横断歩道，カーブ，トンネル内，砂利道，人家密集道路など）や態様（発進，後退，障害物の側方通過，追越し，追抜き，追従，離合，左右折，転回，進路変更など），運転者および車両の属性（無免許，酩酊，睡気，故障車など）などから生ずるから，これらの事実を具体的に記載すればよいのである。

次に，(2)の注意義務の内容は，訴因事実に含まれるか否かに関し争いがあるが[4]，起訴状および判決書において注意義務の具体的内容を明示することを要すると同時にそれが実務上「公訴事実」ないし「罪となるべき事実」中に記載されていることが正当である点ではなんら問題はないのである[5]。問題はどの

---

2) 井戸田侃「注意義務と罪となるべき事実・訴因」日沖憲郎博士還暦祝賀記念論文集『過失犯(2)』（有斐閣，1966）303頁，佐野昭一「過失の構成と訴因」判タ262号205頁，高木典雄『自動車による業務上（重）過失致死傷事件における過失の認定について』司法研究報告書21輯2号258頁，朝岡智幸「業務上過失致死傷の問題点」遠藤浩編『実務法律大系・交通事故』（青林書院新社，1973）83頁，田宮裕編著『刑事訴訟法Ⅰ』（有斐閣，1975）501頁，海老原震一「交通事件」熊谷弘ほか編『公判法大系Ⅲ』（日本評論社，1975）130頁。
3) 名古屋高判昭36.9.25高刑14巻8号548頁，判タ127号56頁，東京高判昭42.7.26高刑20巻4号480頁，判タ215号143頁，名古屋高判昭43.1.22高刑21巻1号1頁，判タ219号148頁はいずれも過失の判示が理由不備とされた事例。
4) 井戸田・前掲注2) 306頁はこれを法規範の内容とし，佐野・前掲注2) 205頁は事実的な面もあるのではなかろうか，とする。また，田宮・前掲注2) 501頁は刑罰権を発生させる具体的事実ではない，とする。

程度個別化された注意義務の記載が要求されるかである[6]。業務上(重)過失致死傷罪における自動車運転者の注意義務は，概括的にいえば，人身被害という結果(事故)の発生を防止する義務である。これを例えば対向車との離合の場合についていえば，第一には対向車との接触を防止するべき義務である。しかし，この程度の注意義務の記載では，被告人の防禦に支障をきたすといわざるをえないことは明らかである。つまり，接触防止のためには，いくつかのとるべき措置が具体的に考えられるのであり，当該事故の場合被告人はそのうちのどの(あるいはどれとどれの)措置をとっておれば，結果(接触事故)が回避しえたということを指摘してはじめて被告人の防禦が可能となりまた裁判所の審判の範囲も明確になると解される。すなわち，結果回避の具体的な手段方法が類型的に異なる限り，同一の結果回避を目指すものであっても，別個の注意義務と解すべきであろう。それ故，注意義務は，つくすべき具体的手段方法を類型的に特定して記載する必要がある。これを前例の対向車との離合についていえば，安全な側方間隔の保持義務，減速徐行義務，進路の避譲義務などに類型化され個別化される。

(3)の注意義務に違反する具体的な行為とは，いうまでもなく被告人の一定の注意義務に従わなかった行為であり，注意義務が不作為を内容とする場合は被告人の具体的作為がこれにあたり，注意義務が作為を内容とする場合は被告人の不作為がこれにあたる。したがって，時には「漫然進行した」こと自体が過失行為でありうる。実務上は，被告人の過失行為の記載にあたり，その原因をも併せて記載している例が多い(例えば，前方不注視における同乗者との雑談，飲酒の影響など)。過失の原因は故意犯における動機に対比できる。すなわち，通常の場合それは罪となるべき事実の明示として必要的ではない。ただ，一定の動機なくして発生しない犯罪については，動機の記載がのぞましいのと同様に，通常考えられない過失については，その原因を記載しておいた方がのぞましいというにとどまる。

なお，業務上過失致死傷罪(交通事故)の訴因としては，右の過失の記載のほかに，(1)業務性(被告人が自動車運転の業務に従事していること)，(2)被告人運

---

5) 井戸田・前掲注2) 308頁，田宮・前掲注2) 501頁。
6) 山本卓「東京地裁における自動車交通刑事事件の現況と問題点」判タ192号42頁。

転車両の車種，進行方向，速度，(3)事故の日時，場所，(4)被害者の氏名，年令，(5)被害車両の車種，位置，(6)過失との因果関係，(7)傷害の部位，程度（死亡の日時，場所）などが記載されており，これらの各事実の記載方法およびこれらの事実の変動と訴因変更の要否が同様に問題となる。ことに傷害の部位，程度の変動は実務上事例も多いし重要な問題であるが，これらについては故意犯との差異を強調する理由はない[7]から，さしあたりここでは検討しない。本稿では，過失の変動と訴因変更の要否に問題を限定したいと考えている。ただ，前記のうち，(2)，(3)，(5)などは注意義務発生の前提（根拠）となる具体的状況の一つとなりうることがあり，その意味でも記載されている場合があることに留意しておけば足りる。

第3　過失犯における訴因の変更

1　訴因変更要否の一般的基準

過失犯における訴因変更要否の基準も，抽象的にいえば，従来から故意犯を念頭にして論じられてきたそれと同一であり，過失犯の故に格別の理論を考慮したり特段の理論的な修正や例外を必要とするわけではない。そして，従来訴因変更の要否に関する基準としては，構成要件説（罰条同一説），法律構成説，事実記載説の対立があり，これらの諸説が訴因の概念，機能の理解の差異に相応していることも周知のとおりである[8]。

構成要件説（罰条同一説）によれば，過失内容の変動は構成要件ないし罰条に変動をもたらさない場合であるから，訴因変更の必要性は一切ないという結

---

[7]　小泉祐康「訴因の変更」熊谷弘ほか編『公判法大系Ⅱ』（日本評論社，1975）262頁。
[8]　この観点からいえば，法律構成説――構成要件説（罰条同一説）もこの一種に含める――と事実記載説の対立として学説を整理した方がより明確かも知れない。実際にも，最近はこういう分類が多いようである（高田卓爾『現代法律学全集刑事訴訟法』〔青林書院新社，1971〕377頁，田宮裕『刑事訴訟法入門』〔有信堂，1973〕123頁，石川才顕『刑事訴訟法講義』〔日本評論社，1974〕180頁，竹内正「訴因の変更」高田卓爾＝田宮裕編『演習刑事訴訟法』〔青林書院新社，1972〕192頁，平場安治ほか『注解刑事訴訟法㊥』〔青林書院新社，1974〕294頁，586頁など）。法律構成説は審判対象に関する公訴事実対象説に，事実記載説は訴因対象説および中間説（訴因，公訴事実共に審判の対象とし，現実的，潜在的という区別をする考え方）に連なるものであることはいうまでもない。

論に一応はなろう[9]。「一応は」などという断わり書をしたのは、過失犯においては具体的な過失（注意義務違反）を補充することによって構成要件が識別、特定されることを強調し注意義務の構成が変れば構成要件が変ったことになると解せば（佐野・前掲注2）228頁参照）、構成要件説によっても訴因変更を要する場合があると説くこともあながち不可能ではないからである。

　次に、法律構成説によればどうか。この説の論者が、過失犯における過失の変動を「法律構成」の変動とみるか否かについては、明言していないが、推測すれば、過失の態様が類型的に異なる限り訴因変更を要するということになるのであろう[10]。

　事実記載説によれば、過失の内容すなわち注意義務違反の事実は訴因事実の一部をなすから、訴因と異なる別個の過失を認定する場合は、訴因変更を要すると解すべきことになる。ただ、過失犯の不定型性の故に認定される過失が訴因と異なる過失なのかどうかという判断が、実は、微妙かつ困難であることは、前に指摘したとおりであるし、さらに、事実記載説によっても、訴因とささかでも異なる事実を認定するには訴因変更の手続を要するとするわけではなくて、そこに多少の「余裕」を認めるわけであるが、その「余裕」の認め方の基準（後述）が論者によって異なるし、いずれにしても抽象的な基準たらざるをえないから、これを過失の変動にあてはめる場合、結局は具体的事例ごとに結論を異にせざるをえないことになって、しかく簡単ではない。

　訴因変更の要否に関する以上三説のうち、事実記載説が判例、通説とされており[11]、以下本稿もこの立場によって論述することにしたい。もっとも、同じ事実記載説であっても、どの程度の事実の変動があれば訴因変更が必要かということになると論者によって基準が相当異なることは先に一言したとおりである。審判対象に関するいわゆる訴因対象説の論者はおおむね訴因変更要否の問題は訴訟物としての訴因の同一性の問題であるととらえ、訴因の同一性は、

---

9) 同旨、高田卓爾「過失犯と訴因」ジュリ355号45頁、柏木千秋「前方注視義務違反の訴因に対し追抜に際しての注意義務違反の事実を認定する場合と訴因変更の要否」判時474号117頁、田宮裕「訴因変更を要する場合」『交通事故判例百選』209頁。
10) 同旨の見方として、高田・前掲注9) 45頁、田宮・前掲注9) 209頁。
11) この点に関する学説、判例の総合研究で最も新しい文献として、小泉・前掲注7) がある。

被告人の防禦という観点を考慮しつつ，社会的法律的意味において実質的に差異があるか否かという基準で判断するのであるが，同じ事実記載説でも，審判の対象は訴因だとしながら公訴事実もなお（潜在的な）審判の対象だとする論者（中間説）は，訴因の機能的な面を強調し，被告人の防禦に実質的な不利益のない場合は事実の多少のくい違いがあっても訴因変更を要しないと解しており，かつ被告人の防禦に実質的な不利益があるかどうかを当該事件の具体的な審理の経過状況等を見て個別的具体的に判断する考え方もある（具体的防禦説[12])。

過失犯の訴因変更の要否に関する判例は，もとより，どれか一つの見解によって統一されているわけではない。中には，具体的防禦という観点を強く考慮したと思われるものもいくつかある。しかし，判例を整理分析した上で，過失の変動と訴因変更の要否に関し一応の客観的な基準を見出そうとするならば，右の具体的防禦という観点は一応除外することにしたい。なぜなら，具体的防禦説によれば，訴因変更の要否の判断にあたって，結局のところ，当該事件における被告人の争い方（自認の内容），認定される事実についての立証などさまざまな個別要素を考慮しなければならず，客観的基準の考究には適さないからである。本稿では，右のうち「被告人の防禦という観点を考慮しつつ，訴因事実と証拠上認定される事実が，社会的法律的に見て実質的には同一のものといえるか否か」という訴因の同一性の観念を基礎視点としたい。

2 訴因変更要否の具体的基準——判例の総合的研究

研究の対象とした裁判例は，公刊の判例集[13]に登載された計 26 の判決で，地裁および最高裁の判例各一を除き，他はすべて高等裁判所の判例である。結論で分類すると，訴因変更を要するとしたもの 14 例，不要としたもの 12 例で

---

12) 最一小判昭 29.1.21 刑集 8 巻 1 号 71 頁，判タ 39 号 55 頁，最一小判昭 29.1.28 刑集 8 巻 1 号 95 頁，判タ 39 号 56 頁など。
13) 最高裁判所判例集（「刑集」と表示）28 巻 10 号まで，高等裁判所判例集（「高刑」と表示）27 巻 4 号まで，東京高等裁判所判決時報（東高時報と表示）26 巻 4 号まで，第一審刑事裁判例集ならびに下級裁判所刑事裁判例集（「下刑」と表示）全巻，刑事裁判月報（「刑月」と表示）5 巻 12 号まで，判例時報（「判時」と表示）783 号まで，判例タイムズ（「判タ」と表示）323 号まで。

ある。交通事故の態様からいうと，追越・追抜型（駐車車両の側方通過を含む）7例，離合型6例，交差点通過型（直進ないし左折）4例，後退型3例，追従型2例，その他4例に分類される。車両が通常の場所を通常に進行している際の事故の原因は比較的単一かつ簡明であるのに比し，追越・追抜，離合，交差点通過，後退など特殊な運転の場合は注意義務が複合していることが多いので，事故の原因も簡明ではない。このことが，訴因変更が問題になった事例の事故の態様に特徴的に表われているようにも思える。

　さて，過失の変動と訴因変更の要否の基準を具体的実務的に考える場合，次の五つの場合に分けて検討するのが適当であると思われるので，以下判例もこれに従って分類し，検討を加えることにする。すなわち，訴因事実と証拠上認定される事実を比べると，(1)交通事故の状況が全く異なる場合，(2)事故の状況が一部異なる場合，(3)事故の状況は同一であるが過失をとらえる時点が異なる場合，(4)事故の状況，過失をとらえる時点は同一であるが注意義務が異なる場合，(5)事故の状況，過失の態様も同一であるが注意義務をつくす手段等が異なる場合の5類型である。

(1) 事故の状況が全く異なる場合

　訴因に記載されている交通事故の状況と証拠上認定される事故の状況が大巾に異なる結果，過失の態様もまた異なってくる場合，訴因変更を要するのは明らかである。

　【1】東京高判昭32.2.5東高時報8巻2号23頁および【2】大阪高判昭49.2.20判時745号109頁はこの類型に属する。すなわち，【1】の判例の場合，訴因では，前方を同方向に進行中の原動機付自転車（被害車両）に被告人車が接触した事故であるとされ，被告人の過失は，前方不注視のため被害車両が前方を進行しており小型トラックとすれ違う際これを追越す位置にあったことに気づかなかった点に求められている。これに対し，原裁判所の認定した事故の状況は，すでに追越した被害車両と被告人車が後部車輪付近で接触したというのであり（被告人もこういう主張をしていたようである），被告人の過失としては，被害車両を追越した後その位置を確認せず進行したため後部車輪付近を被害車両が併進しつつあったのに気づかなかった点をとらえている。【2】の判例の場合，訴因では，交差点において前方を同方向に進行中の足踏式二輪自転車（被

害車両）に被告人車が追突した事故であるとされ，被告人の過失は前方左右の不注視に求められている。これに対し，原裁判所の認定した事故の状況は，被告人車が交差点を直進通過しようとした際，左方道路から進入してきた被害車両と出会い頭に衝突したというのであり，被告人の過失としては前方左右の不注視をとらえている。【1】，【2】とも，訴因変更を要するとするのが判例の結論である。

　【1】，【2】とも，訴因における被害車両の進行状況は前方直進であり，認定事実は，【1】では後方併進，【2】では左方よりの進入となっている。被害車両（あるいは被害者）の位置，方向，進行状況，衝突地点などは注意義務発生の前提（根拠）となる最も重要な状況として，過失の内容に影響を及ぼすことが多い（そうでない場合につき，後述）。その意味で，これらの状況に関する事実が大巾に異なれば，事故の態様を一変させ，過失の態様もこれに応じて異なってこざるをえないので，訴因と異なる過失を認定するには訴因の変更を要すると解されることになり，両判例の結論は異論のないところであろう。なお，【2】の場合，前記のごとく，注意義務違反としては，訴因も認定も進路前方左右の不注視と表現されているが，前提状況が右のごとく違えば，その具体的内容は異なる（判文参照）というべきであろう（交差点における左方進入車との出合い頭の衝突であるから，過失は，正確には，左方道路の安全不確認などと表現すべきものである）。

(2) **事故の状況の一部が異なる場合**

　事故の概況は訴因も証拠上認定される事実も変らないが，事故の状況の一部にくい違いがある場合がこの類型である。くい違った部分が過失の態様に変動をもたらす性質のものであれば，訴因変更を要すると解すべきであるし，逆に，注意義務発生の前提（根拠）とならない状況の変動にすぎず過失態様に影響を及ぼさない性質のものであれば，訴因変更をしないで認定しても被告人の防禦に支障はなく，訴因の同一性を失わせることにならないと解することができる。したがって，この類型で重要なことは，事故状況のうち，訴因と証拠で異なってきた部分が，前記のどちらの場合に属するかを正確に判定することである。

　まず，【3】大阪高判昭41.7.22下刑8巻7号970頁，判タ196号187頁はこ

の類型に属する事案である。訴因も原裁判所が認定した事実も，被告人車が，T字型交差点において，右折しかけた原動機付自転車（被害車両）を追越そうとしてこれに衝突したという事故の概況は変らない。ただ，訴因では，被害車両は交差点手前から方向指示器および手を水平に挙げて右折合図をしていたという事実を前提としているのに対し，原裁判所はこの右折合図の事実を否定し（被告人も終始この点を否認していたようである），被害車両は交差点直前で右折合図をし交差点内に入ると同時に右折したと認定している点が異なるのである。この事実のくい違いは，過失の内容に影響を及ぼしてくる。すなわち，訴因のごとき事実を前提とすれば，被告人の過失を前車（被害車両）の動静不注視のため右折合図を看過して追越そうとした点に求めることができようが，右の事実が否定されれば，そのような過失を構成することはできないので，原裁判所の認定のように，被害者の特殊な状態（吹雪中で頭布を深くかぶっていたため後方から接近する自動車のエンジンの音も聞えにくい状態）や現場の状況からして急な右折を予測し，この交差点付近では追越しをせずいつでも急停車できる程度の間隔を常に保って進行すべき注意義務に違反した，とでもとらえるほかないであろう。しかし，それでは訴因と異なる過失を認定したといわざるをえないので，この判例が訴因変更を要するという結論に至ったのはけだし当然である[14]。

　次に，【4】最三小判昭46.6.22刑集25巻4号588頁，判タ265号94頁は，過失犯の訴因変更に関する最初の最高裁の判例として注目すべきものであるが，この事案も本類型に含まれる。すなわち，この判例の場合，訴因も第一審裁判所が認定した事実も，被告人車が信号待ちのため停止中の前車に追突したという事故の概況は一致している。ただ，一部異なる状況は，訴因では，被告人車は前車（被害車両）の後方に一時停止した後前車の発進するのを見て自車も発進しようとした際に起った事故であるとしているのに対し，第一審裁判所は，この一時停止の事実を認めず，被告人車は走行中そのまま被害車両に追突したと認定した点である。この状況の違いのため，訴因では被告人の過失を発進の際ぬれた靴をよく拭かずにはいていたので足を滑らせてクラッチペダルか

---

[14] 柏木・前掲注9）は，この判例の評論であるが，判旨を正当とする（117頁）。

ら左足をふみはずして自車を暴走させた点に求めていたのに対し，第一審裁判所は，前車の後方に停止しようとする際ブレーキをかけるのが遅れた点に過失をとらえたのである。原審（第二審）は，被告人車が一時停止したか否かの差異は注意義務に変更を来たすものとは認められず，過失の差異も本質的なものではないとしたが，最高裁は，右の一審判決および原判決を破棄して，「……両者は明らかに過失の態様を異にしており，このように，起訴状に訴因として明示された態様の過失を認めず，それとは別の態様の過失を認定するには，被告人に防禦の機会を与えるため訴因の変更手続を要するもの……」と明確に判示した。たしかに，被告人車が一時停止したか否かの状況の差異は，本件の過失の内容に差異をもたらす性質のものであり，現に明らかに訴因と第一審の認定とは過失の態様を異にしているのであるから，原審（第二審）のこの点に関する前記の判断は不当というべきであろう[15]。

　次の二例も事故状況の一部が異なってきた結果過失の態様が変動し訴因変更を要すると判断された事案である。共に厳格に訴因変更を要求した判例で，見方によっては，この程度であれば訴因変更は不要であると解することもできそうである（後述）。

　【5】東京高判昭45.10.12高刑23巻4号737頁，判タ259号195頁は，被告人車（タンクローリー）が自転車を追抜く際これと接触して自転車が転倒した事故であって，事故のこの概況は訴因も原裁判所の認定も変らない。ただ，右の接触転倒の原因につき，訴因（および検察官の釈明）によれば，この接触に先立つ被告人車と自転車との第一回目の接触がこれであるとされていたのに対し，原裁判所は大型車の近接通過により自転車が走行の安定性を失ったためである（いわゆるあおり）と認定した部分に差異がある。この部分の差異の故に，訴因では被告人車が先行の自転車を追抜くにあたりこれと接触しない程度の間隔を保つべき注意義務があるのにそれだけの間隔を保たなかった点に過失があ

---

[15] 本判決の解説（鬼塚賢太郎・曹時23巻10号420頁）によると，本件では第一審第一回公判より訴因の過失について被告人は認めており，これに符合する捜査段階の自白も存在するが，第一審は職権で被害者を証人尋問し，訴因と異なる前記の過失を認定したようである。なお，本判例については，『交通事故判例百選〔第2版〕』に解説がある（三井誠・同234頁以下）。

る，とするのに対し，原裁判所は，被告人車のような巨大車が女性運転の自転車に接近すれば走行の安定を失って不測の事故発生の危険が十分予見できるから，右自転車と十分間隔を保って進行すべき注意義務があるのにこれを怠った点に被告人の過失を認定している。判旨によれば，両者は予見の具体的内容，結果回避の具体的方法を異にし，原裁判所認定の過失は訴因のそれと別個なものと解すべきである，というのである[16]。この判決の結論をあながち不当とするわけではないが，見方によっては，本件における接触転倒の原因に関する，訴因と原裁判所の認定の差異は訴因変更手続を要する程度ではないと考えることもできるのではなかろうか。というのは，本件の注意義務は，訴因，認定とも，安全な側方間隔保持義務などであって，直接接触の防止かあおりによる接触防止かは，この義務のいわば理由づけ動機づけにすぎないので，要求される間隔に多少の差はあるとはいえ，社会的法律的に見て実質的に異なった訴因であるとまで解することもないと思えるのである。

　次の【6】東京高判昭46.8.5判時655号87頁は，被告人車が交差点を直進する際，前方不注視のため交差点内の進路前方に位置していた自動二輪車（被害車両）に衝突した事故であり，この事故の概況は，訴因も原裁判所の認定した事実も同一である。ただ，被害車両の位置，方向につき，訴因では「対面進行して交差点を右折中」とあるのが，原裁判所の認定では「交差点中央付近で左折のため一時停止中」とある点が相違している。判旨は，事故の状況のこの部分の相違を重要視して，結論としては訴因変更を要すると解している。すなわち，訴因も認定も前方不注視という同じ過失を問うているので抽象的には同じ運転上の過失であるが，被害車両の位置，方向は「若し被告人において前方注視義務を尽したならば，如何なる被害者の動静を認識でき，如何なる結果の発生を回避すべき手段を執るべきかの前提事実には差異があり，ひいては過失の具体的内容程度について両者には重要な差異が生じてくる」と判示しているのである。本件被害車両の位置が，訴因と認定とでどの程度のくい違いがあるのか判文の表現からははっきりしない。それが著しく異なるのであれば，判旨は

---

[16] この判例は，因果関係に関する訴因変更の要否も問題としており，この点でも判旨は訴因変更を要するとしている。なお，この判例については，横井大三『刑訴裁判例ノート(6)』（有斐閣，1973）145頁以下参照。

支持されるが，対向右折車と同方向左折車であるから，その位置がことばほどの違いはなく，しかも，被告人の過失が全くの前方不注視であれば，被害車両の位置，方向の相違は過失の態様に影響を及ぼさない性質のものにすぎないと見るか（後記【7】，【8】参照）こともできよう。

　以上の判例に対し，次の二つの判例は，逆に事故の状況の一部の差異が過失の内容に影響を及ぼさない場合であり，したがってまた被告人の防禦のため訴因の変更をする必要がないと解された事案である。

　【7】大阪地判昭44.9.9判タ242号321頁および【8】東京高判昭46.1.21判タ263号360頁がこれである。いずれも被害者の状態に関する事実の変動が問題となっている。被害者ないし被害車両の位置，方向，進行状況などは，前述したように，注意義務発生の前提（根拠）となる状況として過失の内容に影響を及ぼすことが多いのだけれども，事故の態様によっては，そのような性質を持たない場合もある。

　【7】は，道路中央付近で被告人車が被害者に衝突したという事故の概況においては，訴因も原裁判所の認定も異ならないが，被害者の行動に関し，訴因では被害者は道路中央に佇立していたとするのに対し，裁判所は，反対車線の車両の通過を待つため佇立していた被害者が反対車線の車両の接近に驚いて一，二歩の程度を出ないわずかな距離を後退した（被告人も終始被害者後退の事実を主張していたようである）と認定した点に差異がある事案である。しかし，被害者のこの程度の行動の差異は，前方不注視を過失とする本件の交通事故にとっては，重要な要素ではないというべきであろう。それ故，裁判所が被害者後退の事実を加えて被告人の過失（早期に被害者を発見する義務など）を認定したとしても，「過失の態様自体を変更するものではない」とする本判決の結論は支持されよう。同様に，【8】のごとき後退事故の場合，被告人車が後退した際，被害者が被告人車両の後方にいた事情につき，「自車後方を横断していた」とする訴因に対し，「自車後方で遊んでいた」と認定することは，後退にあたっての後方安全不確認という過失内容に影響を及ぼさないから，訴因変更は必要ではない。判旨も「……かかる公訴事実中の一部の事実ではあるが，公訴事実の基幹たる事実に属しない事実については，所論の如く訴因変更の手続を採る必要はない……」と解している。

この類型の説明の最後にふれておきたいことは，訴因と認定とで相違してきた事故の状況の一部が過失内容に影響を及ぼさない性質のものであっても，情状（過失の程度）に影響する性質のものである場合をどう扱うかという点である。一般的に言って，情状に関する事実の変動は，これを社会的法律的に見て全く異なる評価を受ける程度の変動である場合以外は，訴因変更手続をとる必要はないと解されるであろうし，いわんや被告人に有利な方向で過失の程度を認定する場合は，こう解して差し支えない。この意味でも，前記【7】，【8】の判例は正当であろう。

(3) 事故の状況は同一であるが過失をとらえる時点が異なる場合

　運転開始から事故発生までの時間的な流れの中で，どの時点の不適切な運転操作をとらえて当該事故の過失とするかは，困難な問題である。外形的には同一の状況を呈する事故であっても，過失をとらえる時点が訴因と裁判所の認定がくい違う場合があり，これが本類型である。典型的な例としては，後掲【9】のように事故発生直前の過失をとらえる訴因に対し運転開始（ないし継続）自体を過失として認定する場合（あるいはその逆）である。本類型においては，過失をとらえる時点の相違に応じて過失の態様が異なってくるから，訴因と異なる時点の過失を認定するには訴因変更を要すると解される。以下に掲げる三つの判例はいずれもその旨の結論を示しており，異論のないところであろう。

　【9】仙台高判昭 43.7.18 高刑 21 巻 4 号 281 頁，判タ 230 号 271 頁は，飲酒酩酊のうえ，同一方向に歩行していた被害者の側方をわずかの間隔しかあけず蛇行して進行したため，自車をその歩行者に衝突させたという事故である。訴因は事故直前の安全な側方間隔保持義務違反を過失としてとらえていたが，原裁判所は，運転開始前すでに飲酒酩酊のため正常な運転ができない状態になっていたのにあえて運転を開始した点（運転避止義務違反）に過失を求めた[17]。判旨は「両者は，その主張ないし認定にかかる被告人の過失の態様および存在時

[17) 酩酊運転による事故については，飲酒の影響により知覚能力，判断能力，運転操作能力が著しく低下し，事故直前の被告人の不適切な運転を過失として問擬できない場合はさかのぼって運転開始ないし継続自体を過失としてとらえざるをえないが，この場合にあたるかどうかは，酩酊の度合や事故発生までの運転距離，方法，事故の態様などから判別することになる。しかし，この判別が容易ではない。そこに，訴追者の判断と裁判所の判断がくい違う余地があるわけである。

点を異にしているのであって，このように原判決が，訴因として掲げられた過失とは異なる別個の過失を認定するには，その旨の訴因変更手続を経なければならないもの……」と結論づけている。

【10】大阪高判昭44.3.10刑月1巻3号193頁，判タ237号322頁は，交差点左折の際，直進の自動二輪車（被害車両）と衝突した事故であるが，訴因では左折の方法不適切（後続車両の安全不確認など）を過失とするのに対し，原裁判所は，一時点ずらして，左折前の，この被害車両を左前方に認めた段階での減速徐行義務違反など（判文によると被害車両をやりすごした後に左折すべきであるという趣旨のようである）に過失を求めた。判旨は，【9】のそれと同様，訴因と認定とは，過失の存在時点とその態様を異にしており「原判決は公訴事実に訴因として明示された時点におけるその態様の過失についてなんら判断を示さず，これと異なるそれ以前の時点における別の態様の過失を認定したものであって，これを認定するにはその旨の訴因変更手続を要する」と述べている。

【11】広島高岡山支判昭48.7.31判時717号101頁は，バスとトラックが山間の道路で離合する際，トラックが中央線をこえて進行してきたためバスに接触しバスが貯水池に転落した事故である。起訴されているのはバスの運転手であるが，訴因の過失は，対向トラック発見時における動静注視義務違反などである。これに対し原裁判所は，一時点後の対向車と接近した際の左側への避譲義務違反を過失としてとらえた。判旨は，前掲【9】，【10】と同様，過失の存在時点とその態様を異にするから，訴因変更を要するとしている（なお，判旨は，原裁判所の前記過失の判示には理由不備等があるという理由を加えて原判決を破棄し，結局，両方の時点における各注意義務を否定し，無罪の言渡をしている。）。

(4) 事故の状況，過失をとらえる時点は同一であるが，注意義務が異なる場合

事故の状況，過失をとらえる時点は同一であり，かつ訴因の注意義務と裁判所が認めようとする注意義務が同一であれば，訴因変更が不要なのは当然である。問題は，同一の事故状況を前提とし，かつ一連の運転操作のどの時点に過失を求めるかについても訴因と裁判所の認定は一致するのであるが，設定する注意義務の内容が異なる場合をどう考えるかである。これがこの類型であるが，中には，前記(1)ないし(3)の類型に比べると，訴因変更の要否に関し，ずっと微妙で判断に困難を伴う事例が多い。

この類型には，第一に，訴因の注意義務Aを認定するが，これに付加してBの注意義務を認定する場合がある（A→A＋B）。次の【12】ないし【17】はこういう場合である。判例の傾向は，付加されたB注意義務がA注意義務と独立した別個のものである以上，B注意義務違反を認定するには，これにつき被告人に防禦の機会を与えるため訴因変更の手続を要すると解している。ただし，後掲【17】は，付加されたB注意義務が訴因のA注意義務に比べ第二次的ないし派生的であることを理由にして訴因変更不要としたものである。

　【12】東京高判昭40.8.27下刑7巻8号1583頁，判タ183号192頁は，被告人車（原動機付自転車）が対向車と離合した後，対向して歩行してきた被害者に衝突したという事故である。訴因では，対向車と離合する際の前方注視義務違反が過失とされているのに対し，原裁判所はこの過失に付加して同一時点での減速徐行義務違反をも過失として認定した。判旨は，右の両義務は密接不可分の関係にあるとはいえ全く別個のもので前提条件を異にするから減速徐行義務違反の点を問題にするのであれば，訴因変更の手続をとって訴因を明確にすべきである，と述べている。判旨を正当とすべきであろう[18]（もっとも，本判例の事案は相当争いのあるもののようであり，この判例も右の双方の注意義務違反の前提となる諸事項について審理不尽を理由に原判決を破棄し，訴因変更については念のため付言したものである。）。

　【13】大阪高判昭46.5.28高刑24巻2号374頁，判タ269号254頁も同じく離合型の事故で，被告人車（小型車）がカーブで対向の大型貨物自動車と離合する際これと接触したものである。訴因は，大型貨物自動車が対向してくるのを認めた時点での徐行義務および離合の際の安全間隔保持義務違反を過失ととらえたのに対し，原裁判所は，これらの過失に加えて，離合の際の急激な制動措置避止義務違反をも認定したのである。判旨は，付加された注意義務違反は前二者の注意義務違反とは全く別個のものであって，それらに包含されているものとは解しがたく，ことにこの注意義務違反が本件の中心的なものと認定されているから，これを認定するには訴因変更を要する，としている（なお，本件では傷害の部位，程度に関する事実の変動もあり，この点も訴因変更が必要だと

---

18) 同旨，高田・前掲注9) 45頁，田宮・前掲注9) 209頁。

したものである。）。

【14】東京高判昭 46.10.28 刑月 3 巻 10 号 1340 頁，判タ 276 号 372 頁は，被告人車が進行中左に進路変更した際に左後方から進行してきた原動機付自転車と衝突した事故である。訴因の過失は，進路変更にあたっての左後方より進行する車両に対する安全確認義務違反であるのに対し，原裁判所は，これに加えて法定合図（道路交通法施行令 21 条参照）の方法が不適切であることをも過失として認定したのである。訴因の過失である左後方に対する安全確認義務違反の中には法定合図義務違反までが含まれていないから，この点をも過失の一内容として認定するには訴因変更を要するとした判旨は正当であろう。

次の【15】，【16】の判例も，訴因の注意義務違反に別の注意義務違反を付加して認定した類型に属するが，このあたりになってくると，付加された過失が独立した注意義務違反なのかそれとも訴因と同一の注意義務違反を認定したのだがこれをつくす手段を付加して判示したにすぎないのかいささか微妙なところである。なお，両者とも，原裁判所の過失の認定の当否も問題され，原判決を破棄したうえ訴因どおりないし控訴審において予備的に追加された訴因について自判した事例である。

【15】東京高判昭 48.2.19 判タ 302 号 316 頁，判時 705 号 119 頁は，被告人車が進路前方右から左に向け横断歩行中の被害者と衝突した事故である。訴因の過失は制限速度違反と前方不注視であったが，原裁判所は「……右制限速度に従い，かつ，前照灯を上向きにして前方はもちろん左右を注視して，事故の発生を未然に防止できる態勢で進行すべき業務上の注意義務があるにもかかわらず，これを怠り，時速 55 キロメートル以上 70 キロメートル余で進行し，かつ，対向車もないのに前方およそ 30 メートルしか見とおし得ない下向き前照灯のまま進行した重大な過失により……」と認定した。判旨によれば，原裁判所の認定した過失は訴因の過失に比し対向車もないのに前照灯を下向きにして進行した点が付加されているので，付加された点を認定するには訴因の変更を要する，というのである。過失に関する原裁判所の判文のうち注意義務を判示した部分に注目すると，原裁判所は，前照灯の点は前方注視義務をつくすための一手段という程度に判示したものと見られないこともない。

【16】東京高判昭 49.1.10 判時 738 号 112 頁は，被告人車（普通貨物自動車）

が交差点で左折しようとした際，自車左側を直進してきた自動二輪車と衝突した事故である。訴因の過失は左折しようとする際の左側併進車安全確認義務違反であったが，原裁判所は，この過失に加えて，当時運転台左側に同乗していた妻に併進車両の有無および動静を尋ねるなど安全を十分確認して左折すべき注意義務違反を認定した。判旨は「このように訴因にない新たな事実（筆者注，妻の同乗）を認定し，これにもとずき被告人が自らすべき左側併進車の安全確認義務違反にとどまらず，被告人が同乗した妻を介して果すべき右の注意義務違反を加えて認定判示するには，訴因変更手続を経て，被告人に新たな事実の存否等について防禦をつくさせるのが相当である。」としている。この判決は，同じ左側安全確認義務であっても，自らの目でこれを果すのと他人を介してこれを果すのとでは，注意義務として類型的に異なるという考え方によっているものと思われる。その点で，次項に掲げた【24】との比較が必要である。

　以上の判例に対し，次の【17】は同じ類型でありながら訴因変更不要と解した事例である。

　【17】東京高判昭46.3.29高刑24巻1号282頁，判タ264号345頁は，被告人車が前車に追従して進行していた際，前車が急停止したのに応じ追突をさけるため右にハンドルを切ったが対向車と衝突した事故である。訴因の過失は，車間距離保持義務違反であるが，原裁判所はこれに加えて必要以上に右にハンドルを切った点をも過失としてとらえた。判旨は，先に一言したように，原裁判所の認定した過失のうちでも車間距離不保持が第一次的ないし基本的な過失というべきであり，ハンドルの切りすぎは第二次的ないし派生的過失として判示されたに過ぎないと認められ，このような派生的過失の有無は被告人の防禦に実質的な不利益を与えていないから，訴因変更を要しないとするのである。この判旨は一つの見解である。第二次的ないし派生的な過失を付加しても訴因の社会的法律的意味は変らず実質的にみて同一性があると解することができるからである。前掲【13】の判例も，訴因変更が必要であるとする理由づけの中で，前記のとおり，付加された注意義務違反が「本件では中心的なものと認定されているから」と述べているところを見ると同じような思考を背後に持つものと考えることができよう。ただ，本判例の基準にとって問題なのは，付加さ

れた過失が第一次的,基本的,中心的なものかそれとも第二次的,派生的,中心的でないものかの区別である。この区別のためには,付加された過失の当該事故における位置,程度を見定めねばならず,そこに微妙さが残らざるをえないであろう。このことは,【13】の判例においても本判例においても,付加された過失は同じく事故直前すなわち危険が迫ってからの不適切な運転操作であるにもかかわらず,前者はこれを中心的なものと見(原判示からそう見れるかどうか実はいささか疑問である),後者はこれを派生的なものと見たことからもうかがい知れるところである。

　以上の判例は,訴因にない注意義務違反を付加して認定した事例であった。本類型に含まれる第二の場合としては,これと逆に,訴因に記載されている複数の過失 (A + B) の一部 (A) のみを認定する場合が考えられる (A + B → A)。この場合は,被告人の防禦に支障はないから,いわゆる「縮小の理論[19]」により,訴因変更は不要と解してよい。実務上もそのように処理されていて異論がない故かこの型の判例は見当らなかった。

　本類型に含まれる第三の場合として,事故の状況,過失をとらえる時点は同一であるが,訴因の過失Aが否定されこれと異なる過失Bを認定する場合がある (A → B)。この場合,AとBが類型的に異なった過失であれば訴因変更を要することはもちろんである。ただ,問題は,AとBの関係すなわちBはAと異なった態様の過失なのかあるいは同一態様の過失なのだが注意義務をつくす手段につき訴因と異なる認定を例示しもしくは表現方法を異にするにすぎないのかの区別が微妙であるところに存する。次項 ((5)) の判例の中にはむしろ,本類型の場合に入ると解すべきものがある。

　なお,本類型にとって最後に検討しておかなければならない問題がある。それは,本類型は,訴因も認定も同一の事故状況を前提とし,かつ一連の運転操作のどの時点に過失を求めるかについても一致しているのであるが,設定する注意義務の内容が異なる場合であった。事故状況が同一であるから,事故発生の前提となる状況および被告人の具体的行為は同一である。認定される事実が訴因記載と同一である限り,これを基礎として異なる注意義務を設定しても,

---

19) 最二小判昭26.6.15刑集5巻7号1277頁,判タ13号66頁がリーディングケースである。

法的評価の変更の問題として訴因変更の対象とならないのではないかという疑問がある。【18】東京高判昭 47.10.9 東高時報 23 巻 10 号 196 頁は，右のような問題を提出している。この事案は対向車との離合の際の事故であるが訴因も認定も，被告人車が時速約 55 キロで見とおしの悪い S 字カーブの途中にあるトンネルを通過しようとした際対向車があったのに同速度のまま道路中央寄りを進行したため，対向の被害車両と衝突したという事故の状況を前提としている。訴因は，前方注視，減速，道路左側へ寄るべき義務を掲げ，原裁判所は，これに対し，ハンドル操作を確実にしてセンターラインから適当な間隔をとって進行すべき注意義務を認めた。判旨は次のように述べて訴因変更手続を不要と解したのである。すなわち，「被告人の過失行為としては，両者はいずれも対向車と擦れちがう際に同車の動静に留意せず道路中央寄りを進行した点にあって，その間に相異するところはない。なるほど，自動車運転者として遵守すべき業務上の注意義務に関する部分は，両者はかなりの違いがあるようにみられるけれども，この点は，元来，具体的な状況下において自動車運転者に対し如何なる注意義務が要求されるかという法律判断であって，もとより裁判所の専権に属し，この意味で厳格に訴因に拘束されるものではないと解するのが相当である。」と。

　この事案としては，訴因変更不要と解してよいと思われる。なぜなら，原裁判所が認定した確実なハンドル操作義務というのは，独立の注意義務を付加したものというより，訴因と同じ左側へ寄る（センターラインから適当な間隔をとる）義務の一手段として（S 字型カーブの中間でハンドルの切り方によっては相互にセンターラインに寄り勝ちな場所であるから）判示したものと解した方が判文にそうからである。そうだとすると，訴因の前記三つの注意義務に対し原裁判所はこのうちの一つの注意義務を認めたわけで，前記「第二の場合」として訴因変更は不要ということになる。判旨の結論は正当であるとしても，注意義務の構成に訴因の拘束力は及ばないとする点は，事実記載説によっても疑問であろう。前述したように，注意義務の存在は法的評価か事実かという問題はあるが，この点は，井戸田教授の指摘のとおり，法的評価と解するにしても，当該事故において被告人がどんな注意義務に違反したかということは訴因"事実"であって，訴因の拘束力が及ぶものである。事故の前提となる状況や被告人の

生の行為としては、訴因も認定も同一であるとしても、これに新たな注意義務違反という面を指摘して新たな過失行為としてとらえなおすのであれば、やはり防禦の機会を与えるべきものであろう。高田教授は、前方注視義務違反の訴因に対しこれと減速徐行義務違反を認めた事例（前掲【12】）を例にとり、この事案で訴因に時速が記載されておれば、裁判官は訴因変更の手続を経ないで過失（減速義務違反）を認定できるかという問題を提起され、被告人の防禦ということを実質的に考えれば、同一事実でも訴因の上で過失とされている場合と付随的状況とされている場合とでは防禦に実際問題として差異があり、単に訴因に記載されているということだけで裁判官が自由に過失を認定してよいとは言えない、と述べておられる点も参考となろう。また仮に、注意義務の構成は純然たる法的評価の問題だとしても、法的評価の差異についての防禦を手続的に保障する必要もあり、注意義務の変更は構成要件の変更のように罰条の変更という手続によって防禦の機会が与えられないだけに、訴因変更の手続にのっとることを考えてよいと思われる。

(5) **事故の状況、過失をとらえる時点、過失の態様も同一であるが、注意義務をつくす手段等が異なる場合**

訴因と同一の過失を認定したのだが、注意義務をつくす手段、方法が訴因と異なったりあるいは訴因と異なった手段、方法を例示として付加する場合および訴因と同一の過失を認定したのだが、過失内容となる注意義務および注意義務違反につき、事案に則し具体的に説明したにすぎない場合などが本類型に含まれる。いわば同一態様の過失の内部における事実の変動と訴因変更の要否が問題とされる。

以下の判例は、これらの場合訴因変更は必要ではないとしている。判例のこの結論自体に異論はない。ただ、問題は、そもそも同一態様の過失の内部のことといえるかどうかが、以下の判例の事案においても微妙であり、前項に掲げた、例えば新たな注意義務を付加する場合との比較が必要である。

まず、次の【19】ないし【21】の判例は、訴因の注意義務に付加して新たな事実を認定した場合につき、付加された部分は、訴因と同一の注意義務をつくす方法を例示したもの、措辞は異なるが趣旨は同一であるなどの理由をあげて、訴因変更は不要と解したものである。

【19】東京高判昭34.3.30下刑1巻3号560頁は，被告人車が前方左側を同一方向に歩行していた被害者を追越した際これと接触した事故である。訴因の過失は，通行人の態度姿勢に応じて何時でも停車しうるよう速度を減少する等の注意義務違反であったが，原裁判所は「何時にても停車し得るよう速度を減少し或は迂回する等」の注意義務を認めた。判旨は，本件の場合の注意義務としては要するに被害者に接触するという危険の発生を防止する義務であり，訴因にいう減速義務はその方法の例示にすぎず，原裁判所が認めた減速あるいは迂回する義務というのもこの例示を付加したもので訴因の内容を変更したものではない，とした。

【20】大阪高判昭42.8.29下刑9巻8号1056頁，判タ215号204頁は，被告人車が駐車車両の右側を通過するため道路右側部分にはみ出て進行した際，対向車と衝突した事故である。訴因の過失は，前方注視，ハンドル操作を確実に行う等の義務があるのに対向車両の有無に留意しないでハンドルを大きく右に切って道路中央線を越えて進行した点をとらえている。これに対し，原裁判所は，被告人が対向車の進行を認識していた事実を前提とし（この点で，事故状況の一部に訴因と認定とでくい違いがある），この場合の注意義務として，対向車の動静注視，警音器を吹鳴して進路の避譲を求める，離合の際の安全間隔の確認，減速して駐車車両付近での離合をさける等の義務を認めた。判旨は，前記【19】と同じような発想で，訴因にいう，駐車車両の右側に進出して進行するときに自動車運転者が事故の発生を未然に防止すべき業務上の注意義務としては，要するに対向車両に接触または衝突することのないような方法をとることにあるのであって，訴因の前方注視などはその例示にすぎず，原裁判所の認定した注意義務も対向車との接触防止義務に包摂されるものであって，新たな注意義務を判示したものではない，とするのである。

【21】東京高判昭37.3.7下刑4巻3＝4号183頁，判タ130号61頁は，追越し事故であるが，訴因の過失は追越しに際して進路，速度，道路状況等を考慮し安全を確認してから追越すべき注意義務があるのに高速度のまま右にハンドルを切って追越そうとした点である。これに対し，原裁判所は，右の過失に加えて，追越した直後における確実なハンドル操作義務に違反してハンドルを急拠左に切りすぎた事実を判示した。判旨は，両者の注意義務違反の内容は同一

とはいえないが，いずれも追越の際の安全確認義務違反を摘示しているもので，その内容を示すにつき措辞は相異るが趣旨において異なっていない，と述べている。

　以上三つの判例は問題が少なくない。共通していえることは，訴因も原裁判所の認定も同一の注意義務違反を内容としていると判旨が理解する場合の，注意義務が広すぎはしないかという点である。【19】，【20】では被害者（車両）との接触防止義務が，【21】では追越の際の安全確認義務がとりあげられている。これだけ注意義務を広くとらえることは，訴因の記載の項目で述べたように問題がある。とくに【21】の事案で付加された部分は，追越しの際の安全確認義務違反ではなくて追越し後事故発生直前のハンドルなどの不適切操作という別個の類型に属する過失であり，その点で前掲【13】，【17】と同じ系統の事案と見るべきであろう[20]。

　次の【22】，【23】は，訴因と異なる事実が認定されたのであるが，同一の注意義務違反の態様の差異にすぎないとか，差異が大きくないことを理由に訴因変更は不要と解された判例である。

　【22】東京高判昭48.3.26東高時報24巻3号33頁は後退事故であるが，訴因の過失は助手を降車させたうえ後方の安全確認をつくさせ同人の誘導に従うなどして後退すべき注意義務違反であった。原裁判所は，これに対し，自車の助手席に同乗していた助手に後方の安全を確認してもらう措置をとりつつ後退すべき注意義務違反を認定した。判旨は，訴因も原裁判所の認定した過失も被告人の注意義務としては同乗の助手をして後方の安全を確認させることにあるのであって，両者の相違点はその態様に関するものにすぎない，と述べている。判旨の趣旨は，助手を介しての後方安全確認義務という点で一致する限り，助手を下車させるか同乗させたままかは，この注意義務をつくす手段の相違にすぎないということであろう。判旨は，例えば，前掲【16】と比較しても正当である。

　【23】東京高判昭48.12.12東高時報24巻12号176頁は，前方不注視のため進路前方を歩行中の被害者に被告人車を衝突させた事故である。訴因と原裁判

――――――――――
20) 【20】，【21】につき，鬼塚・前掲注15) 426頁は訴因変更を要すべき事案とし，小泉・前掲注7) 264頁は【20】につき縮小認定として判旨を支持する。

所の認定の違いは，前方注視義務違反の態様に関し，「発見がおくれた」とするのと「発見できなかった」とする点に存するもののようである。判旨は，その差異は同一の注意義務違反の態様に関ししかもそれほど大きくないことを指摘している。

次の【24】，【25】の判例は，訴因と同一態様の過失を認定したのだが，過失の内容を事案に即し具体的に摘示したにすぎないと解された判例である。

【24】東京高判昭43.11.22 東高時報19巻11号223頁，判タ235号286頁は後退事故である。訴因の過失は，後退にあたり自車左右後部の周囲の安全を確認すべき注意義務があるのに運転台の右側ドアーを開け右後方のみを見て，左側の安全確認を怠ったまま後退したという点である。これに対し，原裁判所は，後退を誘導していた者に頼んで被害者（幼児）を避譲させる注意義務があるのにこれを怠った過失を認めた。判旨は，訴因の注意義務は，後退に際しての左右後部の安全確認というふうに至極簡明に記載されているが，原裁判所の認定した，幼児を避譲させたことを確認することは，後退に際しての訴因の注意義務の内容の一部でありこれを事案に即し証拠により具体的に表明したまでであって，この間なんら過失の態様に差異はない，とした。

【25】東京高判昭44.10.22 判時593号103頁は対向車との離合の際の事故である。訴因の過失は，あらかじめ速度を調節して道路左側を進行し，対向車を発見しても急制動または避譲の措置をとることなく安全に離合すべき注意義務があるのに，漫然と時速30キロで道路右側部分にはみ出して進行，対向車を発見するや急制動と左に避譲する措置をとった点である。これに対し，原裁判所は，対向車を発見しても急激な制動避譲措置をとらず安全に離合できるよう速度を調節するべき注意義務があるのに，漫然と時速30キロで進行したという過失を認定した。判旨は，訴因も原裁判所の認定も離合の際における安全通行，事故防止義務を示し，その内容として速度の調節と急激な制動，避譲措置をさけることを指摘しているのであって両者の掲げる注意義務に異なるところはない，ただ，一はその内容の一を，他はその内の他をとり上げて直接の過失の態様を示したというにとどまる，と述べている。

【26】東京高判昭47.12.18 東高時報23巻12号236頁，判タ298号442頁は，駐車車両の右側を通過するため道路右側部分に進出した際，自車を対向車と接

触させ狼狽して左に急転把したので電柱に衝突した事故であるが，訴因の過失も原裁判所の認定した過失も，道路右側部分に進出した後直ちに転把して道路左側部分に復しなかった点をとらえていることには変りはない。ただ，原裁判所は，訴因事実に加えて道路の状況（右にゆるくカーブしており，直進しているうちに道路左側に復することから，左に転把しなかった）や事故発生前の対向車両の状況（時速約30キロで対向車が直進してきた）を付加説明したにすぎないとされた事例である。

【24】ないし【26】のうち，【26】は問題がないとして，他の二つは多少解明を要する。まず，【24】の訴因の過失と原裁判所認定の過失の関係が判旨のいうようなものであるかどうか疑問である。前掲【16】の判例と対比してみると，原裁判所認定の誘導者による避譲措置の確認義務は同じ後方の安全確認義務とはいいながら，他人を介してのものだけに，訴因と類型的に異なる注意義務ではないかという疑問がある[21]。

【25】については，判旨の結論は正当であろう。ただ，ここでも，離合の際における安全通行，事故防止義務などという広すぎる注意義務が考えられているところが問題である。むしろ，この判例の場合，訴因の注意義務は，速度調節，左側進行，急制動，避譲をさけるの三つであったのに対し，原裁判所はこのうち速度調節義務違反だけが当該事故の過失であると認定したのではないか。そうだとすれば，前述したいわゆる縮小認定の例として訴因変更は不要であると解したいところである。

第4 おわりに

以上で過失犯における訴因変更の要否に関する判例の整理分析を終えたのであるが，当然のことながら，これで問題がすべて解消するわけではない。基準の適用にはどこまでいっても微妙さがつきまとうことは否めないところである。もともと，事実記載説によれば，訴因変更の要否は，過失犯に特徴的に表われるように，常に不安定な要素を持つ。なぜなら，訴因の同一性といい被告人の防禦の支障といっても巾のある観念であり，認定者によって見解は異なる

---

21) 本判例につき，高木・前掲注2) 271頁は具体的行為内容を著しく異にするから訴因変更を要するとしている。結論同旨，佐野・前掲注2) 230頁，鬼塚・前掲注15) 426頁。

からである。認定者によって非常に厳格なものから比較的ゆるやかな見方までありうる。訴因の同一性や被告人の防禦の支障という基準をあまりに厳格に解すると手続がはんさになって耐えられないし，これらの基準をゆるやかに解せば，訴因の判決拘束力をゆるめることになって，訴因の機能を弱める結果となる。第一審の実務としては，このどちらの側にも偏しない妥当かつ安定した基準の定立がことに必要であるが，このほかにも，この観点からいって，次の二つのことが，さしずめ重要であると思われる。

　現在では，訴因変更の権限を有しかつその責務を負うのは検察官であると解されている[22]。ところが皮肉なことに訴因変更の必要性を最もよく知りうる立場にあるのは，検察官ではなくて裁判所である。なぜなら，訴因変更の要否は訴因事実と証拠上認定される事実との比較の問題であり，証拠上認定される事実は，比較的明白で当事者が明らかに感知できる場合もあるが，過失犯のようにきわめて微妙でかつ法的判断と関連する場合は，裁判官の心証形成や法的判断と密接に結びついており，比喩的にいえば裁判官の胸の内にあって当事者が知りえないことも多いのである。ことに過失の成否が激しく争われる事案——こうした事案でこそ訴因変更が問題となる——ではそうである。このことから，過失犯における訴因変更の要否をきびしい基準で判断することは検察官にとって無理な要求であり，実務に即さないという批判が生れてくる[23]。この批判をどう受けとめるかが第一の問題である。

　たしかに，訴因の設定，変更に関する裁判所の介入の消極性を表わす判例の傾向[24]と訴因変更の要否に関するきびしい基準を文字どおり直結させれば，検察官としては容易でない負担を負うことになる点は理解できよう。しかし，この二つを文字どおり直結させることが問題であって，それを前提に訴因変更の基準をゆるめる方向で解決するのは妥当でないと思われる。すなわち，裁判

---

22) 刑訴法 312 条 2 項により裁判所が訴因変更を命じても，別途検察官の訴因変更がない限り，効果は生じないし，裁判所が訴因変更を命ずる義務を負うこと自体が例外的である（最大判昭 40.4.28 刑集 19 巻 3 号 270 頁，判タ 174 号 223 頁，最三小判昭 33.5.20 刑集 12 巻 7 号 1416 頁，最三小決昭 43.11.26 刑集 22 巻 12 号 1352 頁，判タ 229 号 255 頁）。
23) 横井・前掲注 16) 135 頁以下，143 頁以下。
24) 前掲注 22) の判例のほかにも，最一小判昭 42.8.31 刑集 21 巻 7 号 879 頁，判タ 211 号 182 頁などに表われている。

所の適切な訴訟指揮権の行使によって，主張（訴因）と実体（証拠上認定される事実）の間隙がうまるような検察官の行為を促進することは十分可能なのである。例えば，検察官に対し，訴因について釈明を求め（現訴因の立証は十分と考えているか，など），あるいは訴因変更を勧告しまたは促し，さらにはこれを命ずるなど若干ずつニュアンスに強弱のある方法がこれである。裁判所が適時このような方法をとることができることは，前記の判例の傾向と矛盾するものではないと考えられる。訴因変更命令の義務性や形成力の有無に関する前記判例の結論は，訴因と実体とがくい違ってギリギリのところまできた場合のいわば理論的判断であり，訴因と実体がくい違った場合第一審の裁判所としてはどうしたら最も良いかという問題とは——無関係ではないが——様相を異にすると考えて差し支えない。この点については，これまたさまざまな論究がなされているが[25]，私見によれば，裁判所が訴因変更を命ずる義務を負う場合はごく例外的であるにしても，訴因の変更を命ずることができる場合の方がこれより広く，そしてこれよりもなお訴訟指揮権の行使として訴因につき釈明を求め，訴因変更を勧告しあるいはこれを促すことが妥当な場合の方がより広いと解される。過失犯の訴因変更のような場合には，なおさら裁判所の適切な訴訟指揮が期待されるのである。そして，その結果，その段階での裁判所の心証形成が当事者に明らかになることになるがそれはやむをえないと解される。訴因に関する裁判所の前記の訴訟指揮は，裁判所の義務ととらえない限り事実上の問題にとどまり法律上の問題ではないといわれるが[26]，実際の訴訟がこれらの方法により，そうギクシャクしないで動いているとすれば（そう思えるのだが），それを前提に過失犯の訴因変更の問題を考えてもよいように思う。

　第二に，訴因変更の要否は，最終的には上訴ごとに控訴審において控訴理由（刑訴法378条3号または379条）として取り上げられた際に事後的に判断されることになる。研究対象とした前掲諸判例は，【7】を除き，この意味における訴因変更の要否に関する判断を示したものである。そして，第一審の裁判所なり検察官が訴因変更を要するか否かを判断する基準もこれと一致すべきもので

---

25) 例えば，渡瀬勲「訴因変更命令・勧告における裁判所の権限と義務——判例を中心として——」中野次雄判事還暦祝賀『刑事裁判の課題』（有斐閣，1972）145頁以下など。
26) 横井・前掲注16）150頁。

ある。ただ，後者の場合，実務上の運用としては，なお若干の差異が存するであろう。前者は控訴理由として成立するか否かの判断であり，これはいわば事後的で究極的な判断であるが，後者は比較的弾力性にとんだ運用が可能である。すなわち，訴因変更の要否は微妙でありあるいは不要とも解される場合に，念のため訴因変更手続をとっておく方法を考慮すべきである。訴因の任意的変更は，起訴状の訂正ですむものを訴因変更というより厳格な手続でまかなうわけだから，理論上否定すべきものではないし[27]，実務上も上訴審における争いをあらかじめ防止しておくために有効である[28]。

---

27) 団藤重光『新刑事訴訟法綱要』（創文社，1953）203頁，平場ほか・前掲注8) 587頁，井戸田侃『刑事訴訟法要説Ⅱ』（有斐閣，1967）31頁。最一小判昭32.1.24刑集11巻1号252頁はこれを否定するかのような口ぶりであるが，賛成できない。
28) 訴因変更に関する東京地裁の実情につき，柏井康夫ほか「座談会・自動車交通事故と刑事上の諸問題(下)」曹時23巻5号981頁以下参照。
　もとより，訴因事実といささかでも異なった事実を認定するときには常にこの方法をとるというのはいきすぎで，理論的ではない（海老原・前掲注2) 130頁）。

第10章　続・過失犯における訴因変更

第1　はじめに

　筆者は，かつて，「過失犯における訴因変更——判例の総合的研究」なる論稿を公にした（判時792号〔昭和50年12月〕130頁，本書174頁，以下「旧論稿」という）。筆者が大阪地裁の刑事交通専門部に在籍していた当時に執筆したものである。

　当時，収集・分析した判例は，公刊の判例集に登載された昭和32年から昭和49年にわたる合計26例の判例であり，地裁及び最高裁の判例各一を除き，他はすべて高等裁判所の判例であり，しかも圧倒的に多いのは，昭和40年代に出された判例である。そのころは，全国的に交通事件についての控訴も増え，控訴理由として訴因変更の要否が争われたり，あるいは，控訴審もこの点を意識的に職権調査していたとうかがわれるのである。

　その後，筆者はこの問題から遠ざかっていたところ，裁判官退官（平成14年6月）後の同年10月，東京地検公判部から過失犯における訴因変更についての講演を依頼され，その際，旧論稿以後の関係判例を収集・分析してこれに付け加え講演した。その講演録が幸い文字化されて残されていたので，これに多少の修正・加筆をして「続・過失犯における訴因変更」と題して本書に収録したものである。その際に収集した判例は，講演録の末尾に掲げた12例であり，昭和50年代に出されたものが大半で，昭和60年代，平成に入ってからのものはごくわずかであった。そして，福岡高判平6.9.6（末尾掲記の判例⑨）が最後の判例である。

　なお，本論稿においても，旧論稿と同じく，自動車事故における過失の変動と訴因変更の要否を論じ，過失犯一般における過失の変動，あるいは，過失と結果発生との因果関係の変動や傷害の部位・程度など結果の変動と訴因変更の要否については，触れない。

第2　過失犯における訴因変更——講演録

　石井でございます。

　ただ今，ご紹介頂きましたように，昭和38年に裁判官に任官しましたので，司法研修所の期から言えば，15期ということになります。39年余り裁判官をしていましたが，ほとんどが刑事裁判を担当しておりまして，その次に長いのが所長や長官といった司法行政です。民事については，民事だけを担当したというのは，実はたった1年しかありませんので，裁判官としては，かなり変則的なキャリアです。刑事裁判だけを担当していた期間というのは，数えてみますと24年間ということになり，そのうち5年間近く，刑事の交通部というところにおりました。今はありませんが，前には東京と大阪だけに刑事の交通専門部というのがありまして，そこに私は，同じ時期ではなく少し間があくのですが，トータルで5年近く在籍していました。別に，私が交通事故の権威というわけでもなければ，自動車の運転に堪能であるというわけでもないのですが，どういうわけか，そういう経歴を経てしまったという，これもおそらく，裁判官のキャリアとしては，変則的と言えるかもしれません。

　今日は，皆さんにお話をせよということですが，皆さんは，おそらく，日ごろからお忙しい生活をしておられるし，また，いろいろ勉強もしておられるでしょうから，今さら私の方から，法律的な問題をお話しするよりも，何かもう少し，皆さんの日ごろのご苦労を吹き飛ばすようなおもしろおかしい話をしたり，あるいは，皆さんから裁判所に対して，どのような注文を考えておられるのかということを本当はお聞きしたいのですが，せっかくの機会ですので，交通事故に絡んだ問題をお話させて頂くことにしました。しばらく，私にお付合いを願いたいと思いますが，お疲れでもありましょうから，一応，私から話をしますが，随時，皆さんから質問を挟んで頂いて結構でございます。あるいは，そこはそうではなくて自分はこう思うんだという点があれば，おっしゃって頂ければ結構かと思います。

　今日，お話しいたします順序というのは，お手元に配布されましたレジュメの順番で進めていきたいと思っております。

第Ⅲ部　公訴・訴因

1　訴因制度が実務に及ぼした影響

　はじめに，訴因制度が実務に及ぼした影響という大変難しいタイトルを掲げましたが，今の刑事訴訟法というのは，昭和24年1月1日から施行されておりますので，おそらく，皆さんが生まれたときにはすでに存在した刑事訴訟法ということになります。我々のころは，まだ，今の刑事訴訟法のことを新刑訴と呼んでおり，それまでの刑事訴訟法を──大正刑訴でありますが──それを旧刑訴と呼んで対比していたわけです。裁判官でも，今の刑事訴訟法の精神に則った実務をする裁判官は新刑訴派などと呼ばれておりました。新刑訴，旧刑訴ということを使い分けていたわけですが，その言葉に従って申し上げますと，訴因という言葉は，新刑訴になってはじめて導入されたものであります。それまでの日本の刑事訴訟法では，公訴事実（公訴犯罪事実）という言葉はありましたが，訴因という言葉は全くなかったもので，今の刑事訴訟法が英米法，とりわけアメリカ法の影響を受けて創られたという経緯もあって，訴因という言葉が日本の刑事裁判の中に登場したわけです。同時に，この公訴事実という旧来から使われている言葉も残っておりました。たとえて言いますと，先妻がまだ生きているのに，もう一人女性ができたというような形になったわけで，この訴因と公訴事実の関係をどうするのかといったいろいろな問題が出てきました。ただ，この訴因制度自体は，判決を拘束するということであり，つまり，検察官が設定した審判の対象というものに裁判所が拘束され，そこから離れて自由に認定できないという意味では当事者主義の現れであり，そして，裁判所は，その訴因の証明ができたかどうかという判断者に徹することができる，あるいは，被告人の方もその訴因の枠内で防禦すればよい，そうしておけば不意打を免れるということでは大いに賞賛されたわけであります。

(1)　訴因と公訴事実の関係──審判対象論

　賞賛されたのはよいのですが，今言いましたように，公訴事実という古い言葉と新しい訴因という言葉が出てきたものですから，まず第一に，この二つがどのような関係にあるのかということが議論されました。

　議論の根底は，皆さんがすでに勉強されたとおり，審判の対象は，訴因か公訴事実かということで，喧々諤々の議論があったわけです。それで，審判の対

象は訴因だという考え方と，審判の対象はやはり公訴事実だという考え方，その真ん中で訴因も公訴事実も両方とも審判の対象だという，いわば折衷説と言いますか，中間的な考え方もありました。この三つの考え方は，戦後だんだんと時間が経るにつれまして，次第に訴因が審判の対象だという説がほぼ勝ちを占めたというか，少なくとも学会では訴因対象説が通説になってきました。実務家，特に裁判官は，むしろ，公訴事実対象説の人も多かったのですが，学会では，訴因が審判の対象であるという説がほぼ勝ち切ったという感じです。その代表的な論者が平野龍一さんという学者であったわけです。ただ，この審判の対象が何かという議論は，学会では大いに議論されて皆さんも勉強されたと思いますが，実務に及ぼした影響という点では，それほどの大きさはなかったように今は思われます。

　この両説の違いは，直接的には，例えば，訴因外の事実を認定した場合の控訴理由，これは，ご承知のとおり，審判の請求を受けない事件について審判をしたという絶対的控訴理由（法378条3号）に当たるのか，あるいは，本来は訴因変更が要るのに，そういう手続をしないで認定したという訴訟手続の法令違反（法379条）かという争いに直結すると言われていたのですが，本当は，ここも直結するかどうかは疑問であり，仮に，直結するにしても，どちらにしても，破棄されるということに変わりはないので，どちらを破棄理由とするかというだけのことでありまして，必ずしも，この訴因対象説と公訴事実対象説ということで実務が混乱に陥ったという感じはなさそうです。強いて言いますと，訴因対象説と公訴事実対象説というのがあまりにも議論されすぎて，訴因対象説でいけばこうなる，公訴事実対象説でいけばこうなると，割り切りが強かったのですが，だんだんと年代を経るにしたがって，必ずしもそうも言えないのではないか，つまり，例えば，皆さんご存じの訴因変更命令というのがありますが，この命令があった場合に形成力があるかどうかということが議論され，最高裁の判例で形成力はないということで昭和40年に落ち着きを見たわけです。この問題なども，訴因対象説からいけば形成力なしと，公訴事実対象説からいけば形成力ありというように議論されていたのですが，しかし，よくよく考えてみますと，訴因対象説からいっても形成力は肯定できるという有力な考え方もありまして，それは一つの例でありますが，審判対象論というの

は，実務を進めていく上でそれほどの困難を生じさせるものではなかった。しかし，訴因と公訴事実の関係をどうとらえたらよいのかということは，理論上は大きな問題として残されており，実は今でもはっきりしていません。皆さんは，起訴状に「公訴事実」という起訴した事実をお書きになるのですが，刑事訴訟法256条を見ますと，公訴事実は，訴因を明示しなければならないとなっているわけですが，「公訴事実」と記載された部分のどれが公訴事実で，どれが訴因かということを尋ねられても分からないものです。そういうことで，訴因と公訴事実の関係というのは，実際，依然としてよく分からない問題です。

(2) **訴因の判決拘束力の範囲──訴因事実と非訴因事実，訴因変更の要否**

二番目に，最も大きな影響を与えたのは，やはり訴因の判決拘束力ということであったわけです。訴因の判決拘束力という言葉自体は，実は，刑事訴訟法のどこにも出てこないのですが，312条で訴因変更という制度ができたものですから，できたということの反面として，変更されない限り，その訴因に判決は拘束されると，このように理解されるようになったわけです。この点が実は旧刑訴法と決定的に違うところで，旧刑訴法ですとこういう訴因制度がありませんので，例えば，窃盗罪で起訴したところが，証拠調べをしてみたら，実は強盗罪ではなかろうかということになった場合に，裁判所は強盗罪で有罪判決をしてもよかったわけです。今なら絶対にできないということになります。この訴因の判決拘束力というのは，いったいどの範囲まで及ぶのかというのが，今日お話しする面倒なところです。この問題は，少し分けて言いますと，訴因事実と訴因ではない事実との区別というのが，まず，第一に出てくる問題です。例えば，皆さんが起訴状に「公訴事実」として書かれるものを考えてみますと，少し重大な犯罪，あるいは，入り組んだ犯罪であれば，その犯行に至る経緯とか，動機や計画といったものをかなり詳細に書く場合があります。最近はどうなっているのか分かりませんが，昔でしたら，やはり，かなり経緯を書いていたし，どこどこで凶器例えば刃物を購入したなどということも書いていたわけです。もちろん動機も書いている，おそらく動機は今でも書いているのでしょうが。しかし，本来，こういうものは訴因事実なのであろうかという問題があるわけです。例えば，窃盗罪で言いますと，「公訴事実」には被害金品を書いたり，それから物品については時価いくら相当などというのも書いてい

ます。やっぱり今でも書いているんでしょうか。しかし，時価いくら相当などというのは，もともと，本当に訴因事実なんだろうかという疑問があるし，また，傷害罪とか交通事故で言いましても，加療日数が変化してきますので，入院加療1か月というように起訴したところ，後でどんどん悪くなってきて，実際には半年ぐらい入院したということもあるわけですが，その場合に，裁判所が，訴因は1か月であるが，判決で6か月の入院加療と認定できるかという問題があります。それなども傷害の加療日数などというのは訴因事実なんだろうかという問題です。また，仮に，訴因事実だとしましても，どの程度違えば訴因変更というきっちりした手続がいるかということもはっきりしません。

　なぜはっきりしないかというと，実は二つほど理由があるわけですが，一つは，訴因変更というのは考えてみましたら，起訴された事実，起訴事実と証拠上認定される事実との間に食い違いが出てきたということが前提です。ところが，証拠上認定される事実というのは，非常に明白で，検察官を含めた訴訟関係人にすぐ分かる場合と，実際には裁判所が認定してはじめて分かるという場合がありますが，むしろ後者の場合が多いようです。過失犯でいいますと，裁判所の判決を見て，はじめて訴因と違った過失を認定しているということが分かるという場合が少なくありません。ところが，そういうズレ自体を調節するのは，現在のシステムからすると検察官であるということになっているわけです。つまり，検察官の訴因と裁判所の認定，ある意味では，裁判所の胸の内にあるものとのズレを検察官が調節しなさいということが今のシステムなのですが，それは多くの場合，難しいようです。事後的には分かるかもしれませんが，公判の刻々の段階では分かりにくいことが多いものです。それがこの訴因変更の要否に関する難しさの第一と言えます。

　それから，難しさの第二は，実は，この訴因変更の要否というのをどの基準で考えるかということです。レジュメに書いておきましたように，事実記載説とか構成要件説というものが基準としてあるわけですが，このうち事実記載説というのが判例・通説であると言われております。つまり，訴因と証拠上認められる事実の間に，事実的な変化があれば訴因変更が必要であるというのが事実記載説というものです。事実の変動というところに訴因変更の要否の基準を認めている説です。構成要件説でいけば，構成要件が変われば訴因変更が必要

であるという，こちらの方がまだはっきりしているわけです。事実記載説は，事実が変われば訴因変更が必要であるというのですが，では，どの程度変われば要るのかという点がはっきりしません。もともと，そっくりであれば訴因変更は問題にならないわけで，訴因変更が問題になるというのは，訴因の事実と証拠上認定される事実との間にズレがあるということが前提ですから，そういうズレがあることを前提にしながら，なお，どの範囲のズレまでを容認するかという問題です。そこの限界は非常に曖昧であり，どこまでいっても実は曖昧なようです。そこに訴因変更の難しさ，嫌らしさの原因があるわけです。

訴因制度ができて訴因変更ということができるのですが，この訴因変更自体というのも，実は無制限にできるとものではなく，「公訴事実の同一性を害しない限度で」できるということになっております（法312条1項）。訴因変更が必要かどうかという問題と同時に，訴因変更が可能な枠内にあるかどうかという新しい問題も出てきました。もっとも，公訴事実の同一性自体は旧法にもあったわけで，旧法では事件の同一性ということで議論されており，事件の同一性というのは，被告人の同一性と公訴事実の同一性で定まると言われていたものですから，公訴事実の同一性という観念自体は，旧法からあったものです。しかし，新法になっても訴因変更の要否とは別に，その外側の枠としてこの問題も解決せざるをえなくなった，これについても，いろいろな考え方もあるし判例もあるというのは，ご承知のとおりであります。

2　訴因変更要否の一般的基準

以上がレジュメに記載された訴因制度が実務に及ぼした影響ということですが，次の訴因変更要否の一般的基準というのは，これはもう皆さんご承知のとおりで，先ほど触れたとおりです。今さら皆さんにお話しする必要はないのでしょうが，これから話をする前提として若干触れておきます。お手元の判時792号132頁の三の㈠記載の「訴因変更要否の一般的基準」というところをご覧になって頂ければ，それで十分ですが，事実記載説というのは，先ほど言いましたように，起訴状に記載された事実の変動を変更要否の基準にしようという考え方，それから構成要件説とか罰条同一説というのは，事実の変動ではなくて犯罪として変わってくるかどうか，構成要件的に変わってくるかどうかで

訴因変更の要否を判断しようという考え方，法律構成説というのは，いわば，事実記載説と構成要件説の中間のような感じで，構成要件が変われば訴因変更が必要であるが，仮に，変わらない場合でも，法律構成が変われば訴因変更が必要だという考え方です。構成要件といいますか，罰条で訴因変更の要否を区切るという二番目の考え方は，基準としては非常に明快なわけです。明快であるけれども，やはり被告人の防禦から言えば，起訴状に書かれた事実を巡って防禦してくる，裁判所の審判の範囲も記載された事実を中心に審理が進められていくわけですから，そういう意味からすれば，やはり事実記載説の方が確かによいことはよいと言えます。ただ，事実記載説は，先ほど言いましたように，どの程度事実が動けば訴因変更が必要なのかということがもう一つはっきりしません。ここは，様々な見解が入り乱れているわけですが，このへんは皆さんご承知のとおりでしょう。

　一般的に言いますと，訴因事実と証拠上認められる事実との間に，社会的・法律的に見て異なった事実になるかのかどうか，あるいは，重要な事実の変動があったかどうかといったことを，被告人の防禦の支障といったことも絡めながら，判断していこうというのが，普通の考え方だと思われます。しかし，実はそういった言い方をしてみても，はっきりしないようです。社会的・法律的にみて異なった事実に変わってきたといっても，はっきりしないし，仮に，重要な事実の変化があったかどうかといっても，重要な事実が何かといったことがはっきりしない，どこまでいっても基準としては不明確といったところがあるわけです。

3　過失犯における訴因変更の要否に関する判例

　過失犯の訴因変更につきましても，基本的には事実記載説によって判断されておりまして，過失の態様が変われば，事実が動いたということで訴因変更が必要であるということになるわけですが，しかし，ここでもやはり，過失の態様が変動したといえるのかどうかというのがもう一つはっきりしないようです。

　それで，私が交通部におりましたのは，はじめは昭和49年4月から52年3月までの丸3年間いたのですが，交通専門部なものですから，毎日毎日，「被

告人は自動車運転を業務とするものであるが……」と，そればかりやっていたわけです。当時，大阪の交通部の場合，裁判官4名で構成していましたが，東京はもう少し人数が多かったようです。

　交通部の一番の関心事は量刑でした。一般事件ですと前科の関係で必然的実刑というのがかなりありますので，実刑にすること自体に抵抗がないと言いますか，当然，実刑しかないわけですからそれで構わないのです。ところが，ご承知のとおり，交通事犯の場合には，被告人は，さしたる前科がない人が多いです。ところが，地裁に起訴される交通事故というのは，内容としては非常に悪質な事案が多く，大体は酒酔いとかひき逃げとか無免許とかいうのがくっついたものが多く，また，過失の内容も，信号無視とかいろいろ重大な過失が多かったようです。被害者の関係から言いますと，全く落ち度のない被害者が車に轢かれて死亡してしまうとか，あるいは死亡よりひどいのは，命はあるけれども，植物人間のようになって生きながらえている，そういう事件が結構あるわけです。そうなると，本人も大変ですが周囲も大変です。ですから，交通事故の場合，中身は非常に悪いけれども，被告人自身は，善良な市民とまでは言い切れないが，それに近いような人でさしたる前科もない人が多い，これをどう処遇するか，しかも，一方で交通事故はある程度厳罰にしなければならないという社会的な要請もあるわけです。そういうことから，東京も大阪もどのような事案について実刑にするかということを，それぞれ研究したり話し合っていたものです。それと同時に，過失の認定が難しい事件もあったし，また，どんな場合に過失犯の訴因変更が要るのかといったことが結構微妙な事案もありました。

　実は私が，この「過失犯における訴因変更」といった論文を書きましたのも，何とかもう少し訴因変更の要否を具体化して実務に明瞭な線が引けないものかということから書いたものです。更に，私が交通部にいたとき，「交通事故における過失の個数」という論文を書いたのですが[1]（本書615頁），これも当時，交通事故における過失の個数は一つか複数かということが問題になりまして，段階的過失論というのを皆さんお聞きになったことがあるかも知れませ

---

1) 石井一正「交通事故における過失の個数(上)(下)」判時808号3頁，809号3頁。

んが，要するに，交通事故の過失というのは，事故に直結した一個の過失しかないのだという，事故に一番近いところしかないのだという考え方であったわけです。しかし，理論的に考えて，本当にそう言えるのかどうかという疑問がありましたし，また，直近一個に限ると言い出したら，実務が動かなくなるのではないかというような感じがしましたので，交通事故における過失の個数という論文を書いたのです。この問題はどうやら過失複数説というのが優勢に終わったのではないかと見ているのですが，最近はどうなのでしょうか。

そちらの方はともかくとして，この「過失犯における訴因変更」という論文は，大体昭和40年代までに公刊された判例を集めて分類したものですが，ただ，分類はしてみましたけれども，結局，本当に明瞭になったかというと心許ない感じがします。ただ，多少はラインが引けたのかなという気もしないわけではありません。

(1) 昭和50年代以降の判例の紹介

今日，お話しするに当たって，この続きの判例，昭和50年代以降の判例を集めてメモをしておきました。これについては，逐次，説明いたしますが，最近では過失犯の訴因変更の要否というのは問題になることがあるのでしょうか。私も平成6年からは一審から離れて，高裁にちょっといて所長とか長官をしていましたので，少しそのへんの感じが迂遠になっています。この判例時報の論文以後の判例としては，末尾に全部で12例挙げたのですが，これを見ますと，平成6年以降の判例がないようです。もちろん，探してみたのですが，あるいは，最近では判例としては登場してきていないのかなという感じもしています。

この12の判例のうち，9例（末尾掲記の①ないし⑨の判例）は訴因変更が要るという判例です。3例（同⑩ないし⑫の判例）が要らないという判例なのですが，要るという判例がここであげた関係では圧倒的に多いのです。ただ，これは，いろいろな判例集に出る判例というのは，皆さんご承知のとおり，日々行われる判決のうち一部ですから，実際には訴因変更は要らないということで控訴棄却した高裁判例もたくさんあるでしょうが，判例集としては登場してきていないということかもしれません。この①から⑨までの訴因変更が要るという判例を見ますと，やはり，だいぶ厳しくなってきているな，細かくなってきて

いるなという感じを受けます。

　追加した判例に若干説明を加えておきます。お配りしたレジュメには簡単にしか書いておりませんので，まず，①の東京高裁の51年の判決ですが，上段に書いてありますのは事故の概況ですが，これは信号機のある交差点事故で，左方の道路から入ってきた車と被告人車が衝突したというよくあるケースです。訴因は，赤信号を認めたのであるから赤信号に従って停止する義務があるのにそのまま交差点に進入したために左から入ってきた車両，これは右折が可能だという青い矢印が出ている，そういう車両と衝突したというのが訴因なわけです。訴因は，停止義務ということですが，一審判決が認定したのは，停止位置で停止できるような速度と方法で交差点に接近していく義務としてとらえたものです。この事案についてこの高裁判決は，一方はストップする義務であると，一方は，走っていいのではあるが速度を落として走れという義務を求めているのであるから，過失の態様が違うではないかと，それから停止義務というのは交差点の手前で発生する義務であるが，速度を落とすのはもっと前の時点であるから過失のあった時点も違うと，その他前提条件も違うから訴因の変更が要るとしているわけです。この前提条件が違うというのは，実は，一審判決の認定では被告人車が実際に交差点に入ったときの信号とそのときの被害車両の信号について，訴因のように，被告人車は赤，被害車両は青の矢印とは認定しないで，被告人にはこういう過失があるといった認定となっています。おそらくは，判文からは明確ではありませんが，被告人が信号を争ったのではないかと思われます。つまり，確かに赤は認めたけれども，現実に交差点に入ったときには青で，むしろ被害車両の方が赤だというふうに争ったのではないかと思われるわけです。一審判決は，結局，そこの信号のところを突き詰めないで，仮に，被告人のような言い分であったとしても，この減速義務があるのだと，こういう認定をしたと思われるわけです。実は，こういうことは割とありまして，次の判例もそうなのですが，訴因の過失が争われたような場合に，争う被告人の弁解を仮に前提としても過失はあるのだと，訴因とは別な過失があるのだと，こういう認定をすることがあります。どうも，この①の事案は，そうではなかろうかと思われるわけです。もし，信号の関係も訴因と同じような認定であれば，考えてみますと，赤信号で停止する義務と停止すべく速度を落

としていく義務というのは，表現の違いだけではなかろうかという気がするわけです。確かに言葉としては，停止する義務と減速する義務というのは違うようであるが，交差点の手前で赤信号に従って停止せよという義務には，停止するために速度を落としていくという義務が入っていないとおかしいわけです。このへんは私の考えですが，控訴審がそう言い切れなかったのは，やはり事故の状況の一部の，今言った信号の関係が訴因と裁判所の認定が違ったと，そうであれば，訴因変更しなさいというのが，この①の判例であろうと考えられるわけです。また，例えば，赤信号に変わったのを見た時点の関係で言えば，いずれにしても交差点に入るときは赤信号であることが間違いない場合は，これは停止義務ということになるのでしょうが，ただ，赤を見た時点では，ひょっとして青に変わって通れるかもしれないという場合ですと，むしろ停止義務ではなく，まずは減速せよということになると思われます。そういう意味では，微妙に違うことがあるかもしれません。ですから，この①の判例は，訴因は前者の場合で，裁判所の認定は後者の場合という，裁判所も後者と認定し切ったわけではないのですが，それも含めた認定をしたわけです。実際に，裁判官としては，いろいろと過失を争われた場合には，被告人の弁解を採ってもなお過失がある，つまり訴因の過失といっても言いし，被告人の弁解によっても過失があるという大枠でつかみたいという気持ちになることがあります。これは，やはり，過失の有無というのは故意犯ほどビジブルではないということ，この場合でいいますと，結局，赤信号を見たところの減速義務違反としてとらえれば，両方の主張が取り込めるというふうに見たのではないかという感じがするわけです。

　②の東京高裁の昭和52年の判例ですが，これは事故としては，両側に駐車車両があって狭い道路をまっすぐ進むときに，向こうから自転車が来たという事案です。訴因は，駐車車両の手前で一時停止して自転車をやりすごすという避譲義務をとらえたわけです。第一審裁判所は，前方から来る自転車の動静を注視し，場合によっては警笛を鳴らして注意を喚起し，安全にすれ違うことができるよう進行すべきはもちろん，状況によってはいつでも減速，急停車するなど臨機の処置をとる注意義務違反があると認定したのです。つまり，訴因は駐車車両の手前でストップする義務，判決は進行してもよいのだが十分注意し

て進行せよという，そして，その十分注意して進行せよというのは状況によっては一時停止も含むものだという注意義務を認定したのです。それで，この高裁判決は，それでは過失の態様も違うし，過失のあった時点も違うではないかと，また，その前提条件が違うというので，別個の過失であるとしたわけです。これは，もともと原審が簡裁ですから罰金の事案だったのですが，どうも自転車の方がふらついてきて倒れて当たったというようなことで，被告人としては過失を争って，つまり，十分通れる道路であり向こうの方がふらついて倒れてきたのだから過失はないと，こういう争い方をしたのではないかと推察されるわけです。実は，そういう争い方はよくあるのですが，そこで，一審判決は，①と同じように，仮に通れるくらいの幅のある道路だとしても通るからにはもっと注意しなさいという，これも被告人の弁解を前提にしたような過失を認定したわけです。

　それから，③の東京高裁の昭和54年11月の判例ですが，これは，直進事故で，駐車車両に衝突して，その後ろにいた人が挟まれて大怪我をしたという事案です。訴因の過失というのは前方注視義務違反であり，裁判所の認定も前方注視義務違反です。ところが，訴因では道路右側にあった駐車車両の前照灯に被告人車のライトが反射したのを見て，対向車が迫っているものと錯覚し，狼狽してハンドルを右に切ったため，その駐車車両に衝突したというものです。一方，裁判所の認定は，間近に迫った対向車のライトによってはじめてその存在に気づきハンドルを右に切ったため駐車車両に衝突したというものです。この高裁判決は，訴因と認定とでは，対向車が現実にいたかどうかということに違いがあるし，注意義務違反の時期も認定では早くなるので，過失の態様を異にすると判断しております。この事件でもやはり，被告人は対向車が実在したということを強く主張していたようです。つまり，対向車が来てそのライトに幻惑されて駐車車両にぶつかってしまったということです。ただ，この事例からしますと，控訴審の判断は少しきつすぎるかなという感じがします。いずれにしても，この前方注視義務違反というのが訴因においても認定においても過失になっております。対向車が実際にいたかどうかというのは，結局，ハンドルを右に切った原因なんですが，いわば，ハンドルを右に切った際の運転者の認識というのですか，気持ちなのです。そういうものの違いというのは，過失

態様の相違をもたらすのかどうかということで，この判決には疑問があります。現に検察官は，この間のものは事情にすぎず，訴因事実ではないと釈明しているのです。結局，この事件は，控訴審において検察官は原審が認定したような訴因に予備的訴因の追加をしまして，それで，有罪の判決をして，一審も実刑ですが，控訴審でも実刑の判決があったものです。これは実は酒酔い運転の事案でして，はじめは検察官も酒酔い運転による運転中止義務違反というのを過失にしていたのですが，それを途中で，この前方注視義務違反に変えた事案です。このあたりのことはお分かりのように，実際の本人の不注意の源は何であったかということは，なかなか分かりづらいものです。やっぱり酒に酔って駐車車両にぶつかったのかもしれません。そのへんのところは本当に分かりにくいものです。そういう意味では，交通事故の過失とか，あるいは，ハンドルの切り方の原因というのは客観的な証跡というのが少ないものですから，どうしても被告人本人の供述に影響されるといいますか，よくいえば影響される，悪くいえば引っ張られてしまうというところが，出てしまいます。

　それから，④の昭和54年12月の東京高裁判例ですが，これも離合事故です。狭い見通しの悪い道路で対向車と離合する際に対向車と衝突したというものです。両側に駐車車両があるものですから，被告人車は左側の駐車車両の右側を通るということになりますが，訴因の過失は，駐車車両を避ける際に前方をよく見て走れといった前方注視義務違反というのを過失にとらえたわけですが，一審判決は，左側通行義務とか，あるいは警笛吹鳴義務違反があると，このように認定したわけです。東京高裁は，この場合には訴因変更が要るというのですが，その理由というのは，訴因は前方注視義務違反，つまり，安全確認が足りなかったということが過失であると，裁判所の認定は，左側通行義務とか警笛吹鳴義務という，いわば運転動作に適切を欠いていたことが過失であると，つまり，安全不確認というのは認識不十分ということです。ところが，裁判所の認定は動作不十分という，過失としては違うものだという考え方です。実は，過失というのを認識の過失，それから動作の過失とかいろいろ分けるのは，佐野さんという，とうに辞められましたが，その裁判官が「過失の構成と訴因」という論文[2]を書かれている中で，それぞれの枠がはずれたら訴因変更が要るということを主張されております。この東京高裁の54年12月の判例

を見ますと，佐野さんという裁判官が入っておられますので，あるいはその裁判官の主任事件であったのかもしれません。この事案は，結局，破棄自判して無罪になっております。その無罪になった理由は，被告人としては一応のことはしているので，むしろ，こういう見通しの悪い狭い道路だと相手車の方も十分注意しなければならず，相手車の方は全く何もしないで，かなりの速度で突っ込んできた疑いがあるということで無罪にしています。これもやはり，原審は簡裁の事案です。

　説明を少し先に進めて⑤の昭和57年の東京高裁判例ですが，これは自転事故です。訴因は，狭い右にカーブした下り坂で雨のため滑りやすい道路を減速する義務があるのに，これに違反したため道路左側の路肩に車輪を逸脱したという過失をとらえたわけです。一審判決は，この訴因の過失に加えて路肩に車輪が逸脱した後のハンドルの操作に適切さを欠いたという過失もあると認定しました。結局，車は路肩に乗り上げてから田んぼに落ちたわけですが，訴因は路肩に乗り上げたそこまでの過失をとらえているのに対し，一審はそれにプラスして路肩に乗り上げてからの急転把というのも過失にとらえているのだから，訴因変更が要るというのが東京高裁判決で，それは確かにそう言わざるをえないと思います。

　それから，⑥の東京高裁昭和59年の判例ですが，T字型交差点で右折しようとした際に左側の通行人と衝突したという事故です。訴因は，検察官の釈明によれば，太陽光線に幻惑されたために運転を停止しなければならないという義務違反を過失としてとらえているということなのですが，一審判決の認定では前方注視義務違反の過失に変えたということから訴因変更が要るとしています（破棄差戻）。

　⑦は，大阪高裁の昭和60年の判例ですが，これは左折事故で左側直進の原付に衝突したというもので，訴因は，左後方の後続車両との安全確認義務違反を過失としてとらえ，それに対して一審判決の認定は，左側並進車両との安全確認義務違反が過失であると，つまり，被害車両である原付の位置関係が訴因と一審判決の認定で変わったものです。それで訴因変更が要るというのです

---

2) 佐野昭一「過失の構成と訴因」判タ262号205頁。

が，これなども，ちょっと厳格かなという感じがします。つまり，左折する際に，当然左後方車両や並進車両を確認しますが，被害車両の位置というのは後方といっても並進といっても，いずれにしても左折するときには衝突するくらいの位置にいたわけですから，言葉ほどに差異はないものです。そういう意味では，この判例もややきつい部類に入るかなという気がします。

　⑧の東京高裁の平成5年の判例は，やはり交差点事故ですが，これは①とは逆に，赤信号を認めたので交差点手前で停止できるような減速徐行義務違反が過失であるとの訴因に対して，交差点手前での停止義務違反を過失と認めたものです。これも，やはり重要な差異があるということで訴因変更が要るとしています。ただ，この事案は，どうも被告人が赤信号無視を争っているわけでもなさそうです。実は，酒気帯びもくっついていて実刑の事案で，控訴理由は，量刑不当だけを主張しているのですが，控訴審が職権で訴因変更が要るのだということで破棄しているものです。前に述べたように，こういう場合は，訴因の過失も一審判決の認定した過失も同一の過失のいわば表現の仕方の問題と考えられるので，この判決も，厳しすぎるかなという感じがします。

　それから，同じように⑨の福岡高裁の平成6年の判例も過失を認めた地点が違うなどということで訴因変更が要るとされており，これも，やはり交差点にかなり高速で走って来たというものですが，被告人は過失を争っているわけでもなさそうで，控訴理由は量刑不当だけですが，やはり職権破棄しています。

　それでは，次に，訴因変更を不要とした判例を説明いたします。

　まず，⑩の東京高裁の昭和58年の判例ですが，これは，バスの運転手が停留所から老人の乗客を乗せてバスを発車させる際に，乗客がまだ完全に乗車し終わっていないのに発進させたため起こった事故であります。訴因も一審の認定も過失としては，乗客を乗せてバスを発進させる際の乗客に対する動静注視不十分という点では，異ならないものの，訴因では「被害者が他の乗客に続いて直ぐ乗車しなかったことから，自車に乗車しないものと即断した」とされているのに対し，一審は，「完全に乗車し終わっていないのに安易に乗車し終わったものと即断した」と認定した事案です。この高裁判例は，この違いは，注意義務違反の縁由ないし事情の違いにすぎないから，訴因変更の手続を経なければならない性質のものではないと判断しております。妥当な判断と考えられ

ます。

⑪の昭和63年の最高裁判例は少し詳しく説明しておきます。ちょっと普通の訴因変更が問題になった事案ではないのですが，最高裁の判例としては，かなり重要なものです。これも離合事故，すれ違い事故なんです。被告人車は時速30から35キロくらいで走っていたようですが，対向車が来たということで，強い目の制動したところ，自車がスリップしてしまい対向車と衝突したという事案です。当時，この付近に石灰を使った会社があり，道路にその石灰が溜まっていて，雨が降ってこれが溶け出して道路が滑りやすくなっていたと，したがって，不用意な制動措置をとることがないよう速度を調節する義務があるというのが訴因であったのです。ところが，一審の途中で検察官は，この石灰で滑りやすくなっているというところを訴因から撤回してしまったのです。なぜ撤回したのかよく分からないのですが，一審としては，降雨のために滑りやすいという訴因を審判の対象にしたものですが，結局，被告人が滑りやすい道路であるという認識がないということで無罪にしたものです。検察官は，実は弁論を終結してから，元の訴因に戻したいという申立をすると同時に，弁論再開の請求をしたわけですが，裁判所はそれを却下して無罪としたものです。私は，検察官の行動に，一回撤回して，また追加というのはふらつきがあったし，なぜ石灰の点を撤回したのかもよく分からない。いずれにしても無罪になったものですから，検察官控訴をしたわけです。控訴審は，被告人が滑りやすい道路であることを認識していたということで，有罪にしたわけですが，滑りやすい道路であるという原因として，雨が降っていたということと同時に，撤回された訴因の中身であるこの石灰が積もっていたというところも含めて認定して原審の無罪判決を破棄したわけです。それに対して，被告人側が上告をしてこの最高裁判例になったものです。もし，この石灰の点というのが，訴因の拘束力の範囲内にある，裁判所が自由に認定できないとすると，控訴審としては降雨のために滑りやすいということを被告人が認識していたかどうか，その一点に限ってしか原審の判決を破棄できないのです。訴因の拘束力があるとすれば……。結局，控訴審としては，その石灰の点も含めて原審の無罪判決を破棄し，検察官が控訴審で石灰の点も含めた予備的訴因を追加して，それによって有罪になったわけです。最高裁は，この石灰が積もって滑りやすいというの

は，速度調節義務という注意義務が発生する根拠であると，こういう根拠には判決拘束力が及ばないのだと，このように判断しました。

従来，皆さんもご承知のとおり，交通事故の起訴状というのは，一定の注意義務を書いて，その注意義務を書く前に，注意義務が出てくる根拠となる事実を書いているわけです。それで，被告人が注意義務に違反したと，こういう三段論法になります。我々としては，この注意義務が出てくる根拠となる具体的事実，例えば，滑りやすい道路であるとか，見通しの悪い交差点であるという，それもやはり訴因事実であるというように，今までは理解していたのですが，この63年の最高裁判例は，そういうものは訴因事実ではないと，したがって，訴因の判決拘束力は及ばないんだと，このように判断したのです。なぜ，最高裁がこう考えたのかというのは，判文自体からはあまり明確ではないのですが，強いて忖度して考えますと，過失犯の構造などというのは，喧々諤々の刑法上の争いがありますが，新過失論とか旧過失論とか，ああいうのを勉強されたことはありますか，勉強しても，なかなか頭に入らないのですが。しかも，旧過失論でも更にリメイクした旧過失論などというのもありまして，つまり，過失行為というのは過失犯の中核であると，例えば，高速で運転したというのがその行為であると，故意犯であれば構成要件が明瞭だから，窃取したといえば，それはもう刑法235条の窃盗罪の構成要件に当たると分かるのですが，高速で運転したということ自体はどの構成要件に当たるのか，過失犯の場合は分からないわけです。高速で運転したということが，この過失犯の構成要件に当たる，つまり，実質的に危険な行為であることを根拠づけるのが注意義務であり，注意義務を発生させる具体的根拠であると，こういう考え方が一つあるわけです。こういう考え方からいくと，注意義務とか注意義務発生の根拠となる事実とかは法的な評価の問題だと，つまり，高速で運転したという被告人の行為を実質的に危険たらしめる理由づけである，法的根拠づけであるということになります。この63年の最高裁判例の過失犯のとらえ方などは，あるいは，そのような考え方かもしれないという気がします[3]。

次に，同じく，訴因変更を不要とした判例の⑫の東京高裁の平成6年の判例

---

[3] 昭和63年最高裁判例については，この講演当時は，このような理解をしていたが，現在の理解はこれと異なる（本書251頁参照）。

ですが，T字型交差点で左折する際，右方からの直進車（自動二輪車）と衝突したという事故です。訴因も一審判決も右方の安全確認義務違反を過失としてとらえている点は変わらないものの，この義務を尽くす手段が検察官の釈明等では，当時右方の見通しを妨げている左折中の大型車両があったから，この車両の通過を待って右方の安全を確認して進行すべきであったというのに対し，一審判決は，この車両の通過を待たずに進行してよいが，この車両の後から直進してくる車両のあることを予想して直進車の有無及びその安全を確認しながら進行すべき義務があると認定したものです。この高裁判例は，安全確認義務を尽くす手段については，訴因の拘束力は及ばないし，また，不意打ちにも当たらないと判断しております。これも，簡裁事件で過失の有無がもともと微妙な事案でした（破棄自判無罪）。

(2) 過失犯における訴因変更の要否に関する判例の分析

結局，過失犯における訴因変更の要否に関する判例を分析して多少とも言えることはレジメに書いておきました。

基本になるのは，昭和46年の最高裁判例（最三小判昭46.6.22〔旧論稿［4］の判例］，本書183頁）で，過失の態様が変動すれば，訴因変更が要るという，これが基本ラインになるわけです。したがって，訴因と認定とでは事故の状況がまるっきり異なり，あるいは重要な部分において異なり，それに応じて注意義務違反も異なってくる場合（旧論稿(1)(2)の場合，本書181頁）や過失をとらえる時点が異なったため，注意義務違反も異なってくるという場合（旧論稿(3)の場合，本書187頁）などは明らかに訴因変更を要すると考えていいと思います。

一方，判例で訴因変更が要らない場合はどんな場合かというと，(1)注意義務発生の根拠となる事実の変動（最一小決昭63.10.24〔末尾掲記⑪の判例］），(2)注意義務違反の動機，原因，縁由などの変動（同⑩の判例），(3)被害者の動静など過失の態様に影響を及ぼさない事故状況の変動（旧論稿［7］［8］の判例，本書186頁），(4)注意義務を尽くす手段の変動（旧論稿［19］ないし［21］，本書194頁，末尾掲記⑫の判例）などは，これに当たると理解していいのではないかと思います。このうち(1)は，議論のあるところでしょうが，先ほど話しましたように，昭和63年の最高裁決定をそのまま受け取ればこうなるのでしょう。

4 過失犯における訴因変更の実務

(1) 裁判官の立場として

　最後に，レジメの訴因変更の実務として，どんな点に我々が考えを及ばさなければならないかということですが，まず，裁判官の立場として，どういうことが言われているかというと，裁判官が訴因と異なる過失を認定する場合の実務的な態度，あるいは，基本的な態度としては慎重でなければならないということです。つまり，訴因外の過失を認定する場合にはその過失が明白で，しかも，訴因の過失ではあまりにも不合理だということが言い切れる場合でなければならない。他の過失も認められるけれども，訴因の過失もそれはそれでいいんだという場合には，あえて訴因と異なる過失を認定すべきではないということが第一にあります。そういう目で昭和46年の最高裁判例の事案を見ていただきますと，この判例は旧論稿に掲げておきましたが（本書183頁），訴因は，前車が信号待ちで停止したので被告人車も一旦停止して，そこからスタートするときに靴が濡れていて，結局，足を滑らせてしまったと，クラッチペダルから左足を踏み外して自車を暴走させて前車に追突したと，これが訴因の過失だったわけですが，一審は，一時停止を認めないで，そのまま前車に追突したのだと，したがって，過失はブレーキのかけ遅れだと認定したわけです。そして，最高裁で，それは態様の違う過失を認定したということで破棄されてしまったのです。この事案なども，実はクラッチペダルから足を踏み外したという過失を，被告人は捜査段階から認めていましたし，第一審でも認めていたのですが，裁判所は，職権で被害車両の運転手を尋問し，その証人尋問の最後に，裁判官の補充尋問で「被告人車は一旦停まったと思うか，停まらないでそのまま追突されたと思うか」というような質問をして，それに対して被害者は，「衝撃の強さからすると停まらないでそのまま追突したのではなかろうかと思っている」とこのように証言したものです[4]。そこをとらえて一審の裁判所は，一時停止しないでそのまま追突したという事実を認定し，ブレーキのかけ遅れが過失であると判断したものです。しかし，これなどは，ちょっと認定と

---

4) 鬼塚賢太郎・昭46最判解説(刑)142頁。

しては早計と言えましょう。そういう目で見ますと，例えば，末尾掲記の判例⑤の自転事故で田んぼに落ちた際の新たな過失を認定したのも，これもそこまでする必要があったのかということも疑問に思えます。

　それで，裁判官の立場，裁判官の人に言うのであれば，訴因と異なる過失を認定する場合には慎重にしてほしいということを，松本さんとか毛利さんが，いずれも裁判官なのですが，書いてあるとおりで[5]，私もそのように思います。

　それから，もし訴因変更というのをかなり細かく厳格にやるのであれば，先ほど言いましたように，訴因と認定される事実の食い違いというのは，実は裁判官の胸の内にあるものとの比較ですから，裁判官がもし訴因と異なる事実を認定しようと思えば，例えば，訴因はこれでよろしいかと釈明するとか，あるいは，場合によっては訴因変更を勧告するというようなことで，争点を顕在化する必要があるのではなかろうかと，これは私が旧論稿の「おわりに」というところで書いたことなのですが（本書199頁），今でもそう思っています。実は，横井さんという検事だった人がこの過失犯の訴因変更の要否について，もし，この釈明とか勧告というような裁判所の積極的な争点顕在化の措置を否定すれば，検察官としては本当に困ってしまうというようなことをおっしゃっているわけです[6]。確かにそれはそのとおりだと思います。

(2)　**検察官の立場として**

　それから，実務的な態度に関して検察官に対して言いたいことは，任意的訴因変更ということですが，任意的訴因変更というのは，もともと訴因変更なんていうのは要らないのであるが，しかし，念のために訴因変更をしておくという，これを訴因の任意的変更と言うわけですけれども，それを考えてほしいということです。そのようにしておけば，控訴審での無用な争いを避けることができます。

　同時に，訴因変更を検察官が考える場合には，なるべく予備的訴因の追加と

---

[5] 松本芳希「訴因・罰条の変更」大阪刑事実務研究会編著『刑事公判の諸問題』（判例タイムズ社，1989）45頁，毛利晴光「訴因変更の要否」平野龍一ほか編『新実例刑事訴訟法Ⅱ』（青林書院，1998）50頁。
[6] 横井大三『刑事裁判例ノート(6)』（有斐閣，1973）135頁，143頁。

いう形で変更しておいた方がよいということです。なぜかと言いますと，検察官の方で早手回しに交換的な訴因変更をしてしまいますと，裁判所は，元の訴因で十分だと思っているのに，くるっと訴因が変わってしまうと今度は裁判所が困ってしまうのです。つまり，旧訴因をそのまま維持しておいてくれれば訴因と証拠が合致するのに，新訴因だとかえって証拠と矛盾するという場合があります。そのため，検察官の方で訴因変更をする場合には，両方残しておかれた方がよいだろうと，つまり，主たる訴因と予備的訴因という形で残しておかれるのがよいだろうという感じです。皆さん，大体訴因変更をする場合には，どうしておられるのでしょうか。やはり，予備的な訴因変更の形でしている場合が多いでしょうか。

　時間も参りましたので私の話はこれくらいで終わりにします。ご清聴ありがとうございました。

過失犯における訴因変更の要否に関する判例——昭和50年から平成14年まで

〔訴因変更を必要とした判例〕

①東京高判昭51.9.21 東高時報27巻9号125頁
（交通事故の概況）
　信号機のある交差点事故で，左方道路から進入の車両と衝突
（訴因の過失）
　赤信号に従って停止する義務違反
（第一審裁判所の認定した過失）
　停止位置で停止できるような速度と方法で交差点に接近していく義務違反

②東京高判昭52.3.22 判時850号111頁
（交通事故の概況）
　離合事故で，駐車車両が両側にある狭い道路を直進する際，対向自転車と衝突
（訴因の過失）
　駐車車両手前で一時停止して避譲する義務違反
（第一審裁判所の認定した過失）
　対向してくる人車の動静に注意し，場合によっては警笛を吹鳴して注意を喚起し，安全にすれ違うことができるよう進行すべきはもちろん，状況によってはいつでも減速，急停車するなどの臨機の処置をとる義務違反

第Ⅲ部　公訴・訴因

③東京高判昭 54.11.28 判タ 420 号 125 頁
（交通事故の概況）
　直進事故で，駐車車両に衝突しその後方にいた人が負傷
（訴因の過失）
　前方注視義務違反により，道路右側の駐車車両の前照灯に被告人車のライトが反射したのを見て対向車が直前に迫っているものと錯覚し狼狽してハンドルを右に切ったため，その駐車車両に衝突
（第一審裁判所の認定した過失）
　前方注視義務違反により，間近に迫った対向車のライトによってはじめてその存在に気づきハンドルを右に切ったため駐車車両に衝突
④東京高判昭 54.12.26 判タ 420 号 125 頁
（交通事故の概況）
　離合事故で，狭くて見通しの悪いカーブで対向車と衝突
（訴因の過失）
　駐車車両を避ける際の前方注視義務違反
（第一審裁判所の認定した過失）
　左側通行，警笛吹鳴義務違反
⑤東京高判昭 57.8.9 東高時報 33 巻 7＝8 号 42 頁
（交通事故の概況）
　自転事故で，狭い右にカーブした下り坂で雨のため滑りやすい道路を直進する際，道路左側の路肩に車輪を逸脱させ田んぼに転落し同乗者負傷
（訴因の過失）
　減速義務違反
（第一審裁判所の認定した過失）
　訴因の過失に加え，路肩に車輪を逸脱させた際のハンドルの適正操作義務違反
⑥東京高判昭 59.11.27 東高時報 35 巻 10＝12 号 94 頁
（交通事故の概況）
　交差点事故で，Ｔ字型交差点で右折しようとした際，左側の通行人と衝突
（訴因の過失）
　太陽光線による幻惑のため進路の安全を確認できなかった場合の運転停止義務違反
（第一審裁判所の認定した過失）
　進路の安全確認義務違反
⑦大阪高判昭 60.10.2 判タ 585 号 81 頁
（交通事故の概況）

交差点事故で，左折の際左側直進車両（原付）と衝突
（訴因の過失）
　左後方の後続車両に対する安全確認義務違反
（第一審裁判所の認定した過失）
　左側並進車両に対する安全確認義務違反
⑧**東京高判平 5.9.13 判時 1496 号 130 頁**
（交通事故の概況）
　信号機のある交差点事故で，右方から進入の車両と衝突
（訴因の過失）
　前方の赤信号を認めた際の減速・徐行義務違反
（第一審裁判所の認定した過失）
　交差点手前での停止義務違反
⑨**福岡高判平 6.9.6 判タ 867 号 296 頁**
（交通事故の概況）
　信号機のある交差点事故で，対向右折車と衝突
（訴因の過失）
　時速 90 ないし 100 キロで走行中，進路前方 94 メートルの地点に被害車両を発見した時点で，被告人車の対面信号は赤，被害車両は右折用青矢印に従って対向右折していることを予知していたのであるから，急制動して交差点手前で停止する義務違反
（第一審裁判所の認定した過失）
　時速 80 キロで走行中，交差点手前 157 メートルの地点で対面信号が黄色に変わるのを認めた時点での急制動をする義務違反

〔訴因変更を不要とした判例〕
⑩**東京高判昭 58.9.22 東高時報 34 巻 9＝12 号 61 頁**
（交通事故の概況）
　バスの運転手が乗客を乗せる際の事故
（訴因の過失）
　乗客がバスに乗車しないものと即断したため，動静確認義務違反
（第一審裁判所の認定した過失）
　乗客が乗車し終わったものと即断したため，動静確認義務違反
⑪**最一小決昭 63.10.24 刑集 42 巻 8 号 1079 頁，判タ 683 号 66 頁，判時 1299 号 144 頁**
（交通事故の概況）

離合事故で，すべりやすい道路で対向車と離合する際，強制動して自車を滑走させ，対向車と衝突
(訴因の過失)
　降雨のためすべりやすい道路での速度調節義務違反
(控訴審の認定した過失)
　石灰の堆積と降雨のためすべりやすい道路での速度調節義務違反
⑫**東京高判平 6.2.23 判タ 858 号 294 頁**
(交通事故の概況)
　交差点事故で，T 字型交差点を左折の際，右方からの直進車両と衝突
(訴因の過失)
　右方の見通しを妨げている左折車の通過を待って，右方の安全を確認して進行すべき義務違反
(第一審裁判所の認定した過失)
　上記左折車の後から直進してくる車両があることを予想して，右方の安全を確認して進行すべき義務違反

第11章　訴因変更の要否に関する最高裁判例の新基準——過失犯におけるそれを中心に

第1　はじめに

　筆者は，かつて，「過失犯における訴因変更——判例の総合的研究」なる論稿を公にした（判時792号〔昭和50年12月〕130頁，本書174頁，以下「旧論稿」という）。筆者が大阪地裁の刑事交通専門部に在籍していた当時に執筆したものである。昭和40年代ころから自動車による交通事故が全国的に多発しており，地方裁判所に起訴される交通事故事件も増加していた。そこで，刑事交通事故を専門的に審理する特別部が東京地裁と大阪地裁に設けられるようになり，そこでは，自動車による業務上過失致死傷事件及び道路交通法違反事件を集中して審理していたのである（現在は，このような特別部はない）。

　もっとも，地方裁判所に起訴される交通関係の事件というのは，全体から言えばごくわずかであり，ほとんどの事件は，略式命令により簡易裁判所で処理されていた。業務上過失致死傷罪で言えば，地方裁判所に起訴される事件は，過失が重大・明白で結果も重いものであったり，無免許運転や飲酒運転あるいはひき逃げを伴うなど悪質な事件であったし，道路交通法違反も，無免許運転や飲酒運転の累犯事件などであった。

　それだけに，当時，裁判官が交通事件を処理する際の最大の関心事は，量刑とりわけ実刑か執行猶予かにあった。このことは，そのころ裁判官による数多くの交通事件についての量刑研究が公にされていたことからもうかがえる[1]。

　しかし，少数とはいえ，過失の存否が激しく争われる事件があり，とりわけ，被害者が死亡している業務上過失致死罪においては，そのような傾向があ

---

1) 永井登志彦『自動車による業務上過失致死傷事件の量刑の研究』司法研究報告書21輯1号など。ちなみに，当時，大阪刑事実務研究会では，量刑の実証的研究をテーマとして取り上げており，そこでは，大阪地裁交通部における業務上過失致死傷罪の量刑について同じく交通部に在籍していた大森判事が「業務上過失致死傷罪の量刑について」と題する論稿を，筆者も「道路交通法違反の量刑について」と題する論稿を公にしている（前者は，判タ339号39頁〔昭和51年12月〕，後者は，判タ325号61頁〔昭和50年11月〕，本書645頁）。

ったように思える。このような事件においては，交通事故の態様からして無過失とは到底言えないものの，訴因の過失を認めるには疑問があり，被告人の弁解する事故状況をも考慮すると，むしろ別個の過失を認定したほうが正しいと思えることがある。このとき裁判所が認定しようとする過失と訴因の過失の同一性すなわち訴因変更の要否が問題になってくる。

　旧論稿の「はじめに」で指摘した理由により，この問題の解決が過失犯にあっては，かなり微妙で困難であった。そこで，執筆時期までに公刊されていた過失犯における訴因変更の要否についての判例を総合的に収集・分析して，この問題を解決する具体的で実務に役立つ基準を明らかにできないだろうか，という発想から執筆したのが旧論稿である。

　当時，収集・分析した判例は，公刊の判例集に登載された昭和32年から昭和49年にわたる合計26例の判例であり，地裁及び最高裁の判例各一を除き，他はすべて高等裁判所の判例であり，しかも圧倒的に多いのは，昭和40年代に出された判例である。そのころは，全国的に交通事件についての控訴も増え，控訴理由として訴因変更の要否が争われたり，あるいは，控訴審もこの点を意識的に職権調査していたとうかがわれるのである。

　旧論稿では，訴因変更の要否が問題とされた判例を，訴因の過失と第一審裁判所が認定した過失を比べて，(1)事故の状況が全く異なる場合，(2)事故の状況が一部異なる場合，(3)事故の状況は同一であるが過失をとらえる時点が異なる場合，(4)事故の状況，過失をとらえる時点は同一であるが注意義務が異なる場合，(5)事故の状況，過失の態様も同一であるが注意義務を尽くす手段等が異なる場合の五類型に分けて整理・分析し，これらの分類が過失犯における訴因変更の要否に関し，なんらかの有意性を持つか否かを検討したのであった。

　その後，筆者はこの問題から遠ざかっていたところ，裁判官退官（平成14年6月）後の同年10月，東京地検公判部から過失犯における訴因変更についての講演を依頼され，その際，旧論稿以後の関係判例を収集・分析してこれに付け加わり，講演した。その際に収集した判例は，本論稿の末尾に掲げた12例であり，昭和50年代に出されたものが大半で，昭和60年代，平成に入ってからのものはごくわずかであった。そして，福岡高判平6.9.6（末尾掲記の判例⑨）が最後の判例である。

今回，それ以後の判例を調べてみたところ，過失犯における訴因変更に関する下級審の判例は見出すことはできず，わずかに最高裁判例一件（後掲最二小決平15.2.20）を見出すにとどまった。実務においては，この問題が往時に比べて関心を引かなくなったことを物語っているのかも知れない。

しかし，訴因変更の要否についての一般的基準については，周知のように，後掲最三小決平13.4.11が，従来の「被告人の防禦に支障があるか否か」という観点から，「審判対象を画定する事項か否か」という観点に軸足を移す見解を打ち出し，学説にも大きな影響を与えるに至った。その後更に，この見解を踏襲して実行行為の内容の変動について訴因変更の要否を判断した後掲最二小決平24.2.29が公にされた。この最高裁判例もまた多くの論議を生むと思われるが，いずれにしても，今後の実務は，最三小決平13.4.11判例の基準によって訴因変更の要否が判断されていくものと思われる。

そうすると，過失犯における訴因変更に関する，最三小判昭46.6.22や最一小決昭63.10.24（いずれも後掲）をこの新基準の中でどう位置付けるかを改めて検討しておく必要がある。前者の判例は，旧論稿でも取り上げたように，「過失の態様が変われば訴因変更を要する」としたものであり，後者の判例は，「注意義務発生の根拠となる事実の変動は訴因変更を要しない」としたものであるが，これらの基準と前述の「審判対象を画定する事項か否か」という観点とのつながりが問題である。また，訴因変更を不要とした前述の最二小決平15.2.20についてもこの観点から検討する必要がある。

そこで，これらの最高裁判例を素材として，今一度過失犯における訴因変更の要否を検討してみたいと考え，旧論稿のいわば追記として本論稿を公にすることにした。

なお，本論稿においても，旧論稿と同じく，自動車事故における過失の変動と訴因変更の要否を論じ，過失犯一般における過失の変動，あるいは，過失と結果発生との因果関係の変動や傷害の部位・程度など結果の変動と訴因変更の要否については，触れない。

第2 訴因変更の要否に関する最高裁判例の新基準

1 新基準の内容

　旧論稿においても，過失犯における訴因変更を論ずる前提として，従来から故意犯を念頭において論じられてきた訴因変更要否の一般的基準を紹介した。そこでは，当時の通説・判例によれば，訴因変更要否の判断に当たっては，実質的な（あるいは重要な）事実の変動があれば，訴因変更を必要と解し（事実記載説），実質的な（あるいは重要な）事実の変動か否かの判断に当たっては，力点の強弱あるいは抽象的か具体的かの差異はあっても，「被告人の防禦に支障があるか否か」を基準とする見解が多数であることに言及した。そして，私見も，事実記載説─抽象的防禦説により訴因変更の要否を判断すべきであると述べた。とりわけ，過失犯における訴因変更要否の基準を考究しようとする場合，構成要件説（罰条同一説）によれば，過失内容の変動は問題にならないと一応結論付けられるし，いわゆる具体的防禦説によれば，その事件の訴訟経過等により訴因変更の要否が判断されることになるから，訴因変更要否に関する一般的基準の考究には適さないのである。

　しかし，最三小決平13.4.11（刑集55巻3号127頁，判タ1060号175頁，判時1748号175頁）は，訴因変更の要否に関し，新たな一般的基準を定立したと見られ，このいわば新基準が今後の訴因変更要否の実務に大きな影響を与えるものと考えられることは，「はじめに」において触れたとおりである。

　この判例については，既に数多くの紹介や研究がなされており，新基準もよく知られているところではあるが，論述の便宜上，ここではまず簡単にこの判例を紹介して新基準を明らかにしたい。

　判例の事案は，甲（被告人），乙共謀による殺人罪における実行行為者に関し，検察官は訴因において実行行為者は「甲である」と主張していたのに対し，第一審裁判所は訴因変更の手続を経ないで，実行行為者は「甲又は乙あるいはその両名である」と認定し，この点が訴訟手続の法令違反に当たるとする控訴理由に対し，控訴審（仙台高判平11.3.4高刑52巻1号1頁）は，訴訟の経過を具体的に検討して，本件の場合訴因変更は要しないとしたものである。

そして、この点が再び上告審で争われ、最高裁は、「殺人罪の共同正犯の訴因としては、その実行行為者がだれであるかが明示されていないからといって、それだけで直ちに訴因の記載として罪となるべき事実の特定に欠けるものとはいえないと考えられるから、訴因において実行行為者が明示された場合にそれと異なる認定をするとしても、審判対象の画定という見地からは、訴因変更が必要となるとはいえないものと解される。とはいえ、実行行為者がだれであるかは、一般的に、被告人の防禦にとって重要な事項であるから、当該訴因の成否について争いがある場合等においては、争点の明確化などのため、検察官において実行行為者を明示するのが望ましいということができ、検察官が訴因においてその実行行為者を明示した以上、判決においてそれと実質的に異なる認定をするには、原則として、訴因変更手続を要するものと解するのが相当である。しかしながら、実行行為者の明示は、前記のとおり訴因の記載として不可欠な事項ではないから、少なくとも、被告人の防禦の具体的な状況等の審理の経過に照らし、被告人に不意打を与えるものではないと認められ、かつ、判決で認定される事実が訴因に記載された事実と比べて被告人にとってより不利益であるとはいえない場合には、例外的に、訴因変更手続を経ることなく訴因と異なる実行行為者を認定することも違法ではないものと解すべきである」と判示した上、本件の審理経過等を検討して、訴因変更手続を経なかったことが違法ではないと結論付けている。

　訴因変更要否についてのこの最高裁判例の基準によれば、起訴状の「公訴事実」として記載されている事項は、以下のように、三つに分類されることになる。

　すなわち、(1)審判対象を画定する事項、(2)審判対象を画定する事項ではないが、被告人の防禦にとって重要な事項、(3)これら以外の事項である。そして、訴因変更要否の関係では、(1)の事項について訴因と異なる認定をするには訴因変更の手続が必要、(2)の事項について訴因と異なる認定をするには訴因変更の手続が原則的に必要だが、例外的場合（具体的な審理の経過に照らし、被告人に不意打を与えるものではなく、かつ、被告人に不利益な認定ではない場合）にはその必要がない、(3)の事項については、およそ訴因変更の手続は必要でない、ということになろう。

この判例は，審判対象を画定する事項か否かという点を正面にすえて訴因変更の要否を判断しようという点で，従来の「被告人の防禦」を基準とする見解よりも，訴因の審判対象性に適合するから，いわゆる訴因対象説が通説である学界からもおおむね好意的に評価され，また，実務家にも賛同者が多い[2]。

訴因変更の要否すなわち訴因の判決拘束力の及ぶ範囲の問題は，検察官の審判対象の設定権限が裁判所の判断に優越する限界の問題であり，訴因が被告人の防禦に資するという機能は，裁判所の判断が訴因に拘束されているということの反面いわば反射効に過ぎないと考えられる。そう考えると，この最高裁判例が示した新基準は理論的に正しいものであり，それだけに今後の実務の指針になるものと思われる。

2 新基準の問題点

ただし，この判例の新基準が従来の基準よりも明確であるかどうかは問題であり，いくつかの疑問がある。

第一に，審判対象を画定する事項とそうでない事項を区別する基準が問題となる。この判例では，上記のとおり，共同正犯において実行行為者がだれであるかは，訴因の特定に不可欠の事項ではないから，審判対象を画定する事項ではないとされている。この判示やこの判例についての調査官解説[3]を参考にすると，審判対象を画定する事項とは，結局，訴因の特定に必要・不可欠な事項であり，かつ，それは実務において採用されているとされる「識別説」により判断すべきものということになりそうである。

しかしながら，そう解すると，従来の支配的な見解であった事実記載説―抽象的防禦説よりも，訴因変更を必要とする範囲が狭くなるから，従来の判例との整合性が保てないという批判がなされている[4]。また，訴因の防禦権保障機

---

2) 大澤裕「訴因の機能と訴因変更の要否――最決平13・4・11刑集55巻3号127頁」法教256号30頁，田口守一「争点と訴因」佐々木史郎先生喜寿祝賀『刑事法の理論と実践』（第一法規，2002）736頁，堀江慎司「訴因変更の要否について」『三井誠先生古稀祝賀論文集』（有斐閣，2012）594頁，関正晴「訴因制度と被告人の防禦権」日本法学76巻2号533頁，井上弘通「訴因変更の要否――共同正犯の実行行為者」『刑事訴訟法判例百選〔第8版〕』103頁など。
3) 池田修・平13最判解説(刑)68頁。

能を弱めるものであるとする批判も根強い[5]。

この批判とも関連して、なお問題となるのは、実は「識別説」の内容が判然としないことである。これを「他の犯罪事実と区別する要素が訴因の特定に不可欠な事項」と解しても、訴因の特定にこれさえあれば十分であるとは言い難い。おそらくそれは訴因の特定にとって最小限の事項であって、訴因は検察官のする具体的な犯罪事実の主張であると解する以上、それを超えた具体性が求められるのであろう。刑事訴訟法256条3項が、訴因は罪となるべき事実を日時・場所及び方法で特定しなければならないと規定しているのはこの趣旨であると解される。そう解さないと、殺人罪であれば「被告人は特定の人（某）を殺害した」と明示すれば、訴因の特定としては、欠けるところがないということになってしまう。なぜなら、特定人を被害者とする殺人既遂という犯罪は、一つしかあり得ないからである[6]。しかし、このような結論を支持する学説は存在しないであろうし、実務においてもそのような解釈運用は全く行われていない。

従来、訴因の特定の基準として、「識別説」、「防禦権説」が対立的に紹介・論議されていたのは、共謀共同正犯における共謀の日時・場所あるいはこの判例で問題とされた実行行為者がだれであるかなどであった。そして、これらの事項以外の事項については、訴因として具体的に記載されているというのが、論議のいわば暗黙の前提であった。したがって、これらの事項が訴因として記

---

4) 小林充「訴因変更の要否の基準——平成13年判例との関係において」曹時63巻4号7頁、10頁。同論文では、識別説によれば審判対象を画定する事項とは犯罪の客体、行為、結果等の構成要件要素の中核的部分に関する事実がこれに当たり、行為、結果等に関する違法及び責任の評価に関する事実、例えば、傷害罪における暴行の態様（手で殴ったか足で蹴ったか）、傷害の加療期間などはこれに含まれないと解されている（同6頁）。そこで、審判対象を画定する事項の範囲は抽象的防禦説により訴因変更が必要となる範囲と置き換えて考えるべきだとする（同10頁）。
5) 高田昭正「訴因変更の要否」前掲注2)『三井誠先生古稀祝賀論文集』580頁も、審判対象を画定する事項には、犯罪の日時・場所、方法ないし態様、被害法益の内容などは含まれないとして、それでは訴因変更の必要な範囲が狭いとしてこの判例を批判する。なお、辻本典央「訴因の研究——『訴因変更の必要性』について」近畿大学法学53巻1号148頁、同「訴因変更の必要性」研修774号9頁、久岡康也「訴因の機能と訴因の特定の再検討——憲法レベルおよび刑訴法レベルでの防禦権保障の視点から」立命館法学339＝340号393頁なども、審判対象画定説と識別説との結びつきに批判的である。

載されている犯罪事実と他の犯罪事実を区別するのに不可欠な事実ではないという点を挙げれば，それで足り，そこから，そうでなくても被告人の防禦に重要な事実が記載されることが訴因の特定に必要であるとする「防禦権説」に対比して「識別説」と名付けられたものと思われる。その意味では，この考え方の呼称としては，識別という言葉を使用しないで，これもよく使われている「特定説」という呼称の方が実体に沿っていると思われる。

　もっとも，「識別説」をそう理解したとしても，どの事実が訴因の特定に不可欠かは判然としないものが残る。これを犯罪構成要件該当事実を中核とした，犯罪の主体，日時，場所，客体，方法・行為，結果の「六何の原則」を充足する事実であると理解するとして[7]，犯罪の客体や結果については，具体性に程度があり得る。例えば，薬物不法所持罪における薬物の種類は「客体」として審判対象を画定する事項に含まれることは明らかであるとしても，その量はこれに含まれるのかどうかなどの疑問が残る[8]。

　犯罪の方法・行為についてはなおさら具体性の程度に大小があり得るので，どこまでが，審判対象の範囲を画定する事項か否か定かではない。ところで，この点に関し，最近注目すべき最高裁判例が公にされている。すなわち，最二小決平24.2.29（刑集66巻4号589頁，判タ1373号151頁，判時2153号142頁）がこれである。

　この判例は，自宅に対する放火事件において，訴因では，放火の方法として

---

[6] 川出敏裕「訴因の機能」刑事法ジャーナル6号124頁，松本時夫「訴因の性格と機能について」曹時60巻6号7頁，堀江慎司「訴因の明示・特定について」研修737号6頁，同・前掲注2）597頁，後藤昭「訴因の記載方法からみた共謀共同正犯論」村井敏邦先生古稀記念論文集『人権の刑事法学』（日本評論社，2011）458頁など。

なお，識別説により訴因の特定に不可欠な事項は何かという問題とこれに該当する事項ではあるが，どの程度の幅を持ってこれを記載すれば足りるかという問題は，訴因の機能という面で関連はあるが，別個の問題であり，後者の問題は，その事件の特殊性やこれに由来する捜査の困難性など具体的事情を踏まえて，検察官において起訴当時の証拠に基づき「できる限り」特定したか（法256条3項）否かにより決せられると思われる（最大判昭37.11.28刑集16巻11号1633頁，最一小決昭56.4.25刑集35巻3号116頁，最一小決平14.7.18刑集56巻6号307頁）。

[7] 松田章「訴因変更と争点顕在化措置の要否――『刑事訴因事実論』の試み（訴因の研究2）」刑事法ジャーナル8号70頁。

[8] 松田・前掲注7）87頁。

「台所を密封させた上，ガスの元栓とガスコンロを接続しているホースを取り外し，元栓を開いて都市ガスを流失，充満させ，ガスコンロの点火スイッチを作動させて点火し，同ガスに引火，爆発させて火を放ち，自宅等を燃焼させた」というものである。一審判決はおおむねこれに沿う認定をしたのであるが，ガスコンロの点火スイッチを作動させた方法としては更に具体的に「被告人が点火スイッチを頭部で押し込んで作動させた」と認定したのに対し，原判決（福岡高判平 23.4.13 判タ 1382 号 377 頁）は，このような方法による放火は認定できないとして，一審判決を破棄するとともに，訴因変更の手続を経ることなく，「何らかの方法により上記ガスに引火，爆発させた」と認定したものである。

最高裁は，「被告人が上記ガスに引火，爆発させた方法は，本件現住建造物等放火罪の実行行為の内容なすものであって，一般的に被告人の防禦にとって重要な事項である……」と判断し，前記最三小決平 13.4.11 が示した基準を適用して，例外的に訴因変更手続を経ることなく訴因と異なる事実を認定することも違法ではない場合に当たるかどうかを検討している（この点は後にまた触れる）。

この判例の事案の場合，上記のとおり，被告人が自宅台所に流失，充満させた都市ガスに引火，爆発させて火を放ち，自宅等を燃焼させたこと，すなわち，放火の方法のいわば大枠は，訴因も控訴審の認定も異ならないのであるが，ガスに引火，爆発させた方法いわば実行行為の細部については，訴因は「ガスコンロの点火スイッチを作動させて点火した」とするのに対し，控訴審の認定はこれ以外の方法も含めたより広い「何らかの方法によりガスに引火，爆発させた」としたものである。この最高裁判例は，これについては，審判対象を画定する事項とは解していないのである。しかし，この最高裁判例がおよそ実行行為の内容が審判対象を画定する事項に当たらないとする趣旨ではなく，「ガスに引火，爆発させた方法」までは，訴因の特定に不可欠な事項ではないと解したからであろう[9]。それにしても，この判例からすると，最高裁は審判対象を画定する事項をかなり限定的に考えているのではないかとも推測さ

---

9) 岩崎邦生「最高裁時の判例」ジュリ 1449 号 102 頁。

れ，今後の判例の集積が待たれるところである。

　第二に，審判対象を画定する事項とは，訴因の特定に不可欠な事項と解しても，これらの事項に関し，いささかでも訴因と異なる認定をするには訴因変更が必要とは解されまい。犯罪の方法や客体・結果は，訴因の特定に不可欠な事項と解されようが，例えば，「手で殴って暴行を加えた」という訴因に対し，「手で殴って暴行を加えたが，足で蹴る暴行も加えた」と認定する場合，あるいは，「宝石を窃取した」という訴因に対し「宝石に加えて時計を窃取した」と認定する場合，訴因変更が必要かどうかは，やはり事実記載説の基本に（あるいは前提に）立ち戻って，社会的・法律的に見て，訴因と「実質的に異なる」認定であるか否かにより決せられよう。そして，「実質的に異なる」と言えるかどうかは，認定される事実と訴因の事実と異なる部分が些少なもので，量刑にほとんど影響がなく，したがってまた，争点になることも考えられない事実であるかどうかによると解される。前例で言えば，付加された事実が軽微な態様の暴行あるいは軽微な価額の被害品であって量刑に影響はなく，したがってまた，この点が争点になることも考えられない事実であれば，訴因変更を要せずしてこれを付加して認定することができよう。

　その意味では，(1)の事項につき訴因と異なる事実を認定する場合にはおよそ訴因変更の必要性を考慮しなければならないが，「常に」訴因変更の手続が必要であるとは言えないのである。

　そして，このことは，前記(2)の審判対象を画定する事項ではないが，被告人の防禦にとって重要で訴因に記載された事項について，訴因と異なる認定をする場合にも当てはまる。前掲最三小決平 13.4.11 判例は，(2)の事項について「実質的に異なる」場合に原則として訴因変更が必要であるとしており，この判例を踏まえた前掲最二小決平 24.2.29 も同様な判示をしている。ここでも，認定される事実と訴因の事実と異なる部分が些少なもので「実質的に異ならない」のであれば，およそ訴因変更の必要はない。

　その意味では，「審判対象を画定する事項」を狭く解し（注4）及び注5）掲記の小林・髙田説など），前例のような暴行の態様や財産犯における被害品の内容はこれに含まれないが，被告人の防禦にとって重要な事項には含まれると解しても，同様な結論になると考えられる。

なお，(1), (2)の事項について，訴因の記載が明白な誤記である場合，判決においてこれを正した認定に変えるときには，訴因変更を要しないし，また，訴因の記載を判決においてより詳細に，あるいは，より適切な表現に変えて認定するときにも，訴因変更を要しない。このことは，従前から実務において是認されてきたし[10]，この最高裁判例によって変更を受けるものではない。
　前者の場合，審理の途中に検察官において「起訴状の訂正」という手続により，これを正すのが明確であるが，その手続がとられないまま判決において正しい認定に変えても，誤記の明白性に照らし，実質的には訴因の同一性は保たれていると解されるからである。
　後者の場合すなわち，判決書の「罪となるべき事実」において，犯罪の方法や態様あるいは被害品などを証拠に照らし訴因の記載より詳細に（例えば，犯罪の方法や被害品について「……など」とあるのを具体的に列挙する），あるいは，より適切な表現に変えて認定することも実務上少なくない。これらの場合も，認定される事実と訴因の事実が「実質的に異ならない」から，およそ訴因変更の必要がないのである。
　してみると，前例に挙げたような，認定される事実と訴因の事実と異なる部分が些少な場合というのも，厳密には，後者の場合に当たらないにしても，これに準じて訴因変更の必要がない場合と言うこともできもよう（後述参照）。
　第三に，殺人の訴因に対し傷害致死を認定する場合，あるいは，強盗の訴因に対し窃盗を認定するような場合（縮小認定）は，従来から事実記載説によっても，訴因変更は必要がないと解されてきた。そして，その根拠として被告人の防禦の観点からして，大なる事実についての防禦はその範囲内の小なる事実についての防禦を含んでいる（大は小を兼ねる）からであると説明されてきた。しかし，訴因変更の要否に関し，「被告人の防禦」という観点から「審判対象を画定する事項」という観点に基準を移すとなると，縮小認定の場合をどう理解すればよいかという疑問が生じる。上記の例の場合，審判対象を画定する事項の変動があったことは否定できないが，さりとて訴因変更は必要がないとい

---

[10] 松本芳希「訴因・罰条の変更」大阪刑事実務研究会編著『刑事公判の諸問題』（判例タイムズ社，1989）48頁，毛利晴光「訴因変更の要否」平野龍一ほか編『新実例刑事訴訟法Ⅱ』（青林書院，1998）51頁。

う従来の結論を変えるのも不都合であるからである。

　おそらく，大なる訴因について含まれる小なる訴因ついては，検察官が黙示的に予備的主張をしているから，これを認定するには訴因変更は必要でないという説明をすることになろう。そう考えれば，これらの場合は，確かに訴因と異なる事実を認定したものではなく，正に（予備的）訴因どおりの事実を認定したことになるから，およそ訴因変更の問題は生じていないというのが正しい表現ということになる。しかし，常にこう言えるかは疑問であり，その限界等が今後の問題として残される[11]。

　第四に，前記(2)の審判対象を画定する事項ではないが「被告人の防禦にとって重要な事項」とは何かが，これまた言うほどに明確ではない。この判例で問題とされた共同正犯における実行行為者，共謀共同正犯における共謀の日時・場所などがこれに当たると考えられるが，傷害罪における加療日数，財産犯における被害品の価額などもこれに当たるということになろうか[12]。犯行の動機や経緯は，おそらく消極に解すべきであろう[13]。この判例が「防禦上重要な事項であり，訴因として明示されるのが望ましいものである」ことを指摘していることからも，こう言えると考えられる。けだし，犯行の動機や経緯は，通常冒頭陳述等で明らかにされるし，防禦の点からしてもそれで足りる事項である。

　なお，前掲最二小決平 24.2.29 は「被告人が上記ガスに引火，爆発させた方法は，本件現住建造物等放火罪の実行行為の内容なすものであって，一般的に被告人の防禦にとって重要な事項である……」と判断していることは前に触れた。この事実が審判対象を画定する事項に含まれないとしても，実行行為のより具体的内容を明らかにするものであるから，訴因として明示されるのが望ましいものであり，「被告人の防禦にとって重要な事項」に当たることに異論は

---

11) 訴因変更要否に関する最高裁判例の新基準と「縮小認定」の関係については，加藤克佳「縮小認定と訴因変更の要否」研修 709 号 3 頁，松田・前掲注 7) 68 頁，酒巻匡「公訴の提起・追行と訴因(3)」法教 300 号 129 頁など参照。
12) 加藤・前掲注 11) 11 頁，松田・前掲注 7) 87 頁など。
13) 大阪高判平 12.7.21 判時 1734 号 151 頁参照（公訴事実に恐喝罪の動機・原因が記載されていた場合にこれと異なる認定をした場合つき，消極）。ただし，積極説も有力である（小林・前掲注 4) 8 頁，松田・前掲注 7) 95 頁など）。

ないと思われる。

　もっとも，(3)の類型の事項すなわち，(1)，(2)の類型に当たらない事項についても，訴因と実質的に異なる認定をするには，場合により争点を顕在化させるなど被告人に対する不意打の防止が求められることがあるから，(2)の類型の事項と(3)の類型の事項の区分はそれほど重要ではないように見える。しかし，(2)の類型の事項については，それが訴因として記載されている限り，これと実質的に異なる認定をするには原則的に訴因変更の手続が必要とされるから——この場合の訴因変更を訴因の拘束力に起因するいわば本来的な訴因変更ではなく本質的には不意打防止のための一方策として訴因変更の手続にのっかったものに過ぎないとしても[14]——やはり実務上この区分は重要性を失わないであろう。

　なお，「被告人の防禦にとって重要な事項」に当たるとしても，訴因変更の手続を経ないでこれと異なる事実を認定することが許される例外的な場合とは何かについても，この最高裁判例によって抽象的な要件は，前述のとおり，明示されているのであるが，具体的にこの要件に当たるか否かについては，今後の判例の集積により解決されていくべき問題として残されている。

　この最高裁判例の場合は，「実行行為者は被告人である」という訴因に対して「実行行為者は被告人かも知れないが，共犯者乙かも知れないし，あるいは，両名が実行行為者かも知れない」と認定するのは，犯情において被告人に不利益とは言えないであろうし，本件ではもともと実行行為者がだれであるかが主要な争点になっており，この点を巡って証拠調べが重ねられ，かつ被告人側の弁論も尽くされていたというのであるから，この認定が被告人に不意打を与えたものではないことも明らかである。

　これと異なり，前掲最二小決平24.2.29の場合は，前記のとおり，放火の実行行為の内容の一部につき，具体的に特定した訴因に対し「何らかの方法により」という訴因の方法を超えたより広い方法を認定したものであるが，被告人に不利益な認定とまでは言えないとしても，訴因の方法を超えた部分については審理されていないというのであるから，被告人に不意打を与えるものである

---

[14] このような見方が有力である（大澤・前掲注2）32頁，田口・前掲注2）739頁，関・前掲注2）534頁など）。

と言わざるを得ないであろう。とりわけ，この判例の事案では，被告人は自己の故意行為によるガスへの引火を争っているようであり，そうだとするとなおさらであると言えよう（ただし，この判例は，訴因変更の手続を経なかった点は違法であるとしながら，原判決を破棄しなければ著しく正義に反するものとまでは認めず，上告を棄却した。なお，この点については，1名の裁判官の反対意見が付されている）。

第五に，以上に述べてきたことは，訴因として記載されている事項についてこれと異なる認定をする場合の問題であった。訴因には記載されていないが，争点になる事項につき，検察官が釈明ないし冒頭陳述において明確にした事項につき，裁判所がこれと異なる認定をする場合はどうか。この判例は，争点となっている実行行為者が訴因として記載されている場合であったから，問題としては残されていることになる。

しかし，ここでも上記の三つに分類した事項に対応して解決すべきであると考える。

すなわち，前記(1)の審判対象を画定する事項すなわち訴因の特定に不可欠な事項で訴因には記載されていなかったが，後に検察官が釈明ないし冒頭陳述において明確にした事項については，訴因の内容になると解されるから，これと異なる認定をするには，訴因変更を要する。本来，訴因が特定していない場合，その公訴提起は無効であり，裁判所は，「公訴提起の手続がその規定に違反したため無効であるとき」に当たるとして，公訴棄却の判決をしなければならないのであるが（法338条4号），後に検察官が釈明ないし冒頭陳述においてその事項を明確にして訴因を特定させれば，有効な公訴提起として扱ってよいとされている（訴因の補正，最一小判昭33.1.23刑集12巻1号34頁参照）。この場合，補充された事項は，訴因の中にいわば取り込まれるのであるから，訴因変更の関係では，当初から訴因として記載された事項と同じ扱いを受けるのは当然である。

次に，前記(2)の被告人の防禦にとり重要な事項で訴因として記載されていないが，検察官が釈明ないし冒頭陳述において明確にした事項については，訴因の内容になるわけではないから，これと異なる認定をするには，訴因変更を要しない。この点は，従来争いがあったものの，この判例が(2)の事項につき，原

則的に訴因変更が必要とする理由として「訴因として明示した以上」という理由を挙げていることからすると，訴因として記載されていない場合は，消極に解すべきであろう。

　共謀共同正犯における共謀の日時・場所などについては，通常，検察官は訴因に記載しないが，その点が争点になる場合，弁護人の申出を契機とした裁判所の求釈明に応じて，できる限り特定することが多い[15]。そして，特定された日時・場所の共謀を巡ってその後の攻防が繰り広げられた場合，裁判所がこれと異なる認定をするには，争点を顕在化させるなどして被告人に対して不意打を防止する措置をとらなければならない（最三小判昭58.12.13刑集37巻10号1581頁〔よど号ハイジャック事件〕参照）。この判例の事案も裁判所が，検察官が主張していた共謀の日時と異なる日時の共謀を「卒然として」認定した場合である。同じく検察官が釈明や冒頭陳述において殺意につき錯誤論の適用を前提とすると主張していたのに，争点を顕在化させる措置をとることなく殺害の認識・認容があると認定した事案について同様な判断をした裁判例がある（東京高判平6.6.6高刑47巻2号252頁）。

　これらの場合，審理の具体的経過において不意打に当たらない場合はもとよりこのような措置を必要としない。

　(3)の事項すなわち，審判対象を画定する事項ではないし，防禦上重要な事項でもなく，かつ，訴因に記載されていない事項については，検察官が釈明，冒頭陳述においてこれを明かにしたとしても，裁判所がこれと異なる認定をするには，一般的にはなんの措置も必要がない。検察官は通常冒頭陳述等において訴因の犯罪事実の動機・経緯や犯罪後の状況なども詳細に主張することが多いが，裁判所はこれに拘束されることはない（仙台高判昭52.2.10判時846号43頁参照）。ただし，これらの事項であっても，例えば，犯行の動機や経緯が争点になっており，検察官のその点の主張より被告人に大きな不利益を与えるような認定をする場合には，(2)の事項の場合と同じような措置が必要となることがあろう。

---

15) 大山隆司「起訴状に対する求釈明」前掲注10)『新実例刑事訴訟法Ⅱ』205頁。

第3　過失犯における訴因変更要否の基準

　過失犯における訴因変更の要否に関する最高裁判例のうちで，重要な判例としては，最三小判昭46.6.22（刑集25巻4号588頁，判タ265号94頁，判時638号50頁），最一小決昭63.10.24（刑集42巻8号1079頁，判タ683号66頁，判時1299号144頁），最二小決平15.2.20（判タ1120号105頁，判時1820号149頁）がある。

　「はじめに」において触れたように，本項では，これらの判例と訴因変更の要否について最三小決平13.4.11が判示した前記新基準を対比させ，改めて過失犯における訴因変更を検討してみたい[16]。この新基準は，訴因変更要否に関する一般的基準であると考えられるから，過失犯における訴因変更もまた今後この基準によって考察する必要があるからである。

1　過失犯における訴因変更の要否に関する三つの最高裁判例

　上記三つの判例のうち，最三小判昭46.6.22（以下，「昭和46年判例」という）は既に旧論稿において紹介しているのであるが，論述の便宜上，最一小決昭63.10.24（以下，「昭和63年判例」という）及び最二小決平15.2.20（以下，「平成15年判例」という）と併せて，ここに事案の内容及び判旨を掲げておきたい。

(1)　昭和46年判例
［交通事故の概況］
　信号待ちのため停車した前車への追突
［訴因の過失］
　前車の後方に一時停止した後，前車が発進するのを見て発進しようとした際「クラッチペタルから足を滑らせた過失」により暴走して追突
［第一審裁判所の認定した過失］
　一時停止中の前車の後方に停止しようと進行接近する際「ブレーキをかけ遅

---

[16] 同じような問題意識から，過失犯における訴因変更の問題を詳細に論じた比較的最近の論稿として，田口守一「過失態様の変化と訴因変更の要否」岡野光雄先生古稀記念『交通刑事法の現代的課題』（成文堂，2007）519頁，辻本典央「過失犯における訴因変更の必要性――最二決平15年2月20日判時1820号149頁」近畿大学法学54巻3号98頁などがある。

れた過失」により追突
[控訴審の判断]
　訴因の過失と第一審裁判所の認定した過失とは，事故の状況，過失の具体的行為に差異はあるものの，本質的に異なるものではない。また，審理の具体的状況に照らし，被告人の防禦に実質的不利益はない。
[最高裁判例の判旨]
　訴因の過失と第一審裁判所の認定した過失とは，「過失の態様が異なる」から，訴因の過失を認めず，これと別の態様の過失を認定するには，被告人に防禦の機会を与えるため訴因変更の手続を要する（破棄差戻）。

(2)　昭和63年判例

[交通事故の概況]
　対向車と離合の際スリップしてこれと衝突
[訴因の過失]
　降雨による湿潤のため滑りやすい道路であるのに「減速せずそのまま進行した過失」（当初の訴因には，滑りやすさの原因として石灰の粉塵の堆積凝固の事実も記載されていたが，検察官は後にこの部分を撤回）
[第一審裁判所の判断]
　被告人には滑りやすい道路であることの認識がないから，減速義務なし（無罪）
[控訴審の判断]
　石灰の粉塵が堆積凝固している路面に折からの降雨のため滑りやすい道路であったことを被告人は認識していた（事実誤認により原判決破棄）。
　控訴審において予備的に追加された訴因の過失（石灰の粉塵が堆積凝固している路面に折からの降雨のため滑りやすい道路であるのに「減速せずそのまま進行した」）に基づき自判（有罪）。
[最高裁判例の判旨]
　過失犯に関し，一定の注意義務を課す根拠となる具体的事実については，たとえそれが公訴事実中に記載されたとしても，訴因としての拘束力はないから，被告人の防禦権を不当に侵害しない限り，訴因変更の手続を経て撤回された事実を認定することに違法はない。

本件において，降雨によって路面が湿潤したという事実と石灰の粉塵が路面に堆積凝固したところに折からの降雨で路面が湿潤したという事実は，いずれも路面の滑りやすい原因と程度に関する事実であって，被告人に速度調節という注意義務を課す根拠となる具体的事実であるから，訴因変更の手続を経て撤回された石灰の粉塵の路面への堆積凝固という事実の認定が許されないものではない。また，原審においてこの事実を含む予備的訴因が追加され，この事実の存否等の証拠調べがされており，被告人の防禦権が侵害されていない。

したがって，原判決が降雨による路面の湿潤という事実のみではなく，石灰の粉塵の路面への堆積凝固というという事実を併せ考慮して，事実誤認を理由に第一審判決を破棄して有罪判決をしたことに違法はない。

(3) 平成15年判例
［交通事故の概況］
　対抗車線に進入して対向車と衝突
［訴因の過失］
　前方左右を注視し，進路の安全を確認して進行すべき注意義務があるのにこれを怠り「前方注視を欠いたまま漫然進行した過失」
［第一審裁判所の判断］
　事故の原因は当時助手席にいた同乗者がハンドルを蹴りハンドル操作の自由を失ったためであり過失はない，という被告人の弁解は排斥できず，訴因の過失については，合理的疑いが残る（無罪）。
［控訴審の判断］
　訴因の過失については，合理的疑いが残るとした原審の認定は事実誤認だが，被告人が前方注視を欠いていたとしても，ハンドルを右方向に回転させることなく握持していれば，被告人車が対抗車線にはみ出すことはなく，事故は発生しなかったから，訴因の過失と事故発生とは因果関係がないので，この事実誤認は判決に影響を及ぼさない。

被告人には，進路前方を注視し，自車が対抗車線にはみ出さないようハンドルを握持して道路左側部分を進行すべき注意義務があるのにこれを怠り，前方を注視せず，ハンドルを右方向に転把し，対抗車線に自車をはみ出させて進行した過失がある。しかして，本件は，相当重大な罪であり，検察官が訴因変更

をすれば有罪が明白であるから，第一審裁判所は検察官に対し，訴因変更を促し又はこれを命ずる義務があり，これをすることなく無罪の判決をした第一審には審理不尽の違法がある（職権破棄）。

控訴審において交換的に変更された訴因（控訴審が認めた上記過失を内容とする）に基づき自判（有罪）。

［最高裁判例の判旨］

控訴審が認定した過失は，検察官の当初の訴因の過失の態様を「補充訂正したにとどまる」から，これを認定するには訴因変更の手続を経ること要しない。したがって，訴因変更を要するとの前提に立って，第一審裁判所には検察官に対し，訴因変更を促し又はこれを命ずる義務があり，これをすることなく無罪の判決をした第一審には審理不尽の違法があるとした原判決の判断は，法令の解釈を誤ったものである。

しかし，原判決は第一審判決に事実誤認があると判断した限りにおいては正当であり，この事実誤認は判決に影響を及ぼすと解するのが相当であって，いずれにせよ第一審判決は破棄を免れないから，原判決には法令違反はあるものの，第一審判決を破棄して有罪判決を言い渡した結論自体は正当であって，原判決を破棄しなければ著しく正義に反するとは認められない。

2 三つの最高裁判例と新基準との関係

(1) 昭和46年判例について

昭和46年判例は，上記のとおり，訴因の過失と裁判所が認定しようとする過失がその「態様において異なれば」訴因変更手続が必要であるとの一般的基準を判示している。

この判例の事案の場合，旧論稿でも指摘したように，事故の状況が前車への追突という概況では一致するものの，訴因の過失では，被告人車が一時停止したことを前提に，そこから発進進行する際のクラッチペタルの操作の誤りがとらえられているのに対し，第一審裁判所の認定では，被告人車は一時停止することなくそのまま前車に追突したことを前提に，ブレーキのかけ遅れという操作の誤りが過失としてとらえられている。そうすると，過失の前提となる事故の状況が重要な部分において異なり，そのため訴因の過失と裁判所が認定した

過失は明らかにその態様を異にしていると言わなければならない。本件では訴因変更を要しないとした控訴審の前記判断は，被告人の具体的防禦の観点からして不利益はないという点を含め，不当というべきであろう[17]。

この判例の基準は，過失犯における訴因変更の要否についての従前の判例ともおおむね符合しており[18]，学説の大勢からも好意的に受け止められたようである[19]。この判例の基準が今日でも過失犯における訴因変更の要否についてのいわば基本軸である。

この判例に言う「過失の態様」は，その内実をどうとらえるかという問題は後に検討するとして，前記平成13年の判例と照らし合わせると，「審判対象を画定する事項」に当たると考えられる。おそらく，この点は異論がないものと思われる。

なぜなら，過失犯にあっては，訴因に具体的な過失が記載されてはじめて訴因が特定され，裁判所の審判の対象が明確になり，被告人もその範囲で防禦すれば足りることになるからである。過失犯は開かれた構成要件ないし補充を要する構成要件とされており，同一法条に該当すると言っても，過失内容が異なるときには，構成要件的に別個の法規範の違反があると言うこともできるし，過失の態様は，訴因の特定を定めた刑事訴訟法256条3項に言う「犯罪の方法」に当たると言うこともできよう。正しく，過失の態様は，過失犯の訴因の特定にとり不可欠の事項であると言わなければならない。

---

17) 鬼塚賢太郎・昭46最判解説㊞142頁。なお，そこに記述されている本件の第一審における審理経過，証拠関係に照らすと，第一審裁判所が捜査・公判双方の段階で被告人が自認している訴因の過失を排し，これと異なる新たな過失を認定したこと自体無理があったようである。

ちなみに，裁判官が訴因と異なる過失を認定する場合の実務的な態度，あるいは，基本的な態度としては，訴因と異なる過失が明白で，しかも，訴因の過失ではあまりにも不合理だということが言い切れる場合でなければならない。他の過失も認められるけれども，訴因の過失でも不合理ではないという場合には，あえて訴因と異なる過失を認定する必要はないと考えられる。そういう点から言うと，例えば，末尾掲記の判例⑤が訴因の過失に加え，新たな過失を認定したのも，そこまでする必要があったのかという疑問がある。過失に限らず，裁判官が訴因と異なる事実を認定する場合，慎重でなければならないことは，既に指摘されているとおりである（松本・前掲注10）45頁，毛利・前掲注10）50頁）。

18) 三井誠「訴因の変更を要する場合」『交通事故判例百選〔第2版〕』235頁，神宮壽雄「過失犯の訴因変更の要否」研修357号62頁など。

実務においても，もとより過失犯の起訴の場合必ず一定の具体的な過失が起訴状に記載されており，これを明示しなければ訴因の特定を欠くことになる（東京高判昭 42.7.26 高刑 20 巻 4 号 480 頁，名古屋高判昭 43.1.22 高刑 21 巻 1 号 1 頁など参照。ただし，いずれも判決書の「罪となるべき事実」の記載に関する判例）。
　それでは，「過失の態様が異なる」とはどのような事項の変動を指すのか。旧論稿でも指摘したように，過失犯の訴因には，通常，(1)注意義務発生の前提（根拠）となる具体的事実，(2)注意義務の内容，(3)注意義務違反の具体的行為の三要素が記載されている。このうち，(3)の注意義務違反の具体的行為すなわち過失行為の変動がこれに当たることに争いはない。
　(2)の注意義務の内容については，異論はなくはないものの，多くの論者が説くように，(2)が明示されなければ，(3)が明らかにならないものであり，また，(2)が異なってくればこれに相応して(3)が異なってくるから，両者はいわば不即不離の関係にある。換言すれば，自動車事故の場合，被告人の生の行為としては，要するに，自動車を運転していたという無色の行為しかないというのが通常であり，これに一定の注意義務という光を照射することによって，過失行為という影の部分が浮かび上がってくるのである。したがって，注意義務の内容の変動も過失態様の変動に当たると解すべきであろう[20]。

19）榎本雅記「過失態様の変化と訴因変更の要否に関する一考察」名城法学 56 巻 3 号 12 頁。
　なお，この判例は，最高裁の訴因に関する当事者主義への傾斜という流れを是認するならば，首肯できるとする見解（青柳文雄＝斉藤隆「訴因と異なる態様の過失を認定するにつき訴因変更手続を要するとされた事例」法学研究 47 巻 3 号 136 頁），更には，実体法における過失犯の理解がいわゆる旧過失論から新過失論へと移行してきたことの訴訟理論への反映を表した判例でもあるとして，賛意を表する見解がある（田口・前掲注 16）522 頁）。
　逆に，この判例の基準に批判的な見解としては，横井大三『刑事裁判例ノート(6)』（有斐閣，1973）135 頁，平野龍一『刑事判例評釈集』32 = 33 巻 361 頁などがある。前者は，検察官の立場からしてこの判例の基準が厳しすぎるし，実務にも則しないとし，後者は，追突させたことが過失行為であって，訴因と認定の差異は追突の態様の差異に過ぎないとする。なお，毛利・前掲注 10) 62 頁も，訴因と認定はどちらも停止の際に適切なブレーキ操作をしなかったことに変わりがないから，この程度の違いであれば，訴因変更を要しないと見て良いのではないかとする。
20）小林・前掲注 4）13 頁など。

過失は一定の注意義務に違反した行為であり，過失行為と注意義務の内容が不即不離であるとすれば，過失の態様の同一性は，結局，注意義務の同一性に帰することになる[21]。

問題は，注意義務の同一性を定める場合，どの程度個別化された注意義務を措定するかである。

注意義務の同一性を，例えば，「前車に追従する際これに追突しない注意義務」あるいは「対向車と離合する際これと接触しない注意義務」というようにより広くとらえるのは，審判対象を画定する見地からしても，あるいは，被告人の防禦の観点からしても，相当ではない（旧論稿131頁〔本書177頁〕参照）。また，昭和46年判例とも矛盾する。昭和46年判例においても，「前車に追従する際これに追突しない注意義務」というように注意義務の同一性を広くとらえるならば，訴因の過失と裁判所が認定した過失は同一の注意義務違反であり，過失態様の同一性が害されていないのである。

従来の判例によれば，「前方注視義務」という訴因の注意義務に対し，「速度調節義務」あるいは「ハンドル，ブレーキ等の適切操作義務」を認定するには訴因変更の手続を要すると解されている。「前方注視義務」に加えてこれらの注意義務を付加して認定する場合も同様である。自動車の運転に際しては，これらの注意義務は相関連しているとは言え，それぞれが運転動作の性質を異にしているから，注意義務の同一性を欠き，過失の態様を異にすると言わざるを得ないからである。例えば，末尾掲記の判例④は，「前方を注視し，安全を確認しつつ進行する義務」という訴因に対し，「徐行すべきことはもとより，道路の左側に寄って走行するとともに警笛を吹鳴するなどして自車の進行を対向車に知らせる義務」を認定した場合につき，訴因の注意義務は，前方注視によって認識した状況を前提として考えられる諸種の運転動作，例えば，減速，徐行などを含むものではないと判示している。

ただし，この関係で留意しなければならないのは，異なる運転動作を表現しているように見えるが，結局は同一の注意義務の内容のいわば表現の違いに過ぎないと考えられる場合が存することである。例えば，前方交差点の信号が赤

---

21) 田口・前掲注16) 525頁など。

色を表示しているのに，これを無視して交差点に進入した場合「交差点手前での停止義務」と「交差点手前で停止するため減速しながら進行すべき義務」は，同一の注意義務のいわば表現の違いと考えられる。なぜなら，通常の場合，前者の注意義務は，後者の注意義務を含意するからである。その意味では，この例のような場合につき，訴因変更が必要であるとした末尾掲記の判例①は，交差点に進入した時点での信号の表示について訴因と認定が異なるから，相当であるとしても，同⑧の判例などは，厳格に過ぎると考えられる。

それでは，次に，例えば，「速度調節義務」という点では同一であるが，「滑りやすい道路における速度調節（減速）義務」という訴因の注意義務に対し，「子供の飛び出しが予測される道路における速度調節（減速）義務」を認定する場合はどうであろうか。同様に「運転中止義務」という点では同一であるが，「飲酒酩酊により正常な運転ができないから運転を中止するべき義務」という訴因に対し，「運転技術が未熟であるから運転を中止するべき義務」を認定する場合はどうか。

注意義務の同一性をより個別化された注意義務で措定するならば，これらの場合は注意義務の同一性を欠き，過失の態様が異なっているから，訴因変更の手続を要するということになる。そして，このような場合は，注意義務発生の前提（根拠）となる事実の変動が過失の態様の変動をもたらす場合ということになろう。

(2) 昭和63年判例について

先ほどから述べているように，過失犯の訴因には，通常，(1)注意義務発生の前提（根拠）となる具体的事実，(2)注意義務の内容，(3)注意義務違反の具体的行為の三要素が記載されているが，このうち，(2)の注意義務の内容及び(3)のこれに違反した具体的行為すなわち過失行為が「過失の態様」として「審判対象を画定する事項」に当たり，これらが変動した場合には，訴因変更を要する。この点は，ほぼ異論がない解釈と考えても差し支えないと思われる。

問題は，(1)の注意義務発生の前提（根拠）となる具体的事実の変動が，過失の態様の変動に当たるか否かである。前記平成13年判例の新基準に照らし合わせると，訴因に記載されている注意義務発生の前提（根拠）となる具体的事実は，「審判対象を画定する事項」に当たるか否かである。

ところで、この問題に一応の解答を示したのが昭和63年判例であった。昭和63年判例は、前述のとおり、「過失犯に関し、一定の注意義務を課す根拠となる具体的事実については、たとえそれが公訴事実中に記載されたとしても、訴因としての拘束力はない」と言い切っている。これによれば、(1)は平成13年判例に言う「審判対象を画定する事項」に当たらないと言わざるを得ない。

この判例については、訴因としての拘束力がないという理由を格別示していない上、訴因変更要否の基準につき平成13年判例のような発想が未だ浸透していない時期の判例であったこともあり、賛否両論があった[22]。そして、現在でも、批判的見解がかなり有力である。

たしかに、過失犯の訴因として記載されている前記(1)ないし(3)の事項のうち、(2)と(3)すなわち注意義務の内容とこれに違反した行為（過失行為）とは、前述のとおり、いわば不即不離で分かち難いものであると同様に、一定の具体的注意義務は、一定の具体的事実から生じるわけだから、(1)と(2)もまた不即不離であると言えないかという疑問が残る。(1)ないし(3)は、一体として過失の態様を決定するが故に、過失犯の訴因には、実務上、(1)ないし(3)がもれなく記載されており、(1)を記載しないで、いきなり(2)と(3)すなわち一定の注意義務とこれに違反した行為（過失行為）が記載されることはない。

22) 判旨に好意的な見方をするものとしては、田口守一「自動車運転者に注意義務を課す根拠となる具体的事実が訴因変更手続を経て撤回された場合につき右事実を認定することに違法はないとされた事例」判時1318号240頁（判評368号78頁）、安富潔「訴因変更手続を経た具体的事実の撤回と被告人の防禦権」ジュリ932号78頁、寺崎嘉博「自動車運転者に注意義務を課す根拠となる具体的事実が訴因変更手続を経て撤回された場合につき右事実を認定することに違法はないとされた事例」警研62巻2号30頁など。

逆に、判旨に批判的な見解としては、上口裕「注意義務の根拠となる具体的事実と訴因変更により撤回された事実の認定」昭63重判解176頁、鈴木茂嗣「過失犯と訴因」『続・刑事訴訟の基本構造(上)』（成文堂、1996）294頁、木谷明「不意打認定と訴因――昭和63年判例への疑問」『小林充先生＝佐藤文哉先生古稀祝賀刑事裁判論集(下)』（判例タイムズ社、2006）119頁など。

また、この判例の判旨は、一定の注意義務を課す根拠となる具体的事実について訴因としての拘束力がないことを一般的に判示したものではなく、本件では撤回された事実についても被告人は争っており、防禦上の不利益を受けていないから、この事実について拘束力を認める必要はないという趣旨と理解すべきであるとするものもある（中野目善則「自動車運転者に注意義務を課す根拠となる具体的事実が訴因変更手続を経て撤回された場合につき右事実を認定することに違法はないとされた事例」法学新報96巻5号345頁）。

もっとも，旧論稿でも指摘したように（本書176頁），自動車運転者の注意義務には，前方左右を注視して進路の安全を確認する義務とかハンドル，ブレーキ等を適切に操作する義務といったいわば自明のものもある。しかし，これらの注意義務とても，自動車を運転進行中であるという前提（根拠）があって発生するものであり，その事実は訴因の中に記載されているのである。これらの注意義務のほかは，通行の場所（交差点，横断歩道，カーブ，トンネル内，砂利道，人家密集道路，滑りやすい道路など）や運転の態様（発進，後退，障害物の側方通過，追い越し，追い抜き，追従，離合，左右折，転回，進路変更など），運転者及び車両の属性（無免許など運転技術未熟，飲酒酩酊，眠気，故障車など）などに応じて，平均的な運転者に要求される，したがってある程度類型化された，具体的な事故回避義務が発生する。これらの注意義務の存否は，前提となる具体的事実と切り離して論ずることはできない。

　してみると，前記(1)ないし(3)の事項のうち(1)だけを切り離して審判対象を画定する事項から除外する，したがって，訴因に記載されなくても訴因は特定されているという説明は困難である。やはり前記(1)の事項は，過失を構成する一体の事実として訴因の特定に不可欠の事項であり，審判対象を画定する事項というべきではなかろうか。疑問を提起しておきたい。

　ただし，昭和63年判例について言えば，そこで問題とされていたのは，実は，「滑りやすい道路である」という速度調節（減速）義務の前提（根拠）となる事実ではなく，滑りやすさの原因と程度という，いわば更に一段下の事実であったことに留意しなければならない。すなわち，昭和63年判例の事案で問題となったのは，「降雨によって路面が湿潤した」という訴因に対し，「石灰の粉塵が路面に堆積凝固したところに折からの降雨で路面が湿潤した」という控訴裁判所の認定であって，両者の違いは，路面の滑りやすい原因と程度に関する事実に過ぎない。換言すれば，昭和63年判例では，「速度調節義務」という一般的な注意義務において訴因と控訴裁判所の認定は異ならないのみならず，前に触れたような「滑りやすい道路における速度調節（減速）義務」というより個別化された注意義務を措定したとしても，訴因と控訴裁判所の認定は異ならないのである。

　そうすると，この事案では過失の態様に変動がないから，この判例は訴因変

更の要否に関する最高裁判例の流れに沿ったものであり、これを変更したものではなく、また、注意義務の前提（根拠）となる事実が変動することによって過失の態様も変動する場合は、この判例によっても、訴因変更が必要となるとする理解[23]は正当であると考えられる。

次に、注意義務発生の前提（根拠）となる事実は、およそ「過失の態様」に含まれないと解する見解によった場合、この事実は、平成13年判例の新基準に照らし合わせると、前に指摘したとおり、審判対象を画定する事項に含まれないことは明白である。それでは、この事項は「被告人の防禦にとって重要な事項」なのかそれともこれにも当たらない事項なのかが次に検討されなければならない。訴因変更要否の関係では、前述の繰り返しになるが、「被告人の防禦にとって重要な事項」に当たるとすれば、これが訴因として記載されている限り、この事項について訴因と異なる認定をするには訴因変更が原則的に必要だが、この事項にも当たらないとすれば、不意打の防止という一般的な措置（争点顕在化など）は必要な場合があろうが、およそ訴因変更は必要でない、ということになる。

注意義務の存否あるいはその内容が争われた場合を考えてみると明らかなように、注意義務を課す前提（根拠）となる具体的状況は、これらと直接にかかわる事実であるから被告人の防禦上重要であり、また、通常争点を明確化するために訴因として掲げるのが望ましい事実であり、現に掲げられているのが実務の通例であるから、この事実が、平成13年判例に言う「被告人の防禦にとって重要な事項」に当たることは、おそらく異論がないと思われる。

一方、昭和63年判例で問題となった「滑りやすさの原因と程度」に関する事実のように、注意義務を課す直接の前提（根拠）となる事実ではなく、いわばその原因、縁由あるいは周辺的な事情は、故意犯になぞって言えば犯行の動機、原因、経緯に当たるものであって、平成13年判例に照らし合わせれば、審判対象を画定する事項でないことはもとより被告人の防禦にとって重要な事項とは言えないから、前記(3)の事項に当たると解される。

したがって、これらの事実が訴因として記載されていても、これと異なる認

---

23) 池田修・昭63最判解説(刑362頁。

定をするにはおよそ訴因変更の手続を要しない。ただし，これらの事実と注意義務の直接の前提（根拠）となる事実は密接しているから，これらの事実の存否に関し争いがある場合には，昭和63年判例の文言を借りて言えば，審理の具体的経過において「被告人の防禦権を不当に侵害するものでない限り」許されるということになる。不意打防止のための措置を必要とする場合があるという趣旨である。昭和63年判例の場合は，原審（控訴審）において石灰の粉塵の堆積凝固という事実も含めた訴因が予備的に追加され，証拠調べもなされているから，防禦権の侵害はないと判断されている。

このように，注意義務発生の前提（根拠）となる具体的事実といっても，直接注意義務を発生させる事実とその原因・程度に関係する事実があり，両者とも訴因として記載されることが多いし，それが望ましいということはできるが，その性質の違いに留意しなければならないと思われる。

なおまた，過失行為についてもその原因となる事情が併せて記載されることが少なくない。例えば，前方不注視における同乗者との雑談，飲酒の影響，わき見などである。これらの事情も故意犯における犯行の動機，原因，経緯に当たるものであって，これと異なる認定をする場合においても，およそ訴因変更の手続を要しないと解される[24]。

(3) 平成15年判例について

この判例を単純化すれば，「前方左右を注視し，進路の安全を確認して進行すべき注意義務があるのにこれを怠り，前方注視を欠いたまま漫然進行した」という訴因の過失に対し，「進路前方を注視し，自車が対抗車線にはみ出さないようハンドルを握持して道路左側部分を進行すべき注意義務があるのにこれを怠り，前方を注視せず，ハンドルを右方向に転把し，対抗車線に自車をはみ出させて進行した過失」を認定する場合，訴因変更の手続を要するかということが問題になった事例であり，原審（控訴審）はこれを要すると解し，最高裁はこれを不要と解したものである。

この判例についても，好意的な見方と批判的な見方がある。そして，好意的な見方もその理由とするところはさまざまである。

---

[24] 旧論稿131頁（本書177頁），田口・前掲注16) 528頁。

まず,認定する過失のうち「ハンドルを握持して道路左側部分を進行すべき注意義務」は,訴因の「進路の安全を確認して進行すべき注意義務」を具体化したものであって,注意義務の同一性は維持されており,過失行為についても,これに相応して同一であるから,過失の態様は異ならず,したがって,訴因変更を要しないとする見解がある[25]。また,自車を対抗車線にはみ出させた事実自体は,訴因においても,過失の内容として明示されていないにしろ,被告人に告知されているから,被告人はなんら防禦上の不利益を受けておらず,したがって,訴因変更の手続は要しないとする見解[26],更には,具体的防禦説により,本件では被告人の防禦は害されていないから訴因変更の手続を要しないとする見解[27]などがある。なおまた,自車を対抗車線に進出させたことが過失行為であるならば,前方不注視やハンドルを握持しないことは,過失行為の原因に過ぎず,「審判対象の画定」という見地からは必ずしも訴因変更は必要がないとの指摘もある[28]。

これに対し,訴因の前方注視義務にハンドルを握持し道路左側部分を進行すべきであるという異なった注意義務を付け加えて認定するわけだから,やはり訴因変更の手続がいるのではないかとして,判旨に疑問を呈する見解も少なくない[29]。

ちなみに,この判例を掲載している前記法律雑誌のコメントは,訴因変更を不要としたこの判例の考え方について,本件事故の状況に関する具体的事実関係は,当初の訴因と原判決の認定事実との間で異なるところはなく,対抗車線内に自車をはみ出させたという点は,当初の訴因においても,注意義務にこそなっていないものの,因果の流れとしては記載されているから,当初の訴因に

---

25) 田口・前掲注16) 524頁。
26) 松田龍彦「公判裁判所が検察官に訴因変更を促し,あるいは命ずる義務を認めた原判決には法令違反があるとしながらも,破棄しなければ著しく正義に反するとは認めなかった事例」現刑6巻3号93頁。
27) 早野暁「第一審裁判所が検察官に訴因変更を促し,あるいは命ずる義務を認めた原判決には法令違反があるとしながらも,破棄しなければ著しく正義に反するとは認めなかった事例」法学新報111巻3=4号448頁。
28) 安村勉「交通業過事件における訴因変更」平15重判解196頁。
29) 岡田悦典「過失犯における訴因変更の要否と訴因変更命令の義務」法セ587号119頁,榎本・前掲注19) 16頁,辻本・前掲注16) 87頁など。

含まれていると見る余地があること，更に，本件の具体的事情の下では，前方注視の点こそが重要であって，道路左側部分を維持して進行すべきであるとする点は重要性を有しないとも考えられる，と説明している。

　前述したように，過失の態様は審判対象を画定する事項であり，過失の態様は一定の注意義務とこれに違反した被告人の行為（過失行為）により特定されるとするならば，訴因の前方注視義務にハンドルを握持し道路左側部分を進行すべきであるという異なった注意義務を付け加えて認定する場合は，過失行為もこれに応じて増加しているわけだから，やはり過失の態様は異なっており，審判対象を画定する事項に変動があったと言わざるを得ないのではないかと考える。

　「前方を注視し，進路の安全を確認する義務」という場合，二つの注意義務があるのではなく，連結した一個の注意義務であり，また，この義務の中に認識した状況に従って必要とされる運転動作，すなわち，この判例の場合で言えば「ハンドルを握持して道路左側部分を進行すべき注意義務」が含まれていると見るのは困難であることは，前に述べたとおりである。

　また，対抗車線内に自車をはみ出させたという点は，たしかに当初の訴因においても因果の流れとしては記載されているものの，この点を改めて別個の注意義務としてとらえ直すのであれば，過失の態様が異なり，審判対象を画定する事項に変動があったと言わざるを得ないのではないか。この問題は，例えば，前方注視義務違反の訴因に対し，速度調節（減速）義務違反を認定する場合において，訴因の中に被告人車の速度が記載されているときに（通常，被告人車の速度は，事故の状況の一つの要素として記載されることが多い），訴因変更を要するかという問題として古くから議論されてきたところである[30]。

　もっとも，平成 15 年判例の場合，訴因変更の手続を要しないとしたことは，結論的には，正当であると考える。その理由は以下のとおりである。

　前記平成 13 年判例によれば，審判対象を画定する事項に変動があった場合には，訴因変更を要するのであるが，前に述べたように，この事項に関し，いささかでも訴因と異なる認定をするには訴因変更が必要とは解されまい。とり

---

30) 旧論稿 138 頁（本書 194 頁）及びそこに引用している高田教授の所説参照。

わけ，犯罪の方法や客体・結果などについて，訴因のそれを認定するとともにこれに訴因として記載されていない事実を付加して認定する場合において，付加された事実が社会的・法律的に見て重要な事実ではなく，これを付加して認定しても訴因と実質的に異なる認定であるとは言えないような場合は，訴因変更の手続は要しないと解される。具体的には，付加された事実が些細なもので量刑にほとんど影響がなく，したがってまた，この点が争点になることも考えられない事実であれば，訴因変更を要しないでこれを認定することが許されると解される。このような場合は，厳密には，訴因の記載を判決においてより詳細に，あるいは，より適切な表現に変えて認定する場合とは異なるものであるが，いわばこれに準じて考えてよいと思われる。

　平成15年判例の事案では，前記コメントが指摘するように，交通事故の状況は訴因も認定も同一であり，かつ，基本的な過失が前方不注視であることも変わりがないのである。被告人車が対抗車線に自車をはみ出させたことを訴因のように因果の流れとしてとらえるか，それともそこにも，ハンドル操作の誤りという別個の過失をとらえるかの違いに過ぎず，この過失が新たに付加されたことによって量刑に影響があるわけでもなく，また，この点が争点になることも考えられない事実である[31]。

　そうであれば，平成15年判例の場合，審判対象を画定する事項の変動はあったが，必ずしも訴因変更の手続を経ることを要するものではないと考えられる。

　平成15年判例は，末尾添付の高裁判例のいくつかがそうであるように[32]，過失犯における訴因変更についてやや厳格になり過ぎた実務の流れに一定の歯

---

[31] 本件では，被告人は，ハンドル操作の誤りにより自車を対抗車線にはみ出させたこと自体は争っておらず，ただ，その原因は当時助手席にいた同乗者がハンドルを蹴りハンドル操作の自由を失ったためであり，過失はないという弁解をしているに過ぎないのである。
　ちなみに，第一審裁判所のした，被告人のこの弁解は排斥できず，訴因の前方不注視の過失については，合理的疑いが残るとした判断が，控訴審判決が詳細に説示するように，そもそも失当であり，次には，前方不注視の過失と事故発生とは因果関係がないから，この事実誤認は判決に影響を及ぼさない，とした控訴審判決の判断も当を得なかったと考えられる（平成15年判例は「この事実誤認は判決に影響を及ぼすものと解するのが相当」としている）。
[32] 末尾掲記の判例③，⑦，⑧など。

止めをかけるきっかけになるかも知れない。

〔訴因変更を必要とした判例〕
①東京高判昭 51.9.21 東高時報 27 巻 9 号 125 頁
（交通事故の概況）
　信号機のある交差点事故で，左方道路から進入の車両と衝突
（訴因の過失）
　赤信号に従って停止する義務違反
（裁判所の認定した過失）
　停止位置で停止できるような速度と方法で交差点に接近していく義務違反

②東京高判昭 52.3.22 判時 850 号 111 頁
（交通事故の概況）
　離合事故で，駐車車両が両側にある狭い道路を直進する際，対向自転車と衝突
（訴因の過失）
　駐車車両手前で一時停止して避譲する義務違反
（裁判所の認定した過失）
　対向してくる人車の動静に注意し，場合によっては警笛を吹鳴して注意を喚起し，安全にすれ違うことができるよう進行すべきはもちろん，状況によってはいつでも減速，急停車するなどの臨機の処置をとる義務違反

③東京高判昭 54.11.28 判タ 420 号 125 頁
（交通事故の概況）
　直進事故で，駐車車両に衝突しその後方にいた人が負傷
（訴因の過失）
　前方注視義務違反により，道路右側の駐車車両の前照灯に被告人車のライトが反射したのを見て対向車が直前に迫っているものと錯覚し狼狽してハンドルを右に切ったため，その駐車車両に衝突
（裁判所の認定した過失）
　前方注視義務違反により，間近に迫った対向車のライトによってはじめてその存在に気付きハンドルを右に切ったため駐車車両に衝突

④東京高判昭 54.12.26 判タ 420 号 125 頁
（交通事故の概況）
　離合事故で，狭くて見通しの悪いカーブで対向車と衝突

（訴因の過失）
　駐車車両を避ける際の前方注視義務違反
（裁判所の認定した過失）
　左側通行，警笛吹鳴義務違反

⑤東京高判昭57.8.9 東高時報33巻7＝8号42頁
（交通事故の概況）
　自転事故で，狭い右にカーブした下り坂で雨のため滑りやすい道路を直進する際，道路左側の路肩に車輪を逸脱させ田んぼに転落し同乗者負傷
（訴因の過失）
　減速義務違反
（裁判所の認定した過失）
　訴因の過失に加え，路肩に車輪を逸脱させた際のハンドルの適正操作義務違反

⑥東京高判昭59.11.27 東高時報35巻10＝12号94頁
（交通事故の概況）
　交差点事故で，Ｔ字型交差点で右折しようとした際，左側の通行人と衝突
（訴因の過失）
　太陽光線による幻惑のため進路の安全を確認できなかった場合の運転停止義務違反
（裁判所の認定した過失）
　進路の安全確認義務違反

⑦大阪高判昭60.10.2 判タ585号81頁
（交通事故の概況）
　交差点事故で，左折の際左側直進車両（原付）と衝突
（訴因の過失）
　左後方の後続車両に対する安全確認義務違反
（裁判所の認定した過失）
　左側並進車両に対する安全確認義務違反

⑧東京高判平5.9.13 判時1496号130頁
（交通事故の概況）
　信号機のある交差点事故で，右方から進入の車両と衝突
（訴因の過失）

前方の赤信号を認めた際の減速・徐行義務違反
（裁判所の認定した過失）
　交差点手前での停止義務違反

⑨福岡高判平 6.9.6 判タ 867 号 296 頁
（交通事故の概況）
　信号機のある交差点事故で，対向右折車と衝突
（訴因の過失）
　時速 90 ないし 100 キロで走行中，進路前方 94 メートルの地点に被害車両を発見した時点で，被告人車の対面信号は赤，被害車両は右折用青矢印に従って対向右折していることを予知していたのであるから，急制動して交差点手前で停止する義務違反
（裁判所の認定した過失）
　時速 80 キロで走行中，交差点手前 157 メートルの地点で対面信号が黄色に変わるのを認めた時点での急制動をする義務違反

〔訴因変更を不要とした判例〕
⑩東京高判昭 58.9.22 東高時報 34 巻 9＝12 号 61 頁
（交通事故の概況）
　バスの運転手が乗客を乗せる際の事故
（訴因の過失）
　乗客がバスに乗車しないものと即断したため，動静確認義務違反
（裁判所の認定した過失）
　乗客が乗車し終わったものと即断したため，動静確認義務違反

⑪最一小決昭 63.10.24 刑集 42 巻 8 号 1079 頁，判タ 683 号 66 頁，判時 1299 号 144 頁
　交通事故の概況，訴因の過失，控訴審の認定した過失はいずれも本文に記載

⑫東京高判平 6.2.23 判タ 858 号 294 頁
（交通事故の概況）
　交差点事故で，T 字型交差点を左折の際，右方からの直進車両と衝突
（訴因の過失）
　右方の見通しを妨げている左折車の通過を待って，右方の安全を確認して進行すべき義務違反

(裁判所の認定した過失)
　上記左折車の後から直進してくる車両があることを予想して，右方の安全を確認して進行すべき義務違反

第 12 章　訴因変更の要否——酒酔い運転と酒気帯び運転（判例解説）

最三小決昭 55.3.4 刑集 34 巻 3 号 89 頁，判時 956 号 134 頁（昭 54 (あ)第 159 号，道路交通法違反被告事件）

第 1　事実の概要

　被告人は，酒酔い運転（道路交通法 65 条 1 項，117 条の 2 第 1 号）と速度違反の罪で起訴され，前者の罪につき，一審以来，酒気を帯びて運転したものではないと争ってきた。一審（東京簡裁）は酒酔い運転の罪で有罪としたが，控訴審（東京高裁）は，被告人が本件当時酒に酔って正常な運転ができないおそれのある状態であったとは認定しえないとして，原判決を破棄し，訴因変更の手続を経ないで，酒気帯び運転（同法 65 条 1 項，119 条 1 項 7 号の 2，同法施行令 44 条の 3）の罪で自判した。弁護人は，上告趣意として，事実誤認の主張と共に，「原判決は訴因変更手続を要する場合であるのにこの手続をせず，結局公訴の提起されていない事実について有罪の裁判をなした」違法があるという主張をして，この点が最高裁の判断を受けるところとなった。

第 2　決定要旨

　弁護人の上告趣意は刑訴法 405 条の上告理由にあたらない，としたうえ，「道路交通法 117 条の 2 第 1 号の酒酔い運転も同法 119 条 1 項 7 号の 2 の酒気帯び運転も基本的には同法 65 条 1 項違反の行為である点で共通し，前者に対する被告人の防禦は通常の場合後者のそれを包含し，もとよりその法定刑も後者は前者より軽く，しかも本件においては運転開始前の飲酒量，飲酒の状況等ひいて運転当時の身体内のアルコール保有量の点につき被告人の防禦は尽されていることが記録上明らかであるから，前者の訴因に対し原判決が訴因変更の手続を経ずに後者の罪を認定したからといって，これにより被告人の実質的防禦権を不当に制限したものとは認められず，原判決には所論のような違法はない。」として上告棄却。

第3　解　説

1　訴因変更要否の基準については，訴因の本質や審判の対象は何かなどという議論に関連して説が分かれていることは周知のとおりであるが，概略すれば事実記載説と法律構成説の対立としてとらえられよう（構成要件説や罰条同一説は後説に連なるものとみられる）。事実記載説は具体的事実の変動を，法律構成説は法律的構成の変動を，それぞれ訴因変更要否の基本的なメルクマールとし，前者が通説，判例とされている。しかし，訴因は機能的には被告人の防禦権の保障（不意打の防止）のためのものであることに疑いはないから，右のような変動があってもなお被告人の防禦に実質上支障がない場合は，例外的に訴因変更の必要はないと解される。このような例外ないし修正は，事実記載説からも法律構成説からも承認されている。ただ，問題は，いかなる場合がこれにあたると解されるかにある。

従来，被告人の防禦に実質上支障がない場合として，第一に，訴因事実よりも縮小された事実を認定する場合があげられてきた（縮小の理論）。けだし，大は小を兼ねるから，訴因に対する防禦の中に縮小された事実に対するそれは含まれているといえるのである。

このような場合は，事実記載説を基礎としかつ防禦の支障の有無を訴因事実と認定事実との比較において一般的抽象的に考える見地（抽象的防禦説）からいえば，訴因変更が必要でない一典型とみられるし，法律構成説からもほぼ同一の結論となろう[1]。縮小の理論は，判例上も承認されているし[2]，実務上の確立した扱いといってもよい。

被告人の防禦に実質上支障がない場合として，第二に，当該事件の具体的な審理の経過，状況などに鑑みると，認定事実につき防禦が尽されている場合があげられてきた。判例上は，被告人が認定事実を自認している場合[3]とか当該事件では認定事実につき防禦権の行使に不利益を与えるおそれはなかった場

---

[1]　小野慶二「訴因・罰条の追加，撤回及び変更」団藤重光編『法律実務講座刑事篇(5)』（有斐閣，1954）966頁。
[2]　最二小判昭26.6.15刑集5巻7号1277頁をリーディングケースとし，判例の数は多い。
[3]　最一小判昭29.1.21刑集8巻1号71頁，最一小判昭29.1.28刑集8巻1号95頁など。

合[4]）がこれにあたる。判例のこのような見地（具体的防禦説）に賛成する学説も有力であるが[5]，批判も強い[6]。たしかに，具体的防禦説は具体的に妥当なようにみえるが，訴因変更要否の基準があいまいなものになり，また訴因が審判の対象であるというもう一つの面を欠落ないし軽視した見地という批判を免れがたい。

2 酒酔い運転の訴因に対し酒気帯び運転の罪を認定しても訴因変更の手続は必要でないとした本決定の論拠は，決定要旨記載のとおりであるが，これを大別すれば，(1)両罪とも道路交通法 65 条 1 項違反の行為である点で共通し，前者に対する被告人の防禦は通常の場合後者のそれを包含し，法定刑は後者は前者より軽い，(2)本件においては運転当時の身体内のアルコール保有量につき被告人の防禦は尽されている，という二点に区分することができよう。

(1)の論拠は，前述のいわゆる縮小の理論を適用したものと解される（同旨，山中・後掲〔参考文献〕論文 208 頁。吉村・後掲〔参考文献〕論文 230 頁はこの点不明確とする）。周知のように，法解釈としては酒酔い運転の罪は成立するが酒気帯び運転の罪は成立しない場合がありうる。前者は運転者の身体内の一定のアルコール保有量を構成要件としないからである。しかし，実務の通常の扱いからいえば，酒気帯び運転さえ成立しない程度のアルコール保有量の者を酒酔い運転で起訴することは稀有である。換言すれば，酒酔い運転の訴因の中には黙示にアルコール保有量が政令で定める以上であることが主張されていると解しても，通常の場合不相当ではない。訴因にこれが明示されている例すら実務上少なくない（大阪地判昭 46.12.4 判タ 277 号 382 頁は，この場合につき，酒気帯び運転の訴因が予備的に記載されているから，訴因変更は不要とした）。そうしてみると，酒酔い運転と酒気帯び運転の罪は実務の通常大小関係にあると考えても不当ではない。

また，一方，酒酔い運転の訴因に対する被告人の防禦を具体的に考えてみる

---

4) 最二小判昭 33.7.18 刑集 12 巻 12 号 2656 頁，最二小判昭 34.7.24 刑集 13 巻 8 号 1150 頁など。
5) 団藤重光『新刑事訴訟法綱要〔7 訂版〕』（有斐閣，1967）204 頁など。
6) 平野龍一『刑事訴訟法の基礎理論』（日本評論社，1964）100 頁，小野慶二「訴因変更の要否」佐伯千仭＝団藤重光編『総合判例研究叢書刑事訴訟法(6)』（有斐閣，1958）150 頁など。

と，通例は，飲酒運転であることを争うか，前述の「正常な運転ができないおそれのある状態」であることを争うかであるが，前者の防禦は酒気帯び運転の訴因に対するそれと共通するし（本決定にいう両罪とも道路交通法65条1項違反の行為である点で共通する，とはこの趣旨か），後者のそれは，右の状態を基礎づける最も重要な因子であるアルコール保有量を争うことを主軸とするから（しかも通常の場合立証段階で鑑識カードが提出されてアルコール保有量が明示される），酒酔い運転に対する被告人の防禦は通常の場合酒気帯び運転のそれを包含するという論拠は正当と考えられる。

　なお，右の防禦の点に関連して，本決定は，酒気帯び運転の法定刑が酒酔い運転のそれより軽いことをつけ加えている。訴因変更の要否に関し，刑の軽重に言及した判例は他にもみられるところである[7]。たしかに，事実記載説を基礎として縮小の理論を適用する以上，縮小とはあくまで事実の縮小であって刑事責任の縮小であってはならない。したがって，刑の軽い犯罪を認定するからといって被告人の防禦を考慮しなくてもよいとするのは誤りであろう（この点で，殺人の訴因に対し同意殺を認定する場合などをどう考えるかの問題がある）。しかし，事実は縮小されるが重い犯罪に変わる場合，刑事責任が加重されることは被告人の防禦の態度にも影響するから，やはり訴因変更を要すると解すべきであろう[8]。

　前記論拠の(2)は，前述の具体的防禦説の見地である。本件において，被告人は呼気検査を拒否したので，正確なアルコール保有量の数値は算出できないが，一審以来，運転開始前の被告人の飲酒量，飲酒の状況などひいては運転当時の身体内のアルコール保有量の点につき，詳細な証拠調や弁論がなされており，被告人の防禦が尽されていたことがうかがえるのである。原判決は，本件のこの審理経過などから酒気帯び運転を認定しても訴因変更の手続は必要がないと考え，本決定はこれをも同じ結論の論拠の一半としたわけである。

3　本決定は，縮小の理論および具体的防禦説双方の見地から，あるいは，

---

[7] 最一小判昭29.5.20刑集8巻5号711頁，最大判昭40.4.28刑集19巻3号270頁，判タ174号223頁など。
[8] 平場安治『改訂刑事訴訟法講義』（有斐閣，1954）432頁など。ただし，山中・後掲（参考文献）論文208頁は，刑の軽重の基準は法律構成説のみからの帰結とする。

双方の見地が相補うことによって，訴因変更の手続を経ることを要しないと判断された事例である。本件において後者の見地がどの程度の重みを持つものかは定かでない。酒酔い運転と酒気帯び運転とは，前述のごとく，例外的な場合には大は小を兼ねるという関係にないから，具体的防禦の見地をぬきにして一般的に前者の訴因に対し後者の罪を認定するには訴因の変更が必要でないといい切ることに問題があったのであろう。

訴因変更要否の基準に関する最高裁の判例は，事実記載説の修正としての抽象的防禦説の傾向を強めているといわれている[9]。しかし，本決定により，具体的防禦説の見地がまったく取捨されあるいは克服されているとはいえないことがうかがえるのである。本決定はこの見地が補完的な役割を果たす場合があることを示したものともいえよう。

【参考文献】
本文中に引用した文献のほか，本決定の評釈，解説として，次のものがある。
①山中俊夫「訴因変更要否の基準」判時982号205頁
②吉村弘「訴因変更の要否」昭55重判解228頁

---

[9] 小泉祐康「訴因の変更」熊谷弘ほか編『公判法大系Ⅱ』（日本評論社，1975）259頁など。この傾向を示す判例としては，最三小判昭36.6.13刑集15巻6号961頁，前掲注7）最大判昭40.4.28，最三小判昭41.7.26刑集20巻6号711頁，判タ198号146頁など。

第13章　訴因変更命令の形成力（判例解説）

最大判昭40.4.28刑集19巻3号270頁，判タ174号223頁（昭37㈹第3011号，公職選挙法違反被告事件）

第1　事実の概要

　被告人Xは，公職選挙法違反で起訴された。起訴事実のうち，「Xは，Yが立候補予定者Aを当選させる目的でBほか4名に対し金3000円宛を供与した際，その情を知りながら，右YをBほか4名方に案内し，Yを紹介し，さらに受供与を勧める等右Yの犯行を容易ならしめて幇助した」という供与罪幇助の訴因が判旨と関係を持っている。

　第一審（下妻簡裁）は，審理の途中，右の訴因を供与罪の共同正犯の訴因に変更することを適当と認め，検察官に訴因を変更するよう命じた。しかし検察官は，この命令に応じなかった。ところが裁判所は，この命令により訴因が変更されたものとしてその後の手続を進め，結局，変更命令に示された供与罪の共同正犯を認定した。第二審（東京高裁）は，本件では，訴因変更の手続そのものが不要だと判示して第一審判決を是認した。弁護人の上告により，訴因変更の要否（後記第3「解説」の5参照）と変更命令の形成力の有無が最高裁で問題にされるところとなった。

第2　判　旨

　破棄差戻。
　「検察官が裁判所の訴因変更命令に従わないのに，裁判所の訴因変更命令により訴因が変更されたものとすることは，裁判所に直接訴因を動かす権限を認めることになり，かくては，訴因の変更を検察官の権限としている刑訴法の基本的構造に反するから，訴因変更命令に右のような効力を認めることは到底できないものといわなければならない。」

第3　解　説

1　裁判所は，審理の経過にかんがみ適当と認めるときは，訴因を追加または変更すべきことを命ずることができる（法312条2項）。訴因変更命令を受けた検察官は，これに応じて，訴因を変更するのが通常であろう。しかし，検察官が，なんらかの理由でこれに応じない場合もありえないわけではない。そこで，この場合，訴因変更命令により，訴因は自動的に変更されたことになる（形成的効果または形成力）のか，それともやはり検察官の訴因変更をまってはじめて訴因は変更されたことになるのかという点に解釈上の疑義を生ずる。これが訴因変更命令の形成力の問題である。この問題は，直接には法312条2項の解釈問題であるが，背後には，後述のとおり，訴因に関する見解の対立をはらんでいる。それだけに，訴因に関する重要な論点の一つとして，従来から鋭く争われてきたところである。

　まず，学説を概観してみよう。形成力否定説（通説）は，(1)訴因の設定，変更は検察官の専権であり，裁判所が直接訴因を動かすことは，当事者主義を基調とする現行刑訴法全体の趣旨あるいは構造に反する[1]という根本的な理由のほかに，(2)法312条2項の文言が「追加又は変更すべきことを命ずる」として，変更命令と別個に検察官の訴因変更の手続を予定しており，さらに訴因変更の効果を擬制する規定もない[2]，(3)訴因変更命令は訴訟指揮の裁判であってこれを直接強制する方法はない[3]，(4)形成力を肯定すると訴因変更権者を複数認めることになって相互に自説を固執し，変更し合う場合その解決に困る[4]，(5)形成力を肯定すると公判期日外で変更命令がなされたときの手続が明らかでない[5]などの理由を加えて，主張されている。

---

1) 団藤重光「訴因についての試論」植松正編『刑事法の理論と現実(2)』（有斐閣，1951）35頁，高田卓爾『刑事訴訟法〔2訂版〕』（青林書院，1984）430頁など。
2) 荒川省三「訴因の追加又は変更の命令」刑事判例研究会編『訴因に関する研究』（判例タイムズ社，1952）131頁，団藤・前掲注1) 35頁，平場安治『刑事訴訟法講義』（有斐閣，1954）437頁，柏木千秋『刑事訴訟法』（有斐閣，1970）294頁など。
3) 平野龍一『刑事訴訟法（法律学全集）』（有斐閣，1958）137頁，瀧川幸辰ほか『刑事訴訟法（法律学大系コンメンタール篇(10)）』（日本評論社，1950）424頁など。
4) 平場・前掲注2) 437頁。

これに対し，形成力肯定説は，(1)訴因変更命令自体が，正しい刑罰権の実現のために裁判所に与えられた例外的な権限であるから，この権限を認める以上，命令に形成力を与えてしかるべきものである。形成力を認めないと刑事司法の理念ないし実体的真実に反する裁判をせざるをえないという弊害を生ずる[6]という根本的な理由のほかに，(2)形成力を認めなければ，この命令は，釈明権の行使の場合となんらえらぶところのないものとなり，なぜにこの規定がおかれたかを理解することができない[7]，(3)訴因変更命令も裁判である以上，その内容は強制的にでも実現されなければならない。意思表示を内容とする訴訟行為をすべき命令の強制履行の方法としては，この命令に形成力を認める方法しかない[8]，(4)法312条2項が訴因の撤回を除外しているのは形成力を認める趣旨を推認させる[9]などの理由を付加して，実務家の論者を中心に，主張されてきたところである。

　2　訴因変更命令の形成力の有無に関する先の学説の対立は，より根源的には，訴因の性質，機能を公訴事実との関係でどのようにとらえるかという見解の差異にまで連なるものである。さらに，この議論は，現行法の基本的な構造としての当事者主義を訴訟の対象に関する面でどの程度徹底させるべきかという訴訟法の最も基本的な部分にまでさかのぼらせることも可能であろう。

　すなわち，公訴事実対象説―法律構成説（前記岸，横川，小野各判事はいずれもこの立場に立たれる）は，訴因の判決拘束力を承認しながら，なお裁判所が訴因をはなれて公訴事実の同一，単一の範囲全体について審判する権利と義務を認めるのであるから，裁判所が訴因を動かす手を持つことが必要であり，それには訴因変更命令の制度とこの命令の形成力を不可欠とする。また，この説によれば，訴因は公訴事実の法律的構成を示すものにほかならないから，訴因

---

5) 荒川・前掲注2) 132頁。
6) 横川敏雄『刑事裁判の実際〔改訂版〕』（朝倉書店，1950）137頁，小野清一郎ほか『刑事訴訟法（下）〔新版〕（ポケット注釈全書）』（有斐閣，1986）671頁，吉田常次郎『刑事訴訟法概説』（有信堂，1954）255頁など。なお後記戸田説参照。
7) 岸盛一『刑事訴訟法要義』（広文堂書店，1961）63頁。
8) 小野慶二「訴因・罰条の追加，撤回及び変更」団藤重光編『法律実務講座刑事篇(5)』（有斐閣，1954）998頁。
9) 岸・前掲注7) 63頁。

の問題は結局法律適用の問題に帰着し，これは元来裁判所の専権に属する。したがって，裁判所が訴因を動かす権限を有したとしてもあやしむに足りないことになる[10]。さらに，訴因の機能は被告人の防禦の保障という手続的側面に限定されるから，訴因変更命令によって新訴因が予告される以上，これを認定しても被告人に不利益はない，とするのである。

審判の対象を具体的事実である訴因だとする訴因対象説―事実記載説（前記平野教授など）によれば，この命令の形成力を肯定する必然性はない。訴因の設定，変更は検察官の権限であるという当事者主義の要請を強調して，訴因変更命令の余地をなるべく局限し，かつその形成力を否定するのが，この立場からするむしろ一般的な帰結である。訴因を具体的事実である審判の対象（あるいは主題）ととらえながら，公訴の効力は公訴事実全体に及び公訴事実もまた（潜在的）審判の対象だとするいわば中間説（前記団藤，平場教授など）によっても，この点は，訴因対象説と異ならない。

しかし，本判決後ではあるが，一方で，訴因対象説―事実記載説によりながら，訴因変更命令の制度は旧訴因を維持することにより生ずる著しい不正義を防止するため設けられた例外的な措置であるから，異例の制度を認める以上はその命令に終局的効力すなわち形成力を認めるべきであるとする見解[11]が，相当の説得力を持って主張されていることに注目しておかなければならない。

3 判例に目を転ずる。本判決以前には，訴因変更命令の形成力に関する判例に見るべきものはなかった。形成力を否定する趣旨のことを傍論として簡単に述べた裁判例[12]を見出す程度である。本判決は，このように，判例はないが学説上多年にわたって鋭く争われてきた重要問題について，最高裁が，大法廷を開き，はじめてその態度を明らかにしたものとして意義深い。訴因論一般に与える影響も大であるし，これにより実務の取扱いの疑問点が明確にされたことにもなる。

最高裁は，前記の通説の見解に沿い，〈判旨〉記載の理由を挙げて訴因変更

---

10) 岸・前掲注7) 63頁。
11) 戸田・後掲（参考文献）評釈，なお，正田満三郎「訴因変更の許容性と必要性(4)」判時491号15頁。
12) 東京高判昭25.2.14判特16号30頁。

命令の形成力を明確に否定し，これを肯定した一審の手続を違法と断じた。ここには，訴因の設定，変更に関する裁判所の介入の消極性という態度が端的に打ち出されている。右の消極性は，他の判例にもみられるところで，判例の一つの傾向ということができる。たとえば，裁判所が訴因変更を命ずる義務は，原則として，ないとする判例[13]，起訴状記載の訴因について有罪の判決がえられる場合であっても，検察官から訴因の変更の請求があれば，裁判所は，これを許可しなければならないとする判例[14] がそれである。本判決もこれらの流れの中に位置づけることができる。これらの流れは公訴事実対象説に沿っていない。とくに，本判決が公訴事実対象説と相容れないことは，先にみたように，明らかである。最高裁は，本判決を加えることにより，審判の対象は訴因であるという判例の基本的な傾向をより鮮明にしたということができよう[15]。残るところは，公訴事実をどう理解するかという点である。

　私見も，本判決を含め右の傾向に賛成である。

　なお，本判決には，13名の裁判官の多数意見に対し，石坂裁判官の反対意見がある。石坂裁判官は，訴因変更命令の制度の趣旨およびこの命令に形成力を認めないことによる弊害を強調して，形成力を肯定される。

4 訴因変更命令に形成力はないとして，検察官が訴因変更に応じない場合，裁判所はいかなる裁判をなすべきか，について最後に検討しておこう。訴因はいぜんとして，元のままであるから，裁判所は，その訴因について審判をし，訴因に見合う証拠がなければ，無罪の言渡をするほかはない。形成力を否定する限り，当然の帰結である（通説）。かつては，公訴棄却の判決（法338条4号の準用）をすべきであるとの見解もみられたが[16]，理論構成に無理のある見解といえよう。

　ただ，通説によっても，本件のように，訴因が幇助，証拠上は共同正犯が認められる場合，無罪にするのではなくて，幇助の訴因の範囲内で有罪にしても

---

13) 最三小判昭 33.5.20 刑集 12 巻 7 号 1416 頁，最三小決昭 43.11.26 刑集 22 巻 12 号 1352 頁，判タ 229 号 255 頁。
14) 最一小判昭 42.8.31 刑集 21 巻 7 号 879 頁，判タ 211 号 182 頁。
15) 後掲（参考文献）戸田，松尾，島倉の各評釈参照。
16) 荒川・前掲注 2) 134 頁から引用。

よいのではないかという疑問がある。本件では，被告人の外形的行為については訴因も証拠も符合しており，（共同）正犯意思と幇助意思は流動的なものであるから，共同正犯を認定すべき証拠で幇助犯を認定しても，著しく実体的真実に反するとはいえないと思われる[17]。この問題は，「不可分の犯罪の一部起訴・認定の可否」という困難な問題に関連する。

　証拠上別の犯罪が認められるのに無罪にしたり，訴因の範囲内の犯罪を認定したりするのは，落着きの悪い結論といえなくもない。しかし，このような事態は検察官の措置によってこそ回避すべきものである。訴因変更命令も裁判（決定）である以上，検察官はこれに従う義務はある（通説）。本判決も，「裁判所から右命令を受けた検察官は訴因を変更すべきである……」と述べている。検察官としては，予備的訴因の追加の方法により，命令に応じるのが，実務上妥当であろう[18]。

　5　なお，本件では，訴因変更の要否自体にも問題があるが，本判決は，幇助の訴因に対し，共同正犯を認定するには，「幇助の訴因には含まれていない共謀の事実を新たに認定しなければならず，また法定刑も重くなる場合であるから，被告人の防禦権に影響を及ぼすことは明らかであって」，当然訴因変更を要すると判示している。注目すべき判旨であるが，ここでは解説を省略する。

【参考文献】
本文に引用した文献のほか，本判例の評釈として，次のものがある。
①海老原震一・昭40最判解説㊑58頁
②戸田弘・判タ176号50頁
③松尾浩也・警研37巻5号141頁
④岡部泰昌・ひろば19巻3号49頁
⑤横井大三・研修204号53頁
⑥島倉隆・法学新報74巻1号89頁

---

17) 後掲（参考文献）の松尾，島倉の各評釈は，本件では，幇助犯の範囲内で有罪とするのが適当であるとしている。なお，青柳文雄『5訂刑事訴訟法通論』（立花書房，1976）349頁，平場安治編『刑事訴訟法（法律学ハンドブック⑽）』（商文社，1960）132頁参照。
18) 横井・後掲（参考文献）評釈参照。

第Ⅳ部　公判手続

第14章　証拠開示の在り方

第1　はじめに

　平成16年5月28日刑事訴訟法等の一部を改正する法律（平成16年法律第62号）が公布され，このうち，証拠開示に関する規定を含む部分（以下，「改正法」という。）は，平成18年11月1日から施行された。そして，これらの規定に対応する刑事訴訟規則の改正も行われ（平成17年最高裁判所規則第10号），同日施行されている。

　改正法の証拠開示に関する規定は，刑事裁判の充実及び迅速化を図るための方策の一つとして立案された公判前整理手続の一環として定められたものである。公判前整理手続は，新たに発足する裁判員制度の実施に不可欠である（裁判員の参加する刑事裁判に関する法律49条）。しかし，裁判員裁判の対象事件以外であっても，裁判所が公判の審理を継続的，計画的かつ迅速に行うため必要があると認めるときは，事件をこの手続に付することができる（改正法316条の2・1項）。実際には，対象外の事件であっても，大規模な事件，複雑困難な事件などでこの手続が必要な事件が相当数にのぼると思われる。

　この手続では，検察官，被告人又は弁護人（以下，「被告人側」という。）の主張及び証拠の整理に関連して，証拠開示問題が取り扱われる。証拠開示の問題は，この手続に付さなかった事件においても生ずるし，この手続に付した後証拠調べに入った段階においても生じうる。しかし，本稿では，改正法の公判前整理手続における証拠開示に限って論ずることにしたい。もっとも，公判前整理手続以外の場面における証拠開示の在り方についても，今後これらの規定や規定の精神が大きな影響を与えていくものと思われる。

　ところで，検察官手持ち証拠の開示の時期，範囲等は，ほぼ半世紀にわたり，現行の刑事訴訟法の解釈を彩る，重要で，かつ，見解の対立の厳しい問題であった。それは，この問題が日常的に各地の裁判所の法廷で生起し，紛糾の

種になっていたからというわけではない。圧倒的多数の事件では，検察官は，取調べ請求予定の証拠をすべて事前に被告人側に開示しており，証拠開示に関し裁判所の介入を必要とするほどの紛議は生じなかったのである。それにもかかわらず，この問題が長期にわたり，実務及び学界で先鋭に取り上げられてきた理由は，いくつか考えられるが[1]，その最大の理由は，これもしばしば指摘されてきたように，問題の重要性にもかかわらず，これを解決する直接の規定が乏しいことにあった。すなわち，証拠開示に関する直接の規定としては，刑事訴訟法299条1項が，検察官又は被告人側が取調べ請求する証拠の開示を義務付けていたに止まったのである[2]。それ以外の証拠の開示はすべて解釈・運用に委ねられており，そこでは消極論から全面開示論までありえたのである。

しかし，このような重要な問題に関して明文の規定が乏しいという事態は，やはり開示に消極的な方向に傾きやすい。果たせるかな，証拠開示に関する最初の最高裁判例（最三小判昭34.12.26刑集13巻13号3372頁）は，証拠調べに入る前（起訴状朗読前）に検察官手持ち証拠の全面開示を命じた大阪地裁の決定（裁判長の名前を取って「西尾決定」と呼ばれていた。）を取り消したが，その最大の理由は，現行法規上このような証拠開示命令を認めた規定がないということであった。

この最高裁判例を契機として，多くの学者，実務家が証拠開示問題に取り組み，外国法とりわけアメリカ法の知見も含めて，さまざまな論考が発表された。その中で，裁判所の訴訟指揮権による個別開示論が有力となり，この見解は，前記昭和34年最高裁判例から10年を経た昭和44年になって，二つの最

---

[1] 一つの理由は，証拠開示問題が，労働公安事件等もともと検察官，被告人側の対立が厳しく，弁護も闘争的な事件を主たる舞台にして登場してきたことから，被告人側と検察官の相互不信を背景に持っていたことにあると思われる。今一つの理由は，この問題が，当事者主義，検察官の地位・役割（客観義務）など現行刑事訴訟法の基礎原理や憲法上の諸原理に関連しており，しかも，これらの原理の内実，価値について各人で見解が分かれるのみならず，これらの原理の探求だけからは，直ちに，解決が導き出されるというものでもなかったことにあると考えられる。
[2] 同条以外に，証拠開示に結び付けうる規定（たとえば，刑事訴訟法300条）や証拠開示に利用しうる規定（たとえば，同法99条2項の提出命令，刑事訴訟規則192条の提示命令）が存在したが，これらの規定は，直接には証拠開示に関したものでないだけに問題は残った。

高裁判例として結実したのである（最二小決昭 44.4.25 刑集 23 巻 4 号 248 頁，判タ 233 号 284 頁，最二小決昭 44.4.25 刑集 23 巻 4 号 275 頁，判タ 233 号 290 頁）。しかし，一方で，法の規定が不備である以上，証拠開示の問題は，いずれは明確な立法による解決を必要とするということを強調する見解（立法待望論）が，多くの支持を得ていた。この立法待望論は，前記昭和 44 年最高裁判例後も根強く，その中には，具体的な立法提案を示唆したものもあり，それらは，おおむね，証拠の種類，性質を勘案したものが多く，今回の改正法と共通した提案が少なくない[3]。このことからも，これらの立法提案が改正法に多大の影響を及ぼしたことが推知されるのである。

第 2　改正法の立法経緯

　改正法が成立した直接の経緯は，平成 11 年 7 月に発足した司法制度改革審議会において，刑事裁判の充実・迅速化を図るための方策が一つの審議事項とされ，具体的方策として，充実した争点整理のための新たな準備手続の創設及び証拠開示の拡充等が提言されたことによる。すなわち，司法制度改革審議会の中間報告（平成 12 年 11 月 20 日）は，証拠開示をめぐる状況を円滑な審理を阻害する要因の一つとして捉え，証拠開示を拡充する立法の骨格を示した。さらに，その最終意見書（平成 13 年 6 月 12 日）においても，(1)争点整理，明確な審理計画のための新たな準備手続の創設，(2)充実した争点整理を行うためには，証拠開示の拡充が必要であり，開示の時期・範囲等に関するルールを法令により明確化すること，(3)証拠開示のルールの明確化に当たっては，開示に伴う弊害（証人威迫，罪証隠滅のおそれ，関係者の名誉・プライバシーの侵害のおそれ）の防止が可能となるものとする必要があること，(4)新たな準備手続の中で，裁判所が開示の要否につき裁定することが可能となる仕組みを整備することが提言された。

---

[3] 松尾浩也『刑事訴訟法(上)〔新版〕』（弘文堂，1999）225 頁，田宮裕『刑事訴訟法〔新版〕』（有斐閣，1996）271 頁以下，酒巻匡『刑事証拠開示の研究』（弘文堂，2004）307 頁以下など。第一回公判期日前の争点整理のための証拠開示に関する立法提案としては，酒巻匡「刑事裁判の充実・迅速化」ジュリ 1198 号 149 頁以下，吉丸眞「刑事訴訟における証拠開示(下)——第 1 回公判期日前の証拠開示を中心に」曹時 52 巻 6 号 10 頁以下など。

この司法制度改革審議会の提言は，司法制度改革推進本部の下に置かれた「裁判員制度・刑事検討委員会」において具体化され，法案として整備された上，国会で可決後，公布，施行されることになったわけである。

　同委員会の審議経過については，推進本部事務局作成の「たたき台」を素材として検討を重ね，これをもとに井上正仁座長が「座長案」を作成し，これについてさらに議論が行われ，これらの結果及び各方面の意見を踏まえて事務当局が「骨格案」を作成し，その後これに基づいた所要の立法作業が進められたとのことである[4]。

　同委員会における「たたき台」「座長案」「骨格案」を見比べてみると，大綱は一貫していたことが読み取れる。目に付く変遷としては，「たたき台」では，検察官請求証拠（改正法316条の14により開示される証拠に相当）以外の証拠の開示については，A案（検察官は，検察官請求証拠の開示の際，保管証拠の一覧表を開示し，被告人側がその標目により特定された証拠の中から開示請求をした場合，開示による弊害のおそれがないかぎり開示しなければならないとする案）とB案（ほぼ改正法に同じ。）が併記されていたが，「座長案」では，同委員会の議論の大勢に従い，A案が採用されず，B案が採用されたこと，「座長案」では，列挙された類型証拠に「身柄拘束中の被疑者の取調べに関する記録書面」が加えられたこと，裁判所が開示に関する裁定をするため検察官に対し証拠の標目を記載した一覧表の提出を求めた場合，この一覧表を被告人側に開示するか否かについては，「たたき台」では，両案があったが，「座長案」では開示しないことになったことなどである。そして，「骨格案」は，ほぼこの座長案を引き継いでおり，大きな変遷はない（なお，この三案に共通して掲げられていた類型証拠のうち，「写真，ビデオテープ，録音テープ」の項が法案では削除されている。）。

　ともあれ，ここにようやく長年の立法待望論が公判前整理手続の一環としての証拠開示という形で実を結んだのである。前記昭和34年最高裁判例から実に45年後である。

---

[4] 審議経過や各案については，辻裕教『裁判員法・刑事訴訟法（司法制度改革概説6）』（商事法務，2005）6頁以下に詳しい。

第3　改正法の特色

　改正法の証拠開示に関する規定は相当詳細であるが，ここでは，その特色に照準を合わせて概略を見ておくことにする。改正法に見られる以下の特色はいずれも，前掲の司法制度改革審議会の証拠開示に関する最終意見書に沿うものである。

　1　改正法は，第一回公判開始前の争点整理手続の一環としての証拠開示制度を創設したものである。

　争点整理のための証拠開示という制度には批判はありえようが，被告人側にとっても，この観点からの証拠開示が必要であることはいうまでもないし，開示された証拠が，被告人側の実質的な防御に役立つことは明らかである[5]。

　争点整理のための証拠開示であるから，規定の立て方自体，検察官による証明予定事実の提示とこれを証明するための証拠の取調べ請求（改正法316条の13）→検察官請求証拠の開示（同条の14）→それ以外の一定の類型証拠で，検察官請求証拠の証明力を判断するために重要な証拠の開示（同条の15）→検察官請求証拠に対する被告人側の意見表明（同条の16）→被告人側の主張の明示とこれを証明するための証拠の取調べ請求（同条の17）→被告人側請求証拠の開示（同条の18）→被告人側請求証拠に対する検察官の意見表明（同条の19）→被告人側の主張に関連する証拠（争点関連証拠）の開示（同条の20）という流れが予定されている。ここでは，双方の主張及び証拠の整理に関連付けた証拠開示が構想されており，これを段階的個別開示の制度ということもできよう[6]。

　しかも，改正法の証拠開示は，上記の段階に応じて，開示の要件や方法，構成等においてそれぞれ異なっている。

5）岡慎一「裁判員制度の導入と弁護活動──公判前整理手続を中心に」ひろば57巻9号41頁以下，大澤裕ほか「座談会・刑事司法改革関連法の成立と展望」現刑6巻11号18頁〔辻裕教発言〕，椎橋隆幸「公判前整理手続と証拠開示」現刑6巻12号18頁など参照。
6）改正法では，全面開示論，あるいは，検察官手持ち証拠の一覧表開示論（前記A案参照）は採用されていない。これについてももとより批判がありえようが，前に述べた最高裁判例や学説の多数，実務の現状に照らすと，検討委員会の大勢がこれらの案を支持しなかったのは首肯できるところである。

すなわち，①検察官請求証拠については，被告人側の請求を待たずに検察官の義務として，原則として裁量の余地なく当然に開示する（改正法316条の14，なお，この点は，被告人側請求証拠についても同様），②検察官請求証拠の証明力を判断するため重要な証拠については，一定の類型証拠を列挙し，その枠内から被告人側の請求により，検察官が重要性の程度等を考慮し相当と認めたとき（改正法316条の15），③被告人側の主張に関連する証拠については，被告人側の請求により，検察官が関連性の程度等を考慮し相当と認めたときは（同条の20），いずれも検察官の義務として開示するという仕組みになっている。

2 従来の個別開示の判例や実務の運用よりかなり拡充された証拠開示の規定である。

具体的には，①検察官請求証拠の関係では，検察官が証人等の取調べ請求をする場合は，その者の供述録取書等の原則的な開示が義務付けられている（改正法316条の14・2号）。検察官申請証人の従前の供述の開示はまさに証拠開示の中心課題の一つであり，被告人側の防御のためには開示の必要性が大きいので，これまでの立法提案者の多くがその義務的開示を主張していたところである。②検察官請求証拠の証明力判断のための証拠開示が定められ，かつ，その類型証拠には，証拠物，検証調書（実況見分調書を含む。），鑑定書，被告人の供述録取書などこれまでの立法提案の中で原則的に開示が相当であると説かれていた証拠に加え，一定の者の供述録取書等が列挙されていることが注目される（同条の15・1項5，6号）。この類型の証拠の開示は，被告人側の防御に大きな効果を発揮すると思われる。③被告人側の主張に関連する証拠（争点関連証拠）の開示（同条の20）は，被告人側の主張の明示を前提とするが，被告人側が検察官手持ち証拠の中からその主張を支える有利な証拠を発見して利用する途を開くものであり，この種の開示をどう考えるかも証拠開示のもう一つの中心課題であり，かつ，解決に困難な問題であった。

さらに，細かい点では，④被告人側が開示を請求する場合の証拠の特定性が昭和44年最高裁判例よりも緩和されていること（改正法316条の15・2項1号，同条の20・2項1号参照），⑤開示された証拠につき，弁護人は閲覧に加え，謄写する機会が与えられていること（同条の14，15，20）などである。

3 開示に伴う弊害防止のためのさまざまな方策が規定されていること。

証拠開示の判断に当たり，開示に伴う弊害に目を向けこれと開示の利益との衡量によりその是非を決する方法論自体，異論を挟む余地はあろうが，現実的に考えれば，証拠開示に伴う弊害を防止する方策をきめ細かに規定したことは相当というべきであろう[7]。

　すなわち，①検察官請求証拠が証人等の場合，検察官はその証人等の供述録取書等の開示が相当でないと認めるときは，供述の要旨を記載した書面を開示することができること（改正法316条の14・2号，なお，この点は被告人側の請求証人等についても同様），同条による開示については，裁判所は，検察官の請求により，開示によって生じるおそれのある弊害の内容及び程度を考慮して，当該証拠の開示の時期・方法を指定し，又は条件を付することができること（同条の25・1項，以下，「開示方法等の指定」という。なお，この点は被告人側の請求証拠についても同様）。開示方法等の指定により開示に伴う弊害を防止するという方策もこれまでの立法提案に見られたところである。②検察官請求証拠以外の証拠の開示については，検察官は，開示の弊害の内容及び程度を考慮することができ，また，開示する場合においても，開示方法等の指定をすることができること（同条の15・1項，同条の20・1項），③裁判所が検察官又は被告人側から開示命令の請求があったときは，この請求を容れるか否かの裁定に当たり，開示に伴う弊害の内容及び程度を考慮することになるが，開示を命ずる場合においても，開示方法等の指定をすることができること（同条の26・1項）である。

　また，開示された証拠の取扱いについては，①証拠の複製等の適正な管理が弁護人に義務付けられ（改正法281条の3），②開示された証拠を被告人側が目的外に使用することを禁じ，これに違反した場合の罰則規定をも設けていること（同条の4，5）などである。

　さらに，証人等の供述録取書等が開示されたことにより，①証人等の身体・財産への加害行為のおそれがあるときはその防止のため，検察官又は弁護人は

---

[7] 松代剛枝『刑事証拠開示の分析』（日本評論社，2004）7頁以下，同「証拠開示論と2004年刑事訴訟法改正」関西大学法学論集54巻4号60頁以下は，改正法のような「利益衡量アプローチ」を「権利保障アプローチ」と対比させ，最終的には後者がふさわしいが，解釈・運用により両者は同様な帰着点に達することができるとする。

279

相手方に対し，証人の安全が脅かされることのないよう配慮する措置を求めることができること（改正法316条の23，刑事訴訟法299条の2），②証人等への尋問が不必要に詳細，執拗になった場合などは，裁判所がこれを制限することができ，検察官又は弁護人が裁判所のこの命令に従わなかった場合は，当該検察官の監督者，所属弁護士会等に通知し，適当な処置をとるべきことを請求することができるという規定（改正法295条3項）も，直接証拠開示に関連した規定ではないが，証拠開示に伴う弊害を防止する方策の一つとしてあげることができよう。

4 証拠開示に関し，裁判所が果たすべき役割が明確化されたこと。

①検察官請求証拠について，裁判所が検察官の請求により開示方法等を指定することができることは前述したが，さらに，この決定に不服のある者は即時抗告をして抗告裁判所（高裁）の判断を受ける仕組みになっていること（改正法316の25・3項，なお，この点は被告人側請求証拠についても同様），②裁判所が検察官又は被告人側が開示すべき証拠を開示していないと認めるときは，相手方の請求により当該証拠の開示を命じなければならないこと，なお，この命令についても，開示方法等の指定をすることができ，この決定に不服のある者は同じく即時抗告をすることができること（同条の26・3項），③裁判所が上記①②の決定をするに当たり，必要と認めるときは，検察官又は被告人側に当該証拠の提示を命ずることができること，また，被告人側が開示命令の請求をし，これについての決定をするに当たり必要と認めるときは，検察官に対し，裁判所が指定する範囲の証拠の標目の一覧表の提示を命ずることができること（同条の27，なお，この点は，即時抗告の係属する抗告裁判所も同様）などである。

第4　改正法運用の在り方

最後に，改正法に基づく証拠開示制度運用の在り方について述べておきたい。といっても，ここでは，証拠開示の在り方についての大まかな指針，スタンス，あるいは，法曹三者の基本的な態度というべきものに限って述べることにする。改正法の個々の規定の解釈・運用はまさに今後の実務の進展の中できめ細かに検討されていくのが妥当だと考えるからである。証拠開示の在り方に関する基本的な視点を考える場合，先ほど来述べてきた証拠開示問題の沿革や

今回の立法の経緯，実務の現状等を踏まえてしなければならない。

1　証拠開示拡充のための柔軟で積極的な姿勢

　司法制度改革審議会では，前に述べたように，証拠開示をめぐる状況を円滑な審理を阻害する要因の一つとして捉え，刑事裁判の充実・迅速化のためには，証拠開示の拡充が必要であるとの認識に立っていた。今回の証拠開示制度はこの基本的認識から出発している。してみると，開示の義務を負う当事者法曹（といっても，主として検察官）の柔軟で積極的な姿勢がこれまで以上に求められよう。後述のとおり証拠開示に伴う弊害への配慮が必要であることはいうまでもないが，これを過剰に意識して証拠開示に消極的な態度をとることは，好ましくない[8]。のみならず，このような態度は，円滑で効果的な争点整理を阻害し，ひいては迅速で充実した刑事裁判の実現を妨げる結果となろう。

2　開示された証拠の適正な使用

　証拠開示の範囲等が拡充すればするほど，開示を受けた当事者法曹（といっても，主として被告人側）は，開示に伴う弊害の防止について誠実に取り組むことはもちろん，開示された証拠を争点整理に有効に活用することが求められる。

　従来，検察官が証拠開示に伴う弊害として懸念していた，証人への有形・無形の圧力，証拠の目的外使用や弁解のための証拠あさり，あるいは，不必要に詳細，執拗な証人尋問などの事態が続発するようであれば，検察官としても，裁定者である裁判所も，柔軟で積極的な証拠開示に躊躇を覚えることになりかねない。検察官のこの懸念を党派的な見方，あるいは，理不尽な主張と見るのは当を得ない。

　この点で，証拠開示問題に積極的な発言を続けてこられた吉丸元裁判官が，証拠開示問題について岸元最高裁判事が米国の著名な裁判官ワイザンスキーの「ディスカバリーを認めるかどうかは，弁護人の信頼度にかかっている。開示によって真の争点が提示され，無駄なく証拠調べが行われるようでなければな

---
8)　村瀬均「刑事裁判の充実・迅速化──裁判官の立場から」現刑6巻12号31頁，尾﨑道明「刑事裁判の充実・迅速化──検察官の立場から」現刑6巻12号40頁など。

らない。」という言葉を引用しておられることを指摘し，続けて「多くの裁判官は，自らの経験に照らして，このコメントに深く共感し，賛同するのではなかろうか。」と結んでおられることに刮目すべきである[9]。また，証拠開示問題が検察官，弁護人の対立が厳しい労働公安事件等から生じたこともあって，その背景に両者のいわば相互不信というべきものがあり，これがこの問題の解決を困難にしていた面があることは前掲注1）で指摘したが，この点について，弁護士である論者からも，弁護人はこの信頼関係の欠如を真剣に反省しなくてはならない，と提言されていることも指摘しておこう[10]。

3　証拠開示に関する裁判所の的確で迅速な裁定

今回の立法では，証拠開示に関する裁判所の役割が明確化されたことは，前に述べたとおりである。

一方，今回の証拠開示に関する規定は，相当部分裁量的な判断に委ねられている。たとえば，検察官請求証拠以外の証拠であって，その証明力を判断するための証拠の開示（改正法316条の15）については，その重要性，必要性の判断，弊害との衡量による開示の相当性の判断などは，昭和44年最高裁判例と同じく，いずれも，幅のある解釈・運用が可能であるから，開示請求をした被告人側と検察官の間に紛議が生じる可能性がある。とりわけ，対象が一義的で，しかも比較的客観的な証拠であって開示の弊害が乏しいと考えられる同条1項の1号から4号の証拠（証拠物，検証調書等），7，8号の証拠（被告人の供述録取書等，取調べ状況の記録書面）はともかくとして，同条1項5，6号の証拠（被告人以外の者の供述録取書等）の開示については，その解釈・運用に大きな差異を生じかねない。このことは，被告人側の主張に関連した証拠（争点関連証拠）の開示（同条の20）についてもいえることである[11]。

証拠開示問題の底流として，弁護士層にはいぜんとして全面開示論が根強

---

9)　吉丸眞「刑事訴訟における証拠開示(上)」曹時52巻5号13頁。
10)　佐藤博史「日本の刑事司法の特色——弁護の立場から」三井誠ほか編『新刑事手続Ⅰ』（悠々社，2002）21頁。
11)　杉田宗久「公判前整理手続における『争点』の明確化について」判タ1176号11頁以下など参照。

く，一方，検察官層には開示に限定的な気運が見受けられる現状を思えば，改正法の解釈・運用をめぐって今後も両者間に意見の相違が生じ，この紛争の解決が裁判所に持ち込まれる可能性は高い。

　裁判所は，開示方法等の指定（同条の25）の際はむろんのこと，開示命令の是非，あるいはその判断のための証拠及び証拠の標目の提示命令（同条の27）を発するか否かの際，速やかに，的確な判断を下さなければならない。また，そこに至るまでもなく，公判前整理手続において証拠開示に関する紛議が生じたときには，適切な勧告や仲介を行って問題の自主的解決を促すことも重要である。

　実は，これは必ずしもたやすいことではない。なぜなら，たとえば，開示に伴う弊害のおそれの有無，内容・程度などは，将来的な予測であって，それ自体判断が容易ではないからである。また，検察官，弁護人の対立が厳しい事件では，勧告や仲介による解決も容易ではない。しかし，改正法の証拠開示が適切に運用され，よくその効用を発揮するためには，証拠開示問題についての十分な考究に基礎付けられた裁判所（抗告裁判所も含め）の迅速で，的確な介入が不可欠である。

第15章　証拠開示判例の展開

第1　はじめに

　今般の司法制度改革に伴う刑事訴訟法の改正（平成16年法律第62号，平成17年11月1日施行）により，第一回公判期日前において事件の争点整理等を行うための公判準備として，公判前整理手続が新たに設けられ，同時にこの手続における証拠開示に関する立法もなされ，証拠開示制度が大きく進展したこと，立法の経緯や新たな証拠開示制度の特色およびその具体的内容については，前に述べたとおりである（本書37頁，44頁，275頁）。

　公判前整理手続における証拠開示の制度も，実施から既に7年余りを経過し，これに関する判例が相ついで公にされ，この手続における証拠開示の問題点や解決のある程度の方向性が明らかになってきている。そこで，以下においてこれらの判例を整理して紹介する[1]。なお，公判前整理手続における証拠開示に関する規定は，期日間整理手続についても準用されており（法316条の28第2項，規則217条の27），現に，下記の判例の中にはこの手続における証拠開示に関するものが含まれているのであるが，両者を区別する実益がないので，ここに併せて紹介する。

第2　証拠開示判例の展開

1　開示対象証拠の範囲

　開示対象証拠の範囲については，まず，弁護人が開示請求した証拠の存否に争いが生じた場合の裁判所の措置が問題となる。ついで，証拠の存在は明らかではあるものの，開示請求された証拠が検察官の手元にないとき，開示対象証拠は検察官が保管している証拠に限られるか，それとも検察官には送致（法246条参照）されていないが警察官が保管している証拠をも含むかという問題

---

[1] 判例集未登載を含めた平成21年1月ころまでの判例は，酒巻匡編著『刑事証拠開示の理論と実務』（判例タイムズ社，2009）に整理・収録されている。

が派生する。また，この点については警察官が保管している証拠を含むという見解によるとしても，警察官が保管している捜査関係書類のうちどの範囲のものが開示対象となるかという問題もある。

(1) **証拠の存否に争いがある場合**

まず，弁護人が類型証拠あるいは主張関連証拠として検察官に対し特定の証拠の開示請求（法316条の15，同条の20）をしたところ，検察官が「そのような証拠は存在しない」旨の回答をしたときに弁護人がその回答に納得せず，裁判所に対しその証拠の開示命令の請求（法316条の26）をした場合について，以下に掲げるいくつかの判例がある。

すなわち，弁護人が多数の類型証拠の開示請求をしたところ，検察官は，任意開示を含めかなり多数の証拠の開示に応じたが，一部の証拠につき存在しないと回答をした場合について，原審がこの回答に基づきこれらの証拠は存在しないと認めるとして開示命令の請求を棄却した事案において，検察官のその回答は当該証拠の物理的不存在を意味すると判断して，弁護人からの即時抗告を棄却した判例[2]，検察官が警察への照会結果に基づきその証拠（取調べメモ）は存在しないとの回答をしたという事案において，特段の事情のない限りこの判断を尊重すべきであるとして，開示命令の請求を棄却した判例[3]がある。

他方，弁護人が類型証拠かつ主張関連証拠として開示命令の請求をしたデジタルカメラで撮影して記録した電磁データ（検察官取調べ請求の写真撮影報告書，検証調書および鑑定書に添付された写真の画像データ）について，原審が検察官の「消去ずみで存在しない」という意見に基づき開示命令の請求を棄却した事案において，事件が係属中にこれらの証拠を消去するなどということは通常考え難いから，検察官に対し消去の時期や経緯，理由等について具体的な説明を求めるなどしてことの真偽を確かめるべきであって，それにより納得のいく説明等がなされなければ，それらの証拠は捜査機関が保管しており，検察官において入手が容易なものとみなすべきであるとして，原決定を取り消して原審に差し戻した判例がある[4]。

---

2) 東京高決平18.10.16判タ1229号204頁，判時1945号166頁。
3) 大阪地決平20.3.26判タ1264号343頁。
4) 大阪高決平20.12.3判タ1292号150頁。

証拠の存否に争いがある場合の裁判所のとる措置は，要するに，検察官の「そのような証拠は存在しない」という意見・回答が相応に納得できるものか否かにより異なってくると考えられる。

(2) **検察官が保管していない証拠**

次に，証拠の存在は明らかではあるものの，開示請求された証拠が検察官の手元にないとき，開示対象証拠は検察官が保管している証拠に限られるか，それとも検察官には送致されていないが警察官が保管している証拠をも含むかという問題については，積極・消極の両論があり，下級審判例も分かれていたが，最高裁は，以下のとおり，積極説に立つことを明らかにした。

すなわち，偽造通貨行使事件で被告人は偽札であることの認識の点を否認し，弁護人は威嚇的取調べであるなどを理由に被告人の警察官に対する供述調書の任意性を争い，この主張に関連する証拠として被告人を取り調べた警察官作成の取調べメモの開示請求をしたところ，検察官はそのようなメモは一件捜査記録中に存在しないと回答したので，弁護人が裁判所に対し開示命令を請求したが，裁判所はこの請求を棄却したものの，弁護人の即時抗告に基づき原審（高裁）がこの棄却決定を取り消して検察官に対し取調べメモの開示を命じたので，検察官が特別抗告を申し立てた事案において，最高裁は，「刑訴法316条の26第1項の証拠開示命令の対象となる証拠は，必ずしも検察官が現に保管している証拠に限られず，当該事件の捜査の過程で作成され，又は入手した書面等であって，公務員が職務上現に保管し，かつ，検察官において入手が容易なものを含むと解するのが相当である」と判示して，消極説に立つ高裁判例を変更して，検察官の特別抗告を棄却した[5]。その後も最高裁判例は，同様に検察官の手元にない警察官作成の捜査メモの開示について，積極説を維持しこれを前提にした判示を繰り返している[6]。

証拠開示の対象となる証拠は，検察官が現に保管している証拠に限られるという消極説は，証拠の標目の一覧表の提示命令の対象が検察官保管証拠と明示されていることもあり（法316条の27第2項），有力であったが，今後の実務

---

5) 最三小決平19.12.25刑集61巻9号895頁，判タ1260号102頁，判時1996号157頁。
6) 最三小決平20.6.25刑集62巻6号1886頁，判タ1275号89頁，判時2014号155頁，最一小決平20.9.30刑集62巻8号2753頁，判タ1292号157頁，判時2036号143頁。

は，積極説に立つこれらの最高裁判例の基準に従った運用が行われることになる。

(3) 取調べメモ等

開示対象証拠には警察官が保管している証拠を含むという点について積極説によるとしても，警察官が保管している捜査関係書類のうちどの範囲のものが開示対象となるかという問題についても，前掲の三つの最高裁判例が一定の基準を示している。

すなわち，最三小決平 19.12.25 は，被告人を取り調べた警察官作成の取調べメモの開示に関し，公務員がその職務の過程で作成するメモについては，もっぱら自己が使用するために作成したもので，他に見せたり提出することをまったく想定していないものを証拠開示命令の対象とすることは相当でないが，「取調警察官が，同条（筆者注：犯罪捜査規範 13 条）に基づき作成した備忘録であって，取調べの経過その他参考となるべき事項が記録され，捜査機関において保管されている書面は，個人的メモの域を超え，捜査関係の公文書ということができる」から証拠開示の対象となり得るものと解するのが相当であると判示し，ついで，最三小決平 20.6.25 は，違法収集証拠が争点となった事件で採尿状況等が記載された捜査メモに関し，警察官が私費で購入した心覚えのためのノートに記載されたもので個人的メモであるとの検察官の主張に対し，証拠開示の対象について最三小決平 19.12.25 と同様の判示をした後，本件メモは捜査の過程で作成されたものであるからこの対象に該当する可能性があり，その判断は裁判所が行うべきものであるから，裁判所がその判断をするために検察官に対し，このメモの提示を命ずることができ，検察官が提示命令に応じなかったときには，開示を命じた決定は違法ではないと判示した。また，最一小決平 20.9.30 も，警察官が参考人を取り調べた際に作成した取調べメモで同じく私費で購入したノートに記載されしかも一時自宅に持ち帰っていたメモに関し，本件メモは警察官としての職務を執行するに際して，その職務の執行のために作成したものであり，その意味で公的な性質を有するものであって，職務上保管しているものと言うべきであるとして，証拠開示を命じた原判断を是認した。

なお，最三小決平 19.12.25 および最三小決平 20.6.25 は，前述のとおり，開

示対象証拠であることを肯定する理由として，犯罪捜査規範 13 条の備忘録に該当することを挙げているが，最一小決平 20.9.30 はこれに該当するか否かについて言及することなく原判断を是認しており，してみると，これに該当することは開示対象証拠であることの必要条件ではないとの立場に立っていると推測される。

犯罪捜査規範 13 条の備忘録とは，警察官が捜査を行うに当たり，当該事件の公判の審理に証人として出頭する場合を考慮し，および将来の捜査に資するため，捜査の経過その他参考となる事項を明細に記録したものである。しかし，証拠開示の対象となりうる捜査メモは，警察官が同条により作成したものに限らない（例えば，検察官作成の取調べメモ）ことが考慮されたものと思われる。

以上の最高裁判例よれば，警察官等が作成・保管しているメモ・備忘録等の書面については，純然たる個人的文書以外は証拠開示の対象に含まれることになるから，今後はこれに該当する文書か否かが，裁判例の積み重ねによりさらに明確化されていくものと思われる。また，個人的文書でないとしても，単に警察官等の意見を記載した文書が証拠開示の対象となるか否かという問題もあり，今後の裁判例により解決されていく問題である（ちなみに，これらの問題は，検察官が現に保管している証拠についても生じるものである）。

2　検察官請求証拠の開示

公判前整理手続において，検察官は，証明予定事実を証明するために用いる証拠の取調べを請求しなければならず（法 316 条の 13 第 2 項），かつ，取調べ請求した証拠については，被告人または弁護人の開示請求を待たず，検察官の義務として，原則として裁量の余地なく，速やかに被告人または弁護人に開示しなければならないのであるが（法 316 条の 14），供述録取書等の証拠書類から供述者の特定に係る住居，職業，本籍，電話番号等の事項を除外して取調べ請求した場合，弁護人は，検察官が開示義務を果たしていないとして，これらの事項の開示を求めることができかということが問題になった判例がある[7]。

---

7) 東京高決平 21.5.28 東高時報 60 巻 1 = 12 号 74 頁，判タ 1347 号 253 頁。

この判例の事案では，供述者のこれらの特定事項がもともと記載されていない供述録取書等の証拠調べ請求をしたものと，これらの事項を除外した供述録取書等の抄本を取調べ請求したものがあるようであるが，この判例は，前者については，不開示部分が存在しないから，開示命令請求の前提を欠くとし，後者についても，同様であるとして，開示命令請求を棄却した原決定を維持している（ちなみに，このような証拠調べ請求をすることは，事案の性質，内容，被告人と供述者との関係，供述者の状況等によっては，許されると解している）。

3 類型証拠の開示

(1) 刑訴法316条の15第1項1号の証拠物

犯罪経歴照会結果報告書および前科調書並びにこれらの原データ記録媒体は，いずれも警察官および検察事務官が作成した報告記録であり，記載・記録内容が証拠資料となるものであって，その存在または形状が事実認定の資料となるものではないから，刑訴法316条の15第1項1号の「証拠物」に当たらないとする判例がある[8]。また，共犯者の判決謄本についても同様の判例がある[9]。同号にいう証拠物は，刑訴法の他の条文（法306条，307条）と同一であると解されるから，記載内容のみが証拠となるものは，これに該当しないことは明らかである。

ちなみに，後者の判例の事案は，検察官が共犯者に対する第一審および控訴審の判決書謄本の一部を除外（マスキング）した判決書抄本の取調べ請求したのに対し，弁護人において，これらの抄本の証明力判断に必要であるとして各判決書謄本の開示を求めたものであって，同判例は，検察官が取調べ請求から除外した部分は，抄本とした部分に関する供述を内容とするものではないから，これらの判決書謄本は刑訴法316条の15第1項6号に該当する供述録取書等にも当たらないと判断している。

(2) 同項5号の供述録取書等

同号に掲げる供述録取書等とは，検察官が証人として尋問を請求した者およびこれを予定している者の供述書，供述録取書などである。したがって，その

---

8) 東京高決平20.7.28 東高時報59巻1＝12号71頁。
9) 東京高決平22.12.1 判タ1370号254頁。

対象範囲は比較的明らかである。

ただし，この証拠が特定の検察官請求証拠の証明力を判断するために重要なものでなければならない。この点が問題となり，重要性を否定した判例がある。

事案は，弁護人が，検察官において証人請求を予定している13名の者の全供述録取書の開示請求をしたところ，検察官が開示に応じなかったため，裁判所に対し開示命令の請求をしたが，原審がこれを棄却したので，即時抗告の申立をしたものである。弁護人の主張は，同号の類型証拠に当たる以上，供述者が公判廷において供述すると予想される事項との関連性の有無にかかわらず当該供述者の供述録取書はすべて証明力を判断するために重要であるというところにあった。しかし，抗告審（高裁）は，開示請求された調書を提示させてその内容を検討した上，そこに記載された事項はその供述者が公判廷において供述すると予想される事項とは関連性を有しないから取調べ請求された証拠の証明力を判断するため重要な証拠であるとは認められないとして，即時抗告を棄却した[10]。

また，検察官が証人尋問の請求をしている共犯者とされる者ら8名の身上経歴等を内容とする警察官調書中，各供述者の学歴や職歴等の経歴，前科前歴の有無，家族関係や交友関係，財産関係を含む生活状態，不良集団等との関わり合いの有無，資格，性格および健康状態や身体の特徴に関する部分は，虚偽供述をする動機等の有無や供述者が信頼するに足りる人物か否か，あるいは巻き込み供述の要因の有無などの検討し，供述の証明力を判断するために重要であるから，開示が相当であるが，各供述者の出生地，趣味嗜好，親族の氏名・年齢・職業に関する部分は，供述の証明力を判断するために重要とはいえないとした判例がある[11]。

なお，この「重要性」は，他の類型証拠の開示にも必要とされる要件であるが，同条項に掲げられている「必要性」の要件との関係については，「重要性」は「必要性」を裏付ける大きな要素と解されている。また，「重要性」，「必要性」の判断に当たっては，開示対象証拠の証拠能力あるいは証明力の観点を入

---

10) 大阪高決平18.6.26 判時1940号164頁。
11) 東京高決平20.7.11 東高時報59巻1＝12号65頁。

れるべきではないと解されている。

(3) 同項6号の供述録取書等

同号に掲げる書面は，検察官が証人として尋問を請求する予定がない者の供述書，供述録取書などであって，検察官が特定の証拠により直接証明しようとする事実の有無に関する供述を内容とするものである。したがって，その対象範囲も比較的明らかである。

問題となるのは，検察官が特定の証拠により直接証明しようとする事実の有無に関する供述を内容とするものであるが，それがその供述者の供述書，供述録取書という形ではなく，その者から事情を聞いた警察官等が作成した捜査報告書あるいは電話聴取書等という形をとっているときに，これらの書面が同号の対象に含まれるかという点であり，判例はこれを消極に解している。

すなわち，関係者および被告人から事情を聴取した結果を記載した捜査官作成の捜査報告書および電話聴取書につき，弁護人が刑訴法316条の15第1項6号により裁判所に対し開示命令の請求をしたが，裁判所がこれを棄却したため，即時抗告がなされた事案において，これらの書面は捜査官の「供述書」ではあるが，同号にいう「事実の有無に関する供述」とはその事実の有無についての原供述を意味するから，原供述を聴取したというにすぎない捜査報告書等は同号の書面に該当しないと解した判例[12] および被告人以外の者の供述内容が記載された捜査報告書につき，同様の経過をたどった事案において，捜査報告書は捜査官の「供述書」ではあるが，捜査官が聞き取った第三者の供述を内容とする捜査報告書は実質的には第三者の供述を録取した書面であるから，第三者の署名もしくは押印がない以上，同号の「供述」を内容とするものとはいえず，同号の書面に該当しないと解した判例[13]，同じく，被害者らが警察官に対し被害申告または被害相談をした際に警察官が作成したメモまたは報告書につき，被害者らの署名押印を欠くから同項5号ないし6号の書面に該当しないとした判例[14] がある。

これら判例に批判的で，捜査報告書等も同号の書面に該当するという見解も

---

12) 大阪高決平18.10.6判時1945号166頁。
13) 前掲注2) 東京高決平18.10.16。
14) 東京高決平23.11.22判タ1383号382頁。

有力ではあるが，刑訴法316条の15第1項5号および6号にいう「供述録取書等」の定義（法316条の14第2号参照）並びに類型証拠開示の趣旨からすると，判例の見解は相当であろう。

(4) 同項8号の取調べ状況報告書

刑訴法316条の15第1項8号は，取調べ状況の記録に関する準則に基づいて検察官等が職務上作成することを義務付けられている書面であって，身体の拘束を受けている者の取調べに関し，その年月日，時間，場所等を記録したもの（被告人に係るものに限る）を開示の類型証拠として挙示している。検察官が被告人の供述調書の取調べ請求をした場合において，その証明力を判断するために重要なことが少なくないからである。

取調べ状況報告書そのものの開示については，問題はそれほど生じていないように見受けられるが，この書面中の「不開示希望調書の有無及び通数」という欄の開示については問題があり，判例は分かれている。

すなわち，弁護人において検察官が取調べ請求をしている被告人の供述調書の証明力を判断するために重要であるとして被告人の取調べ状況報告書の開示を請求したが，検察官がその書面中の「不開示希望調書の有無及び通数」という欄の開示に応じなかったので，裁判所に対し開示命令の請求をしたところ，裁判所がこの請求を棄却した事案において，不開示希望調書の作成を巡って取調官と被疑者との間で取引が存在したなどの特段の事情があり，具体的にその主張がなされている場合には，証明力を判断する上での重要性は相当高いと言えるが，そのような特段の事情がない場合には，その重要性は高くない，また，不開示調書の有無等を被告人に確認することは容易であって開示の必要性もそれほど高くはない反面，この欄が開示された場合一般的な弊害があることなどを指摘して，即時抗告を棄却した判例[15]がある一方，同じく同報告書の同欄の開示を命じた裁判所の決定に対する即時抗告を棄却した決定に対し，検察官が原決定は大阪高決平18.6.26に違反していることを理由として特別抗告をした場合について，事案を異にするので判例違反には当たらないとして特別抗告を棄却した判例[16]がある。

---

15) 前掲注10) 大阪高決平18.6.26。
16) 最三小決平18.11.14 判タ1222号102頁，判時1947号167頁。

両者の事案の差異がどこにあるかは明確ではないものの（後者の事案は, 弁護人が被告人の供述調書の証明力を争って具体的な主張をしているのに対し, 前者ではそのような主張がなされていないと指摘する見解がある), 要するに, 事案によって, 同欄の開示の相当性の判断が異なってくることになる。もっとも, 現在では, 取調べ状況報告書中「不開示希望調書の有無及び通数」という欄は削除されているから, この問題は今後生じないことになった。

4　主張関連証拠の開示

被告人側の主張に関連する証拠（主張関連証拠）の範囲は, 類型証拠などと異なり形式的に定まっていない。被告人側の主張の明示を前提とし, これとの関連において対象となる証拠の範囲が定まることになる。それだけに, 主張の明示性はもとより, その証拠と主張との関連性の有無および程度など刑訴法316条の20第1項の定める要件を巡って争われことが少なくない。

(1)　主張の明示性

主張の明示性が問題となった事例として, まず, 犯行の動機・経緯等に争いがあり, 弁護人が被告人の警察官および検察官に対する自白の任意性を争う旨の主張をしている事案において, 被告人を取り調べた警察官および検察官の取調べメモ・手控え等備忘録すべての開示が問題となった場合について, 弁護人の主張は任意性を争う自白調書およびそのときの取調べ警察官を特定した上で, 任意性を争う事情について, 被告人に一方的な筋書きを押し付けて被告人がこれを否定しても応じず威圧し, 被告人の意思に基づかない調書が作成されたなどと主張しているから, 弁護人の主張としては明示性に欠けるところはないとした判例がある[17]。

他方, 殺人事件で弁護人が, 本件当時被告人は多量の覚せい剤を連日使用しており幻覚妄想状態等にあって, 限定責任能力の疑いがある旨の主張をし, この主張に関連する証拠として, 事件の2ないし3年前ころ被告人が覚せい剤にかかわっていたことを示すすべての証拠および被告人がそのころ通常人とは違った行動をしたり, そのような様子を示すすべての証拠の開示を請求したが,

---

17）東京高決平20.2.1 東高時報59巻1＝12号1頁。

裁判所が開示命令の請求を棄却したため即時抗告の申立をした事案において，主張の明示性を否定した判例がある[18]。すなわち，この判例は，覚せい剤使用による精神障害が責任能力に影響を及ぼすのは限られた場合であることからすると，弁護人の主張が本件当時被告人に精神障害を疑わせる症状が生じていたことについて具体的に指摘することなく，上記のような概括的なものにとどまる場合は，具体的主張の明示性に欠け，関連性の程度や支障を判断できないとして開示命令を棄却した原決定を維持している。

また，少年時には不起訴処分とされ成人後に起訴された業務上過失傷害罪において，弁護人の公訴権濫用等の違法をいう主張に関連する証拠として，起訴の決裁書類，不起訴裁定書等の開示請求があった場合について，具体的主張の明示が不充分であって開示の必要性の程度や弊害の程度等を考慮して開示の相当性を判断できないとして，開示命令を棄却した原決定を維持した判例がある[19]。

(2) 関連性

まず，被告人側の主張との関連性がない，あるいは，関連性の程度は極めて低く，被告人の防禦の準備に必要性がないとして，開示命令の請求を棄却した判例がある[20]。事案は，強制わいせつ致死，殺人等事件（広島幼女殺害事件）において，弁護人は公判における予定主張として「被告人は幼児性愛者ではなく，わいせつ目的はなかった」などと主張し，この主張に関連する証拠として，被告人の女性関係，女性に対する態度等に関する供述を内容とする被告人以外の者の供述録取書，捜査報告書のすべてについて開示を請求したところ，検察官が開示に応じなかったので，裁判所に対し開示命令の請求をしたものである。判例は，わいせつ目的が争点ではあるものの検察官のこの点に関する主張によるとそれは被告人の本件犯行当時の行為から推認できるか否かに尽きるものであって，被告人が幼児性愛者ではなくあるいは被告人の日ごろの女性関係や女性に対する態度が良好であったというようなことは，弁護人らの防禦に資する事情とはならないと判示し，そうするとこれらの証拠はわいせつ目的が

---

18) 東京高決平 20.6.18 東高時報 59 巻 1 = 12 号 47 頁。
19) 東京高決平 21.10.9 東高時報 60 巻 1 = 12 号 147 頁。
20) 広島地決平 18.4.26 判時 1940 号 168 頁。

なかったとする被告人側の主張との関連性がない、あるいは、関連性の程度は極めて低く、被告人の防禦の準備に必要性がないと判断している。

他方、強盗致傷事件で被告人の犯人性が争点となっており、検察官は被告人が犯行を自認する言動をしたことを新規に供述する者の検察官調書の取調べ請求をした事案において、それ以前に警察官がこの者を取り調べた際に作成した取調べメモ（取り調べた際の応答を書きとめたメモであるが、警察官調書には、新規供述は記載されていない）につき、弁護人が主張関連証拠として開示を請求した場合について、この者の新規供述に関する検察官調書あるいは予定証言の信用性を争う弁護人の主張とこのメモの記載の間には、一定の関連性を認めることができ、弁護人がその主張に関連する証拠として開示を求める必要性も肯認できないではないとした判例がある[21]。

また、犯行の動機・経緯等に争いがあり、弁護人が被告人の警察官および検察官に対する自白の任意性を争う旨の具体的主張をしている事案において、被告人を取り調べた警察官および検察官の取調べメモ・手控え等備忘録すべての開示が問題となった場合について、弁護人の主張とこれに対する検察官の対応等を踏まえ、その作成時期の点から対象範囲を限定して開示を認めた判例がある[22]。すなわち、この判例は、任意性が争われている供述調書の作成日後のものについては、関連性が乏しく、開示の必要性も低いが、それ以前の取調べ警察官の作成した取調べメモ等は関連性があるとしたものである。

(3) 必要性

主張との関連性は認めたものの、開示の必要性を否定した判例がある[23]。この判例は、共犯者とされる者の前科調書および犯歴カードについて、その者らの前科前歴の有無およびその概要は、類型証拠として開示されることになる警察官調書の該当部分により把握でき、他の既開示証拠と併せて考慮すれば、巻き込み供述等の有無の判断は可能であると考えられるから、開示の必要性は乏しいとして、開示命令の請求を棄却した原決定を維持している。

---

21) 前掲注6) 最一小決平20.9.30。ただし、この決定には、関連性および必要性がないとする反対意見が付されている。
22) 前掲注17) 東京高決平20.2.1。
23) 前掲注11) 東京高決平20.7.11。

5　開示の相当性

　類型証拠の開示は，その証拠の重要性の程度その他被告人の防禦のために開示をすることの必要性の程度と開示による弊害の内容および程度とを比較衡量して，開示が相当と認められるときに行われるし（法316条の15第1項），主張関連証拠の開示もその証拠の関連性の程度その他被告人の防禦のために開示をすることの必要性の程度と開示による弊害の内容および程度とを比較衡量して，開示が相当と認められるときに行われる（法316条の20第1項）。
　したがって，開示の必要性が肯認できるだけではなく，開示による弊害がおよそ認められない証拠については，開示の相当性について改めて検討することを要しないことになるが，多少とも弊害の存否および内容が問題とされる証拠については，開示の必要性のほかにこの「相当性」についても検討しなければならないことになる。
　まず，弊害については，前記の取調べ状況報告書中の「不開示希望調書の有無及び通数」や取調べメモの開示を巡って捜査への悪影響という観点が問題とされている。
　この観点については，開示の必要性が認められる場合において，検察官が具体的な弊害を指摘せず，一般的な弊害しか主張しない場合は，開示の「相当性」を認めた判例も少なくない[24]。しかし一方で，開示の必要性が高くない場合には，一般的な弊害を考慮して開示の「相当性」を否定した判例がある[25]。
　次に，弊害が開示することによってプライバシー侵害のおそれがあるという観点からは，共犯者の前科前歴の有無等の開示について，各人の公判で明らかにされるものであることなどの事情をあげて開示による弊害は少ないと判断し，「相当性」を認めた判例が見られるが[26]，一方で，殺人事件の被害者（被告人の実父）の前科前歴に関する証拠の開示について，被害者に最近の前科前

---

24) 取調べメモに関する前掲注17) 東京高決平20.2.1 など。
25) 取調べ状況報告書中の「不開示希望調書の有無及び通数」に関する前掲注10) 大阪高決平18.6.26。
26) 前掲注11) 東京高判平20.7.11。

歴を示すものはなく，粗暴犯に関するものは本件より30年以上前のものであって，弁護人の予定主張（過剰防衛等）との関連性は相当低いこと，故人であっても重要なプライバシー情報である前科前歴の有無および内容の開示には相応の弊害があることを考慮して開示の「相当性」を否定した判例がある[27]。

さらに，強姦致傷等の被害者の供述録取書（法316条の15第1項5号の類型証拠）に記載されている被害者の現住所，職業等の人定事項については，開示の必要性の程度が低い反面，開示に伴い，事件後転居，転職して弁護人との接触を嫌っている被害者の精神状態をさらに不安定にさせるという弊害があることを考慮して，この部分の開示の「相当性」を否定した判例が見られる[28]。

他方で，殺人事件の被害者（被告人の妻）が受診していた精神科医の問診内容等が記載された捜査報告書や供述調書について，弁護人の主張（被害者の精神状態，言動などを情状として主張）に関連する証拠として開示の必要性が小さいとは言えないこと，その内容や記載の仕方等にかんがみると，開示に伴う被害者のプライバシーや名誉を侵害する弊害の程度は高くなく，精神科医による捜査への協力一般への支障ひいては精神科医による問診行為一般への支障という弊害の程度も相当低いとして，開示の「相当性」を肯定した判例がある[29]。

なお，開示の必要性が認められる証拠の開示に伴う弊害を防止するあるいは弊害の程度を小さくして，開示の「相当性」を肯認するため，裁判所は条件を付することができるのであるが（法316条の25第1項，同条の26第1項），被告人の取調べ状況を撮影したDVD（法316条の15第1項8号の類型証拠）について，ここにいう「条件」には，開示後の証拠の複製等の利用方法に関するものが含まれるという解釈を採った上，このDVDには関係者の名誉・プライバシーに関する事項が含まれているとして，謄写枚数の制限，複写の禁止等の条件を付して弁護人に謄写の機会を与えることを検察官に命じた原決定を維持した判例がある[30]。

また，強制わいせつ事件において，被告人が犯行時被害者女性の陰部付近を

---

[27] 東京高決平22.1.5 判タ1334号262頁。
[28] 東京高決平21.8.19 東高時報60巻1＝12号131頁。
[29] 東京高決平21.9.15 東高時報60巻1＝12号137頁。
[30] 東京高決平22.3.17 判タ1336号284頁。

撮影したとされる写真（法316条の15第1項1号の類型証拠）について，重要性があり，被告人の防禦の準備のためには開示の必要性が高いものの，これが外部に漏出した場合に被害者のプライバシーを著しく侵害する弊害があることなどを指摘して，検察官に対し，弁護人にこの写真を閲覧する機会を与えるよう命じる一方，謄写する機会まで与えるのは相当でないとした原決定を維持した判例がある[31]。開示方法の指定には，閲覧に限定するということも含まれると解したものである。さらに，同様の解釈を前提にしながらも，弁護人対しては閲覧および謄写により開示の機会を与えることが原則とされていることなどにかんがみて，より制限的でない指定や条件で足りないか否かについて十分に検討することが必要であるとして，暴力団の威力を背景にした恐喝事件における被害者等の供述録取書につき，「検察官が弁護人に対し謄写させないことができる」という条件を付した原決定を「弁護人は，被告人又は第三者に対し，被害者等の供述録取書等から得た被害者の住所等同人を特定させる事項及び同人の前歴の有無・内容を明らかにしてはならない」という条件に変更した判例がある[32]。

いずれにしても，開示の「相当性」は，重要性や関連性の大小など開示の必要性の程度と弊害の内容および程度とのいわば兼ね合いによって決まるものであり，また，開示方法や開示された証拠の利用方法を制限するなどして開示の「相当性」を肯定できる場合もあることになる。

6　その他

証拠開示命令の請求（法316条の26第1項）についてした裁判所の決定に対しては，不服のある当事者は即時抗告をすることができるのであるが（同条3項），即時抗告の提起期間（3日，法422条）の起算日に関し，請求棄却決定の謄本送達日が弁護人に対するそれと被告人に対するそれと異なる場合，弁護人に対する送達日を基準とすべきであるとした判例がある[33]。

この判例は，その理由として，本件証拠開示命令の請求の主体は弁護人であ

---

31)　東京高決平21.1.20 東高時報60巻1＝12号1頁。
32)　前掲注14）東京高決平23.11.22。
33)　最三小決平23.8.31 刑集65巻5号935頁，判タ1356号95頁，判時2127号145頁。

り，請求が認められた場合に証拠開示を受ける相手として予定されているのも弁護人であるという請求の形式に加え，公判前整理手続における証拠開示制度の趣旨，内容にも照らすと，弁護人において証拠開示命令請求の棄却決定を受けたものと解されることを挙げている。

第16章　異議の申立

第1　はじめに

　刑事訴訟法で「異議」ないし「異議の申立」といわれるものには，いくつかの種類があり，その性質や機能は一様ではない。このことを認識しておくことは，異議制度の解釈・運用にあたり，不可欠であると思われる。
　異議はこれを，①証拠調に関する異議の申立（刑訴309条1項），②裁判長の処分に対する異議の申立（同条2項），③手続の省略を肯認しない旨の異議，④意見としての異議，⑤公判調書の記載等の正確性に対する異議の申立（刑訴51条，規38条5項・52条の2第4項5項等），⑥高等裁判所の決定に対する，抗告に代わる異議の申立（刑訴428条2項・385条2項等），⑦裁判の執行に関する検察官の処分に対する異議の申立（同502条）などに分類することができよう。
　このうち，⑤ないし⑦の異議の申立は特殊な性質をもつもので，第一審公判手続において実務上も理論上も重要なものは，前記の①ないし④，なかんずく①②の異議の申立すなわち刑訴309条に規定する異議の申立である。刑訴309条の異議の申立のうち，証拠調に関する異議の申立については，すでに本大系シリーズで取り上げられている（佐藤文哉「証拠調に関する異議」熊谷弘ほか編『証拠法大系⑷』〔日本評論社，1970〕所収）ところでもあるので，本稿では，主として，裁判長の処分に対する異議の申立について検討を加えた後，前記③④の異議について附言することにしたい。

第2　裁判長の処分に対する異議の申立

1　異議の機能・性質

　この異議の申立は，裁判長の処分に法規の逸脱がある場合，処分によって不利益を受ける当事者がその是正を求める意思表示であって，これにより当事者はそのつど簡易迅速な補正の機会を与えられ，一般の上訴の申立を待つことに

よる手続全般への影響を防ぐとともに，他方異議を申し立てないこと（異議権の放棄）によりある程度の範囲で瑕疵の治癒を認め，事後の手続の安定と訴訟経済を得ようとするところに目的がある（平場安治『改訂刑事訴訟法講義』〔有斐閣，1958〕420 頁，高田卓爾『刑事訴訟法（現代法律学全集）』〔青林書院新社，1971〕370 頁，青柳文雄『刑事訴訟法通論〔新訂版〕』〔立花書房，1962〕562 頁等[1]）。異議は，異議を申し立てられた者に対する批難ではなく，むしろ逸脱の矯正に協力することを意味する（平野龍一『刑事訴訟法（法律学全集）』〔有斐閣，1959〕258 頁）。それだけに，実務上適正な異議権の運用が望まれるところである[2]。

なお，異議の申立に対しては，その裁判長を含めた当該（訴訟法上の）裁判所が決定するから（刑訴 309 条 3 項），本項の異議は，抗告ないし準抗告の性質を有しない。

2　異議の対象

この異議の対象となる裁判長の処分とは，法文上明記されていないが，旧法（旧刑訴 348 条）以来，裁判長の訴訟指揮上の処分を指すと解されている。ちなみに，旧々刑訴 199 条は「弁論中公判ノ手続ニ付キ」異議の申立を認めていたが，そこでの「公判ノ手続」とはやはり裁判長の訴訟指揮上の処分を指すことにほぼ争いがなかったのである。ただ，注意すべきは，旧法で異議の対象となった裁判長の訴訟指揮上の処分には証拠調に関するもの（尋問の制限などはも

---

[1] 米国の一部では，裁判所の裁定に対し異議の申立（exception）をしておくことが，訴訟手続の違法を理由とする上訴の条件とされている。わが国では，もとよりそうではないが，異議の申立をしておけば，瑕疵ある処分が公判調書上明らかになって（規 44 条 1 項 14 号 31 号参照），訴訟手続の法令違反を理由とする控訴趣意書に援用（刑訴 379 条）しやすくなるという効果はある（横井大三『新刑事訴訟法逐条解説Ⅲ』〔司法警察研究会，1949〕77 頁，刑資 63 号 40 頁，岸盛一＝横川敏雄『事実審理』〔有斐閣，1960〕75 頁，平野龍一＝松尾浩也編『実例法学全集刑事訴訟法』〔青林書院新社，1963〕235 頁等）。
[2] 刑訴 309 条の異議が実務上さほど活用されていない状況につき，横川敏雄『刑事裁判の研究』（朝倉書店，1953）114 頁，岸＝横川・前掲注 2）75 頁，岸盛一ほか「座談会・岐路に立つ刑事裁判」判タ 72 号 1 頁，73 号 35 頁，村上博巳「異議権の運用について」日本法律家協会シリーズ 13 号 58 頁，河村澄夫＝柏井康夫編『刑事実務ノート(2)』（判例タイムズ社，1965）188 頁〔佐藤文哉〕等参照。

とより裁判長の被告人・証人尋問など証拠調そのものも）も含まれていたが（小山松吉「刑事訴訟に於ける裁判長の処分に対する異議に就て」法曹会雑誌4巻7号6頁等），現行法では，裁判長の処分に対する異議（刑訴309条2項）の前項に広く証拠調に関する異議の規定（同条1項）が設けられているので，裁判長の証拠調に関する訴訟指揮上の処分は，同項の適用を受け，ここからは除かれるに至ったという点である。

次に，ドイツ刑訴238条2項は，裁判長の実体的訴訟指揮（Sachleitung）に対してのみ異議の申立を認めるが，わが法ではかような制限はないから（団藤重光編『法律実務講座刑事編(5)』〔有斐閣，1956〕1005頁〔岸盛一〕），形式的な手続事項に関する訴訟指揮上の処分であっても異議の対象となる。さらに，訴訟指揮上の処分には，裁判長の法廷警察上の処分（裁判所法71条2項，刑訴288条2項）も含まれる[3]。

なお，処分は裁判（命令）の形式をとるものでも事実行為でもよい。また作為に限らず不作為も含まれる。

以上の定義を前提として，なおいくつか検討を要する点がある。

まず第一に，証拠調に関する異議の対象との区別が重要である。証拠調に関する異議と裁判長の処分に対する異議の相違は，前者であれば訴訟関係人の行為および裁判所の決定をも対象に含むが，後者であれば裁判長の処分に限られる（ただし，訴訟関係人の行為についてはこれを黙過ないし放任した裁判長の不作為処分として間接的に対象とすることはできる）ほか，前者であれば，原則として，不適法もしくは不相当な行為を対象とするが（規205条1項），後者であれば不適法な行為に限られる（同条2項）などの点に存し，概して，前者のほうが幅広く認められている。そして，両者を比較した広い部分が，結局，現行法になって旧法よりも広く異議が認められた部分にあたることにもなるのである。拡充の理由は，証拠能力および証拠調手続について従来と異なった厳格な規定が設けられることになったのでこれを担保するためである（横井・前掲注1）77頁）。

ところで，「証拠調に関する」とは，証拠調に密接に関係する，という意味

---

[3] 通説であるが，反対説，折衷説も有力である。各説の文献，論拠については，『例題解説刑事訴訟法(3)』（法曹会，1972）154頁以下に詳記されているので，これによられたい。

に解することができる。しかし，いずれにしても，冒頭手続，弁論手続は証拠調手続の開始前または終了後の手続であるから，ここでは証拠調に関する異議はありえないので（弁論手続につき，反対—江家義男『刑事証拠法の基礎理論』〔有斐閣，1955〕250頁），裁判長の処分に対する異議のみがありうる。証拠調手続中において，「証拠調に関する」か否かの判断は，微妙な事例もあるが（佐藤・前掲〔300頁〕『証拠法大系(4)』134頁），法廷警察権の行使などを除けば，おおむね証拠調との密接な関係を肯定することができよう。例えば，証拠調手続中の被告人質問は，証拠調そのものではないとしても，証拠調の性質をもつ手続（団藤重光『新刑事訴訟法綱要〔7訂版〕』〔創文社，1967〕475頁，団藤重光編『法律実務講座刑事編(6)』〔有斐閣，1956〕1350頁〔長谷川成二〕。なお，規197条1項参照）であるから，証人尋問の方法に関する刑事訴訟規則の規定もその性質に反しない限り準用せられ（平野＝松尾編・前掲注1）260頁以下），これに対応して，証拠調に関する異議の対象になると解することができる（横川・前掲注2）121頁，団藤編・前掲『法律実務講座刑事編(6)』1370頁〔長谷川〕，村上・前掲注2）10頁，反対—団藤編・前掲『法律実務講座刑事編(5)』1056頁〔岸〕）。また，供述への影響を防ぐための証人，傍聴人の退廷処分（規123条2項・202条）は，適正な供述の確保を目的とした，証拠調に密接な関係のある裁判長の処分であるから，証拠調に関する異議の対象に加えるべきであろう（ただし，規202条の退廷処分につき，平場・前掲『改訂刑事訴訟法講義』421頁は裁判長の処分に対する異議の対象とする）。

　第二に，訴訟指揮上の処分であっても裁判所の決定の形で行われるものは，証拠調に関するものを除き，この異議の対象とならない（滝川幸辰ほか『刑事訴訟法（法律学体系コンメンタール篇）』〔日本評論新社，1950〕415頁，平野・前掲『刑事訴訟法（法律学全集）』169頁，高田・前掲『刑事訴訟法（現代法律学全集）』367頁，平場安治ほか編『刑事訴訟法要論』〔日本評論社，1969〕134頁）から，裁判長の処分のような外観を呈していても，裁判長が合議体の決定を施行ないし宣告するにすぎないものについては，決定の当否を争ってここでいう異議を申し立てることはできない（団藤編・前掲『法律実務講座刑事編(5)』1056頁〔岸〕）。

　附言すれば，証拠調に関する決定を除いた決定一般について，本項の異議の申立はいうに及ばず，法に規定（例えば，刑訴276条3項）がない限り，他の種

の異議の申立もできないと解すべきであろう。解釈上の異議の申立を認める必要も実益も乏しいからである（横川・前掲注2) 116頁[4])。右の刑訴276条3項は，公判期日変更決定に対する異議の申立を認めているが，これは急速を要したため事前に意見を聴くことができなかったことに代わる措置として変更期日の冒頭に意見を述べる機会を与えた（刑資67号210頁参照）例外的な規定であると解される。

なお，法廷等の秩序維持に関する法律に基づく法廷警察上の処分（同法2条）は決定であるから（同法3条1項)，同様に異議申立の対象とならない。

第三に，裁判長は，合議体の代表機関としてではなく独立の権限として，被告人の召喚・勾引・勾留など一定の強制処分をすることを法律上認められている（刑訴69条等)。これらも形式的には裁判長の処分であるが，これらに対しては，異議の申立は許されない。けだし，訴訟手続を進行させるための前提となる諸種の強制処分自体は訴訟指揮とはいえない（団藤編・前掲『法律実務講座刑事編(5)』1021頁〔岸〕）のみならず，この処分は合議体と離れた裁判長の権限に基づくものであるから，その是正を合議体に判断させることは適当でないのである（これらに対する不服申立の方法は刑訴429条の準抗告である)。裁判長の拘束処分（法廷等の秩序維持に関する規則2条1項）も同様に解すべきである（団藤編・前掲『法律実務講座刑事編(5)』1021頁〔岸〕)。

第四に，公判期日外の裁判長の処分は異議の対象となるであろうか。刑訴309条の位置，体裁等から考えて，異議の申立は公判期日における処分を対象とするものに限られるとしてこれを消極に解するのが有力な見解である（団藤編・前掲『法律実務講座刑事編(5)』1056頁〔岸〕[5])。しかし，理論上これに限定することには疑問がある。公判期日外においても訴訟指揮ということはありうる（団藤編・前掲『法律実務講座刑事編(5)』1005頁〔岸〕)。その主体を裁判所と解すべきか（高田・前掲『刑事訴訟法（現代法律学全集)』366頁)，公判期日と同

---

4) 佐藤・前掲注2) 201頁は，決定前に訴訟関係人の意見を聴かなければならない場合にこれを聴かないでした決定に対しては，異議の申立が解釈上許されるとしている。
5) 旧法についても同様に解されていた（小山・前掲論文17頁，林頼三郎『刑事訴訟法要義各則(上)』〔中央大学，1924〕250頁，平井彦三郎『刑事訴訟法要論』〔松華堂書店，1926〕702頁，大判大14.6.23刑集4巻429頁，大判昭5.1.24刑集9巻7頁，大決昭8.5.13新聞3592号14頁等)。

様裁判長と解すべきか（小野清一郎ほか『ポケット註釈全書刑事訴訟法〔改訂版〕』〔有斐閣，1966〕596頁）については問題があろうが，法の明文により，いくつかの訴訟指揮が裁判長の権限とされていることは明らかである（刑訴40条・273条1項・289条2項，規21条・23条・29条・31条・178条3項・179条の6第2項・301条等）。これらが法令違反にわたる場合は，当事者から不服を申し立てて裁判所の監督を求め，簡易迅速にその是正をはかる理由と必要があることは彼比変りはないといえよう。これらの処分が公判期日においてなされたときは異議申立が可能であるが，期日外であれば不可能という解釈は，刑訴309条の文言に限定がないだけに形式的にすぎると思われる。一方，公判期日外の証拠調に関する行為については刑訴309条の適用ないし類推適用を認める説が多い（団藤編・前掲『法律実務講座刑事編(6)』1371頁〔長谷川〕，松浦秀寿「証拠調に関する異議の申立」愛知大学法学部法経論集8号103頁，横川・前掲注2）115頁，村上・前掲注2）7頁）。この説が正しいとすれば，公判期日外の裁判長の処分に対しても釣合上刑訴309条の適用ないし類推適用を肯定すべきものと考える。ただ，実際上の必要性は，証拠調に関する異議に比べそれほど大きくはないといえようか（期日外の裁判長の処分は，ほとんど手続事項でかつ裁量処分である）。

　第五に，異議の対象は「裁判長」の処分であった。単独体の場合は，裁判長の制度はありえないが，裁判官の訴訟行為と裁判所としての訴訟行為は概念上区別され，前者は，合議体であれば裁判長の権限とされている訴訟行為をなす場合がこれに相当し，例えば公判期日の訴訟指揮権および法廷警察権は当然裁判官の行使しうるところである（柏木千秋『刑事訴訟法』〔有斐閣，1970〕283頁）。そして裁判所の機関（裁判官）としてなした処分に対しては，ここでいう異議の申立をなしうると解してさしつかえないのである（青柳・前掲『刑事訴訟法通論』57頁，林・前掲注5）251頁，平井・前掲注5）702頁）。ただ，異議に対しては当該単独裁判官が裁判所として決定するから，この異議の申立には，再度の考案を求めるという機能が予定されていることに注意しておけば足りる（証拠調に関する決定に対する異議の申立も同じ機能であることにつき，佐藤・前掲『証拠法大系(4)』135頁）。

3 異議の理由

裁判長の処分に対しては，すでに触れたように，「法令の違反があることを理由とする場合に限り」異議の申立をすることができる（規205条2項）。ドイツ刑訴の同様規定にならい，旧々刑訴以来このように解釈されてきたが，現行法上は前記規則によって明確にされている。裁判長の裁量に属する処分について，その妥当性を争うことを許すのは，いたずらに手続の遅延を招き，その安定を害するおそれがあるのみならず，法規を逸脱した処分の是正という前記異議制度本来の趣旨からいっても，異議理由を法令違反に限定し，不相当を除外することは十分な根拠がある。ただし，裁量処分といえども，裁量権の範囲をはなはだしく逸脱していると認められる場合には，これに対し「法令の違反があること」を理由として異議の申立をすることができる。

以上の点をやや具体的に考察してみたい。

まず第一に，裁判長の処分が法規上義務づけられている場合に（冒頭手続における黙秘権の告知，陳述の機会を与えるべきことなど），これを怠った不作為は各法条違反の処分になることは明らかである。また，手続の適法な履践が裁量の余地なく法規で定められているのに（起訴状謄本，召喚状の適法な送達，開廷要件など），その手続の瑕疵を無視して審理を進める裁判長の行為も同様各法条違反の処分となると解することができる。裁判長は裁判所の代表機関としてすべての手続が適法に行われることを監視すべき義務があるからである。

第二に，裁判長の裁量処分ではあるが，処分をするには法規上一定の事実が前提とされている場合に（刑訴295条の「重複，無関係な陳述」，裁判所法71条の「裁判所の職務の執行を妨げ，又は不当な行状をする者」など），この前提事実を欠くときの処分，あるいは法規上裁量の限界が定められている場合に，その限界を越えた処分はいずれも当該法条違反となると解される。後者の例としては，訴訟関係人の陳述を制限しないしは論告，最終弁論の時間を制限し，その本質的権利を害した場合（刑訴295条，規212条）を挙げることができよう。

第三に，かかる明文の規定を欠き裁判長の裁量に全く委ねられている処分については，裁量の範囲を逸脱している場合を除き，法令違反はありえないことは，すでに述べたとおりである。このことは，訴訟関係人の行為を裁判長の不

作為という形で異議の対象に捉える場合も同様で，これを制止ないし除去するか，そのまま手続を進めるかが裁判長の裁量の範囲内にあるときは，違法の問題を生じない（佐藤・前掲注2）192頁[6]）。裁量の範囲内にあるか範囲を逸脱しているかの判断は，刑事訴訟法および規則全体からうかがわれる現行刑事訴訟の基本的構造ないし精神に背馳するか否か，あるいは被告人の本質的な権利を害するか否かなどの観点から，具体的・個別的に決せざるをえないと思われる。例えば，冒頭手続において裁判長が被告人の前科，経歴，動機等について詳細な供述を求める処分は，被告人尋問の制度を廃し，認否手続の目的を争点整理においた現行法の基本的構造に背馳し，また証拠調手続以前においては裁判所に事件につき予断を抱かせまいとする現行法の精神にも反する違法なものというべきであろう[7]。また，起訴状朗読前ないし認否手続において被告人または弁護人が，事件に関係がないことや裁判所に予断偏見を抱かせることをとうとうと述べるのに裁判長がこれを制限しない場合（東京高判昭26.3.30裁時80号5頁〔三鷹事件〕），訴訟関係人が法廷の秩序を著しく破壊しているのに裁判長が秩序維持のため相当な処分をしない場合も同様に解すべきである。さらに，刑事訴訟手続の基本的要請の一つである迅速裁判の要請に著しく反する意図の下に判決宣告期日を追って指定する旨の裁判長の処分は裁量権の濫用であるとした判例（最大決昭37.2.14刑集16巻2号85頁）が参考となろう。

4 裁判長の処分に対する異議については，このほか異議権者の範囲（特に共同被告人の場合），異議権運用の方法，異議権放棄による瑕疵の治癒など検討を要する点が少なくないが，証拠調に関する異議と共通する問題であり，紙数も乏しいので，ここでは論じない。

第3 手続の省略を肯認しない旨の異議

刑事訴訟法および規則は，当事者なかんずく被告人の便宜をはかり権利を保

---

[6] 証拠調に関する決定に対する異議も法令違反に限られるから（規205条1項但書），裁量に属する決定（決定をしない不作為を含む）に対しては異議申立は許されない。最二小決昭32.11.2刑集11巻12号3056頁は，右の趣旨に理解できないだろうか。
[7] 最高裁の判例はこれを違法とは断定しないが（最大判昭25.12.20刑集4巻13号2870頁），下級審の判例，学説は批判的である。これについては，環直弥「被告人質問」熊谷ほか編・前掲『証拠法大系(4)』70頁以下参照。

護するため，いろいろな場合において，種々の厳格な手続を定めているが，同時に「……異議のないときは，この限りでない」とか「……異議がないときは……しないことができる」とかの規定を設けて，当事者の意思により右の厳格な手続を省略できる余地を随所に残している。これは当事者の便宜や権利の中には放棄を認めてもさしつかえないものもあり，かつ放棄の余地を認めないと訴訟手続の柔軟性を欠くことになってかえって当事者の利益（例えば手続の迅速さ）に反する事態も招来しかねないからである。

　右のような規定は，例えば，①召喚状の送達と被告人の出頭との猶予期間（刑訴57条，規67条），または召喚状の送達と第一回公判期日との猶予期間（刑訴275条，規179条），②勾留理由開示法廷における被告人・弁護人の在廷（刑訴83条3項），③取調を請求する証拠を事前に知る機会（知悉権—同299条1項），④簡易公判手続取消後の更新（同315条の2），⑤速記原本の訳読（規52条の5第3項），⑥書面または物などを示してする尋問に際しての事前閲覧（同199条の10第2項等），⑦更新の際の公訴事実の陳述（同213条の2第1号）などについて見られるところである[8]。

　この類型の異議は，右に掲げた手続の省略を肯認せず，法定どおりの手続の履践を求める意思表示である。異議の陳述がなされ，かつ異議の基礎事実（猶予期間欠缺など）に問題がない限り，裁量の余地なく法定の手続を履践しなければならない。例えば，右①の異議があれば，裁判所は猶予期間経過後の期日に変更し（小野ほか・前掲『ポケット註釈全書刑事訴訟法』551頁），③の異議があれば，請求者は証拠調請求を撤回し，知悉権を行使させてから改めて証拠調請求をすることになる（小野ほか・前掲『ポケット註釈全書刑事訴訟法』617頁，河村澄夫＝柏井康夫編『刑事実務ノート(1)』〔判例タイムズ社，1968〕164頁〔野間禮二〕[9]）。

---

8) 略式手続によることの異議（刑訴461条の2），簡易公判手続における，証拠とすることの異議（同320条2項）は，厳密には，この類型の異議ではないが，同様の性質をもつものと解される（佐藤・前掲注2) 197頁）。
9) ただし，青柳・前掲『刑事訴訟法通論』516頁，団藤編・前掲『法律実務講座刑事編(6)』1283頁〔長谷川〕は証拠決定を次回に延期すれば足りるとし，東京高判昭26.11.6高刑4巻13号1891頁は，取調自体が相当日時を経過した次回に行なわれたときは，証拠決定をしても，瑕疵は治癒されるとする。

異議がなければ，手続を省略できる。そして手続の省略ははじめから適法なのである（異議権放棄による瑕疵の治癒ではない）。もとより，諸般の事情から考えて法定の手続を履践することが相当だと判断されれば，そうしてもよい。

問題は，積極的に異議を述べないで手続を進行させたという事実をもって異議がないとしてよいか，それとも異議がない旨の積極的な意思表示を要すると解すべきか，にある。この問題は，異議の有無を確かめる機会を逐一与えるべきかという訴訟指揮にも関係する。結論的にいえば，この点は，この類型の異議一般につき論じるべきではなく，先に挙げた，省略できる手続の趣旨，重要性等を考慮して個別的に考究すべきものと考える。例えば，前記①の猶予期間については，被告人が出頭して弁論するなど異議なく手続の進行に応じたこと自体で，準備に支障がなかったことがうかがえるのであるから，理論上は，異議がない旨の意思表示を必要としない，したがって異議の有無をことさら釈明する機会を設ける必要はないものと解される（小野ほか・前掲『ポケット註釈全書刑事訴訟法』125頁，551頁，佐藤・前掲注2）198頁等。反対―団藤重光『条解刑事訴訟法(上)』〔弘文堂，1950〕134頁，平場安治ほか『注解刑事訴訟法(上)』〔青林書院新社，1969〕189頁[10]）。また，③についても，証拠調に応ずれば，防禦に支障がないことがうかがえるのであるから，ただちにこの異議を述べない限り，異議がないものと扱ってよいと解される（小野ほか・前掲『ポケット註釈全書刑事訴訟法』617頁，平場・前掲『改訂刑事訴訟法講義』472頁，佐藤・前掲注2）198頁）。しかもこの場合は，証拠調請求後証拠決定前に相手方の意見を聴く機会があり（規190条2項），これが本項の異議を述べる機会にもなっているのである。②および④については，これらの手続の重要性――②は憲法上の要請（憲34条後段），④の異議は従前の伝聞証拠の証拠能力を左右する――にかんがみ，積極的に異議がない旨の意思表示を要し，また異議を述べる機会を逐一与えなければならないと解される（②につき，小野ほか・前掲『ポケット註釈全書

---

[10] 判例も同旨であるが（旧法321条につき，大判昭4.7.4刑集8巻394頁，最二小判昭23.4.23刑集2巻4号422頁，現行規則179条につき，東京高判昭25.2.24刑特15号34頁，札幌高判昭26.7.25高刑4巻7号809頁，札幌高判昭27.1.10刑特18号66頁等），伊達秋雄・刑事判例評釈集8巻254頁，団藤重光＝福田平・判例研究2巻2号187頁は，弁護人が出頭して期日の利益を考慮している点で，前記最二小判昭23.4.23を正当とする。

刑事訴訟法』169頁，団藤・前掲『条解刑事訴訟法(上)』173頁，平場ほか・前掲『注解刑事訴訟法(上)』252頁，反対─佐藤・前掲注2) 198頁。④につき，鴨良弼編『法学演習講座(11)刑事訴訟法』〔法学書院，1971〕319頁，河村＝柏井編・前掲注2)『刑事実務ノート(2)』151頁〔佐々木史朗〕，佐藤・前掲注2) 197頁)。

第4 意見としての異議

　裁判所または裁判官が一定の決定ないし処分（以下，本項では単に決定という）をする前提として，訴訟関係人（原則として，申立による場合は相手方またはその弁護人，職権による場合は検察官および被告人または弁護人）の意見（陳述）を聴かなければならないと定められている場合がある。一般的には，申立により公判廷でする決定，公判廷における申立によりする決定がそうであるし（規33条1項），そのほか特別の定めとして刑事訴訟法および規則上数多く見られるところである（刑訴92条・123条・124条・140条・158条・276条・281条・291条の2・297条・299条・304条の2・314条・394条の2, 規88条・179条の6・180条・190条・203条の2・213条の2第3号等）。公判手続における重要な決定はほとんど右に含まれているといってよいほどである。これは，いうまでもなく，終局裁判に至る各種の決定についても当事者の意見を裁判所（裁判官）に反映させることによって，手続の形成全般につき当事者の関与を深め，もって公判の運営に適正を期そうとする趣旨にほかならない。

　これらの場合，意見を述べる者が，予定されている決定に反対である旨の意思表示をするのが，この類型の異議である（「異議」という用語が用いられることは，刑訴320条2項，規178条の6第1項2号・213条の2第3号等からうかがえる）。訴訟関係人は，異議を述べることによって，不適法ないし不当な決定を避けうる機会を与えられているわけで，刑訴309条の異議の申立が処分のなされた後その是正を求めるものであるのに比し，この異議はいわば事前の予防策の機能を有するもの解することもできよう。この機能からして，異議を述べるには，簡潔な理由を明示する必要がある。もっとも，この異議の性質は，訴訟関係人の述べた意見にすぎないから，異議が述べられても当然に決定できないわけではない。この点が前項の異議と異なるので，決定できるかどうかは個々の決定の要件の有無に解消される。また，異議そのものに対し許否の判断を示

す必要はない。

なお，異議を述べる機会は，いわゆる「求意見」の形で与えられるが，要急の場合この機会を与えないで決定できることがある（刑訴92条2項但書，規88条但書，刑訴276条2項但書[11]）。

【参考文献】

いずれも，本文ないし註に掲げてあるが，このうち，佐藤・前掲注2)は，異議制度全般につき，検討を加えたものである。

【追　記】

本論稿は，熊谷弘ほか編『公判法大系Ⅲ』（日本評論社，1975）に収録された論文であり，異議ないし異議の申立といわれるもののうち，主として「裁判長の処分に対する異議の申立」（法309条2項）を扱ったものである。これに関連するその後の主要な文献としては，上垣猛「証拠調べと刑訴法309条の異議等」平野龍一ほか編『新実例刑事訴訟法Ⅱ』（青林書院，1998）362頁，村越一浩「刑訴法309条の異議」松尾浩也ほか編『実例刑事訴訟法Ⅱ』（青林書院，2012）230頁などがある。

ちなみに，本論稿に関連したその後の判例で特記すべきものは，見出せなかった。

---

11) これらの場合以外，意見（異議）を述べる機会を与えないでした決定は違法であるが，事後の異議権の放棄による瑕疵の治癒が認められる可能性はある（平場・前掲『改訂刑事訴訟法講義』424頁，江家・前掲『刑事証拠法の基礎理論』255頁，中武靖夫「証拠調に関し異議を申し立てなかったときの効果」団藤重光編『新法律学演習講座刑事訴訟法』〔青林書院，1961〕290頁，横川敏雄『刑事裁判の実際〔増訂版〕』〔朝倉書店，1953〕90頁）。判例も瑕疵の治癒を認める（証拠決定につき，仙台高秋田支判昭26.1.24判特22号213頁，東京高判昭26.7.17判特21号138頁，東京高判昭26.10.22東高時報1巻10号140頁，仙台高判昭27.8.8高刑5巻12号2039頁，期日変更につき，東京高判昭25.1.14高刑3巻1号5頁，東京高判昭30.11.30裁特2巻23号1227頁，書証の要旨告知につき，東京高判昭27.7.11判特34号115頁，判タ23号53頁）。

第Ⅴ部　証　拠

第17章　自由な証明について

第1　はじめに

　検察官は犯罪事実に関する証拠とともに前科調書，身上照会回答書はもとより親告罪については告訴状などを一通の証拠請求目録に記載して取調請求するのが通常である。この場合裁判所は，これらの書面を含め一括して，弁護人に対し証拠とすることに同意するか否かの意見を求め，同意があればすべて同意書面（刑事訴訟法——以下単に「法」と表示する—— 326条）として取り調べるというのが，むしろ一般的な実務上の扱いと思われる。しかし，これらの書面についてまでこのような扱いが必要であるかは問題である。また，被告人側から情状の立証として示談書や嘆願書の類が取調請求された際にも，実務では，検察官の同意，不同意の意見を求めている扱いが多い。これらの書面につき検察官が証拠とすることに同意しない場合，弁護人は書面の取調請求を撤回して証人尋問の請求をすることがあるが，折々は，「それでは一応裁判官が見るだけ見ておいて下さい。」とか「参考として記録に綴っておいて下さい。」とかいって法壇に持ちこまれることもある。さらに，一部では，情状証人を参考人として宣誓もさせず，調書も作成せずに尋問することも行われているという[1]。これらの実務上の扱いは妥当であろうか。

　弁論終結後判決言渡までに被告人（まれには被害者）から自己の心情を述べた上申書が裁判所に提出されることがままある。一方，検察官からは係属中の別件が確定したことを証する書面が提出されることもある。これらの書面をどう取り扱うかも実務上一定していないように見受けられるが，果してどのような措置が最も適切であろうか。

　また，いわゆる検面調書の特信性（法321条1項2号後段）が争われた場合，

---

[1] 井戸田侃「厳格な証明と自由な証明」佐伯千仭編『続生きている刑事訴訟法』（日本評論社，1970）197頁。

裁判所としては、どのような資料で、どの程度まで特信性について心証を得ればよいのかも微妙な問題である。

　右に挙げた例は、実はすべていわゆる自由な証明に関連した問題を含んでいる。

　ところで、証明（狭義）を厳格な証明と自由な証明に分け、厳格な証明とは刑事訴訟法の規定により証拠能力が認められかつ公判廷における適法な証拠調を経た証拠による証明を意味するとし、さらに、罪となるべき事実（犯罪構成要件に該当する事実、以下同じ。）についてはこの意味の厳格な証明を要し、確信の程度（合理的な疑いを容れる余地のない程度）まで証明されなければならないとするところまでは、学説上ほとんど異論はないし[2]、判例上も齟齬はない[3]。

　しかし、この分野において以上の説明からさらに一歩を進めるとなると、学説はたちまち多岐に分かれ帰一するところがない。そしてまた判例上も十分明らかにされている分野とはいいがたい。すなわち、(1)罪となるべき事実以外のいかなる事実が厳格な証明の対象となるのか（換言すれば、自由な証明の対象となる事実は何か）については、今なお学説がゆれ動いていることは周知のとおりであるし、(2)厳格な証明の意義、内容は前記のとおり明らかであるとして、それとの対概念である自由な証明の意義、内容に至っては判然としない。現在、強いて自由な証明に定義を与えるとすれば、それは「厳格な証明のような厳格な証拠による必要のない証明」とでもいうことになろう。それはそれでよいとしても、実際のところ、これでは具体的な内容は不明確であって、実務家としては、自由な証明の下限すなわち自由な証明において用いられる証拠資料や採証手続になんらかの制限はないのかという点を知りたいところである。さらに、(3)罪となるべき事実以外の事実の証明の程度についても、疎明の対象と

---

[2] ただし、横山教授は厳格な証明と自由な証明という区別は無用だとされる（横山晃一郎『刑事訴訟法の解釈』〔中央経済社、1965〕155頁以下）。
　なお、鴨教授は厳格な証明を客観的な立証法則に基づく証明と定義されるから（鴨良弼『刑事証拠法』〔日本評論社、1962〕41頁以下）、公判調書による証明（法52条）も厳格な証明の一種ということになる（同49頁）。
[3] 最高裁の判例も厳格な証明の用語を用い（最大判昭33.5.28刑集12巻8号1718頁）、その意義を本文記載のとおり判示している（最一小判昭38.10.17刑集17巻10号1795頁）。

なる事実を除き，争いがある。

本稿は，以上の(1)ないし(3)のうち，主として(1)，(2)の問題を検討しようとするものである。これらの問題が刑事訴訟法の基本的な問題の一つであるとともにきわめて実務的な問題であることは，冒頭に掲げた刑事証拠調に関する日常的な設例も結局は右の(1)ないし(3)のどれかと関連していることからも明らかであろうと思う。

右の(1)ないし(3)の問題は，もとより論理的には独立した問題であるが，実際には相関連している。とくに，厳格な証明の対象となる事実は何かすなわち自由な証明の対象としてどのような事実が残されるかという(1)の問題は，自由な証明の意義や内容，証明の程度いかんという(2)，(3)の問題を考える上で大きな影響を与えうるものと思われる。というのは，厳格な証明の対象範囲を拡大し，したがってまた自由な証明の対象をごくわずかの，さほど重要でない事実に限定する基本的発想によれば，自由な証明の自由性の制限をゆるやかに考えても差し支えないだろうし，証明の程度としてもさほど高度なものを考える必要はないことになろう。逆に，厳格な証明の対象を限定し，したがってまた自由な証明の対象としてかなり重要な事実が残されている見解をとれば，対象となる事実いかんによっては，自由性の制限も相当考慮せざるを得なくなってくるわけである。証明の程度もしかりである。

旧刑事訴訟法から現行法への移行に伴う刑事訴訟の構造的変化に対応して，証明論の分野における学説の動向は大別して二つあると指摘されている。厳格な証明の対象の拡大論と自由な証明の自由性の制限論である[4]。この二つの主張は，論理的に両立しえないわけではないが，訴訟上の証明に対する実際的な配慮からすれば，結局どちらかに重点をおいた考え方をせざるを得ないと思われるわけである。本稿で述べる私見は，どちらかといえば前者の動向に沿うことになったようである。私の基本的な認識は，「適正な証明[5]」や「厳格な証明に準ずる証明[6]」などを認めて証明形式の種類を増加したりあるいは自由な証明の自由性を強く制限するよりは，むしろ証明形式は簡明，自由なものにし

---

4) 松尾浩也=田宮裕『刑事訴訟法の基礎知識』（有斐閣，1966）116頁以下。
5) 平野龍一『刑事訴訟法（法律学全集）』（有斐閣，1958）180頁。
6) 平場安治『刑事訴訟法要論』（日本評論社，1969）182頁。

ておく代りに重要な事実については厳格な証明の対象と解する方が実務的にはより簡明で安定した取り扱いが可能であるし，このように扱っても実務上の障害は想像するほど大きくない，というところに存する。

第2 自由な証明の対象

1 証明の対象

およそ訴訟においてその存否が問題となる事実は，実体法上の事実であれ訴訟法上の事実であれ，またその事実が刑事訴訟手続のいかなる段階で問題とされるかを問わず，とくに証明の必要がないとされている場合（公知の事実など）を除き，すべて証拠による証明を必要とする。法317条が少なくともこの意味の証拠裁判主義を宣明していることに異論はなかろう。そして，証明を必要とする場合は，法が疎明で足りると定めている場合のほかは，常に証明の形式（厳格な証明か自由な証明か）を決しておかなければならないわけである。

ただ，右の検討を加える前に訴訟において事実の存否が通常問題となる場合を具体的に列挙して全体的に眺めてみたいと思う。自由な証明の対象やその存在意義，内容を考究するにあたっては，まずもって証明の対象を全体的に把握しておく必要性が強いと私には感じられる。従来，厳格な証明か自由な証明かということで論じられた対象は，累犯前科，情状，訴訟条件，補助事実などすべて公判手続（狭義すなわち公判期日における手続，以下同じ）で問題とされる事実が主であったため，証明に関する議論はどうしてもこれらを念頭におくことになり，したがって意識的，無意識的に，公判手続における証明を議論の対象としてきたのではないかと思えるのである。しかし，後に見るように，証明が問題となる分野は広くかつ多岐にわたっている。それだけに，公判手続における証明に適する原理をあたかも刑事訴訟手続の全分野における証明に妥当する原理であるかのように一般化することは誤りの因になりかねないというであろう。とくに，自由な証明の妥当する領域は，後に述べるように，公判期日外の手続において，決定などの基礎となる事実が主であるから，自由な証明の問題を考える際に視野を公判手続のみにむけるのは好ましくないと思われる[7]。

刑事訴訟においてその存否が問題となる事実を手続の時間的順序に従って挙げれば，まず，(1)公訴提起前（捜査）の段階においては，裁判所が捜査における強制処分に関与する際にその要件事実の存否を判断する場合が代表的である。すなわち，逮捕状など各種許可状発付の要件事実（法199条，刑事訴訟規則——以下「規則」と表示する—— 143条の3，法210条など），勾留およびこれに関連する各種処分の要件事実（法207条，60条，208条2項，81条，87条）などがこれである[8]。なお，特殊な手続として，付審判請求事件（準起訴手続）における犯罪事実の成否（法266条）なども証明の対象となる。

　次に，(2)公訴提起後第一回公判前の段階では，起訴状謄本の適法な送達（法271条），国選弁護人選任（法272条，36条，37条，規則28条）など第一回公判期日前の公判準備に関連して問題となる事実のほか，保釈に関する決定の要件事実（法89条，96条）など通常この段階で問題となることが多い各種の事実が証明の対象となる。なお，特殊なものとして，略式命令，交通事件即決裁判の基礎となる犯罪事実（法464条，交通事件即決裁判手続法12条）なども証明の対象となる。

　さらに，(3)第一回公判以後の段階で問題となる事実であるが，これは種類も数も多い。だが，大別すれば，主として公判手続で問題となる事実と主として公判手続外（公判準備）で問題となる事実に分かれる。前者は，犯罪事実，刑の加重減免の事由，情状，訴訟条件など直接判決の基礎となる事実のほか，証拠の証拠能力の要件事実はもとより公開禁止の事由（憲82条2項），訴訟指揮権，法廷警察権行使の基礎事実など判決に至るいわば付随的な各種手続（決

---

7) 自由な証明の存在意義を認めない見解（前記横山説）や自由な証明においても適法な証拠調を必要とする見解（後掲江家説）などには，かようなきらいがあるのではないかと思われる。
8) 逮捕状や勾留状の発付に関しても厳格な証明，自由な証明という観念が妥当するとすることに疑念はなくもないが，後者に関してはそう問題はないと考えられる（鴨・前掲注2)書359頁，千葉裕「自由な証明」法教〔第2期〕7号77頁参照）。
　前者すなわち逮捕状発付など強制処分許可の法的性質については問題があり，これを訴訟法上の通常の意義における裁判ではなく国家機関相互間の内部的行為にすぎない（最大決昭44.12.3刑集23巻12号1525頁，判タ241号279頁，大久保太郎・昭44最判解説(刑)435頁参照）と解すれば，刑事訴訟における証明の観念をここに持ちこむのは相当でないかも知れない。

定，命令）の基礎となる事実が含まれる。後者は，被告人，証人などの公判不出頭の正当事由（規則183条，186条），公判手続停止の原因である被告人の心神喪失の状態（法314条）などこれまたさまざまな手続上の事実である。

(4)上訴審の段階においても，実体および手続両面にわたる事実が問題となることはいうまでもない。また，上訴権回復の要件事実（362条）など上訴審特有の事実も含まれる。

最後に，(5)判決確定後の段階においてさえも，裁判所が，訴訟費用執行免除（法500条），執行猶予の取消（法349条の2），再審開始（法448条）などの決定をしあるいは非常上告（法458条）に対する判決をする際に，その基礎となる事実の存否が問題となる。

2　自由な証明の対象

さて，以上の事実を厳格な証明，自由な証明いずれの対象に振り分けるべきか。その基準に関し学説は多岐に分かれ，厳格な証明の対象を最も狭く解する説[9]（自由な証明の対象の最も広い説）はこれを罪となるべき事実に限定し，最も広く解する説[10]（自由な証明の対象の最も狭い説）は終局裁判において確定しなければならない事実および証拠能力を与えるための前提事実にまでこれを拡大しており，この両極間にいくつかの見解がある。だが，多数説[11]というべきものは，罪となるべき事実，処罰条件，違法性，責任性に関する事実（違法

---

9) 小野清一郎『犯罪構成要件の理論』（有斐閣，1953）173頁以下，449頁以下。
10) 井戸田・前掲注1) 184頁以下。
11) 団藤重光「証明の対象」『法律実務講座刑事篇(8)』（有斐閣，1969）1764頁以下，平場安治『改訂刑事訴訟法講義』（有斐閣，1954）168頁以下，平野・前掲注5) 182頁以下，高田卓爾『刑事訴訟法（現代法律学全集）』（青林書院新社，1971）187頁以下，青柳文雄『刑事訴訟法通論(下)』（立花書房，1976）243頁以下，伊達秋雄『刑事訴訟法講義』（政文堂，1960）185頁以下，柏木千秋『刑事訴訟法』（有斐閣，1970）203頁以下，渥美東洋「厳格な証明と自由な証明」日本刑法学会編『刑事訴訟法講座(2)』（有斐閣，1964）75頁以下，平場安治ほか『注解刑事訴訟法(中)』（青林書院，1974）642頁以下など。

ただし，厳密にいえば，多数説の中にも若干の相違はある。すなわち刑の加重減免の事由のうち，平場・前掲『改訂刑事訴訟法講義』は累犯前科を厳格な証明の対象から除外し（168頁），高田・前掲『刑事訴訟法（現代法律学全集）』は手続的事由によるもの（自首など）を除外し（188頁），柏木・前掲『刑事訴訟法』は犯罪後に生じたものを除外する（203頁以下）。

318

阻却，責任阻却事由），法律上の刑の加重減免の事由を厳格な証明の対象と解している。多数説は，一言でいえば，刑罰権の存否および範囲を画定する事実であるか否かを厳格な証明と自由な証明の対象を区分する基準と解するわけであって，これによれば，自由な証明の対象は，主として，単に量刑の資料となる事実（情状事実）および訴訟法上の事実ということになろう。

右の多数説は，法317条の趣旨およびそこにいう「事実」の解釈については，おおむね小野博士の見解を基礎としながら[12]，厳格な証明の対象をこれよりもゆるやかに解する立場ということができよう。そこには，法317条に関する文理解釈と別の，いわば目的論的ないし機能的解釈が入りこんでいるといわざるを得ない。というのは，もし厳格な証明の対象が，法317条の沿革や法335条などの他の法条との統一的理解によっておのずと決まるものであるとすれば，罪となるべき事実のみが厳格な証明の対象だとする前記小野説かあるいはせいぜいこれに処罰条件を加えた事実を厳格な証明の対象と解する説[13]の方が論理的に一貫していると思われるにもかかわらず，多数説の大勢は，前述のとおり，累犯前科や自首など罪となるべき事実に属するとは到底いいがたい刑罰権の範囲を画するだけの事実をも厳格な証明の対象と解しているからである。

厳格な証明と自由な証明の対象を分ける基準は，法317条の規定から直接導き出されるものではなくて，実は別個な観点を考慮することにより導き出されるものと考える。法317条が厳格な証明と自由な証明の区別を定めた実定法上の根拠であるとしても，そこからは，せいぜい犯罪事実は厳格な証明を要するということしかいえないのであって，その余の事実の証明形式いかんは解釈問題として残るわけである。

考慮すべき観点は，抽象的にいえば，「刑事裁判の本質，当事者主義ことに被告人保護の要請」，「刑事裁判の公正と保障機能の保持」などと説明すること

---

12) たとえば，多数説の代表的な学説である団藤・前掲注11) は，法317条の「事実」と法335条の「罪となるべき事実」を統一的に理解しなければならないという小野博士の見解を基本的には支持し，また構成要件該当事実だけが厳格な証明の対象だという同博士の考え方に基本的には従う，と述べている（1762頁以下）。
13) 斉藤金作『刑事訴訟法(上)』（巌松堂書店，1960）168頁以下。

ができるであろうし[14]、いま少し具体的にいえば、証明の対象となる事実の刑事訴訟における重要性、類型性、あるいは証明の難易などである[15]。

多数説は、まさに「刑罰権の存否および範囲」に関する事実こそが、刑事訴訟において重要でありかつ類型性を持つという認識に支えられているわけである。証明対象の類型性あるいは証明の難易を証明形式区分の基準の要素とすることはやや問題であるが（後述）、証明対象の刑事訴訟における重要性がこれにあたることに異論はないと思える。重要な事実は厳格な証明によって慎重に認定し、比較的重要性の低い事実はこれよりゆるやかな証明で足りると考えるのは、この二つの証明形式の配分にあたり、きわめて合目的的である。

問題は何をもって訴訟における重要な事実とし、何をもって比較的重要性が低いとするかにある。この点につき、一つの基準は犯罪事実とそれ以外の事実とに重要性に差異があるとする考え方である。前記小野説の根底にもこのような思考がひそんでいると思われる[16]。二つ目の基準は、刑事訴訟において問題となる事実を実体法上の事実と訴訟法上の事実に分け、前者をより重要な事実とする考え方である。この見解は、厳格な証明、自由な証明の観念を提唱したディッツェンやこれを支持したベーリングに見られるところであるし、現在のドイツの通説だといわれている[17]。また、我が国においても、旧刑事訴訟法当時最も広く行われた見解であったし[18]、今日でも相当有力な見解である[19]。

我が国の現在の多数説は、右の第一の基準から出発しながらこれを離れ、第二の基準との間に位置するものともいえる。

---

14) 団藤・前掲注11) 1764頁、高田・前掲注11) 187頁、渥美・前掲注11) 76頁。
15) 平場・前掲注11)『改訂刑事訴訟法講義』168頁、同・前掲注6) 181頁、村崎精一「厳格な証明と自由な証明」判例時報編集部編『刑事訴訟法基本問題46講』(一粒社, 1965) 265頁。
16) 小野・前掲注9) 449頁以下。
17) ドイツでは、罪責問題および刑罰問題が厳格な証明の対象とされている（松尾＝田宮・前掲注4) 114頁、内田一郎「厳格な証明の対象」佐伯千仞博士還暦祝賀『犯罪と刑罰(下)』〔有斐閣, 1968〕297頁以下、松岡正章『量刑手続法序説』〔成文堂, 1975〕77頁以下）。
18) たとえば、林頼三郎『刑事訴訟法要義各則(上)』(中央大学, 1924) 214頁。
19) 岸盛一『刑事訴訟法要義』(広文堂書店, 1961) 160頁以下、松岡・前掲注17) 92頁、千葉・前掲注8) 79頁。

いずれにしても，これらの基準は証明の対象となる事実本来の性質に着目したものである。しかし，同じ犯罪事実であっても，勾留の要件としての犯罪事実や略式命令などにおける犯罪事実が，通常の判決の基礎としての犯罪事実と同じ証明形式で証明されなければならないとすることは，不可能であるし不合理でもある[20]。このことは，証明の対象となる事実本来の性質よりも，その事実の証明がなされる手続の構造やその事実の機能，役割からくる重要性によって，厳格な証明の対象と自由な証明の対象を区分することができることを示唆せしめる。そこでこの観点から，判決の基礎となる事実とそれ以外の事実の区分を厳格な証明と自由な証明の対象の区分とすることを考えてみるのはどうであろうか。

ここに，判決の基礎となる事実とは判決主文を導き出す際に認定しなければならない事実を意味し，それ以外の事実とは決定，命令の基礎となる事実および特殊な裁判（略式命令，交通事件即決裁判）の基礎となる事実のほか裁判の基礎となる事実ではないがなお認定を要する手続上の事実（被告人の本籍，生年月日など）を意味するものである（これは，実際のところ，決定，命令の基礎となる事実が主であるため，以下では，「決定，命令の基礎となる事実」ということがある）。

このように考える理由は以下のとおりである。

第一に，厳格な証明が適当であるというためには，それが可能な手続の構造が前提として必要である。換言すれば，ある事実の証明をとりまく「場」が厳格な証明に適さないときには，その事実は自由な証明の対象と解さざるを得ないわけである。

厳格な証明の内容の一つである「適法な証拠調」を考えてみると，これ定めた条文（法304条ないし307条）の位置からも，その具体的な方法からも，公判手続における証明に妥当する。公判手続は公判期日に公開の法廷において当事者立会の下に行われるものであり，この手続においてこそ，適法な証拠調ということが意味を持つことになる。証拠能力の制限たとえば伝聞排斥の法理

---

[20] これらの場合，犯罪事実といえども自由な証明で足りると解されている（団藤・前掲注11) 1765頁，鴨・前掲注2) 359頁。ただし，勾留等につき平場・前掲注11) 189頁は反対か）。

(反対尋問権の保障）を考えてみても，公判手続における証明にふさわしい。結局のところ，厳格な証明は公判手続における証明という前提を必要としあるいはそういう「場」を必要とするということができる。ところで，判決は原則として口頭弁論に基づくことを要するから（法43条1項），その基礎となる事実は公判手続で証明されることになる。したがって，かかる事実については，厳格な証明が可能なのである。これに反し，決定，命令は原則として口頭弁論に基づくことを要しないから（同条2項），これらの基礎となる事実については，原則として公判手続外で証明されることになり，厳格な証明に適する「場」がないので，自由な証明の対象とならざるを得ない。決定，命令などにおける事実認定は，「正に自由な証明が許される領域である[21]」。略式命令や交通事件即決裁判は，特殊な裁判形式であるが，決定の性質を有するものと考えられる[22]。したがって，たとえ証明の対象が犯罪事実の存否そのものであっても，犯罪事実が判決の基礎となるのではなく，これらの特殊な裁判の基礎または決定，命令の基礎となるにすぎない場合（たとえば，付審判決定や勾留の要件事実），その証明形式は自由な証明で足りることは容易に説明できるのである。

　第二に，ある事実が判決の基礎となるか，決定，命令の基礎となるかは，これらの裁判の重要性の差異に対応して，その事実の刑事訴訟における機能ないし役割の重要性の差異に照応すると解してよいと考えられる。

　裁判形式として判決は決定，命令よりも重要であることはいうまでもない。判決は常に終局裁判であり，終局裁判の原則的な形式は判決である。これに比し，決定，命令は終局前の裁判の原則的な形式である。このことから，判決には拘束力が発生し，判決を宣告した裁判所は自ら取消，変更をすることはできないが，決定，命令の中には取消，変更の可能なものもある。これらの性質の差異の故に，判決は，判事補が一人ですることができないし，原則として口頭弁論に基づくことを要し，常に理由を付さなければならない（法44条1項）な

---

21) 千葉・前掲注8) 77頁以下。なお，民事訴訟法における自由な証明についても同様な主張がある（野田宏「自由な証明」鈴木忠一＝三ケ月章編『実務民事訴訟講座(1)』〔日本評論社，1969〕293頁以下）。
22) 小野清一郎ほか『刑事訴訟法（ポケット註釈全書）』（有斐閣，1966) 78頁，平場安治ほか『注解刑事訴訟法(上)』（青林書院，1977) 138頁など。

ど慎重な方式が定められているのに比し，判決以外の裁判は判事補も一人でこれをすることができるし（法45条），口頭弁論に基づくことを要しないほか上訴を許さない決定，命令については理由を付する必要すらない（法44条2項）とされているのである。このような，認定主体，認定方法，認定理由の表示の差異を証明形式の差異にまで連ねることはむしろ自然である。すなわち，判決の重要性にかんがみ，その基礎となる事実は厳格な証明で，決定，命令の基礎となる事実は自由な証明で，という区分である。

　第三に，各種の手続法を眺めてみると，証明の形式として，「証拠調」に対比し，「事実の取調」（後掲），「事実の調査」（家事審判規則7条，民事調停規則12条）とか「事実の探知」（非訟事件手続法11条）などの用語の存在を知る。これらは刑事訴訟法ないし民事訴訟法の定める証明形式よりも規制のゆるやかな証明形式を予想していることは明らかである。刑事訴訟法上の「事実の取調」についていえば，この方法にはなんらの制限がなく，証拠能力がありかつ証拠調手続により取り調べる必要はないと解されている[23]。交通事件即決裁判におけるように，「参考人の陳述を聴」くことも可能なのである（交通事件即決裁判手続法10条3項）。「事実の取調」がかようなものであれば，「事実の取調」は自由な証明の実定法上の表現であると解することができよう。換言すれば，ある事実の認定のため「事実の取調」ができる旨の規定がある場合これらの事実の証明は自由な証明で足りることを定めたものと解して差し支えないのではないか[24]。

　刑事訴訟法において「事実の取調」が認められているのは，前に掲げた交通事件即決裁判のほか広く決定，命令をするにつき必要がある場合（法43条3項，なお法265条2項，445条参照）と裁判所が事後的に刑事事件の審査をするにつき必要がある場合（393条1項，445条，460条2項）などである。これらの場合判断の基礎となる事実について自由な証明が許されるのである。

---

[23] 小野ほか・前掲注22) 78頁，青柳文雄ほか『註釈刑事訴訟法(1)』（立花書房，1976) 177頁，瀧川幸辰ほか『刑事訴訟法（法律学大系コンメンタール篇(10)）』（日本評論社，1950) 78頁，東京高決昭27.7.17高刑5巻7号1163頁，判タ23号54頁など。
[24] 平場・前掲注11) は，「事実の取調」は自由な証明の範ちゅうに入るべきもの，とする (165頁)。

以上の理論を前述した訴訟の各段階における事実の認定について具体的に適用してみると，公訴提起前，第一回公判前，判決確定後の各段階で問題となる事実は，公開の法廷において当事者立会いの下で審理をするという証明構造を有しないのが原則であるから[25]，厳格な証明に適する「場」がないわけで，自由な証明によらざるを得ないと解される。第一回公判以後の段階で問題となる事実のうち公判手続外で問題となる事実も同様である。

　公判手続でなされる付随的な各種手続（決定，命令）および口頭弁論に基づいてした決定，命令（法349条の２など）の基礎となる事実については，厳格な証明に適する「場」がないとはいえないが，これら事実の果す役割の重要性の観点からいって，厳格な証明の対象と解する必要性にとぼしいといわなければならない。

　次に，判決の基礎となる事実であっても，上訴審の判決のそれは，例外的に別個に考えなければならない。上訴審における証明は「事実の取調」として自由な証明をうかがわせる規定がおかれていることは前述のとおりであるし，実質的に考えてみても，まず，上告審では，口頭弁論を経ないで判決をすることすらできるし（法408条，416条），事後審であることはもとより法律審であって第一審の訴訟構造と大いに異なるのであるから，厳格な証明は適さないと考えられる[26]。控訴審における証明については議論があり[27]，本稿では深く検討する余裕はないが，控訴審も事後審として一審判決を批判するという構造にあるから，理論上は自由な証明で足りると解されるのではないか。ただし，一審判決を破棄自判する場合，自判判決の基礎となる事実については，第一審と同様の機能を果すわけであるから，第一審において厳格な証明を要するとされ

---

25) 交通事件即決裁判手続は，公開の法廷で行われるが，検察官，弁護人の出頭は必要的ではない（同法8条，9条参照）。
26) 千葉・前掲注8) 78頁参照。なお，上告審における事実の取調の実情については船田・後掲注61) 参照。
27) 控訴理由ないしは原判決破棄事由の存否の判断過程における証明につき，自由な証明で足りるとする見解（鴨・前掲注2) 47頁，青柳・前掲注11) 567頁など）とやはり厳格な証明を要するとする見解（中野次雄「控訴審における事実の取調」団藤重光編『法律実務講座刑事篇⑽』〔有斐閣，1956〕2453頁以下，平場安治ほか『注解刑事訴訟法(下)』〔青林書院，1977〕151頁以下，千葉・前掲注8) 78頁など）が対立している。

ている事実である限り，同様に解すべきであろう。

　結局のところ，必要的口頭弁論を前提とする判決手続以外の手続においては，厳格な証明を採用する余地はなく，広く自由な証明が許され，厳格な証明の対象は，上訴審における証明を別論とすれば，公判手続で問題となる事実のうち「判決の基礎となる事実」に限られると解するわけであって，具体的には，罪となるべき事実，処罰条件，違法性，責任性に関する事実（違法阻却，責任阻却事由），刑の加重減免の事由のほか単に量刑の資料となる事実（情状事実）はもとより証拠の証明力に関する事実，訴訟条件もこれに含まれ，さらに，確定判決の存在，代罰規定，両罰規定の要件事実，没収，追徴の要件事実などもこれにあたることになる。

　従来の学説は，決定，命令の基礎となる事実は自由な証明で足りることを暗に前提とし，さらに判決の基礎となる前記の諸事実を厳格な証明の対象となるものと自由な証明で足りるものに区分してきたわけであるから，これらに比べれば，私見は厳格な証明の対象を相当広く解する立場（自由な証明の対象を狭く解する立場）に属するということができよう。そこで，前記の多数説と結論を異にする部分を中心にいま少し個別的に検討してみたい。

(1) 情　状

　単に量刑の資料となる事実については自由な証明で足りるとするのが我が国の多数説であることは前に述べた。しかし，学者，実務家双方から，これについても厳格な証明を必要とする旨の見解が有力に主張されてきている[28]。これらの諸論稿には具体的な論点があまねく取り上げられ，すでに詳細に検討されているので，ここでは二，三付加的に述べるにとどめたい。なお，情状の証明については，判例の動向[29]と別に，実務上は厳格な証明で処理している扱いも多いと思われ[30]，このこと自体が厳格な証明を必要とする説の妥当性を

---

28) 前掲注19) 掲記の文献のほか井戸田・前掲注1) 184頁以下。
29) 判例は，いずれも古いものであるが，多数説の見解に沿っているといえよう（最二小判昭24.2.22刑集3巻2号221頁など）。
30) 刑資51号82頁以下，伊達・前掲注11) 211頁，刑事裁判実務研究会編『集中審理』（判例タイムズ社，1964）125頁以下，熊谷弘「量刑の事情」熊谷弘ほか編『証拠法大系Ⅰ』（日本評論社，1970）32頁以下，藤木英雄ほか『刑事訴訟法入門』（有斐閣，1976）211頁など参照。

推認せしめているようにも感じられるのである。

　多数説は，情状は自由な証明で足りることの根拠をいくつか挙げているが，基本的な根拠は，情状に関する事実は複雑多岐で非類型的であること（非類型性）に求めているものと思われる。この点をどう考えるべきであろうか。第一に，認定を要する情状に関する事実のうち犯罪事実と独立したものは，実務的な感覚からすると，いわれるほど複雑多岐ではなくて，犯罪ごとにかなり類型化しうるもの——もとより単一ではないが——と考えられるのである。とくに量刑に大きな影響を与える事実はそれほど多岐ではない。第二に，この点はさておいても，非類型的事実は，類型的事実に比べて，重要性に差異があるといえるであろうか。後者が常に法的に重要な事実とはいえまい[31]。仮に，そういえても，それは常に質的な差異とまではいえないであろう。我が国のようにもともと法定刑の幅が広くかつその下限に宣告刑が集中する傾向がある量刑にあたっては，刑罰権の範囲を定める事実は，実質的には，情状に近似した作用しか果さないことが多いのである。第三に，非類型的事実は厳格な証明に親しまないとする多数説の根拠は，私見によれば，多数説の基本的な思考ないし出発点に関係していると思われる。多数説は，前述のとおり，法317条の「事実」の解釈に関しては，おおむね小野博士の見解を基礎として出発している。それ故，厳格な証明の対象を罪となるべき事実のみに限定しないで目的論的ないし機能的に拡大したといっても，そこにおのずから限界があり，せいぜいそれは罪となるべき事実に準ずるようなもの，したがって類型的，定型的な事実にしか及ばないのである。しかし，このように考えなければならないかどうかは，大いに疑問をさしはさむ余地があろう。

　次に，多数説から，量刑にあたってはさまざまな要素が考慮されなければならず，厳格な証明を要求すると量刑に必要な資料が十分得られないおそれがあること（立証の困難性）が指摘されている。しかし，この点も説得力があるとは思えない。なぜなら，情状の証明に関する前記実務の取り扱いの大勢は，これを厳格な証明で行うことが量刑資料収集の障害となるものではないことをうかがわせるし，実際にも，情状に関する事実の存否が当事者間で争われて，書

31）横山・前掲注2) 169頁以下，松岡・前掲注17) 86頁以下。

面を証拠とすることに同意（法326条）しない場合であっても，これを証拠化することはそれほど困難ではない。たとえば，前科の証明は，前科調書を法323条1号に該当する書面として証拠とすることにより容易になしうるし，示談，弁償関係であれば，関係者の証人尋問，被告人質問により証明することに困難はないのが通常である。

以上述べたことは，もとより量刑そのものが容易であることを意味しない。というのは，量刑そのものは基礎事実の認定と別に評価の面が強い。たとえば同種事案との刑の均衡（いわゆる「量刑相場」）などという要素は刑を決める上で大きな影響を及ぼすが，これは裁判官の頭の中にあって証明に親しみにくいものである。そして，評価の面では，このほかに複雑多岐な考慮が払われることになる。その意味で，量刑そのものは，厳格な証明にせよ自由な証明にせよ，およそ証明に親しまない面がある。多数説の，情状は厳格な証明に親しまないとする認識は，量刑そのものにひそむこのような面の指摘としてなら正当であろうと思う[32]。

私見は，前記のとおり，情状についても厳格な証明を要するとする見解にくみすることになるが，これは，判決前調査の導入など量刑制度の改革（社会化）の是非やそこにおける量刑資料の取り扱いとは一応別個の議論であることをお断りしておきたい[33]。

(2) 訴訟法上の事実

訴訟法上の事実は，ほとんどが判決の基礎となる事実ではないから，私見によっても，おおむね自由な証明で足りることになる。訴訟法上の事実で判決の基礎となる事実としては訴訟条件を挙げうる程度である。そこで，訴訟条件について検討を加えた後，補助事実（証拠の証明力に関する事実および証拠能力の基礎となる事実）について付言しておきたい。

多数説によれば訴訟条件に関する事実の証明は自由な証明で足りるが，その

---

[32] 千葉・前掲注8) 76頁は，多数説の挙げる理由は量刑そのものと量刑に関する事実認定とを混同している傾きがある，とする。
[33] したがって，英米における量刑資料の取り扱い（いわば自由な証明）は，我が国の現在の制度を前提とした解釈論の直接の参考とはならないと思われる（松岡・前掲注17) 90頁参照）。

根拠として，これらの事実は，訴訟法上の事実であって実体法上の事実に比べて重要性が低いことおよび裁判所の職権調査事項に属し証明方法について制約を加えることなく訴訟手続の主宰者である裁判所の裁量に委ねるのが妥当であることなどが挙げられている。

　しかし，訴訟法上の事実であるといっても，訴訟条件の存否は，実体法上の事実と比べて重要性が低いとはいい切れないところがある。たとえば，親告罪の告訴の有無と処罰条件との間に，重要性において，どれほどの差異があろうか。訴訟条件は，裁判所からいえば実体審判をするための条件であるが，被告人側からいえば，その欠缺は，すべてが最終的でないにしても，処罰されないことを意味し，刑事訴訟において特別に重要な意味を有する事実である。有罪判決の要件だという限りでは，訴訟条件と処罰条件は等質である[34]。

　さらに，訴訟条件の存否は裁判所の職権調査事項であることも，自由な証明の根拠としては不十分である。職権調査事項であるか否かということと証明の形式とは――無関係ではないが――論理的には別の次元に属する事柄である[35]。

　訴訟条件に関する事実も厳格な証明を要すると解すべきである。ただし，このうちでも法339条に掲げられた事実の存否（起訴状謄本の送達，被告人の死亡など）は，例外的に，自由な証明で足りると解される。けだし，これらの事実は明白なものであり，かつこれらの訴訟条件の欠缺は公訴棄却の決定で終止符が打たれる。すなわち決定の基礎となる事実の一面を持つからである。

　次に，補助事実のうち証拠の証明力に関する事実は，主要事実を直接左右するものであるから，その主要事実が厳格な証明の対象であれば，これらの事実も厳格な証明を要すると解すべきであろう。たとえば，判決において犯罪事実を認定する際には，認定に用いる証拠の証明力に対する判断が常に随伴しているのである。その意味で，犯罪事実についての証拠の証明力に関する事実は，これを訴訟法上の事実と理解する[36]のは疑問であって，私見の表現によれば，むしろ判決の基礎となる事実と理解すべきものと思う。なお，前記の多数説の

---

34) 田宮裕『刑事訴訟法Ⅰ』（有斐閣，1975）613頁，横山・前掲注2）173頁。
35) 野田・前掲注21）292頁以下参照。
36) 団藤・前掲注11）1778頁以下。

中でもこれを厳格な証明を要する事実と解する説も少なくない[37]。このように解すると，法328条との関係が問題となるが，同条は非伝聞たる自己矛盾の供述により証明力を争う場合の注意規定であると解される。

補助事実のうち証拠能力の基礎となる事実（自白の任意性など）は，間接的には犯罪事実の認定と関係はあるが，一応別個の事実であり，直接には証拠決定ないし証拠排除決定（規則207条）の基礎となる事実にすぎないから，自由な証明で足りる。この点は多数説の結論と同じである。

自白の任意性については，特別に厳格な証明が必要だとする見解も有力であるが[38]，理論的には同列に解して差し支えないと思う[39]。もっとも，実務で行われているように，任意性が具体的に争われた場合，証人尋問など厳格な証明が用いられてもよいことは当然である。

ただし，捜査機関が作成した検証調書，鑑定書などの証拠能力の基礎事実である「作成の真正」については，明文（法321条3項，4項）によって，公判期日における作成者の証人尋問を要する旨定められているので，例外的に，厳格な証明を要すると解さざるを得ない[40]。

第3　自由な証明の意義

自由な証明の対象となる事実は一応明らかになったとして，次に，自由な証明における証明手続の具体的内容（どのような資料でも用いることができるか，採証の手続はどうかなど）を検討しなければならない。

厳格な証明の意義，内容が一義的であるのに比し，自由な証明のそれはしかく明らかでないことは，前に一言したとおりである。とくに，厳格な証明の対象をあまりに拡大せず，したがって自由な証明の対象として訴訟上相当重要な

---

[37] 平野・前掲注5) 183頁, 渥美・前掲注11) 86頁, 石川才顕『刑事訴訟法講義』（日本評論社, 1974) 235頁など。
[38] 江家義男『刑事証拠法の基礎理論』（有斐閣, 1955) 9頁, 鴨・前掲注2) 50頁（ただし, 任意性に争いがある場合）。
[39] 判例も自由な証明で足りるとする趣旨のようである（最二小判昭28.10.9刑集7巻10号1904頁, 判タ35号46頁）。ちなみに, 英米においても, 証拠の許容性に関する事実については陪審証拠法則に拘束されない（アメリカ合衆国連邦証拠規則1条の4参照）。
[40] 鴨・前掲注2) 50頁。

事実（たとえば情状）を含める学説は，自由な証明にはニュアンスがあり，具体的な証明手続の内容は対象となる事実ごとに論定されるべきであると説くものが多い[41]。この立場からすると，自由な証明は，結局のところ，自由な諸証明の総称であるから，その具体的内容を一義的に定めることは困難にならざるを得ない。そこで，たとえば，情状については，自由な証明で足りるが適法な証拠調は必要であるとか[42]，公判廷への顕出は必要であるとか[43]のごとく個々具体的に自由な証明の内容が決定されることになる。もっとも，このような立場によっても，自由な証明一般に通じる最低限の保障ないし自由性の限界という問題はいぜんとして残されており，この点の検討は必要となってくるであろう。

一方，私見のように，厳格な証明の対象を拡大し，自由な証明の対象としてそれほど重要な事実を含めない立場によれば，自由な証明にそれほどニュアンスを認める必要はないし，いわんや厳格な証明に近い内容を持った自由な証明の種類を定立する必要もない。自由な証明一般としてある程度一義的な内容を論定することは可能である。とはいっても，それはまさに「自由な」証明であって，証拠法規から解放されたものであるから，その具体的内容を積極的に定義づけることはむつかしい。訴訟上の証明である限り，おのずからなんらかの限界があるのではないかという観点からの検討が主にならざるを得ないわけである。

以下，右の検討は，厳格な証明の意義，内容とパラレルに，証拠資料の資格と証拠資料を裁判官が感得する際の手続（採証手続）の両面に分けて行うことにしたい。

1　証拠資料

自由な証明においては，刑事訴訟法の定める証拠能力の制限はない。したが

---

41) 団藤・前掲注11) 1759頁，同『新刑事訴訟法綱要』（創文社，1967) 228頁，渥美・前掲注11) 84頁，平場ほか・前掲注11) 641頁。なお，高田・前掲注11) 186頁も同旨であろう。
42) 団藤・前掲注41) 231頁。
43) 高田・前掲注11) 186頁。

って，伝聞証拠，意見証拠など本来であれば証拠能力のない証拠を自由な証明の対象となる事実の認定に用いても差し支えない。伝聞証拠とりわけ書面を用いることができる点が，厳格な証明に比して自由な証明の自由性（簡易性）の実際上の核心であり，二つの証明形式の実際上の最も重要な差異である，といえよう。伝聞証拠の危険性は，一般的，抽象的なものであり，伝聞証拠を事実認定に用いたからといって直ちに安易な判断がなされるというわけのものでもない[44]。

　ところで，同じ証拠能力のない証拠であっても，任意性のない自白を自由な証明において用いることができるかはいささか問題である。

　任意性のない自白の証拠能力が否定される理由については，周知のとおり，種々の理解があるが，今日では証拠禁止の観点すなわち自白を得る過程に強制，拷問等基本的人権の侵害があったから政策的にこれらに基づく自白に証拠としての資格を与えないという点を無視する見解は少ないと思われる。右政策の根拠（違法行為の防圧，適正な手続の保持など）を貫く限り，任意性のない自白は自由な証明においても証拠となしえないと解すべきであろうか[45]。

　自白が自由な証明において用いられる場合というのは，犯罪事実を自由な証明で認定してよい場合（簡易公判手続[46]，略式命令，勾留の要件など）に実際上限られるであろうから，このような場合に任意性のない自白を証拠資料として犯罪事実を認定することが妥当であるかを検討すれば足りるであろう。まず，簡易公判手続や略式命令においては，伝聞証拠が用いられることは明文により認められているのに（法320条2項，規則289条），法319条を排除する規定がおかれていないことは，これらの場合でも任意性のない自白によって犯罪事実を認定することを法は予期していないところであると考えられる。さらに，任

---

44) 横山教授は，伝聞証拠など「証拠能力から自由」な証拠によって，裁判官が証明の程度の心証を得ることは規範的に不可能であるとされ，これを厳格な証明と自由な証明の区別を否定する一つの根拠とされるが（同・前掲注2）182頁以下），賛成しがたい。
45) 青柳・前掲注11）271頁，柏木・前掲注11）203頁は，任意性のない自白は，自由な証明においても用いることができないとする。
46) 判決の基礎となる事実の証明であっても，簡易公判手続においては，厳格な証明が緩和されている（法320条2項，307条の2）。したがって，この証明も自由な証明の一種であるが，やや特殊なものである。

意性のない自白は証明力を争う証拠（法328条）としても用いることはできないと解される[47]趣旨すなわちこの種の自白の証拠能力の制限は絶対的であることをも勘案すると，こと犯罪事実の認定に関連しては，用い方のいかんを問わず，証拠となしえないと解すべきであろう。

　任意性のない自白以外の違法収集証拠を自由な証明において用いることはどうであろうか。このような場合は実際上あまり考えられないので，観念的な議論にすぎないが，理論上は同様に解すべきであろう。ただ，証拠排除すべき違法の程度を判断するときに，厳格な証明と自由な証明とでは差異を設け，自由な証明の場合はこれを比較的高度に考えることは考慮されてよいのではなかろうか。なぜなら，証拠禁止の政策の貫徹といっても，証明の対象となる事実の訴訟における重要性の差異に応じて強弱を認めることは不合理ではないと思えるからである。

　次に，自由な証明において，証人，被告人の態度，傍聴人の状況などいわゆる態度証拠を資料として用いることができるかも一応検討に値する。これら態度証拠は，厳格な証明においても用いられることがあるが，自由な証明においては，たとえば検面調書の「特信性」（法321条1項2号）の存否や被告人，傍聴人の退廷の可否（法304条の2，規則202条）などを判断するために，これら法廷内の諸状況を判断の基礎とする必要がとりわけ多い。

　これらのものの状態が本来証拠になりえない性質とは解せられない。被告人の容貌体格を証拠資料とした場合に議論されたように，物証の一種として，検証の客体と解することができよう[48]。ただ，一応検討すべきは，裁判所がこれらを判断の基礎としたか否かが手続的に明らかでない点とこれらの証拠は訴訟記録にとどめえないため上訴との関係で当事者がこの点を指摘できず（法379条参照），上訴審もまたこの点の事後審査ができないことにある。

　まず，前者の点については，厳格な証明では大いに問題であるが[49]，自由

---

47) 東京高判昭26.7.27高刑4巻13号1715頁，平場安治「自白の任意性」小野清一郎ほか編『総合判例研究叢書刑事訴訟法(1)』（有斐閣，1957）71頁以下，平場ほか・前掲注11) 670頁，高田卓爾『刑事訴訟法Ⅱ（判例コンメンタール）』（三省堂，1976）413頁，光藤景皎「任意性のない供述調書と328条」熊谷弘ほか編『証拠法大系Ⅲ』（日本評論社，1970）386頁以下。
48) 最二小決昭28.7.8刑集7巻7号1462頁，判タ33号50頁。

な証明ではそう問題はないと思われる。けだし，自由な証明では，手続的な制約はないし，これらの証拠は公判廷に現われたものであって，当事者においても感得したかまたは感得しえたものであり，あらためて証拠決定等をしなくても，裁判所がこれらを判断の基礎とすることを考慮してその証明力を争う機会は存するといえるからである。

　後者の点については，これらの証拠の性質上やむを得ない例外事象と考えざるを得ない。もともと公判廷内における検証については，厳格な証明の手続の場合でさえも，検証内容を記載した調書（検証調書）を作成する必要はないと解されている[50]ぐらいであるから，自由な証明においては，公判調書その他の訴訟記録にこれらの証拠がとどめられていないことをとがめることはできないと考える。

　次に，裁判官の既存の知識を自由な証明における証拠資料として用いることができるかを検討してみたい。証拠の資格や採証手続が法定されている厳格な証明と異なり，自由な証明においては，この点かなり微妙なものがある。

　第一に，裁判官が私的に入手した知識（私知）を証拠資料として用いることは，自由な証明といえども許されないであろう[51]。これを認めると，裁判所の判断の根拠がいかにして得られたかが，その資料の内容および収集方法とともに明らかでないからである。それは，裁判の根本理念である公正に反するであろうし，証拠裁判主義の根本原則にも反することになる。自由な証明における証拠資料といえども，当事者が感得しえたもの，という最低限の保障は必要である。

　したがって，裁判官が，自由な証明の名の下に，訴訟手続外で自由に証拠収

---

49) 前注の判例の場合，本来厳格な証明を要する被告人と犯人との同一性の証拠として，特段の証拠手続を履践することなく，被告人の容貌体格を用いたので問題があり，この判例に対し批判的な見解も強い（足立進「押収捜索及び検証」団藤重光ほか編『法律実務講座刑事編(2)』〔有斐閣，1953〕341頁以下，加藤一芳「被告人の容貌体格の取調」熊谷弘ほか編『証拠法大系Ⅳ』〔日本評論社，1970〕79頁，平場ほか・前掲注22）380頁，平野・前掲注5）256頁など）。
50) 規則41条と44条1項24号の対比による（鴨・前掲注2）314頁，高田卓爾『刑事訴訟法Ⅰ（判例コンメンタール）』〔三省堂，1976〕372頁参照）。
51) 青柳・前掲注11）245頁以下。

集の活動をなしうるわけではない[52]。公判期日外の裁判官の証拠収集活動が訴訟手続外であるすなわち私的なものであるか，訴訟手続内であるかは，微妙であるが，おのずから区別は存する。たとえば，裁判官は，時として，その事件の理解のためではあるが，検証手続によらずして，個人的に，犯罪現場などを実地に見ておきたいという気持にかられることがある。このような活動は，厳格な証明の場合であればもとより許されないが，自由な証明であっても許されないというべきであろう[53]。けだし，それは，純然たる私的な活動といえぬにしても，公人としての裁判官の公的な活動からはみ出たものすなわち訴訟手続外の活動によって知識を得ようとする行為にほかならないからである。自由な証明も訴訟手続内の証明であることはいうまでもないのであって，証拠法規からの解放は訴訟からの解放を意味しない。

　第二に，裁判官が職務上知りえた知識はどうか。裁判官が職務上知りえた事実（裁判上顕著な事実）については，およそ証明を必要としないと解せば，問題は生じない。この解釈は，裁判官の職務上の知誠で事実を認定することを許したことになるからである。民事訴訟においては，この解釈が許されており（民事訴訟法257条），刑事訴訟においては，判例は同様の解釈のようであるが[54]，学説ではむしろ逆に証明を必要とするのが通説である。

　裁判官が職務上知りえた知識には二種類ある。一つは当該訴訟において得た知識であり，他は当該訴訟以外の職務（たとえば別訴）において得た知識である。このうち，後者は，自由な証明においても，証拠資料として用いることができないと解すべきであろうが，前者は，自由な証明においては，証拠資料として用いることができると解する余地はないだろうか。両者には，当事者が感得しえたものか否かに差異があるからである。当該訴訟内のできごとは，公判調書などに訴訟資料として残されているのが常態である。この場合は問題はない。公判調書そのものが，自由な証明における証拠資料となるからである。ところが，訴訟資料に残されていない訴訟内のできごとが後に問題となることも

---

52) 野田・前掲注21) 296頁，岩松三郎＝兼子一編『法律実務講座民事訴訟編(4)』（有斐閣，1961) 6頁。
53) 青柳・前掲注11) 252頁，鴨・前掲注2) 307頁。
54) 最三小判昭30.9.13刑集9巻10号2059頁など。

ある（訴訟指揮に関する異議申立などに例が多い）。この場合，裁判官はそのできごとを認識して職務上の知識として保有しているのであり，当事者もこれを感得したか感得しえたものである。しかも，この知識によって証明せんとする事実は，厳格な証明の対象ほど重要性はない事実である。そうすれば，かかる場合にも他の証拠が必要だと解する合理性にとぼしいと考えられる。

　以上を要するに，自由な証明において用いることができる証拠資料は，任意性のない自白などごく例外を別とすれば，証拠能力の制限はないわけであるが，裁判官の私知や当該訴訟外の職務上知りえた知識など当事者が感得しえないものは除かれることになる。これが，自由な証明の証拠資料面における最低限の保障ないし自由性の限界であると考える[55]。

2　採証手続

　自由な証明において裁判官が証拠の内容を感得する際の手続（採証手続）はいかにあるべきかについては，周知のとおり，以前から議論のあったところである。すなわち，自由な証明といえども適法な証拠調は必要ではないかという見解（適法証拠調説と仮称）が早くから公にされていた[56]。その理由として，新刑事訴訟法の下では法律上の証拠能力から解放されるという意味での自由な証明が多分に実際的意義を有すること，当事者主義を強化した新刑事訴訟法の下では当事者の面前に顕出されない証拠によって事実を認定することは許されないことなどが挙げられていた。この主張は，右の理由にてらし，相当の説得力を持つかに見えるが，実は，主として公判手続における証明についてしか通用しない議論であって，自由な証明一般に適法な証拠調を求めることは不可能ないし不相当である点に限界があった。適法な証拠調を行うためにはそれが可

---

[55] 自由な証明における証拠資料の限界につき，平場教授は当事者において感覚した（または少なくとも感覚しえた）ものに限定され（同・前掲注11）164頁），青柳教授は争いえる状態にあった証拠に限定され（同・前掲注11）245頁以下），柏木教授は被告人の全く関知しない証拠を用いることは妥当でないとされる（同・前掲注11）202頁以下）。
[56] 江家・前掲注38）3頁以下，同「厳格な証明と自由な証明」日本刑法学会編『刑事法講座(6)』（有斐閣，1953）1137頁，田中和夫『新版証拠法』（有斐閣，1959）27頁（ただし，判決手続における事実認定に限る）。なお，最近では，岡部泰昌「証拠裁判主義」鴨良弼編『刑事訴訟法（法学演習講座)』（法学書院，1971）330頁。

能な証明構造を有することが前提となることは前に述べたとおりであるし，仮に適法な証拠調は可能な構造であっても，自由な証明の対象となる事実の証明すべてについてこれを必要と解するのは，簡易公判手続における証明に比しても，厳格にすぎてバランスを失するであろう。簡易公判手続における証明は自由な証明の一種と解せられるものの，むしろ厳格な証明に近い特殊なものであるが，そこですら，適当と認める証拠調で足りると定められているのである（法307条の2）。

さらに，この説のいうごとく，当事者主義の要請から証拠は当事者の面前に提出されることが必要であるとしても，自由な証明における証拠調の方法としては，右の「適当な方法」あるいは更新手続におけるような「相当な方法」（規則213条の2・4号）も考えることができるのであって，当然に厳格な証明の場合のように適法な証拠調を必要とすることにならないのである。のみならず，当事者が証拠の内容を感得しこれを反ばくする機会を与えるためには，証拠調はしなくても証拠を公判廷へ顕出するだけでも足りるのである。

このようなわけで，適法証拠調説は一定の功績[57]を認められながらも，多数の採用するところとはならなかった。むしろ学説では，自由な証明といえども証拠を公判廷に顕出するとか相手方に示して意見を述べる機会を与えることが最小限度の要求であるとする見解（顕出説と仮称）が有力である[58]。その根拠として挙げられている点は，適法証拠調説に共通するところであって，当事者主義の原則，被告人の権利保護，証明力を争う機会の保障（法308条）などである。

しかし，すべての自由な証明を通じる最低限の保障ないし自由性の限界として証拠の公判廷への顕出を要求することは，不可能ないし不相当である。自由な証明は，前述のとおり，公判廷以外の「場」でなされることが多い。この場合公判廷外において証拠の内容を逐一相手方に告げ，これに対し意見を述べる機会を与えることは不可能ではないが，すべての場合にこれを要すると解する

---

57) 江家説の功績は，自由な証明の自由性の限界を意識せしめた点にある（団藤・前掲注11）1759頁，平場・前掲注11）163頁以下，高田・前掲注11）185頁以下）。
58) 伊達・前掲注11）184頁以下，平場・前掲注6）180頁以下，井戸田・前掲注1）192頁，柏木・前掲注11）202頁。

のはやはり行き過ぎであろう。当事者としては，決定そのものについて意見を述べうること（規則33条1項）で満足しなければならない場合もある[59]。

しかし，顕出説の論拠とされている点は，公判手続における自由な証明の採証手続を考える場合に，大いに参考になると思われる。とくに，法308条は，公判手続における証明について，証明力を争う機会を当事者に与えることを裁判所の義務としている。右の証明から自由な証明を除外するものとは解せられない[60]。そして，証明力を争うためには，証拠の公判廷への顕出が必要なのである。このようなわけで，公判手続における自由な証明に限っては，採証手続の最低限の保障として証拠の公判廷への顕出が必須であると解したい。ちなみに，上告審における事実の取調は前述のとおり，自由な証明であると解されているが，その形式として，公判が開かれる場合は当該証拠資料を公判廷に顕出する方法がとられているとのことである[61]。

顕出の具体的な方法は，証拠を当事者に示し（当事者の請求によるときは相手方のみで足りる），裁判官の閲覧に供し，しかる後に通常の場合は訴訟記録に添付ないし領置することである。公判手続における自由な証明の対象の主たるものは，私見によれば，証拠能力の基礎事実ということになるが，この種の事実の証明における採証手続は，右のような方法で行うことが相当である。また，たとえば，被害感情を取り調べるため，被害者を公判廷で証人として尋問する代りに裁判官室へ呼んで事情を聞くなどということは——実務上ありえないと思うが——，情状は厳格な証明を要するとする前記私見によればもとより，多数説のように自由な証明で足りるとしても，やはり許されない採証手続であろう[62]。公判廷における証拠の顕出がなされていないからである。

これに反し，公判手続外でなされる自由な証明においては，裁判官が証拠の内容を感得する際になんらの特別な手続は必要ではない。証拠資料の性質に応じて「自由に」その内容を感得すれば足りるのである。ただし，裁判官の私知

---

59) 意見を聴くことも自由な証明の自由性の制限といえなくもない（平野・前掲注5）180頁，藤木ほか・前掲注30）206頁参照）。
60) 青柳・前掲注11）252頁。
61) 船田三雄「上告審における事実の取調」中野次雄判事還暦祝賀『刑事裁判の課題』（有斐閣，1972）392頁以下。
62) 藤木ほか・前掲注30）207頁参照。

を証明の資料に用いることができない結果，採証手続としても私的な（訴訟外の）証拠の収集活動は許されないことは前に述べたとおりである[63]。

　もっとも，裁判官が証拠資料の内容を感得した際には，その証拠資料を訴訟記録に残しておくことが，原則として，必要である。この点で，はじめから訴訟記録中に存在する資料を用いるときは問題がないが，証拠資料として書面が提出されたときはこれを記録に編綴しておかなければならない。また，口頭の証拠を用いたときには，これを書面化して記録に残しておくことが必要である（電話聴取書の作成など）。

　証拠資料を訴訟記録に残しておくことは，当事者にこれを感得しうる機会（閲覧の可能性）を与えると同時に上訴審における審査の資料を提供するという機能を果す。当事者が現に訴訟記録を閲覧して証拠資料の内容を感得すれば，これに対して意見を述べあるいは反証を提出するなど争うことができるし[64]，裁判所の判断の基礎（根拠）を知ることによって，その判断に服するかどうかを検討することもできる。

　また，その判断そのもの（たとえば，決定）に対し抗告その他の上訴がなされ，あるいは訴訟手続の法令違反を理由として判決に対し上訴がなされた場合，上訴審としては，原判断の根拠となった資料が保存されていることが必要である。とくに，判決に対する控訴の場合，控訴申立の際に控訴趣意書に訴訟記録および原裁判所において取り調べた証拠に現われている事実を援用しなければならない（法379条）ことになっている関係上，訴訟手続の是非に関する証拠資料が記録中に残されている必要がある[65]。

　以上の理由により，公判手続外における自由な証明の最低限の保障は，証拠資料が訴訟記録に残されていることであると解したいわけであるが，これには二，三の例外があることを付け加えておきたい。

　まず，態度証拠および裁判官の既存の知識のうち当該訴訟手続内で生じたで

---

63) この点が，法規の解釈や経験法則など証明の対象とならない事項についての裁判官の探知行為と自由な証明におけるそれとの差異である。前者については私的な（訴訟外の）探知も許される（岩松＝兼子編・前掲注52）6頁）。
64) 青柳・前掲注11）252頁参照。
65) 平場・前掲注11）164頁，藤木ほか・前掲注30）206頁参照。

きごとに関するものは，前述のとおり，自由な証明の証拠資料として用いることができるとしても，訴訟記録に残りえないものである。次に，ある事実の存否を判断するために，当事者に証拠資料を提供させるが，一定の処分（決定，命令など）が終了すれば，当該証拠資料を記録に編綴しないで当事者に返還することが認められている場合がある。主として逮捕，勾留などに関する処分の場合がそうである（規則150条など）。これらの書類等は，後に他の目的（捜査，公判）に使用することが予定されており，しかも証拠の所在は明らかであるから，裁判所の一件記録に編綴しておくことはできないし，その必要もないものである[66]。

以上を要するに，自由な証明の採証手続面における最低限の保障ないし自由性の限界は，公判手続における自由な証明の場合は証拠の公判廷への顕出であり，その他の場合は証拠を訴訟記録に残しておくことであると考える。いずれも当事者が証拠資料を感得しうる機会を手続的に保障しようとすることを一つの根拠とするものであって，自由な証明の証拠資料面における前記限界と相即応するものである。

第4　おわりに

自由な証明に関しては，冒頭に述べたように，いま一つの問題すなわち証明の程度論があり，実は，当初これも本稿で取り上げるつもりであったが，結局時間的な関係と紙数も超過したこともあって，本稿では詳述する余裕がなかった。

自由な証明において要求される心証の程度は，厳格な証明におけるそれと同じく常に「確信」（合理的な疑いを容れる余地のない程度の証明）であるとする通説的な見解に対しては疑問を抱いており，とくに，私見のように厳格な証明の対象を拡大し重要な事実はほぼこれに含ましめる基本的な発想からすれば，右の通説的な見解は一層合理性にとぼしいと感じられる。自由な証明における証

---

[66] 公判手続において証拠調を終った証拠書類等は，裁判所に提出し，訴訟記録に編綴等しておくことになっているが（法310条），この場合でも，提出が困難であり，かつその書類等の出所が明らかであれば，原本または謄本の提出がなくても違法ではないとするのが判例である（東京高判昭26.12.18東高時報1巻13号194頁，東京高判昭28.2.26判タ30号50頁）。

第Ｖ部　証　拠

明の程度は，結論的には，法の文言および趣旨や対象となる事実の重要性を勘案して個々的に決すべきものと考えている。その結果，ごく大ざっぱにいえば，確信を要するもの，証拠の優越（証明の優勢）程度で足りるもの，一応の確からしさ（推測）程度で足りるものに分類され，確信を要するものは実際上それほど多くはないだろうと思っている。これらの点はいずれかの機会にさらに検討を深めたいと考えているが，自由な証明の対象論や意義論と併せて御教示を受けられれば幸いである。

【追　記】

　本論稿は，昭和52年に司法研修所が創立30周年を記念して発刊した司法研修所論集に登載されたものである。その「はじめに」で述べたように，自由な証明の対象（逆に言えば，厳格な証明の対象）となる事実を明らかにするとともに自由な証明の内容すなわち自由性のいわば下限を提示し，実務においてなるべく簡明で安定した証拠法の運用が可能になることを願ったものである。

　そのころまでにこの分野での学説の動向としては，厳格な証明の対象の拡大に重点を置いた主張と自由な証明の自由性の制限に重点を置いた主張に二分されていた。本論稿における筆者の見解は，厳格な証明と自由な証明の対象を区分する基準として，判決の基礎となる事実とそれ以外の事実——主として決定・命令の基礎となる事実——を考えていたので，単なる情状事実や訴訟条件に関する事実（法339条に掲げられた事由の存否に関する事実を除く）も厳格な証明の対象に含まれるということになり，学説の前記動向で言えば，前者の主張に属していた。

　本論稿を発表してからおよそ35年が経過し，その間この分野において，数こそ少ないものの，重要な判例が出され，また，学説も，実務家，研究者双方から豊かに展開されている。

　筆者が本論稿において示した方向が理論的に正しいかどうか，あるいは実務の運用に益するか否かは，今すこし状況の推移を見守りたいので，本論稿の追記としては，その後の判例と主要な学説を紹介するにとどめておきたい。

　判例としては，まず，訴訟法上の事実に関し，いずれも自由な証明で足りるとした二つの判例がある。

一つは，最一小決昭58.12.19刑集37巻10号1753頁，判タ517号126頁，判時1102号147頁である。事案は，身代金目的の誘拐事件であり，原審（高裁）において弁護人申請の証拠（電話の逆探知資料の送付嘱託および電報電話局長等の証人申請）を採用するか否かに関し参考となる書面として検察官が取調べ請求した「電話の逆探知結果についての資料はない」旨の捜査関係事項照会回答書について，原審は，刑訴法323条3号によりこれを採用して弁護人の前記証拠申請を却下したところ，弁護人は上告審において，この回答書を刑訴法323条3号により採用した原審の訴訟手続の違法を主張したというものである。これに対し，最高裁は，このような訴訟法上の事実については，いわゆる自由な証明で足りるから，この書面が刑訴法323条3号に該当すると否とにかかわらず，これを取り調べた原審の訴訟手続に違法はないと判断している。
　この最高裁判例は，訴訟法上の事実一般について自由な証明で足りると判断したものではないが（後記森岡解説参照），この書面のような証拠決定の参考となる事実を立証するためだけのものが，自由な証明で足りることは，従来の通説はもとよりこれより厳格な証明の対象を広く解する説によっても，異論はないと考えられる[67]。
　二つ目の判例は，東京地判平9.9.25判タ984号288頁であり，名誉毀損罪の成否が争われた事案の審理において，裁判所が告訴の存在を立証するための告訴状等を弁護人の不同意意見にかかわらず証拠として採用したものであって，訴訟条件である事実については，自由な証明で足りると判示したもの（ただし，判決要旨外）である。
　ちなみに，上告審においては証拠調手続によることなく適宜の方法で訴訟条

---

[67] この判例については，森岡茂・昭58最判解説(刑)489頁，岡部泰昌「判例評論」判時1117号245頁のほか，森岡茂「厳格な証明と自由な証明」平野龍一ほか編『刑事訴訟法判例百選〔第5版〕』136頁，中山善房「厳格な証明と自由な証明」松尾浩也ほか編『刑事訴訟法判例百選〔第6版〕』122頁，村井敏邦「厳格な証明と自由な証明」松尾浩也ほか編『刑事訴訟法判例百選〔第7版〕』132頁及び山田道郎「厳格な証明と自由な証明」井上正仁編『刑事訴訟法判例百選〔第8版〕』130頁，平良木登規男「厳格な証明と自由な証明」河上和雄ほか編『警察実務判例解説（取調べ・証拠篇）』（判例タイムズ社，1992）57頁，近藤宏子「厳格な証明と自由な証明」長沼範良ほか編『警察基本判例・実務200』（判例タイムズ社，2011）387頁に解説がある。

件である告発の存在を認定することができるとした判例として，最二小決平23.10.26刑集65巻7号1107頁，判タ1364号87頁，判時2139号145頁があり，下級審における告発の存在の証明に関する判例ではないが，参考となろう。

なお，本論稿では触れていないが，犯罪の成否に関し被告人に有利な事実あるいは被告人が挙証責任を負っている事実[68]は厳格な証明の対象であるか，それとも自由な証明で足りるかが問題とされているところ，名誉毀損罪において摘示された事実が真実であることに関する事実も厳格な証明を要するとする判例が追加されている[69]。

学説も豊富である。本論稿以後に刊行された各種の教科書，註釈書，事例問題集（演習本）等でこの問題が取り上げられているのは当然として，単行論文も少なくない。逐一紹介できないので，ここでは，主要なものを挙げるにとどめておきたい。

学説のうちで最も注目されるのは，厳格な証明と自由な証明の意義ないしその区別の実定法上の根拠を刑訴法317条に求める従来の通説に疑問を投げかけ，厳格な証明と自由な証明という対概念すら不必要とする実務家の見解である。安廣文夫（元）判事の所説がそれである。この見解は，藤永幸治ほか編『大コンメンタール刑事訴訟法(5) I 』（青林書院，1998）32頁以下に詳しく述べられているが，更に，「刑事証拠法の実質化に向けての若干の覚書――裁判員制度の円滑な運用のために」『小林充先生＝佐藤文哉先生古稀祝賀刑事裁判論集(下)』（判例タイムズ社，2006）565頁において，「『厳格な証明』『自由な証明』という用語は必要か」という章を起こし，その中で簡潔に述べられている。要するに，証拠能力については，刑訴法319条ないし328条の規定群が犯罪事実の存否を認定するための証拠に適用されることは規定自体から自明のことであり，証拠調べについては，刑訴法第3章第1節中の証拠調べに関する規定群が犯罪事実の存否を証明するための証拠に適用されることも規定自体から自明のことであるが，証拠能力に関する規定とは異なり，これに限定すべき理由はなく，およそ公判廷において取り調べるべきものとされているすべての証拠に適

---

68) 石井一正『刑事実務証拠法〔第5版〕』（判例タイムズ社，2011）535頁参照。
69) 東京高判昭59.7.18高刑37巻2号360頁，判タ533号261頁，判時1128号32頁。

用されるものと解するのが自然であり（もっとも，要証事実の重要性の程度や証拠の性質によっては，顕出のような簡略な方法が排斥されない），通説がいう「犯罪事実の認定は，厳格な証明による証拠によらなければならない」ということは，刑訴法317条の存在の故にこのような結論になるわけではないとするものである[70]。

次に紹介しておきたいのは，同じく実務家による論稿である。すなわち，出田判事が三井誠ほか編『新刑事手続Ⅲ』（悠々社，2002）1頁において「自由な証明と厳格な証明——裁判の立場から」を論述し，これに対し検察官および弁護人の立場からそれぞれコメントが寄せられているものである。出田判事は，厳格な証明と自由な証明の区別および内容の実定法上の根拠については，通説に従い刑訴法317条により，かつ，本論稿における私見と同じく，厳格な証明は公判手続において行われる証明方法であり，決定および命令については，厳格な証明を行う基盤がなく，自由な証明によらざるを得ないと指摘するとともに，公判手続における証明のうち，通説が犯罪の成否とは関係のない刑の加重減免事由までも厳格な証明の対象に加えることに疑問を呈し，現行法の解釈としても，厳格な証明が必要なのは犯罪事実に限られると主張している。

このように，安廣（元）判事と出田判事の発想はまったく異なるにもかかわらず，厳格な証明の対象を犯罪事実に限るという点では結論を同じくし，前記の学説の動向に従えば，厳格な証明の対象の拡大論とは逆に，いわば縮小論の方向であることは，きわめて興味深いところである。もとより，通説を基本的には支持する実務家の見解も有力であり[71]，今後の学説および実務の推移が注目される。

次に，研究者の見解として，厳格な証明が裁判所の事実判断に関する統制原理であることに加え，当事者主義の訴訟構造の下では，当事者の主張・立証との関係でもとらえ直すことが必要であるとして，厳格な証明は，検察官の立証

[70) この見解は，河上和雄ほか編『大コンメンタール刑事訴訟法(7)〔第2版〕』（青林書院，2012）327頁以下において同旨。
71) 長崎祐次「訴訟手続上の事実と自由な証明」判タ448号22頁，岡次郎「刑事判決において認定すべき事実と自由な証明」判タ452号35頁，同「証拠の採否決定と自由な証明」判タ459号19頁，小林充「厳格な証明と自由な証明」松尾浩也＝井上正仁編『刑事訴訟法の争点〔新版〕』（有斐閣，1991）186頁など。

活動を統制する片面的なものであるから，被告人側の立証については，証明の厳格性が緩和されても良いとするものがある。新屋達之「厳格な証明について」[72]がそれである[73]。

この見解は，広くは刑事訴訟法の「片面的構成論」と呼ばれているものを証明形式の分野に持ち込んだものであるが，「片面的構成論」に対する批判とりわけ，伝聞法則に関する規定（法321条1項3号や322条）の文言との齟齬が問題となろう（石井一正『刑事控訴審の理論と実務』〔判例タイムズ社，2010〕423頁）。

なお，このほか，研究者の論稿として，厳格な証明と自由な証明という対概念の由来であるドイツおよび我が国における学説史に遡って自由な証明の対象等を探ろうとするものに，光藤景皎「『厳格な証明』と『自由な証明』(1)」大阪市大法学雑誌36巻3＝4号64頁，田淵浩二「刑事訴訟における『自由な証明』の再検討――証拠予断の禁止の視点から」大阪市大法学雑誌38巻2号88頁などがある。

次に，裁判員裁判の導入を契機として，量刑に注目が集まり，量刑に関する事実とりわけ犯罪事実から独立したいわば単なる情状事実の証明について（犯罪事実の内容ないしこれに密接した量刑事実すなわち犯情については厳格な証明を必要とすることはもともと争いがない），厳格な証明が必要であるか自由な証明で足りるかという点につき詳細な論稿が公にされており[74]，それぞれ見解は異なるものの，いずれの論稿も，情状事実のすべてが厳格な証明を要するとか自由な証明で足りると解していないところが，注目される。

---

72)『光藤景皎先生古稀祝賀論文集(上)』（成文堂，2001）485頁。
73) ちなみに，山田道郎『新釈刑事訴訟法』（成文堂，2013）188頁も，被告人に有利な事実とくにアリバイについては，厳格な証明は必要がないとし，松岡・後掲書も，情状事実に関し厳格な証明を要するが，被告人に有利な情状については，自由な証明で足りると片面的に解するものである。
74) 松岡正章『量刑法の生成と発展』（成文堂，2000）281頁，原田國男「量刑事実の立証」木谷明編著『刑事事実認定の基本問題〔第2版〕』（成文堂，2010）403頁，杉田宗久「量刑事実の証明と量刑審理」大阪刑事実務研究会編著『量刑実務大系(4)刑の選択・量刑手続』（判例タイムズ社，2011）158頁など。

第18章 自白の証拠能力

〔設問1〕 被疑者が弁護人の立会を要求したのに，捜査官はこれを許さず被疑者を取り調べて作成した自白調書の証拠能力。

〔設問2〕 「自白すれば保釈される」との捜査官の言葉に基づいて自白した被告人調書の証拠能力。

〔設問3〕 被害者に監禁されている間に作成された被告人の供述書（自白を内容とする上申書）の証拠能力。

第1 はじめに

設問では，いずれも自白の証拠能力の有無が問われている。自白の証拠能力については，第一に，いうまでもなく，強制，拷問，脅迫その他任意性のない自白（任意性に疑いがあるものを含む。以下同じ）を証拠とすることができないという法則が働く（憲法38条2項，刑訴法319条1項）。ついで，違法収集証拠の排除の一環として，自白の証拠能力を否定すべき場合が考えられる。説明の便宜上，前者を自白法則，後者を排除法則と呼ぶことにしたい。

自白法則についていえば，刑事公判の実務においては，任意性に関する基礎事実の確定とともに具体的にいかなる場合が任意性のない自白にあたるかを決することが最も重要であると同時に困難である。これを決するには，強制，拷問等任意性のない自白が証拠とならない実質的根拠にさかのぼって考えなければならないと思われるが，その根拠をどう理解するかについては，周知のとおり，虚偽排除説，人権擁護説，違法排除説の対立がある。このうち，通説であり，また実務の多数の考え方というべきものは，虚偽排除説と人権擁護説の併用説（競合説）といってよいであろうし[1]，私見もそれが正しい見解と考えている。この併用説（競合説）によれば，「任意性がない」とは，結局，虚偽自白を誘発するおそれがある状況の存在もしくは供述の自由を中心とする被疑

---

[1] 学説の分類については，鈴木茂嗣「自白排除法則序説」佐伯千仭博士還暦祝賀『犯罪と刑罰(下)』（有斐閣，1968）305頁以下に整理されている。

者・被告人の人権を侵害するとみられるような違法な圧迫の存在である。もとより，現にその自白が虚偽であったり供述の自由が侵害される必要はない。定型的・類型的にみてそのようなおそれがある状況下にあれば，自白の任意性は否定される。

以下，任意性の有無の具体的な検討は右に述べた見地に従って行いたい。

排除法則についていえば，これまた周知のとおり，違法な手続によって収集された証拠物の証拠能力をめぐって議論がなされてきたところである。今日では，学説上排除法則を全く否定する見解は少ないと思われるので，問題状況としては，「どのような場合に」（排除の要件），「どこまで」（派生証拠の排除の範囲）排除されるか，が議論の中心であろう。実務上も，最高裁において排除法則の理論が肯定されたので[2]，問題状況としては同様なところにあると解される。

右の最高裁判決が違法収集の自白の排除にどのような影響を及ぼすかは，すでに本研究会で総合的に検討され，判例タイムズに発表されている（『特集・違法収集自白の証拠能力』判タ397号）。この特集でもふれられているように，自白法則で処理できる違法収集自白については，排除法則を適用する余地は乏しいが，自白法則で処理できないがなお収集手続が違法な自白というのも考えられるので，これについては排除法則の適用を否定するいわれはないといえよう。その場合，適用の要件としては，一応違法収集の証拠物と同一の基準が妥当するとしておきたい。すなわち，自白収集の手続に憲法や刑訴法の所期する基本原則を没却するような重大な違法があり，これを証拠として許容することが将来における捜査の抑制の見地からして相当でないと認められる場合においては，自白の証拠能力は否定されるべきである，と解するのである。

以下，排除法則の面から自白の証拠能力を検討する必要が生じた際は，右のような見地によって行いたい。

なお，自白の証拠能力を判断するには，普通は，まず自白法則の適用すなわち任意性の有無を検討し，ついで排除法則の適用に移るのが正しい順序であると思えるが，ここでは便宜自白収集手続の適法・違法の問題から論じることに

---

2) 最一小判昭53.9.7刑集32巻6号1672頁，判タ369号125頁。

する。

第2 設問の検討

1 〔設問1〕について

(1) 被疑者の取調べにおける弁護人の立会権

〔設問1〕では，被疑者が取調べの際，弁護人の立会を要求したのに，捜査官はこれを許さず被疑者を取り調べて自白を得たというのであるが，捜査官のこの措置は適法であろうか。この点は，結局，被疑者の取調べに弁護人が立ち会うことができるか——弁護人ひいては被疑者の権利として——という問題に帰着すると考えられる。なぜなら，弁護人に右の権利があるとすれば，被疑者が弁護人の立会を要求する以上，捜査官としては当然に取調べを延期しあるいは中断しなければならないのであって，この要求を許さず被疑者を取り調べる措置は，弁護人の立会権を侵害するという意味で違法であるが，逆に弁護人にこのような権利がないとすれば，捜査官の右の措置は，場合によって当・不当の問題を生ずることはあっても，違法という評価を受けることはありえないからである。

被疑者の取調べにおける弁護人の立会権の有無などという問題は，従来ほとんど論じられなかったように見受けられる。それは，現行の刑訴法の規定やその運用としての法現実からして，当然に消極に解されていたからであろう[3]。あらためて議論されるようになったのは，いうまでもなく，これを積極に解した，かのミランダ判決（1966年6月）の影響と思われる。我が国においても，これに触発されてか，近時，将来における展望論として弁護人の立会権を肯定する見解が散見される[4]。彼我ともに，被疑者ことに拘束された被疑者の取調べの法的規制に目を向けた主張であることはいうまでもない。

---

[3] 現行刑訴法制定当初の解釈も「立会権がないことはもちろん……」というものであった（野木新一ほか『新刑事訴訟法概説』〔立花書房，1948〕121頁，宮下明義『新刑訴法逐条解説』〔司法警察研究会公安発行所，1949〕56頁など）。ただし，国会審議の際は，立会権を認める規定の新設が提案されていたとのことである（三井誠「接見交通問題の展開」法時54巻3号14頁参照）。

しかし，こと実定法規の解釈論としては，やはりこれを消極に解するのが通説といってよいであろう[5]。これに対し，解釈論としても，立会権を肯定する見解がある。井戸田教授の説がこれである。すなわち，同教授は，その捜査構造論からして被疑者の取調べは弁解の聴取に限られるとされ，そうであれば，被疑者・弁護人の要求があれば当然に弁護人の立会を許さねばならないことになると説かれている[6]。

被疑者の取調べに弁護人の立会権を認めるのは，被疑者ことに拘束された被疑者の取調べにまつわる苛酷さを抑制し，黙秘権の実効性を確保する有力な方法であり，また，これが必ずしも取調べの否定とも解されないから，検討に値する一つの制度であることはたしかである。現に，起訴後捜査官が起訴事件につき被告人を取り調べる場合原則として弁護人の立会がなければ許されないとした裁判例がある[7]。この裁判例は，起訴事件についての被告人の取調べというもともと可否両論が対立している場合について被告人の訴訟における当事者性を確保するため捜査方法に制約を加えたものであって，もとより被疑者段階の取調べにおける立会権にまで推し及ぼしうるものではないが，取調べと弁護人の立会とが背理とは考えられていないことを示すとともに，我が国の刑事実務においてもこのような制度が意識されてきたことを物語るものといえよう。

この意味で，被疑者取調べにおける弁護人の立会権に積極的な前記の井戸田

---

[4] 庭山英雄「捜査官の取調べ」高田卓爾＝田宮裕編『演習刑事訴訟法』（青林書院新社，1984）120頁，松本一郎「適正な取調べを保障する手段」渥美東洋ほか『刑事訴訟法』（青林書房，1974）44頁，松本一郎「弁護人の地位」松尾浩也編『刑訴法の争点（ジュリ増刊）』39頁，石川才顯『刑訴法講義』（日本評論社，1974）117頁，同「被疑者の取調べ」L・S1979年2月号89頁，田宮裕『捜査の構造』（有斐閣，1971）25頁，三井誠「被疑者の取調べとその規制」刑法27巻1号178頁など。

[5] 平場安治ほか『注解刑事訴訟法㈲〔全訂新版〕』（青林書院新社，1982）51頁，高田卓爾『刑事訴訟法〔改訂版〕』（青林書院新社，1978）316頁，田宮裕「起訴後の取調」熊谷弘ほか編『捜査法大系I』（日本評論社，1972）271頁，渥美東洋「被疑者の取調」鴨良弼編『演習講座刑訴法』（法学書院，1971）208頁，松尾浩也『刑事訴訟法(上)』（弘文堂，1979）61頁など。

[6] 井戸田侃「取調の法的規制」熊谷ほか編・前掲注5）248頁。なお，米田泰邦「被疑者の取調」判タ296号41頁はこれに賛成する。

[7] 東京地決昭50.1.29刑月7巻1号63頁，判タ323号296頁。なお，大阪高判昭49.7.18判タ316号263頁，判時755号118頁参照。

説はその捜査構造論を含め傾聴に値するが，現行法規の解釈として立会権というところまで肯定するのは，やはり困難ではないかと考える。その理由は，以下述べるとおりである。

　第一に，形式的な根拠としては，立会権を認めた規定が存しないばかりか，他の規定との釣合上もこれを否定する法の趣旨がうかがえるのである。たとえば，捜査に類似する性格をも有するとされる準起訴手続における被疑者の取調べにおいては，弁護人等の立会は予想されていない。刑訴規則173条3項がこの際の被疑者尋問調書につき同38条2項1号，3号後段，5項など尋問に立ち会った者に関する諸規定を準用していないのはこの表われである。また，捜査機関の行う捜査処分一般に立会権は認められていないし（刑訴法222条は，同法113条，142条を準用していないなど），裁判官が行う捜査処分としての証人尋問においてさえ被疑者の弁護人に立会権はない。ただ，裁判官が捜査に支障を生ずるおそれがないと認めるときに尋問に立ち会わせることができるにすぎない（同法228条2項）。さらに，現行法上捜査官は捜査のため必要があるときは弁護人と被疑者との接見の日時場所を指定することができるわけであるが（同法39条3項），右の「捜査のため必要」とは，現に被疑者を取調べ中であるときがその典型であることに異論はないのである。

　裁判所が行う準起訴手続における被疑者の取調べや前記証人尋問および捜査処分一般に弁護人の立会権を否定している右の規定にもかかわらず，捜査機関の行う被疑者の取調べには弁護人の立会権があると解するのは不釣合であろうし，現に被疑者取調べ中のときは，弁護人との接見すら制限できるとする規定が存在するにもかかわらず，弁護人・被疑者の要求があれば当然に取調べに同席させなければならないと解するのは矛盾であろう。

　第二に，実質的な根拠として，捜査密行の原則がある。この原則は，捜査における関係者の名誉の保護の要請（刑訴法196条）と捜査を能率よくかつ適確に行う必要から生まれたものと解されるが，被疑者の取調べにおける弁護人の立会権は，前者の要請に反するとはいえないものの，捜査の効率性の確保という後者の面と衝突する可能性は強い。たとえば，拘束事件における被疑者取調べの日時の調整などという現実的な問題を含め，相当程度捜査に支障を与えることは予想される。もとより被疑者の取調べの法的規制の強化や捜査段階にお

ける弁護権の拡充は必然的に捜査の効率性を害するという面を持つから捜査密行の原則を絶対視するのは相当でないが、弁護人の立会権に関し現行法規が規定を置かなかった実質的な根拠にはなりえよう。

以上の理由で、現行法規の解釈としては、被疑者の取調べに弁護人が立ち会う権利はないと解されるから、被疑者がこれを要求したとしても捜査官はこれを許さず被疑者の取調べを行いあるいはこれを続けることができるのであって、設問の捜査官の措置は違法ではない。

もっとも、現行法上、被疑者の取調べにおける弁護人の立会を禁じた規定はないから、捜査官の判断により適当と認めるときは弁護人を立ち会わせることは差し支えないであろうが（犯罪捜査規範177条2項参照）、そのようにするかどうかは捜査官の裁量的判断に委ねられていると解さざるをえないので、仮にその裁量を誤って判断したとしても、当・不当の問題が生ずることは別として、違法とまで評価することはできないであろう。

そうすると、〔設問1〕の自白に排除法則が適用される余地はない。もっぱら、任意性の有無だけが問題である。

(2) 任意性

弁護人の立会を許さないで取調べをした捜査官の措置が適法であることは前述のとおりであるし、現在の実務の実情からするとこの被疑者だけが不当に遇されたというわけでもないから、この措置をもって被疑者の供述の自由を不当に侵害したといえないのはもちろん、虚偽自白を誘発するおそれのある状況を作出したともいえないであろう。「密室尋問」の持つ強制的雰囲気を考慮しても、この一事でもって直ちに心理的強制であって任意性に疑いがある[8]、とするのは困難である。もっとも、被疑者が弁護人の立会を求めたのにこれを許さず取り調べるのは、この措置の適法・違法を別にしても、被疑者になにがしかの心理的圧迫感を与えることは否めないから、他の強制の事情が加わることによって任意性が否定される場合はあろう[9]。

結論的にいえば、〔設問1〕については自白の任意性に疑いがないのみならず違法に収集されたものでもないから、自白調書の証拠能力は肯定される。

---

[8] 熊本典道「ミランダ原則と日本法」佐々木史朗編『刑訴法の理論と実務』別冊判タ7号 92頁。米田・前掲注6) 41頁も同旨。

2 〔設問2〕について

(1) 利益に結びつけられた自白

〔設問2〕では,「自白すれば保釈される」との捜査官の言葉に基づいてした自白の証拠能力が問われている。このように捜査官から一定の利益の提示がなされ,被疑者が利益を期待してした自白を「利益に結びつけられた自白」と総称するならば,かような自白の証拠能力の有無はどのような観点から考察するのが適当であろうか。後にも述べるように,利益に結びつけられた自白といっても,実は,さまざまな態様が含まれる。利益の提示の形をとりながら実質は暗黙の脅迫と評価してよい態様もありうるし,利益の約束をして自白を得たが約束は履行しないという場合すなわち欺罔の要素を含む態様もありうる。また,設問が正にそうであるように,利益の提示に人権侵害ないし違法と言い切るまでの側面がないかまたはその側面がとぼしい場合も多い。このような場合,私見のように自白法則につき虚偽排除の観点を維持する立場からは,この観点からまず自白の任意性を判断するのが適当と考える。利益に結びつけられた自白——典型的には利益の約束による自白——が伝統的に虚偽排除の観点からその任意性を判断されてきたのは理由があることと思う。

そこで,以下,この観点から設問の自白の任意性の有無を検討する。

(2) 任意性

虚偽排除の観点からすれば,利益に結びつけられた自白の任意性の有無は,つまるところ利益の提示が虚偽自白を誘発するおそれのある状況といえるか否かによって決せられる。なお,利益の提示と自白との因果関係の検討がこのほかに必要とされるのであるが,設問では,因果関係は存在するものと想定されているので(「……捜査官の言葉に基づいて自白した……」とある),これを前提に論を進めたい。

ところで,利益の提示が虚偽自白を誘発するおそれのある状況といえるか否

---

9) 弁護権制限に他の事情を加味して自白の任意性を否定した判例としては,大阪高判昭35.5.26下刑2巻5=6号676頁,大阪地判昭46.5.15刑月3巻5号661頁,判タ269号166頁(逮捕そのものが違法),大阪高判昭53.1.24判時895号122頁(弁護権の制限の解除と取調べの応諾を取引)がある。

かは，種々の要素を総合して判断しなければならないと思われるが，さしずめ次の要素が重要である．

　ア　提示された利益の内容

　提示された利益が虚偽自白すら誘発しかねないほど強力な誘引といえるかどうかが，第一に重要である．利益が刑事免責（不起訴）であるとき誘引としては最も強力であり，寛刑（とくに罰金刑）ですますこと，早期の釈放などはこれにつぐ．その他の利益なかんずく個人的，世俗的利益の場合は，事案の軽重や被疑者の特性を考慮しなければならないが，原則としては，虚偽自白の誘引にまで至らないであろう．

　イ　利益の提示者と利益の関係

　利益の提示者が利益を現に左右しうる権限を有する場合その者の利益の提示は誘引として最も強力であり，現実に利益の処分権限はないが被疑者が処分権限ありと信じるよう仮装しあるいはそう信じる合理的理由がある場合は，これと同視してよい．利益の処分に影響を及ぼしうる立場にある者はこれらにつぎ，処分権限が全くないことが明白な——被疑者の側からも——場合はその者の利益の提示は虚偽自白を誘発するおそれまではないとみてよいであろう．

　ウ　利益提示の態様

　実務上は，この点が最も多様であり，かつ微妙である．まず，利益の提示が具体的，明確であるか否かが問題である．利益の供与を提示者が確約した場合誘引として最も強力である．しかし，実務上このような例は比較的少ない．むしろ，利益の供与を抽象的に暗示する場合の方が多い．この場合誘引の度合は利益の確約より少ないと一般的にはいえるであろう．ただ，利益の暗示というのもその態様はさまざまである．当該事件の成行や身柄の推移にかこつけて否認の不利，自白の利益を説く場合もあるし[10]，当該事件をはなれて一般的に保釈や量刑の関係で自白が有利であることを説くこともある．前者の場合，被疑者に問われるままに教示したにすぎないときは別として，誘引としては相当強力であるとみられるが，後者の場合は，説かれた内容に誇張や虚偽が含まれ

10）不起訴の約束による自白に関する最二小判昭 41.7.1 刑集 20 巻 6 号 537 頁，判タ 196 号 149 頁の場合も，検察官が直接弁護士に話したのは，自白して改悛の情を示せば起訴猶予も考えられる案件だという程度であった．

ない限り,虚偽自白の誘引は少ないと考えられる。

　利益提示の態様については,このほか直接か第三者を介してのものか,あるいは自白獲得の手段として意図的かつ執拗になされたものかそれともたまさかの不用意な発言かなども考慮されよう。一般的にいえば,もちろん直接被疑者に利益を提示した方が第三者に伝えるよりも誘引の度合は大きいのであるが,結果的には逆の場合も生じうる[11]。捜査官に自白獲得の意図のない不用意な発言の中に利益の期待を抱かせるものがあっても,虚偽自白を誘発するおそれまではないといえるであろう。

　以上の要素を主として考慮し,利益の提示が虚偽自白を誘発するおそれがあるものか否かを決するわけであるが,結局それは,利益の提示の被疑者に与える心理的影響を,定型的・類型的にではあるが,測定することに帰するから,当該被疑者の特性も考慮に入れてよいと考える。

　それにしても,利益に結びつけられた自白は,たとえば検察官が被疑者に直接不起訴の確約をして得たという明らかに任意性がない場合から許された説得により任意になされたものまで,さまざまであり,任意性の有無を左右する境界は微妙である。そこで,設問に対する結論を出す前に,利益に結びつけられた自白のうち,設問のように,身柄の釈放に結びつけられた自白の任意性が争われた裁判例をまじえながら,今少し具体的に考察してみたい[12]。

　裁判例は大きく,二つの類型に分かれる。一つは,否認の不利益すなわち身柄拘束の継続あるいは長期化を警告して自白を誘引する類型であり,他は,自白の有利さすなわち釈放の利益を提示して自白を誘引する類型である。設問は後者の類型に含まれるのであるが,前者の類型も併せて紹介する。

　前者の類型は,否認にともなう不利益の警告という形をとるから,脅迫の要素を含み,釈放の利益の提示の方はむしろ裏面に隠されたものとして暗示される。「黙秘すれば捜査が長くなり勾留が長びく」と捜査官から告げられたとして,その時の状況とこれを告げる口調によっては,「長く勾留されたくなかっ

[11) 前記最判の場合,検察官の右内意は,弁護人を介し被疑者には不起訴の約束として伝えられた。
12) 利益の約束による自白全般の判例は,前掲『特集・違法収集自白の証拠能力』判タ397号中,龍岡資晃「約束・偽計による自白」に引用されている。

たら自白せよ」「自白したら早く帰してやる」という意味になることがあり，結局は捜査官の用いた言葉とその際の状況を検討して強制ないし不当な約束にあたるかどうかを具体的に判断しなければならない（大阪高判昭 43.7.25 判タ 223 号 123 頁，判時 525 号 3 頁〔吹田事件控訴審判決の要旨〕）。たとえば，被告人を検察庁に送致する際，警察官が「検察庁で事実をはっきりいわねば，保釈してもらえない」と告げられたとしても，この程度では被告人の検察官に対する供述が威迫強制によるものと断ずることはできないであろう（最一小決昭 28.4.23 裁判集刑 79 号 213 頁）。いわんや，取調べに際し被告人が保釈のことを気にして「保釈がきくだろうか」と質問したのに対し，「否認であったら保釈はきかんであろうな」と警察官が答えたような場合，警察官のこの言葉を脅迫あるいは自白を条件に釈放を約束したものと解することはできない（神戸地判昭 34.7.3 下刑 1 巻 7 号 1580 頁）[13]。

　後者の類型は，釈放の利益の提示が表面に出され，自白しない不利益の警告の方は，逆に裏面に隠される。利益の提示の態様は，判例においてもさまざまである。まず，警察官から「自白して早く出る方がよいぞ」などと暗示されてした自白につき任意性に一応の疑いが存するとした裁判例がある（福岡地久留米支判昭 33.4.14 一審刑集 1 巻 4 号 538 頁）。この事案の場合，被疑者は自分の事業の関係で早期に出所したいと希望し，捜査官もこの希望を知っていたようである。同様に，警察官から「ある程度の事実を認めなければだめだ……まず出ることを考えるのが先決だ……このままでは検事が出さない」などと釈放を暗示されてした自白の任意性に疑いがあるとした裁判例（横浜地判昭 46.4.28 刑月 3 巻 4 号 586 頁）の場合も，被疑者が盲目に近く拘束生活に不自由していたなどの事情があって釈放されたい一心であったようである。

　次に，被疑者が勾留質問のため裁判所へ行く際警察官から「自白すれば釈放してやる」という趣旨のことをいわれたことおよびその他強制の事情を加味して自白の任意性を否定したもの（名古屋高金沢支判昭 42.12.5 下刑 9 巻 12 号 1482

13）なおこのほか，共犯者の検察官調書につき，警察官あるいは検察官が取調中に発した言葉（「本当のことを言ったらどうか，長引いてもつまらんやないか」，「お前も言わなきゃ帰れん」など）を脅迫あるいは釈放の約束とみて，その任意性ないし特信性に疑いがあるとした裁判例がある（大阪高判昭 41.11.28 下刑 8 巻 11 号 1418 頁，判タ 204 号 175 頁）。

頁），同様に，警察官から「言えば帰してやる」「しゃべらなんだら（少年院へ）送る」などといわれ，「言うたらほんとに家に帰してくれるか」と聞くと「帰してやる」というので自白した場合につき，同一の結論をとった裁判例がある（徳島地判昭 47.6.2 刑月 4 巻 6 号 1113 頁）。

　逮捕・勾留中の被疑者の釈放は捜査官の権限であるし，捜査官がそのつもりになれば早期に実現される刑事手続上の（被疑者にとって）重要な利益であるから，捜査官が被疑者にこれを相当明確に約束し，あるいは早期の釈放を願う特別な事情のある被疑者に対しこれを暗示して，自白を誘引するのは，虚偽自白を誘発するおそれなしとはしえないであろう。これらに加えて，他の強制，威迫が存すればなおさらである。わずかの裁判例ではあるが，ここから右のような結論を引き出すことが許されよう。

　さて，設問の場合，捜査官の言葉は，「自白すれば保釈される」というものであって，提示された利益が保釈による身柄の釈放であること，「保釈される」という受動態の言い方をしていることが特徴的である。法律上の概念としては，もとより，逮捕・勾留中の即時の釈放と保釈による釈放とは性質を異にする。後者は公訴提起後に保釈保証金を納付することによってようやく実現されるものであるし，捜査官が左右できる処分ではない。また，「保釈される」という言い方は，利益の提示者に得得の処分権があると積極的に仮装したものではないことを示すと同時に利益提示の態様も約束ではなく暗示にすぎないことをうかがわせる。これらの点を考慮すると，設問の捜査官の言葉は，「自白すれば釈放してやる」との言葉に比べて誘引の程度は相当低いと考えられ，「自白すれば釈放される」とか「自白すれば保釈してやる」とかの言葉に比べてもその程度は低いと思われ，他に強制等の事情が加わるときは別論として，この一事だけは虚偽自白を誘発するおそれまではないとみてよいのではないか。

　しかし，以上の結論は，設問の捜査官の言葉をいわば字義どおりに解した上でのものであった。実際には，保釈による釈放と逮捕・勾留からの即時の釈放との区別を正確に知らない，むしろ同義に解する被疑者が相当いると思われ，これらの被疑者にとっては，即時釈放の利益の提示も保釈の利益の提示も誘引の程度において変りはなく，かつ，捜査官がその処分権限を有するかもしくは処分に大きな影響力を持つと考えても不合理ではないのである。また，先に紹

介した判例にもみられるように、拘束が長期に及んでいたり、個人的な事情で拘束からの早期の釈放を特に願う被疑者にとっては、利益の約束と利益の暗示の区別もさほど差はないとみなければならない。

設問の場合も、これらの被疑者にとっては、捜査官の右の言葉は、即時釈放の約束と同じ程度の誘引にあたるわけだから、やはり虚偽自白を誘発するおそれがあると解される。したがってこれに基づいてした自白は任意性がないものとして証拠能力を否定すべきである。

以上が、〔設問2〕の被告人調書の証拠能力についての結論であるが、本研究会の席上では、設問を含め利益に結びつけられた自白の微妙なケースについては、任意性の有無につき必ずしも意見は一致しなかった。

3 〔設問3〕について

(1) 私人の違法収集証拠と排除法則

被害者が当該事件の被疑者・被告人を監禁するのは、普通の場合を想定すれば、違法と考えてよいであろう。〔設問3〕では、監禁されている間に被告人の供述書（自白を内容とする上申書）が作成されたというのであるから、違法拘禁中の自白として、排除法則の面からも、この供述書の証拠能力を検討してみる必要がある。しかし、設問では、監禁という違法行為をした上自白を採取した者は被害者である私人という設定になっているから、私人の違法収集証拠にそもそも排除法則の適用があるのかということが、前提として問題となってくるわけである。

この問題についても、実務上これまで深く議論されたことはない。生起する事例が乏しい故であろう。したがって、この問題に関する判例として、ほとんどないのが実情である。私人が他人の居室を捜索して薬物を発見しこれを捜査機関に任意提出した事案につき、その私人の行為の違法性と薬物の証拠能力が一応の争点となっている裁判例があり[14]、多少の参考となるが、いずれも正面切ってこの問題を論じているわけではない。強いていえば、各裁判例とも、

---

14) 東京高判昭28.11.25判特39号202頁および東京高判昭54.6.27判時961号133頁。なお、アメリカの関係判例は、井上正仁「刑事訴訟における証拠排除(7)・完」法学協会雑誌96巻1号66頁以下（『刑事訴訟における証拠排除』〔弘文堂、1985〕所収）に紹介されている。

私人の行為が違法であっても，捜査機関がこれに関与している場合は別論として，私人の違法収集証拠に排除法則の適用はないという考え方を前提にしているとみられる。

ところで，私人の違法収集証拠にも排除法則の適用があるかどうかは，排除法則の論拠として何をとらえあるいはどの論拠を強調するかによって決せられる問題だと考えられる。

排除法則の論拠については，論者によって表現が異なるが，結局のところ，捜査機関の違法な捜査（証拠収集活動）の抑止効と司法の廉潔性（無瑕性）の保持の二点が主要なものと解される（あるいはこれに，排除法則のより抽象的な論拠として，適正手続の保障を加えてもよい）[15]。

排除法則の論拠として，右のうち，違法捜査の抑止効を強調する立場（前記最一小判昭 53.9.7 はこれに属すると思われる）や適正手続の保障をあげる立場からすれば，この法則はもともと国家機関すなわち捜査官憲に向けられたものということになるから，私人の違法収集証拠に適用がないのは「当然の結論」である[16]。問題は，司法の廉潔性（無瑕性）の保持という論拠からはどうかということである。たしかに，「私人により収集されたものであっても，証拠の使用は不法の利用という性格を有することに変わりはないから，そのような証拠についても排除の必要性を認める」見解[17] にも一理ありそうにみえる。しかし，考えてみると，排除法則の論拠としての司法の廉潔性（無瑕性）の保持の観点もまた論理的に必然性を持ったものではない。このような証拠を排除した方が国民の司法に対する尊敬・信頼の確保にのぞましいとの政策的判断に支え

---

[15] 排除法則の論拠については，井上・前掲注14) 4頁以下に整理されている。
[16] 青木英五郎「証拠能力の制限に関するその他の問題」団藤重光編『法律実務講座刑事編(9)』（有斐閣，1960）1970頁以下，光藤景皎「違法収集の証拠」日本刑法学会編『刑事訴訟法講座(2)』（有斐閣，1964）253頁。
[17] 井上・前掲注14) 67頁以下（ただし，捜査機関の場合よりも強い違法の存在を要求する）。

なお，鴨良弼編『刑事訴訟法講義』（青林書院，1969）229頁は排除法則の適用の余地を認め（ただし，被告人側の違法収集証拠は排除されない），小田部米彦「違法に押収された物の証拠能力」鴨良弼先生古稀祝賀論集『刑事裁判の理論』（日本評論社，1979）300頁もこの適用を肯定する（ただし，私人である点，私人と捜査官との関係などは，排除するかどうかの判断の際に考慮されるべき要素とする）。

られたものと考える。しかも，この観点は，違法捜査の抑止効という実際的，具体的な観点に比べると，かなり抽象的な政策論拠であることは否めない。そうであれば，この論拠を基礎としても，私人の違法収集証拠の利用と捜査機関のそれとの質的差異に注目して，排除法則の適用を後者にのみ限定することは可能であると思われる。ここで質的差異というのは，第一に，捜査機関の場合，本来適法な証拠収集活動が要求され，かつそれが可能であるように法的手段が一応は講じられているにもかかわらず，違法に証拠を入手したから，その可責性は私人の場合よりもはるかに大きいので，この証拠を使用する司法に対する国民の尊敬・信頼もそれだけ大きく害されるおそれがあるという点である。第二に，捜査機関の場合，裁判所と同じ国家機関であるから，その違法収集証拠を利用して裁判所が法を実現するのは，国家機関全体の矛盾，不統一を示すことになって，国家ないし法への尊敬・信頼を害することにもなりかねないが，私人の場合そのような危険は全くない。第三に，私人の場合にも排除法則を適用すれば，訴追側になんら失点がないのに敗訴をして犯人が免れる事態を招きかねないが，これはかえって国民の司法に対する信頼を害することになりはしないか，という点である。

以上の理由により，私人の違法収集証拠には，排除法則の適用はないと解される。ただし，私人の違法な証拠収集活動が捜査機関の慫慂，協力による場合は，正しく捜査機関の犯した違法な活動と同視すべきものであるから（比喩的にいえば，この場合捜査機関は実行正犯ではない，というにすぎない），排除法則の適用は，当然肯定される。この点は，先ほどの各裁判例が示唆するところであるし，異論はない[18]。捜査機関の関与はないが私人の方に捜査機関を助ける意図があった場合や捜査機関が違法収集証拠であることを知ってこれを受理した場合をどう扱うかは問題であるが，やはり排除法則の適用はないと解すべきであろう。

設問では，被害者の行った不法監禁に捜査機関が関与しているとは想定されていないので，結局，設問の被告人の供述書に排除法則は適用されず，もっぱら任意性の有無だけが問題となる。

---

18) 前掲注 16) 掲記の排除法則不適用説もこの点は認める。

(2) 任意性

自白法則は，排除法則と異なり，自白採取者が私人の場合にも，適用される。

条文（憲法38条2項，刑訴法319条1項）に限定がないことおよび虚偽排除の観点は私人が採取した自白についても考慮を要するからである。

そこで，設問の供述書（自白を内容とする上申書）の任意性の検討に移るわけであるが，設問では，被告人が不法に監禁されている間にこの供述書が作成されたことになっている。不法監禁ということだけでその間の自白の任意性を直ちに否定することができないことは，捜査機関の違法拘禁中の自白について論じられているところと同一である[19]。けだし，自白の任意性は，自白を引き出す過程で，虚偽自白を誘発するおそれがある状況もしくは供述の自由の侵害とみられるような圧迫が存在したか否かにより決せられるからである。場合によっては，不法監禁状態そのものが，右にいう状況もしくは圧迫にあたることもありえようし，他の事情が加わってそう評価できることもありえよう[20]。あるいはまた不法監禁ではあるが自白の任意性に全く影響を及ばさないとみられる場合もあろう。

したがって，設問の場合も，監禁の態様や供述書作成に至る事情が今少し明らかにならないと任意性の有無を決しがたいことになる。ただ，被害者が法を犯してまで被告人を監禁してその間に自白を採取したというのであるから，普通に設問を考えれば，被害者は不法監禁状態を背景にして強く自白を迫った状況が想定され，そのような想定下では，不法監禁状態そのものが強制にあたり，この自白は任意性を欠くと解される。

結論的には，〔設問3〕の供述書の証拠能力は否定される。

---

[19] この点の判例・学説は，前掲『特集・違法収集自白の証拠能力』判タ397号中，山中孝茂「違法拘禁中の自白」に引用されている。
[20] 違法拘禁（別件逮捕・勾留）であることに他の事情を加えて自白の任意性を否定した裁判例が参考となる（東京地判昭42.4.12下刑9巻4号410頁，大阪地判昭46.5.15刑月3巻5号661頁，判タ269号166頁）。

【追 記】

本論稿は，大阪刑事実務研究会において「刑事公判の諸問題」と題する研究シリーズの一環として研究発表し，昭和57年8月判例タイムズ誌上に掲載され，その後同研究会編著の『刑事公判の諸問題』（判例タイムズ社，1989）に収録された論文である。

本論稿は，自白の証拠能力一般を取り上げたものではなく，〔設問1〕ないし〔設問3〕のとおり，弁護人の立会を拒否して被疑者を取り調べて得た自白の証拠能力，利益とりわけ身柄の釈放に結びつけられた自白の証拠能力および私人が違法に収集した自白の証拠能力に限って，排除法則および自白法則双方の面から，検討を加えたものである。

その後30年余りを経過し，自白の証拠能力の関する判例・学説は多岐にわたっている。

1 排除法則について

排除法則に関するその後の判例・学説については，第20章「違法収集証拠排除の基準」および第21章「捜査手続の違法とその後に収集された証拠の証拠能力」の各末尾の追記を参照されたい。

〔設問1〕で設定したような自白に対する排除法則の適用に関する判例は，その後にも出ていない。被疑者の取調べにおける弁護人の立会権については，本論稿でも指摘したように，学説としては，肯定説があり，また，将来の立法論としてこれに積極的な見解が有力ではあるものの，実務における現行法規の解釈としては，否定説が揺らいでおらず，かつ，否定説による運用に落ち着いているので，〔設問1〕のような自白の排除が問題となり判例として登場することはないのであろう。もっとも，弁護人選任権や接見交通権の侵害による自白の証拠能力に関する判例は，少なくない[21]。

ちなみに，排除法則は，本来違法に収集された証拠物の証拠能力に関する証拠法則であるが，その法理に照らし，違法に収集された供述証拠とりわけ自白についても適用があると考えられるが（石井・前掲注21）263頁），この点についての判例も石井・前掲注21）263頁に挙示している判例を参照されたい。こ

---

21) 石井一正『刑事実務証拠法〔第5版〕』（判例タイムズ社，2011）271頁参照。

のうち，東京高判平 14.9.4 判時 1808 号 144 頁〔ロザール事件〕が，このことを明示するとともに事案によっては，自白法則の適用の検討に先立って，排除法則の適用を検討する方が妥当であるとしている点が注目される。

〔設問 3〕で設定したような私人の違法収集証拠に対する排除法則の適用に関する判例も，本論稿に掲げたもの以外は現時点（平成 25 年 3 月）でも存在しない。ただし，判例集に掲げられた判決要旨外の判示事項ではあるが，私人が被告人所有のパソコンを持ち出して警察官に任意提出し，それをに基づいて作成された捜査報告書の証拠能力が争われた事例があり，この判例も，違法捜査抑制の見地から私人の違法収集証拠に対する排除法則の適用には原則的に消極である[22]。また，私人ではないが，外国の捜査機関による違法収集証拠に排除法則の適用があるかが争われた事例はあり，この判例は，もともと排除法則が日本の捜査官による将来の違法捜査を抑制する見地から認められた証拠法則であることを理由にこれを消極に解している（福岡高判平 17.5.19 判時 1903 号 3 頁）。この判例も参考になろうか。

私人の違法収集自白が取調べ請求されることも，実務においてはほとんどないから，〔設問 3〕のような自白の排除が問題となる判例が乏しいのも，当然と言えるかも知れない。

学説に目を転ずると，被疑者の取調べにおける弁護人の立会権について詳論した最近の論稿としては，葛野尋之「被疑者取調べにおける黙秘権と弁護権」村井敏邦先生古稀記念論文集『人権の刑事法学』（日本評論社，2011）279 頁があり，そこには，この問題に対する現在の議論状況や本論稿以後の文献も挙示されている。

また，私人の違法収集証拠に対する排除法則の適用について詳論した最近の論稿としては，榎本雅記「違法収集証拠排除論の再構成・試論」『三井誠先生古希祝賀論文集』（有斐閣，2012）685 頁があり，民事訴訟における違法収集証拠の証拠能力に関する議論をも参照しながら，積極説が展開されている。

2 自白法則について

自白法則に関する本論稿以後の判例・学説も豊富である。

---

[22] 東京高判平 22.9.24 東高時報 61 巻 1＝12 号 211 頁。

自白法則に関する判例は，石井・前掲注21) 240頁以下に「強制（肉体的圧迫）による自白」など類型を分けて整理・分析しているので参照されたい（現時点〔平成25年3月〕では，自白法則に関する判例で，ここに収録した判例以後に公刊されたものはない）。

　〔設問2〕で設定したような利益とりわけ身柄の釈放に結びつけられた自白の証拠能力に関する判例で，本論稿に収録したもの以後の判例も，石井・前掲書に掲げているが，和歌山地判平6.3.15判タ870号286頁，判時1525号158頁がそれである（同書257頁）。既に2か月以上身柄を拘束され，しかも厳しい取調べを受けていた成人になって一月も経っていない被告人に対し，警察官が犯行を認めれば保釈の可能性がある旨を暗示した場合につき，自白の任意性を否定した判例である。

　学説に目を転じると，最近の論稿としては，自白法則について再検討を加える論稿，とりわけ，一時期学界の通説であるとまで言われていた違法排除説に疑問を投げかける見解が有力になってきたことが一つの特徴であると思われる。たとえば，大澤裕「自白の証拠能力といわゆる違法排除説」研修694号3頁，寺崎嘉博「自白法則について」『鈴木茂嗣先生古稀祝賀論文集(下)』（成文堂，2007）411頁などである（後者は，自白に排除法則が適用されることをも否定する）。自白法則の趣旨・根拠としての違法排除説にはもともと文理解釈上の無理があったし[23]，自白排除の基準としても言うほどには明確でなく有用性が乏しかったから，実務に浸透せず，また，学説においても，見直しの時期に至ったのは，首肯できるところである。

　自白法則の趣旨・根拠としては，従来から実務家の多くが支持している虚偽排除と人権擁護の観点を併用してとらえる説（任意性説）が正当であり，これと別個に前述のとおり自白に対しても排除法則の適用を考える（競合説あるいは二元説）のが将来的にも有用である[24]。ただ，「拷問による自白」を想定すれば明らかなように，任意性を欠く取調べは，同時に違法な自白の収集方法でもあるという事態が少なくないことに注目しておけば足りることである（「偽計による自白」なども違法の要素を含む）。しかし，一方で，およそ違法という

---

23) 石井一正『刑事事実認定入門〔第2版〕』（判例タイムズ社，2010）24頁。
24) 小林充「自白法則と証拠排除法則の将来」現刑38号58頁参照。

要素がないかあるいは乏しい方法で収集されたが，なお任意性を欠く自白（「約束による自白」など）もあり，虚偽排除の観点が働く場面も少なくないことにも留意しておかなければならない。

なお，自白法則の適用に関しては，排除法則と同様，その基礎事実とりわけ拘束された被疑者の取調べ状況の認定が，実務上重要かつ困難な問題である。これに関連して，いわゆる「取調べの可視化」が議論されており，一部では既に実施されていることは，周知のとおりである（本書64頁参照）。更に，抜本的には，被疑者とりわけ拘束された被疑者の取調べの適正化を徹底させ，任意性に疑いを持たれるような事態を減少させることが，今後とも重要な課題である。

最後に，自白法則および自白に対する排除法則については，平成24年1月に開催された刑法学会関西部会において共同研究として取り上げられ，その成果が最近の刑法雑誌に公刊されており，そこでは，加藤克佳「自白法則について——現状と課題」刑法52巻1号71頁，池田公博「自白の証拠能力——違法排除のあり方・派生証拠の取扱い」刑法52巻1号95頁および長井秀典「自白の証拠能力について——実務家の立場から」刑法52巻1号117頁の3篇が収録されていること，また，松田岳士「刑事訴訟法319条1項について(上)」阪大法学56巻5号23頁のほか，関口和徳「自白排除法則の研究」と題する詳細な論稿が，連載継続中であることを付記しておきたい（北大法学59巻2号171頁，59巻3号199頁，59巻5号59頁，60巻1号49頁，60巻6号91頁，62巻1号1頁，62巻3号49頁，62巻5号91頁，63巻4号9頁）。なお，同論文の(1)には，自白の証拠能力に関する文献がほぼ網羅的に注記されている（北大法学59巻2号200頁）。

第19章　任意性を欠く第三者の供述の証拠能力
　　　――最三小決昭54.10.16を契機として

第1　はじめに

　任意性を欠く被告人の供述ことに自白は証拠能力がないことは明らかである（刑訴法319条1項）。問題は，被告人以外の者（以下，「第三者」という）の供述の場合である。これについても任意性を欠けば証拠能力が否定されると解すべきなのかそれとも証明力の評価にあたって考慮すれば足りるのか。これが本稿で論じるところである。

　実務においても，たとえば，検察官が共犯者（広義）の検察官に対する供述調書を取調請求したのに対し，被告人側からいわゆる特信性（刑訴法321条1項2号後段）を欠くのみならず任意性を欠く旨の主張がなされることが多い。この際，裁判所としては，第三者の供述の任意性の問題に当面することになる。もっとも右のような主張の真意は，任意性を欠くから特信性を欠くとする点にあるのかも知れない。そうであれば，それほど問題はない。けだし，供述の任意性が特信性その他伝聞証拠を許容する要件の一要素として考慮されることは明らかであって，任意性を欠くが特信性は肯定されるなどという事態は，理論上ありえないわけではないが，実際上は考えにくいからである。この意味で伝聞証拠については，第三者の供述であっても，任意性が間接的に証拠能力の要件となっていることが多いといえよう[1]。しかし，任意性を欠く第三者の供述一般の証拠能力の問題はいぜんとして残るのである。

　さらに，純然たる第三者である証人が公判廷において脅迫または利益の約束（たとえば，買収）に基づいて証言したとしよう。このような例は実務上数少な

---

[1] 任意性を欠く第三者の供述の証拠能力を一般的には否定しない見解においても，このことは等しく承認されている（瀧川幸辰ほか『刑事訴訟法（法律学大系コンメンタール篇⑽）』〔日本評論社，1950〕467頁，江家義男『刑事証拠法の基礎理論』〔有斐閣，1955〕122頁，団藤重光『新刑事訴訟法綱要』〔創文社，1967〕257頁，青木英五郎「証拠能力の制限に関するその他の問題」団藤重光編『法律実務講座刑事篇⑼』〔有斐閣，1956〕1981頁，柏木千秋『刑事訴訟法』〔有斐閣，1970〕241頁，平場安治ほか『注解刑事訴訟法㊥』〔青林書院，1974〕744頁など）。

いといえようが，考えられないわけではない。この例の場合，証言は任意性を欠くものとして証拠能力を否定すべきか，それとも，脅迫や買収はこの証言の信用性の判断にあたって考慮すれば足りるか。この証言の信用性がないと判断されて事実認定の用に供されないときは，いずれにしても，実際上の結論に差異はない。しかし，脅迫や買収はあったが，それにもかかわらずこの証言は真実を物語っていると判断されたとき，両説の差異は実際上も重要なものとなる。

ただここで，被告人の供述ことに自白の任意性と第三者の供述の任意性とは任意性の意味において同義かという問題がある。一般には，両者は区別されないで議論され，ただ第三者の供述の場合は，自白の場合と異なり，供述過程で適法な強制を加えること（たとえば，偽証罪の制裁の下に供述義務を負わせる）はできるのでこの場合には任意性そのものの意味が限定を受ける，と説かれている[2]。本稿でも，議論を進めていく上で，一応両者の意味は同義として考えておきたい。

ところで，任意性を欠く第三者の供述の証拠能力の問題は，刑訴法325条の解釈と関連づけて議論されてきた。すなわち，同条は，「裁判所は，前4条の規定により証拠とすることができる書面又は供述であっても，あらかじめ，その書面又は公判準備若しくは公判期日における供述の内容となった他の者の供述が任意にされたものかどうかを調査した後でなければ，これを証拠とすることができない。」と規定しているが，同条の法意や任意性調査の時期（「あらかじめ」の意義）について解釈上争いがあり，その根底には任意性を欠く供述一般の証拠能力をどう考えるかという問題があったのである。

表題掲記の最高裁決定は，この任意性の調査の時期に関する最高裁の判断をはじめて示したものであって，この点でも意義深いが，これに関連する刑訴法325条の法意やひいては第三者の供述の任意性の問題についても判示しているので，本決定を契機にこの問題を考えてみたいというわけである。

論述の便宜上，本決定をまず紹介することにする（なお，本稿は，神戸地方裁判所と神戸大学との判例研究会で発表したところをとりまとめたものである）。

---

[2] 高田卓爾『刑事訴訟法』（青林書院新社，1978）227頁，松本時夫「任意性の調査」熊谷弘ほか編『証拠法大系Ⅲ』（日本評論社，1970）329頁など。

第2　最高裁昭和54年10月16日決定[3]の紹介

　事案は，公職選挙法違反（饗応）事件であって，一審（新潟地裁村上支部）で受饗応者および饗応に使用した会館の使用人の検察官に対する各供述調書の任意性・特信性並びに被告人の供述調書の任意性が争われ，一審は，任意性・特信性について特段の証拠調はしていないが，供述者の公判廷における供述その他すでに取調べずみの関係証拠および当該供述調書の内容によって右各供述調書の任意性・特信性を認めた。一審の有罪判決に対し弁護人が控訴し，控訴趣意において，一審のときと同様，右各供述調書の任意性・特信性を争うとともに，右各供述調書について刑訴法325条所定の任意性の調査をしないで証拠とした違法（訴訟手続の法令違反）がある旨の主張をした。

　控訴審（東京高裁）は，一審同様，任意性・特信性を肯定するとともに右の主張に対しては以下のような理由でこれを排斥した。すなわち，刑訴法325条の任意性の調査は，必ず検察官をしてその供述の任意性について立証させねばならぬものではなく，裁判所が適当と認める方法によってすれば足りるのであって，その調査の方法についても格別の制限はなく，当該調書の内容自身も調査の一資料となるものであり，その時期は証拠調後でもよいと解されると判示し，原審は取調べについての当該供述者の公判廷での証言，取調べずみの関係証拠，当該供述調書の内容等から任意性を調査しているから，原審の措置に違法はないと判断したのである。

　本件の訴訟経過からみると，本件の事案では任意性の調査はなされており，しかも各調書の証拠調前になされていたと言い切ってもそれほど不当ではないと思えるが，控訴審が刑訴法325条に関し前記のとおりの解釈を示したので，弁護人の上告趣意でこの点が問題とされるところとなった。すなわち，弁護人は，右の解釈のうち，当該調書の内容も任意性調査の一資料となるものであり，調査の時期は証拠調後でもよいとする部分は同条の明文（「あらかじめ」と規定している）に反し憲法違反（憲法31条・38条違反）であると主張した。

　これに対し最高裁は，単なる法令違反の主張であって刑訴法405条の上告理

---

3) 刑集33巻6号633頁，判タ401号70頁。

由にあたらないとしたうえ，職権による判断として，「刑訴法325条にいう任意性の調査は，必ずしも当該書面又は供述の証拠調の前にされなければならないわけのものではなく，裁判所が右書面又は供述の証拠調後にその証明力を評価するにあたってしても差し支えない。」（決定要旨）と判示し，原審の判断を相当としたのである。

そして，この決定は，右の要旨の前提として，刑訴法325条の法意に触れて，同条は，裁判所が，同法321条ないし324条の規定により証拠能力の認められる書面または供述についても，さらに供述の任意性を調査することによって，任意性の程度が低いため証明力がとぼしいか若しくは任意性がないため証拠能力あるいは証明力を欠く書面または供述を証拠として取り調べて不当な心証を形成することをできる限り防止しようとする趣旨のものと解される，と判示している。

第3 刑訴法325条の解釈

任意性を欠く第三者の供述の証拠能力に関する議論の要点の一つは，先に述べたように，刑訴法325条の解釈にあるので，まずこの点から検討する。

この点に関し，通説は，刑訴法325条の法意は，裁判所に任意性の調査義務を課すことにより，その証拠価値の判断にあたり供述の任意性を考慮に入れさせようとする趣旨であって，任意性のない場合にすべて証拠能力がないとする趣旨ではないと解し，したがって任意性の調査の時期は必ずしも証拠調前でなくてもよいと解していた[4]。しかし，同条は任意性が一般的に供述の証拠能力の条件であることを定めたものあるいはこれを前提とする規定であって，任意性の調査の時期は証拠調前でなければならないと解する説も有力であり[5]，調

---

4) 団藤・前掲注1) 258頁，平場安治『改訂刑事訴訟法講義』（有斐閣，1954）477頁，江家・前掲注1) 125頁，柏木・前掲注1) 241頁，平場ほか・前掲注1) 744頁，鈴木茂嗣『刑事訴訟法』（青林書院，1980）192頁など。なお，青木・前掲注1) 1981頁もほぼ同旨。
5) 伊達秋雄「供述の任意性の調査」判タ9号28頁，高田・前掲注2) 226頁，青柳文雄『刑事訴訟法通論(下)』（立花書房，1976）132頁・260頁，井戸田侃『刑事訴訟法要説Ⅱ』（有斐閣，1967）92頁，平場安治編『刑事訴訟法要論』（日本評論社，1969）217頁，石川才顕『刑事訴訟法講義』（日本評論社，1974）270頁など。

査の時期についての判例も統一されていない状況にあった[6]。

本決定は，前掲判示からも明らかなように，本条の法意について証拠能力に関する規定であるとする説をとらず，おおむね前記通説に従った理解を示している。そして，本条の立法経過やもともとの立法趣旨はともかくとして[7]，実定法規の解釈としては，通説や本決定の理解が正しいと考えられる。

というのは，本条が任意性を欠く供述一般の証拠能力を否定したもの，あるいはその証拠能力の否定を前提としたものと解すると，刑訴法322条（324条1項に準用）で被告人の供述について任意性を要求した趣旨が失われるし[8]，本条の文言は，たとえば，同法319条1項や322条1項のように端的に「任意にされたものでないときはこれを証拠とすることができない。」と規定せず，「任意にされたものかどうかを調査した後でなければ，これを証拠とすることができない。」と規定していて，調査をしさえすれば場合によって証拠とすることができるという解釈をとる余地を残している[9]からである。この規定の位置という論拠も，本条が証拠能力に関する規定であるとするには薄弱であろう。

このように，本条から直ちに任意性が一切の供述の証拠能力の条件であるという重大な結論を出すことは早急にすぎる[10]と解されるので，この問題は，刑訴法325条の規定とは別個に検討する必要がある。そして，そこでは，後に詳論するように，自白と第三者の供述の異同が問われなければならないであろう。

なお，本論からいえば，ややわき道にそれるが，本決定は，本条にいう任意

---

6) 必ずしも証拠調前でなくてもよいとするのは，名古屋高判昭24.12.10判特3号38頁，東京高判昭25.11.21判特15号32頁，福岡高判昭25.11.22高刑3巻4号583頁，仙台高判昭29.10.4裁特1巻7号305頁など。

なお，福岡高判昭25.5.23判特9号130頁，判タ8号55頁は，異議申立がない限り訴訟終了までに調査すれば足りるとする。証拠調までとするのは，福岡高判昭25.1.23判特3号103頁（ただし，瑕疵の治癒を認める），札幌高判昭25.7.12判特11号184頁など。

7) 本条は，米法上の予備審査の制度（裁判官が自白の任意性の存否をあらかじめ決定する手続）を模したものといわれている（栗本一夫『新刑事証拠法』〔立花書房，1950〕142頁）。

8) 青木・前掲注1）1981頁，田中和夫『新版証拠法』（有斐閣，1972）188頁，青柳文雄ほか『註釈刑事訴訟法(3)』（立花書房，1978）386頁。

9) 青柳ほか・前掲注8）386頁。

10) 滝川ほか・前掲注1）467頁，平場・前掲注4）477頁。

性の調査と証拠能力の要件としての任意性の調査（典型的には自白の任意性の調査）とは別個であるという見解に立っているようであり[11]，この点も注目に値する。従来，この区別を指摘した見解もなくはないが[12]，一般的にはこの区別は明確に意識されず，それが本条の解釈・適用に若干の混乱や誤解を招いてきたのではないかと推測されるのである[13]。

自白の任意性など証拠能力の要件としての任意性の調査（取調請求者からいえば立証）は本条をまつまでもなく要するのであり，しかもその調査は証拠調に先立って行わなければならず，刑訴法321条ないし324条により証拠能力の認められる証拠に対しては，観念的にはこれと別個に本条の任意性の調査が必要となるが，通常は同時に行われることが多いと考えてよいのである（本決定の判文参照[14]）。

第4 任意性を欠く第三者の供述の証拠能力

1 学説・判例の概観

第三者の供述の任意性の問題をどう考えるかについて学説は未だ定まっていないように見受けられる。強いていえば，任意性を欠く供述の証拠能力を肯定する（証明力の問題としてとらえる）考え方（以下「肯定説」という）のほうが，

---

11) 龍岡資晃「刑訴法325条にいう任意性の調査の時期」ジュリ709号74頁。
12) 平場ほか・前掲注1) 669頁, 743頁。
13) 本件の控訴審判決もそうであるが，従来，被告人の自白の任意性の調査を——あるいはこれを含め——刑訴法325条の問題としてとらえる見解も多かったようである。
　そうとらえながら，その調査の時期は証拠調後であってもよいとする判例は多いが（前掲注6) 名古屋高判昭24.12.10, 東京高判昭25.11.21, 福岡高判昭25.11.22など），不当といわなければならない。
　また，そうとらえるから本条の調査は証拠調前にすべきだとする見解（田中・前掲注8) 188頁，松本・前掲注2) 337頁など）も有力であるが，両者は別個であるとすると，本決定のように，本条にいう任意性の調査は必ずしも証拠調前でなくてもよいと解するほうが自然であろう。
14) したがって，実際上刑訴法325条が独自に機能するのは，第三者の供述で，しかも伝聞許容の要件として任意性が関係しないものについて，ということになる（さしずめ，刑訴法321条4項2号前段の書面など）。この意味で，同条が真にその機能を発揮する余地は，理論上も実際上も少ないといえよう（江家・前掲注1) 122頁）。

証拠能力を否定する考え方（以下,「否定説」という）より有力であるといえようか。ただ, 肯定説の中にも例外的な場合には証拠能力を否定することを認めるものが多いし, 否定説といっても, 自白と同様, 任意性に疑いがあれば一切証拠能力を否定するわけではない説が多いので, いわば「場合による」という考え方が多数説といえよう。

　肯定, 否定の両説をいくつかあげて, その論拠を調べてみよう。まず, 肯定説から紹介する。

　江家教授は,「おもうに, 供述の任意性は, 被告人の供述（特に自白及び自認）は別として, 証拠能力の要件として取扱われるべきものでなくて, 供述の証明力の問題として取扱われるべきものである。英米法では, 供述の任意性が疑われる事実は証人の弾劾手続において明かにされ, これによって証人の信憑性が減殺されることになっている。わが刑事訴訟法においても基本的観念は英米法と同様であるとせねばならない。」と述べられ, 団藤（元）教授は, 特信性の一要素としての任意性は別として, それ以外の場合についてすべて任意性を証拠能力の要件と考えることはできない, ただ「違法な強制」が加えられたときは, 証人の供述でも証拠能力がない, とされ, 横井（元）検事は,「任意性の全く欠如することが明らかな場合」はともかく, そうでなければ任意性の程度が証明力の程度を判断する資料となるにすぎないとされ, 青木（元）判事も,「違法な強制で任意性を全く欠如することが明らかな場合」は証拠能力を否定すべきであるが, その他の場合は, 任意性の程度が証明力を判断する資料となるにすぎないと結論づけられている[15]。

　以上のとおり, 肯定説に立てば, 同じく任意性を欠いても, 一切証拠能力が否定される自白とそうではない第三者の供述との落差は大きい。しかし, なぜこのような差異が認められるのかについては, 掘り下げた説明はなされていない。

---

15) 江家・前掲注1) 121頁, 団藤・前掲注1) 257頁, 横井大三『新刑事訴訟法逐条解説Ⅲ』（司法警察研究会公安発行所, 1954) 122頁, 青木・前掲注1) 1982頁。
　肯定説としてはこのほか, 滝川ほか・前掲注1) 467頁, 柏木・前掲注1) 241頁, 平場ほか・前掲注1) 744頁, 鈴木・前掲注4) 191頁など。
　なお, 渥美東洋「刑訴法325条にいう任意性の調査を当該証拠の証拠調後に行ってもよいとした事例」判時966号198頁も肯定説に属するといえようか。

次に，否定説として，青柳教授は，任意性のない自白の証拠能力の制限が人権の保障と虚偽性の排除にある以上，第三者の場合には被告人・被疑者の場合に較べて供述が強要される危険が少ないとはいえ，この場合を除外するのは正当とはいえないとされ，ドイツ刑訴法69条3項が同法136条aの規定（被疑者の自由意思の保護およびこれを侵害した供述の証拠能力の否定）を証人尋問にも準用していることを指摘されている。井戸田教授も，刑訴法325条の規定の文言等を証拠能力否定の根拠とされるほか，任意性を欠くときは，内容的に虚偽であるおそれが大きく，かつその取得過程は憲法で保障する基本的人権尊重という理論に矛盾するから証拠能力を否定すべきだとされ，ただ，「任意性に疑あるにすぎないとき」は証明力の評価にあたってそれを参考にすれば足りよう，とされている[16]。
　以上見たように，否定説は，第三者の供述についても，任意性を欠く自白の証拠能力が否定されるのと同一の原理が及ぼされるべきである，という点に基本的な発想を求めていることがうかがわれるのであるが，果して，しかりかが正に問題である。
　また，否定説によっても，任意性に疑いがあるにすぎないときは，証明力の問題とされているし，強制等の内容もある程度高度のものを考えておられる論者が少なくない[17]。したがって，肯定・否定両説の実際上の差異は，それほど大きくはないのかも知れない。
　判例に目を転ずる。この点に関する判例の数はとぼしいのでその傾向を知ることはできない。第三者の供述調書の任意性が問題となって，その証拠能力を否定した高裁の判例として，大阪高判昭24.12.19判特3号70頁，大阪高判昭

---

16) 青柳・前掲注5) 260頁，262頁，井戸田・前掲注5) 92頁（同旨，平場安治編『刑事訴訟法要論』〔日本評論社，1969〕217頁）。
　否定説としては，このほか，横川敏雄『刑事裁判の研究』（朝倉書店，1953) 168頁，高田・前掲注2) 227頁，石川・前掲注5) 270頁，鴨良弼編『刑事訴訟法講義』（青林書院新社，1981) 218頁，伊達・前掲注5) 30頁，青柳ほか・前掲注8) 387頁，松本・前掲注2) 329頁など。
17) たとえば，伊達（元）判事は，「相当高度の強制」の場合，松本判事は，「供述者が共犯者である場合はいうまでもなく……拷問ないしこれに類する強制」の場合は，証拠能力を否定すべきとされる（伊達・前掲注5)，松本・前掲注2) の各論文）。

41.11.28下刑8巻11号1418頁，判タ204号175頁が目につく程度である[18]）。

前者の判例は，いったん証拠とすることに同意のあった第三者の警察官に対する供述調書につき後に取調官の強制（暴行）によるもので任意性なしとして証拠能力を否定したもの（直接の根拠としては，刑訴法326条1項の「相当性」を欠くとしている），後者は，第三者（共犯者）の検察官に対する供述調書につき脅迫と利益の約束（早期釈放など）によるものとして任意性ないし特信性に疑いがあるとして，証拠能力を否定したものである。

本決定は，先に紹介したとおり，任意性を欠く第三者の供述の証拠能力を直接の判旨としたものではない。ただ，刑訴法325条の規定の趣旨・目的に関連してこれに触れているにすぎない。判示（前掲）によると，任意性の程度・有無はおおむね供述の証明力に影響を及ぼす事情にすぎないととらえられている（もちろん，任意性が直接・間接証拠能力に関係する場合は別として）。ただし，証拠能力がなくなる場合もあることを認めている。したがって，この立場を先の学説の分類に相応させれば，証拠能力肯定説（証明力の問題としてとらえる）ではあるが，場合により証拠能力が否定されることもあるという考え方に属するといってよいであろう。もとより判示はこれに尽きるので，その論拠や任意性を欠く第三者の供述が証拠能力まで欠くのはいかなる場合かについて詳論しているわけではない。ただわずかに，証拠能力の問題となるのは，任意性の程度が低い場合ではなくて任意性を欠く場合であることが判文上うかがわれるのである。

2 検 討

任意性を欠く自白の証拠能力が否定される実質的な根拠については，周知のとおり，種々の説明がなされているが，やはり虚偽排除の観点と人権擁護の観点双方を考慮する見解が正当であると思われる。学説としても，このうちどち

---

[18] なお，いわゆるロッキード事件におけるコーチャンおよびクラッター嘱託尋問調書の採否に関する東京地裁の三決定（東京地決昭53.9.21刑月10巻9＝10号1256頁，東京地決昭53.12.20刑月10巻11＝12号1514頁，東京地決昭54.10.30刑月11巻10号1269頁）は，いずれも供述の任意性を肯定した裁判例であるが，この問題について参考となるものを含んでいる。

らの観点を主として考慮するかに差異はあっても、この見解すなわち虚偽排除説と人権擁護説のいわゆる併用説（競合説）が、通説と目されている[19]。

ところで、任意性を欠く第三者の供述の証拠能力を原則的に否定する考え方の実質的な論拠は、先に一言したように、任意性を欠く供述である限り、それが自白であれ、第三者の供述であれ、その虚偽性と取得過程の人権侵害性において共通しているから、これを排除する証拠法上の必要性においても同一の原理に服せしめるべきものとする点にある。

果して、このようにいえるか。

(1) 虚偽排除の観点

まず、虚偽排除の観点から考察しよう。

自白の任意性に関しこの観点を主張する虚偽排除説に対しては種々の疑問が提起されている。一つの大きな疑問は、任意性のない自白は定型的にいって虚偽のおそれが大きいといえるのか、もし仮にそういえるとしても、虚偽性だけを問題にするのであれば、実体的真実主義に立つわが刑訴法としては、これを証明力の問題として個々的に扱えば足りるのではないかという点である。たしかに、右の疑問は根拠のないものではない。しかし、それにもかかわらず、自白法則の根拠としては虚偽排除説が歴史的には正統的な思想であり、今日のわが国でもこの観点が大方の支持を受けているのは、そこに自白特有の性質に結びついた合理性があるためだといえないだろうか。もとより、自白法則は他の証拠法則と同様、歴史的な所産であって、その根拠を理論により完全に説明することに適合しないかも知れぬが、第三者の供述（たとえば、参考人の供述）と較べてその性質に次のような差異があって、自白のこの特質が、前記の疑問にもかかわらず虚偽排除説を維持する支えになっていると推測しても誤りではないと思える。

第一に、自白は供述者自らに対する不利益性のゆえに過信されやすい（この点は補強規則の根拠でもある）。共犯者の自白も共犯者（自白者）に対する関係では同様に過信されやすいが本人に対する関係ではやはり警戒の目で見られる[20]（実際にも、共犯者は自己の刑事責任の軽減されんことを願っておうおう仲間

---

19) 学説の分類については、鈴木茂嗣「自白排除法則序説」佐伯千仞博士還暦祝賀『犯罪と刑罰（下）』（有斐閣、1968）305頁以下に整理されている。

を引きずりこんだり，あるいは責任を他に転嫁するなど虚偽の供述をしがちであるから，警戒を要するのである)。

　第二に，虚偽の自白を選別するのに有効な方法はあまりない。とくに自白はその性質上反対尋問によってその虚偽性を抉出することは不可能である。なるほどその代りに，被告人が法廷で任意に供述するという方法(刑訴法311条2項・3項)で自白を変更することは容易であるが，この方法は宣誓による担保のない供述という意味でも，また自白とは自己矛盾の供述であるという意味でも，反対尋問によるテストほど有効ではない。ところが第三者の供述は，共犯者の自白を含め，反対尋問によりその虚偽性をテストすることができる[21]。

　この二つの特質のゆえに，任意性のない自白は，虚偽排除の観点からのみ問題とされる場合であっても，単に証明力の問題としてとらえて個々的にその信用性を判断するという考え方をとらず，いわば虚偽のおそれだけで一律に証拠能力まで否定するという厳格な態度をとったものといえないか。証明政策として，これは合理的な態度と考えられる。

　そうすれば，このような特質を備えていない第三者の供述の場合は，それが虚偽排除の観点からのみ任意性を欠くとされるときは，そこまで厳格に考える必要はなく，元来の原理に戻ってすべて証明力の問題としてとらえれば足りるということになる。換言すれば，第三者の供述の場合，虚偽排除の観点はすべて反対尋問によってテストされることが期待されており，反対尋問権が保障されている限り，虚偽排除の観点からする任意性の有無は，その供述の信用性の問題にすぎない[22]。しかも，その信用性の判断は，自白と異なり，過信されることもなく冷静になされうるものである。判断の結果，真に虚偽な供述は事実認定に用いなければよいし，虚偽供述の誘引はあったが供述自体は真実に合致するということになれば事実認定に用いることに全く支障はない。

　ちなみに，反対尋問はへていないがこれに代わる要件を備えているがために

---

20) 平野龍一『刑事訴訟法(法律学全集)』(有斐閣，1959) 233頁。
21) 共犯者である相被告人が検察官に対し被告人に不利益な供述をし，被告人側の反対尋問(質問)に黙秘したときは，この方法による虚偽性のテストは不可能であるが，この場合，この供述自体証拠能力がないと解される。
22) 前記引用の江家説，渥美・前掲注15) 196頁，平野・前掲注20) 226頁など参照。

許容される伝聞証拠（刑訴法321条ないし324条により証拠能力が認められた証拠）については，供述の任意性をテストする機会がないから，右法条の各要件の存否と別に任意性の調査をすべき義務を裁判所に課したものが，刑訴法325条の趣旨だと解される。

ところで，任意性のない供述のうち，虚偽排除の観点からのみ問題とされるのは，どのような場合か。これ自体検討を要する大きな問題であるから，ここでは詳述できないが，利益の約束に基づく供述（たとえば，買収されてした証言），欺罔ないし偽計による供述が代表的である。もっとも，右のような供述であっても，場合によって人権侵害の側面を持つことがあり，また実際には両手段が併存することが多いのは，同様の自白について論じられているところと同一である[23]。

(2) 人権擁護の観点

次に，自白法則の実質的な根拠のうち，人権擁護の観点について考察し，任意性を欠く第三者の供述についても同一に働く原理であるかどうかを検討する。

人権擁護説にいうところの人権の中味については論者によって異なる。憲法38条1項の黙秘権（供述拒否権）から，憲法第三章全体の人権まで広狭が考えられる。だが，被告人（被疑者）の供述の自由がその中心であることは当然であろう。ところで，この人権を侵害した自白の証拠能力はなぜ否定しなければならないか。どのような点が実質的に考慮されているのか。一つの説明としては，黙秘権の効果として黙秘権を侵害して得られた自白を排除するのだという見解がありえよう。しかし，この説明はあまり実質的とはいいがたいし，何よりも黙秘規則と自白法則を全く同視するという点で問題であろう。

それでは，より一般にはどのような説明がなされているであろうか。たとえば，自白法則につき人権擁護の観点を強調される平場教授は，この観点につき，①拷問による自白や自己負罪の特権を違法に破ってえた自白の証拠としての使用を禁ずるのでなければ人権擁護の点で完全を期しえない（実効性がない），②一方で法の禁ずる証拠を他方で認めて有罪の基礎とするのは正義の府

---

[23] 第三者（共犯者）の供述調書の証拠能力を否定した前掲大阪高判昭41.11.28は，検察官の「お前も言わなきゃ帰れん」との言葉を脅迫と利益の約束双方の意を含むとしている。

としての裁判所の態度としては一貫性を欠く——したがってかかる自白は受理しえない，と説明されている[24]。

①は違法行為抑止の実効性の担保であり，②は「司法の廉潔性」である。この二つの考慮は正に違法収集証拠（物）の証拠能力を否定する根拠と共通する。人権擁護説は，たしかに自白の任意性という枠内での議論であるが，違法収集証拠（物）の証拠能力を否定する道に通じるものがある[25]。

自白について考察した人権擁護の観点は，第三者の供述にそのまま通用するのか。まず，供述の自由を中心とする人権の保障について考えてみると，共犯者はむろんのこと純然たる第三者であっても，被告人（被疑者）同様，右の人権を保障しなければならないことに変わりはない。ただし，供述義務の面からいえば，黙秘権の認められている被告人（被疑者）のほうが供述の自由の保障が手厚いという差異はある。というのは第三者の場合，捜査機関に対しては供述義務はないが，それは取調べが任意捜査であるからにすぎない。また，裁判所に対しては原則として（例外，刑訴法146条ないし149条）供述義務があり，供述が法的に強制されるからである。

次に，人権擁護説の実質的な根拠すなわち，①違法行為の抑止効と，②司法の廉潔性という観点から任意性のない第三者の供述の証拠能力を考えてみる。この面では，自白と第三者の供述に，先に指摘した供述の自由の保障の程度の差異（黙秘権の有無）のほかに，次の二点の差異があることを指摘しなければならない。一つは，自白には強要の歴史があり，現時点でもこれを強要することがありうるという事実的前提があるのに比し，第三者の供述の場合——共犯者は別として一般的にいえば——このような事実的前提はない。二つは，自白の場合は，人権を侵害してえられた証拠をその者の有罪の資料とするのに比

---

24) 平場安治「自白の任意性」団藤重光編『刑事訴訟法II（新法律学習演習講座）〔普及版〕』（青林書院，1961）238頁，同「自白の任意性」小野清一郎ほか編『総合判例研究叢書(1)』（有斐閣，1957）11頁，平場・前掲注4）179頁。

25) 団藤・前掲注1）251頁，光藤景皎「違法収集の証拠」日本刑法学会編『刑事訴訟法講座(2)』（有斐閣，1964）241頁。

なお，この道を徹底して自白法則を違法収集証拠の排除の一環として統一的に説明する試みがなされている（いわゆる違法排除説——たとえば，田宮裕『捜査の構造』〔有斐閣，1971〕281頁以下，鈴木・前掲注19）など）。

し，第三者の供述の場合はこのような関係にない。これらの差異は，本論にどのように影響してくるか。

人権擁護説の実質的な根拠は，先に指摘したように，違法収集証拠（物）の排除の根拠とされているものに共通するから，ここでは，違法収集証拠（物）の排除論に対する考究が参考になろう。

排除論については，すでに数多くの論考が発表されているが，最近，排除論の基礎の多角的検討を踏まえた見直しが主張されている。それは，「一言でいうならば，従来の絶対的・画一的な証拠排除論に対し，いわば相対的な証拠排除論の提唱[26]」であり，違法の重大性だけではなく，「広く事案の具体的諸事情，諸状況を総合勘案[27]」する説といってよいであろう。排除論の基礎とりわけ"違法行為の抑止の実効性の担保"という論拠は，証拠を排除する論理必然的なものではなく政策的実際的なものであるだけに，政策としての必要性，合理性，相当性の見地からの検討が必要だと思われる。違法収集証拠（物）の証拠能力に関し，最高裁も，違法の重大性に加えて，「これを証拠として許容することが将来における違法な捜査の抑制の見地からして相当でないと認められるとき」にその証拠能力が否定される，としている[28]。この要件すなわち違法捜査抑制のための"排除相当性"の判断にあたりどのような事情が考慮されるべきか。種々の事情が考えられようが，最も重要な事情としては，そのような形での抑止を必要とするほどの事実的前提が現に存在することであろう[29]。なぜなら，もし違法行為がたまさかのものであれば，証拠を許容することが「将来における違法な捜査の抑制」（前記最判）という見地からして不相当とはいえないであろうし，排除法則の母法である米国のこの法則を生み出した背景（違法な警察活動の頻発）からしても，この事情を第一位にあげるこ

[26) 井上正仁「刑事訴訟における証拠排除(7)・完」法学協会雑誌96巻1号69頁。
[27) 小田部米彦「違法に押収された物の証拠能力」鴨良弼先生古稀祝賀論集『刑事裁判の理論』（日本評論社，1979）297頁。
[28) 最一小判昭53.9.7刑集32巻6号1672頁，判タ369号125頁。ただし，この判例が掲げる二つの要件の関連は必ずしも分明ではない（三井誠「所持品検査の限界と違法収集証拠の排除(下)」ジュリ680号109頁）。
[29) 井上・前掲注26) 27頁は，この事情を筆頭に，排除の効果，他の手段の有無，排除による不利益の大小をあげる。

とができよう。

　前記のとおり，この事情については自白と第三者の供述とでは異なる。第三者の取調べについては供述の強要という違法な捜査が頻発する事実的前提はない。そうすると，ここでも，自白法則と同一の原理に従わせる必要はないことになる。自白の場合は違法捜査抑制のための"排除相当性"は常に——遠い将来は別として——あるものとされているのに比し，第三者の供述は，この証拠能力を否定してまで違法行為を抑制するだけの相当性が欠けるのである。ただし，共犯者の供述は本人の自白と同じく，右の事実的前提を充たすから（共犯者自身の自白と共犯者としての供述は密接不可分で，後者に強要のおそれがないとはいえない），自白と同じ原理に服せしめなければならない。

　では，司法の廉潔性の論拠からはどうか。この論拠からすると自白も第三者の供述も同じ原理に服するという論理的帰結になりそうに見える。しかし，司法の廉潔性という論拠も論理的に必然性をもったものではない。このような証拠を排除したほうが国民の司法に対する尊敬・信頼の確保にのぞましいとの政策的判断に支えられたものと考える[30]。この面からの排除相当性の判断の際，考慮されるべき事情は，なんといってもまず違法の重大性ではあるまいか。裁判所が重大な違法にいわば目をつむって証拠を許容するときには正に国民の司法に対する尊敬，信頼が損なわれるからである。逆に，手続が違法な場合例外なく証拠が排除されるとすれば，ときに国民の衡平感が害されるであろう[31]。

　この観点からいえば，先に指摘したように，供述の自由があるとはいえ，被告人（被疑者）と異なり憲法上保障される黙秘権が原則としてあるわけではない第三者の場合，自白とちがって（自白であれば，供述の自由を中心とする人権を侵害するおそれのある違法で足りる），単に供述の自由を侵害する違法の存在では足りず，その違法の重大性が証拠能力を否定する要件と解される。違法収集の証拠物の証拠能力の要件との均衡からいってもこう解すべきであろう[32]。

---

30) 井上・前掲注26) 23頁は，「司法の無瑕性」も絶対的に追求されるものではなく権衡が必要とする。
31) 三井・前掲注28) 110頁。同教授は，この観点から，前記最判にいう「重大な違法」は「司法の廉潔性」を破った場合を要件化したものと解釈することもできるとされる。
32) 前掲大阪高判昭24.12.19の事案では，供述者に暴行を加えたというのであるから，重大な違法にあたるとみてよいであろう。

ところで，人権擁護の観点で最後に検討を要するのは，任意性のない第三者の供述の場合，同様の自白と異なって，人権の侵害を受けた者は，被告人本人ではないという前記の差異である。この点の検討も，違法収集証拠（物）の排除論における論議を参考とすれば，排除の申立権者（主張適格）の範囲の問題ということになる。証拠排除の根拠を証拠法上の特権ないし権利侵害に対する救済に求める考え方によれば，被告人が人権侵害の被害者でない場合は，その適格性を欠くことになろう。しかし，証拠排除の根拠の中心は，先ほど来述べてきたように，違法行為抑止の実効性と司法の廉潔性にあった。とすれば，この証拠の排除は，概念的には証拠禁止に含まれるとしても，証人適格や証言拒絶権，押収拒絶権などのように特権の所持者の利益の保護だけに着目して構成されたものでなく，結局は司法の公正さという広い利益の保護にむけられたものということができるのであって，排除の申立権者を限定する合理性にとぼしいと思われる[33]。そうすると，自白と第三者の供述に存する上記の差異は，証拠能力を考える場合に影響はないと考えてよい。

(3) 共同被告人の自白調書

　なお，最後に，以上のような論議とは別に共同被告人である共犯者の自白調書については，伝聞許容の関係で，刑訴法321条と322条の競合的な適用を主張する説が有力であり[34]，この説によれば，この範囲では，第三者の供述でも，任意性が証拠能力の要件として要求されることになる。この説は，共同被告人も刑訴法322条の「被告人」に含まれると解し（なお，同法319条とくに補強証拠の関係でも同様に解する），それと同時に被告人の共同被告人に対する審

---

33) わが国では，申立権者を限定することに消極説が強い（光藤景皎『刑事訴訟行為論』〔有斐閣，1974〕369頁，渥美東洋『刑事訴訟法要諦』〔中央大学出版部，1974〕209頁，井上・前掲注26) 58頁，鈴木茂嗣「違法収集証拠排除の範囲」ジュリ590号182頁，時武英男「違法に収集した証拠の証拠能力」松尾浩也編『刑事訴訟法の争点』233頁など。ただし，田宮・前掲注25) 305頁は，自白につき積極）。
　参考となる裁判例としては，いわゆるロッキード事件における前掲東京地決昭53.9.21，東京地決53.12.20およびテレビニュースとして放映された画面のビデオテープの証拠能力に関する東京地決昭55.3.26判タ413号79頁，判時968号27頁がある。なお，大阪高判昭49.3.29高刑27巻1号84頁，判タ312号289頁も参照。
34) 団藤・前掲注1) 268頁，高田・前掲注2) 222頁，井戸・前掲注5) 90頁，平場ほか・前掲注1) 722頁，鈴木・前掲注4) 188頁など。

問権の保障のため同法321条の適用をも認める考え方である。しかし，同法319条2項・322条を通じ，共同被告人は「被告人」に含まれないとする確立した判例[35]の立場を是としたい。実質的に考えても，同法321条1項に規定する「特信性」の一要素として任意性が考慮され，任意性を欠けば「特信性」が否定されて証拠として許容されないことが多いのは冒頭に指摘したとおりであるから，共同被告人である共犯者の自白調書というだけで特別扱いしないでも不都合はないと考えられる。

第5　まとめ

以上をまとめると，

(1)　虚偽排除の観点からのみ任意性を欠くとされる第三者の供述（共犯者の自白を含む）は証拠能力がある（証明力の問題にすぎない）。

(2)　人権擁護の観点から（虚偽排除の観点が併存する場合を含む）任意性を欠くとされる第三者の供述は，それが

①共犯者の自白であるとき，または，

②違法性が重大なとき

に証拠能力が否定される。右①，②以外の場合は証拠能力がある（証明力の問題にすぎない）。そして，右により証拠能力が否定される場合には任意性が明らかに欠如しているときに限られ，

(3)　任意性が疑わしいとき，任意性の程度が低いにとどまるときは，証明力の問題にすぎない。

---

[35] 補強証拠の関係では，最大判昭33.5.28刑集12巻8号1718頁など累次の判例があるし，供述調書の証拠能力については，最一小決昭27.12.11刑集6巻11号1297頁，判タ28号49頁，最二小判昭28.6.19刑集7巻6号1342頁など。

第20章　違法収集証拠排除の基準
——最一小判昭53.9.7以降の判例を中心として

第1　はじめに

　証拠を収集する手続に違法がある証拠，ことに証拠物の証拠能力については，従前から学説および実務で論じられてきたが，周知のとおり，最一小判昭53.9.7は，このような証拠の証拠能力が否定される場合があることを明らかにした。この問題についての最高裁のそれまでの態度は，どちらかといえば，この種の証拠物の証拠能力を肯定するかのごとく見られていただけに，右の最高裁判決は，画期的とも評しえよう。また，この種の証拠物の証拠能力が否定される場合があることを認めていた下級審の実務および学説に大きな支持を与えたものとしても，意義深い。

　すなわち，違法収集の証拠物に関する最高裁の初期の判例は，「たとえ押収手続に所論の様な違法があったとしても押収物件につき公判廷において適法の証拠調が為されてある以上（このことは記録によって明らかである）これによって事実の認定をした原審の措置を違法とすることは出来ない。押収物は押収手続が違法であっても，物其自体の性質，形状に変更を来す筈がないから其形状等に関する証拠たる価値に変りはない」（最三小判昭24.12.13裁判集刑15号349頁）と判示していたから，判示が仮定論（傍論）であることは別として，文言上は，違法収集の証拠物の証拠能力を肯定する立場と見るのが素直な解釈だと考えられていた（ちなみに，高裁の初期の判例もこれと同じ結論のものが続いていた。たとえば，東京高判昭28.11.25判特39号202頁など）。そして，この判例以後最一小判昭53.9.7まで，違法収集の証拠物の証拠能力について態度を明らかにした最高裁の判例は存しないのである。

　一方で，学説は，アメリカにおける連邦最高裁の一連の判決（たとえば，1914年のウィークス事件，1961年のマップ事件など）に影響を受けながら，適正手続（憲法31条）の理念を強調し，捜査機関の違法手続を防圧するにはそれによって得られた証拠の証拠能力を否定するのが最も有効であること，裁判所が

違法収集の証拠を採って判決することは，その違法行為を引き継ぐことになって司法の廉潔性を害することなどを根（論）拠として，違法収集証拠の証拠能力を否定する見解（排除法則）を支持してきた。憲法違反その他重大な違法手続によって得られた証拠の証拠能力は否定すべきである，というのが学界の通説であったといってもよいであろう。

右の学説の支持を受けながら，下級審の判例の中には，排除法則を認めるものが徐々に増加してきていた。下級審の実務においても，近時は，通説同様，収集手続に重大な違法が認められる場合は証拠能力を否定するのが多くの扱いであったといえよう[1]。

このような状況の下で，違法収集の証拠物につき最高裁も，「押収手続に違法があるとして直ちにその証拠能力を否定することは，事案の真相の究明に資するゆえんではなく，相当でない」としながら，他面で「事案の真相の究明も，個人の基本的人権の保障を全うしつつ，適正な手続のもとでされなければならないものであり，ことに憲法35条が，憲法33条の場合及び令状による場合を除き，住居の不可侵，捜索及び押収を受けることのない権利を保障し，こ

---

[1] 最一小判昭 53.9.7 以前の判例および問題状況については，最高裁判所事務総局編『違法収集証拠に関する刑事裁判例集』刑資 224 号および「特集・違法捜査と裁判」ジュリ 679 号所収の各論稿を参照するのが便宜である。

違法収集証拠に関する下級審の判例は，右の資料からわかるように，非供述証拠に限ってもおびただしい数にのぼるが，その中には，一般論としては証拠能力が否定される場合があることを認めながら当該事案においては証拠収集手続の適法性を肯定したもの（上級審で適法性が肯定されたものも少なくない），収集手続は違法だと判断しながら違法の重大性を否定して証拠能力を肯定したものが多い。証拠能力の否定が終局的に貫かれた裁判例は，存外少ないことに気づくのである。右の資料によれば，それは下に掲記したわずか6件にすぎない。

① 東京高判昭 47.10.13 刑月 4 巻 10 号 1651 頁，判タ 289 号 391 頁（捜索差押令状に押収する物の明示がない違法）
② 大阪高判昭 49.11.5 判タ 329 号 290 頁（現行犯逮捕に伴う捜索差押の違法。なお，一審の決定は大阪地決昭 47.4.27 刑月 4 巻 4 号 916 頁）
③ 横浜地判昭 45.6.22 刑月 2 巻 6 号 685 頁（血液採取が違法）
④ 仙台高判昭 47.1.25 刑月 4 巻 1 号 14 頁（同上。なお一審の判決は仙台地判昭 46.8.4 判時 653 号 121 頁）
⑤ 札幌地判昭 50.2.24 判時 786 号 110 頁（同上）
⑥ 大阪地判昭 50.6.6 判時 810 号 109 頁（尿の採取が違法）

れを受けて刑訴法が捜索及び押収につき厳格な規定を設けていること，また，憲法31条が法の適正な手続を保障していること等にかんがみると，証拠物の押収等の手続に，憲法35条及びこれを受けた刑訴法218条1項等の所期する令状主義の精神を没却するような重大な違法があり，これを証拠として許容することが，将来における違法な捜査の抑制の見地からして相当でないと認められる場合においては，その証拠能力は否定される」と解したのである（最一小判昭53.9.7刑集32巻6号1672頁，判夕369号125頁）。

　このようにして，最高裁においても理論上，証拠収集の手続に違法がある証拠物の証拠能力が否定される場合があることが認められた。すなわち，排除法則が最高裁によって理論上採用されたのである[2]。この判決が画期的で意義深いという所以である。

　この判決の出現によって排除法則をめぐる状況は，排除法則の是非，根拠といった，いわば一般的な問題から排除法則の採用を前提にした，より細かな，あるいは，より具体的な問題の論議に移行すると思われる。とくに，判例を尊重しながら進められる実務においては，そうである。排除法則に関する論議は，総論の時代から各論の時代に入ったということができよう。

　ところで，排除法則に関する各論の論議として，大別すれば，次の三つの問題がある。
1　排除の基準（要件）の具体化。
2　排除される証拠の範囲，排除の申立権者の範囲（主張適格），違法収集証拠に対する証拠とすることの同意の効果など。
3　排除法則は，違法収集の供述証拠に及ぶか，あるいは私人による違法収集証拠にも及ぶかなど。

　このうち，実務家にとって最も重要な問題は，冒頭の，排除の基準（要件）

---

[2] 後にも触れるように，当該事案としては，証拠物の押収手続は違法であるが，それは重大ではないとして，証拠能力が肯定されている。
　ちなみに，排除法則を理論上否定したと解釈できそうな前掲（381頁）最三小判昭24.12.13との関係について最一小判昭53.9.7は，この最高裁判決は証拠物の押収手続に極めて重大な違法がある場合にまで証拠能力を認めたものではない，と解して，判例変更の方法を採らなかった。

の具体化ということだと思われる。すなわち，違法収集の証拠だということが明らかになったとして（この点の確定も困難な問題であるが），具体的事件において当該証拠を排除すべきかどうかということは，何を基準に判断すべきか。実務上まずもってこの問に対する解答が迫られるからである。そして，的確な排除の基準の画定およびその正しい適用が実践されないと排除法則の運用は批判を招くことになりかねない。

このような趣旨から，本稿は，最一小判昭53.9.7以降の判例を素材として，違法収集証拠排除の基準を具体的に探ってみようとしたものである。

第2 証拠排除の一般的基準

排除法則が採用されたからといって，証拠の収集過程に違法があるすべての証拠の証拠能力が否定されるわけではない。証拠能力が否定される場合と，これが肯定される場合をどのような観点から区別すべきか，すなわち，証拠排除の基準を一般的に論定することが，まず必要である。

この点に関し，従前の学説および下級審の実務は，おおむね，先に触れたとおり，証拠収集の手続に憲法違反その他重大な違法がある場合は証拠能力を否定すべきであるとしていた。「その他重大な違法がある場合」にどのような場合を含めしめるかは論者によって異なるが，たとえば，刑法上処罰に値するような違法行為によって証拠を得た場合，捜索，差押えが無効な場合はこれにあたると説かれていた[3]。いずれにせよ，従前は，「違法の重大性」が証拠排除の一般的な，そして，唯一の基準だと考えられていたようである。

これに対し，近時，排除法則の基礎の多角的検討を踏まえた見直しが主張されている。それは，一言でいうならば，従前の絶対的画一的な証拠排除論に対し，いわば相対的な証拠排除論というべきもので，「違法の重大性」という要件だけではなく，違法の有意性，頻発性，証拠の重要性，事件の重大性など広く事案の具体的事情，諸状況を総合勘案して，個々的に証拠を排除するかどうかを決めていこうという説である[4]。

これら「相対的排除論」の主張は，今後その当否につき十分な検討を必要と

---

[3] 岡次郎「判解」曹時34巻1号292頁に，学説上「重大な違法」にあたるとされている場合が列挙されている。

すると思われるが，この説の適用が結論的には排除を消極化する方向に働くことは，否めないところであることに留意を要する（証拠の重要性，事件の重大性など先に掲げた諸事情は，いずれも証拠を排除しない方向に働くことが実際には多い）。

ともあれ，実務は，排除の一般的基準についても，前記最一小判昭53.9.7の判示するところに従って，解釈・運用されているから，再び同判決に戻ることにしよう。同判決は，先に掲げたように，「証拠物の押収等の手続に，令状主義の精神を没却するような重大な違法があり」，「これを証拠として許容することが違法な捜査の抑制の見地からして相当でない」場合には，その証拠能力は否定されると判示している。この判示のうち，前者，すなわち「違法の重大性」が排除の基準であることは明白であるが，後者の趣旨ないし前者の判示との関係は，いま一つ定かではない。この点について，判例の読み方としては，(1)排除の基準は「違法の重大性」であり，後者の判示は排除法則の根拠を示したにすぎないとするもの[5]，(2)排除の基準は「違法の重大性」または後者，すなわち違法捜査抑制の見地からする「排除相当性」があるとするもの[6]，(3)両者とも排除の基準で，違法が重大でかつ右の「排除相当性」があるときに証拠は排除されるとするもの[7]，の三様がありうる。たしかに，将来における違法捜査抑制の見地，すなわち「抑止効」は，従来から，排除法則の一半の目的・根（論）拠として捉えられており，これと排除の基準である「違法の重大性」とを並列的に組み合せることに問題はあるし，両者が排除の基準だと解すると，排除に「二重の絞り」をかけたことになるのでその当否に問題はあろうが，この判決の文理的な解釈としては，前記(3)が最も素直な見解だと思われる。すなわち，違法収集の証拠物は，「違法が重大で，かつ，違法捜査抑制の見地からして排除が相当な場合」にはじめて排除されるとするのが，この判決

---

4) 井上正仁「刑事訴訟における証拠排除(7)・完」法学協会雑誌96巻1号69頁（後に同名の単行本に収録されている），小田部米彦「違法に収集された物の証拠能力」鴨良弼先生古稀祝賀論集『刑事裁判の理論』（日本評論社，1979）297頁。
5) 田宮裕「職務質問に付随して行なう所持品検査の許容限度・押収等の手続きに違法のある証拠物の証拠能力」警研55巻1号78頁など。
6) 井上正仁『刑事訴訟における証拠排除』（弘文堂，1985）557頁など。
7) 三井誠「所持品検査の限界と違法収集証拠の排除(下)」ジュリ680号110頁など。

の考え方であると解される。

　この判決が排除の基準として，「違法の重大性」という従来から学説，下級審判例が掲げてきた要件のほかに，抑止効からする「排除相当性」という，より裁量的な要件を加味したところに，先に述べた「相対的排除論」の影響があるのかも知れないし，あるいは，アメリカとわが国では排除法則を適用する社会的基盤が異なること，およびそのアメリカにおいてすら近時排除法則の適用を制限する動きが強いこと[8]などが考慮されたのかも知れない。

　ともあれ，最一小判昭53.9.7が樹立した証拠排除の一般的基準は——やや分明さを欠くし，その当否に議論はありえるが——一応，「違法の重大性」と抑止効の見地からする「排除相当性」の二つの要件だと解し，これを前提として両要件をさらに具体的に考えてみたい。

　右の二つの要件の存否を具体的事件において的確に判断するのが実務上重要であることは，前に指摘したとおりであるが，それがまた微妙で困難な作業であることは，最一小判昭53.9.7の事案における「違法の重大性」について最高裁と原審（大阪高判昭51.4.27判タ340号318頁，判時823号106頁）の判断が異なっている点，および最高裁の判断に関しても賛否両論が絶えない[9]点から推察しえるのである。根本的には，違法の「重大性」といい，抑止効の見地からする排除「相当性」といい，いずれも評価的，裁量的要件であることに判断の困難性がある。重大な違法を判示のごとく「令状主義の精神を没却するよう

---

[8] 上原正夫「違法収集証拠排除原則の緩和をめぐって」判タ531号62頁，鈴木義男「証拠排除法則の新局面」判タ546号27頁，関哲夫「弁護権を侵害して得られた物的証拠と不可避的発見の理論」判タ550号114頁，井上正仁「排除法則と『善意の例外』」『団藤重光先生古稀祝賀論文集(4)』（有斐閣，1985）359頁，同・前掲注6)「刑事訴訟における証拠排除」425頁，小林節「違法収集証拠排除法則の例外」判タ564号63頁など。

[9] 排除法則に積極的・肯定的な論者（学者）は，どちらかといえば，最高裁の判断に批判的ないし疑問を呈し（小早川義則「違法収集証拠をめぐる下級審判決の動向と最高裁判決」ジュリ679号55頁，光藤景皎「判例評論」判時944号183頁，渥美東洋「所持品検査の基準と違法収集証拠『排除法則』の適用の基準について（下）」判タ375号28頁など)，排除法則に消極的・否定的な論者（検察実務家）は，どちらかといえば，右の判断を評価している（河上和雄「違法収集証拠の証拠能力」臼井滋夫ほか『刑事訴訟法判例研究』〔東京法令出版，1983〕386頁，書上由紀子「違法収集証拠の証拠能力に関する一考察」警論32巻1号54頁，土屋眞一「所持品検査と違法収集証拠の排除」平野龍一＝松尾浩也編『実例法学全集続刑事訴訟法〔新版〕』〔青林書院新社，1980〕90頁など）のは，むべなるかなとはいえ，興味深い。

な」程度のものと定義してみても，事態は同様であろう。この点を捉え最一小判昭 53.9.7 が判示する排除の基準は曖昧であるとの批判が存する[10]。このような批判はある意味では当然とも思えるが，排除法則の証拠法則としての特別な性格——明文の規定がないこと，実体的真実主義と適正手続の保障というときに矛盾する原理のはざまにある法則だということ——に照らすと，排除の基準に裁判官の評価的，裁量的側面が加わることは，ある程度やむをえないと考えられるのである。要は，評価ないし裁量の適正さということではなかろうか。

第3　判例の紹介

先に述べた証拠排除の一般的基準を具体化する手がかりとして，まず，最一小判昭 53.9.7 以降の下級審の裁判例を紹介しよう。

紹介するのは，昭和 60 年末までに公刊された判例集から拾い上げた違法収集の証拠と認定された「【別表】違法収集証拠に関する判例一覧表」記載の 12 件の裁判例である。このほかに，一審では現行犯逮捕が違法であるとして，その際，押収された着装品等の証拠能力が否定されたが，控訴審で右の違法はないと判断された裁判例（一審：静岡地沼津支決昭 54.7.13 判時 960 号 127 頁，控訴審：東京高判昭 57.3.8 判タ 467 号 157 頁，判時 1047 号 157 頁〔いわゆるアスパック斗争事件〕）および同じく原審では違法な強制採尿であるとされたが（ただし，違法の重大性は否定），上告審で令状による強制採尿は適法であると判断された裁判例（原審：名古屋高判昭 54.2.14 判タ 383 号 156 頁，判時 939 号 128 頁，上告審：最一小決昭 55.10.23 刑集 34 巻 5 号 300 頁，判タ 424 号 52 頁）が公刊されているが，対象外とした。

右 12 件のうち，別表❼，⓫，⓬の裁判例は違法の重大性を認めて証拠を排除したが（ただし，同❼は他の証拠により有罪，同⓫，⓬は無罪），他の 9 件はいずれも違法の重大性を否定し証拠の証拠能力を認めた。とぼしい数の裁判例から速断することは好ましくないが，あえていえば，やはり証拠収集手続の違法が肯認されても，これを重大として証拠を排除する例は，最一小判昭 53.9.7 以前と同様，少ないといえよう。

---

[10] 森井暲「違法収集証拠」佐々木史朗ほか編『刑事訴訟法の理論と実務』別冊判タ 7 号 329 頁など。

第Ⅴ部　証　拠

　また，右12件のうち，別表❷（業務上横領）を除きすべて覚せい剤取締法違反事件であることも特徴的である。同事件は，証拠物（覚せい剤ないし尿）がないと検挙しにくい犯罪であるが，その証拠物の入手が困難であるだけに，捜査官が証拠物の収集に全力をあげる――反面，悪くすると行き過ぎになる――様子が推察される。

　次に，裁判例で認定された違法を類型化して整理すると，別表の「違法の類型」欄記載のとおり，(1)別件の捜索に藉口ないし便乗して証拠物（覚せい剤等）を押収した点に違法があるとしたもの（別件型），(2)本件（覚せい剤取締法違反）の捜査差押令状執行の過程に違法があるとしたもの（本件型），(3)職務質問に伴う所持品検査により発見された証拠物（覚せい剤）の押収を違法としたもの（所持品検査型），(4)違法な任意同行を利用して証拠物（尿）を提出させて押収した点に違法があるとしたもの（任意同行型），の四類型がある。

　以下，この類型別に従って，裁判例を紹介していくことにする。事実関係自体を詳細に紹介する紙数がないので，別表の「事実」欄に概要のみを摘示しておいた。

1　別件型

　この類型にあてはまるものは，別表❶ないし❹の裁判例である。

　この類型は，別件の現行犯逮捕（別表❶）ないし令状逮捕（同❸，❹）に伴う捜索あるいは別件の令状による捜索（同❷）の過程で発見された覚せい剤等を任意提出させて押収（領置）した事案であり，その押収が違法と判断された。違法の理由としては，別件の捜索そのものが必要性を欠く（同❶，❷）あるいは別件の捜索に便乗して主として本件（覚せい剤取締法違反）の証拠物の発見を目的とした捜索である（同❸，❹）などと指摘されている。

　この類型の違法は，右各裁判例において，いずれも重大ではないと判断されているが，その根拠としては，現行犯逮捕に伴う捜索の必要性の判断は捜査官の裁量に委ねられる余地が大きいこと（同❶），強制にわたる行為はなく，証拠物は任意に提出されていること（同❷），捜索差押令状に基づく捜索の場に被疑者が居合せた場合，差し押えるべき物を被疑者が所持している疑いがある以上限度を超えない被疑者の所持品検査を行うことができること（同❷），本

件（覚せい剤取締法違反）による現行犯逮捕とこれに伴う捜索が許される状況にあったこと（同❸），形式的には別罪による逮捕に伴う捜索として適法に開始されたこと（同❹），その捜索で容易に発見することができたものであること（同❹）など，があげられている。

ちなみに，別表❷ないし❹の裁判例の原審は，いずれも押収手続を適法と解していることが判文上窺える。

2 本件型

この類型にあてはまるものは，別表❺，❻の裁判例である。

この類型は，本件（覚せい剤取締法違反）の捜索差押令状執行のため被告人を捜索場所まで連行し立ち会わせたうえ令状を執行して覚せい剤を押収した事案であり，被告人の連行および立会は強制的なもので違法であり押収手続の一部に違法がある，と判断されている。

右各裁判例において，この類型の違法は重大でないと判断されているが，その根拠としては，適法に発付された捜索差押許可状があり，被告人の立会がなくとも適法に捜索差押を実施することができたものであること（同❺），被告人に同行，立会を求めたこと自体は法律上正当なものであったこと（同❺），強制的連行の距離，時間が少ないこと（同❺），被告人の指示に基づかないで証拠物を発見していること（同❺），被告人について覚せい剤の所持または譲渡の容疑が相当程度存したこと（同❻），被告人を捜索差押に立ち会わせる緊急の必要性が存したこと（同❻），本件の捜索差押手続は，事前に適法に発付された捜索差押許可状に基づいて行われているのであり，違法行為は，その執行に際し立会人を立ち会わせるという付随的な手続の過程で行われたものであること（同❻）などの事情があげられている。

将来における違法な捜査を抑制する見地からの「排除相当性」という証拠排除のもう一つの要件については，別表❶ないし❺の裁判例はなんら触れるところはないが，同❻の裁判例が，違法の重大性を否定した前掲の諸事情に加えて，本件の証拠物が発見の容易な場所にあり被告人の指示がなくても差押えが容易であった事情を，「排除相当性」を否定する判断の際に考慮していることが注目される。

なお，別表❺の裁判例の原審は押収手続を適法と解したのではないかということが判文上窺えるのであるが，同❻の裁判例では，原審において被告人側は，はじめ覚せい剤等を取り調べることに同意していたが，後にその証拠能力を争い，原審（大阪地判昭 58.7.14 判タ 541 号 264 頁）は，違法の重大性などを肯定して証拠を排除している（もっとも，事実関係の認定には，後述のとおり，本判決と差異がある）。

3 所持品検査型

この類型にあてはまるものは，別表❼ないし❿の裁判例である。

この類型は，職務質問に伴う所持品検査により発見された覚せい剤の押収を違法としたもので，最一小判昭 53.9.7 と同一の類型である。

右の裁判例のうち，別表❼が違法の重大性などを認めて証拠を排除したが，他の 3 例は，すべて違法の重大性などを否定している。

別表❼の裁判例は，窃盗の嫌疑で職務質問しその容疑も固まらない状態の下で兇器所持の蓋然性がなく所持品検査の必要性も緊急性もなかったのに，ポケットにいきなり手を突っこんで内容物を取り出したのは，令状主義の精神を没却する重大な違法であるとし，かかる違法性の重大な差押手続による覚せい剤を被告人の罪に供することは，覚せい剤取締法違反が重大な犯罪であり，また，被告人が覚せい剤を所持していたことは疑いのないところであるにしても，捜査官が所持品捜査の行き過ぎを認識していたものであるから，将来における違法な捜査の抑制の見地および司法の廉潔性の見地から相当でない，と判示している。

この裁判例は，右のとおり，最一小判昭 53.9.7 が判示した排除の基準，すなわち「違法の重大性」と将来における違法な捜査抑制の見地からする「排除相当性」のほかに「司法の廉潔性」という，従来から排除法則の一半の目的・根（論）拠とされておりながら右最高裁判決では触れられていない見地を取り上げていることは注目に値する。

別表❽ないし❿の裁判例は，いずれも職務質問に伴う所持品検査として行き過ぎであって，これにより発見された覚せい剤の押収もまた違法であるとしながら，違法の重大性を否定したが，その根拠としては，法禁物の所持等が強く

疑われる態度をとる被告人に対し所持品の提示を強く説得し続けているうちに勢い余って及んだ程度で直接強制力を用いていないこと（同❽），捜査官の主観的意図も被告人が説得に応じない場合には強制的にその身体の捜索をしようとするところにあったとは解せられないこと（同❽），被告人が握りしめていた煙草の箱を取り上げて捜索した行為につき，被告人個人の所持品に対する秘密の保護という法益を侵害するおそれは少ないこと（同❾），被告人の身体に対する有形力の行使も所持品検査の限度を著しく逸脱したものではないこと（同❾），捜査官において令状主義に関する諸規定を潜脱する意図がなかったこと（同❾），被告人を緊急逮捕して身体の捜索をすることが許される状況にあったこと（同❿），などがあげられている。

　なお，別表❼の事案では，原審において被告人側は覚せい剤については証拠能力を争ってきたが，差押調書，鑑定書等については証拠とすることに同意していた（本判決は，覚せい剤の証拠能力が否定されても右の書面は同意のうえ異議なく適法な証拠調を経ているから，証拠能力を有する，としている）。同❽の事案では，原審において被告人側は覚せい剤等につき適法な証拠調が完了した後に最終弁論中に異議を申し立てたもの（本判決は，証拠を排除すべきでない理由としてこれをもあげている），同❾の事案では，原審において被告人側は覚せい剤について鑑定書を証拠とすることに同意していたもの（本判決はこの点も証拠能力を肯定すべき理由としてあげている）である。

　ちなみに，別表❼の原審は，所持品検査ひいては覚せい剤の押収手続を適法と解していたようであり（ただし，所持品検査の承諾について事実の認定が本判決と異なる），逆に，同❽❾の原審は「違法の重大性」を肯定して証拠を排除したものである。また，同❿の原審は，本判決と同一の結論であったもののようである。

4　任意同行型

　この類型にあてはまるものは，別表⓫，⓬の裁判例である。

　この類型は，覚せい剤使用の容疑のある者を警察官が警察署等に同行を求め，警察署等に留め置いて尿の提出を求めたが，任意同行等は違法と判断され，違法な任意同行を利用してなされた尿の押収および腕部の写真撮影等が違

法とされたものである。2例のみであるが、2例とも、この違法は重大であるとして尿の鑑定書等は排除されている。その根拠として、任意同行は逮捕の際はじめて許されるような方法を用いたもので、その違法性は明白かつ重大であり、深夜このようにして警察庁舎に連行されたうえ、尿の提出や腕部の写真撮影に応ずるよう求められた場合これを拒否することは著しく困難であろうと認められることなどを綜合すると本件の尿の提出等は、違法な強制的連行および拘束状態を直接に利用したもので、違法は令状主義の精神を没却せしめる（同❶）、任意同行が被告人の真に任意の承諾の下に行われていない（同⓬）、被告人を警察署に留め置いたのは違法な身体拘束である（同⓬）、などがあげられている。

違法な捜査抑制の見地からする「排除相当性」については、別表⓫の裁判例が、警察官らに当初から令状主義に関する諸規定を潜脱しようとの意図があった点を指摘している。

なお、別表⓬の事案では、原審において被告人側は尿の鑑定書等につき証拠とすることに同意して証拠調べを経ているが、本判決は、このことがあるからといって証拠能力を有するとはいえないとしており、違法収集証拠に対する同意の効力に関する前述した別表❼ないし❾の裁判例の態度と比較して対照的である。

ちなみに、別表⓫の原審は本判決と同一の結論である。

第4 証拠排除の具体的基準

以上に紹介した裁判例から違法収集証拠を排除する具体的基準を帰納し、さらにこれを多少とも一般化することは、裁判例の数がとぼしいので問題はあるが、若干の私見をまじえつつ、試みてみたい。

1 「違法の重大性」について

(1) 違法の類型別考察

前に触れたように、違法の類型からいうと、別件型および本件型では、いずれも「違法の重大性」が否定され、任意同行型では、いずれもこれが肯定されている。また、所持品検査型は「違法の重大性」が肯定されたものと否定され

たものに分かれる。

　違法が重大であるかどうかは，後に述べるように証拠物の押収手続をめぐる諸事情から判断されるとはいうものの，判断の中核となるのは，違法の客観的側面，すなわち違法行為により侵害された利益の性質，程度および法規からの逸脱の度合等であるから，違法の類型ごとにまずもって，重大性の評価の大枠が定まるといいうるのではないか。そういえるとすると，右の裁判例の傾向は——限られた数の裁判例の中で，という限定つきではあるが——意味をもつということができる。

　別件型では，なんといっても，形式的には適法な捜索が開始されている。すなわち，逮捕に伴う現場での無令状捜索は法の認めるところであるし（刑事訴訟法220条），捜索令状が発付されておれば，その捜索が適法なことはいうまでもない（同法218条）。違法は，捜索の必要性の判断を誤ったか（しかし，この判断自体，別表❶の裁判例がいうように，捜査官の裁量に委ねられる余地が大きい），適法な捜索に便乗した点に存するにすぎない。しかも，捜索の過程で発見された証拠物の押収は，一応，任意提出——領置という別途の任意処分によってなされている。これらの点が別件型において，違法の重大性が否定された根本的な理由ではあるまいか。前記のように，この型の原審（別表❷ないし❹の原審）では，むしろ押収手続は適法だと解されていたことも，この型の違法の微小さを推測させよう。さらに，一般化すれば，証拠収集手続の適法，違法の判断自体が微妙で見解が分かれるような事案では，仮に違法だと結論されても，その重大性が肯定されることは少ないといえようか（もっとも，別表❼の裁判例のように，前提とされる事実の認定に差異があるため，適法，違法の判断が分かれるときは別である）。

　もとより，別件型は今後すべて違法の重大性が否定されるとは限るまい。別件型でも掲記の裁判例と違って，もう少し違法の程度が高いもの，たとえば，別件による捜索の必要性を欠くことが明白であるのに嫌疑のとぼしい本件の証拠を収集するため別件に藉口して捜索を行うようなケースが出てくれば，あたかも別件逮捕と同様，令状主義の精神を没却する重大な違法と評価される可能性はあろう。

　本件型においても，捜索差押自体は適法に発付された令状に基づいてなされ

ている。違法は，前述のとおり，被告人を捜索場所に連行し捜索に立ち会わせるという，いわば捜索の付随的手続に存するにすぎない。しかも，もともと被告人には立会の義務があり（刑事訴訟法222条1項，14条2項），また，証拠物の発見は，現に，被告人の指示に基づかないか，あるいは被告人の指示がなくても容易であったという事情がある。本件型において，被告人の強制連行という身体的自由の侵害がありながら，違法の重大性が否定された根本的な理由はこれらの点にあったのではあるまいか。

　もとより，本件型は今後すべて違法の重大性が否定されるとは限るまい。本件型でも掲記の裁判例と違って捜索の中核的手続，すなわち証拠物の発見に直接結びつく過程に程度の高い人権侵害があれば，違法の重大性が肯定される可能性がある[11]。たとえば，別表❻の原審は，先に触れたように本判決と異なり，強制連行のほか捜索場所において警察官が被告人を殴打，足蹴りする暴行を加えて証拠物の所在を指示させた旨の違法を認定しているが，このような事実関係を想定すれば，本件型においても「違法性は，きわめて高く，重大であるといわざるをえない」（前掲原審の判示）であろう。

　逆に，任意同行型では，逮捕しうるだけの犯罪（覚せい剤使用）の嫌疑が不十分な者を逮捕と同視しうる物理的強制力を用いて警察署等に連行し，そこに留め置いたという，明白かつ重大な人権（身体的自由）侵害が存し，しかも，これを直接利用して尿の提出が求められているという点に違法の重大性が肯定される根本的な理由があると思われる。採尿自体は令状（捜索差押許可状）により強制が認められている場合ですら，在宅の被疑者を採尿のために強制連行できるかは問題視されているところであって[12]，適法な令状がない場合の強制連行が違法であることは明らかである。

　かつて，いわゆる別件逮捕が問題とされた際，これに関連して，十分な犯罪の嫌疑がない容疑者をとにかく警察署に強制連行したうえ自白を求める型の捜査を「人を得て証を求める」ものとして不当とされた。任意同行型の尿の押収

---

11) 岡・前掲注3) 290頁，田宮・前掲注5) 77頁は，捜索差押の執行に際し重大な人権侵害が伴った場合は，違法の重大性が肯定されるとする。
12) 函館地決昭59.9.14判タ537号259頁，函館地決昭60.1.22判タ550号294頁，判時1144号157頁は強制連行を認めるが，批判的な見解も強い。

は，これになぞらえば，「人を得て尿を求める」ものとして不当な捜査方法であり，その違法の程度は憲法および刑事訴訟法の所期する令状主義の精神（身体的自由の保障）を没却する程度であるといえよう[13]。

もとより，任意同行型は今後すべて違法の重大性が肯定されるとは限るまい。不任意の同行であっても，その程度，態様はさまざまである。別表⓫の裁判例の事案のように逮捕と同視できるもの（同⓬の裁判例の事案は，これよりやや強制的要素が少ないか）から任意同行として許される範囲をわずかに超えたものまでありうる。違法の重大性は，容疑者を同行した状況および警察署等に留め置いた具体的状況如何によって決せられるであろう。

所持品検査型は，違法の重大性を肯定した裁判例とこれを否定した裁判例に分かれた。もともと，職務質問に伴う所持品検査が，どのような要件の下にどのような限度で，相手方の承諾がなくても許容されるのかは困難な問題である。最高裁の判例によれば，職務質問に伴う所持品検査は，「限定的な場合において，所持品検査の必要性，緊急性，これによって害される個人の法益と保護されるべき公共の利益との権衡などを考慮し，具体的状況のもとで相当と認められる限度において」許され，検査の態様としては「捜索に至らない程度の行為は，強制にわたらない限り」許容される，と解されている[14]。そして，所持品検査の必要性，緊急性など右に掲げられた要件を判断するためには，相手方（被検査者）に対する犯罪の嫌疑の有無，大小，嫌疑の性質（重大犯罪のそれか否か）などを考慮しなければならないことも，判例上明らかである。

一方で，所持品検査は相手方（被検査者）の承諾があれば，一定の限度で（態様で）許されることも明らかである。

したがって，相手方（被検査者）の承諾もないし前記最高裁判決のいう要件にもあてはまらない所持品検査は違法ということになるのであるが，違法の程度は，相手方の当時の意思と承諾との間隔ないし最高裁判決の要件を逸脱する度合によってその中核的部分が判断されると思われる。相手方の諾否の態度と

---

[13] 前掲注1）掲記の大阪地判昭50.6.6判時810号109頁も任意同行型に属し，尿の鑑定書等の証拠能力を否定したが，この無罪判決は一審で確定している点も注目される（本件については，捜査研究25巻12号58頁に判例研究がある）。
[14] 最三小判昭53.6.20刑集32巻4号670頁，判タ366号152頁。

第Ｖ部　証　拠

の関係では，所持品検査に至る説得過程の有無なども重要な目安になろう。最一小判昭53.9.7の事案は，前に触れたように，所持品検査型に属し，違法の重大性が否定されているが，その中核的な理由は，当該所持品検査が諾否の態度が明白ではなかった被告人に対しなされたもので，相手方の承諾があった場合と「紙一重」の差の事案であったこと，覚せい剤の使用ないし所持の容疑の容疑がかなり濃厚に認められ職務質問の要件が存在し，かつ，所持品検査の必要性と緊急性が認められる状況の下で，所持品検査として許容される限度をわずかに超えた点に違法があるにすぎないというところにあると解される。

　このように見るならば，別表❼の裁判例のように，所持品検査の必要性も緊急性もないのに，いきなり（承諾を得るための説得もしないで）相手方のポケットに手を突っ込んで内容物を取り出す態様の所持品検査については，違法の重大性が肯定されるのは当然であろうと考えられるし，他の裁判例では，違法の重大性が否定されたのも首肯することができる（ただし，所持品検査の態様の行き過ぎという点では，別表❾，❿の事案が目立つが，後に触れるように，それぞれ別の事情が違法の重大性を否定させる理由となっているようである）。

(2)　**違法の程度の判断要素**

　以上に紹介した裁判例を踏まえて，違法の程度，すなわち「重大性」の有無の判断要素について考察しておきたい。

　私見によれば，証拠収集手続に違法行為がある場合その違法が重大であるか否かは，次の三つの要素を総合して判断するのが適切である。すなわち，違法行為の客観的側面，違法行為の主観的側面（違反者側の事情）および違法行為と証拠物押収との関連性，以上三つの要素である。

　　ア　違法の客観的側面

　違法の客観的な分量が，まず第一に重要である。これを計るためには，違法行為によって侵害された利益の性質，程度および違法行為の法規からの逸脱の度合を考察しなければならない。前者は，違法行為により発生したいわば結果の軽重であり，後者は，違法行為そのものの軽重であり，両者は一応分けて考察することができる（実際には，両者は分かちがたく結びついていることが多い点については後述）。

　違法行為によって侵害された利益の性質にも重要なものから比較的軽微なも

のまでありうるし，侵害された利益の程度も大小さまざまである。たとえば，同じく憲法によって保障されている権利・利益の侵害であっても，身体的自由（人身の自由）の侵害（憲法 33 条違反）は，住居の不可侵等の侵害（同法 35 条違反）よりも重大であるといえる。人身の自由こそは自由権の基本である。先に述べたように，任意同行型の違法が重大と判断された根本的な理由は，ひっきょう，この型の違法行為によって侵害された利益が，単に捜索差押を受けない権利ではなくて，身体的自由（人身の自由）にあった，と見ることができよう。

　さらに，別表❾の裁判例を振り返ると，この事案は，所持品検査として被告人が握りしめた煙草の箱を強いて取り上げて中を検査したというのであるから，職務質問に伴う所持品検査の態様としてはかなり限度を超えているとも見られるのであるが，「違法の重大性」が否定された有力な根拠は，同判決もいうように，通常，煙草以外の物が入っているとは考えがたい煙草の箱の中を検査したから，所持品の秘密を侵害するおそれは少なかった点に求められる。捜索差押を受けない権利の侵害といっても，対象となる物，場所如何によって随分と侵害の程度が異なる好例といえよう。

　次に，法規からの逸脱の度合の点であるが，その大小を判断するにあたっては，違法行為の結果（現象面）のみに目を奪われないで，法規および法規の解釈上適法とされる行為と違法行為との距離を実質的に計らなければならない。最一小判昭 53.9.7 の事案のように，違法な所持品検査を結果的に見れば，プライバシィ侵害の程度の高い行為であり，令状もないのに捜索に類する態様の行為をした，といえても，法規の解釈上適法とされる所持品検査からの距離はわずかであるというような場合は，法規からの逸脱の度合は小さいことに帰するのである。また，その形式での捜索は違法であるが現行犯逮捕ないし緊急逮捕したうえで捜索しえたという状況がある場合（別表❸，❿の裁判例）も法規からの逸脱の度合は，実質的には小さい。別表❿の裁判例の事案は，被告人が覚せい剤を所持している旨の通報により職務質問した際，警察官 2 名が被告人の手や腕を押えるなどしてポケットのチャックを開けて覚せい剤を取り出したというのであるから，明らかに強制にわたり所持品検査に許される範囲を超えた措置であるが，被告人を緊急逮捕して身体を捜索することが許される状況にあったことから，法規からの逸脱の度合は，実質的には小さい。同判決もいうよ

397

うに，法の執行方法の選択を誤ったにすぎない場合と同視できるからである。なお，現行犯逮捕ないし緊急逮捕したうえで捜索しえた状況にあったというためには，もちろん，その罪の嫌疑が明白ないし十分でなければならないわけで，ここでも，「違法の重大性」の判断要素の基礎に犯罪の嫌疑の有無，大小という事情が存することを知るのである。先に指摘した，別件型において「違法の重大性」が否定された根本的な理由というのも，ひっきょう，これらにおいて法規からの逸脱の度合が実質的には小さいことに帰するのではあるまいか。

このように，法規からの逸脱の度合を実質的に考察すべきであるということは，最一小判昭53.9.7が違法の重大性の程度を「令状主義に反する」という表現で限界づけないで，「令状主義の精神を没却する」という表現で限界づけていることからも導かれるのであろう。

次に，法規からの逸脱の度合を計る際，強制力を用いてはならない場合に強制力を用いたか否かも重要な目安になる（最一小判昭53.9.7，別表❷，❽の裁判例など参照）。

なお，違法行為によって侵害された利益の程度と違法行為の法規からの逸脱の度合は，一応区別することができるが，両者は相関連することが多い。程度の高い強制力を伴った長時間の不法拘束を例にとれば，両者が相関連していることが明らかであろう。

  イ 違法の主観的側面

違法行為の主観的側面，すなわち違反者側の事情，たとえば，違法行為の組織性，計画性，反復性，意図性，有意性，悪意の有無なども違法の重大性を判断する要素である。

最一小判昭53.9.7においても，違法の重大性が否定される一つの理由として，「同巡査において令状主義に関する諸規定を潜脱しようとの意図があったものではなく……」と違法行為をした者の主観的事情が指摘されており，別表❾の裁判例において同様である。また，別表❽の裁判例では，先に掲げたように，相手方を説得中勢い余って及んだ行為であり，捜査官も強制的な身体捜索まで意図していなかったなど主観的事情が違法の重大性を否定する一つの理由として，別表❼の裁判例では，捜査官が所持品検査の行き過ぎを認識していた

ことが違法の重大性を肯定する理由の一つとして，それぞれ指摘されている。

このように，違法行為をした者の意図，認識など主観的事情は違法の重大性を判断する一つの要素ではあるが，そのウエイトは，違法の客観的側面，すなわち違法の客観的な分量に比べれば小さく，いわば従たる要素といえよう。なぜなら，意図の有無等は判断しにくいだけではなく，この要素を過大視すると，「職務熱心のあまり」違法行為を行った場合などは排除法則が働かなくなるおそれがないわけではないからである[15]。換言すれば，違法行為をした者の「善意」・「悪意」によって違法の重大性が直ちに左右されると考えるべきではなく，他の要素（違法行為の客観的側面，関連性）と勘案されて違法の重大性の判断に影響を与える程度のものと理解すべきである。

ウ　違法行為と証拠物押収との関連性

違法行為と証拠物押収との関連性，すなわち押収手続の中でその違法行為がどのような位置をしめるかという点も，違法の重大性を決する第三の要素である。なぜなら，ここで問題としているのは，証拠を排除すべきか否かという観点からの「押収手続の違法」の程度であり，それは違法行為そのものの量と質だけではなく，違法行為と当該証拠入手との関連性によっても左右されるからである。関連性は因果性と言い換えてもよい。違法行為が押収手続の中心的部分に存したか付随部分に存したか，押収との関係は直接的か間接的か，違法行為が仮になくても押収は可能であったかなどによって，関連性の有無および程度を計らなければならない。

先に紹介した裁判例の中でも，すでに触れたように，別表❹の裁判例が，適法な捜索で容易に発見することができたものであることを違法の重大性を否定する理由の一つにあげ，同❺の裁判例が，被告人を強制連行して捜索に立ち会わせたことを違法としながら，証拠物の発見は被告人の指示に基づかないでしたことを同様の理由にあげているのは，いずれも違法の重大性の判断にあたり，関連性（因果性）が考慮されていることを示している。さらに，考えてみると，本件型の違法は，侵害された利益からいえば人身の自由という重要なものであったにもかかわらず，その重大性が否定された根本的な理由は，違法行

---

[15] 三井・前掲注7) 110頁，光藤・前掲注9) 183頁など。

為は捜索への強制立会という押収手続の中で付随的な部分に存し，証拠物入手との関連性（因果性）は少ないことに帰すると思われる。

一方，任意同行型においては，採尿自体は被告人の任意の排尿，提出にかかるから，それ以前の強制的連行等の違法などとの関連性は一見少なそうに見えるけれど，別表⓫の裁判例が判示するように，このような場合，尿の押収は違法な強制的連行等を直接に利用したものといわなければならないので，採尿と採尿のための拘束とを一連のものとして考察することを要するのであって，関連性は少なくはないのである。

関連性に関して，違法行為が仮になくても押収は可能であったか否かを考慮する（別表❹の裁判例）点で，アメリカにおける「不可避的発見の理論」が想起される。この理論は，違法収集証拠から派生する証拠の証拠能力に関する，いわゆる「毒樹の果実」の理論の適用を制限するものであるが，要するに，問題の証拠は適法な手段によっても不可避的に発見されたであろうことが立証されれば，その証拠は排除されないとするものであって，違法行為と証拠発見との間に因果関係が少ないと見られる点を重視しているといわれている[16]。

2　「排除相当性」について

最一小判昭 53.9.7 は，排除の一般的基準に関して，違法の重大性とともに「これを証拠として許容することが違法な捜査の抑制の見地からして相当でない」という点に言及していること，この判示は，やや不明確ではあるが，違法の重大性と一応別個の排除基準を定めたものと解釈すべきことは，先に述べたとおりである。

それでは，違法捜査抑制の見地からする「排除相当性」はどのような事情を基礎に判断すべきであろうか。この点も，前記最高裁判決からは明確でない。というのは，最一小判昭 53.9.7 は当該事案において違法の重大性を否定すべき諸事情を掲げ，同時に「これを被告人の罪証に供することが，違法な捜査の抑制の見地に立ってみても相当でないとは認めがたい」と判示しているから，どの事情が「排除相当性」に結びつくものかは，判然としないのである。この最

---

[16] 関・前掲注 8) 115 頁。

高裁判決以降の裁判例でも同様の判示の仕方が見られる（別表❻，❾）。「排除相当性」にのみ結びつく事情を明示した裁判例は，前述のとおり，別表❻，❼，⓫にすぎないが，そこで指摘されている「証拠物発見の容易性」（同❻），「違法行為をした者の認識ないし意図」（同❼，⓫）が，真に「排除相当性」に結びつくかどうかは問題で，後に検討する。

　違法捜査抑制の見地からする「排除相当性」について，私見によれば，「違法の重大性」の要件が充たされれば，通常は「排除相当性」の要件もあると考えてよいが[17]，例外的には，「違法の重大性」はあっても排除するのは相当ではない場合が考えられるという趣旨の判示と解される。このような場合とは，たとえば，証拠排除という形での抑止を必要とするほどの事実的前提がない場合（将来滅多に起こらない違法捜査）を指すと思われる。

　排除法則の目的・根（論）拠が抑止効にあるとすれば，将来そのような違法行為は起りえないと考えられる例外的な場合は，違法が重大であっても，排除法則の適用が制限されると解することは，あながち不合理ではない。しかし，証拠物入手にまつわる通常の違法行為を考えれば，将来起こりえないなどとは断言できない。そして，違法の程度が重大であれば，なおさら，将来におけるその種の違法を抑止する必要性は強い。このように理解すれば，「排除相当性」を積極的に認定する必要はなく，通常の場合は，違法の重大性を判断し，これが肯定されれば，「排除相当性」も肯定して差し支えないと考えられる。

　将来そのような違法行為は起こりえるが，排除法則のもつ抑止効果が及ばない場合も，例外的に「排除相当性」は否定される。しかし，このような場合を画定することは理論的には可能であるが[18]，あまり，実際的ではない。証拠物入手にまつわる通常の違法行為を考えれば，抑止効果が及ばない場合とはいえない。そうすると，この点からいっても，通常の場合は，違法の重大性が肯定されれば，「排除相当性」も肯定して差し支えないと考えられる。

　そして，また，このような理解に立てば，通常の場合は，違法の重大性に関

---

[17] 岡・前掲注3) 290頁。
[18] 外国官憲ないし第三者の違法収集証拠を捜査官が引き継ぐ場合（河上和雄「違法収集証拠に証拠能力ありとした最高裁判例について」ひろば31巻12号59頁）などが考えられようか。

する諸事情を掲げ，同時に「排除相当性」の有無の結論を示す前掲裁判例のような判示の仕方で十分足りるということにもなる。

ところで，違法行為をした者の意図，認識などは，違法の重大性を判断する要素ではなくて，証拠排除の第二の要件である抑止効の見地からする「排除相当性」の有無を判断する要素だと理解する立場がありうる。先に紹介したように，別表❼の裁判例は，捜査官が所持品検査の行き過ぎを認識していたことを（違法の重大性を肯定する理由の一つとするほか）右の「排除相当性」を肯定する理由に掲げ，同⓫の裁判例は，捜査官らに当初から令状主義に関する諸規定を潜脱しようとの意図があったことを理由に「排除相当性」を肯定する結論を導いている。最一小判昭 53.9.7 が指摘する捜査官の意図に関する前記判示についても，抑止効の見地からする「排除相当性」の判断にあたり捜査官の意図を考慮したもの，と理解できないわけではない（この点，判示は不分明であることは前述）。

このような理解に立つ立場は，排除法則のもつ抑止効果の有無，程度は違法行為をした者の認識に関係があるとするのであろう。すなわち，それが「意図的」，「悪意」，「故意」であれば，抑止効果は強く働くが，それが「偶発的」，「善意」，「過失」になれば，その効果が弱まる，と解するのであろう。そして，この点で，アメリカにおける「善意の例外」の理論を想起させる。この理論の根拠は，自己の行為が合法的なものであると「善意」ないし「合理的」に信じて行動する捜査官に対しては排除法則は抑止力を有しないというところにある。しかし，排除法則のもつ抑止力の意味から考えると，果して右のようにいえるかは，まさに，疑問であろう[19]。わが国においては，違反をした捜査官の「善意」「悪意」といった主観的事情は，先に述べたとおり，「違法の重大性」という第一の要件を判断する一要素として扱うのが妥当であると思われる。

次に，別表❻の裁判例は，先に指摘したとおり，「本件証拠物が前記のとおり発見の容易な場所にあり，被告人の指示がなくても差し押さえることが容易であったという」事情を「排除相当性」の判断にあたり考慮に容れているが，

---

[19] 井上・前掲注 8)「排除法則と『善意の例外』」388 頁。なお，鈴木茂嗣「違法収集の証拠」平野龍一ほか編『刑事訴訟法判例百選〔第 4 版〕』129 頁も，捜査官の意図を抑止効の判断にあたって考慮することを疑問とする。

違法行為と証拠物押収との関連性は，排除法則の抑止効と関係はなく，関連性もまた，前に述べたように，「違法の重大性」を判断する一要素として扱うのが妥当である。

なにしろ，この「排除相当性」は判例上，取り上げられている部分が少ないので，どのような具体的内容を含む基準か——たとえば，事件の重大性を考慮するのかなど——は今後の判例に委ねられており，既存の判例から分析することは，むつかしい[20]。あえて私見を加えて述べた次第である。

別表　違法収集証拠に関する判例一覧表

○：肯定　×：否定　—：判示なし

番号	判例出典	違法の類型	事　実	違法の重大性	排除相当性	証拠排除
❶	大阪地判昭53.12.27判タ383号164頁，判時942号145頁	別件型	傷害罪で現行犯逮捕し，必要性がないのに居室を捜索して覚せい剤を発見	×	—	×
❷	広島高判昭56.11.26判タ468号148頁，判時1047号162頁	〃	モーターボート競争法違反の罪の捜索差押令状で必要性のとぼしい被告人方を捜索し被告人が預金通帳を所持しているのを発見	×	—	×
❸	広島高岡山支判昭56.8.7判タ454号168頁	〃	傷害等の罪で令状逮捕し身柄連行後逮捕現場での捜索に便乗して覚せい剤を捜索	×	—	×

---

20) 最一小判昭53.9.7以降の違法収集証拠に関する判例を紹介，評釈したものとして，馬場義宜「違法収集証拠の証拠能力に関する最高裁判決の展開」捜査研究31巻8号33頁があるが，判例を通観した結論的な感想として，この「排除相当性」の要件が不明確で実質的には機能しえないのではないかと指摘されている。

なお，本稿脱稿後に，井上正仁『刑事訴訟における証拠排除』が刊行され，同書の564頁以下に同様の判例の紹介および分析が掲載されていることを知った。その後に同趣旨の本稿を発表することにいささか躊躇を感じたが，多くの論者の見解が公にされることも無意味ではあるまいと考え，本稿に公にした次第である。

第Ⅴ部　証　拠

❹	札幌高判昭 58.12.26 刑月 15 巻 11=12 号 1219 頁，判時 1111 号 143 頁	〃	暴行罪で令状逮捕し覚せい剤発見の意図で，居室を徹底的に捜索して覚せい剤を発見	×	―	×
❺	東京高判昭 56.4.21 東京高検裁判速報昭和 56 年 2507 号	本件型	覚せい罪取締法違反の罪の捜索差押令状を得て被告人を捜索場所まで強制連行し捜索に立ち会わせて覚せい剤を押収	×	―	×
❻	大阪高判昭 59.8.1 刑月 16 巻 7=8 号 515 頁，判タ 541 号 257 頁	〃	〃	×	×	×
❼	大阪高判昭 56.1.23 判時 998 号 126 頁	所持品検査型	窃盗の嫌疑で職務質問し，「身体検査をする」といっていきなりポケットに手をつっこんで覚せい剤を発見	○	○	○
❽	名古屋高金沢支判昭 56.3.12 判タ 450 号 154 頁，判時 1026 号 140 頁	〃	傷害罪で組事務所を捜索する際，挙動不審の組員に，令状による所持品提示の如くよそおってポケットから覚せい剤を発見	×	―	×
❾	東京高判昭 56.9.29 判タ 455 号 155 頁	〃	パチンコ屋で覚せい剤犯人の連れの女を職務質問中，タバコの箱をブラウスの胸の内側に入れようとしたのを制止して取り上げる	×	×	×

❿	札幌高判昭 57.10.28 判時 1079 号 142 頁	〃	覚せい剤所持の通報により現場に急行し職務質問後直ちに被告人の手，腕を押えてポケットから覚せい剤を取り上げる	×	—	×
⓫	札幌高判昭 57.12.16 判時 1104 号 152 頁	任意同行型	張込中，挙動不審者を職務質問し抵抗を排してパトカーにのせ機動捜査隊庁舎へ連行し尿を提出させる	○	○	○
⓬	大阪高判昭 60.2.27 判タ 555 号 339 頁	〃	被告人方へ無断で立ち入った私服警察官が身分，用件等を告げないで被告人を自動車で警察署へ連行し退去を拒否して尿を提出させる	—	—	○

【追　記】

　本論稿は，昭和 61 年 2 月判例タイムズ誌に掲載されたものであるが，その「はじめに」において述べているとおり，わが国における排除法則の適用をはじめて宣明した最一小判昭 53.9.7 刑集 32 巻 6 号 1672 頁，判タ 369 号 125 頁，判時 901 号 15 頁が違法収集証拠排除の要件としている「違法の重大性」と「排除相当性」を，この最高裁判例以後の判例を素材として具体的に探り，おりから排除法則適用の申立が増え始めた実務になんらかの裨益をしたいというものであった。

　当時対象とした判例は，本論稿中の［別表］に掲げたように，昭和 53 年 12 月の大阪地裁の判例から昭和 60 年 2 月の大阪高裁の判例までわずか 12 例である。これが，昭和 53 年 9 月以降同 60 年末までに公刊された判例集から拾い上げた違法収集の証拠として認定された判例のすべてであった。そして，最高裁判例はまだ一件もなかった。また，違法の類型としても，同表記載のとおり，「別件型」，「本件型」，「所持品検査型」，「任意同行型」の 4 類型にとどまって

いる。

1 その後の判例

その後 4 分の 1 世紀余りを経過し，その間に違法収集証拠に関する判例は，最高裁判例を含め，多数に上っている。その中には，上記二つの要件に関するもののほか，証拠収集手続そのものには違法はないが，それに先行する捜査手続に違法がある場合のその証拠の証拠能力の問題（違法の承継）あるいは違法収集証拠から派生した証拠の証拠能力の問題（毒樹の果実）などに関するものが含まれている。

これらの判例は，石井一正『刑事実務証拠法〔第 5 版〕』（判例タイムズ社，2011）131 頁に挙示している番号［13］の最二小判昭 61.4.25 から同 134 頁に挙示している番号［70］の最三小決平 21.9.28 までの 58 例のほか以下の 5 例である。そして，違法の類型も本論稿で記述した四類型に比べ多彩である。

［1］　東京高判平 22.2.15 東高時報 61 巻 1=12 号 31 頁
［2］　東京地判平 22.8.6 判タ 1366 号 248 頁
［3］　東京地判平 23.3.30 判タ 1356 号 237 頁，判時 2114 号 131 頁
［4］　東京地判平 23.12.21 判タ 1375 号 252 頁
［5］　東京地判平 24.2.27 判タ 1381 号 251 頁

［1］は，警察官が覚せい剤使用の嫌疑がある被告人対して職務質問を開始した後，警察署への同行を求め，これを拒否する被告人を長時間路上に留め置き，その間強制採尿令状の請求をし，発付を受けた令状により強制採尿した事案で，尿の鑑定書等の証拠能力が争われたものである。石井・前掲書 142 頁に挙げている番号［68］，同 147 頁に挙げている番号［47］，［67］の判例と同様，違法の類型から言えば「路上留め置き違法型」に入る。ちなみに，［47］は，最高裁判例（最三小決平 6.9.16 刑集 48 巻 6 号 420 頁，判タ 862 号 267 頁，判時 1510 号 154 頁）であって，この種事案について違法の重大性及び排除相当性を否定したものであるが，いわばこの型のリーディングケースである。

［1］の判例は，留め置きを違法と解したが，被告人の覚せい剤使用の嫌疑が十分であり，実際に強制採尿令状の請求手続が開始されていること，警察官らの有形力の行使はもっぱら被告人の進路を阻むという受動的な態様で，被告人の身体に対して強度の有形力を加えたものではないこと，任意同行を求める必

要性が高いのに被告人の態度は頑なで結果的に説得等に長時間がかかるのはやむを得ない状況にあったこと，被告人を覚せい剤所持の事実で準現行犯逮捕または緊急逮捕することが可能であったことなどの事情のほか，警察官において令状主義を潜脱する意図があったとは認められないことなどを挙げて，違法の重大性を否定している。また，被告人に対する強制採尿令状の発付は，適法に得られた証拠資料に基づいてなされたものであって，本件留め置きとは無関係であり，本件留め置きの違法は，採尿および尿の鑑定の手続に違法性を帯びさせるには足りないことをも挙げて，排除相当性をも否定している点が注目される。

[2] も「路上留め置き違法型」である。採尿に至る手続もほぼ同様であり，職務質問─任意同行ないし尿の任意提出の説得─被告人の拒否─現場留め置き─強制採尿令状の請求，発付─その執行（ただし，本件では令状を示したところ被告人が尿を任意提出）という経過をたどっている。

[2] の判例は，留め置きに関しては，被告人運転車両のエンジンを切り，ドアを外から押すなどして被告人を車外に出られないようにするなどの有形力の行使があったこと，約5時間35分にわたっていたことなどを挙げて違法であると判断したほか，警察官が留め置きの違法を糊塗するため職務質問の開始時刻について内容虚偽の疎明資料を作成して強制採尿令状の発付を請求したことなどの事情を挙げて，違法の重大性および排除相当性を肯定し，尿の鑑定書等の証拠能力を否定した（無罪）。

警察官が，覚せい剤使用ないし所持の嫌疑がある被疑者を路上で発見して，職務質問を開始した後，警察署への同行を求め，あるいは，覚せい剤の任意提出を求めたが被疑者がこれに応じないで現場から離脱しようとした際，警察官らはどのような態様でどの程度の時間被疑者を路上に留め置くことができるかは，実務上たえず生起する問題である。とりわけ，捜索差押許可状や強制採尿令状の請求をし，その発付を受けてこれを執行するまでは，ある程度の時間を要することになるが，その間被疑者を拘束することは法的根拠を欠き許されないものの，さりとて，被疑者の現場からの離脱を許せば，令状の執行が事実上不可能ないし無意味になるから，警察官としても苦慮するところであろう。このような事情を反映してか，判例上も，この種の留め置きについて，有形力の

行使を伴っても必要最小限度のものであるときは，これを適法と解したもの（東京高判平 21.7.1 東高時報 60 巻 1=12 号 94 頁，判タ 1314 号 302 頁〔ただし，取調室における留め置きの例〕，東京高判平 22.11.8 高刑 63 巻 3 号 4 頁，判タ 1374 号 248 頁など），違法としたものの，この間の身柄確保を可能ならしめる立法措置を求める判例（前掲 [68] の東京高判平 20.9.25 東高時報 59 巻 1=12 号 83 頁）なども見られるところである。

　[3] は，覚せい剤所持による逮捕そのものは適法になされているが，逮捕中に行われた尿の任意提出が違法とされたものであり，「逮捕中採尿違法型」とでも言うべきものであって，この類型の判例も少なくない（石井・前掲書 143 頁以下に掲記の番号 [19]，[26]，[33]，[63]，[64]，[69] の判例）。

　[3] の判例は，警察官が被告人（女性でそれまでに失禁している）に対し，尿を提出しないとトイレに行かせないという趣旨の発言を交えて強く尿の提出を迫ったこと，体調不良の被告人に適切な措置をとらず取調室に待機させたこと，2 時間にわたる説得にも違法な点があるなどの事情を挙げ，これらの違法な手続や取扱いの累積によって，被告人をして自己の意思に基づいて尿の提出に応じるかどうか判断することを著しく困難にして，承諾させたものであると認め，違法の重大性を肯定して，尿の鑑定書等の証拠能力を否定した（同判例の末尾に添付されている，同裁判所の証拠決定参照）。

　[4] は，弁護人との接見交通権の侵害とその後の採尿手続の違法が問題となった事案であり，この類型の違法に関する判例も既に存する（石井・前掲書 146 頁掲記の番号 [25]，[45] の判例）。

　[4] の判例は，弁護人から被告人との接見の希望が出されていながら，強制採尿手続を実施したのは違法であるが，弁護人との接見が実現されていない状況等を利用して，強制採尿令状の発付を得たものではないこと，警察官らは被告人と弁護人との接見をことさら妨害しようとする意図までは認められないことなどの事情を挙げて，採尿手続の違法の重大性および排除相当性を否定し，尿の鑑定書等の証拠能力を肯定した。

　[5] は，覚せい剤自己使用の罪で起訴された被告人の尿の鑑定書等の証拠能力が問題とされているが，採尿手続そのものは強制採尿令状により適法に行われており，これに先立つ所持品検査の違法が争われている事案である。本論

稿で言えば「所持品検査違法型」に含まれるが，その違法が後行の採尿手続に承継される場合であって，この種の事案に関する判例も少なくない（石井・前掲書138頁以下掲記の番号［22］，［39］，［40］，［46］，［56］，［58］，［60］，［61］の判例）。

　［5］の判例は，所持品検査に関し，交番前を歩いていた被告人に対し，いきなり所持品検査への協力を求め，狭い相談室において3名の警察官で被告人を取り囲むなど拒否の余地がないかのような状況に置いた上で，靴や靴下を脱ぐように求め，さらには，ベルトをはずしてズボンの中まで見せるように求め，これに応じてズボンの中を見せた被告人の両手をつかんでボタンを閉めさせないという有形力を行使し，被告人の意思に反して下着丸見えの状態にした上で，被告人の承諾もないままに，パンツの上から被告人の肛門付近に触れ，そこに隠していた注射器と水溶液入り容器の入ったポーチを発見して提出させたのは，個人のプライバシーに対する配慮を欠いた著しく不適切なものであって，実質的には無令状で被告人の身体に対する捜索を実施したに等しいなどの事情を挙げて，違法であると判断し，加えて，前掲［2］の判例同様，強制採尿令状の疎明資料として，被告人が自発的に前記ポーチを提出したかのような内容虚偽の書面を作成し，また，警察官3名が公判廷において所持品検査に関し真実に反する供述をしたことなどを挙げて違法の重大性及び排除相当性を肯定し，尿の鑑定書等の証拠能力を否定した（無罪）。

　前掲5例は，すべてが覚せい剤取締法違反の事案であり，このことは，本論稿に掲げた判例や石井・前掲書に掲げた判例の大半と共通する特徴である。

　前掲5例に限って言えば，違法の重大性等を肯定して尿の鑑定書等の証拠能力を否定した判例が3例（前掲［2］，［3］，［5］），違法の重大性等を否定して尿の鑑定書等の証拠能力を肯定した判例が2例（前掲［1］，［4］）と前者が後者を上回っているが，事例数が少ないので，実務の近時の傾向をうかがわしめるものとまでは言い難いであろう。

　証拠能力を否定した判例では，採尿に至る捜査手続の重要な点，たとえば，留め置きの時間（前掲［2］），採尿を強くせまったか否か，被告人の体調不良についての警察官の認識（前掲［3］），被告人が注射器等の入ったポーチを提出するに至った経緯（前掲［5］）など関して，警察官の証言と被告人の供述が

対立し，これらの判例はおおむね前者の信用性を否定し，被告人の供述に基づいた捜査手続を認定し，これを基に違法の重大性等を肯定している。そして，重大性等を肯定する理由の一つとして，警察官の証言した捜査手続に沿う内容の書面（判決の認定を前提にすれば内容虚偽の書面）を作成してこれを強制採尿令状請求の疎明資料に用いたこと（前掲[2]，[5]）や公判廷において（判決の認定を前提にすれば）真実に反する証言をしたこと（前掲[5]）などの事情を挙げている点が注目される。警察官のこのような証拠収集後の行為を違法の重大性の事情としてとらえる点は，最二小判平15.2.14刑集57巻2号121頁，判タ1118号94頁，判時1819号19頁と似通っている。この最高裁判例も，逮捕の際令状を示したか否かに関し警察官の証言と被告人の供述が対立し，前者の信用性を否定した事案である（この最高裁判例については，本書414頁参照）。

　違法収集証拠であるとして証拠排除の申立がなされた場合，裁判所としては，捜査手続の適法・違法，違法の重大性等を判断するため，当該証拠物収集に至る捜査経緯をつぶさに認定しなければならないわけであるが，そこでは，自白の任意性を巡るそれと同様，警察官の証言と被告人の供述が対立し，これら以外の客観的な証拠が乏しく，そのいずれを信用するかという，困難でしかも重要な問題に直面することになる実務の現状をうかがい知ることができる。

　前掲[1]ないし[5]の判例が，違法の重大性の判断要素としている事情は，前記の証拠収集後の警察官の行動を除けば，従来の判例と同様，「違法の客観的側面」（違法行為によって侵害された利益の性質，程度，法規からの逸脱の度合いなど），「主観的側面」（令状主義潜脱の意図など），「違法行為と証拠収集手続との関連性の大小」の三つであると解され，この点は，筆者が本論稿などで指摘したとおりである（本書396頁，石井・前掲書151頁参照）。そして，法規からの逸脱の度合の大小を判断するにあたっては，違法行為の結果（現象面）のみに目を奪われないで，法規および法規の解釈上適法とされる行為と違法行為との距離を実質的に計らなければならないことも本論稿で指摘したところである（本書397頁参照）。前掲[1]の判例が，路上における留め置きは違法であるが，被告人を覚せい剤所持の事実で準現行犯逮捕または緊急逮捕することが可能であったことを違法の重大性を否定する事情として挙げるのは（他にも，同旨の判例が少なくない），正に法規からの逸脱の度合の実質的な考察の

一方法である。
　違法行為と証拠収集手続との関連性の大小を違法の重大性を判断する事情としてとらえることには，議論があるが，従来の判例の分析から肯定できると考えられる上，いわゆる毒樹の果実の証拠能力を考える場合にも有益である。毒樹の果実すなわち違法収集証拠から派生した第二次証拠の証拠能力の有無をどのような基準で判断すべきかは，もとより種々の議論があるところであり，また，これについて正面からはじめて判断を示した前記最二小判平 15.2.14 の理解もさまざまではあるものの，第二次証拠も違法収集証拠として証拠能力を否定するのだから，排除法則が適用される一場面であり，第一次証拠の排除基準と同じく「違法の重大性」と「排除相当性」が排除の要件になると解するのが妥当である（山上圭子「不任意自白に基づいて発見された証拠物」井上正仁編『刑事訴訟法判例百選〔第 8 版〕』173 頁）。ただ，第二次証拠の収集の場合は，第一次証拠の収集との間に他の事情（たとえば，令状の請求，裁判所によるその審査等）が介在することが少なくないので，これにより，第一次証拠の収集手続との関連性が薄められ，そのため第一次証拠収集手続に存した違法の重大性が減少することがあるという点，および，派生証拠の排除であるから，第一次証拠の排除よりもさらに「排除相当性」の有無が意識され，証拠の重要性等も総合考慮しなければならないという点に注目しておけば足りると考えられる。そして，前記最二小判平 15.2.14 は，このように理解できるのではないかと思われる。
　ちなみに，証拠収集手続そのものには違法がないが，それに先行する捜査手続に違法があり，ここからは証拠が収集されていない場合は，その違法が証拠収集手続に影響を及ぼすか否かがまず判断されなければならないが，それは正に「違法の承継」の問題であり，これについては最高裁判例の変遷が見られるものの，前記最二小判平 15.2.14 によれば「密接関連性」の有無により，決せられることになるから，関連性は，上記のとおり，違法の重大性を判断する要素であるとともに違法の承継を判断する要素でもあるということになる（違法の承継については，本書 106 頁参照）。
　なお，本論稿では，下級審において違法収集証拠と認定されたが上訴審においてその判断が覆された判例も挙示しているが（本書 387 頁），この種の判例の

その後のものについても，石井・前掲書 129 頁以下に東京高判昭 62.2.4 判タ 634 号 250 頁，最二小決平 16.1.20 刑集 58 巻 1 号 26 頁，判タ 1144 号 167 頁，判時 1849 号 133 頁および前掲東京高判平 21.7.1 の 3 例を収録しているので参照されたい。ちなみに，ここに収録されている判例以後の同種の判例で公刊されているものは見当たらない。

2 その後の学説

違法収集証拠に関する学説もまたその後，重要判例についての判例評釈を含め，多数の論稿が発表されている。逐一挙示しないが，河上和雄ほか編『大コンメンタール刑事訴訟法(7)〔第 2 版〕』(青林書院，2012) 490 頁以下〔安廣文夫〕にほぼ網羅されている（その後に公刊されたものとしては，酒巻匡「違法収集証拠排除法則」法教 387 号 112 頁，松田岳士「違法収集証拠の証拠能力」法教 389 号 24 頁，辻川靖夫「違法収集証拠の証拠能力」松尾浩也ほか編『実例刑事訴訟法Ⅲ』〔青林書院，2012〕133 頁など。なお，前掲 [3] の判例につき，辻本典央「判例評論」判時 2172 号 173 頁）。

そして，学説を通覧すると，排除法則の根拠については議論が存するものの――従来の「違法捜査の抑止」あるいは「司法の廉潔性の保持」という政策目的ではなく，憲法 35 条等が保障する基本権を侵害して収集された証拠を排除するという憲法原則がその根拠であるとの主張（規範説）が有力である――この法則の是非という議論は影をひそめ，現在では，排除法則を否定する見解は見当たらない。かろうじて「個人的には，違法排除法則否定説にも傾聴すべき点があると思われる」という見解が見られる程度である（松下裕子「違法排除法則――検察の立場から」三井誠ほか編『新刑事手続Ⅲ』〔悠々社，2002〕363 頁）。

総じて言えば，学説もこの法則をめぐるいくつかの論点を，アメリカ法を参照しながら，詳細に論じたものが多い。本論稿で指摘したように，排除法則に関する論議は，「総論の時代から各論の時代に入った」のである。

排除法則は，捜査手続の違法を宣言し，これによって得られた証拠の使用を禁止するものであるから，違法捜査の抑止などの効果を持つ一方，明らかに有罪である被告人を無罪放免する結果を生むものでもある（たとえば，前掲 [3] の判例は，被告人が公判廷において覚せい剤の自己使用を認めているのに無罪とした事案である）。このような証拠法則の解釈・運用にあたっては，政策としての

合理性を十分考慮しなければならない。具体的には，違法の承継，違法の重大性，排除相当性等違法収集証拠証拠排除の要件を決するにあたっては，バランスの取れた判断が求められる。とともに，この法則適用の前提となる捜査手続についての適切な事実認定が必要であることは言うまでもない。この法則がわが国の刑事裁判に健全に根づいていくためには，適切な事実認定および適正な解釈・運用が今後とも要請されるであろう。

第Ⅴ部　証　拠

第21章　捜査手続の違法とその後に収集された証拠の証拠能力（判例評釈）

　1　逮捕当日に採取された被疑者の尿に関する鑑定書の証拠能力が逮捕手続に重大な違法があるとして否定された事例
　2　捜索差押許可状の発付に当たり疎明資料とされた被疑者の尿に関する鑑定書が違法収集証拠として証拠能力を否定される場合において同許可状に基づく捜索により発見押収された覚せい剤等の証拠能力が肯定された事例（最二小判平 15.2.14 刑集 57 巻 2 号 121 頁，判タ 1118 号 94 頁，判時 1819 号 19 頁）

第1　事実の概要

　本件は，覚せい剤の自己使用及び所持の事案であるが，その捜査及びその後の経過は，おおむね以下のとおりである。
　1　被告人に対しては，かねて窃盗による逮捕状（以下「本件逮捕状」という。）が発付されていたが，平成 10 年 5 月 1 日朝，滋賀県大津警察署の警部補甲ほか 2 名の警察官は，被告人の動向を視察し，その身柄を確保するため，本件逮捕状を携行しないで同署から警察車両で三重県上野市内の被告人方に赴いた。
　2　警察官 3 名は，被告人方前で被告人を発見して，任意同行に応じるよう説得したところ，被告人は，逮捕状を見せるよう要求して任意同行に応じず，突然逃走して隣家の敷地内に逃げ込んだりしたが，結局，同日午前 8 時 25 分ころ，被告人方付近の路上（以下「本件現場」という。）で逮捕され，大津警察署に連行された。同日午前 11 時ころ同署に到着した後，間もなく警察官から本件逮捕状を呈示された。
　3　本件逮捕状には，同日午前 8 時 25 分ころ，本件現場で逮捕状を呈示して被告人を逮捕した旨の甲警察官名義の記載があり，さらに，同警察官は，同日付けでこれと同旨の捜査報告書を作成した。
　4　被告人は，同日午後 7 時 10 分ころ，大津警察署内で任意の採尿に応じたが，その際，強制が加えられることはなかった。被告人の尿を鑑定したとこ

414

ろ，覚せい剤成分が検出された。

5　同月6日，大津簡易裁判所裁判官から，被告人に対する覚せい剤取締法違反事件について被告人方を捜索すべき場所とする捜索差押許可状が発付され，既に発付されていた被告人に対する窃盗被疑事件についての捜索差押許可状と併せて同日執行され，被告人方の捜索が行われた結果，被告人方からビニール袋入り覚せい剤1袋（以下「本件覚せい剤」という。）が発見されて差し押さえられた。

6　被告人は，同年6月11日，覚せい剤の自己使用及び所持の事実で起訴され，同年10月15日窃盗の事実についても起訴された。

7　公判において，逮捕手続の違法性が争われ，被告人側から，逮捕時に本件現場において逮捕状が呈示されなかった旨の主張がされたのに対し，前記3名の警察官は，証人として，本件逮捕状を本件現場で被告人に示すとともに被疑事実の要旨を読み聞かせた旨の証言をした。

8　一審（大津地裁）は，警察官の上記証言を信用せず，警察官は本件逮捕状を現場に携行していなかったし，逮捕時に本件逮捕状を呈示しなかったと認定し，この違法は，警察官の事後の虚偽供述をも勘案すると重大であると判断し，上記尿の鑑定書，覚せい剤等の証拠能力を否定して，被告人の覚せい剤自己使用及び所持の公訴事実については無罪の言渡しをした。原審（大阪高裁）も同様の判断をして，検察官の控訴を棄却し，これに対し検察官が上告したものである。

第2　判決要旨

原判決及び第一審判決中，覚せい剤所持及び窃盗に関する部分を破棄差戻し，その余の部分（覚せい剤自己使用）の上告棄却。

「(1)　本件逮捕には，逮捕時に逮捕状の呈示がなく，逮捕状の緊急執行もされていない（逮捕状の緊急執行の手続が執られていないことは，本件の経過から明らかである。）という手続的な違法があるが，それにとどまらず，警察官は，その手続的な違法を糊塗するため，前記のとおり，逮捕状へ虚偽事項を記入し，内容虚偽の捜査報告書を作成し，更には，公判廷において事実と反する証言をしているのであって，本件の経緯全体を通して表れたこのような警察官の態度

を総合的に考慮すれば，本件逮捕手続の違法の程度は，令状主義の精神を潜脱し，没却するような重大なものであると評価されてもやむを得ないものといわざるを得ない。そして，このような違法な逮捕に密接に関連する証拠を許容することは，将来における違法捜査抑制の見地からも相当でないと認められるから，その証拠能力を否定すべきである。」

「(2)　……本件採尿は，本件逮捕の当日にされたものであり，その尿は，上記のとおり重大な違法があると評価される本件逮捕と密接な関連を有する証拠であるというべきである。また，その鑑定書も，同様な評価を与えられるべきものである。

したがって，原判決の判断は，上記鑑定書の証拠能力を否定した点に関する限り，相当である。」

「(3)　次に，本件覚せい剤は，被告人の覚せい剤使用を被疑事実とし，被告人方を捜索すべき場所として発付された捜索差押許可状に基づいて行われた捜索により発見されて差し押さえられたものであるが，上記捜索差押許可状は上記(2)の鑑定書を疎明資料として発付されたものであるから，証拠能力のない証拠と関連性を有する証拠というべきである。

しかし，本件覚せい剤の差押えは，司法審査を経て発付された捜索差押許可状によってされたものであること，逮捕前に適法に発付されていた被告人に対する窃盗事件についての捜索差押許可状の執行と併せて行われたものであることなど，本件の諸事情にかんがみると，本件覚せい剤の差押えと上記(2)の鑑定書との関連性は密接なものではないというべきである。したがって，本件覚せい剤及びこれに関する鑑定書については，その収集手続に重大な違法があるとまではいえず，その他，これらの証拠の重要性等諸般の事情を総合すると，その証拠能力を否定することはできない。」

第3　評　釈

1　はじめに

本判決は，逮捕手続に重大な違法があるとして被疑者の尿に関する鑑定書の証拠能力を否定し，かつ，派生証拠（いわゆる毒樹の果実）である覚せい剤等

の証拠能力を肯定したはじめての最高裁判例であり，違法収集証拠の証拠能力に関する重要な先例といえ，今後の実務に与える影響も大きい。その上，本判決の事案は，「事実の概要」に記載したように，従来の同種事案と比べるとやや特異なところがあり，そのためか，これまでの最高裁判例と違った判断を示しているようにも見えるので，論ずべき点が多い。しかし，本判決については，現代刑事法 2003 年 11 月号（5 巻 11 号〔通号 55 号〕）に「排除法則の課題と展望」と題する特集が編まれ，そこに掲載されている座談会等で多角的な検討が加えられているほか，既に詳細な評釈も公にされている[1]ので，ここでは，違法行為と証拠とのつながりという点に絞って評釈することにしたい。すなわち，捜査手続に違法行為があった場合，その違法はどの証拠の証拠能力にまでその影響を及ぼすのか，あるいは，その証拠からいえばどの範囲の違法行為までを証拠能力の判断に当たって考慮しなければならないのかという問題（以下「違法の承継」という。）である。

2 違法の承継

捜査は，いうまでもなく多くの手続が時間的・空間的に積み重なっており，そのうちのいくつかの手続で各種の証拠が収集される。このようないわば重層体の一部に違法行為があった場合，その違法行為が収集されたすべての証拠の証拠能力に影響を及ぼすと考えるのは，排除法則の趣旨に照らして不合理であるし，手続の安定性からしても首肯しがたいであろう。排除法則は，捜査一般の違法を非難し，それに対する制裁として証拠の証拠能力を否定するものではない（逆に，その違法に排除法則を適用しなかったからといって，これを救済したものでもない。）。

一方，その証拠の直接の収集手続の違法だけを問題にするというのも，相当ではない。なぜなら，証拠の収集手続としては複数の手続が連鎖しているが，これらを表裏一体・不可分の手続としてとらえなければならない場合も少なくないからである。たとえば，本件のような尿の採取あるいは覚せい剤の押収とその鑑定書の作成，最一小判昭 53.9.7 刑集 32 巻 6 号 1672 頁，判タ 369 号 125

---

[1] 佐藤文哉「違法収集証拠排除の新局面」法教 275 号 38 頁。

第Ｖ部　証　拠

頁の事案のような所持品検査から覚せい剤の押収に至る一連の手続の場合がそうである。

問題は，いうまでもなくどこで線を引くのが妥当かにある。本判決で証拠能力が争われた尿の鑑定書についても，派生証拠である覚せい剤等についても，この点がまさに問題になる。そこで，違法行為とその証拠の収集手続との時間的関係に着目して「前の違法」と「後の違法」に分けて本判決を検討することにしたい（便宜上後者を先に取り上げる。）[2]。

(1)　「後の違法」

その証拠の収集手続が終わった後に違法行為があったという場合，この違法行為とその証拠収集手続とは，通常の事態を想定すると，つながりがない。法的にはもちろん事実的な因果関係すらない（酒巻匡・平8重判解179頁）。したがって，この場合の違法行為はその証拠の証拠能力の判断に当たって考慮する必要がない。このことは，排除法則がもともと「違法な手続により収集された証拠の証拠能力を否定する」法則であるといういわば自明の理であるためか，このような事例に関する判例はほとんどない。わずかに，平成8年の最高裁判例[3]が参考になる。この判例の事案は，捜索差押許可状の執行の際，覚せい剤を発見した後，警察官が被疑者に暴行を加えたという違法行為があり，押収された覚せい剤等の証拠能力が争われたものであるが，判決は，暴行の時点が覚せい剤発見の後であることを一半の理由として，覚せい剤等を警察官の違法行為の結果収集された証拠として証拠能力を否定することはできない，と判示している。

ところで，本判決は，「判決要旨」に掲げたように，直接の違法行為は，被疑者の逮捕手続に逮捕状の呈示がなく，逮捕状の緊急執行もされていないというものであるが，これを糊塗するためにした逮捕状への虚偽記入，同様の捜査報告書の作成，さらには，公判廷における事実に反する同様の証言を違法の重

---

2) このほかに，違法行為と証拠の収集手続が同時的に存在するが（同時的違法），違法の承継が否定される場合がある（最一小決昭63.3.17刑集42巻3号403頁，判タ669号133頁，大阪高判平9.9.17判時1628号145頁など参照）。本判決の後に出た最高裁判例（最一小決平15.5.26刑集57巻5号620頁，判タ1127号123頁）の事案も，この場合であると解する余地がある。
3) 最三小決平8.10.29刑集50巻9号683頁，判タ924号155頁。

418

大性の判断に当たって考慮している。これらの警察官の事後行為のうち，前二者の時点は明らかではないが，虚偽証言は，採尿という証拠の収集手続から約1年以上経過した後の違法行為である。この点がまさに本件の特異なところであり，「後の違法」は排除法則の適用に当たって考慮すべきではないとする前記の結論との関係が問題となる。

ただ，この点は，多くの論者が指摘するように[4]，「後の違法」は警察官の法無視の態度の表れであり，それが逮捕の際の令状主義の精神を没却させる態度を推知させ，逮捕手続の違法という「前の違法」の重大性を強めさせる事情として考慮されていると解することができる。このことは，判文上は明確とはいえないものの，原判決が前記平成8年の最高裁判例に違反しているという検察官の上告趣意に対し，「事案を異にする」としてこれを排斥していることからも窺えよう。

(2) 「前の違法」

違法行為が先行し，その後に証拠が収集された場合であり，本判決の事案も含め，違法収集証拠として争われた多くの裁判例の事案はこの類型に属する。

この類型の違法の場合，先行の違法行為とその証拠の収集手続との間に事実的な因果関係が存在することが多い。そこで問題はこれを前提にして，「前の違法」の承継をどこまで肯定するかがまさに問題である。

この点に関する判例でリーディングケースとなったのは，周知のとおり，昭和61年の最高裁判決[5]である。採尿に先立つ被疑者宅への立入り等に違法行為があり，これら一連の捜査手続を経た尿の鑑定書の証拠能力が問題となった事案であるが，判決は，先行の違法行為と後の証拠収集手続とが「同一目的・直接利用」という関係にある場合，先行の違法行為が後の証拠収集手続の適法性に影響を及ぼし，採尿そのものは強制が加えられることもなく，任意の承諾に基づいて行われていても，採尿手続は違法性を帯びるとしたものである。

---

[4] 本判決に対する判タ1118号96頁，判時1819号20頁のコメント，佐藤・前掲注1）41頁，長沼範良「排除法則に関する判例理論の展開」現刑5巻11号34頁，田口守一ほか「座談会・排除法則の現状と展望」現刑5巻11号17頁〔田口守一教授，山崎学判事らの発言〕など。
[5] 最二小判昭61.4.25刑集40巻3号215頁，判タ600号78頁。

ところが，その後の最高裁判例は，判文から見る限り，「同一目的」という要件を示さず「直接利用」のみを掲げ[6]，あるいは，これらの要件を示すことなく職務質問の開始から証拠の収集手続を一個の手続としてとらえて違法性を判断するかのような判示をしている[7]。もっとも，これらの判例は，実質的には，同一の判断枠組みを事案に応じて判示したものと理解することもできようし[8]，いずれも違法の重大性に判断の重点が置かれ，違法の承継に焦点を合わせたものではないことに留意しておく必要があろう。

一方，違法収集証拠が争われた事件の下級審の審理・判断も，違法の承継については，当然これら最高裁判例に従ってなされているのであるが，下級審の判例を通覧すると，違法の重大性を直截に判断したものが多く，違法の承継に焦点を合わせた判例は少ない[9]。この種事件では，違法の有無・程度が最大の争点だからである。

本判決は，先行行為の違法の重大性をまず判断し，その後に収集された尿の鑑定書を排除すべきかどうかの判断に移っている。すなわち，「このような違法な逮捕に密接に関連する証拠を許容することは，将来における違法捜査抑制の見地からも相当でないと認められるから，その証拠能力を否定すべきである」と判示し，本件採尿は，逮捕当日にされたものであるから，重大な違法がある本件逮捕と密接な関連を有する証拠であるとし，採尿そのものは任意になされて強制はないとしながらも，尿の鑑定書の証拠能力を否定している。

ここでは，違法の承継に関する従来の判断枠組みである「同一目的・直接利

---

[6] 最二小決昭 63.9.16 刑集 42 巻 7 号 1051 頁，判タ 680 号 121 頁，最三小決平 7.5.30 刑集 49 巻 5 号 703 頁，判タ 884 号 130 頁。
[7] 最三小決平 6.9.16 刑集 48 巻 6 号 420 頁。
[8] 中谷雄二郎・平 6 最判解説㊎189 頁，今崎幸彦・平 7 最判解説㊎231 頁。
[9] 最一小判昭 53.9.7 以降平成 15 年 5 月末までに公刊された違法収集証拠に関する判例は，石井一正『刑事実務証拠法〔第 3 版〕』（判例タイムズ社，2003）98 頁以下に整理してある。

違法の承継に焦点を合わせた判例としては，東京地判昭 61.8.25 判タ 622 号 243 頁，大阪高判平 8.5.15 判タ 933 号 275 頁がある。両者とも，先行の違法行為（所持品検査の違法ないし別件緊急逮捕に先行する任意同行の違法）と証拠の押収との間に事実的な因果関係を認めながら，押収自体は令状によることなどを理由に違法の承継を否定したものである。なお，前者の判例が違法の承継の要件として，「密接関連性」を挙げていることが，本判決との関係で注目される。

用」とか「直接利用」という語句は使われていない。また，逮捕手続の違法が，採尿手続に違法性を帯びさせるという判文もない。

「違法捜査抑制の見地」という排除法則の根拠から，違法行為と密接に関連する証拠の証拠能力を否定すべきであるという結論を導き出しているのである。

そこで，最高裁の新しい判断枠組が示されたと見る余地もないわけではない[10]。しかし，もともと，違法の承継の要件については事案に応じた語句が使われてきたという前記の最高裁判例の傾向に照らすと，この事案では，違法の承継の要件として「密接関連性」という用語が用いられていると見ることも十分可能だと思われる。おそらく，本件では，窃盗罪による令状逮捕中，被疑者の逮捕時の挙動と覚せい剤前科があったため，覚せい剤の使用を疑った上司の指示により被疑者に尿の提出を求め，これを鑑定に付したところ覚せい剤が検出されたという事情があったようで，そうであれば，違法な逮捕手続と採尿が「同一目的」とは到底いえないし，「直接利用」とも表現しにくかったのであろう。

本件で，「密接関連性」を肯定する理由として挙げられているのは，結局逮捕当日の採尿であったという事情しかない。そこで，果して本件で「密接関連性」を肯定してよいのか，疑問がないわけではない（長沼・前掲注4）34頁）。ただ，採尿という証拠収集手続の特殊性からして，これと身体の拘束とは通常の場合利用関係にあると見ていいかもしれない。その意味では，この最高裁判例も「密接関連性」という言葉で違法の承継を「利用関係」としてとらえているという見方も可能であろう（佐藤・前掲注1）42頁）。それにしても，違法の承継の要件が「同一目的・直接利用」から「直接利用」へ，そして「利用関係」へと変遷することによって，違法行為と証拠収集との手続的一体性が希薄化し，違法の承継の要件が緩やかになってきたとの感は否めない。これによって排除法則の適用がより弾力的かつ容易になり，この法則が拡充発展するとして，このような傾向に賛同するか，あるいは，排除法則は本来「その証拠の収集手続の違法性」を問題にすべきであるという立場[11]からこれに批判的であ

---

10) 長沼・前掲注4）34頁は，「排除の相当性」の判断の局面で「密接関連性」が用いられているとする。

るか，論者の受け止め方は両様あろう。

3 派生証拠の証拠能力

本件では，違法収集証拠であるとして証拠能力が否定された尿の鑑定書を疎明資料として被告人宅の捜索差押許可状が発付され，これに基づく捜索の結果，発見・押収された覚せい剤等の証拠も問題になっている。一審及び原審はこの証拠能力も否定し，本判決はこれを肯定したわけである。

このように，違法収集証拠から派生した他の証拠のうちどこまでを排除すべきかという問題は，いわゆる「毒樹の果実」排除の理論として論じられてきたところである。米国におけるこの理論に関する文献は多いが，この問題を正面から論じたわが国の判例はそれほど多くない。

まず，大阪高判昭 52.6.28 刑月 9 巻 5 = 6 号 334 頁，判タ 357 号 337 頁を挙げることができる。この判例は，不任意の自白に基づいて発見・押収された証拠物に関する書証の証拠能力について判示したものであるが，不任意自白と派生証拠との間に条件関係がありさえすれば，その証拠は排除されるという考え方は広きに過ぎるのであって，自白採取の違法が派生証拠をも排除するほど重大なものか否かなどが問われなければならない，としたものである。ついで，最三小判昭 58.7.12 刑集 37 巻 6 号 791 頁，判タ 509 号 71 頁が注目される。この判例は，違法な別件逮捕中の自白を資料として発付された逮捕状による逮捕中の被疑者に対する勾留質問調書，勾留中の消防署員の質問調書の証拠能力が問題となったものである。判決は，これらの手続の異質性を根拠に証拠能力を肯定したが，伊藤正己裁判官が，補足意見として，毒樹の果実の証拠能力について，第二次的証拠が違法に収集された第一次的証拠と何らかの関連を持つ証拠であるというだけで一律に排除すべきではなく，第一次的証拠の収集方法の違法の程度，第二次的証拠の重要性，両者の関連性の程度等を総合して判断すべきもの，と説かれていたのが示唆的であった。

覚せい剤事犯においても，もとより派生証拠の証拠能力が問題とされた事案は少なくない。むしろ，所持品検査（ないし車内検索）—覚せい剤の発見—逮

---

11) たとえば，山田耕司「尿の任意提出における『同一目的・直接利用』基準」判タ 779 号 51 頁。

捕―採尿という順で捜査が進められることも多いし，本件のように，採尿―覚せい剤検出―これを疎明資料とした捜索差押許可状の発付―この令状による覚せい剤の発見・押収という一連の捜査も少なくない。そして，このような場合について，第一次的証拠の証拠能力が違法収集証拠として否定された場合の下級審の判例を考察すると，本件の一審判決もそうであるが，派生証拠の収集が第一次的証拠（ないしこれに基づく逮捕）を直接利用しているときは，派生証拠の収集が令状による場合であっても，その証拠能力を否定してきた[12]。

本判決は，本件覚せい剤は，証拠能力が否定される尿の鑑定書を疎明資料として発付された捜索差押許可状に基づいて行われた捜索により発見されて差し押さえられたものであるから，証拠能力のない証拠と関連性を有する証拠というべきであるとした上，(1)司法審査を経て発付された捜索差押許可状によってなされたものであること，(2)逮捕前に適法に発付されていた被告人に対する窃盗事件についての捜索差押許可状の執行と併せて行われたものであることなどの諸事情にかんがみると，本件覚せい剤の差押えと尿の鑑定書との関連性は密接なものではないから，本件覚せい剤（及びその鑑定書）の収集手続に重大な違法があるとまでいえないこと，これらの証拠の重要性等諸般の事情を総合すると，その証拠能力を否定することはできない，とした。

この判旨は，「毒樹の果実」に関する前記伊藤裁判官の補足意見などに似通っている。ただ，ここでも，「密接関連性」という語句が用いられ，それがキーポイントになっているが，その排除法則における位置づけは明確ではない。語句の符節からいえば，判旨の前半（尿の鑑定書に関する部分）の意味と同じく「密接関連性」がないから，覚せい剤等の収集手続は先行する尿の収集手続の違法性（ひいては逮捕手続の違法性）を承継しないとする趣旨であろうか。しかし，判文からすると，そうは解しにくい。おそらく，この判旨は，本件覚せい剤等も尿の鑑定書同様，違法収集証拠であることに変わりはないものの，(1)(2)などの諸事情が介在することにより，覚せい剤等の収集手続と尿の鑑定書との関連性は希薄になり，尿の採取に存在したような重大な違法性（ひいては逮捕手続の違法性）が減少し，結局覚せい剤等の収集手続の違法の重大性は否定

[12) 東京地判平 4.9.11 判時 1460 号 158 頁，千葉地松戸支判平 5.2.8 判時 1458 号 156 頁，神戸地判平 10.10.13 判時 1664 号 151 頁など。

されるに至るという趣旨であろう。すなわち，ここでの「密接関連性」は，違法の承継の要件ではなく，違法の重大性を判断する要素として用いられているのではないか[13]。

本判決が覚せい剤発見と先行違法との「密接関連性」を否定した根拠の(1)は，令状による差押えということである。

この点は，従来の下級審判例において，さほど重要視されていないように見受けられるが，捜査官が令状主義にのっとり，疎明資料を提出して司法審査を受け，裁判官が適切に司法審査をした上令状が発付された事実は，排除法則の適用を考える上で大きなウエイトを持つというべきである。その疎明資料が違法収集証拠であって証拠になしえないものであっても，もともとその証拠の信用性に問題がなく，裁判官の司法審査を誤らせる恐れはまったくなかったわけであるから，この事実は，令状主義の精神に照らし，「第一の判定基準」である[14]とまでいえるかどうかはともかく，少なくとも，先行した違法行為とその後の証拠収集手続との関連性を（ひいてはその重大性を）弱める要素とはなろう。

次に，(2)の適法に発付されていた窃盗罪による捜索差押許可状の執行と併せて行われたとする点は，米国の判例法上の「不可避的発見の法理」を思わせる。この法理は，排除法則の例外を定めるものであるが，わが国においては，違法行為と証拠収集手続との関連性を（ひいてはその重大性を）弱める方向に作用する要素としてとらえることができよう[15]。本件の場合も，仮に覚せい剤取締法違反を被疑事実とする捜索差押許可状がなくても，窃盗罪によるそれの執行の際本件覚せい剤を発見し，改めて令状を得るなりの方法でこの覚せい剤を捜査官が適法に収集しえたことは明らかである。

---

13) 関連性が違法の重大性の判断要素でもあることについては，石井・前掲注9) 116頁参照。ただし，川出敏裕「いわゆる『毒樹の果実論』の意義と妥当範囲」『松尾浩也先生古稀祝賀論文集(下)』（有斐閣，1998）532頁は，毒樹の果実の理論において関連性の程度は，「排除相当性」の判断に当たって考慮される要素であるとする。
14) 松尾浩也監『条解刑事訴訟法〔第3版〕』（弘文堂，2003）656頁。
15) ただし，大阪高判昭59.8.1刑月16巻7＝8号515頁，判タ541号257頁は，証拠物が発見の容易な場所にあり被告人の指示（そこに違法があった事案）がなくても差押えが容易であった事情を「排除相当性」の判断の際に考慮している。

派生証拠の証拠能力に関する本判決の判断は，もとよりこの事案に即したものであって，一般化できるものではない。しかし，違法収集証拠を利用して得られた派生証拠であるというだけで，その証拠能力を否定するのは早計であって，ここでも，介在する諸事情を勘案しなければならないとした本判決の判断方法は，派生証拠が自白である場合も含め，今後の下級審の指針になるものと思われる。どのような事情をどの程度勘案すべきかについては，判例の集積に待たねばなるまい。

【追　記】

本論稿は，違法収集証拠に関する最二小判平15.2.14の判例評釈であって，平成16年4月，現代刑事法（通巻60号）に掲載されたものでものである。

この判例は，最高裁がはじめて違法の重大性等を肯定して第一次証拠（尿の鑑定書）の証拠能力を否定し，かつ，いわゆる毒樹の果実である第二次証拠（覚せい剤）の証拠能力を検討し，これを肯定したものであって，排除法則に関する重要な最高裁判例である。

この判例についての判例解説，評釈等は，本論稿に掲げたもののほかは，朝山芳史・平15最判解説㈹61頁及び河上和雄ほか編『大コンメンタール刑事訴訟法(7)〔第2版〕』（青林書院，2012）496頁〔安廣文夫〕にそれぞれ挙示されている。それ以外のもので参照し得たものとしては，池田公博「違法な手続または証拠能力のない証拠と関連性を有する証拠の証拠能力」ジュリ1338号212頁があり，また，この判例を対象とした対談として，大澤裕＝杉田宗久「違法収集証拠の排除（最二小判平15.2.14刑集57巻2号121頁）」法教328号65頁がある。

これらの判例解説，判例評釈等は，この判例にいくつかの問題点があることを指摘するものの，おおむね判旨に好意的であるが，清水真「刑事判例研究」法学新報110巻3号233頁がいわゆる規範説（本書412頁参照）の立場からこれに反対しているのが，注目される。

なお，毒樹の果実の証拠能力については，その後に最三小決平21.9.28刑集63巻7号868頁，判タ1336号72頁，判時2099号160頁が出ている。違法収集証拠である宅配郵便物に対するエックス線照射により得られた射影の写真等

を疎明資料として発付された捜索差押許可状に基づいて発見・押収された覚せい剤等の証拠能力に関するもので，違法の重大性を否定して証拠能力を肯定した判例である。

　ちなみに，この判例は，宅配郵便物に対するエックス線照射は，宅配業者の承諾を得て実施したものであっても，荷送人・荷受人のプライバシー侵害の程度が大きく，強制処分に当たるとして，検証令状によらないこの処分を違法と解したものであるが，原審及び一審（大阪地判平 18.9.13 判タ 1250 号 339 頁）は，これを任意捜査として許容される範囲のものであるから適法と解しており，プライバシー侵害型の捜査方法について強制処分と任意処分の区別に関する注目すべき判例でもある（井上正仁「梱包内容のエックス線検査」井上正仁ほか編『刑事訴訟法判例百選〔第 9 版〕』70 頁，笹倉宏紀「宅配郵便物のエックス線検査と検証許可状の要否」平 21 重判解 208 頁など参照）。

第22章　犯人識別供述の証明力

第1　はじめに

　犯人と被告人の同一性に関する証拠としては，被害者，目撃者などの供述しかない場合あるいは主たるものとしてはこれしかない場合，この供述証拠（犯人識別供述とか同一性承認供述とか呼ばれるが，ここでは，犯人識別供述という。）の証明力（信用性，以下同じ。）の評価は慎重でなければならない。その評価の誤りが誤判の一つの原因であることは，英米など諸外国においては，従来からしばしば指摘されてきた。わが国でも，比較的近年では，新聞紙上にもとりあげられた伊豆下田の缶ビール詐欺事件など著名な例がある（静岡地沼津支決昭61.2.24刑月18巻1=2号132頁，判時1184号165頁参照）。もっとも，わが国では，犯人と被告人の同一性の立証が犯人識別供述のみに依存するケースは英米などに比べれば比較的少ない。その故か，犯人識別供述の証明力に関する考察は従前それほど意識的に行われていなかったように見受けられる[1]。犯人と被告人の同一性を争う多くの事件の最大の関心事は，むしろ自白の証明力の評価にあったといえよう。だが，近時は，犯人識別供述の証明力の問題がよくとりあげられているし[2]，この供述の証明力につき判示した裁判例も増加している。このような現象の一つの契機は，いわゆる内ゲバ事件の頻発であろう。後に見るようにこの種事件では，犯人の特定につき加害者側はもとより被害者側の協力を得ることもむつかしいので，たまたま事件を目撃した者の犯人識別供述がほとんど唯一の証拠であり[3]，しかもその証明力が公判廷で熾烈に争われ

---

[1] 犯人識別供述の証明力に関する比較的古い研究としては，青木英五郎『証拠評価の方法』司法研究報告書10輯2号87頁以下，荒川正三郎「人の同一性の承認について」植松博士還暦祝賀『刑法と科学（法律編）』（有斐閣，1971）685頁以下などがある。
[2] 渡部教授の一連の研究が代表的である。マーシャル・ハウツ（渡部保夫注解）「証拠と証明(1)」法学研究18巻1号125頁以下，渡部保夫「犯人識別供述の信用性に関する英国控訴裁判所刑事部の一判決について」判タ559号31頁以下，同「犯人識別供述の信用性に関する考察(上)(中)(下)」判時1229号3頁以下，1232号3頁以下，1233号3頁以下など。
[3] 松浦恂「内ゲバ事犯の捜査（その2）」警論34巻11号51頁。

ることから，この供述の証明力の考察が，いや応なしに意識されてくるのである。

わが国では，自白に補強証拠が要求されていることを別とすれば，すべての証拠の証明力の評価は，裁判官の自由な心証に委ねられている（刑訴法318条）。後に述べるように，犯人識別供述の固有の危険性に着目し，これに対処する諸方策が諸外国で考えられているが，わが国では，犯人識別供述につき特別の方策が講じられているわけではない。その証明力の評価はあげて裁判官の自由な心証に委ねられている。しばしば指摘されるように「自由な」心証といっても，証拠の評価はあくまで経験法則や論理法則に従った合理的な判断でなければならない。それ故，犯人識別供述の持つ危険性を認識し，証明力評価の基準（注意則）を誤らないことが必要である。

そこで，本稿では，犯人識別供述の危険性及びこれに対処する諸方策を概観したうえ，いくつかの判例を素材にしてこの種供述の証明力評価の基準（注意則）をピックアップしてみたいと思う。

第2　犯人識別供述の危険性

供述証拠は，物証などの非供述証拠に比べれば，一般的には証明力が低いといわれている（物証は人証に勝る。）。なぜなら，供述証拠は人の記憶に残った犯罪の痕跡が人のことばによって表現されて事実認定者に到達する証拠であり，人は，犯罪の知覚―記憶―表現の各過程において誤りなきを期しがたいからである。供述証拠のこの一般的な危険性[4]は，正しく伝聞法則の基礎であった。

犯人識別供述は供述証拠一般の危険性のほか固有の危険性を持つといわれている[5]。一連の犯行を目撃した供述（「犯行現認供述」とでも呼ぶことにする。）

---

4) 供述証拠一般の危険性あるいは評価の方法をとりあげたものとしては，青木・前掲注1)のほか，司法研修所編『供述心理（司法研修所事実認定教材シリーズ1)』(法曹会，1967)，植松正『新版供述の心理』(日本評論社，1975年)，石丸俊彦「供述の心理」捜査研究18巻7，9，10，12号，19巻1，2，4，5，9号などがある。
5) 心理学を基礎に犯人識別供述の危険性を記述した文献として，E・F・ロフタス（西本武彦訳）『目撃者の証言』(誠信書房，1987) が最近邦訳された。きわめて有益な文献で，本稿もこれに負うところが多い。

と「その犯人はこの者である」という供述（犯人識別供述）の差異を検討することによって，右の危険性の具合的内容を探ってみよう。

1 観察対象の非特徴性

人の人相・風体は多かれ少なかれ相似している。きわだった特徴を持った人はそれほど多くない。ここに人を識別することの困難さの第一歩がある。

2 体験の常態性

犯罪の被害にあうとか犯罪を目撃するなどというのは，一般市民にとってきわめて特異な体験であって，人の脳裏に強くきざまれやすい。これに対し，人の人相・風体を観察しこれを記憶にとどめるという体験は日常繰り返し行われており，特異なものではない。それだけに人の脳裏に残りにくいし，ある状況で観察した人を別の状況で観察した人と混同することもある（無意識的転移）。しかも，犯人の目撃は，全く偶然の機会に，かつ時には犯人と意識しないでなされることが少なくない。ここにも，犯行現認供述と違って，犯人の観察および記憶の脆弱さの原因がある。

3 視覚による記憶は失われやすい

犯行は，ことばを媒介として記憶しうる場合が多いが（ストーリーがある），人の人相・風体は，網膜上の映像すなわち視覚によって記憶される。そして，視覚による記憶はすぐに薄れはじめるのが普通であるといわれている。われわれが人の顔を憶えにくいゆえんである

4 犯人識別供述は比較対照という困難な作用を本質とする

犯人を目撃した被害者，目撃者など（以下単に「目撃者」という。）は，犯人を正確に観察し，その特徴を記憶するだけでは足りない。後に，写真による面割りあるいは実物による面通しの際，目撃した犯人を正しく選別しなければ意味がないわけである。選別は，かつて観察し記憶した犯人の人相・風体と呈示されている写真あるいは実物のそれとの比較対照という判断作用を本質とする。しかし，この判断自体がかなり困難であり，微妙である。犯人の目撃から

比較対照までの時間的間隔が相当ある場合はなおさらである。この判断の困難さ，微妙さの故に，他からの暗示等の影響を受けやすいということがしばしば指摘されている（後述）。

5 人は一度犯人と被告人の同一性を承認するとこれに固執する傾向がある

目撃者がいったん犯人と被告人の同一性を承認し後にこれを取り消すことは，目撃者の自己矛盾であり，その観察，記憶の欠陥を告白することにもなりかねないから，ある種の勇気を必要とするであろう。いわんや，その人の犯人識別供述を基礎に捜査，訴追の手続が進められていくうちに，たとえ目撃者の心中では犯人と違うのではないかという思いが生じても，そのように述べるわけにもいかない心境に陥ることは見やすい道理である[6]。

犯人識別供述の危険性は，右に述べたところから判るように，この供述そのものに潜むものであり，個々の目撃者の誠実性，中立性，供述の一貫性，証言態度の真しさなどとは，かかわりが乏しい。しかし，われわれが証言の信用性を判断する場合，証人の誠実性，中立性等により多大の影響を受ける傾向があるところから，犯人識別供述は危険性を潜ませている割には，信用されやすい。これが誤判の危険の要因であることもまた，つとに指摘されている。

第3 危険性に対処するための諸方策

供述証拠一般の危険性に対処するため反対尋問権の保障がある。この権利の行使によって供述者の知覚，記憶，表現の各過程に潜む誤りをあばき出し正確な供述を得ることが期待されている。犯人識別供述は，先に述べたように供述証拠一般の危険性のほか固有の危険性を持つ。そこで，反対尋問権の保障のほか固有の危険性に対処するためいくつかの方策が諸外国で考えられている。わが国においてこれら諸方策をとり入れることの是非はともかくとして，これら諸方策の持つ狙いを知ることは，犯人識別供述の証明力判断に参考になると思われる。

---

[6] このことは，たとえば，札幌高判昭58.3.28判タ496号172頁の事例における被害者の供述に如実に現れている。

1　犯人選別手続の細則を法令・通達などで定める

　捜査段階における犯人選別手続（写真による面割りあるいは実物による面通し）の重要性にかんがみ，イギリスでは，この手続の細則が施行令で定められている[7]。細則の内容を逐一紹介する紙面の余裕はないが，写真による面割りと実物による面通しに分けて手続の公正を担保するため警察官が遵守しなければならない規則が細かく定められており，しかも，選別手続の記録の作成が求められている点も興味深い。

2　犯人選別手続に弁護人の立会権を保障し，これに違反して得られた犯人識別供述を排除する

　アメリカ連邦最高裁の判例にいうウェイド・ギルバートルール（1967年）がこれであり，このルールの狙いは，暗示という不公正さがつきまといがちな捜査段階における犯人選別手続における公正の確保と公判での被告人側の有効な反対尋問権行使の担保にある。

3　犯人選別手続に適正手続の保障の観点からの基準を考え，この基準に違反して得られた犯人識別供述を排除する

　アメリカ連邦最高裁がストーバル判決（1967年）において示した見解がこれであり，この基準としては，不必要に暗示的で取返しのつかないような誤った選別をなす危険性の有無であり，それは，選別手続全体の状況いかんによって判断される[8]。

7）イギリスでは，従前面割りのための写真の使用規則（Use of Photo-graphs for Identification Rules）及び面通し行列規則（Identification Pa-rade Rules）があったが，1984年警察及び刑事証拠法に付属する，警察官の犯人識別の施行令（Code of Practice for the Identification of Persons by Police Officers）がこれにとって代わった。前掲各規則は，D. Barnard, The Criminal Court in Action, p.68以下に，施行令は，渥美東洋「イギリスの警察および刑事証拠法の『実務規範』(3)」判タ597号26頁以下に掲載されている。
8）ウェイド・ギルバートルール，ストーバル判決を含むアメリカ連邦最高裁の判例については，野々村宜博「アメリカ合衆国における犯人選別手続に関する一考察」法と政治35巻2号119頁以下，小早川義則「犯人識別をめぐる米連邦最高裁判例の動向(1)(2)」名城法学36巻3号1頁以下，同巻4号71頁以下など参照。

4 補強規則の設定

イギリス1976年デブリン委員会報告に見られる提言である。すなわち，同委員会は，刑事事件における犯人識別証拠に関する法と実務を再検討し改善のための勧告を行う目的で設けられたものであるが，犯人と被告人の同一性を立証する証拠が目撃証人などの犯人識別供述しかない場合あるいは主たる証拠としてはこれしかない場合は，たとえ2人以上の証人によって識別されたときでも，被告人は原則として有罪とされない，というルールを提案した。

5 犯人識別供述の質が悪く，かつ，他に犯人と被告人を結び付ける証拠あるいは犯人識別供述の正確性を支持する証拠がない場合は，審理を打ち切る（陪審の判断に付さない）

イギリスのターンバル判決（1977年）の設定したガイドラインであり，右のデブリン委員会の提言を参考にしているが，犯人識別供述の質の良否によって補強証拠の要否を区別している点において，これより弾力的である。

なお，同判決によれば，犯人識別供述の質が良い場合でも，この供述の証拠価値の評価が陪審に委ねられるというだけであって，裁判官は，陪審員に対する説示において，被告人を有罪とするについてはとくに慎重な注意が必要であることを警告し，また，その理由及び証拠評価にあたって検討すべき要点（目撃時間の長さ，距離，明るさ，面識の有無，選別までの時間的間隔，目撃者が警察官に告げた犯人の特徴と被告人の外観との一致・不一致など）を告げなければならないことになっている[9]。

6 心理専門家の証言あるいは証言鑑定の活用

目撃証人の犯人識別供述の信頼性に関し，専門家による心理学的証言あるいは心理学者による鑑定の必要性が提言されている[10]。

---

[9] デブリン委員会報告及びターンバル判決については，R. Cross, OnEvidence, p.58以下，渡部・前掲注2）など参照。
[10] ロフタス・前掲注5）192頁以下，辻脇葉子「目撃証人の証言鑑定」明治大学短期大学紀要32号27頁以下。

すなわち，心理学者に今扱っている事件の犯人識別供述の正確さに影響していると思われる要因について証言させあるいは鑑定をして報告させる方法によって，犯人識別供述を完全かつ適切に評価するための十分な情報が裁判官（ないし陪審）に与えられる，とする。

第4　判例の紹介

　犯人識別供述の証明力を評価するにあたっての基準（注意側）を探るために検討対象とした判例は，以下のとおり，12件の下級審判決である（信用性肯定例6件，同否定例6件）。犯人識別供述の証明力が問題となった裁判例は，もとよりこれに尽きるわけではないのであるが，対象判例としては，犯人識別供述が有罪の唯一あるいは主要な証拠である事件で比較的新しいものを選び，また，目撃者が幼児であるなど特殊な場合を除いた。なお，スリや公務執行妨害罪の犯人を集団の中で検挙した場合においても，犯人識別供述の証明力が問題となるが（デモ隊と警察官が衝突し，公務執行妨害罪の犯人としてデモ隊中の特定の者を現行犯逮捕した場合の警察官の証言の信用性が争われるケースが典型的である。），この場合は，現場検挙であって，犯人識別供述に特有な，犯人の人相・風体等の記憶・選別という過程を欠くので，この場合に関する判例も除外した。

1　信用性肯定例 （判例①～⑥）

①　福岡高判昭 52.6.16 判時 866 号 190 頁

　福岡玉屋デパート前内ゲバ事件と呼ばれており，革マル派の構成員がタクシー乗車中，中核派の構成員と目される4名の男から頭部等を鉄棒で殴打等されるという殺人未遂等の事案で，犯人の1人を目撃した4人の証人の供述の信用性が争われている。犯人と被告人の同一性を証明する証拠は，これ以外にない。

　判決は，信用性を肯定したが，その理由として，証人らは，事件と利害関係のない一般市民で，至近距離から数分間犯行を目撃し，関心を持って犯人の容貌等を観察し，強い印象でこれを記銘し，記憶に基づき率直に供述していること，目撃対象の核心についての共通の認識部分に不一致はなく，被告人を犯人と指摘する各自の印象は一致または整合していること，証人らは，記憶の鮮明

な時期に捜査官から多数の写真を個別的に示され，任意に被告人の写真を選び出しており，面通しの際も，一部の証人を除き，いわゆる選択的面通しの方法がとられていて，6人位の男の中から自己の記憶にある犯人に似た者として被告人を選び出し，暗示等の不当な影響は認められないこと，などをあげている。そして，個々の部分的な点について不明確な供述が存しまた部分的に目撃者間で供述が一致しない点があるとしても，信用性を害しないと判示している。

② 大阪地判昭54.6.4 刑月11巻6号539頁，判タ399号154頁

大阪府警の警察官数名が，大阪地裁において，ヘルメットを着用したまま裁判所の建物に立ち入った被害者に暴行を加えて傷害を負わせたという事案について，付審判決定に基づき公判に付された事件（特別公務員暴行陵虐致傷事件）である。公判では，犯人の1人を目撃した1人の証人の供述の信用性が争われている。犯人と被告人の同一性を証明する証拠はこれ以外にはない。

判決は，信用性を肯定したが，その理由として，この証人が当時現職の検察官であってとくに警察官である被告人に不利な虚偽の供述をするとは考えられないこと，同証人は犯行を目撃した際犯人を特定しようとして同証人の方を向いていた犯人を凝視し白ヘルメットをかぶっていたことを現認していること（現場は人の顔を識別できる程度の明るさで，証人と犯人の距離は約4メートル，目撃時間は5，6秒），面通しの段階でも記憶は新鮮で，目撃から2月後無帽の写真30枚位から被告人の写真を選び出し，その後30名位を面通しして被告人を選び出していること，証人が当初記憶していた犯人の特徴や印象（身長，年齢，体格）は被告人のそれとほぼ完全に一致すること，などをあげている。

③ 札幌地判昭58.3.29 判時1087号33頁

北海道庁爆破事件と呼ばれる殺人等の事案で，被告人が爆発物を入れてあったのと酷似したスポーツバッグを携帯して爆破前同庁に出入りしたのを目撃した1人の証人の供述の信用性が争われている。被告人が本件爆発物を装置・使用したことをうかがわしめる唯一の直接証拠である。

判決は，信用性を肯定したが，その理由として，証人が犯人とすれ違った際にらみつけられたりし特異な体験として犯人の表情の変化を読み取れるほど強烈な印象を受け，これを率直に表現していること，証人の記憶に基づいて作成

されたモンタージュ写真と被告人の容貌が似ていること，などあげている。なお，この事件では，犯人の選別は，目撃から5月後に逮捕中の被告人を単独面通しさせている。

④　東京高判昭60.6.26刑月17巻5=6号539頁，判タ564号288頁，判時1180号141頁[11]

裁判例①と同様，東大井内ゲバ事件と呼ばれる内ゲバ事犯で，革マル派の構成員が，白昼路上で，中核派の構成員と目される4名の男から鉄棒で殴打されて死亡するに至ったという殺人の事案である。犯人グループのうち指揮者と思われる者を目撃した6人の証人の供述の信用性が争われている。犬による臭気判別結果を除けば，犯人と被告人の同一性を証明する証拠は，これ以外にない。

判決は，信用性を肯定したが（原審は，これを否定し，無罪），その理由として，証人らは，短時間ではあるが至近距離から犯人の全体像を観察し，早期に多数の写真の中から被告人を選び出し，実物の面通しで再度確認していること，犯人の選別については，相互に独立した複数の目撃者が，暗示や誘導を受けることなく一致して犯人を被告人と指摘していること，などをあげている。

⑤　大阪高判昭61.4.4判タ606号95頁[12]

準強盗事件で，ゲーム機から現金を窃取した後ナイフで脅迫した犯人を目撃した被害者の供述の信用性が争われている。この犯人が被告人であるか共犯者某のどちらかであることは明らかなところで，共犯者某は，ナイフで脅迫したことはない旨供述している。

判決は，被害者の供述の信用性を肯定したが，その理由として，同人は，比較的短時間ではあるが至近距離で犯人と対峙し，犯人の顔の特徴等を的確に観察し，被害直後で被告人の逮捕のはるか以前から犯人の左目の下に傷跡があった旨述べているところ，被告人の顔面に同様の傷跡があった（共犯者某の顔面にはない。）こと，などをあげている。

---

11) 本判決については，河上和雄「写真面割りの証拠価値確保の条件」判タ579号18頁以下，渡部尚「目撃供述の信用性判断の基準」警論39巻5号141頁以下参照。
12) 本判決については，大出良知「犯人識別供述の信用性」昭61重判解188頁以下参照。

⑥　**大阪地判昭63.10.25判時1304号55頁**

廣田事件と呼ばれており，元警察官である被告人が京都市内において警察官をおびき出し，これを殺害して実包入りけん銃を強取したうえ，3時間後に大阪市内で金融業者の店舗に押し入って強盗殺人を犯したという事案で，犯人の犯行前後の行動及び犯行そのものを目撃した多数の証人の供述の信用性が争われている。犯人と被告人の同一性を証明する証拠としては，これ以外に捜査段階の自白がある。

判決は，被目撃者の特徴等に関する証言部分の信用性と識別供述の信用性とを区別して，各証人ごとに，これらを詳細に検討しているが，ここでは紙数の都合上，京都市内における前記犯行直後の犯人の行動を目撃した証人11名の証言に対する判示に限って紹介する。まず，被目撃者の特徴等に関する証言の信用性については，証人らは昼間，至近距離ないしは数メートルの距離から目撃したもので，その観察条件が良好であったこと，被目撃者は肘に血を付着させるという特異な特徴を有しており，その故に各証人の観察や記憶が意識的になされていること，証人らは，いずれも記憶が鮮明なうちに（遅くとも2，3日以内）目撃状況の説明をしていることなどの理由をあげて，すべてこれを肯定し，ついで，識別供述の信用性については，テレビニュースや新聞報道による影響を考慮しなければならないから，それをまだ見ていない段階あるいはこれを見た際における，いわば原始識別供述の内容が重要であるとして，各証人につき，その際すでに被告人との同一性を識別していることなどを理由として，同じく，すべてこれを肯定した。

2　信用性否定例　(判例⑦〜⑫)

⑦　**徳島地判昭47.6.2刑月4巻6号1113頁**

いわゆる"のぞき"のため犯人が女子寮に侵入した事件（住居侵入）で，室内で就寝していた女性の目撃者の「犯人は被告人に絶対間違いない」旨の供述の信用性が争われている。犯人と被告人の同一性を証明する証拠としてこのほかに被告人の捜査段階の自白があるが，判決は自白の証拠能力を否定している。

判決は，目撃者のこの供述の信用性を否定したが，その理由として，目撃者

は侵入してきた犯人と対峙して2分間ほどこれを観察したというのであり，本件以前に何度も被告人を見かけた旨の供述もしているが，そうであれば対峙した時点において直ちに被告人に思いあたってしかるべきであるのにそれがないこと，事件直後に述べた犯人の身長，年齢と被告人のそれとに差異があること，犯人の着衣に関する供述は被告人宅で発見された着衣から影響を受けて犯人から受けた印象とは異なる供述をあえて行おうとしているのではないかとの疑いがあって，このことは，「目もとや顔の輪郭」を根拠として被告人を犯人と断定する証言もまた，事件以後に被告人を観察して得た印象に影響されて，当初犯人から受けた印象を改変した疑いをもたらすこと，などをあげている。なお，この事件では，犯人の選別は事件発生から3日後に実物をひそかに観察させて行わせている。

⑧ 東京地判昭49.11.20判時768号122頁

杉並警察署に時限爆弾が仕掛けられた事件に関連した自転車窃盗事件において，2名の目撃者の供述の信用性が争われている。1名は，被告人が盗品と同一のものと思われる自転車のひもを焼き切っているところを現認したと供述する者，他は，爆弾事件現場付近で本件自転車と同一のものと思われる自転車の側にいた男が被告人であると供述する者である。本件では，犯人と被告人の同一性を証明する証拠は，これ以外にはない。

前者の供述の信用性につき，判決は，漫然と目撃していたもので犯人の特徴の記憶もあいまいであること，実物による面通しの際警察官の示唆，誘導により被告人の特定がなされた疑いが極めて濃いこと（面通しは，被告人1人をひそかに観察させて行わせている。），などをあげて，これを否定した。また，後者の供述についても，写真による面割りの際警察官の巧みで執拗な示唆，誘導の結果当初は漠然とした感じを述べていたのが，ついには断定的に被告人を特定した疑いが濃いこと，このことは被告人を一度も見たことがない同人が1年後に犯人と被告人の同一性を承認したことからも推測されること，などをあげて，前者同様，その信用性を否定した。

⑨ 東京地判昭50.3.7判タ321号211頁，判時777号21頁

いわゆる富士高校放火事件で，犯行に接着する時点において同校体育館裏で被告人とすれ違ったとする者の供述の信用性が争われている。本件では，犯人

と被告人の同一性を証明する証拠としてこのほかに被告人の捜査段階の自白があるが，判決は自白の証拠能力ないし証明力を否定している。

判決は，証人が被告人と以前から顔見知りであったこと，目撃した男の服装とやや似た柄の着衣が被告人方から押収されたこと，などをあげて，右供述に信用性があるように思われるとしながら，反面，観察の条件が劣悪であったこと，証人は被告人とそれほど親しい間柄ではなかったこと，着衣等についての記憶も確たるものでないこと，自信の持てない人物の特定について断定的に捜査官に供述し，自己の嫌疑を他へ転嫁しようとすることも考えられること，などの理由をあげて，結局は，この供述の高度の信用性を否定した（ちなみに，この判断は控訴審でも支持された——東京高判昭53.3.29刑月10巻3号233頁参照）。

⑩ 大阪高判昭60.3.29判タ556号204頁[13]

裁判例①，④と同様いわゆる内ゲバ事件で，中核派の構成員が革マル派の構成員と目される数人の犯人から鉄棒で殴打されて死亡するに至ったなどの殺人等の事案である。犯人グループのうち2名の者を目撃した6名の証人の供述の信用性が争われている。犯人と被告人の同一性を証明する証拠は，これ以外にない。

判決は，この供述の信用性を否定したが，その理由として，本件が突発的かつ衝撃的な事件で目撃時間も短く（数分間），犯人らはいずれも同じような服装で野球帽をかぶって（覆面をしていた疑いもある。）動きまわっており，証人らの観察条件が悪かったこと，証人らの当初の記憶は度重なる写真面割りの影響を受けて変容した可能性があること，事件当日の写真による面割りで被告人らを選別した際数人一緒に写真帳を見て意見を交換した疑いがあること，犯人の特徴に関する事件直後の供述と被告人らのそれと一致していないこと，事件直後の供述では被告人らを犯人と断定していないこと，などをあげている。

⑪ 東京高判昭60.4.30判タ555号330頁

裁判例⑦と同様な住居侵入事件で，犯人を目撃したアパートの住人（女性）の供述の信用性が争われている。本件では，犯人と被告人の同一性を証明する

---

[13] 本判決については，河上・前掲注11）のほか，山崎学「目撃者の証言の信用性」平野龍一編『刑事訴訟法判例百選〔第5版〕』148頁以下，長沼範良「写真面割り等に基づく目撃者の犯人特定に関する供述の信用性」ジュリ851号96頁以下参照。

証拠としてこのほかに被告人の捜査段階の自白があるが，判決は自白の証拠能力を否定している。

判決は，目撃者は浴室の窓ごしにしかも一度に顔全部が見えない細かいすき間を通して犯人を数秒観察したに過ぎず，視力も 0.1 で，観察条件が悪かったこと，面通しに関しても検挙された被告人 1 人を見せていわゆる選択的面通しの方法をとっていないこと，などをあげて，その信用性を否定した。

⑫　名古屋地判昭 62.12.18 判時 1262 号 143 頁

乗車拒否されたことに根を持ってタクシーの運転手に暴行を加えて傷害を負わせたという事件で，被害運転手の供述の信用性が争われている。本件では，犯人と被告人の同一性を証明する主要な証拠としては，これ以外にはない。

判決は，この供述の信用性を否定したが，その理由として，被害者が自分の意思で積極的に被告人の写真を選び出し，面通しでも被告人を犯人と認めているなどの事実（なお，被害者と被告人とは本件前面識がなく，被害者がことさら嘘を述べて被告人を罪に陥れるべき関係はない。）からすれば，特段の事情のない限り被告人を犯人と認定して差し支えないとしながら，他方，本件の写真による面割りは犯行の 4 月後，面通しは 1 年後に行われていることから，被害者の犯人に関する記憶が果たしてそのまま正確に保持・再現されたかについては疑問があること，犯人の特徴に関する供述も，面割り写真の影響を受けているのではないかという疑念もあることなどをあげている。

ちなみに，本件では，犯行はごく短時間に行われたものであるが，被害者が犯人の顔などを十分確認できる状況にあったこと，写真による面割りは，20 枚ほどの写真を提示されたものであることを付言しておこう。

第 5　犯人識別供述の証明力判断の基準——注意則

以上に紹介した判例を素材として，犯人識別供述の証明力を判断する際に有用な基準（注意則）をいくつかピックアップしてみよう。

1　観察条件

観察の正確性の有無は証明力判断の出発点であり，観察の正確性に疑いがあれば，犯人識別供述の信用性は否定されることが多い。

第Ⅴ部 証 拠

　観察の正確性を判断するには，これに影響を及ぼす要因（観察条件）を考察して，観察条件が良好であれば観察の正確性を推認し，これが悪ければその正確性に疑いがあると考えなければならない。ところで，観察条件としては，以下のものが考えられる。
(1) **観察対象の既知性**
　観察されるもの（犯人）が観察するもの（目撃者）にとり既知の人であるか否か，既知であるとすればどの程度かということが観察条件のうちでまず重要である。前に述べたデブリン委員会の提案においても，証人が目撃した犯人と親しい場合などは例外的に補強規則は適用されないとされているし，前記のターンバル判決が設定したガイドラインにいう犯人識別供述の質の良い場合として犯人の親戚，隣人，親友，職場の同僚などが余裕のある状況下で犯人を目撃した場合などがあげられていることは，対象者の既知性（面識）が観察条件として良好な要因であることを物語っている。また，自分が面識のある人の同一性に関する観察は，面識のない人の観察に比べはるかに正確になしうることは，経験の教えるところである。
　掲記した裁判例においては，観察する者とされる者が親しい関係にあったという事例はない。裁判例⑦は，「以前に見かけたことがある」という程度であり，裁判例⑨では，「顔見知りではあるが，それほど親しくなかった」というのであるから，さほど良好な観察条件とは見られていない。他の事例は，いずれも一面識もないという関係である。
(2) **観察の客観的条件**
　明暗，距離，位置関係及び観察時間など観察の客観的条件が観察の正確性を左右することは明らかである。とくに観察した時間の長さが重要であろう。人の人相・風体を観察する時間が長いほどより多くの特徴を捉えることができ，それがその後の選別に使われるわけである。前記のターンバル判決の設定したガイドラインにいう犯人識別供述の質の良い場合として目撃時間が長い場合があげられ，逆に質が悪い場合として目撃が速い移動の過程中で行われたときなどがあげられているのもうなずけるところである。
　犯人識別供述の信用性を否定した前掲各裁判例は，概して観察の客観的条件が良くない。とくに，裁判例⑧は，至近距離からではあるが一瞬の目撃，裁判

例⑨は，深夜の学校の体育館裏の一瞬のすれ違い，裁判例⑪は，浴室の窓の細いすき間からの目撃で，いずれも観察の客観的条件は劣悪で，これでは観察の正確性に疑いを持たれてもやむをえまい。

(3) 観察の主観的条件

目撃者の視力，能力，性格，心理状態ことに観察の意識性など主観的条件が観察の正確性に影響を及ぼす。したがって，同じ状況を同じように目撃した場合でも目撃者の個人差により正確性という点で差異が生ずる。

前掲の裁判例からひろいあげれば，関心を持って，あるいは意識的に観察していた（裁判例①，⑥），現職の検察官が犯人の特定を意識して観察した（裁判例②），犯人とすれ違った際強烈な印象を受けた（裁判例③）などの点が，信用性を肯定する要因として挙示されている一方，視力の弱さ（裁判例⑦，⑪），漫然と見ていた（裁判例⑧）などの点は信用性を否定する要因としてあげられている。

ところで，人が犯人を目撃する場合としては，犯行現場において犯行を現認すると同時に犯人を目撃する場合と犯行と切り離された場所で犯人のみを目撃する場合がある。被害者の目撃は前者の場合である。前者の場合，目撃者の観察は犯行の現認を伴うから，特異な体験として意識的になされることが多い。目前に犯罪が行われているときに，漫然と犯行や犯人を観察する人はいまい。とくに，被害者は犯行をいわば"身をもって"体験させられるから，その犯人をも強烈な印象で記憶にとどめることは十分ありうる[14]。しかし，後者の場合は，全く偶然の機会に単に人を見たというごく日常的な体験にすぎないから，その観察は多くは無意識的であり，人の人相・風体に関し記憶に残るような印象は少ないのが通常である（裁判例⑧，⑨参照。裁判例③の事例でも，被目撃者からにらみつけられるなどの特異な体験を伴わなければ，単に道庁に出入りする人とすれ違ったというにすぎず，犯人の印象は希薄であったと思われる。その意味で，裁判例③の控訴審判決である札幌高判昭63.1.21判夕672号70頁，判時1281号22頁が，前述の目撃者の証言の証明力につき，観察の偶然性などを指摘して，原判決の評価はいささか過大にすぎると判示しているのもうなずけるところである。

---

14) 東京高判昭62.1.27判夕632号259頁など参照。

また，裁判例⑥の事例でも，目撃者はいずれも犯行と切り離された場所で被目撃者を見たにすぎないのであるが，本件では，被目撃者の身体に血が付着していたという特異性があり，目撃者が被目撃者に対して程度の差はあれ，何らかの不審感を抱き，そのためその後の観察が意識的になされたと考えられる，と判決は指摘している。この特異性がなければ，犯人の印象は希薄であったろう。）。換言すれば，体験の特異性——観察の意識性という点で前者の場合の方が後者の場合よりも観察の主観的条件は良好であることが多いといえる。しかし，前者の場合，犯罪を目前にした者あるいはその被害を受けつつある者の特殊な心理状態（恐怖，驚愕，狼狽，緊張，興奮など）を考慮しなければならない。このような心理状態は，一般的にはやはり，目撃者の観察能力を低下せしめる要因というべきであろう[15]。

(4) **観察対象の特徴**

人の人相・風体は多かれ少なかれ相似していることが人を識別することの困難さの第一歩であることを前に指摘した。しかし，観察される者（犯人）にきわだった特徴があれば，この困難さは減少する。その特徴をよく観察し記憶にとどめることは比較的容易であるから。したがって，犯人にきわだった特徴があるかどうかは，観察の正確性を左右する。裁判例⑤では，犯人に目の下の傷跡という他と明確に区別できる特徴があり，この特徴は被告人と共通する（共犯者とは共通しない。）というのであるから，被害者の観察の正確性を肯定してよいであろう。逆に，裁判例⑩の事例では，犯人は特徴をかくす風体をしていた（同様な服装で野球帽をかぶり，覆面をしていた疑いがある。）というのであるから，観察条件の悪化は免れがたい。

以上のところから判るように，「犯人が初対面の人物であり，その観察時間も短い場合には，犯人の顔についての記憶は，その顔に特段の特徴でもない限り，一般にはかなりぜい弱なものと考えられる」（裁判例⑩）。

2　犯人目撃と選別との時間的間隔等

記憶の正確性に関しては，犯人の目撃と犯人の選別（写真による面割り，実

---

[15] ロフタス・前掲注5) 33頁以下，174頁以下など参照。もっとも，「恐怖は観察力を鋭敏にする」という見解もある（ハウツ・前掲注2) 161頁参照）。

物の面通し)との時間的間隔が重要な意味を持つ。

犯人をいかに正確に観察していたとしても，時の経過により犯人の人相・風体を忘却しあるいは観察後に経験した出来事が記憶に影響を及ぼしてこれを変容させることがある。視覚による記憶がことに薄れやすいことは，前に述べた。

したがって，犯人の目撃と犯人の選別との時間的間隔があけばあくほど記憶の正確性は失われる。裁判例⑫はこの理を詳細に説明し，かつ，この点を主要な理由として（観察条件や選別手続そのものがさほど劣悪というわけではない。)，識別供述の信用性を否定したものである。

また，目撃当初の識別供述が重要で，法廷におけるそれは独自の価値がないことが多い。裁判例⑩は，この点を強調して，「目撃者による犯人の同一性の確認は，第一回目のそれこそが決定的に重要で，その際の判断の正確さ程度がその証拠価値のほとんどすべてを決し，第二回目以降の確認は，その際，犯人の特徴につき新たな記憶が喚起されるなど特段の事情でもない限り，独自の証拠価値に乏しい」と判示する。また，アメリカの連邦証拠規則 801 条(d)1(c) は，知覚後になされた人の識別に関する供述が伝聞であっても，これを実質証拠として許容するが，その根拠は，記憶が比較的鮮明で他人の示唆等の影響を受けることが少ない以前の識別供述は公判におけるそれよりも信用できるからである[16]。

当初の識別供述の証明力を判断する際には，その具体性や断定の度合いなどに留意すべきである。

想起における確信の度合いは，「犯人はこの人に絶対間違いない」という程度から，「犯人はこの人かも知れない」という程度まで，さまざまな段階がある。確信の度合いが記憶の正確性に比例するものなのかどうかは，問題であろうが[17]（裁判例⑦では，「犯人は被告人に絶対間違いない」旨の供述の信用性が否定されている。)，当初の識別においてすら確信の度合いが低い供述は，特段の事情がない限り，やはり信用性に乏しいということにならざるをえまい（裁判例

---

[16] 小早川義則「犯人識別供述と伝聞法則」名城法学 36 巻別冊長尾教授還暦論文集 366 頁以下。
[17] ロフタス・前掲注 5) 102 頁以下など参照。

⑩参照)。

3 犯人選別手続

犯人選別手続（写真による面割り，実物の面通し）の際，捜査官による暗示，誘導や目撃者相互間の影響の可能性があれば，犯人識別供述の信用性は相当低下する。

目撃者にとって犯人の選別手続が困難で微妙な作業であり，したがって，被暗示性の強さということがしばしば指摘されている点は前に述べた。また，それ故にこそ，イギリスではこの手続で警察官が遵守すべき細則を定め，アメリカでは面通しに弁護人の立会権を保障しあるいは適正手続の保障の観点からの基準を設定していることも，前に述べた。

ちなみに，犯人識別供述の証明力を判断する際，観察対象（犯人）の既知性およびその程度が一つの大きなポイントになることは，前に述べたが，その理由の一半は，すでにふれたように，観察の正確性にあるが，他の一半の理由は，既知の者については，選別（比較対照）という過程はなく，したがって，この過程に伴いがちな誤りが介在しないことである。

犯人識別供述の信用性を否定した裁判例⑧では，犯人選別の際捜査官による示唆，誘導があった疑いを指摘している。このように，犯人選別手続きに慎重さを欠いて，目撃者に同一性の承認を押しつけることは，きわめて危険であると評されよう（なお，前掲注6）札幌高判昭58.3.28参照）。いわんや目撃と選別との間が1年もあって記憶の鮮明さを失った目撃者に対し，執拗な暗示や誘導を加えれば，その識別供述の信用性はきわめて乏しくなる。また，裁判例⑩では，写真による面割りの際目撃者数人が一緒に写真帳を見て意見を交換した疑いがあることが指摘されており，裁判例⑪では，実物による面通しの際検挙された被告人だけを見せるのではなく，数人の中に被告人を入れて選別させる方法（選択的面通しあるいは複雑面接）によるべきであったとも指摘されている。逆に，犯人識別供述の信用性を肯定した裁判例①，②では，慎重な選別手続がとられており，裁判例④でも，選別手続の際暗示，誘導がなかったことが指摘されている。

それでは，暗示や誘導が入りこまない公正で有効な選別手続を実施するため

にどのような点を配慮すべきであろうか。試みに挙示してみよう[18]。

(1) 写真による面割りの留意点
(1) 事件発生後なるべく早い時期に実施する。
(2) 多数者の多数枚の写真を呈示する。
(3) 写真の形状，呈示の仕方などで犯人を暗示してはならない。したがって，同じ形状の写真を同じように呈示するのが望ましい。
(4) 目撃した犯人が写真の中にいるとは限らない旨を告げ，また，選別を急がせてはならないし，もとより捜査官が選別の手助けをしてはならない。
(5) 複数の目撃者がいるときは，相互に意見を交換したり，影響を与える機会を作らない。
(6) 示した写真を保存し，目撃者の供述を記録しておく。

(2) 実物の面通しの留意点
(1) 写真による面割りよりも実物の面通しの方が，生の実感と犯人の全体像を把握するのに適しているから，実物の面通しが可能であれば，写真による面割りは避けた方がよい。また，写真による面割りをすませた目撃者にも実物の面通しにより再度の同一性の確認ができるかどうかを試しておく必要がある。
(2) 複数人の中に被疑者を入れて選択的に選ばせる方法（選択的面通しあるいは複雑面接）が可能であれば，これによる。単独面通し（単独面接）よりも暗示，誘導の要素が少ないからである。単独面通し（単独面接）とくに逮捕された犯人1人を見せて目撃者に確認させる方法がわが国では多いが，暗示や誘導の恐れがないとはいえまい。
(3) 選択的面通し（複雑面接）の場合，被疑者の年齢，身長，全体の外観に似た者で構成する。
(4) 目撃者が観察した犯人がこの中にいるとは限らない旨を告げ，また，選別を急がせてはならないし，もとより捜査官が選別の手助けをしてはならない。

---

18) 望ましい選別手続については，裁判例④，前掲注7）掲記の文献に掲載されているイギリスの細則，松浦・前掲注3) 51頁以下参照。

(5) 複数の目撃者がいるときは，前記(5)と同様の配慮が必要である。
(6) 可能な限り全体像を観察しえる方法，多角的に観察しえる方法を工夫し，あるいは犯行時の状況に近い状況（動作，発声，服装）を演出して観察させる（裁判例②では，事件当時出勤していた警察官30名前後にそれぞれ当時の服装をさせて，目撃者に犯人を選別させている。）。
(7) 面通しに参加させた者の氏名，目撃者の供述などを記録しておく。

4 目撃者の供述と被告人の実像との一致・不一致

　犯人の特徴に関する目撃者の供述と被告人の実像との一致・不一致は，犯人識別供述の信用性を判断する一つの重要な目安である。

　目撃者は犯人を観察した後，犯人の年齢，身長，容貌，体格，着衣等の特徴を捜査官に述べ，ときにはこれを基にモンタージュ写真が作られることもある。この供述と被告人の実像との一致・不一致が，犯人識別供述の信用性判断の一つの目安となる。

　裁判例②，③，⑤では，目撃者が述べていた犯人の特徴と被告人のそれがほぼ一致することが犯人識別供述の信用性肯定の一つの理由としてあげられており，逆に，裁判例⑦，⑩では，その不一致が信用性否定の理由となっている。この不一致は，目撃者の一種の自己矛盾であり，犯人の観察かあるいは選別かどこかの過程に誤りがあったことを推認させるからである。

　ただし，人の年齢，身長，容貌，体格，着衣等に関する認識や表現に通常伴う誤差を考慮しなければならないから，多少の不一致は，犯人識別供述の信用性に影響を及ぼさない（裁判例④参照）。犯罪の被害を受けつつある者の認識はなおさらであるし（たとえば，犯人の身長については実物より大きく認識されることが多いという。），被害直後の供述には混乱があることにも留意しなければなるまい。

5 目撃者の数

　別個の位置から全く独立して犯行を目撃した数人の者が相互に影響を受けることなく同一の犯人を識別した場合，他に特段の事情のない限り，その識別供述の信用性は肯定されてよい。

裁判例①，④では，犯人と被告人の同一性を承認した者は，4ないし6名であり，これらの者は互いに何の関連もない人達でたまたま現場に居合せ，異なる地点から犯人にとくに注目することになったものである。目撃者の数は，犯人と被告人の同一性確定に際し決定的な安全保障とはいいがたいにしても，やはりその供述の信用性を増加させる重要な要素といいうるであろう。ただし，そういうためには，目撃者各人の観察，記憶，選別の独立性の保持に配慮しなければならないのである。同じような事案であっても，裁判例⑩では，前記のとおり各人の選別の独立性が保持されていない疑があるので裁判例①，④と結論を異にした，といえなくもない。
　なお，複数の者が互いに影響を受けることなく一致して犯人を被告人と指摘すれば，部分的な認識の不一致や供述の変遷は，犯人識別供述の信用性を害する事情にはなりがたい（裁判例①参照）。

6　犯人識別供述の周辺部分の記憶

　犯人識別供述の周辺部分の記憶があいまいであったり，事実に反する部分があっても，識別供述の信用性は直ちに低下しない。
　一般に，人間が注意力を一点に集中すると周辺部分は十分目に入らず記憶に残らないことがあるうえ，事件発生後相当後になされる証人尋問で，しかも，尋問が微に入り細をうがち時には追及的になりがちな現在の証人尋問の実情からすると，目撃者が犯人識別供述の周辺部分において記憶があいまいになったりあるいは事実に反する供述をしたり，供述に変遷が生じたり，時には誤って理解される答え方をしてしまうのは，よくあることで，このことから直ちに犯人識別供述の信用性もないと速断するのは危険である。信用性を肯定した裁判例①，②，④はいずれもこの理を説いている。

【追　記】

　本論稿は，大阪刑事実務研究会において「証言と鑑定の証明力」と題する研究シリーズの一環として研究発表し，平成2年12月判例タイムズ誌上に掲載された論文である。当時，犯人識別供述の証明力についてはそれほどの関心を呼んでおらず，本論稿に収録して検討の対象とした判例も，わずか12例にと

どまっていた。しかし，その後20年余りを経過し，犯人識別供述の証明力に関する判例・学説は，後記のとおり，かなりの数に上っている。

それは，一つには，刑事事実認定に関する議論が盛んになり，その一環として，自白をはじめとする供述証拠の証明力についての研究が，実務家を中心に進められてきたからであろう。大阪刑事実務研究会における上記の研究シリーズは，その先がけとなるものであった。ちなみに，このシリーズのうち，鑑定の証明力についての研究は，後に大阪刑事実務研究会編『刑事証拠法の諸問題(下)』（判例タイムズ社，2001）に収録されている。

犯人識別供述の証明力に関するその後の判例については，石井一正『刑事実務証拠法〔第5版〕』（判例タイムズ社，2011）490頁以下を参照されたい。そこに掲げている番号⑥ないし⑧及び札幌高判昭63.1.21判タ672号70頁，判時1281号22頁（番号③の控訴審判決）が，本論稿以後の証明力肯定例であり，同⑯ないし⑳及び大阪高判平3.2.15判時1377号138頁，東京地判平3.6.27判タ763号74頁，判時1430号3頁〔自民党本部放火事件〕，大阪高判平4.2.28判タ829号277頁，判時1470号154頁，東京高判平6.12.2判タ865号107頁，判時1533号25頁（自民党本部放火事件の控訴審判決），東京高判平7.3.30判タ884号264頁，判時1535号138頁，東京高判平8.1.17判タ908号264頁，判時1558号145頁（番号⑰の控訴審判決），東京高判平11.8.17判タ1051号326頁，名古屋高判平11.10.6判タ1026号297頁，東京地八王子支判平12.4.13判タ1053号284頁，東京高判平12.8.2判時1725号174頁が，本論稿以後の証明力否定例である。

追加した判例だけから言えば，証明力否定の判例が，肯定判例より圧倒的に多い。この数から即断はできないものの，近時実務において，この種の供述の証明力に慎重な評価がなされていることをうかがわしめると言えようか。

各裁判例の事案及び判旨もそこに記述しておいたところを参照されたいが，証明力判断の基準（注意則）としては，本論稿の第5「犯人識別供述の証明力判断の基準」で掲げたもの（本書439頁参照）に集約されると考えられる。あえて付加すれば，番号⑯の判例（浦和地判平2.10.12判タ743号69頁，判時1376号24頁）は，被告人が外国人であり，日本人からすれば外国人の同一性の識別（異人種間の識別）はより困難で誤りが多いという点を証明力否定の大きな

根拠としている点が注目される。

　なお，本論稿では，研究対象の判例を犯人識別供述が有罪の唯一あるいは主要な証拠である事件で比較的新しいものにしぼり，かつ，目撃者が幼児など特殊な場合を除いている。これらを含めると更に多数の判例が存することになるが，これらについては，後掲の文献を参照されたい。

　なお，幼児（小学4年生）の犯人識別供述の証明力の関係では，最高裁の著名な判例が出されたことを付記しておきたい（最一小判平1.10.26判タ713号75頁，判時1331号145頁〔板橋強制わいせつ事件〕）。この判例の事案及び判旨については，石井一正『刑事事実認定入門〔第2版〕』（判例タイムズ社，2010）90頁を参照されたい。ちなみに，この判例をめぐる判例評釈等も少なくないが，賛否が分かれているのも興味深い点である（渡部保夫「判例評論」判時1355号231頁は，「本判決の理由は詳細であり，その論理も間然するところがない」，「証拠の分析評価において模範的」と最大限の賛意を表しているのに対し，河上和雄「重大な事実誤認の疑い」松尾浩也ほか編『刑事訴訟法判例百選〔第6版〕』212頁は，「本判決は，判文自体からも，未だ合理的疑いが残るとは言い得ない」と疑念を呈している）。

　また，本論稿以後の判例評釈等としては，大阪高判昭61.4.4判タ606号95頁（本論稿番号⑤）につき，早川治「犯人識別供述の証明力」河上和雄ほか編『警察実務判例解説（取調べ・証拠篇）』別冊判タ12号69頁，前掲大阪高判平3.2.15判時1377号138頁につき，渡部保夫「目撃者の証言の信用性」松尾浩也ほか編『刑事訴訟法判例百選〔第6版〕』134頁，平田元「犯人識別供述の信用性」平3重判解184頁，前掲東京高判平7.3.30判タ884号264頁，判時1535号138頁につき，池田眞一「目撃証言の信用性」松尾浩也ほか編『刑事訴訟法判例百選〔第7版〕』146頁，前掲東京高判平8.1.17判タ908号264頁，判時1558号145頁につき，松本一郎「判例評論」判時1585号238頁，大阪地判平16.4.9判タ1153号296頁につき，中川孝博「犯人識別供述の信用性」法セ600号120頁，同「犯人識別供述の信用性」井上正仁ほか編『刑事訴訟法判例百選〔第9版〕』154頁，荒谷俊明「犯人識別供述の信用性の有無」立教大学大学院法学研究36号67頁などがある。

　犯人識別供述の証明力に関する研究論文に目を転ずると，本論稿以後におい

第Ⅴ部 証　拠

ては，実務家とりわけ裁判官（元裁判官を含む）による論稿が目立っている。司法研修所編『犯人識別供述の信用性』（法曹会，1999），田中康郎「目撃者の供述の信用性」小林充ほか編『刑事事実認定重要判決50選〔下〕〔補訂版〕』（立花書房，2007）253頁，木山暢郎「犯人識別供述の信用性と裁判員裁判におけるその審理——危険な証拠と裁判員制度」木谷明編著『刑事事実認定の基本問題〔第2版〕』（成文堂，2010）247頁などである。このうち司法研修所編『犯人識別供述の信用性』は仙波厚ほかによる司法研究報告書であり，未公刊判例を含む豊富な判例が紹介・分析され，参考文献一覧も付されている。

　研究者による論稿のうち，本論稿で触れた諸外国の動向（本書430頁参照）についてのものとしては，アメリカ法に関し，野々村宜博「刑事裁判における識別証拠（識別供述）の補強に関する若干の考察」法と政治45巻2号87頁のほか，小早川義則「犯人識別供述をめぐるアメリカ法の動向」名城法学47巻3号15頁，48巻3号17頁，4号113頁，49巻2号201頁が詳しい。イギリス法に関しては，大出良知「イギリスにおける証人による『犯人』識別の実際」刑弁11号90頁，鯰越溢弘「イギリスにおける目撃証人の取り扱いについて」法政理論30巻4号225頁，岡田悦典「イギリスの目撃証人をめぐる現状と課題」刑弁21号126頁のほか，庭山英雄監訳『同一性識別の法と科学』（信山社，2000）がある。同書は，本論稿でも触れた（本書432頁参照）デブリン委員会の報告（デブリン・レポート）の翻訳である。

　なお，犯人識別供述の危険性に対処するため，その信頼性に関し，専門家による心理学的証言あるいは心理学者による鑑定の必要性が主張されていることは，本論稿で触れたところであるが（本書432頁参照），この関係の文献も少なくない。逐一挙げないが，総合的な研究書として渡部保夫監（一瀬敬一郎ほか編）『目撃証言の研究——法と心理学の架け橋をもとめて』（北大路書房，2001）を，捜査実務の観点からの実証的研究を詳述したものとして，佐野賀英子ほか「目撃証言の心理学(上)(下)」警論51巻7号147頁，9号155頁を挙げておく。

　事実認定者が，犯人識別供述に関する心理学の知見を習得しておくことの必要性には異論がないものの，証言鑑定の導入にはなお慎重な考慮を要すると思われる（本書503頁参照）。

第Ⅵ部　事実認定

第23章　刑事裁判における事実認定について

第1　はじめに

　裁判において最も重要なことがらは，いうまでもなく事実認定である。もとより，裁判において事実に争いがなく，法律の適用のみが争われる事件もないわけではないが，実務ではその例が少ない。そして，事実の争いは，主要事実――刑事裁判でいえば，犯罪事実の存否や被告人が犯人であるかどうかなど――のみならず補助事実――例えば証拠の証拠能力の有無に関する事実（取調べの状況や証拠物の収集手続）――についても生ずる。いかにして正しい事実を認定するか。これが，訴訟関係者のたえざる関心事である。とりわけ，事実認定について最終的な責務を負う裁判官にとって，事実認定は，あたかも職業病のように，彼ないし彼女がその職に留まる限り，終始つきまとい，かつ，日常的に心を悩ませる問題である。

　しかも，事実認定は，要するに，具体的事件における証拠判断であるから，個々の事件によって異なり，完全に普遍化することができない性質のものであり，いわんや，法律の解釈のように，判例集や文献をひもとけば，ある程度正しい答えが分かるというものではない。また，訴訟指揮のように，先人のやり方を観察することによってマスターできるというものではない。それにしても，事実認定の方法を，ある程度は普遍化することができるのではないか。事実認定が問題となっている判例を整理して，証拠評価に関する法則を抽出するのも，一つのやり方であろうし[1]，事実認定に長い間携わってきた先人法曹の

---

1) この種の文献としては，一連の司法研究報告（田崎文夫ほか『自白の信用性』司法研修所編事実認定教材シリーズ3号，池田眞一ほか『共犯者の供述の信用性』司法研究報告書44輯2号，仙波厚ほか『犯人識別供述の信用性』司法研究報告書49輯2号，中川武隆ほか『情況証拠の観点からみた事実認定』司法研究報告書42輯2号，以上いずれも法曹会）や小林充＝香城敏麿編『刑事事実認定(上)(下)』（判例タイムズ社，1992）などがある。

経験に基づく叙述を参考にするのも有力な方法であろう。ただ，後者の方法についていえば，なるべく多くの人が事実認定について率直に語った方がよいと思う。というのは，長い間の経験といっても，個人の経験は，全体からみれば所詮わずかなものであるし，経験から何を学んだかも，人によって異なるからである。多くの人の事実認定に関する経験談が公になり，相互に批判や再批判が繰り返されることによって，更に有効な法則が発見されるのではないだろうか。

　本稿は，こうした観点から，事実認定——刑事裁判における——について，実務の経験を通じて思うところを，少し述べてみたい[2]。

第2　刑事裁判における事実認定

1　事実認定が困難な事件の特徴

　刑事裁判において事実の存否が争われる場合というのは，先ほど触れたように，さまざまである。しかし，最も抜本的で深刻な争いは，被告人が犯人であるか否かである。そこで，本稿では，この点の事実認定を念頭において，述べることにする。

　被告人が犯人であるか否かすなわち被告人と犯人の同一性が激しく争われる事件を眺めてみると，まず第一に，被告人が犯人であることを示す動かしがたい証拠がないという特徴がある。しかし，この種の事件にあっては，これは当然のことといえるし，ひるがえって考えてみると，犯罪のように本来隠密裏に行われる行為について，被告人が犯人であることを示す動かしがたい証拠というものは，そうそう残されているわけではない。民事では後の紛争に備えて，例えば，書面を取り交わし，場合によってはそれを公証化するなどして，だれが，いつ，どういう行為をしたかの証跡を明確に残しておくことが少なくないのと大いに異なっている。なるほど，現場に被告人の指紋が遺留されているとか，被告人の着衣に被害者の血液が付着しているなどという事態はかなりあ

---

[2] ここ3，4年の間に，裁判所部内の研修・研究会，更には，京都大学法政実務交流センター等において事実認定について述べる機会があり，本稿は，これらを基礎にまとめたものである。

る。しかし，この場合でも，別異の機会に付着した可能性が排除されないかぎり，これらの証拠も絶対的とはいえないのである。

第二に，この種の事件の特徴として，逆に被告人が犯人でないという動かしがたい証拠があるという場合も少ない。例えば，公判中に真犯人が判明したとか，被告人のアリバイが明白に立証されたという，いわばドラマチックな展開を示す事件は，絶無とまではいわないにしても，少ない。比較的軽微な事件例えば交通事件で，起訴後に身代わり犯人であることが明らかになったという場合などは筆者自身も経験している。

わが国では，この種の事件の多くは，被告人が犯人であることを示す相当有力な証拠はあるが，その証拠の信用性をめぐって激しく，かつ，多岐にわたって争われるケースである。その証拠は，自白であることもあるし，対向犯を含む共犯者の供述である場合もある。被害者や目撃者の供述の信用性が争われることも少なくないし，鑑定という専門家の供述の信用性が争われる場合もある。

ところで，わが国刑事司法の特色として，いくつかの点を挙げることができようし，いろいろな見方が可能であろうが，私は，多くの方が指摘されているように，捜査と訴追の在り方に対する理念と実態が諸外国と異なる最大の特色ではなかろうかと考えている。すなわち，十分な捜査を遂げて事案の真相を解明し，更にその上にたって，検察官が，起訴価値の検討のほか証拠関係を十分検討し，「有罪の確信」を得た場合にはじめて起訴をするというのがわが国における捜査と訴追の在り方に対する理念であり[3]，すべての事件の捜査と訴追の実態がそうなっているかは別にしても，少なくともその方向への努力が続けられていると思われる。こういう理念ないし実態——これを公判前手続の肥大化といってもよいし，公判前の「公判」といってもよい——の是非すなわちその長所と短所は議論の余地はあろうが[4]，そういうところでは，被告人と犯人の同一性という最も抜本的な点についてこれを肯定する有力な証拠なしに起訴することは，普通は考えにくい。いわんや，公判でこの点が激しく争われるこ

---

[3] 私は，かつてこれを「十分な捜査と慎重な起訴」という言葉で表現した（石井一正「わが国刑事司法の特色とその功罪」司研79号〔創立40周年記念特集号〕309頁以下）。
[4] 石井・前掲注3) 320頁以下。

とが予想される事件の場合（被告人が捜査段階から否認している事件など）はなおさらである。一方被告人側としても，無罪を主張するからには，検察官側のこれら有力証拠の信用性を激しく，かつ，多岐にわたって争い，証拠価値を減殺しなければ，意味がないことになる。

このようなわけで，情況証拠が問題になっている場合を別にすれば，結局事実認定の問題は証拠とりわけ供述証拠の信用性の問題が大部分といってもよい。ところで，供述証拠の信用性の判断は，後に述べるように，いくつかの法則（注意則）が考えられるが，実はいずれも，絶対的なものではない。また，かなり直観的要素を含むから，この判断を言葉によって，すなわち，判決文において，あますところなく，説明することはむつかしい。ここに，この種の事件の有罪・無罪が下級審と上級審とで異なったり，原判決に関与した裁判所と再審裁判所とで異なったりするゆえんがある。このことは，例えば，有名な「八海事件」を想起していただけば，明らかであろう。この事件は，最高裁の審理3回を含め，合計7回の裁判を経て，最高裁で無罪が確定したものであるが（最二小判昭43.10.25刑集22巻11号961頁，判タ226号250頁），被告人らも犯行に加わっていたとする共犯者吉岡の供述の信用性が激しく争われ，これを肯定する有罪の判断とこれを否定する無罪の判断が二転三転したものである。また，この種の事件の判決が，有罪にせよ，無罪にせよ，多少の「歯切れの悪さ」を残し，当事者の納得が容易に得られないゆえんでもある。

更にいえば，控訴審において，事実誤認が激しく争われる場合，その有無を判断するためには，控訴審裁判官が記録中の証拠を精査して（控訴審において事実の取調べをしたときにはその結果もあわせて），心証を形成し，それと一審の心証を比較する方法（心証比較説）が実務では一般的であるというのも，この種事件の特徴からするとこうせざるをえないのである。

2　「疑わしきは罰せず」の原則

ここで，刑事裁判における証明の程度の問題に触れておこう。民事裁判では，証明の程度は「証拠の優越」で足りるとされているのに比し，刑事裁判は「確信」，あるいは，「合理的疑いを差し挟む余地がない程度の証明」が必要であるとされている。民事，刑事における証明の程度の差異を明確に説明するこ

とはむつかしいが，裁判官の実務感覚としては，それなりの線引きがあると思われる。

　しかも，刑事裁判における挙証責任の分配は，民事裁判ほど複雑ではない。ごく限られた事実を別にすれば，挙証責任はあげて検察官側にある。提出された全証拠を検討しても，被告人が犯人であると「確信」できなければ，あるいは，「合理的疑い」が残れば無罪でよい。正に，「疑わしきは罰せず」とか「疑わしきは被告人の利益に」というのは刑事裁判における鉄則である。その意味で事実認定は，裁判官にとってエンドレスではない。そうすると，刑事裁判官にとって，事実認定の悩みは，あと何か有効な証拠調べはないかという模索を別にすれば，それほど深刻でないと思われるかもしれない。しかし，実はそうではないのである。

　なぜなら，「合理的疑い」が残れば，裁判官は躊躇なく無罪の判断をすればよいのであるが，実際に問題になるのは，「合理的疑い」と「疑いはあるが合理的な疑いとまではいえない」ものとの区別であり，この区別は，裁判官がどうしても判断せざるをえないからである。そして，この区別が言葉ほど明瞭ではなく，相当に微妙なのである。「合理的疑い」としからざるものを仮に「理屈にあった疑い」と「理屈にあわない疑い」と言い換えても「理屈」とはなにかが一義的ではない。例えば，ある供述証拠の信用性に関して，「客観的事実に反している」「変遷している」などという点が問題になったとしよう。これらは，一般的に言えば信用性がない方向に働く要素ではある。しかし，後に述べるように，こういう要素があってもその供述の核心部分はなお真実ということがある。つまり，「理屈」といっても「例外をともなう原則」である。そして，問題になっている場合が「原則」の適用でよい場合なのか「例外」を適用すべき場合なのかを見分けるには，経験や学習を通じて得られた人間の行動や心理に対する理解が必要である。経験法則の蓄積の重要性である。もっといえば，判断者の直観的能力も必要であろう。しかし，判断者の持つ経験法則や能力は区区たらざるをえない。それらが判断者の全歴史と素質に基盤を置くからである。

第3 供述証拠の信用性判断の方策

　適正な事実認定とりわけ供述証拠の信用性を正しく判断するための方策として，刑事裁判では，直接主義と反対尋問が用意されている。しかし，これらの方策も，それほど万全のものではない，というのが実感である。
　なぜなら，第一に，これらの方策は，法廷供述の信用性を判断するためのものであるが，この種の事件で信用性が激しく争われる証拠が法廷外供述（捜査段階での調書）であることが実務では少なくないからである。捜査段階の調書が有罪・無罪を左右することには批判はあろうが，わが国の証拠法はこれらの証拠を完全に排除していない。例えば，自白の信用性が争われる場合の自白とは，捜査官の取調べの結果作成された被疑者段階の自白調書であって，「任意性」が認められる限り証拠として許容される（刑事訴訟法322条1項）。また，証人（相被告人を含む）が公判で供述をひるがえした場合，捜査段階でのその者の被告人に不利益な供述（検面調書）は「特信性」が認められる限り許容され（同法321条1項2号後段），それが検察官側の有力な証拠である場合，検察官の方で証拠調べ請求するのが普通である。そして，被告人に近い関係のある証人や相被告人（共犯者など）が，捜査段階で被告人に不利益な供述をしながら，公判ではこれをひるがえすという事態は，少なくないのである。なるほど，これらの証拠についても，任意性ないし特信性の審査を通じ，ある程度捜査段階での供述の状況が窺われることはあるが，判断者がそれを目の当たりにするというにはほど遠い。また，検面調書の提出が予想される証人尋問（相被告人に対する被告人質問を含む）では，検面調書の供述内容についても，反対尋問がなされるが，これとても，その供述をした際の反対尋問ほど有効ではない。
　第二に，法廷供述の信用性の判断に当たっても，直接主義や反対尋問は万全の方策ではない。
　たしかに，判断者が証人等の供述を目の当たりにして，その信用性を判断するのは，書面化された供述の信用性を判断するよりはやりやすい。証人等の，ある供述をする際の微妙な表情や語調は，その供述の信用性を判断するのに大いに役立つし，尋問と供述の微妙な対応関係も見逃せない。これは，我々が日

常生活でも経験するところである。しかし，証人等がはじめから虚偽を述べるつもりで，かつ，十分準備を整えて出廷した場合などは，その供述を目の当たりにして表情や語調などを観察しても，その虚偽を見抜くのは容易ではない。むしろ，判断者の目の前で供述する者の言い分に「引きずられる」というのも，人間の一つの心理である。昔，判断者が屏風を隔てて訴えを聴いたとか，法の女神テラミスの像は目隠しをしているのも，この理を示しているのではないか。そういうことで，直接主義も法廷供述の信用性判断に当たって万全の方策とはいえないのである。

　一方，反対尋問は，証人等の知覚，記憶，表現に潜む誤謬を抉りだすのに有効であるとされている。それ故にこそ反対尋問を経ていない供述証拠は原則として証拠能力が否定されているわけである（伝聞法則）。たしかに，実務の実感として，反対尋問を経ることによって主尋問に対する供述の信用性が減殺されたり，あるいは逆に確認されたりして，その信用性の判断が容易になることは少なくない。しかし，証人等がはじめから虚偽を述べるつもりで，かつ，十分準備を整えて出廷した場合などは，適切な反対尋問がなされても，その虚偽を抉りだすことは容易ではない。むしろ，不適切な反対尋問（例えば誤導尋問，威嚇的な尋問）がなされ，かつ，証人等がこれに十分対応できない場合は（多くの証人等にとっては，公開の法廷で，過去の体験につき，双方当事者から交互に尋問され，冷静に，しかも一問一答式で，受け答えをするのは大変である。），反対尋問によって誤謬が正されるどころか，反対尋問によって「供述が歪められる」危険性がある。とりわけ，わが国のように，言葉によって自己の体験を明確に伝達することがもともと不得意な国民性があり，その上，反対尋問の技術が未発達で，しかも，不適切な尋問に対する規制が不十分なところでは，この危険性を無視しえない。実務でも，反対尋問によって，主尋問に対する供述が変容した場合その信用性が減殺されたとみるのか，いぜんとしてその信用性は減殺されていないとみるのかは，かなり微妙である。そういうことで，反対尋問も法廷供述の信用性判断に当たって万全の方策とはいえないのである。

　このほか供述の信用性を担保するために，証人についての宣誓および偽証の罰の告知，伝聞証拠に対する任意性の調査（刑事訴訟法325条），証拠の証明力を争う機会の付与（同法308条）などの方策も用意されているが，供述証拠の

信用性判断にとって十全とはいいがたいというのが実感である。

第4 供述証拠の信用性判断の方法

事実認定の方法，とりわけ，供述証拠の信用性の判断に当たっては，次のことがらが重要であろうと思う。

1 証拠全体の大局的判断

個々の証拠の信用性判断も，もとより，おろそかにはできないが，まず，全証拠を大局的に眺めてみる必要がある。証拠には，比較的客観的な証拠もあるし，多数の証拠が指し示す，いわば，動かしがたい事実もある。また，事件の性質，発生の経緯，動機，現場の状況などからして，被告人しか犯人が想定しにくい，あるいは，被告人が犯人であるとは想定しにくい場合がある。これらの証拠と直接証拠である供述証拠とをつきあわせた判断がまず，先行しなければならない。それをしないで，いきなり，個々の供述証拠の信用性を判断するのは，その判断がいかにもっともなように見えても，誤った結論に陥りやすい。いわゆる，「木を見て森を見ない」証拠判断ということになる。

筆者の経験で，男が愛人宅に泊まって就寝中，愛人にベットの上で刺されたという事件（殺人未遂）があった。当時その家には2人しかいないし，犯人が外部から侵入した形跡はない。また，被害者の自傷の可能性もない。一審は，愛人に刺されたとする被害者の供述は，現場の血痕の付着状況と食い違うなどの理由をあげて，その信用性を否定し，無罪の判決をした。しかし，この現場の状況からすると被告人が犯人であるとしか想定できない。正に，この一審判決などは「木を見て森を見ない」証拠判断をしたといわざるをえないのではないか。なるほど，抽象的可能性としては，この家に犯人が潜んでいて，犯行後逃げ去ったという事態がありうるし，玄関の施錠を忘れていて，犯人が侵入したという事態も考えられる。その意味で，現場は完全な「密室」ではない。しかし，そうした事態であれば，同衾中の被告人からそれらしき指摘があるはずである。本件では，被告人は犯行を否認しているだけで，他人が侵入してきて被害者を刺したというような抗弁はしていないのである。要するに，証拠の全体的な判断といっても，自然科学的な厳密なものである必要はなく，ごく常識

的な判断で足りるのであるし，まずもってそれが重要なのである。ちなみに，この事件は控訴審で破棄有罪とされ，上告も棄却になった。

2　供述証拠の信用性判断の基本的視点

供述証拠の信用性すなわちその真偽を判断するためには，基本的な視点が重要である。

ある供述証拠に信用性がないすなわち虚偽である可能性が高いという場合は二つある。一つは，いうまでもなく故意に「うその供述」をしている場合であり，他は，供述者は真実と思っているが，客観的には真実でない場合である。後者の場合として，例えば，第三者のいわゆる犯人識別供述において，誤認，記憶違い，犯人選別手続の際の誤りなどが考えられる。後者の場合は別途の考察を必要とするので[5]，ここでは，前者の場合すなわち故意の虚偽供述の場合に限って述べることにしよう。

人がうそをつくということは，良心の呵責というような点は別にしても，なかなか容易なことではない。捜査段階で警察官や検察官から厳しい追及を受け，法廷では，曲がりなりにも，宣誓や偽証の制裁の下に交互に尋問され，それでも「うその供述」を維持するためには，それをするだけの相応の動機や理由，あるいは，利益がなければならない。したがって，供述者が事件や被告人とどのようなかかわり合いを持っているかが，供述の信用性判断に当たり基本的に重要である。例えば，事実の存否に利害関係の全くない，被告人とも人的なつながりの全くない人は，よほどの事情がないかぎり，「うその供述」をする動機，理由，利益がないから，たやすくその供述の信用性を否定するのは当を得ない。一方，「うその供述」をすることに十分な理由なりこれによって大きな利益を得る人の供述は，信用性を疑う必要がある。

先にあげた殺人未遂の例でいえば，被害者が真犯人を秘匿し，（別れ話が出ていたにせよ）愛人に罪を被せる，つまり「うその供述」をする動機や理由，利益は通常は考えられない。むしろ，「同衾中愛人に刺された」などというのは，

---

[5] 犯人識別供述の信用性判断については，前掲注1) の司法研究，渡部保夫『無罪の発見』（勁草書房，1992) 82頁以下，石井一正『刑事実務証拠法〔第2版〕』(判例タイムズ社，1996) 391頁以下など参照。

男性にとっても不名誉な話で，できれば公にしたくないことがらであるのに，あえて述べているという点に注目しなければならない。

逆にいえば，「うその供述」をすることに十分な動機や理由なりこれによって大きな利益を得る人が，あえて自己に不利益な供述をする場合は，よほどのことがない限り，その信用性は高いと考えてよい。

例えば，被告人の自白ないし不利益事実の承認は，一般的にいえば，信用性が高い。刑事訴訟法 322 条 1 項が，被告人の不利益事実の承認を内容とする供述書等とそれ以外の供述を内容とする供述書等とで伝聞証拠許容の要件を区別し，前者は無条件に（任意性は別として），後者は「特信性」を求めているのは，このことを示していると思われる。

「自白は証拠の王」という言葉がある。この言葉は，事案の詳細を知る上で自白が他の証拠よりも大きな証拠価値があるという意味のほか，自白ないし承認は，その不利益性の故に信用性が高いという意味が含まれているのではないか。もっとも，一方で，自白を禁忌する考え方がある。しかし，それは，自白の証拠価値や信用性が低いからではなく，逆にそれらが高いが故に，その獲得を目指して無理な取調べが行われることを戒め，または，過度にあるいは安易にその信用性を肯定することを戒めたものと理解できよう。

共犯者（対向犯を含む）が，自己の罪責を認め，同時に被告人に不利益な供述（被告人の罪責を認める供述）をする場合も，基本的にいえば，その信用性は高い。いわんや，自己の罪責を否認する利益があり，かつ，人的なつながりからいえば，被告人のために不利益な供述を避けたい人が，被告人の面前ですら，あえて双方に不利益な供述をする場合，よほどの事情がない限り，その信用性を否定するのは不当である（いわゆる撚糸工連事件に対する最一小判平 7.7.17 裁時 1151 号 3 頁参照）。

「共犯者の自白」の危険性ということがいわれている。一つは，真の共犯者を秘匿するために無実の者を共犯者として指摘し，これを巻き込む危険性であり，他は，自己の罪責の軽減を図るために，共犯者を作り出す危険性である。この危険性が，かつて「共犯者の自白」にも補強証拠が必要ではないかという議論の根底にあったことは周知のとおりである。たしかに，この危険性に十分な注意を払う必要がある。しかし，実務における証拠判断に当たって，この危

険性を過度に強調するのは相当ではない。実務における経験からいえば，共犯者であっても，その供述の信用性が大筋において肯定される場合が多い（共犯者間の具体的犯行状況すなわち犯情については，互いに「なすりつけあう」ことは少なくない）。

　なぜなら，前者の危険性についていえば，真の共犯者を黙秘するに止まらず，真の共犯者を秘匿するために無実の者を共犯者として指摘することは，実は容易なことではない。とりわけ，捜査段階での追求に耐え，しかも，無実を主張している被告人の面前において厳しい反対尋問に耐えて「うその供述」を維持するためには，無実の罪を「着せられた」被告人のうらみや場合によっては後の報復すら覚悟をして真の共犯者を秘匿するよほど重大な事情がなければならないからであり，普通はそれほどの事情はないのである。いわんや，被告人が共犯者と密接な人的つながりがあり，しかも，立場としては共犯者よりも上位にある場合（典型的な例として，暴力団組織の上下），「うその供述」をしてこの者に無実の罪を「着せる」などということは，通常はありえないと考えられる[6]。また，後者の危険性についていえば，例えば，対向犯のように，共犯者がいることが自明であって，「作り出す」ことは不可能であることも多いからである。

　第三者の供述についていえば，例えば，自白の任意性が争われ，被告人が取調官から暴行，脅迫を受けたと主張する場合，取調官は証人尋問の際暴行や脅迫を否定する供述をする理由や利益があるから，被告人の主張に沿う証言をすれば，それは，非常に信用性が高いと考えなければならない（最大判昭26.8.1刑集5巻9号1684頁参照）。また，被告人の親族なり極めて近しい関係の者が被告人に不利益な供述をする場合も同様に考えられる。

---

6) もとより，これも「原則」で「例外」がありうる。例えば，いわゆる波谷事件は，子分が殺人の教唆者として親分を名指しした事件であるが，最高裁は，そのこと自体からいえば子分の供述の信用性は極めて高いとしながら，供述に含まれる問題点のほか，アリバイ成立の可能性が高いことをあげて有罪判決を破棄している（最三小判昭59.4.24刑集38巻6号2196頁，判タ528号154頁）。

3 供述証拠の信用性判断の具体的方法

　供述証拠の信用性判断の着目点として，しばしば，客観的証拠や動かしがたい事実との一致・不一致，変遷の有無，明確・具体的か否か，不自然・不合理な点の有無，矛盾点の有無などの検討が重要であるといわれているし，供述証拠の信用性について判断した判決の中では，これらの点の説示がくりかえし見られるところである。自白の信用性判断に当たっては，いわゆる「秘密の暴露」の有無が指摘されることも多い。この手法が供述証拠の信用性判断に当たり，有効であることを否定する人はいないであろう。ごく常識的に考えても，人が真実を述べているのであれば，供述内容は客観的証拠や動かしがたい事実と一致するであろうし，また，同じ事項について時と場所によって供述内容が変転するなどということもありえないはずであるし，おのずから明確・具体的であり，また，自然で理屈にあった供述内容になるであろう。自白についていえば，文字通りの「秘密の暴露」――例えば，自白によって死体が発見されたとか，自白によって披誘拐者の居所が判明して救出されたとか――があれば，その信用性は決定的とさえいえよう。一方，「うその供述」の場合は，よほど，巧妙に考えぬかれた場合は別として――実際には，人間知恵をしぼっても，完全なうそのストーリーを作り出すことは容易ではない――どこかで「ボロ」を出すものであり，上記の観点は正にその「ボロ」の有無の検出に役立つのである。自白についていえば，それが虚偽であれば，「秘密の暴露」なぞを含むことはありえないはずである。

　これらの点に着目して供述証拠の信用性を判断する手法は，換言すれば，これらの点の有無を間接事実として供述の信用性の有無を推認していることになり，間接事実から主要事実を推認する場合（いわゆる情況証拠による認定）と構造的には同じである。そこで，この手法を用いる場合の留意点が二つある。この二点の検討を怠り，あるいは，誤れば，実はこの手法も誤った信用性判断に陥る。一つは，これらの点（仮に「徴憑」と呼ぶ。）の有無にも正しい事実認定が必要であるということであり，二つ目は，その認定ができたとして，これらの徴憑がその供述の核心部分の信用性の有無を推認させる力を持っているか否かの検討が必要であるということである。これはあたかも，間接事実から主要

事実を推認する場合，まずもってその間接事実の有無の認定が必要であり，続いてその間接事実から主要事実が推認できるか否かを検討しなければならないのと同様である。後者の判断は，論理法則・経験法則による。ちなみに，論理法則といっても，ごく初歩的，日常的な論理であって，経験法則とそれほどの差異はない。

(1) 徴憑の有無の認定

人の言葉による表現は，本質的に不明確さや不完全を残すものである。とりわけ，日本人のように「以心伝心」が通用し，明確・論理的に，截然と自己の感情や体験，主張を述べることの苦手な場合はなおさらである。また，人の供述は問いの建て方や，その場の雰囲気によって，同じことを述べているのだが，微妙にニュアンスが違ってくることがある。法廷における供述という特殊性も考慮しなければならない。したがって，人の供述のいわば，うわべだけ，あるいは，字面だけを取り出して「客観的事実に反している」とか「変遷している」とか「矛盾している」とかの前記の徴憑の有無を判断することは危険であり，誤った結論を導きかねない。供述者の表情や語調はもとよりその供述の前後の経緯，問いの建て方なども踏まえて慎重に判断しなければならない。

自白における「秘密の暴露」でさえも，文字通りの「秘密の暴露」なのかそれとも「擬似秘密」（自白に「秘密の暴露」が含まれているようにみえるが，本当は捜査官が知っていた事実をあたかも被告人が自発的に供述したかのように作為したもの）にすぎないのかの判断が困難である。現に，被告人の自白によって死体の埋没場所が発見されたという決定的なことがらに関しても「秘密の暴露」か「擬似秘密」かの判断が分かれた例がある（いわゆる幸浦事件，最一小判昭32.2.14刑集11巻2号554頁参照）。

(2) 徴憑からの真偽の推認

先ほど述べたように，これらの徴憑の有無は，その供述部分の信用性の有無を推認させるものである。しかし，その余の供述部分とりわけ供述の核心部分の信用性を直ちに左右するものであるかは，これもまた，慎重な吟味が必要である。例えば，ある供述のある部分が客観的証拠や動かしがたい事実に反しているとしよう。たしかにその供述部分の信用性はないということになろう。しかし，このことからその余の，例えば「被告人が犯人である」という供述部分

の信用性をも否定できるかは即断できないのである。

　ここでも，人の知覚，記憶，表現の本質的な不完全さを考慮しなければならないし，人はあることがらについては真実を述べるが他のことがらとりわけ供述者本人が枝葉末節と考えることは種々の思惑から虚偽を述べることもありうるのである。

　人は真の体験者であっても，実際に起こったことがらをすべて正確に知覚・記憶し，それをあますところなく表現することはむつかしい。いわんや犯罪といういわば異常体験時の知覚や記憶には多くの誤りが含まれる。また，正確に知覚・記憶していても，時の経過によって記憶が変容することも我々の日常的な経験法則である。したがって，自白にしろ，被害者の供述にせよ，「その供述内容が終始一貫し，客観的証拠との間にいささかのくいちがいもなく述べられることはむしろ稀である」(いわゆる狭山事件に対する最二小決昭 52.8.9 刑集 31 巻 5 号 821 頁，判タ 352 号 138 頁)。前掲の例で言えば，被害者の被害後の行動に関する供述が現場の血痕の付着状況と符合しないことを理由に「被告人に刺された」という供述のいわば核心部分の信用性を否定するのはこの意味で早計にすぎる。むしろ，この事件では，被害者は，捜査段階，公判段階はもとより被害直後に救急隊員にも，病院の医師にも「女(被告人)に刺されたと」と述べていることに注目しなければならないのである。逆に，人の供述が客観的証拠に合致しているからといって，それが真実であると即断することができない場合もある。それは「供述者は，自己が体験したことのない事実について，客観的証拠を示されて，これに合致した，あたかも自己が経験した事実であるかのように供述することもありうるのである」(前掲狭山事件)。

　同じように，事件の細部についての供述に変遷があったり，混乱があったとしても，それが供述の核心部分の信用性を損なうかどうかについては，慎重な吟味を必要とする (その判断を誤った例として，最近では，いわゆる「星野事件」に対する最一小判平 6.12.22 裁判集刑 264 号 487 頁参照)。

　要するに，前記の徴憑があるとして，それが供述の核心部分の信用性にどう影響するのかを論理法則・経験法則を駆使して判断しなければならないのであり，この部分の判断作用が実は事実認定のむつかしさの根本であろうし，また，判断者によって結論が異なってくるところであろう。

4 供述証拠の信用性判断のその他の方法

　人の供述の真偽の判断に当たっては，その供述態度の真摯さとか，供述内容の迫真性とか，臨場感などの感得がなおざりにできないので，その意味では直観的要素を無視しえない。前述のとおり直接主義は万能ではないにしても，法廷供述の場合判断者が供述態度等を直接感得しうるから，この判断は比較的容易である。書面化された供述とりわけ捜査段階の供述調書は取調官の要約調書である特質も考慮すれば，この判断はかなり困難である。それでも，供述内容を仔細に検討することによって，ある程度は，供述の真摯性，迫真性とか，臨場感などが感得しうるものである。

　実務では，同一人の供述であっても，捜査段階の供述と法廷供述が相反し，そのどちらを信用すべきかが争われ（被告人の自白調書と法廷の否認供述，証人の検面調書と法廷供述），前者の供述が信用できれば有罪，後者の供述が信用できれば無罪という場合も少なくない。捜査段階の取調べおよびその結果である供述調書の評価については，見解の対立が顕著である。法廷供述よりも一般的に信用性が高い（法廷では人は本当のことはいわない）という見方と信用性が低い（密室の取調べによって虚偽供述が作りだされている）という見方である。「調書裁判」という批判の根底には後者の見方が存在するのであろう。裁判官の基本的認識はもとよりこれほど極端ではない。「場合による」というのが大方の認識ではなかろうか。あえて，実務の経験からいえば，ある種の事件では，あるいは，ある種の人は，密室での取調べの際は真実を述べるが，法廷では本当のことをいわないというのが現実である。

　この一般論はさておいても，捜査段階の供述と法廷供述が相反し，そのどちらを信用すべきかが争われた場合の信用性判断も先に述べた方法が妥当するのであるが，捜査段階の供述証拠の信用性の判断に当たっては，捜査のどの段階でその供述が得られたものか（捜査の段階によっては，捜査官が誘導しえない供述がある），捜査官のその事件における捜査の真摯性，取調べ状況，被告人側の捜査段階における防御活動などをも考慮してその信用性を判断しなければならない。ここでも，やはり全体的な証拠判断が必要である。

第5　おわりに——刑事裁判における二つの「事実観」

　刑事裁判における事実認定は深刻である。被告人と犯人の同一性が争われ，これが肯定されれば，極刑が予想される事件ではなおさらである。死刑か無罪か。被告人にとっては地獄か天国かの違いであり，被害者や社会に与える影響も大きい。しかし，裁判官は事実認定に取り組んで答えを出さなければならない。もとより，被告人と犯人の同一性が争われる事件でも，比較的容易に答えが出るケースもある。しかし，先ほどから述べてきたように，証拠判断が微妙な事件が少なくないのであって，職業裁判官の悩みは尽きない。

　ここに至って，わが国の事実認定の基礎にある考え方に思いが及ぶ。すなわち，刑事裁判で認定される「事実」について，わが国では，それは「真実」であり，「真実は発見できる，だから発見しなければならない」という考え方である。このような考え方を実体的（あるいは絶対的）真実主義と呼ぶならば，これと対比される考え方は，刑事裁判で認定される「事実」も「真実」ではない，「究極的な真実はだれにも分からない，だから両者の言い分を聞いた上で第三者に公平に裁定してもらうのだ」という考え方であり，陪審はこの土壌の中にこそ根づくのだというのである[7]。この考え方を訴訟的（あるいは相対的）真実主義と呼ぶならば，英米法系の国とりわけアメリカのそれであるといえよう。

　かつて，わが国の刑事司法とアメリカのそれを対比させて，その違いを極めてビビッドに描いた佐藤欣子氏（当時検察官）は，アメリカでの刑事裁判について，しばしば「木の葉が沈んで石が浮かぶ」という感慨を持ったが，アメリカ人ならば「沈んだものが石であり，浮かんだものが木の葉」と答えるであろうと述べ，このような考え方を形式的真実主義ないしは手続上事実主義と呼んでいる（佐藤欣子『取引の社会（中公新書）』〔中央公論社〕31頁以下）。日本の刑事裁判の考え方はさしづめ「石は水中に沈むべきであり，木の葉は水面に浮くべきもの」ということになろう。同様に，アメリカの刑事学者でわが国の刑事司法を学んだ者もひとしく，わが国の刑事裁判がアメリカのそれと比べてこの

---

7) 棚瀬孝雄「刑事陪審と事実認定」判タ603号14頁参照。

ような違いがあることを指摘している。例えば、フット教授は、日本の検察官、裁判官は誤った有罪を不可避なものとして受け入れないし、罪を犯した者への無罪判決がはびこって決していいとも思っていない、むしろかれらは徹底的な捜査と尋問により「真実」に到達できると信じている、そして弁護士も真実に則した弁護活動をよしとしている、と述べ[8]、ホフマン教授も、アメリカと対比すると「真実」に対する日本での姿勢とアメリカ刑事司法において趨勢を占めるそれとでは、根本的な違いがあり、この違いが日米両国間で異なっているさまざまな刑事手続上の問題点を理解するよすがであると喝破し、アメリカでは、「事実としての真実」に代わる実現可能なものとして「法的な真実」とでもいうべきものを受け入れてきた、「法的な真実」とは要するに適法な法的手続により立ち現れた「真実」であり、その最も重要な形態は「陪審による真実」であり、ほとんどの場合陪審が最終的にどんな内容の「真実」を口にしようとも、それを受け入れようとする、一方日本ではすべての事案において法制度の枠内で発見することができる「真実」が存在する旨の信念にゆるぎがない、と指摘している[9]。

　このような違いはどこから生じたのであろうか。前掲の佐藤氏は、わが国の実体的真実主義は、古い歴史を持ち、かつ、「裁判国事主義」とでも称すべき意識に支えられ、強化されてきたと指摘している。すなわち、裁判は国家に関係することがらで、国家の重要な機能であり、正義の実現を目的とするものであるという考え方である（前掲書71頁）。たしかに「正義」という以上、無実の者を誤って処罰してはならないことはもとより、真に罪を犯した者をたやすく逃がすことも容認できないであろう。「正義」はまず真実に立脚した裁判を求めるからである。

　これに対し、アメリカでは、もともと刑事裁判は、ローカルなものと考えられ、また、刑事裁判と民事裁判に本質的な区別はないと考えられている。前掲のホフマン教授は、アメリカの「真実」観について、「ほとんどのアメリカ人

---

[8] Daniel H. Foote「The Benevolent Paternalism of Japanese Criminal Justice」Vol. 80 No. 2 California Law Review371, 同「日本の協調的『当事者主義』の考察」法の支配115号95頁以下。
[9] ジョーゼフ・ホフマン「『真実』と日本の刑事訴訟法」ジュリ1148号178頁以下。

が自らの統治機構に対する歴史に根ざした深い不信感を共有していることに由来し，あるいは，客観性という概念そのものを拒絶する20世紀後半の知的傾向に関係しているのであろう。」と述べている（前掲論文180頁）。

　もっとも，実体的（あるいは絶対的）真実主義と訴訟的（あるいは相対的・形式的）真実主義との対比は，刑事裁判における事実認定についての考え方をいわば両極の観念として浮き出させたものであり，現実のわが国の刑事裁判が実体的真実主義に則っているといっても（刑事訴訟法第1条にいう「事案の真相を明らかにし」とは，このことを意味していると説かれている），事実の認定が証拠によるものである（刑事訴訟法317条）以上，訴訟の場に提出された証拠をはなれて真実を追及するわけにいかないし，人間の判断である限り真偽不明という事態も免れがたいので，この場合どちらの当事者に不利益に判断するかのルールも設けざるをえない（挙証責任）。また，わが国の刑事裁判が実体的真実主義に則っているといっても，これだけですべてを貫くわけにはいかない。裁判も一つの制度として，迅速さとか，手続の適正が要求されるから，その面でも実体的真実の追及は制約されるのである（最一小判昭53.9.7刑集32巻6号1672頁，判タ369号125頁）。

　その意味では，わが国の刑事裁判で認定される事実が「実体的真実」であるといっても，「訴訟的真実」といっても，あるいは，言葉の違いにすぎないようにも思われる。しかし，実体的真実主義という以上，訴訟で認定される事実が限りなく「真実」に近づくことが客観的にも要請されるし，主観的にも「真実」追及への努力，言葉を変えれば，「真実」への執着心の強さが，求められる[10]。

　真実の解明に向けた事実認定がなされるためには，当事者から十分な証拠が提出されていることと同時に裁判官が正しく証拠を評価しなければならない。それは反面，裁判官を含め訴訟関係者に多大の負担を負わせるものである。裁判官の事実認定の苦しみは，いわばその一端ともいえる。この考え方を捨て，訴訟的（あるいは相対的・形式的）真実主義に立てば，この負担は軽減される。しかし，この考え方は，わが国の歴史，風土，文化的基盤，国民性からして，

───────────
10) このような二つの事実観を対立させる思考を批判するものとして，豊崎七絵「刑事訴訟における事実観(1)(2)」法学64巻5号37頁以下，同6号35頁以下がある。

受け入れがたいであろう[11]。そうすると,事実認定の困難さや深刻さが解消される見通しはないので,これからも事実認定の精度を高める努力が訴訟関係者に一層求められるであろう。

---

11) 佐々木知子『日本の司法文化（文春文庫）』（文藝春秋，2000）は,「アジ研」（国連アジア極東犯罪防止研修所）教官等の経験を基にわが国の刑事司法と諸外国のそれを比較した著書であるが,ここでも,わが国では国民が真相究明を求めていることが強調されている（同書91頁以下など）。

第Ⅵ部　事実認定

第24章　刑事裁判における事実認定について（続）
――事実認定の専門性と日常性

第1　はじめに

　陪審・参審制をわが国の裁判に導入すべきかは，従来から論議されてきたが，平成11年6月司法制度改革審議会が内閣に設置され，その所掌事務の一つとして「国民の司法制度への関与」についても調査審議することとされ（司法制度改革審議会設置法2条)，かつ，この法案の国会審議の際，法務委員会の附帯決議として，国民の司法参加など司法制度をめぐり議論されている重要な問題点について十分論議すること（衆議院法務委員会)，利用者である国民の視点に立って，多角的視点から司法の現状を調査・分析し，今後の方策を検討すること（参議院法務委員会）がうたわれ，この論議はかなりの現実性を帯びてきた。そして，この審議会の調査審議の過程で陪審・参審制の導入について各界からさまざまな意見が出され，これらを踏まえて委員の間においても活発な議論が戦わされ，平成12年11月の「中間報告」を経て，平成13年1月30日に行われた第45回審議会において，参審制の実質を持った国民の刑事訴訟手続への参加（国民から選出された「裁判員」が刑事事件の事実認定および量刑に参加する制度）という方向が打ち出され，同年3月13日に行われた第51回審議会において具体的な制度全体の仕組みについて議論され，審議会としての意見の取りまとめが行われ，同年6月12日内閣に提出された「意見書」においてこの「裁判員制度」が正式に提言されるに至った。この「意見書」を受けて，司法制度改革推進法が制定され，その基本理念として，「国民の司法制度への関与の充実」がうたわれ，国民が裁判官と共に刑事訴訟手続に関与する制度の導入が基本方針とされている（同法2条，5条3号)。

　裁判員制度は，どのような事件を対象とするのか，一つの裁判体を構成する職業裁判官および裁判員の人数，評決の方法，裁判員の権限など，まだ具体化されていない問題も多いが，いずれにしても，「選挙人名簿から無作為に抽出され，具体的事件ごとに選任された一般国民が，職業裁判官と共に評議し，有

罪・無罪の決定及び刑の量定を行う」制度が生まれることは間違いないであろう。一定の刑事事件の裁判は，正に職業裁判官と素人裁判官の協働作業でなされることになるのであって，この制度の導入はわが国の刑事裁判にとって画期的といえよう。

　裁判員制度導入の意義について，「意見書」は，まず，二一世紀のわが国社会において，国民は，これまでの統治客体意識に伴う国家への過度の依存体質から脱却し，自らのうちに公共意識を醸成し，公共的事柄に対する能動的姿勢を強めていくことが求められており，国民主権に基づく統治構造の一翼を担う司法の分野においても，国民が自立性と責任感を持ちつつ，広くその運用全般について，多様な形で参加することが期待され，このようになれば，司法と国民との接地点が太く広くなり，司法に対する国民の理解が進み，司法ないし裁判の過程が国民に分かりやすくなり，その結果，司法の国民的基盤はより強固なものとして確立されることになる，という基本的な認識ないし発想を示している。ここでは，国民の側も国民のための司法を自ら積極的に実現し，支えていくことが必要であること，司法の側も，その機能を十全に果たすためには国民からの幅広い支持と理解を得て，その国民的基盤が確立されることが不可欠であることが指摘され，国民の司法参加の拡充が今般の司法制度改革の三本柱の一つであることが強調されている。そして，訴訟手続は司法の中核をなすものであるから，訴訟手続への国民の参加は，とりわけ重要な意義を有するとされている。さらに，裁判員制度の意義として，具体的には，①裁判官と裁判員が責任を分担しつつ，法律専門家である裁判官と非法律家である裁判員とが相互のコミュニケーションを通じてそれぞれの知識・経験を共有し，その成果を裁判内容に反映させる，すなわち，裁判内容に国民の健全な社会常識を反映させる，②裁判員にとって審理が分かりやすく，公判での証拠調べを通じて十分に心証を形成できるようにするには，連日開廷し，真の争点に集中した充実した審理が行われ，また，口頭主義・直接主義の実質化が重要であるが，これが刑事裁判一般に波及する効果があることなどが指摘されている[1]。

---

1) 裁判員制度導入の意義については，なお，司法制度改革審議会においてこの制度の具体案の作成に関与された井上正仁教授の発言参照（井上正仁ほか「鼎談・国民の司法参加・刑事司法」ジュリ1208号135頁以下）。

陪審・参審制など国民の司法参加の意義を司法制度的側面と政治制度的側面に分けて論じることができる[2]。司法制度的側面として，国民から選出された陪審・参審員すなわち素人裁判官が裁判を担当することによって，裁判内容（刑事裁判でいえば事実認定ないし量刑）が職業裁判官のみによるそれよりも適正・妥当なものになる，あるいは，裁判のやり方がより適正なものになるというような見解がこれである。陪審制の誤謬防止効果を強調する見解などは──この見解の当否は別として──正に国民の司法参加の司法制度的側面を指摘する主張の典型といえよう。一方，陪審・参審制は，国民主権の原理に沿った民主的な制度であるとか，裁判官の官僚的性格に対する国民の不信感の除去に役立つとか，司法制度に対する国民の教育的機能がある等の見解は，その政治制度的側面の意義を指摘するものである。

　このたびの司法制度改革審議会の見解は，上記のとおり，裁判員制度の政治制度的側面の意義を土台として，さらに，その司法制度的側面の意義を指摘したものといえ，妥当な見解と思われる。なぜなら，陪審・参審制など国民の司法参加をその政治制度的側面からいうと，これらの制度のメリットに格別の異存はないのである。とりわけ，裁判員制度を導入し，一般国民が刑事裁判あるいは裁判官を直接知ってもらえる機会が増えることは，わが国の刑事裁判や職業裁判官に対して一部にかなり強い誤解・偏見がある状況に照らすと，意義が大きいといえよう[3]。しかし，陪審・参審制の導入は，国民の権利義務の確定や国民に死刑を含む刑罰を科すかどうかなどを決定する裁判主体の問題であるから，事実認定や量刑という裁判の中核にこれらの制度がメリットを有するか否かという司法制度的観点を抜きにして，その導入を議論するのは問題であると思われる。平たくいえば，たとえば，「陪審は，国民主権の原理に沿った民主的な制度であるから，職業裁判官による裁判に比べて事実認定に誤りが多くても，導入すべきである。」などという議論は大方の支持を得ないであろうと

---

[2] 安村勉「陪審・参審制度採用の当否」松尾浩也＝井上正仁編『刑事訴訟法の争点〔新版〕（ジュリ増刊）』40頁。
[3] 裁判員制度導入について，このような意義を強調するものとして，平良木教授の見解がある（平良木登規男「国民の司法参加」ひろば54巻8号39頁，平良木登規男ほか「座談会・裁判員制度導入の是非をめぐって」現刑32号7頁以下など）。

いうことである。

　しかし，問題は正に，刑事裁判に裁判員制度を導入し，職業裁判官と一般国民が事実認定や量刑を協働することによって，職業裁判官のみによるそれよりも一層適正・妥当なものになるのか，そうするためにはどういう点を検討・工夫しなければならないのかという点である。

　実は，この点の検討が審議会でも十分になされなかったうらみがあり，「国民の健全な社会常識を加味することによってより良い裁判になる」というテーゼがいわばアプレオリに，筆者の主観的な見方からいえば，ややイージーに，導かれている感がある。

　本稿で事実認定に限ってこれらの点を少し論じてみたいと考えたのは，そのような感があったからにほかならない。そして，これを論ずるには，職業裁判官，素人裁判官の事実認定能力，これと関連して刑事裁判における事実認定の性質などを検討しなければならない。

第2　職業裁判官の事実認定能力——事実認定の専門性

　陪審・参審制導入の積極論とりわけ陪審制の導入を主張する見解の中には，職業裁判官の事実認定能力に疑問を投げかけ，これより一般国民の事実認定能力を高く評価し，誤判とりわけ冤罪防止のために陪審を，とするものが多い。そこでは，99パーセントを超えるわが国の職業裁判官による有罪率を問題にし，陪審裁判における無罪率が裁判官による裁判におけるそれより高いことが賞揚されている[4]。

　しかし，このようなことから直ちに，職業裁判官の事実認定能力より一般国民の事実認定能力が高いと評価したり，一般国民の方が「合理的疑い」とか「無罪の推定」の原則に忠実で，陪審制が誤判とりわけ冤罪防止のために効果があるというのは，あまりに短絡にすぎると思われる。無罪率が高いのは，犯人であるのに誤って無罪にしたということかも知れないのである[5]。しかも，

---

[4] たとえば，四宮啓「陪審・参審・職業裁判官——陪審制の立場から」刑法39巻1号23頁は，陪審導入によって誤った有罪という意味での誤判が確実に減少することは統計上の客観的事実である，と主張し，陪審の無罪率が職業裁判官の裁判のそれより高いことを指摘する。

近年は，むしろ，職業裁判官の裁判における無罪率の方が陪審裁判におけるそれより高いとの指摘もある[6]が，そうだとすれば一体これをどう説明するのであろうか。

　事実認定はつまるところ，証拠（情況証拠を含む）の評価に尽きるわけであるが，適正な証拠の評価をするための経験法則や論理法則，さらには直観的能力は，職業裁判官と一般国民とでどちらが優っているだろうか。あるいは，同じか。統計的・実証的な答えを出すことは不可能である。しかし，私には，やはり前者が優っているように思われる。

　たしかに，事実認定はなにも裁判の中だけで行われているものではない。日常生活の中でたえず人々が行っているものである（事実認定のこの側面を以下「事実認定の日常性」というが，これを事実認定の「万人性」あるいは「素人性」と呼ぶこともできよう。）。つまり，素人裁判官でも事実認定に関して必要な経験法則や論理法則，さらには直観的能力を有している。このような事実認定の日常性は後述するように刑事裁判にも通用するところがある。

　しかし，事実認定のこの日常性を過大視して，「社会常識において素人が職業裁判官に優ることはあっても劣ることはありえない」とか，「複数の市民による陪審評議は……職業裁判官個人の知的能力をはるかに超える」から，素人裁判官の事実認定能力が職業裁判官のそれに優る[7]などというのは，あまりにも現実ばなれのした見解である。

　日常生活における事実認定は間違ってもそれほど大事には普通はならないから，認定の程度も一応のもので足りる場合が多い。また，「認定」の資料（いわば証拠）になんの制限もない。さらに，そこで使われる経験法則，論理法則といっても，ごくごく日常的で，大雑把なもので足りる。

　ところが，刑事裁判における事実認定にとって必要な経験法則，論理法則はかなり特殊なもの，すなわち，犯罪をめぐる人間の行動や心理（たとえば，殺

---

5) 棚瀬孝雄「刑事陪審と事実認定」判タ603号13頁。
6) 最高裁判所『陪審・参審制度——米国編Ⅲ』（最高裁判所事務総局，1995）60頁以下など。
7) 中山博之「素人裁判官の事実認定能力」丸田隆編『日本に陪審制度は導入できるのか』（現代人文社，2000）126頁以下。

意や共謀）の理解にからむもので，日常生活におけるそれらと，無縁とまではいえないにしても，異質の要素が強い。また，証拠資料の制限があったり，証明の程度も異なる。加えて，わが国の刑事裁判で事実認定が問題になる場合というのは，相対立する証拠の評価たとえば，被害者の供述を信用するか，それとも被告人の供述を信用するか，あるいは同一人の捜査段階の供述と法廷の証言が相反する場合どちらを信用するか——前者を信用すれば有罪，後者を信用すれば無罪——というケースが多い。このようなケースでは日常生活における経験法則，論理法則はあまり役に立たない。

　また，裁判で事実認定が問題となる場合の中には，その規範的評価と切り離しえないものも少なくない。たとえば，共謀の有無や責任能力の有無が争われたとしよう。これらの有無を判断するためには，共謀や責任能力の法的意味内容の理解が不可欠である。この点でも，常識さえあれば事実認定ができるというのは，刑事裁判の実際にそぐわない[8]。

　刑事裁判では「合理的疑い」の有無を判断すれば足りるから，社会常識さえ備わっておればよいといわれることがある。しかし，「合理的疑い」と「疑いはあるが，合理的とまではいえない」との差異は，言葉ほど明確ではない。とりわけ，わが国の刑事裁判において有罪・無罪が激しく争われる事件では，この差異が微妙でその判断が容易ではない。このことは，前章（石井一正「刑事裁判における事実認定について」判タ1089号30頁以下）で詳しく述べたとおりである。

　とりわけ，複雑困難な事件や専門的知識を必要とする事件（財政経済，医療過誤事件など）の増加を考えると，事実認定の日常性を過大視するのは現実的ではない。むしろ，事実認定ならば誰でもできるという前提は現在崩れているというべきである[9]。

　このことからいって，職業裁判官の事実認定能力の方が，その訓練や経験の全くない一般国民のそれより優るのではないか。なんといっても，職業裁判官は，法的概念を把握した上，多数の事件の審理を通じて，犯罪をめぐる人間の行動や心理の理解を深め，捜査や弁護の実情についても習熟し，事実認定につ

[8) 荒木友雄「裁判員制における事実認定と量刑」現刑32号51頁。
[9) 櫻庭信之「陪審制を巡るアメリカの議論」判タ1038号25頁。

いて自然に訓練され，その上，合議において他の裁判官と意見を闘わせることによって，あるいは，多数の同種判例を基礎に事実認定の一般的法則を学びとることができる。加えて，事実認定に必要な周辺科学（たとえば，心理学）の専門知識をも吸収している。さらに，職業裁判官の場合，判決文に事実認定の理由すなわち証拠判断を，余すところなくとまではいわないにしても，相応の説得力を持って表示しなければならない。このことは，裁判官の証拠判断をリフレクトさせ，客観化させる作用をもたらすとともに，他人の批判に耐える厳密なものでなければならないものにさせる作用がある。現に，事実の存否に激しい争いがある事件では，判決文に相当詳しい「事実認定の理由」が示され，この判断に不服のある当事者から手厳しい批判を受け（控訴趣意書に事実誤認の主張として記載される），この批判を基礎に控訴審のこれまた厳しい審査に曝されるわけである。そして，いうまでもなく，この証拠判断が誤りであり，事実誤認が判決に影響を及ぼすと判断されれば，原判決は控訴審において容赦なく破棄されるのである（刑訴法 397 条 1 項，382 条）。また，この証拠判断が控訴審で維持されたとしても，上告審の判断にも曝される（刑訴法 411 条 3 号）。

　要するに，刑事裁判における事実認定には，日常性という側面はたしかにあるけれども，刑事裁判の経験を積むことによって得られる側面もまた大きいということである。これを事実認定の専門性と呼ぶならば，適正な事実認定のためには，専門性が不可欠であることを認めなければならないのである[10]。

　とりわけ，わが国のように，刑事裁判で認定される事実は客観的事実すなわち真実でなければならない（実体的真実主義）という要請が強いところでは，なおさらである。逆にいえば，陪審という素人裁判官のみによる事実認定を良しとするには，認定される「事実」についての発想を根本的に変えなければならない——実体的真実主義からいわば手続的（あるいは形式的）真実主義へ——のであるが，わが国ではそれは難しいし，妥当でもないと思われる（本書 468 頁参照）。その意味で，司法制度改革審議会において，「事実認定からなぜ職業裁判官を排除しなければならないのか」が問い詰められ，審議会が最終的に陪審制の採用を提言しなかったのは賢明な選択であったと思う。

10）井上ほか・前掲注 1）140 頁〔山室恵判事発言〕，荒木・前掲注 8）など参照。

事実認定における専門性を認めつつ職業裁判官のそれは，生の事実の分析から磨かれたものではなく，検察官が再構成した事実を基にしたもので，検察官のそれの「同語反復」にすぎないとする見方がある[11]。しかし，裁判官は検察官の提出した証拠および被告人側の提出した証拠双方から認定される事実を基に経験法則を習得していくのであって，検察官に偏したものではない。そして，証拠に現れない生の事実を勘案することは，そもそも許されないのである。

以上は，職業裁判官であった筆者の見方である。一方で，弁護士層，学者から職業裁判官の事実認定について厳しい批判がなされており，それが，陪審制の導入，ひいてはいわゆる法曹一元論の前提になっていることは，承知している。とりわけ，弁護士層には刑事裁判における職業裁判官の事実認定能力に対する不信感が強い。その背景には，一時，死刑を含む重大事件について再審あるいは上級審で有罪判決が破棄され，無罪が確定したという事情があろう。しかし，これだけをとらえれば，再審や上訴制度が正常に機能していることを示すものとも理解でき，これほどまでに強い職業裁判官の事実認定に対する不信感の原因にはならないと思われる。不信感の原因はもっと別なところ，言い換えれば，現在の刑事司法制度に内在するものではなかろうか。そこで，この点を考えてみたい。

わが国の刑事司法の特色については，現行刑事訴訟法制定後の節目ごとに議論されてきた。また，多くの学者や実務家が好んでこのテーマを取り上げてきたところでもある。私自身も，かつてこのテーマで一文を草したことがあった[12]。そこでは，わが国の刑事司法の特色を「十分な捜査」「慎重な起訴」「詳密な審判」という言葉で示し，これを支えている理念は「実体的真実主義」であり，その制度的基盤は「統一性のある官僚組織による捜査・訴追・裁判」であることを指摘した。このような指摘は，実は私の創見ではなく，それまでに多くの論者が指摘してきたところである。というより，わが国の刑事司法の特色については，論者に見解の相違があるのではなく，こういう特色を備え

---

11) 棟居快行「陪審制の憲法問題」丸田編・前掲注7) 12頁。
12) 石井一正「わが国刑事司法の特色とその功罪」司研79号（創立40周年記念特集号）304頁以下。

た，わが国の刑事司法の評価について，否定的見解と肯定的見解が真っ向から対立しているのが実情である。

「十分な捜査」と「慎重な起訴」は，どういう結果をもたらすか。それは，ほとんど百パーセントに近い有罪率という結果をもたらしている。換言すれば，公判段階で被告人側が無罪を主張し詳密な審理を遂げても，結論的にはその主張が採用されないことが多いという現状を意味している。もちろん，捜査段階で収集された証拠――それは同時に検察官が起訴にあたって「有罪の確信」を得た証拠でもある――が一切公判の証拠にならないというシステムなら，有罪率はもっと低下するであろうが，わが国の刑事訴訟法はそうはなっていない。すなわち，被告人側が証拠とすることに同意しなくても，まず，検証調書（実況見分調書を含む）や鑑定書（診断書を含む）など比較的客観的証拠は，作成者が公判において「作成の真正」を証言すれば証拠となるが（刑訴法321条3項・4項），この証言を公判で得ることはそんなに困難でない。このことは，「作成の真正」が否定された判例の乏しさからもうかがえる。また，証人が，死亡したり，行方不明になったりして公判で証言できないときは，無条件にその者の検面調書が証拠となる（刑訴法321条1項2号前段）ばかりか，公判で検察官の面前で述べたことと異なった証言をすれば，「特信性」を条件として同様にその者の検面調書が証拠となる（同条後段）。自白調書は「任意性」が肯定されれば，これまた無条件に証拠になる。もとより，裁判所は，「作成の真正」「特信性」「任意性」といった証拠能力の要件をたやすく認めているわけではないし，要件を満たしたとして証拠能力を肯認した証拠についても，その信用性を慎重に判断しているのが実情である。しかし，結果としては，これら捜査段階で収集された証拠が証拠能力，信用性ともに肯認され，これらの証拠にそった事実認定がなされる場合が少なくない。つまり，わが国の刑事司法の前記特色や法体制は，弁護の機能が，十分発揮できない結果をもたらしている。訴訟を原告と被告との勝ち負けの場としてとらえるならば，わが国の刑事訴訟は，被告側が勝ちにくいシステムに本来的になっているといってもよい。したがって，弁護士層からは，このシステムに対する不満が内在するとともに，「調書裁判」という批判に象徴されるように，捜査段階で作成された調書の不信用性を前提に，本来無罪になるべき事件がこれらの証拠により有罪にな

っているとして，職業裁判官の事実認定に対する批判が吹き出すことにもなる。しかし，それは，裁判官の事実認定能力の問題ではなく，また，裁判官が検察官に偏った姿勢や意識をしているからではなく，いわんや，裁判官と弁護士の合理的疑いの基準の違いによるもの[13]でもない。それは，先ほど述べたわが国の刑事司法の特色や法体制に由来するのであって，もし，変革するのであれば，刑事訴訟法の改正を含め，実はそこを変えなければならないのである。もっとも，「十分な捜査」「慎重な起訴」その結果としての有罪率の高さという現在の刑事司法の特色を支える理念は，先に指摘したように「実体的真実主義」にあるだけに，その変革は容易ではないだろうし，現状肯定論も根強いと思われる。

第3 素人裁判官の事実認定能力——事実認定の日常性

以上に述べてきたように，事実認定の面でいう限り，わが国においては職業裁判官の方が素人裁判官より優るといわざるをえない。しかし，事実認定の専門性を強調し，素人裁判官の関与を無用ないし弊害があるとする見解[14]も当を得ないと思われる。やはり，「意見書」がいうように，両者が協働して，あるいは補完しあって，より適正な事実認定が可能だと思われる。もとより，そのためには，現行の公判審理とりわけ証拠調べの方法の改善や集中審理の実現のほか，裁判員制度の制度設計に当たっての工夫，さらには，宜しきを得た運用，実践の積み上げが不可欠と考えられるのだが，その点は後に検討することにして，まず，その理論的可能性を検証してみよう。

素人裁判官の事実認定能力の長所[15]については，まず第一に，前にも指摘したように，刑事裁判の事実認定において，日常的な事実認定と共通する部分があり（事実認定の日常性），この部分で素人裁判官の常識が十分に活用されうるということである。

---

13) 佐藤博史「陪審・参審・職業裁判官——参審制の立場から」刑法39巻1号32頁。
14) たとえば，大久保太郎「裁判員制度案批判」判時1750号29頁は，刑事裁判における事実認定に「常識」などの入り込む余地はないとする。
15) 逆に，陪審員・参審員など素人裁判官の事実認定の短所としては，情緒的，大雑把で印象的，当事者の主張や行動に引きずられやすい，マスコミ報道などに影響を受けやすい，理解力不足などが指摘されている。

たとえば，ある人がある時点である行動をとったことが何を意味するのか，あるいは，どのような意図を推測させるのかなどということは，人々が日常的に繰り返し実験しているところである。このような間接事実から主要事実を推理する作用は，刑事裁判における事実認定で重要な働きをする，正に情況証拠の判断である。また，ある人の発言が言葉どおり受け取っていいものかどうかなども，人々が日常生活の中でたえず体験しているところであって，これは刑事裁判における供述証拠の信用性の評価にほかならない。さらに，事実認定の対象の中には，社会通念に関連して判断される必要があるものも含まれている。たとえば，商取引にからんだ詐欺で，欺罔行為に当たるか，許される駆け引きかなどがこれであるが，そのほかにも，「わいせつ物」か否かとか，自動車運転者として必要な注意義務を尽くしたか否かなども，一般国民の常識あるいは日常的な社会経験に基づいて判断してよいことである。
　これらの事実認定の日常性の部分において，さまざまな実社会の経験を積んだ素人裁判官の意見は傾聴に値しよう[16]。
　第二に，職業裁判官と一般国民から選出される素人裁判官を比べてみると，陪審論者が指摘するように，職業裁判官の出身階層，学歴，社会経験等バックグラウンドは，後者のそれと比較すると格段に多様性に乏しい。もとより，職業裁判官も1人ずつバックグラウンドを異にするのであるが，集団として見た場合はその近似性は強いであろう。そして，事実認定に関する経験法則は，その人の社会経験等バックグラウンドを基礎として形成されるものであるだけに，バックグラウンドの近似性は似たような経験法則を共有していることを示唆するものといえよう。一方，職業，出身階層，社会経験の多様な素人裁判官は，それぞれ異なる経験法則を有し，社会常識もバラエティに富んでいる。そして，階層や職業，経験の多様な事実認定者からは，証拠に対する多様な見方ひいては犯罪事実の存否や被告人が犯人であるか否かなど提起された争点に対する多様な疑いが提示される可能性を秘めている。訴因が「合理的疑い」なく

16）この観点から言えば，裁判員制度の対象事件としては，「意見書」が提案する法定刑の重い事件よりはむしろ，詐欺，窃盗，交通事故，交通違反など軽微で国民に身近な事件がふさわしいのではないかという疑問があり，このような意見も結構根強いのである（平良木ほか・前掲注3）20頁以下など参照）。

証明されれば，被告人は有罪の判定を受け，処罰されるし，その疑いが残れば，無罪の判定を受ける。この基本的構造は，「実体的真実主義」をとるわが国の刑事裁判でも，英米の陪審裁判でも実は同じである。しかも，事実認定で重要なことは，前章で述べたように，その疑いが合理的であるか否かであるが，ただ，多様な疑いが提出されるということは，その疑いが合理的であるか否かという判断の前提として貴重である。ここにも，素人裁判官の事実認定能力の長所があると思われる。

　第三の素人裁判官の事実認定の長所は，刑事裁判において初めて事実認定をするという新鮮さである。換言すれば，素人裁判官の「素人」たる良さである。つまり，刑事裁判において繰り返し事実認定をする職業裁判官の事実認定にも問題がないわけではない。それはこういうことである。

　実務では，被告人が犯人ではないと争う事件でも，多数は，被告人が真犯人だがなんとか言い逃れをしているという事件である。したがって，職業裁判官の経験法則は被告人の弁解の不信用性に関するもの，すなわち，有罪方向への経験法則が豊富に育ってくる。たとえば，窃盗を否認し，「パチンコ屋で知り合った田中さんに頼まれて預かっただけである」という弁解が出たとしよう。「パチンコ屋で知り合った田中さん」というような，つきとめられない人の名前を持ち出す弁解は，虚偽である蓋然性が強い。職業裁判官は，数多くの事件を通じてこのことを学んでいる。もっとも，この程度の弁解であれば，職業裁判官でなくても，容易にそれは看破できるかも知れない。しかし，中には，もっと巧妙で周到な弁解が出されることも少なくない。しかし，職業裁判官であれば，過去の大量の刑事事件の経験と照らし合わせて，それが虚偽であることを見抜けるものである。人間の嘘というのは，各人が知恵を働かせて巧妙に考え出しても，大量的にみれば似たりよったりになるからであろう。

　有罪方向への経験法則もまた，刑事裁判官にとっては必要である。ただ，これを過信する危険性はつとに指摘されている[17]。つまり，職業裁判官の経験法則からいえば，信用性がない弁解のように見えても，なお，真実という場合があるからである。いわば「理外の理」を考えておかなければならないのであ

---

17) 渡部保夫「職業裁判官と事実認定」刑法29巻3号75頁以下など。

る。職業裁判官は，被告人側の指摘を受けてこの「理外の理」への考慮もまた巡らせている。しかし，大量的な事象から学んだ経験法則から完全に離脱することは容易ではない。

　一方，一般国民は，このような経験法則がない。したがって，被告人の巧妙な弁解に——職業裁判官からいえば——容易に「乗せられてしまう」危険性が強いのであるが，逆に，一般国民はいわば新鮮な気持ちで被告人の弁解を聞くから，前述の「理外の理」を，そうと意識しないで，見落とさないという利点はあろう。ここにも，職業裁判官とともに事実認定にあたる裁判員制度の利点があると思われる。すなわち，職業裁判官と素人裁判官が意見を述べあうことによって，素人裁判官が職業裁判官の経験法則に納得する場合も多かろうが，素人裁判官のいわば新鮮な意見によって職業裁判官が啓発されるという事態も考えられるのである。

第4　おわりに——裁判員制度を活かすために

　裁判員制度が導入される以上，この制度がより良い刑事裁判の実現に資してほしい。事実認定の面でいえば，職業裁判官と素人裁判官が協働することによって，より適正な事実認定が可能になれば，この制度の大きな存在意義がある。事実認定の面でも，素人裁判官である裁判員に期待する素地があることは，先ほど来述べたとおりである。しかし，それが実効性を発揮するためには，多くの人が指摘するように，現行の刑事裁判の運用等の改善，あるいは，裁判員制度の制度設計やその運用に当たっての工夫が是非とも必要であろう。ちなみに，裁判員制度導入のメリットの一つとして，現行の刑事裁判の運用等の改善を強調する見解も少なくない。

1　明快でコンパクトな証拠調べ

　素人裁判官が，事実認定を行うには，なんといっても提出された証拠が頭に入りやすいものでなければならない。そして，証拠の評価に関連した当事者の主張（論告・弁論など）も，平易なことばで語られ，かつ，明快なものでなければならない。そして，これらの前提として事実認定上の争点もしぼられたものでなければならない。要するに，明快でコンパクトな証拠調べが不可欠であ

る。

　「意見書」では，口頭主義，直接主義の実質化を図ることが必要であると指摘されている。それも重要であるが，それを実行するためには，証人尋問や被告人質問など人証の取調べの工夫が是非とも必要である。簡潔で要領のよい主尋問（質問），これに引き続き，考え抜かれた，効果的な反対尋問（質問）が行われ，素人裁判官でも緊張感を持続して耳を傾けられる人証の取調べがなくては，これらの主義のメリットはない。わが国の人証の取調べ，とりわけ，反対尋問が冗長で，効果的でないこと――反対尋問の困難性を考慮しても――そしてこれに対する裁判所の的確な訴訟指揮が行われていないことは多くの人が感じているところではないだろうか[18]。

　鑑定人など専門家の尋問については，なお，一層の工夫を要しよう。たとえば，ラウンド法廷を設置し，証言する専門家と当事者，裁判官，裁判員が近くに位置し，まず，専門家が，必要があれば書面や写真を示しながら，かみ砕いた説明をし，その後当事者の交互尋問，裁判官，裁判員の補充尋問に移るといった方法も考えられてよい[19]。

　裁判員制度を導入しても，証拠から書証は排除されない。「意見書」においても，書証の排除はいわれていないし，実際上も書証を利用することは差し支えないと考えられる[20]。とりわけ，自白事件も裁判員制度の対象になるわけだから，現行のように，検察官側の証拠が，刑事訴訟法326条により同意書面として提出されることは，証拠調べの迅速化のために望ましいことであるし，争いのある事件にあっても，同意書面による立証で足りる事項も少なくないし，証拠によっては，口頭による提出すなわち証人尋問に加えて元の書面による提出の方が頭に入りやすいものがある（刑訴法321条3項，4項により証拠能力を有する検証調書，鑑定書など）。任意性のある自白調書や特信性のある検察

---

18) 私は，わが国において文字通りの集中審理が実現しなかった原因は，公判期日の間隔の問題と同時に人証の取調べに改善進歩がなかったところにあるとさえ感じている。
19) 鑑定については，鑑定作業による審理の長期の中断をどのように防止するかという重要な問題がある（平良木ほか・前掲注3）24頁〔甲斐発言〕参照）。
20) 佐藤文哉「主として裁判員制度の具体化に向けて」ジュリ1208号155頁など。もっとも，書証の利用により消極的な見解も強い（松本英俊「裁判員制度と刑事手続への影響」『司法改革Ⅲ（法時増刊）』188頁など）。

官調書が証拠として提出されることも（刑訴法322条，321条1項2号），実体的真実の確保のために必要であろう。避けなければならないことは，書証すなわち，伝聞証拠を許容する要件の認定が緩やかになって，書証の取調べが裁判の中心になるような誤った運用である（「意見書」参照）。

ただし，書証の取調べの方法すなわち，朗読あるいは要旨の告知（刑訴法304条1項・2項，同規則203条の2）の仕方をいま以上に工夫し，それを耳で聞いたものがよくわかるように工夫しなければならない。さらにいえば，提出される書証を厳選すること，あるいは，書証の作成時点から簡略な書証の作成に意を用いることも考えられてよいし[21]，証拠によっては，ビデオで再現する方法もいま以上に活用されてよいと思われる。

次に，素人裁判官である裁判員が証拠に接して事実認定をするためには，証拠調べが連続して行われ，その記憶にあるうちに判断を形成することが必要である。「意見書」も「公判は可能な限り連日，継続して開廷し，真の争点に集中した充実した審理が行われることが，何よりも必要である」と指摘している。そして，開廷数も極力少なくする必要があろう。素人裁判官である裁判員の負担の点からもそういえる。そして，これらを実現するには，これまた「意見書」がいうように，計画審理ができるような公判準備手続の創設や弁護体制の整備という新たな立法が必要である。

ただ，事件によっては，どれだけ工夫しても，証拠調べの規模が大きくなり，相当多数の開廷数が見込まれ，審理期間がたとえば，2年とか3年はかかることが予想される場合がある。起訴事実が多数有り，争点も多岐にわたる重大事件たとえば，現在審理中のオウム麻原事件を例にとることができよう。このような素人裁判官が事実認定に参加することが困難な事件は，裁判員制度の対象事件から例外的に除外することはできないだろうか。この点について，「意見書」は，裁判員に対する危害や脅迫的な働きかけのおそれがあるような組織的犯罪やテロ事件など特殊な事件について，例外的に対象事件から除外できる仕組みを設けることも検討の余地があるとするのであるから，この種の事件も，例外的に対象から除外する「特殊な事件」に含めることは可能である

---

21) 加藤克佳「国民（市民）の司法参加と裁判員制度」法時74巻7号52頁など。

し，裁判員制度の円滑な定着という現実論からして，そうした方が良いと思われる[22]。

2　職業裁判官と裁判員との十分な意思疎通

　素人裁判官である裁判員が，事実認定においてその長所を発揮するためには，職業裁判官が，訴訟手続のほか，当該犯罪の構成要件や争点となっている事実の要件（たとえば，正当防衛の成立要件）や法的概念（たとえば，未必の殺意，責任能力）などについて，証拠調べの前後にわたって平易で的確な説明をしなければならない。その事件における心証形成のポイントなども，開示してよいのではないか。職業裁判官にとって，このような作業は，未経験のものであるが，これからは，法律の非専門家に対し，いかに，平易にかつ的確に訴訟手続や法律用語を解説するかも職業裁判官にとって大切な修養になろう。そして，この点では，たとえば，イギリスの裁判官の陪審に対する説示の工夫などが参考になろう。

　次に，職業裁判官と裁判員との間で活発で腹蔵のない真摯な評議が不可欠である。職業裁判官が裁判員をリードしすぎたり，コントロールしてはならない。裁判員が自由，闊達に意見を述べ，これに職業裁判官が謙虚に耳を傾ける姿勢が必要である。もとより，職業裁判官の意見と食い違いがあれば，職業裁判官の方で自己の意見を丁寧に説明し，説得することは可能である。十分な説明抜きで，職業裁判官の意見を押しつけてはならないし，また，すぐに，多数決で結論を決めるのも避けなければならない[23]。職業裁判官のこのいわば素人説得作業こそ裁判員制度導入のメリットであるという見方もできよう。しかも，「意見書」によると裁判員が参加した裁判においても，裁判官のみによる裁判並みの判決書の作成が必要であり，かつ，事実誤認を理由とする控訴が可能というのであるから，十分な評議がないと実際上も判決書を作成する際に困

[22) 井上ほか・前掲注1) 148頁〔井上発言〕や，第51回審議会での裁判員制度に関する井上骨子案についての補足説明も，このような事件を個別的に対象から除外する余地を残しているとする。これに対し，松本・前掲注20) 187頁は，このような事件を裁判員制度の対象から一律に除外することには慎重でなければならないとする。
23) 裁判員制度における評議のあり方については，西村健「裁判員制度──評議・評決の在り方」『司法改革Ⅲ（法時増刊）』143頁以下など参照。

るのである。

　裁判員に対し，的確な法律の助言をし，評議において，素人裁判官である裁判員の良さをうまく引き出して正しい結論に至る，すなわち，職業裁判官と素人裁判官の協働を成功させるには，裁判長が訴訟運営や評議にいま以上に意を用いる必要がある。裁判長の力量や責任はこれからますます重要になってくると思われる。

3　裁判員の人数，選任方法

　職業裁判官と裁判員との十分な意思疎通とりわけ充実した実りのある評議を行うためには，裁判員の人数が多すぎてはならない。裁判員の人数については，「意見書」は，後の検討に譲っており，論者も，比較的多人数（たとえば，9名）を主張するものから，比較的少人数（2名程度）を主張するものまで分かれている。たしかに，裁判員の主体的・実質的関与を確保するという観点からして，あるいはバックグラウンドの多様性の確保の観点からしてあまりに少人数もよくないが，充実した実りのある評議のためには，職業裁判官3名に裁判員9名は多すぎ，せいぜい3，4名が適当ではなかろうか[24]。裁判員の人数を少なめに主張すると，職業裁判官の意見が通りやすく，裁判員の意見が重要性を失うと批判されがちであるが，そうではないのであって，裁判員の意見を十分に述べさせ，これを評議に活かすためには，むしろ多人数の裁判員では不都合なのである。このことは，裁判の評議を経験した者でなくても，およそ会議体によって物事を決める場面を経験した者は，ひとしく理解できることではなかろうか。

　事実認定の面で，素人裁判官である裁判員の長所が活かされるためには，裁

---

24) 平良木ほか・前掲注3) 15頁以下〔平良木，甲斐，佐藤，岩瀬発言〕など参照。
　なお，フランスの参審は，裁判官3人と参審員9名で構成されているが，フランスの参審は，相当長い間行われていた陪審からの移行という歴史的経緯があることに留意すべきであろう。一方，ドイツの参審は，1974年の法改正により，職業裁判官3名と参審員6名の構成を職業裁判官3名と参審員2名の構成に変更したが，その理由は罪責問題と量刑問題における意思決定に際しての両者の協同の有効性であることも，この裁判員の人数を決めるに当たって参考になる（最高裁判所『陪審・参審制度――ドイツ編』〔最高裁判所事務総局，2000〕24頁以下）。

判員が国民各層の代表者であるということのほかに,実は,裁判員の質,意欲,良識が必要である。平良木教授が,裁判員の普遍性と質の確保の双方の要請の調和に,この制度が成功するかどうかがかかっていると述べておられる点[25]は,同感である。

　裁判員の選任について,「意見書」は,選挙人名簿から無作為に抽出した者を母体とするとしている。この母体と現実の裁判員選任の中間項にどのような仕組みを設けるべきか。母体から選任委員会が選出する方法[26]も考えられなくはないが,委員会の構成員,選出の基準や選別のための資料収集の困難性を考えると,実際上この方法は難しいと思われる。そうだとすると,欠格事由のある者,除斥,忌避理由のある者の除外のほか,いわゆる専断的忌避（理由なしの忌避）を認める方法も一案ではないであろうか[27]。ただし,専断的忌避が良質の裁判員を選出するという目的に沿って正しく運用されるかどうか懸念があり,この制度は,英米の例を見る限り,かなり「扱いづらい制度」ともいえよう[28]。

4　裁判員には,事実認定と量刑に専念できる態勢・権限を

　裁判員の権限,職業裁判官との役割分担については,「意見書」も「法律問題,訴訟手続上の問題等専門性・技術性が高いと思われる事項に裁判員が関与するか否かについては,更なる検討が必要である」としているが,ここでも,裁判員が事実認定と量刑に専念できる態勢・役割分担を基本にしてその権限を考えるべきである。具体的には,争点整理のための準備手続,証拠能力の判断,証拠の採否（証拠の採用決定をするか却下決定をするか）の判断,尋問の制限などには裁判員は関与しないものとすべきである。もっとも,訴訟指揮のうちでも,補充尋問や釈明処分は,事実認定と不可分の関係にあるから,裁判員にもその権限を与えるのが相当だと思われる。

　裁判員に法令解釈の問題に関与させるべきか否かは,見解が分かれよう[29]。

---
[25] 平良木登規男「裁判員制度」警論55巻1号189頁。
[26] 同「国民の司法参加」ひろば54巻8号41頁。
[27] 佐藤・前掲注20) 154頁。
[28] 安村勉「裁判員制の構成」現刑32号39頁。

法令解釈の問題といっても，ある具体的事実を前提に，それがたとえば，「わいせつ」に当たるのか，あるいは「欺罔行為」に当たるのかどうかなど，いわば当てはめの問題と，純粋に法令解釈の問題たとえば，ある法令の合憲性などがある。前者は事実認定と不可分の関係にあるし，素人裁判官の社会常識で判断する必要性もあるから，裁判員の関与を認めるべきであろうが，後者は，法律の専門家である職業裁判官に委ねるべきであろう。

---

29) 平良木ほか・前掲注3) 13頁以下など参照。

第25章 刑事事実認定を考える

第1 事実認定の重要性――事実認定は刑事司法のかなめ

1 事実認定が刑事司法の中心課題

　刑事司法は，捜査——公訴——公判という流れで進んでいくが，それぞれの段階で事実認定が問題になり，それによってその事件の帰趨が決せられる。そればかりか，判決確定後の手続たとえば再審においても，事実認定がその扉を開くかどうかのキイポイントとなる。事実認定の重要性はまずこの点にある。

　次に，事実認定のいわば山場である公判に目を向けると，刑事裁判で争いになるのは，事実認定，法令の解釈，訴訟手続などさまざまではあるが，実際の公判において圧倒的に多いのは，事実の存否の争いである。これに争いがなく法令の解釈のみが争われる事件というのは，絶無とは言わないまでも，ごく少ない。まさに刑事裁判の中心的な課題は事実認定である。のみならず，公判において，法令の解釈や訴訟手続などが争われる場合であっても，その基礎事実の存否がまず問題となることが多い。その意味で，裁判では事実認定がすべての争いの出発点であり，かつ，これによって多くの争いに決着がつくといっても過言ではない。また，後に述べるように，争いがなく，量刑のみが問題となる事件（自白事件）においても，事実認定が問題になることがある。加えて，付随的な手続，たとえば勾留や保釈の手続においても，その要件事実（刑事訴訟法60条，89条など参照）の存否を一件資料に基づいて認定しなければならず，この事実認定もおろそかにできない。事実認定の重要性の第二はこの点にある。

2 警察の捜査と事実認定

　まず，第一の点について付言すれば，警察の捜査においては，警察官が証拠を収集し，これによりいかなる犯罪が発生し，誰がその犯人であるかについて判断をする作業，すなわち事実認定が出発点である（刑事訴訟法189条2項参

照)。その結果，犯罪および犯人が明確に認定される場合も少なくないが，事件によっては，当初犯人は甲であると認定されていたが，その後の証拠収集の結果，実は真犯人は乙であると判断される場合もある。そして，事件によっては，全証拠を検討してもついに犯人を認定できない場合も出てくるのである（いわゆる「迷宮入り」）。

重大事件などにあっては，犯罪および犯人に関する事実認定にとどまらず，犯罪の動機，経緯，背後関係，犯行後の状況など被疑者に有利・不利な一切の事実関係が認定されていく。

3　検察官の起訴・不起訴の決定と事実認定

次いで，検察官は，警察で収集された証拠に加え，自ら捜査をして収集した証拠により，同様な事実認定を行い，その事件を起訴するか否か，起訴するとすれば，起訴状にいかなる「公訴事実」を記載するか（刑事訴訟法256条2項，3項参照）などを決定しなければならない。この段階での検察官の事実認定に基づく決定は，被疑者そのほか事件関係者に大きな影響を及ぼす。その重要性は，公判における事実認定のそれに劣らない。それゆえ，わが国では，検察官が起訴する際は「有罪の確信」がなければならないと考えられている。重大事件であっても，起訴が見送られたという新聞報道に接することは皆様も経験されたであろう。被疑者が犯人であること（ときには，被疑者の責任能力）について，検察官が「有罪の確信」を得られなかったからにほかならない。

4　死刑事件における被告人と犯人の同一性に関する事実認定

第二の点について付言すれば，裁判において事実認定が争われるという場合はさまざまであるが，最も抜本的で深刻な争いは，被告人が犯人であるか否かである。とりわけ，有罪であれば極刑（死刑）が相当な重罪で，被告人が犯人であるか否かが激しく争われている場合の事実認定は重大である。死刑か無罪か，被告人にとっては地獄か天国かの違いであり，被害者（あるいはその遺族）にとっても，捜査従事者や被告人の支援者など事件関係者にとっても，深刻な問題である。裁判の結果が社会に与える影響も少なからぬものがある。そこで，検察官・被告人側双方ともこの点に関し，あらん限りの主張・立証を尽く

し，裁判官はこの点の判断に「心血を注ぐ」のである。

5　訴訟手続上の事項（自白の任意性，証拠物の収集手続など）に関する事実認定

ところで，刑事裁判においては，前に触れたように，訴訟手続上のことがらが争われる場合であっても，その基礎事実の存否がまず問題となることが多く，しかも，この点の事実認定が実は有罪・無罪に結びつくことも少なくない。たとえば，自白調書の任意性が争いになっているとしよう。この問題は直接的には，自白調書を証拠として採用できるか否かという訴訟手続上のことがら（証拠能力）ではあるが，これを決するには取調べ状況に関する事実認定が必要である。そして，これいかんによって，任意性の有無，ひいては自白調書の採否が決せられ，自白以外に犯人と被告人を結びつける有力な証拠がない事件では，自白調書の採否が有罪・無罪を左右するのである。

また，最近では，覚せい剤事件を中心に証拠物（尿や覚せい剤）の収集手続の適法・違法が争われ，それが有罪・無罪に結びつくことも少なくない。ここでも証拠能力の有無を決するために，証拠物の収集手続に関する事実認定が必要となる。これを比較的最近の最高裁判例[1]に見ることにしよう。窃盗罪で逮捕した被疑者の逮捕当日採取した尿の鑑定書の証拠能力が争われ，最高裁が違法収集証拠としてその証拠能力を否定したはじめての判例である。争点は，要するに，逮捕の際逮捕状を被疑者に呈示したか否かという手続上のことがらにあり，この点について，警察官の言い分と被告人のそれとまったく相反している。最高裁判例は，「呈示していない」とする一審・二審の判断を支持し，それにもかかわらず，呈示したかのような虚偽の書類を作成し，あるいは，法廷でそのように証言した警察官の態度から違法の重大性を肯定して，尿の鑑定書の証拠能力を否定し，覚せい剤自己使用の罪について無罪とした一・二審の判断を支持したのである。ここでも逮捕状を呈示したか否かの一点に関する事実認定が事件の帰趨を決定したことになる。この事件で，もし警察官の言い分のように逮捕状を呈示していたとすると，事後のその旨の書類の作成や証言等

---

[1] 最二小判平 15.2.14 刑集 57 巻 2 号 121 頁，判タ 1118 号 94 頁。

は当然であり，あたかもオセロゲームのように，白と黒が入れ替わるのである。

6 量刑の基礎となる事実に関する事実認定

さらに，実際の刑事裁判では，量刑だけが問題になる事件（自白事件）が多いが，量刑の基礎となる事実（情状）について争いが生じることもまれではない。たとえば，殺意が確定的なものか，未必的なものか，その発生時期，あるいは，犯行の計画性，動機や経緯，被害者に落ち度があったか否かなどである。そのような場合はこの点の事実認定が必要である。そして，これいかんによって量刑が大幅に変わってくることがある。

7 適正な事実認定は刑事裁判の生命

刑事司法では捜査——公訴——公判の各段階において，罰すべき者は的確に検挙・起訴され，かつ有罪を宣告されて相応の処罰を受け，無辜の者（有罪について合理的疑いのある者を含む）を罰しないということでなければならない。罰すべきものが楽々と法網から逃れるようであれば，正義が失われ，秩序・治安の維持が危うくなる。また，無辜の者が罰せられるようでは，人権が侵害され，同様に正義が失われる。ともに，刑事司法全体に対する国民の信頼を失墜させることになろう。

罰すべき者とそうでない者をよりわけることは，実はたやすくないが，刑事司法関係者は全力を挙げてその判断をしなければならないのである。そして，この判断のかなめこそ適正な事実認定なのである。裁判であれば，どんな裁判であっても，事実認定が重要であることに変わりはないものの，刑事裁判ではその重要性が一層高いといえる。

適正な事実認定は，刑事司法のかなめであり，刑事裁判の生命であるということは，皆様も容易にご理解いただけると思う。

第2 事実認定の困難性——事実認定の悩みは法曹の職業病

適正な事実認定は，刑事司法のかなめであり，かつ，刑事裁判の中心的な課題であるから，それをいかにして実現するかは刑事司法に関係する者のたえざ

る関心事である。そして，適正な事実認定が実は容易ならざるものであることも，司法関係者が折りにふれて痛感し，述懐しているところである。

　事実認定について最終的な責務を負う裁判官にとって，事実認定は，終始つきまとい，かつ日常的に心を悩ませる問題である。それだけに一層その感が深い。もっとも，このことは，捜査に従事する警察官，公訴提起するか否かを最終的に判断しなければならない検察官にもあてはまる。なぜなら，捜査や公訴においても適正な事実認定が必要とされることは前に述べたとおりである。弁護人も事実認定と無縁でありえない。そして，事実認定が必要である限り，その悩みもまたつきまとうのである。多少大げさに言えば，事実認定の悩みは法曹の職業病といえよう。

1　刑事事実認定特有の困難さ

　刑事事件における事実認定はどうしてそんなに難しいものであろうか。この原因を民事事件のそれと比較して考えてみよう。
　第一には，認定の対象の違いであり，第二には，訴訟法の違いに求められると思われる。
　第一の点について言えば，犯罪が発生すると，その痕跡が残る。たとえば，殺人事件が発生すると，現場に死体が放置され，その周囲には血痕や凶器，犯人の体液や足跡などが残され，凶器には指紋が付着しているかもしれない。また，犯行を目撃していた者も存在するかもしれない。

2　犯罪の隠密性

　しかし，犯罪の痕跡とりわけ犯人が誰であるかを示す痕跡が乏しい事件も少なくない。それは，犯罪というものが，本来隠密裏に行われ，犯人が誰であるかを示す痕跡をつとめて残さないように遂行されるからである。
　また，犯罪によっては，犯罪の発生についてすら，客観的証拠がなく，関係者の記憶にその痕跡が残るのみであることも少なくない。たとえば，選挙違反（金品の供与・受供与）や贈収賄罪は関係者が「口をぬぐっておれば」そのような犯罪があったことすら容易に発覚しにくい。

3 物証の乏しさとその証明力の限界

物証など客観的で動かしがたい痕跡が存在すれば，事実認定に困難はないと思われるかもしれない。殺人事件などでは，先ほどの例のように現場に犯人の体液や指紋が遺留されていたとか，被告人の着衣に被害者の血痕が付着していたなどという場合もかなりある。しかし，この場合でも，別の機会に付着した可能性が排除されない限り，これらの証拠も絶対的とはいえないのである。

著名な事件[2]の例を挙げよう。女性が性交後に殺害されたことは明らかで現場に被告人の精液が遺留されていたが，被告人は事件の日より前にこの被害者と性交をしたことがあり，その際に遺留された精液であると弁解している事案である。もとより，自白や目撃者の証言など直接証拠はない事件である。一審は精液に関する被告人の弁解は排斥しがたいと判断した（無罪）。しかし，控訴審は，被害者が性交のつど性交の日時，相手方の特徴などを記載していた手帳の記載に照らし，その弁解は信用しがたいと判断したのである（有罪）。この手帳がなければ，被告人の弁解の排斥は相当困難であったろう。被害者の几帳面さが犯人の特定に奇しくも役立ったという事件である（後に上告棄却確定）。

この事件では，この精液のDNAが被告人のそれと一致する点についてはそれほど争われていない。しかし，事件によっては，この点が激しく争われることもある[3]。そうなると，現場に遺留された物証と被告人のそれとの結びつきについての専門家の供述（たとえば，血液鑑定やDNA鑑定，足跡鑑定など）の証明力が問題となり，これが肯定されてはじめてその物証は証拠としての有用性を発揮することになる。専門家の供述（鑑定）は，一般の証人の供述に含まれる危険性はない。しかし，その証明力の評価が特有の困難性を伴うことは，著名な再審事件や下級審と上級審とで有罪・無罪が変転した重大事件を想定して

---

[2] 東電OL強盗殺人事件（一審：東京地判平12.4.14判タ1029号120頁，控訴審：東京高判平12.12.22判タ1050号83頁，判時1737号3頁）。

[3] 足利幼女殺人事件（一審：宇都宮地判平5.7.7判タ820号177頁，控訴審：東京高判平8.5.9高刑49巻2号181頁，判タ922号296頁，上告審：最二小決平12.7.17刑集54巻6号550頁，判タ1044号79頁）。

いただければ明らかである。

　一方，民事事件では，後の紛争に備えて，たとえば，書面を取り交わし，場合によってはそれを公証化し，あるいは，証人を立てて，誰がいつどういう行為をしたかの痕跡を明確に残しておくことが少なくない。もっとも，民事上の行為は，隠密裏に行われなければならないというものではないからである。

　刑事事件では，犯罪という隠密裏に遂行される行為の乏しい痕跡から過去の事実の存否を推測しなければならない。これが刑事事件における事実認定の困難性の第一の原因である。

4　実体的真実主義からの要請

　刑事事件における事実認定の困難さの第二の原因は，わが国の刑事訴訟法にあると思われる。

　まず，わが国の刑事訴訟法は，「事案の真相を明らかにする。」ことをその目的としている（同法1条）。これは，周知のとおり，実体的真実主義を宣明しているが，事実認定の基本原理を表してもいる。すなわち，実体的真実主義は，事実認定が客観的真実に合致していなければならないことを要請する。実体的真実主義については，その評価も論者によってさまざまである。しかし，刑事訴訟に関与する者の間では，この原理が尊重されるべきことは広く承認されていると思われるうえ，刑事訴訟が，刑罰権の実現という公益に関するものである以上，客観的真実に則した裁判が必要とされるのは理論的にも正しいと考えられる。前に述べたように，真に有罪の者が処罰を免れたり，無実の者が処罰されることは，正義に反する。

　しかも，わが国における実体的真実主義は古い歴史を持ち，わが国の刑事司法と諸外国とりわけアメリカのそれとの違いの根幹がそこにあることが，わが国の法曹からのみならずアメリカの刑事法研究者からも等しく指摘されているのである[4]。

　これに反し，民事訴訟法においては，もともとこれが当事者間の私的な利益をめぐる紛争の解決であるから，請求の認諾が認められ（民事訴訟法266条），

4）たとえば，佐藤欣子『取引の社会（中公新書）』（中央公論社，1974）65頁，ジョーゼフ・ホフマン「『真実』と日本の刑事訴訟」ジュリ1148号178頁。

また，自白した事実は，証明を要せず（同法179条），判決の基礎としなければならない。もちろん民事訴訟においても，争いのある事実の認定については，客観的事実に即した認定が要請されていることから[5]，程度問題であるともいえようが，刑事訴訟ほど実体的真実の発見が強調されているわけではない。

　ところで，一方では，刑事訴訟法において「事実の認定は証拠による。」と定められている（同法317条）。証拠裁判主義と呼ばれるこれまた事実認定に関する大原則である。事実の認定が公判に提出された証拠によりなされ，それ以外の資料を考慮できないとすると，認定された事実が客観的真実に合致しているとは限らない。また，事実の存否が真偽不明で認定できない事態も免れない。こう考えてくると，裁判で認定される事実は，訴訟上の真実にすぎないことになる。そうすると，実体的真実主義は，この訴訟上の真実が限りなく客観的真実に近づくことを要請する原理と理解するのが妥当ということになろう。そして，この要請を満たすためには，当事者が質の良い証拠を豊富に収集して法廷に提出し，裁判官がこれらの証拠を正しく評価しなければならない。そのためには，客観的真実追求への努力あるいは真実追求への執着心の強さが求められよう。刑事事件における事実認定の困難さは，限られた，しかも多くの場合相反する証拠の中から客観的真実を発見することの難しさにほかならない。

　刑事事件における事実認定において，証拠により認定される事実と客観的真実との合致を問題とせず，一定の適法な手続により認定された事実を真実とみなす発想（形式的真実主義ないし手続的真実主義）に立てば，事実認定の困難さはずっと減少すると思われる。しかし，わが国ではそのような発想は受け入れられていない。

5　刑事事実認定における証明の程度

　次に，刑事訴訟法における事実認定の困難性の原因として，証明の程度の問題がある。刑事裁判では，犯罪事実の存在および被告人が犯人であることについては「確信」あるいは「合理的疑いをさしはさむ余地がない程度の証明」が必要であるとされている。主要事実の存否を決めるハードルが民事裁判に比べ

5）たとえば，伊藤眞『民事訴訟法〔第3版〕』（有斐閣，2004）19頁。

て高いわけである。

　したがって，提出された全証拠を検討しても，犯罪事実の存在や被告人が犯人であることに「合理的疑い」が残れば，無罪でよい。まさに，「疑わしきは罰せず」とか「疑わしきは被告人の利益に」というのは刑事裁判における鉄則である。だが，実際に刑事裁判で問題になるのは，「合理的疑い」と「疑いはあるが合理的とまでは言えないもの」の区別であり，この区別は裁判官がどうしても判断せざるを得ないのである。そして，この区別が言葉ほど明瞭ではなく，相当に微妙なのである。「合理的疑い」を抽象的に定義づけることは可能であろうが，実際にその事件の疑いがそのどちらに属するかを判別することは容易ではない。

　たとえば，被告人の有罪・無罪を決する主要な証拠としては，捜査段階の自白しかない（あるいは，共犯者の自白しかない，あるいは，目撃者の供述しかない）場合を考えてみよう。そして，その供述の一部が客観的事実に反していたり，あるいは，変遷・矛盾があるとしよう。しかし，それによってその供述の根幹的な部分（たとえば，被告人が犯人であるか否か）まで，信用性を失うかどうかは即断できない。それは，経験法則・論理法則に従って個々的に判断しなければならないのである。しかし，そこで適用すべき経験法則や論理法則が何かは必ずしも明らかではない。

　社会秩序の維持を重視するあまり，本来「合理的疑い」のある場合まで「合理的疑いがない」場合に含めるのはもとより許されないが[6]，逆に，無辜の不処罰を重視するあまり「疑わしきは被告人の利益に」の原則を乱用し，「合理的疑いがない」場合まで「合理的疑い」に取り込むのは正しい態度ではない[7]。いずれにせよ，この判断には，経験や学習を通じて得られた人間の行動や心理に対する洞察力が必要である。もっと言えば，判断者の直感的能力も必要であろう。しかし，これらの能力は判断者が人間である限り，万全ではありえない。それらが判断者の限られた歴史と素質に基盤を置くからである。法曹にとって事実認定の悩みは尽きない。

---

[6] 木谷明『刑事裁判の心――事実認定適正化の方策〔新版〕』（法律文化社，2004）vi頁などは，この観点から「合理的疑い」の範囲をやや広めにとることを提唱する。
[7] 小林充「刑事裁判と事実認定」司研2003-Ⅰ（110号）74頁。

第3 事実認定の専門性と日常性——事実認定はだれでもできるか

　事実認定は何も刑事裁判の中だけで行われているものではない。日常生活の中でたえず人々が行っているものである。事実認定のこの側面を事実認定の「日常性」と呼ぶことにするが，これを事実認定の「万人性」，あるいは，「専門性」に対比して「素人性」と呼ぶこともできよう。事実認定のこの側面を強調すると，「事実認定はだれでもできる，事実認定に専門家はいない。」ということになろう。陪審制度を賞揚する人は，事実認定のこの日常性を強調し，素人の事実認定能力を高く評価するむきが多い[8]。しかし，一方で事実認定の専門性を強調し，素人の裁判への関与を無用ないし弊害があるとする見解もある[9]。

　事実認定の専門性と日常性をどう考えるべきであろうか。この点は，陪審制度やわが国においてもこれから動き出す裁判員制度の評価にもつながる問題である。

1 日常生活の中での事実認定との類似点・相違点

　たしかにわれわれは，日常生活の中でたえず事実認定を行っている。たとえば，ある人がある時点である行動をとったことが何を意味するのか，それがどのような意図や感情を推測させるのかなどということは，われわれが，いろいろな場面で繰り返し体験しているところである。このような推理作用は，刑事裁判においても重要な働きをする（情況証拠による認定）。また，ある人の言葉を額面どおり受け取ってよいものかどうかなどの判断も，人々が日常生活の中でたえず体験している。これは，刑事裁判における供述証拠の信用性の評価にほかならない。これらの例からわかるように，日常生活における事実認定と刑事裁判における事実認定は似通っている。

　しかし，日常生活における事実認定と刑事裁判における事実認定とは，異なるところも多い。第一に，日常生活における事実認定は間違ってもそれほど大

---
[8] たとえば，中山博之「素人裁判官の事実認定能力」丸田隆編『日本に陪審制度は導入できるのか』（現代人文社，2000）126頁。
[9] たとえば，大久保太郎「裁判員制度案批判」判時1750号29頁。

事には普通はならないから，認定の程度も一応のもので足りることが多いし，認定の資料（いわば証拠）に何の制限のない。さらに，そこで使われる経験法則・論理法則といっても，ごくごく日常的で大雑把なもので足りる。ところが，刑事裁判における事実認定にとって必要な経験法則や論理法則はかなり特殊なもの，すなわち，犯罪をめぐる人間の行動や心理（たとえば，殺意や共謀）の理解に絡むもので，日常生活におけるそれらと，無縁とまではいえないとしても，異質の要素が強いものが含まれている。また，認定の資料（証拠）に制限（証拠能力）があったり，証明の程度も異なる。

　第二に，刑事裁判で事実認定が問題となる場合の中には，その規範的評価と切り離し得ないものも少なくない（たとえば，共謀や責任能力）。これらの事実の有無を判断するためには，これらの事実の法的意味内容の理解が前提となる。日常生活における事実認定ではもとよりそのような理解は必要ない。

　第三に，刑事裁判において事実認定が激しく争われる事件では，相対立する証拠の評価が，きわめて重要である。たとえば，被害者の供述を信用するか，それとも被告人の供述を信用するか，あるいは，同一人の捜査段階の供述と法廷の証言が相反する場合どちらかを信用するか——前者を信用すれば有罪，後者を信用すれば無罪——というケースが多い。このようなケースでは日常生活における事実認定の経験はあまり役に立たない。むしろ，同種の事件の経験を積むことによって適正な判断ができるようになる。

　これらの事情に加えて，複雑困難な事件や専門的知識を必要とする事件（財政経済，医療過誤事件など）の増加を考えると，事実認定の日常性をまったく否定するのは相当ではないにしても，これを過大視するのは現実的でないと思われる。むしろ，事実認定の専門性は，近時ますますその比重を高めているというべきかもしれない。

2　裁判員制度を考える上で

　そうだとすると，今般の司法制度の改革に当たり，事実認定をあげて国民に委ねる陪審制度を採用しなかったのは賢明であったというべきであろう。しかも，現在の職業裁判官による事実認定が，基本的には適正に行われているとの認識に立てばなおさらである。現在の職業裁判官による事実認定に対する評価

については、これまた厳しい見解の対立があるが、少なくとも、このたびの司法改革における国民の司法参加の導入は、このような認識ないし前提から出発していることは、改革審議会の議論等から読み取れるところである。

それでは、職業裁判官と一般国民が協働して事実認定に当たる裁判員制度はどうであろうか。すでに立法がなされ（裁判員の参加する刑事裁判に関する法律）、その準備が営々として進められている現状も踏まえて言えば、刑事裁判における事実認定にいわば素人裁判官の事実認定の長所が生かされ、今までよりも適正な事実認定が行われることを期待したい。もともとこの制度自体、「国民の健全な常識」、あるいは、「国民の感覚」が裁判の内容に反映されることによって、より質の高い裁判が実現されることを大きな目的として誕生したものである。

刑事裁判における事実認定については、先に述べたように、日常的な事実認定と異質な部分も多いが、共通する部分もあり、この部分で素人裁判官の常識が活用されうることは肯認できるのである。この点を多少具体的に考えれば、次のようなことが言えるのではないかと思われる。

前に述べたように、事実認定に当たって最も重要であるが、また最も微妙で困難な問題は、「合理的疑い」と「疑いはあるが合理的とまでは言えないもの」の区別である。合理的と言うことばを「理屈に合った」、すなわち「経験法則・論理法則にかなった」と言うことばに置き換えれば、法則と言う以上普遍性があるように思える。しかし、その場面で適用すべき経験法則・論理法則が何であるかは、しかく自明ではない。事実認定者の出身階層、学歴、それまでの生活体験や学習等いわばバックグラウンドにより微妙な差異があることは認めざるを得ない。この点から言えば、職業裁判官も一人ずつを見れば、個体差はあるが、集団として見れば、バックグラウンドの近似性は強いであろう。

一方、一般国民から無差別に選出される素人裁判官は、職業裁判官と生い立ちや職業、それまでの生活体験等バックグラウンドがまったく異なり、しかも一人一人がバラエティに富んでいる。したがって、事実認定に当たり、素人裁判官から多様な経験法則・論理法則が提示され、それらが「合理的疑い」の判断に役立つ可能性がある。

また、次のようにも言えるであろう。刑事裁判において繰り返し事実認定を

行っている職業裁判官は，大量の現象から演繹される経験法則・論理法則を修得している（たとえば，被告人の弁解の虚偽性の徴表）。それは大切なことであり，職業裁判官の事実認定の長所ではあるが，ともするとこれを過信する危険性があるのも否めない事実である。しかし，人間の行動や心理には「理外の理」があり，大量の現象から演繹される経験法則・論理法則では計りきれないものがある。一方，素人裁判官は，このような経験法則・論理法則がないだけに，いわば白紙で，あるいは，新鮮な気持ちで事実認定をするから，この「理外の理」をそうと意識しないで，見落とさないという利点がある。

素人裁判官が，法廷に提出された証拠を的確に把握したうえ，職業裁判官と率直かつ十分に意見を述べ合うことによって，素人裁判官の意見に職業裁判官が啓発され，より適正な事実認定にいたる可能性もまた考えられるのである。

第4　事実認定の将来——事実認定はどう変わるか

最後に，事実認定が将来どう変わるかなど事実認定の今後に関係することがらを取り上げてみよう。

1　国民参加による変容

まず，第一に，事実認定に国民が参加することによる変容について考えてみたい。

有罪・無罪の判断などを職業裁判官がするのではなく，一般国民のみで行う陪審制度のもとでは，事実認定が大きく変容するのは避けがたい。そこでは，わが国の職業裁判官が行うような実体的真実の発見に向けられた精緻な事実認定を期待することは無理である。たとえば，アメリカの陪審裁判では，徹底した当事者主義の訴訟構造を背景に，陪審の事実認定は検察官・被告人側どちらかの言い分がより妥当かという程度の判断で足り，軍配を上げた方の言い分を「真実」とみなさざるを得ない。そこでの真実は実体的真実ではなく，「法的な真実」あるいは，「陪審による真実」であると指摘されている[10]。

職業裁判官と一般国民が共同して事実認定に当たる制度（参審）ではどう

---

10) ジョーゼフ・ホフマン・前掲注4) 180頁。なお，棚瀬孝雄「刑事陪審と事実認定」判タ 603号14頁参照。

か。裁判員制度は，基本的にはこの参審である。私は，裁判員制度のもとでも，現在と同じく，「事案の真相を明らかにする。」ことを目的とした事実認定が行われるものと予測している。ただ，この制度の採用によって，事実認定の前提となる，提出される証拠の量や証拠調べの方法などは，一般国民に理解しやすく，かつ，コンパクトなものに変わらざるを得ないから，現在の職業裁判官による事実認定ほど詳細なものは期待できないと思われる。佐藤文哉元裁判官はこれを「核心的精密司法」と表現されている[11]。もとよりこのあたりは，将来予測に関することであり，選出される裁判員の質や熱意に大きく左右されるであろうし，証拠調べや評議のあり方など今後の公判の具体的な運用にもよるから，私見と異なり，事実認定はラフになるという予測もありえるし[12]，裁判員制度の採用を機会に実体的真実主義に基づく事実認定からの完全な脱却を説く見解もありえよう。しかし，後者の見解は，わが国の歴史，風土，文化的基盤，国民性からして，少なくとも当面は，受け入れがたいであろう。まさに，「国民が事案の真相究明を求めている」のである[13]。

2 科学的知見導入の拡充・強化

第二に，今後の事実認定に当たり，科学的証拠の拡充，周辺化学との共同などの必要性がますます増大することを指摘したい。

実体的真実の発見が事実認定の目的であることに基本的には変わりがないとすれば，これからも事実認定の精度を高める努力が訴訟関係者に一層求められるであろう。その観点から言えば，科学的証拠の拡充がまず重要であり，さらに，事実認定に当たって心理学・医学・工学など周辺化学の助力を得ることも

---

[11] 佐藤文哉「裁判員裁判にふさわしい証拠調べと合議について」判タ1110号10頁。
[12] 椎橋隆幸「裁判員制度が克服すべき問題点」『田宮裕博士追悼論集(下)』(信山社，2003) 125頁など。
なお，裁判員制度のもとにおける事実認定については，このほか，松本時夫「裁判員制度と事実認定・量刑判断のあり方について」曹時55巻4号1頁，飯田英男「裁判員制度および今後の刑事司法のあり方」ジュリ1245号130頁，同「裁判員制度とこれからの捜査・公判の在り方について」現刑56号2頁，中谷雄二郎ほか「裁判員制度における事実認定」現刑61号39頁，松本芳希「裁判員制度の下における審理・判決の在り方」ジュリ1268号81頁，池田修「裁判員制度への期待と今後の課題」ひろば57巻9号32頁など参照。
[13] 佐々木知子『日本の司法文化 (文春新書)』(文藝春秋，2000) 91頁。

今より一層必要である。

　前者について言えば，たとえば，DNA 鑑定の開発により，人の同一性の認定がより確実になったと言えるし，和歌山毒カレー事件では，犯行現場に遺留されていた毒物（亜砒酸）と被告人宅から発見・収集された毒物（亜砒酸）の同一性の認定に最先端の科学技術に基づく鑑定が試みられたとのことである[14]。今後もこのような科学的証拠が，慎重な吟味のもとに，事実認定に用いられることが期待される。

　とりわけ，最近では，犯人と被告人の同一性について，自白や目撃者の供述などの直接証拠がなく，もっぱら情況証拠による認定によらざるを得ない重大事件が増えていると言われている。このことに照らせば，犯行現場に遺留された物証から犯人との結びつきをいかにして科学的に立証できるかが，捜査・公訴にとって重要な課題であろうし，これら科学的証拠に対して弁護人側がいかにその信用性を争うか，あるいは，いかなる科学的証拠による反証を提出するか，これまた重要な課題となろう。あえて，極論すれば，「攻めるも鑑定，守るも鑑定」という時代の到来を予感するのである。

　周辺科学の助力について言えば，現在でも，事件によっては，医学・工学などの助力が捜査段階からなされている。しかし，心理学とりわけ供述心理学や認知心理学の知識は，いまだ事実認定において十分活用されていない。諸外国では，目撃証言の信用性に関する鑑定なども取り入れられているようである。この種の鑑定を事実認定に用いることの是非は慎重な考慮を要するが，少なくとも訴訟関係者が認知心理学等の知識を取得しておく必要性はこれからも増大するのではないかと思われる。

3　事実認定研究の進展

　第三に，同様な観点から言えば，事実認定プロパーの研究も今後ますます進められなければならないと思われる。

　事実認定の研究は，裁判官を中心に従来からかなり行われてきている。そして，近年もそれなりに盛んである[15]。これらの研究が今後，裁判官だけでな

14）和歌山地判平 14.12.11 判タ 1122 号 464 頁。

く検察官や弁護士も含めて組織的に行われ，相互の討議によってより実りの多いものになることが期待される。
　一方，学者の側も近年事実認定に関心が向けられ，いくつかの研究成果が公刊されている。その中には，刑事裁判において認定される事実とは何か（「事実観」）とか「合理的疑い」とは何かなどという根本的な問題を取り上げたものもあるし[16]，「証拠構造論」という新しい事実認定の方法論も提唱されている[17]。
　ただ現在では，残念ながら，これらの実務家の関心や研究と学者のそれとが平行線をたどっており，十分に相互討議が行われていない感がある。事実認定が実務における実践であると同時に学問であるために，今後は，両者の共同研究も盛んになってほしい。
　その点から言えば，全国で相当数の法科大学院が設立され，そこでの実務科目として事実認定科目が予定されていることは，事実認定学の進展を促すであろうし，実務家と学者との共同研究の場もまた増大すると思われる。それを祈念して筆を置きたい。

---

15) 事実認定に関する（元）裁判官のごく最近の論稿をあげると，松本時夫「事実認定について」『田宮裕博士追悼論集（下）』465頁，香城敏麿「裁判と事実認定」曹時55巻8号1頁，小林・前掲注7），木谷・前掲注6），石井一正「刑事裁判における事実認定について」判タ1089号30頁，同「刑事裁判における事実認定について(続)——事実認定の専門性と日常性」判タ1097号3頁など。
16) 豊崎七絵「刑事訴訟における事実観(一)(二)」法学64巻5号37頁，64巻6号35頁，同「誤判の本質とその現象形態——刑事訴訟における事実観・補論」『光藤景皎先生古希祝賀論文集（下）』（弘文堂，2001）671頁，前原宏一「刑事訴訟における『真実（真理）論』の意義と方向性」同書649頁，増田豊『刑事手続における事実認定の推論構造と真実発見』（勁草書房，2004），中川孝博『合理的疑いを超えた証明』（大学図書，2003），内山安夫「刑事訴訟における証明基準と上訴——「合理的疑いを超える証明」をめぐって」『光藤景皎先生古希祝賀論文集（下）』713頁など。
17) 水谷規男「適正な事実認定と証拠構造論」刑法39巻2号312頁，川崎英明『刑事再審と証拠構造論の展開』（日本評論社，2003）など。

第26章　続・刑事事実認定を考える

第1　はじめに

　私の刑事事実認定に関する論稿は，いずれも裁判官を退官（平成14年6月）した後に執筆したものである。「刑事裁判における事実認定について」（平成14年7月，判タ1089号〔本書451頁〕），「刑事裁判における事実認定について（続）——事実認定の専門性と日常性」（同年10月，判タ1097号〔本書470頁〕）に続き，『法曹養成実務入門講座(2)事実認定・渉外事件』（大学図書，2005）に総括論稿として「刑事事実認定を考える」（本書489頁）を執筆し，その後の平成17年に単行本として『刑事事実認定入門』（判例タイムズ社，2005）を出版した。この書は，当時法科大学院において担当していた事実認定科目の教科書として執筆したものである。平成22年8月にその後の主要な判例や文献を追加してその第2版を出版している。

　これらの論稿で触れていないもの，あるいは，最近刑事事実認定に関し目に付く現象などを取り上げ，これらの論稿のいわば追記として，刑事事実認定について感想的な記述をここに付加しておきたい。

　第一は，なんといっても，裁判員裁判における事実認定の在り方が盛んに論議されることになったことである。第二に，近時，最高裁において事実認定の基本原理や上訴審における事実誤認の審査方法に関する判断を示した判例が出され，また，事実誤認を理由に原判決を破棄する裁判例が相次いでいることである。第三に，これと共通するところがあるが，近時，再審開始決定あるいはこれに基づき再審公判での無罪判決がこれまた目に付くところである。最後に，これらの現象に共通するものとして，事実認定の中心的な課題である供述証拠の信用性判断に関し分析的・客観的評価の方法が確立され，あるいは，強調されている点である。

第2　裁判員裁判における事実認定

　平成13年6月司法制度改革審議会において刑事裁判に対する国民の司法参

加が提言され，これをうけて，平成16年5月「裁判員の参加する刑事裁判に関する法律」(裁判員法) が制定・公布され，平成21年5月にはこの法律が施行され，同年8月ころから全国の裁判所で現実に裁判員裁判が始まった。3年を経過した時点ですでに3,000件を優に超える事件が裁判員裁判で審理・判決されており，参加した裁判員（補充員を含む）も3万人に近いというから，画期的な国民の司法参加が進んでいることになる。この制度の導入が，わが国の刑事司法にどのような変容を与えるかなどについては，前に述べた（本書45頁参照)。

　裁判員裁判における事実認定が，従来の職業裁判官による事実認定と根本的に異なるのか，それとも基本的には変わらないのか，変わるとすれば，どのような点がどのように変わるのかなどの点について，論者の裁判員制度への期待感もにじませて，盛んに論じられている。

　試みに，この問題を取り扱った裁判官（あるいは元裁判官，併せて単に「裁判官」という）による比較的近年の論稿を拾い上げてみると，荒木友雄「裁判員裁判における事実認定と量刑」現刑2001年12月号49頁，松本時夫「裁判員制度と事実認定・量刑判断のあり方について」曹時55巻4号（2003年4月）1頁，中谷雄二郎＝合田悦三「裁判員制度における事実認定」現刑2004年5月号39頁，植村立郎「裁判員裁判における事実認定に関する若干の考察」木谷明編著『刑事事実認定の基本問題〔第2版〕』(成文堂，2010) 431頁などがあり，また，法律雑誌もこれに焦点を合わせた特集を組んでおり，そこでは，裁判官，検察官，弁護士および研究者らがそれぞれの立場から，この問題を論述している。

　すなわち，法律時報77巻11号（2005年10月）の「変革期の刑事裁判と事実認定」と題する特集，刑事法ジャーナル4号（2006年7月）の「刑事事実認定の現代的課題」と題する特集，法律時報79巻12号（2007年11月）の「刑事訴訟法の現在と課題——事実認定の過程と主体論」と題した座談会などである。ここでの裁判官の論稿としては，原田國男「裁判制度における事実認定——木谷・石井論争を素材として」法律時報77巻11号36頁，石塚章夫「裁判官と事実認定」同43頁，斎藤啓昭「裁判員制度と事実認定の課題」刑事法ジャーナル4号17頁があり，検察官の論稿としては，小島吉晴「裁判員制度

と事実認定の課題」同24頁がある。弁護士の論稿としては，河津博史「裁判員制度と事実認定」法律時報77巻11号49頁，佐藤博史「『裁判員制度と事実認定』の課題」刑事法ジャーナル4号31頁があり，研究者の論稿としては，田口守一「事実認定の多元性」同2頁，宇藤崇「裁判員制度の下における事実認定の諸問題」同10頁，川崎英明「刑事司法改革と事実認定論──特集企画の趣旨説明をかねて」法律時報77巻11号56頁がある。

　ここに挙げた文献は，裁判員裁判における事実認定の問題をメインとして取り上げ，したがって，タイトルにもこれが掲げられているものに限っている。しかし，実際には，裁判員制度導入の意義，そこにおける審理方法，評議の在り方，判決書の在り方など裁判員裁判に関する論稿は，数多く存在し，それらの文献にも，多かれ少なかれ，裁判員裁判における事実認定の問題が論じられており，また，刑事事実認定一般を取り上げた文献にも裁判員裁判におけるそれに言及したものが少なくない。本稿では，これらの文献を逐一紹介しないが，植村・前掲論文432頁には裁判員裁判の事実認定に関連した文献がほぼ網羅的に挙示されているので，これを参照されたい。

　裁判員裁判における事実認定の問題は，いくつかの論点を含む。(1)事実認定の本質論──認定されるべき事実とは何か，それは実体的真実か訴訟法上の真実か，それとも形式的あるいは手続的真実で足りるか，(2)事実認定の対象──「事案の全容」か，それとも「事案の核心」か，(3)事実認定の方法──裁判所による真相の解明か，それとも当事者の提示した主張の吟味か，(4)事実認定の資料すなわち証拠の質と量──直接主義・口頭主義の徹底，裁判員にとっての分かりやすさなどから従来よりも制限されたものになるのかどうか，その限度，あるいはこれに関連して，裁判員裁判における事実認定が職業裁判官による従来のそれに比べ，その精度が向上するのか否か，(5)事実認定の結果の判決書における表示の方法──詳細なものが必要とされるか，それとも簡潔なもので足りるか，などなどである。これらの論点について上記の文献は，どのような見解であろうか。まず，これを簡単に紹介しておこう

　まず，(1)の裁判員裁判において認定されるべき事実については，裁判官，検察官，弁護士，研究者ともおおむね，裁判員裁判においても実体的真実が解明されることが期待されており，いわゆる「ラフ・ジャスティス」を否定すると

いうことで一致しているようである。しかし，石塚・前掲論文が，「これまでの考えは，訴訟上立証対象とされている事実の背後には必ず実体としての社会的事実があるとの『二項対立的事実観』に基づいているが，……これを前提としても，裁判員裁判においては，絶対的真実との乖離が狭まり難くなるであろう」として，立証の対象は訴訟的事実であることを強調している点が注目される[1]。

(2), (3)についても，それほど見解の対立はない。裁判員裁判においては，従来のような「事案の全容」が立証の対象となるものではなく，有罪・無罪の判断および量刑に当たって最小限必要な事実すなわち「事案の核心」が立証の対象であること（「核心司法」），事実認定の方法も，裁判所による真相の解明ではなく，当事者の提示した主張の吟味に重点が置かれるようになることなどの点について，おおむね見解が一致している。なお，この関係では，植村・前掲論文，田口・前掲論文が事実認定の手続論の重要性を強調し，田口・前掲論文では，証拠評価は当事者との共同作業たる性質を持つと考えるべきであり，裁判官の心証形成もその成果と見るべきだという「当事者主義的事実認定」が唱導されている点が，注目される。事実認定の「ブラックボックス化」への警戒心が強い研究者の見方[2]との関係でも，事実認定の手続論，可視化論は重要性を増すと考えられる。そして，一方で，事実認定の「ブラックボックス」を可視化・客観化させる方法として「証拠構造論」の活用が川崎・前掲論文において提言されている。

(4)および(5)についても，それほどの見解の対立はない。裁判員裁判においては，審理および評議にかけられる時間に制約があることや裁判員の理解力からして，事実認定の資料である証拠は最小限のものに限られ，それだけに最良の証拠を厳選して提出しなければならないこと，事実認定の結果の判決書における表示も——ある程度の詳しさは求められるにしても（松本・前掲論文）——従来よりも簡潔なものにならざるを得ないことなどは，ほぼ争いがない。

ただし，事実認定の専門家ではない裁判員が裁判官と協働して事実認定に当たることによって，職業裁判官のみによる従来の事実認定に比べ，事実認定の

---

1) なお，この点に関しては，前掲法時 79 巻 12 号の座談会 21 頁以下も参照されたい。
2) 前掲注 1) 座談会 13 頁以下参照。

精度が向上するのかどうかという点については，論者により微妙な差異がある。この点は，陪審制採否の議論と共通するが，わが国の職業裁判官の事実認定に対する評価および一般市民（素人）の事実認定能力の評価という問題（本書473頁参照）に関連するからであろう。

　佐藤・前掲論文は，職業裁判官はほとんどの場合裁判員よりも正しい判断に短時間で到達できるとしながら，裁判員が関与することの意義は，「裁判官が陥りやすい過ちを裁判員の関与によって正すことができること」すなわち裁判官が初心に戻ることによって事実認定はより良いものとなると説き，河津・前掲論文は，裁判員制度の意義は「疑わしきは被告人の利益に」の鉄則の実質化すなわち市民の有する知識・経験・価値観は無辜の不処罰に有益であり，これとの協働による事実認定により「合理的疑い」を見逃す危険が低減すると説く。

　一方，裁判官の論者は，事実認定に素人が関与することに一定の意義を認めつつも，それほど楽観的ではないように見受けられる。たとえば，原田・前掲論文は，裁判員自身が他の人の意見を聞かずに自分だけの判断を固めてしまう危険性を指摘し，これを防止するための諸方策を提言している。また，荒木・前掲論文は，事実認定はプロのみがなし得るものとは言えないが，実体的真実発見の実践には，職業裁判官が長年積んできた訓練が必要であることを指摘し，同様に，植村・前掲論文も，事実認定の普遍性・日常性を肯定しながらも，適正な事実認定のためには，職業裁判官が蓄積した知識・経験の重要性を指摘し，裁判員裁判においてこの知識・経験の共有化を自覚的に行うことの必要性を述べている。さらに，検察官からも，事実認定の評議における裁判官の積極的な意見開陳の必要性が指摘されているが，これもおそらく同様の発想であろう（小島・前掲論文）。

　なお，判決書の作成との関係で，佐藤・前掲論文が，事実認定は判決書の作成の過程で見直されることがあり得るが，裁判員裁判では，判決の宣告と判決書の作成が分離されるので，この見直しの過程がないとすれば，事実認定の精度は劣ることになると言及している点が注目される[3]。

---

3) なお，この点については，前掲法時77巻11号11頁の「鼎談・刑事裁判の理念と事実認定」における木谷裁判官の発言参照。

以上の文献は，いずれも裁判員法制定前あるいは制定後施行前に書かれたものであり，したがって，実際に裁判員裁判を経験した上での所説ではない。そして，筆者もまた裁判員裁判を実際に担当した者ではない。それだけに，裁判員裁判における事実認定がどのようなものに変容するのか，あるいは，変容しないのかなどの検討は，いずれも一種の予測に過ぎない。今後は，実際に裁判員裁判を担当した経験に基づいた議論あるいはすでに行われた裁判員裁判の結果の分析を基にした議論が盛んになり，裁判員裁判における事実認定について一層議論が深まることが期待される[4]。

　そういうことを前提にこの問題に対する筆者の見解のあらましを付記すれば，裁判員制度が導入されても，そこにおける事実認定が従来の職業裁判官のそれと根本的に変わるものとは思えない。

　まず，刑事裁判においては事実認定が最も重要であること，そして，適正な事実認定には困難を伴うことなど基本的部分は，彼我変わりはない。刑事裁判における事実認定の困難性は今後増大することはあっても，減少することは考えられない（重大事件で間接証拠しかない事件，あるいは，鑑定の評価が微妙な事件などの増加）。

　次に，裁判員裁判においても，認定の対象となる事実は，多くの論者が説くように，実体的（あるいは客観的）真実であり，形式的真実ないし手続的真実であってはならない（本書50頁参照）。この点についても，彼我変わりはない。ただし，刑事裁判において認定される事実は，公判に提出された証拠によりなされ，それ以外の資料を考慮できないから，実体的（あるいは客観的）真実といっても，訴訟上の真実に過ぎないことに留意すべきであるし，事実の存否が真偽不明で認定できないという事態も容認せざるを得ない。実体的真実主義は，訴訟上の真実が限りなく実体的（あるいは客観的）真実に近づくことを要請する原理と考えられ，この要請を充たすためには，質の良い証拠が豊富に提出されることと事実認定者がこれらの証拠を正しく評価することが必要である[5]。

---

[4] 裁判員裁判の実施を踏まえて，そこにおける事実認定の諸問題を検討したものとして，中川孝博「事実認定」法時84巻9号36頁がある。
[5] 石井・前掲『刑事事実認定入門〔第2版〕』11頁参照。

裁判員裁判において提出される証拠は，最良のものに厳選されるにしても，その量は（とりわけ，書面化されたものは）かなり制限される。また，直接主義・口頭主義の徹底により，事実認定者は，刻々の法廷において目で見たもの，耳で聞いたものから心証形成をしなければならず，これらの証拠を後に長時間かけて総合的に見直して心証形成をやり直す機会は，従来の職業裁判官の事実認定に比べ，格段に少なくなると思われる。また，公判前整理手続において整理された争点および証拠に基づく計画的審理が要請されるから，新たな争点の提示あるいは新たな証拠の提出は困難になるし，裁判所の補充立証の勧告等も，よほどの場合でない限り，差し控えなければならないことになる。そして，事実認定の普遍性・日常性を前提にしても，裁判員が刑事事実認定に不慣れで知識・経験がないことは明らかであるから，ある種の事実認定（たとえば，証拠が対立あるいは輻輳する場合，公判供述と捜査段階の供述が相反する場合，直接証拠が皆無で間接証拠のみによって判断しなければならない場合，共謀の有無・正当防衛の成否・責任能力の存否など法概念と結びついた判断を要する場合など）にはとりわけ困難さを伴うことも見やすいところである

　これらの諸点を考え併せると，裁判員裁判においても，認定の対象となる事実は，実体的（あるいは客観的）真実であるといっても，実際に認定される事実（訴訟上の真実）との乖離は，石塚論文が指摘するように，職業裁判官のそれに比べ，大きくなる可能性はある。また，同じような証拠関係における事実認定であっても，裁判体によってバラツキが生じる可能性もある[6]。裁判員裁判においては，裁判体により量刑に幅が出てくるのと同様に，事実認定においても，幅が生じてしまうということである[7]。

　おそらく，これらの事象のうち，あるものは裁判員制度導入の意義・趣旨に内在するものとしてこれを容認し，はなはだしいものは上訴審で是正するということになろう[8]。

　この最高裁判例は，後に紹介するように，控訴審の事実誤認の判断方法について，一審判決の事実認定が論理則，経験則等に照らして不合理か否かを事後

---

[6] 中谷＝合田・前掲論文 45 頁など。
[7] 植村・前掲論文 464 頁。
[8] 最一小判平 24.2.13 刑集 66 巻 4 号 482 頁，判夕 1368 号 69 頁，判時 2145 号 9 頁参照。

的に審査し，不合理であればそれを具体的に示す必要があるとするものであるが，このことは，裁判員制度の導入を契機としてより強く妥当するとしており，裁判員裁判を意識した判例（現に，この事件は第一審が裁判員裁判により無罪としたものを控訴審が破棄自判して有罪とした判決を破棄したもの）である。

　この判例を解説した前田教授は，「従来の，『日本型の裁判』において想定されてきた，『裁判により事案の真相を解明する』という発想は，一歩退かざるを得なくなる」，「裁判員裁判の定着による事後審性の徹底は，刑事司法を，じわじわとであるが，根底から動かしていくことになる」と述べ，「その方向がどこまで進んでいくかは，今後の，国民の評価にかかっている」と結んでいる[9]。

　このような事象が顕著に現出するか，それともさほど現出しないか，あるいはそれをどう評価すべきかなどは，裁判員裁判における事実認定の今後の推移とも関連して将来に持ち越された大問題である。

　次に，裁判員裁判における事実認定の基本原則あるいは手法については，従来のそれと全く異なるから通用しないと見るむきもないではないが，多くの論者が指摘するように，大差はないと考えられる。適正な事実認定は，つまるところ提出された証拠の証明力（信用性および狭義の証明力）を事実認定者がいかに合理的に判断するかに尽きるわけであって，合理性の基礎にあるのは，人の行動や心理に関係した経験法則，論理法則であること[10]。しかし，事実認定における経験法則，論理法則は，自然科学における法則ほど一義的ではなく，また，万人が共有するほど自明ではないものも少なくないこと，事実認定には，事実認定者の能力，素質，学習（どのような経験を積み，経験から何を学んだか）なども関係してくることなどの点も，彼我変わりはない。経験法則，論理法則の多様性という点こそ，職業裁判官とバックボーンの異なる一般市民が事実認定に参加することのメリットであると考えられる（本書480頁参照）。

　さらに，従来主として実務家が研究・蓄積してきた事実認定の基本原則，個々の証拠の証明力判断に当たっての注意則[11]もまた，裁判員裁判において

---

9) 前田雅英「控訴審と上告審の判断の在り方——専門性と国民の意識の調整」警論65巻6号160頁，164頁。
10) 石井一正『刑事実務証拠法〔第5版〕』（判例タイムズ社，2011）445頁。

有益であると考えられる。これらは，自白調書の信用性判断など捜査段階で収集された証拠を対象としたものも少なくないが，公判での供述（たとえば，目撃証言，共犯者の供述）を対象としたものも多いし，情況証拠の証明力といった裁判員裁判においても重要性を持つ対象も含まれている。しかも，裁判員裁判においても，例外的にせよ，捜査段階で収集された証拠（自白調書，検察官調書など）の証明力判断が有罪・無罪を分ける事件もあり得るのである。

ただし，裁判員裁判においては，これらの基本原則や注意則を，未知の裁判員といかに共有するかという困難で微妙な問題があると思われる。これも今後の裁判員裁判の評議等において実践的に解決されていく問題であろう。

第3　事実認定に関する最高裁判例の動向

近時，最高裁において事実認定の基本原理や上訴審における事実誤認の審査方法に関する判断を示した判例が出され，また，事実誤認を理由に原判決を破棄する判例が相次ぐなど，最高裁の事実認定に関する積極的な介入が目立ち，「最高裁による事実認定の適正化の『第二の波』」などとも呼ばれているところである[12]。

1　事実認定の基本原理に関する判例

まず，事実認定の基本原理を示した判例としては，最一小決平 19.10.16 刑集 61 巻 7 号 677 頁，判タ 1253 号 118 頁，判時 1988 号 159 頁〔高松郵便爆弾事件〕がある。

この最高裁判例は，有罪認定に必要とされる立証の程度としての「合理的な疑いを差し挟む余地がない」というのは，抽象的な可能性としては反対事実が存在するとの疑いを容れる余地があっても，健全な社会常識に照らしてその疑いに合理性がないと判断される場合には有罪認定を可能とする趣旨であり，このことは直接証拠による事実認定の場合と情況証拠による事実認定の場合とでは異ならないと判示している。

前者の点は，古くは，最一小判昭 23.8.5 刑集 2 巻 9 号 1123 頁が，有罪の心

---
11) これらについては，石井・前掲『刑事事実認定入門〔第 2 版〕』54 頁以下参照。
12) 刑弁 65 号 75 頁。

証の程度としての「確信」について，元来訴訟上の証明は，自然科学者の用いるような実験に基づくいわゆる論理的な証明ではなくして，歴史的な証明であるから，通常は反証の余地が残されているが，通常人なら誰でも疑いを差し挟まない程度に真実らしいとの確信を得ることで証明できたとするものであるという趣旨のことを判示していたのを，「合理的な疑いを差し挟む余地がない」という語句で言い換えたものと考えられ，その結論に異論はないであろう。

後者の点についても，すでに，最一小判昭48.12.13裁判集刑190号781頁，判時725号104頁〔長坂町放火事件〕が，情況証拠による有罪の認定は，反対事実の可能性をまったく許さないほど一義的ではないという趣旨の判示をしていたのであるが，この判例は，情況証拠による認定に際しては通常の証明の程度より高度な証明を要求している趣旨の判例であると誤解されかねない判文を含んでいたところであるから，最高裁が，本判例で「合理的な疑いを差し挟む余地がない」という証明の程度については，直接証拠による事実認定の場合と情況証拠による事実認定の場合とでは異ならないと明示したことの意義は大きいと考えられる。なお，この判示は，次の最三小判平22.4.27によっても確認されている。そして，この点も異論がないところであろう。

いずれにしても，実務上常に生起する困難な問題は，「合理的疑い」と「疑いはあるが，合理的とは言えないもの」とをいかに区別するかであり，とりわけ，この区別は情況証拠による認定の場合にはいっそう困難さを増すことである[13]。

続いて，最三小判平22.4.27（後掲⑥）がある。

この最高裁判例は，犯人と被告人の同一性について直接証拠のない情況証拠のみの事件において，「直接証拠がないのであるから，情況証拠によって認められる間接事実中に，被告人が犯人でないとしたならば合理的に説明することができない（あるいは，少なくとも説明が極めて困難である）事実関係が含まれていることを要するものというべきである」という，従来にない判断を示した。

この判示については，さまざまな見方がなされているが[14]，情況証拠によ

---

13) 石井・前掲『刑事事実認定入門〔第2版〕』7頁，118頁。

514

る有罪の認定のためには，いくつかの間接事実のうちにこのような間接事実が常に含まれていなければならないという趣旨ではなく，いくつかの間接事実を総合した事実関係が，被告人が犯人でないとしたならば合理的に説明することができない（あるいは，説明が極めて困難）場合においても，有罪の認定をすることを妨げない趣旨のものと見られる。判文全体からそう解される上，情況証拠による認定の実際に照らし，間接事実の総合評価という観点を取捨していると見るのは妥当でないからである。その意味では，この判示は，情況証拠による有罪認定につき，従来よりも厳格な基準を定立したものではなく，情況証拠による認定の場合の「合理的疑い」の有無の判断をさらに具体化するための一つの視座を提供しようとしたものと考えられる。

2 上訴審における事実誤認の審査方法ないし判断基準

次に，上訴審における事実誤認の審査方法ないし判断基準について判示したものとして，上告審におけるそれに関する判例として最三小判平 21.4.14（後掲②），控訴審におけるそれに関する判例として最一小判平 24.2.13（後掲⑨），がある。

最三小判平 21.4.14 は，上告審における事実誤認の主張（法 411 条 3 号）に対する審査について，「当審が法律審であることを原則としていることにかんがみ，原判決の認定が論理則，経験則等に照らして不合理といえるかどうかの観点から行うべきである」と判示している。この審査基準自体は，それまでの最高裁判例（たとえば，最二小判昭 43.10.25 刑集 22 巻 11 号 961 頁〔八海事件〕）の判示したところと同趣旨と考えられるし，その後の最高裁判例（後掲⑧の最二小判平 23.7.25，最一小決平 24.2.22 判タ 1374 号 107 頁，判時 2155 号 119 頁）でも繰り

14）この判例を取り上げた比較的新しい文献として，中川武隆「情況証拠による犯罪事実の認定」平 22 重判解 239 頁，村岡啓一「情況証拠による事実認定論の現在——最高裁第三小法廷平成 22 年判決をどう読むか」村井敏邦先生古稀記念論文集『人権の刑事法学』（日本評論社，2011）674 頁，渡辺直行「情況証拠による事実認定（被告人の犯人性推認）のあり方」早稲田法学 87 巻 4 号 145 頁，酒井邦彦「情況証拠による事実認定と立証の程度について考えたこと——平成 22 年 4 月 27 日の最高裁判決をきっかけとして」研修 777 号 3 頁があり，村岡論文 675 頁にこの判示についてのさまざまな見方およびこれに対応した文献が挙示されている。

返されており，おそらく異論はないと思われる。

最一小判平24.2.13（後掲⑨）は，「刑訴法382条の事実誤認とは，第一審判決の事実認定が論理則，経験則等に照らして不合理であることをいうものと解するのが相当である。したがって，控訴審が第一審判決に事実誤認があるというためには，第一審判決の事実認定が論理則，経験則等に照らして不合理であることを具体的に示すことが必要であるというべきである。このことは，裁判員制度の導入を契機として，第一審において直接主義・口頭主義が徹底された状況においては，より強く妥当する」と判示している。

上訴審における事実誤認の審査方法ないし判断基準が，これらの判例が言うように，下級審のした事実認定が論理則，経験則等に照らして「不合理であるか否か」であることは肯認できるとしても，「合理・不合理」の区別が実務上困難で微妙な問題であることに変わりはない。

なお，ここでいう審査方法ないし判断基準が，従来から議論されていた上訴審とりわけ控訴審における事実誤認の審査方法ないし判断基準との関係で言えば，どのような見解に立つのか，あるいは，この審査方法ないし判断基準は有罪判決を破棄する場合と無罪判決を破棄する場合とで異なるかという問題が論議されているが（最三小判平21.4.14，最一小判平24.2.13とも，有罪判決を破棄した場合である），前者の問題については，後に触れることにし，後者の問題は，広くは刑事訴訟法における「片面的構成論」の是非という議論とつながる問題であることを指摘するにとどめたい[15]。

3　最高裁の破棄判例

第三に，近時，最高裁が事実誤認を理由に下級審判決を破棄した判例が相次いでいる。平成20年11月から平成24年2月までに言い渡された以下の9件である。もともと最高裁が原判決を破棄する事件数というのは，従来から非常に少ないのであって，たとえば，平成15年度から平成19年度までの5年間を見ても合計13件に過ぎず，そのうち事実誤認（法411条3号）を理由とするものは，合計でも4件を数えるのみである[16]（ちなみに，平成20年度は，下記①

---

15) 石井一正『刑事控訴審の理論と実務』（判例タイムズ社，2010）423頁，本書601頁参照。

しかない)。このことを考えると，近時の最高裁判例の事実誤認を理由とする破棄事件の増加は，目立っていると言えよう。以下，破棄判例を順次簡単に紹介しておこう。

① 最二小判平20.11.10 裁判集刑295号341頁〔焼肉店経営者強盗殺人事件〕

被告人は，焼肉店の元従業員であるが，知人のA，Bを介して暴力団員から拳銃を入手し，焼肉店の経営者をその拳銃で射殺して現金約50万円在中のバッグを強奪したという強盗殺人等の事案について，一審は同罪の幇助犯A，Bの供述の信用性を肯定して有罪判決を言い渡したが，控訴審は逆にその信用性を否定して一審判決を破棄差し戻したところ，最高裁は，その信用性を肯定して控訴審判決を破棄し，事件を控訴審に差し戻した。

② 最三小判平21.4.14 刑集63巻4号331頁，判タ1303号95頁，判時2052号151頁〔防衛大学教授痴漢事件〕

満員電車内における強制わいせつ（いわゆる痴漢）の事案について，一審判決は，被害者（女子高生）の被告人から痴漢の被害を受けたとする供述の信用性を肯定して有罪判決を言い渡し，控訴審判決もこれを維持したが，最高裁は，痴漢の被害を受けたとする供述自体の信用性に疑いがあるとして，一審判決および控訴審判決を破棄し，無罪を言い渡した。この判例が，上告審における事実誤認の審査方法ないし判断基準について判示したものであることは，前に述べた。

③ 最二小判平21.9.25 判タ1310号123頁，判時2061号153頁〔ゴルフ場支配人殺害未遂事件〕

被告人は，暴力団の若頭代行であったが，その若衆であったAと共謀の上，ゴルフ場から暴力団員を閉め出した支配人の自宅に侵入し，同人を刃物で刺したという殺人未遂等の事案について，一審は共犯者Aの供述の信用性を肯定して有罪判決を言い渡し，控訴審もこれを維持したところ，最高裁は，その信用性に疑問あるとして控訴審判決を破棄し，事件を控訴審に差し戻した。

④ 最一小判平21.10.8 判時2098号160頁

被告人が共犯者Aらと共謀の上，万引きをしたが，追跡してきた店長に取

---

16) 石井・前掲注15) 315頁。

り押さえられてAに助けを求め、これに呼応したAが主として店長に暴行を加えて負傷させたという事後強盗致傷の事案について、一審判決は事後強盗致傷の共謀を認めたが、控訴審判決は、事後強盗罪としての暴行（反抗を抑圧するに足りる程度の暴行）の共謀は認められないとして被告人には窃盗および暴行の限度で共同正犯が成立するとしたが、最高裁は、この共謀が認められるとして、控訴審判決を破棄し、事件を控訴審に差し戻した。

⑤　最二小判平21.10.19判タ1311号82頁、判時2063号155頁

暴力団組長が移動する際、そのボディガード（組員）が拳銃を所持して護衛していた場合、所持者の組員が銃砲刀剣類所持等取締法違反の刑事責任を負うのは当然として、これに護衛されていた組長に同罪の共謀共同正犯が成立するのかが問題とされた事案であるが、一審判決は共謀の成立を否定して無罪判決を言い渡し、控訴審判決もこれを維持したが、最高裁は、ボディガードの拳銃所持につき、被告人（組長）には、対立する組からの襲撃に備えて被告人を警護するためボディガードが拳銃を携行していることの認識・認容があったことなどの点を挙げて、共謀共同正犯が成立するとして、一審判決および控訴審判決を破棄し、事件を一審に差し戻した。

なお、同種事案についてすでに同旨の判例がある[17]。

⑥　最三小判平22.4.27刑集64巻3号233頁、判タ1326号137頁、判時2080号135頁〔刑務官の殺人放火事件〕

刑務官であった被告人が、息子の妻およびその夫婦の息子を息子宅であるマンションで殺害し、その後同室内で放火したという殺人および現住建造物等放火の事案について、一審判決は情況証拠を総合して被告人の犯人性を認定し、有罪を言い渡し、控訴審判決もこの認定を維持したが、最高裁は、犯人性の認定につき審理不尽、事実誤認の疑いがあるとして、一審判決および控訴審判決を破棄し、事件を一審に差し戻した。この判例が、情況証拠による認定に関する基本原理を判示したものであることは、前に述べた。

⑦　最一小判平22.6.3裁判集刑300号319頁

前掲①の焼肉店経営者強盗殺人事件に関連して、犯行に使用された拳銃・実

17）最一小決平15.5.1刑集57巻5号507頁、判タ1131号111頁、判時1832号174頁、最一小決平17.11.29裁判集刑288号543頁。

包を実行犯（①事件の被告人）に譲渡した暴力団幹部に対する銃砲刀剣類所持等取締法違反等の事案について，一審判決は，譲渡を仲介した証人A，Bの供述の信用性を肯定して，有罪を言い渡したが，控訴審判決は，逆にその信用性に疑いがあり，かつ，譲渡の日には被告人のアリバイも認められるとして，一審判決を破棄したところ，最高裁は，仲介者A，Bの供述の信用性を肯定し，かつ，アリバイも認められないとして，控訴審判決を破棄し，事件を控訴審に差し戻した。

⑧　最二小判平23.7.25 判タ1358号79頁，判時2132号134頁

通行中の女性に対して暴行，脅迫を加えてビルの階段まで連行し，強いて姦淫したとの強姦の事案について，一審判決は，被告人から強姦の被害を受けたとする被害者の供述の信用性を肯定して有罪判決を言い渡し，控訴審判決もこれを維持したが，最高裁は，被害者の強姦の被害を受けたとする供述自体の信用性に疑いがあり，被告人の弁解も排斥し難いとして，一審判決および控訴審判決を破棄し，無罪を言い渡した。

⑨　最一小判平24.2.13 刑集66巻4号482頁，判タ1368号69頁，判時2145号9頁

被告人が空路覚せい剤をバッグに入れて密輸入したという事案について，一審判決（裁判員裁判）は，被告人に覚せい剤の認識が認められないとして無罪を言い渡したのに対し，控訴審判決は，情況証拠を総合して，被告人には覚せい剤の認識があったものと認め，一審判決を破棄して有罪を言い渡したが，最高裁は，控訴審判決は，一審判決について，論理則，経験則等に照らして不合理な点があることを十分に示したものとは評価できないから，刑訴法382条の解釈適用を誤った違法（法411条1号）があるとしてこれを破棄し，検察官控訴を棄却して無罪の一審判決を維持した。この判例が，控訴審における事実誤認の審査方法ないし判断基準を，一審判決が裁判員裁判である場合を念頭に置いて，判示したものであることは，前に述べた。

①ないし⑨の判例を通覧すると，いくつかの特色を指摘できよう。

まず，第一に，有罪の下級審判決を破棄したもの（②，③，⑥，⑧および⑨），逆に無罪の下級審判決を破棄したもの（①，④，⑤および⑦）がほぼあい半ばしており，また，各小法廷にほぼ万遍なく分かれている。さらに，事実認

定に際して検討の対象となった事項も、共犯者の供述の信用性（①，③および⑦）、被害者の供述の信用性（②，⑧），情況証拠による犯人性，共謀，薬物の知情の認定（④ないし⑥および⑨）などこれまた多岐にわたっていること。

次に，無罪の下級審判決を破棄したものは，裁判官全員一致のものばかりであるのに比し，有罪の下級審判決を破棄したものには，おおむね反対意見やこれに対する補足意見が付されており，事実認定の当否についてかなり激しい意見の対立があったことがうかがえることである（例外は⑨であるが，この判例は，前記のとおり，破棄理由としては，法令の解釈適用の誤りである）。

しかも，この対立は，主として刑事事件を担当していた裁判官出身の判事および検察官出身の判事 VS 主として民事事件を担当していた裁判官出身の判事，弁護士，学者および行政官出身の判事という様相を呈し，前者が反対意見（有罪を維持する意見）を述べ，後者が多数意見（有罪判決破棄）を形成し，かつ，補足意見を述べている。

もとより，この現象は，「おおむね」ということであり，例外を伴うものであるし（例外は，②事件の田原判事〔弁護士出身〕の反対意見），事例数がもともとそれほど多くはないので，過大視することはできないが，それにしても，この現象をどう理解すべきか，どこにその原因があるのかなどは，極めて興味深い問題である。

まず，前掲②の最三小判平 21.4.14 は，前記のとおり，満員電車内における強制わいせつ（いわゆる痴漢）の事案について，一審判決は，被害者（女子高生）の被告人から痴漢の被害を受けたとする供述の信用性を肯定して有罪判決を言い渡し，控訴審判決もこれを維持したが，最高裁は，痴漢の被害を受けたとする供述自体の信用性に疑いがあるとして，一審判決および控訴審判決を破棄し，無罪を言い渡したものであるが，藤田判事（行政法の学者出身），那須判事（弁護士出身）および近藤判事（主として民事事件を担当していた裁判官出身）が多数意見（破棄無罪）を形成し，これに対して堀籠判事（主として刑事事件を担当していた裁判官出身）および田原判事（弁護士出身）が反対意見（有罪維持）を付している。

また，前掲③の最二小判平 21.9.25 は，前記のとおり，暴力団組員による殺人未遂事件について，共犯者の供述の信用性を肯定した一審判決および控訴審

判決を破棄したものであるが，今井判事（主として民事事件を担当していた裁判官出身），中川判事（弁護士出身），竹内判事（行政官出身）が多数意見（有罪判決破棄）を形成し，古田判事（検察官出身）が詳細な反対意見を述べ，今井裁判官が，この反対意見に対する反論を述べて多数意見を補足している。

さらに，前掲⑥の最三小判平 22.4.27 は，前記のとおり，刑務官による殺人等の事件について，情況証拠を総合して被告人の犯人性を肯定した一審判決および控訴審判決を破棄したものであるが，ここでも，藤田，那須，田原および近藤判事が多数意見（有罪判決破棄）を形成し，かつ，それぞれが補足意見を述べて多数意見を補足し，これに対し，堀籠裁判事が詳細な反対意見を述べて，多数意見に対し疑問を投げかけるなどしている。

同様に，前掲⑧の最二小判平 23.7.25 は，前記のとおり，強姦の被害女性の供述の信用性を肯定した一審判決および控訴審判決を破棄して無罪の判決を言い渡したものであるが，千葉判事（主として民事事件を担当していた裁判官出身），竹内判事，須藤判事（弁護士出身）が多数意見（破棄無罪）を形成し，古田判事が詳細な反対意見を表示し，千葉および須藤判事が多数意見を補足している。

そして，このような対立は，上告棄却で終わったものの事実認定についてかなり激しい意見の対立があったとうかがえる裁判例でも見られるところである[18]。この判例は，強盗強姦罪における強盗の成否に関連して被害女性の供述の信用性が争われた事案について，甲斐中判事（検察官出身）等が多数意見を形成し，事実誤認は認められないとして上告を棄却したものであるが，泉判事（主として民事事件を担当していた裁判官出身）等が，被害女性の供述の信用性に疑問があり，事実誤認の疑いがあるとするこれまた詳細な反対意見を述べ，甲斐中判事が，その信用性を肯定できるとする趣旨の補足意見を述べている。

意見の対立は，上告審における事実誤認の審査の方法ないし判断基準の相違——とりわけ，原判決が有罪の場合の——に由来するという見方があり得る。現に，前掲②事件における那須，近藤判事の補足意見，③事件における今井

---

18) 最一小決平 19.10.10 判タ 1251 号 152 頁，判時 1988 号 152 頁。

判事の補足意見では，有罪の事実認定に合理的疑いが残れば原判決を破棄すべきであるとする趣旨の意見が付け加えられており，前掲注18）最一小決平19.10.10における泉判事の反対意見でもこのことが強調されている。逆に，前掲②事件における堀籠判事の反対意見では，原判決に事実誤認があるというためには，原判決の判断が論理則，経験則に反するかまたはこれに準ずる程度に不合理であると明かに認められる場合でなければならないことが強調されており，③事件における古田判事の反対意見でも，証人の供述の信用性を認めることが経験則に反し自由心証主義の限界を逸脱する，少なくともその重大な疑いがあると認められる場合でなければ，上告審は事実認定に介入すべきではないとされている。

　意見中のこれらの部分だけを取り出すと，意見の対立の原因は，上告審が下級審の事実認定に介入する度合いの広狭に対する見解の差異すなわちいわゆる「心証優越（優先）説」ないし「心証比較説」と「論理則，経験則違反説」ないし「不合理説」との対立——によるものと考えられそうである。しかし，果してそうであろうか。

　上告審ないし控訴審における事実誤認の主張に対する審査方法ないし事実誤認の判断基準については，従来から種々の見解があった。大別すれば，「心証優越（優先）説」と「法則違反説」である[19]。しかし，この点は，前述のとおり，近時の最高裁判例により，事実誤認の審査は，上告審においても控訴審においても，「原判決の認定が論理則，経験則等に照らして不合理と言えるかどうか」の観点から行うべきであり，「不合理」であれば，事実誤認があると解するという見解で統一されることになった。この考え方は，「心証優越（優先）説」を明確に排斥するとともに「法則違反説」そのものでもない。すなわち，原判決の事実認定が「不合理か否か」かが事実誤認の判断基準であり，「不合理か否か」は「論理則，経験則等に照らして」判断されることになる。事実認定の合理性は，経験法則，論理法則に従った証拠評価でなければならないと言っても，そこでは，自然科学における「法則」と呼ばれるほど一義的で明確なものは少ない。したがって，事実誤認を文字通りの「法則違反」に限るとほと

---

19) 石井・前掲注15) 356頁参照。

んどの場合事実誤認はないことになってしまい，事実誤認を独立の上訴理由とした法のたてまえが無に帰することになり，事実誤認の判断の実際にそぐわないと考えられる。そうすると，これらの最高裁判例の言うように「不合理か否か」が事実誤認の判断基準であり，その物差しとなるのが経験法則，論理法則ないしこれに準ずるような社会常識・社会通念であると解するのが最も妥当だと思われる。その趣旨でこのような考え方は，「法則違反説」というよりむしろ端的に「不合理説」とも呼称するのが適当である。

　そして，この「不合理か否か」を判断するためには，上訴審の裁判官が証拠判断してみてその結果と原判決の事実認定を比較するという作業が前提として必要である。従来，「心証優越（優先）説」は「心証比較説」と同義ととらえられていたせいか，「法則違反説」ないし「不合理説」からは，上訴審における心証の形成・比較という作業を——実際にはこれなくして事実誤認の判断はおよそ不可能であるにもかかわらず——排斥しがちであったが，それは誤りである。この点は，かつて，「法則違反説」に立つ船田判事が的確に述べておられるところでもあるし[20]，上告審における事実誤認の審査方法について判示した最三小判平21.4.14（前掲②）において，近藤判事がいみじくも「上告裁判所は，原判決の事実認定の当否を検討すべきであると考える場合には，記録を検討して自らの事実認定を脳裏に描きながら，原判決の事実認定が論理則，経験則等に照らして不合理といえるかどうかを検討するという思考操作をせざるを得ない」と補足していることからも明らかである。その趣旨でここでも，「心証優越（優先）説」と同義であると解されかねない「心証比較説」という語句をあるいは使用しない方が混乱を招かないかも知れない[21]。

　そして，重要なことは，上記の各事件の多数意見ないしこれを補足する意見と反対意見を仔細に検討すると，上告審におけるこのような事実誤認の審査方法ないし判断基準あるいは思考過程そのものは，同一と見られるのである。原判決の事実認定につき，前者が，「論理則，経験則等に照らして不合理」と判断し，後者が「論理則，経験則等に照らして不合理ではない」と判断している

---

20) 石井・前掲注15) 357頁参照。
21) 田淵浩二「控訴審における事実誤認の審査——最判平24.2.13の意義」法時84巻9号51頁。

に過ぎない。そして，そのような結論を導くために，記録中の関係証拠を精査してその信用性を判断し，あるいは，いくつかの情況証拠の証明力をこれまた仔細に検討しているのである。そうすると，先に指摘した補足意見あるいは反対意見中の上告審が下級審の事実認定に介入する度合いの広狭に対する見解の差異すなわちいわゆる「論理則，経験則違反説」ないし「不合理説」と「心証優越（優先）説」の対立をうかがわしめる部分は，実は決定的なものではないと考えられる[22]。

それでは，対立の原因は何か。それは，多数意見ないしこれを補足する意見と反対意見が想定する「論理則，経験則等」の違いではなかろうか。すなわち，刑事畑の裁判官と民事・行政畑の裁判官が同一の証拠の評価を異にしたのは，両者の犯罪を巡る人間の心理と行動——とりわけ，性的犯罪の被害者と犯人のそれ——に関する「論理則，経験則等」の違いではないかと推察されるのである。この点は後に触れることにする。

一方で，前掲②事件における近藤判事の補足意見や前掲⑥事件における藤田判事の補足意見そして前掲注18) 最一小決平19.10.10における泉判事の反対意見から事実観の転換の兆しを示唆する見方もある[23]。その趣旨は，従来の実体的真実主義によると刑事裁判で認定される事実は訴訟法的事実であるとしてもその背後には実体的真実が存在し，訴訟法的事実は限りなくこれに近づくことが要請されるという事実観（二項対立的事実観）であったが，実体的真実を措定せず，刑事裁判で認定される事実は訴訟法的真実に徹するべきだという事実観への転換である。

同様の指摘は，村岡教授からもなされている。同教授は，情況証拠による犯人性の認定に関する最三小判平22.4.27（前掲⑥）の多数意見およびこれを適用して無罪の判決をした鹿児島地判平22.12.20（判例集未登載，検察官控訴による控訴審において被告人死亡により公訴棄却の決定で終局）には，実体的真実の追求をせず，訴訟法的真実の追究に純化した訴訟観があるという[24]。

---

22) 家令和典「判解」曹時64巻7号342頁参照。
23) 中川孝博ほか「座談会・最高裁による事実認定の適正化の『第二の波』」刑弁65号81頁，90頁の石塚発言。
24) 村岡・前掲論文691頁。

これらの指摘をも考えると，あるいは，民事・行政畑出身の判事の刑事裁判に対する訴訟観ないし事実観と刑事畑の判事のそれとに相違があって，それらが意見対立の深層に存在するのかも知れない。あるいはまた，これに関連するが，民事裁判における事実認定の方法ないし心証形成の仕方と刑事裁判におけるそれとの差異が根底にあるのかも知れない。ただし，乏しい事例からそこまで断定するのは未だ困難であろう。

第4　再審の動向

　近時，強盗殺人等重大事件について，再審開始決定がなされ，あるいは，これに基づく再審公判において無罪判決が言い渡されるなどの現象が目立っている。試みに挙げてみると，①いわゆる布川事件（被告人2名が1人住まいの老人を殺害して現金を強取したという強盗殺人の事案で，両名とも無期懲役）について，東京高決平20.7.14判タ1290号73頁が再審を開始した原決定を維持し，特別抗告も棄却され，これに基づき平成23年5月24日水戸地裁土浦支部において無罪判決が言い渡された（確定）。

　続いて，②いわゆる足利事件（幼女に対するわいせつ目的誘拐，殺人等の事案で，被告人は無期懲役）について，東京高決平21.6.23判タ1303号90頁，判時2057号168頁が，再審請求を棄却した原決定を取り消して再審開始決定をし，これに基づき，平成22年3月26日宇都宮地裁が無罪判決を言い渡した（判時2084号157頁，確定）。

　さらに，③いわゆる福井女子中学生殺人事件（女子中学生を夜間その自宅で殺害したという殺人の事案で，被告人は懲役7年）について，平成23年11月30日名古屋高裁金沢支部が再審開始決定をした。ただし，この決定は，平成25年3月6日名古屋高裁において取り消され，これに対する特別抗告により現在最高裁係属中である。

　ごく最近では，④いわゆる東電OL事件（東京電力に勤務する被害者をアパート内で殺害して現金を強取したという強盗殺人の事案で，被告人は無期懲役）について，平成24年6月7日東京高裁が再審開始決定をし，同年7月30日同高裁においてこれに対する異議の申立が棄却され，これに基づき，同年11月7日同高裁における再審公判において，一審の無罪判決に対する検察官の控訴を棄

却している（検察官上訴権放棄で確定）。

また，⑤いわゆる名張毒ぶどう酒事件（ぶどう酒に農薬を混入して妻と愛人を含む5名を殺害するなどしたという殺人・同未遂の事案で，被告人は死刑）について，再審開始決定を取り消した名古屋高決平 18.12.26 判タ 1235 号 94 頁に対する特別抗告審において，最三小決平 22.4.5 判タ 1331 号 83 頁，判時 2090 号 152 頁は，審理不尽を理由に原決定を取り消して，名古屋高裁に差し戻している。差戻審は，平成 24 年 5 月 25 日再び再審開始決定を取り消して，再審請求を棄却したが，これに対する特別抗告により現在最高裁において係属中である。

①の布川事件は，もともと被告人らの犯人性を肯定する証拠としては，被告人らの捜査段階における自白のほかは有力なものがないという事案で，一審以来自白の信用性が争われており，最高裁も，自白が現場の客観的状況や死体の状況に一致しており矛盾がないこと，取調べの初期の段階で自白していることなどの理由を挙げてその信用性を肯定していたものであるが（最二小決昭 53.7.3 判タ 364 号 190 頁，判時 897 号 114 頁），前記の東京高決平 20.7.14 は，被告人らの殺害行為に関する自白は客観的事実に反するとの法医学者作成の意見書等の新証拠によれば，被告人らの自白の信用性については重大な疑問が生じ，確定判決の事実認定に合理的な疑いがあるとして，再審開始決定をしたものである。

布川事件では，再審請求審の段階で証拠開示が問題となり，犯行に接着した時間帯に被害者方付近で被告人らと異なる特徴を示す2人の男を目撃したという者の供述調書や自白の録音テープが開示され，それらが新証拠として，犯行に接着した時間帯に被害者方付近で被告人両名を目撃したという者の供述の信用性や自白の信用性に重大な疑問が生じるとしている。

②の足利事件では，もともと現場に遺留されていた被害者の下着に付着していた精液のDNAと被告人のそれとが一致したとするDNA鑑定の証拠能力および証明力が一審以来の大きな争点であり，最高裁もその証拠能力を肯定していたものであるが（最二小決平 12.7.17 刑集 54 巻 6 号 550 頁，判タ 1044 号 79 頁，判時 1726 号 177 頁），再審請求に当たっては，このDNA鑑定の結論に疑念を生じさせる報告書等が新証拠として提出され，東京高裁において実施された再

鑑定により，被害者の下着に付着していた精液のDNAと被告人のそれとが一致しないとの鑑定結果が出され，これによると被告人が本件の犯人ではない可能性が高いとして前記東京高決平21.6.23が再審開始決定をしたものである（なお，再審公判である前記宇都宮地判平22.3.26では，元のDNA鑑定の証拠能力が否定されている）。

　③の福井女子中学生殺人事件は，被告人の犯人性を肯定する証拠としては，直接証拠はなく，「被告人を犯行当夜犯行現場付近まで自動車に乗せて連れて行ったところ，被告人が降車してその2，30分後衣類等に血液を付着させて戻ってきて，本件犯行を打ち明けた」，あるいは，「犯行後に被告人の身体，着衣に血痕が付着しているのを目撃し，被告人から本件犯行を打ち明けられた」とする情況証拠が存在するが，これらの事実を述べる被告人の知人の供述の信用性が最大の争点であり，一審はこれを否定したが（無罪），名古屋高金沢支判平7.2.9判時1542号26頁は，これらの者の供述の信用性を肯定して原判決を破棄して，有罪判決を言い渡したものである（上告棄却）。

　再審請求審において，現場写真や上記の者の捜査段階における供述調書が開示され，前記の名古屋高金沢支決平23.11.30は，これらの証拠をも資料として，確定判決には「合理的疑い」が生ずるとして再審開始決定をしたものである。ただし，この決定を取り消した平成25年3月6日名古屋高裁決定は，逆に，上記の者の供述の信用性を肯定している。

　④の東電OL事件も直接証拠がない事件であり，情況証拠のうち，被告人の犯人性を推認させる最も有力な証拠は，犯人が被害者と性交した後被害者を殺害したことは明らかであるところ，犯行現場遺留されていたコンドーム内の精液や陰毛のDNA型と被告人のそれとが一致することである。この点は争いがないものの，このコンドーム等の遺留時期について，一審判決は，犯行日より前の機会に被告人が被害者と性交をしたことがあり，その際遺留したものであるとの被告人の弁解が排斥し難いと判断したが（無罪），東京高判平12.12.22判タ1050号83頁，判時1737号3頁は，被害者が性交する都度記載していた手帳の記載の正確性に照らし，その弁解を信用性がないと判断し，他の情況証拠（被告人が現場アパートの鍵を所持していたことなど）を総合して犯人と被告人の同一性を肯定し，無罪の原判決を破棄して有罪判決を言い渡したものであ

る（上告棄却）。

　再審請求審の東京高裁では，被害者の体内に遺留されていた精液および現場に遺留されていた体毛のDNAが被告人のそれと一致しないとする鑑定書が新証拠として提出され，これを資料として，前記東京高判平24.6.7が再審開始決定をし，同年7月3日同高裁が検察官の異議申立を棄却し，再審開始決定が確定したため，再審公判が開始され，前記東京高判平24.11.7が前記の新たなDNA鑑定に加え，被告人のそれと一致しないとする被害者の右手の爪の付着物のDNA鑑定などを証拠として，被告人以外の者が犯人である疑いがあると判断したものである。

　⑤の名張毒ぶどう酒事件は，いったんは再審開始決定がなされたものの，前述のとおりの経過により，これが取り消されて，現時点では再審請求が棄却されてはいるが，被告人の犯人性を肯定する有力な証拠としては，自白しかなく，度重なる再審の請求がなされ（今回が第七次），その都度自白の信用性が争われている事件である。

　これらの再審事件を通覧すると，いくつかの特徴を見出すことができる。

　第一に，再審の請求に必要な「新証拠」（無罪を言い渡すべき証拠を「あらたに発見」，法435条6号）としては，確定判決の後に作成された専門家の鑑定結果（意見書，報告書など）が主たるもので，この点は従来も同様であるが，今回は鑑定のうちDNA鑑定が決定的な役割を果たしていることである（足利事件，東電OL事件）。

　人の同一性の認定に関する科学的証拠は今後ますます多様化するとともに技術的進歩を遂げることが予想される。訴追側にとっても，被告人側ないし再審請求人側にとっても，科学的証拠は重要である。多少大げさな言い方をすれば，「攻めるも鑑定，守るも鑑定」の時代が来つつあると思える（本書503頁参照）。

　第二に，再審請求審において，捜査段階で収集されていたが未提出の証拠の開示が問題となり，開示された証拠が再審開始決定に結びついていることである（布川事件，福井女子中学生事件）。再審請求審における証拠開示をどう考えるかは，従前それほど議論されていなかったが，今後さらなる検討を要する問題であろう[25]。

第三に，再審請求における新証拠の「明白性」（無罪を言い渡すべき「明らかな証拠」，法435条6号）の判断については，最一小決昭50.5.20刑集29巻5号177頁，判タ321号69頁，判時776号24〔白鳥事件〕が明らかにした，いわゆる総合評価説（新証拠と他の証拠を総合的に評価して確定判決における事実認定につき「合理的疑い」を抱かせその認定を覆すに足りる証拠か否か）が，上記の再審開始決定において定着したことをうかがわせることである[26]。

　これらの特徴は，いずれも再審請求審が確定判決の事実認定へ介入することを容易にさせ，再審開始決定が相次いだ現象の原因と考えられる。新聞報道によると，この現象を受けてか，前記の事件のほか，各地で有名・無名の事件についての再審請求が相次いでいるとのことである。有名事件では，いわゆる袴田事件，飯塚事件，光市事件，富山・長野の連続女性誘拐殺人事件などであり，無名事件では，大阪の女児焼死事件，姫路の郵便局強盗事件などなど……である。まさに，「再審ラッシュ」と言えよう。

　このような現象については，「無辜の救済」の見地から高く評価する見方と再審があたかも「回数無制限の上訴審化し確定判決の法的安定性を害している」とする両様の見方があり得よう。

　ちなみに，再審の動向と事実認定に関する前記最高裁判例の動向とは，「合理的疑い」の具体化・実質化という点で相関連しているとする見方もある[27]。

第5　事実認定の原理・方法について——木谷・石井論争を踏まえて

1　木谷・石井論争について

　筆者は，かつて，判例タイムズ誌上に木谷明『刑事裁判の心——事実認定適正化の方策』（法律文化社，2004）についての書評を執筆したことがあった（同

---

25) この問題に触れた最近の文献としては，松代剛枝「証拠開示」法時84巻9号21頁，斉藤司「刑事再審における証拠開示の現状分析と理論的検討」刑弁72号122頁，同「再審における証拠開示」法セ698号22頁がある。
26) 大出良知「再審と刑事裁判をめぐる問題状況——名張事件・東電OL事件再審開始決定を契機に」刑弁71号120頁参照。
27) 大出・前掲注26) 論文122頁。

年5月，判タ1144号42頁）。筆者が裁判官を退官し，関西大学教授に職を転じ，木谷氏も公証人の職を辞して法政大学教授に転じたころ，そして，法科大学院発足の前後である。

　そこでも記したように，木谷氏は，筆者と司法研修所同期であり，司法研修所時代の交友はもとより勤務地（大阪地高裁）や研究会を同じくしていた時期もあったので，その人柄，能力，実績，あるいは刑事裁判にかける情熱なども十分理解している人である。また，その著書も同氏が裁判官在官中ないし退官後に発表した優れた論文を収録したものであって，刑事裁判に携わる多くの人に読まれるのが望ましいと考え，書評執筆の依頼に応じたものである。

　この書評中に筆者はいくつかの批判的な事柄を書いた。一口で言えば，木谷氏の各論文に共通する明快な割り切りの良さに深い感銘と刺激を受けるとともに一方で違和感ないし距離感が残ったので，それはどこから来るのかについて簡単に触れてものである。強いて大別すれば，木谷氏の，①「合理的疑い」に広狭があって，これを広めに取るという発想はどうかという点，②自白の任意性の判断について，「水掛け論に終われば，捜査官の負けと割り切る」という発想は割り切り過ぎではないかという点，③自白の信用性の判断について，自白内容自体の具体性，詳細性，迫真性等を重視する見方は，自白内容の分析的・客観的判断方法を「切り捨てている」とまでは言えないのではないかという点であった。

　これらの批判は，書評の末尾に感想的に付記したものに過ぎないから，十分意を尽くしたものではないし，また，措辞が適切でないところがあったかも知れない。それを承知であえて付言したのは，木谷氏の論旨に賛同するむきも少なくないとは思うものの，筆者の抱いたような違和感ないし距離感は，筆者の個人的なものではなく，刑事事実認定に日夜取り組んでいる実務家がこの書を読めば，同様の感想を抱くことも多いのではないか，そうであれば，筆者の批判とこれに対する木谷氏の反論を契機として，刑事事実認定に関する論争を引き起こし，その基礎原理や方法論についての議論を深めたいという気持ちからであった。

　果たせるかな，木谷氏からは詳細な反論が時を置かずして提起された。「畏友石井一正教授にあえて反論する『合理的疑い』の範囲などをめぐって」

(2004年8月，判夕1151号）および「刑事事実認定について」（司法研修所における講演を基にしたもので，司研2004——Ⅱ号113頁に掲載され，後に「事実認定の適正化——続刑事裁判の心」〔法律文化社，2005〕に収録されており，前者の論文とおおむね重なるので，以下の引用はこれによる）。

　そして，裁判員制度の導入など刑事裁判の変革にも連動して，刑事事実認定に関する議論が盛んになり，その中で筆者の批判とこれに対する木谷氏の反論が木谷・石井論争と呼ばれて，議論の一つのきっかけになったように思われる[28]。

　その趣旨の問題提起であれば，木谷氏からの詳細で鋭い反論に対し，筆者のほうもこれに応じた詳しい再反論を展開するのが当然であるし，筆者もそのつもりでいたところ，運悪く2004年6月に筆者が足を骨折し，それをきっかけにして腰痛やその他の疾患に相次いで襲われ，その後の1年半ほどは，始まったばかりの法科大学院の授業の準備とその実施をかろうじてこなすだけの生活を余儀なくされたからによる。司法研修所から2回にわたって事実認定についての講演の依頼があったが，これも木谷氏の前記司法研修所の講演における反論に対する応答の機会を与えていただいたのであろうが，これをお断りしたのも同様の理由による。

　授業の準備という面では，担当予定の刑事事実認定の科目の教科書として前掲『刑事事実認定入門』の執筆をした。この書の内容は，もとより木谷・石井論争に応えるものではなかったが，ある程度筆者の考えている事実認定の原理や方法を記しているので，迂遠な方法ではあるが，木谷氏の反論に対する応えにもなっているのではないかという気持ちもあった。

　そうこうするうちに，筆者の研究対象が刑事控訴審に移り，木谷氏の反論に応えないままに今日に至ってしまったというのが実情である。そこで，この論文執筆の機会に木谷氏の反論も踏まえながら，刑事事実認定の基本原理およびその方法に関する筆者の見解を補足しておきたい。前者については「合理的疑い」の問題を，後者では供述証拠の信用性判断の方法を取り上げることにする。

---

28) たとえば，法律時報の特集「変革期の刑事裁判と事実認定」法時77巻11号（2005年10月）。

2 事実認定の基本原理——「合理的疑い」について

　犯罪事実の存在および被告人がその犯人であることについて検察官が挙証責任を負っていることは，言うまでもない。「疑がわしきは，罰せず」とか「疑わしきは被告人の利益に」という法格言や，「無罪の推定」の法理は，明文の規定はないけれども，刑事裁判の基本原理ないし鉄則である（たとえば，最二小判昭43.10.25刑集22巻11号961頁〔八海事件〕参照）。これらの原理ないし鉄則は，嫌疑罰を否定し，人権の保障に万全を期するという近代刑事裁判の英知であると言えよう。その結果真犯人を取り逃がすことになってもやむを得ないのである。もとより，真犯人を取り逃がすような事態が大いに歓迎され，あるいは，賞賛されるというものでもないが，人権の保障に万全を期するという近代刑事裁判にとって必要なガードラインであり，言葉を代えれば「必要悪」なのである。
　そして，有罪についての「疑わしさ」の内容については，「合理的疑い」であることも異論がないと思われる。
　「合理的疑いを超えた証明」は，ドイツ法に由来する証明の程度としての「確信」と異なるものか否かは，理論上一個の問題であるが，実務上はこれを同じ程度と考えるのが相当である。両者は異なるものととらえ，「合理的疑い」を超えた証明の上にさらに「確信」まで求めるのは，事実認定過程を複雑にするだけで，実務が指向するのに相当な方法ではないと考えられる上，判例もまた同じ程度のものと見ていると解されるからである[29]。
　「合理的疑い」とは何か，その判断基準をどこに求めるべきか，刑事事実認定に関する最も重要でかつ困難な問題である。しかし，実務的には，前述した，一連の最高裁判例（本書513頁参照）とりわけ最一小決平19.10.16刑集61巻7号677頁，判タ1253号118頁，判時1988号159頁〔高松郵便爆弾事件〕が判示するように，有罪認定に必要とされる立証の程度としての「合理的な疑いを差し挟む余地がない」というのは，抽象的な可能性としては反対事実が存在するとの疑いを容れる余地があっても，健全な社会常識に照らしてその疑い

---

[29] 村瀬均「『合理的疑いを超える証明』について」植村立郎判事退官記念論文集『現代刑事法の諸問題(1)』（立花書房，2011）351頁参照。

に合理性がないと判断される場合には有罪認定を可能とする趣旨であると解するのが妥当である。

　この判例が言うように，有罪・無罪が分かれるのは，「合理的疑い」かそれとも「疑いはあるが合理的とまでは言えない疑い」かの一点に尽きる。「合理的疑い」が残るのに社会秩序の維持や犯人必罰の要請のため有罪にすることが許されないのと同じく，「合理的とまでは言えない疑い」であるのに人権保障を強調して無罪にするのも背理である。どちらも正義に反し，事実認定者が採るべき態度でないことは明らかである（筆者が前記書評において「同様に」正義に反すると述べた意味は，正義に反する程度いわば「違反の軽重」まで同じという趣旨ではない）。

　また，この趣旨から言えば，事実認定に当たり，あらかじめ，何としてでも有罪にしようというような気持ちで臨むのはおよそ許されないのと同様に，何としてでも無辜を処罰しまいと気負いこんだり，そのような目的意識を持つことも戒めなければならない[30]。

　ところで，「合理的疑い」に広狭があるのか，あるいは，「合理的疑い」と「合理的とまでは言えない疑い」の間にいわば中間地帯があるのか。この点木谷氏は，無辜の不処罰を重視する裁判官は「合理的疑い」の範囲をやや広めにとろうとし，社会秩序維持に軸足を置く裁判官は「合理的疑い」の範囲をできるだけ狭く解釈しようとするとして，いわば「刑事裁判官二分説」を展開し，前者の裁判官の考え方すなわち，「合理的疑い」を広めにとることこそ事実認定の基本原理あるいは基本的スタンスであるとする。そして，「広め」の部分あるいは中間地帯として，「不合理だが視点を変えれば合理的な疑い」を挙げる[31]。

　「刑事裁判官二分説」の当否は後に触れることとして，「合理的疑い」と「合理的とまでは言えない疑い」は理論的には背中合わせのものであって，その中間地帯は存在しない。木谷氏が挙げる「不合理だが視点を変えれば合理的な疑い」は，変えられた視点が健全な社会常識に照らし抽象的あるいは単なる思考

---

[30] 原田・前掲「裁判員制度における事実認定――木谷・石井論争を素材として」法時77巻11号37頁および同42頁注6掲記の文献参照。
[31] 木谷・前掲『事実認定の適正化――続刑事裁判の心』19頁。

上のものでない限り，まさに「合理的疑い」なのである。そうすると，「合理的疑い」を広めにとるとかできる限りせまく解釈するということは，本来あり得ないことであり，「合理的疑い」に広狭はないはずである[32]。

もっとも，実際の刑事事件における「合理的疑い」の程度については，それが明白な場合（たとえば，真犯人が発覚し被告人は身代わり犯であることが判明したとか，アリバイが明白に成立したとかの場合）からかなり低い程度で「合理的とまでは言えない疑い」と背中を接するものまであり，その意味では木谷氏の言うように[33]，「合理的疑い」の程度に幅があることはたしかである。しかし，このことと「合理的疑い」と「合理的とまでは言えない疑い」の間に裁判官によってどちらでも判断できるというような中間地帯があるわけではない。

また，同じ事件でほぼ同じ証拠関係を基礎にしながら，下級審の裁判官と上級審の裁判官で，あるいは，確定判決に関与した裁判官と再審に関係した裁判官の間で，有罪・無罪の判断が分かれることも少なくない。そして，その原因は多くの場合，被告人が犯人であることについての疑いを「合理的疑い」と見るか，「合理的とまでは言えない疑い」と見るかの違いである。その意味では，木谷氏が言うように[34]，「合理的疑い」と「合理的とまでは言えない疑い」との区別はそんなに明確なものではなく，裁判官によってばらつきが生じる。裁判官がどんなに誠実かつ全知を振り絞ってこれを区別しようとしても，そのような結果は避けがたい。

しかし，その理由は，刑事裁判官の中に，無辜の不処罰を重視して「合理的疑い」の範囲をやや広めにとろうとしている者と社会秩序維持に軸足を置いて「合理的疑い」の範囲をできるだけ狭く解釈しようとすると者がいるからではない。書評の中でも，あるいは，本論稿の中でも繰り返し指摘したように，ある事象を「合理」と見るか「不合理」と見るかは，判断者の素質・能力，学習（歩んできた歴史・経験，そこから何を学んだか）等によって異なるからである。

被告人が犯人であることについての疑いを「合理的疑い」と見るか「合理的とまでは言えない疑い」と見るかが分かれるのは，前述した近時の一連の最高

[32) 原田・前掲注 30) 論文 38 頁，村瀬・前掲論文 355 頁。
[33) 木谷・前掲注 31) 19 頁。
[34) 木谷・前掲注 31) 17 頁以下。

裁判例や再審に関連した判例を眺めるだけで判るように，多くの場合，主要な供述証拠の信用性の評価，鑑定の証明力の評価，情況証拠の証明力の評価などについての見解が異なるからである。

　証拠の信用性および証明力の評価は，裁判官の自由な心証による（法318条）といっても，それは裁判官の恣意を許すものではなく，経験法則，論理法則に従った合理的な判断でなければならないことは，今日では共通の理解であると言えよう[35]。それにもかかわらず，同じ証拠の信用性および証明力の評価が裁判官によって異なるのは，その事件の，その証拠評価の判断に適用すべき経験法則が何であるかは，自然科学における「法則」のように客観的で万人が共有するものは少なく，判断者によって相違があるからである。また，証拠の信用性の判断は，直感によるところもあるが，直感もまた日常の生活体験から得られた経験法則の集積に基づくものでなければならないから[36]，判断者の生活体験および学習能力によって左右されることは避けられない。

　論理法則は，経験法則に比べると，まだしも客観性があり，判断者によって異なるものではないと言えるかも知れない。しかし，事実認定に当たって求められる論理法則は，論理学で言われるほど厳密な法則であることはほとんどなく，ごく初歩的，日常的な推理であるから，経験法則と実質的な差異はない。

　控訴審の審理を担当した裁判官なら，おそらく誰しも感じるところであろうが，事実誤認を理由に有罪判決を破棄する場合も逆に無罪判決を破棄する場合も，原審裁判官の証拠の評価が合理性を欠くと判断される場合であって，前者の場合，原審裁判官があらかじめ真犯人を一人でも取り逃がすまいという社会秩序維持の立場から有罪にしたとは思えないし，まして，「無実の者がときに犠牲になってもやむを得ない」という立場から有罪にしているとは到底思えないのである[37]。

　このことを前述した最三小判平21.4.14刑集63巻4号331頁，判タ1303号95頁，判時2052号151頁〔防衛大学教授痴漢事件〕を例にとってさらに説明しよう。

---

[35] 石井・前掲注10) 445頁。
[36] 石井・前掲注10) 446頁。
[37] 原田・前掲注30) 論文37頁。

第Ⅵ部　事実認定

　この事件は，前に述べたように，満員電車内における強制わいせつ（いわゆる痴漢）の事案について，被害者（女子高生）の被告人から痴漢の被害を受けたとする供述の信用性が一審以来激しく争われた事件である。しかも，従来この種の事件で争われることが多かったのは，被害者がそのような被害を受けたという供述（被害供述）の信用性ではなく，その犯人が被告人であるか否かに関する供述（犯人識別供述）の信用性であったのに比し，この事件では，被害供述そのものの信用性が争われ，一審は，被害供述の信用性を肯定して有罪判決を言い渡し，控訴審判決もこれを維持したが，最高裁は，痴漢の被害を受けたとする供述自体の信用性に疑いがあるとして，一審判決および控訴審判決を破棄し，無罪を言い渡したものの，前記のとおり，多数意見（法廷意見）と反対意見が3対2に分かれ，多数意見（法廷意見）において被害者供述の信用性について具体的な説示がなされているほか，堀籠判事および田原判事がこれを詳細に反論した反対意見を付し，さらに，これらの反対意見を踏まえて，那須判事，近藤判事がこれまた詳細な補足意見を述べているのが特徴的である。

　多数意見（法廷意見）は，まず，「被告人は，捜査段階から一貫して否認しており，本件公訴事実を基礎付ける証拠としては，Ａ（筆者注：被害者）の供述があるのみであって，物的証拠等の客観的証拠は存しない……。被告人は，本件当時60歳であったが，前科，前歴はなく，この種の犯行を行うような性向をうかがわせる事情も記録上は見当たらない。したがって，Ａの供述の信用性判断は特に慎重に行う必要がある……」と前置きした上，Ａの供述は，①Ａの述べる痴漢被害は，相当に執拗かつ強度なものであるにもかかわらず，Ａは車内で積極的な回避行動をとっていないこと，②Ａのした積極的な糾弾行為（被告人のネクタイをつかんで下車を促し，その後駅員に被告人が痴漢の犯人であることを訴えたこと）とは必ずしもそぐわないように思えること，③Ａは，下車した駅の手前の駅でいったん下車しながら，車両を替えることなく，再び被告人のそばに乗車しているのは不自然であることの三点を挙げて，その信用性を否定している。

　これに対し，堀籠反対意見は，(1)「Ａは長時間にわたり尋問を受け，弁護人の厳しい反対尋問自体にも耐え，被害の状況についての供述は，詳細かつ具体的で，迫真的であり，その内容自体にも不自然，不合理な点はなく，覚えて

いる点については明確に述べ，記憶のない点については『分からない』と答えており，Ａの供述には信用性があることが十分うかがえるのである」とし，さらに，(2)「多数意見は，Ａの供述について，犯人の特定に関し疑問があるというのではなく，被害事実の存在自体が疑問であるというものである。……しかし，田原裁判官が指摘するように，Ａが殊更虚偽の被害事実を申し立てる動機をうかがわせるような事情は，記録を精査検討しても全く存しない」とした上，(3)多数意見がＡの供述の信用性を否定した前記①ないし③の事情について，①の被害者が積極的な回避行動をとらなかったことは，身動き困難な超満員電車の中で被害に遭った場合，これを避けることは困難であり，また，気後れや羞恥心などから我慢していることは十分にあり得ることであって，不自然ではない，②の被害者が痴漢の被害に対し回避行動を執らなかったこととその後の被害者の行った積極的な糾弾行為はそぐわない，とする点については，我慢していた性的被害者が我慢の限界に達し，次の停車駅近くになって反撃的行為に出ることは十分あり得ることであり，この点をもってＡの供述の信用性を否定するのは無理である，③の被害者がいったん下車して再び被告人のそばに乗車しているのは不自然であるという点は，この時間帯における混雑した電車の乗降の実情を考えると，この点に関する被害者の説明は自然であり，これをもって不自然，不合理というのは無理である，と反論している。

　田原裁判官の反対意見は，本件では，Ａの被害事実に関する供述の信用性の有無のみが問題となっていることを指摘した上，Ａが虚偽の痴漢被害を申告する動機がないことを強調している。

　那須裁判官の補足意見は，この種事件で普通の能力を有する者（たとえば，十代後半の女性）がその気になれば，その内容が真実である場合と，虚偽，錯覚ないし誇張を含む場合であるとにかかわらず，法廷において「具体的で詳細」な体裁を具えた供述をすることはさほど困難ではなく，また，弁護人の反対尋問によりその虚偽を暴き出すことも，裁判官が虚偽等をかぎ分けることも容易ではないから，本件のような類型の痴漢犯罪被害者の公判における供述には，もともと事実誤認を生じさせる要素が少なからず潜んでいるとした上，さらに，被害者の証人尋問に先立つ検察官の念入りな事前面接により公判での供述は外見上「詳細かつ具体的」，「迫真的」で「不自然・不合理な点がない」も

のとなるから，そのような点をとらえて被害者の主張が正しいと即断するのは危険を伴い事実誤認の余地が生じることを前置きし，Ａの供述は，この事実誤認の危険が潜む典型的な被害者供述であると断じ，これに加えて前記①ないし③に指摘する信用性に積極的疑いを生じさせる複数の事実が存在することに言及している。

　近藤裁判官の補足意見は，那須裁判官の意見と同じく，被害者供述の内容が「詳細かつ具体的」，「迫真的」で「不自然・不合理な点がない」という表面的な理由だけでその信用性をたやすく肯定することは危険を伴うことを述べ，さらに，被害者の供述をたやすく信用し，被告人の供述は頭から疑ってかかることがないよう自戒する必要があると述べた上，Ａの供述にはいくつかの疑問点があり，その反面，被告人にこの種犯行（かなり悪質な痴漢）を行う性向・性癖をうかがわせる事情が記録上見当たらないことも勘案すれば，Ａの供述の信用性に合理的な疑いをいれる余地があるとしている。

　多数意見（法廷意見），これに対する反対意見，反対意見を踏まえた補足意見を読み比べると，同じ証拠であっても，これに接する人によってその信用性の評価がこれほどまでに異なるものかという感慨が強く，人の供述の信用性評価がいかに微妙であり，したがってまた，事実認定がいかに微妙かつ困難なものであるかを改めて感じさせる。しかし，少なくとも，有罪とした下級審の判断を維持しようとする反対意見の裁判官が真犯人を一人でも取り逃がすまいという社会秩序維持の立場にあるとは思えないし，まして，「無実の者がときに犠牲になってもやむを得ない」という立場から有罪を維持しようとしているとは到底思えないのである。また，多数意見（法廷意見）が「合理的疑い」をより広くとらえようとし，反対意見がこれを狭く解釈しようとしているとも思えないのである。

　さらに，両者の相違が，上告審における事実誤認の審査の方法ないし基準の相違に由来するものでもないことは，前に述べたとおりであし，刑事裁判における事実観の相違に由来するとも断定できないことも，前に述べたとおりである。結局，両者の相違は，供述証拠の信用性判断の基準である経験法則，論理法則（といっても主として経験法則であるが，ここではこの対用語で表現する）の違いにあると考えられる。このことを多少敷衍しておこう。

まず，この種事件の被害者供述の信用性判断の基本的視点についての経験法則，論理法則として，多数意見（法廷意見）は，那須裁判官および近藤裁判官の前記補足意見に見られるように，この種事件の被害者供述はもともと虚偽を含みやすく，しかも，供述内容の具体性や詳細さ，迫真性更には反対尋問等によってこれを見抜くのは容易ではないから，これらの要素を重視すべきではないという考え方に対し，反対意見は，前記堀籠裁判官および田原裁判官が等しく強調するように，本件で問題となっているのは，この種事件の被害者供述であっても，犯人識別供述ではなく，痴漢被害にあったという供述であり，これについてはよほどの事情がない限り，被害者が虚偽の申告をし，法廷においても，厳しい反対尋問に耐えながら，被害状況を具体的・詳細に述べることは考え難いとする。この基本的視点についての経験法則，論理法則の差異がおそらく多数意見（法廷意見）と反対意見を分けた根源的な分岐点であろう。
　次に，性的犯罪の被害女性の心理・行動に関する経験法則，論理法則として，多数意見（法廷意見）は，執拗かつ強度の性的被害にあった被害者が当初から被害の回避，反撃に出ず，急に反撃に転じるのは不自然・不合理とするのに対し，反対意見は，性的被害を受けても我慢して回避や反撃もしないということは，同種事件においてもしばしばあり得ることであり，また，執拗な被害を受けて我慢の限界に達し，犯人をとらえるため反撃的行為に出ることも十分にあり得ることであって，不自然・不合理とは言えないとしている。
　さらに，多数意見（法廷意見）が前記③のとおり，被害者がいったん下車した際に同じドアから再乗車して被告人から再び痴漢被害にあったとするのは不自然・不合理であるとするのに対し，反対意見は，満員電車における乗客の乗降の実情に照らすと，このような行動をとったことについての被害者の説明も不自然ではないとしている。
　多数意見（法廷意見）のよって立つ経験法則，論理法則と反対意見のそれとどちらを是とするかは，人により見解を異にするであろう。現に，この判決に対し好意的な評釈も多いが，批判的な評釈も少なくない[38]。

---

38) 後藤弘子「最高裁痴漢無罪判決——供述の信用性の判断基準をめぐって」法セ656号57頁など。なお，本判決の評釈については，家令・前掲注22)「判解」346頁の補注に網羅されている。

この点に関する筆者の見解を付言しておくと，この種被害者の性的被害にあったとする供述自体の信用性判断の基本的視点については，よほどの事情がない限り，その信用性を否定するのは経験法則に反すると考えられるから[39]，反対意見に説得力があると言えよう。

　また，性的被害を受けた女性が反撃や回避行動をとらなかったということを被害供述自体の信用性を否定する方向に用いられた例も少なくないが（たとえば，前掲最二小判平23.7.25判タ1358号79頁，判時2132号134頁では，被害者が逃げたり，助けを求めないまま犯行現場まで被告人に連行されたとするのは不自然であることを強姦被害供述の信用性否定の一つの根拠としている），この判決の古田裁判官の反対意見が述べるように，被害者が萎縮してさしたる抵抗ができなくなる場合も少なくないし，満員電車内の痴漢被害の場合は，本判決の堀籠裁判官のこの点についての説示のように，被害者が移動して被害から逃れることは困難であり，また，気後れや羞恥心から，即座に被害を訴えて犯人を突き出すことをしないのは，同種事件においてしばしば生じる事情である。そうするとこの点も反対意見に説得力があると考えられる。

　なお，被害者がいったん下車した後に再び同じドアから乗車したという前記③の点については，いずれの経験法則，論理法則を是とするか判別の困難なところであるが，仮に不自然・不合理であるとしても，そのことから直ちに痴漢被害にあったとする被害者の供述の信用性を否定するのは，疑問である。人の心理・行動はすべて統一性があり，合理的なものであると考えることはできないのであって，人はときとして後から考えると，不都合な判断や行動あるいはまずい結果につながる判断や行動をとることは，われわれが日常生活においてたえず経験しているところであって，人の心理・行動の不完全さもまた供述証拠の信用性判断に当たって念頭に置いておかなければならない。

　ちなみに，前掲の近藤裁判官の補足意見に見られるように，多数意見（法廷意見）は，被告人に前科前歴がないこと，この種犯行を行うような性向をうかがわせる事情がないことやその年齢などを被害者供述の信用性を否定する方向に考慮しているようであるが，実務上の知見によれば，この種犯行に及ぶ者

---

[39] 詳しくは，石井・前掲『刑事事実認定入門』81頁参照。

は，年齢，学歴，職業，社会的地位とはほとんど関連性はなく，また，この種犯行の性向があったとしても，それが前科前歴その他客観的に認識されることは極めて稀であり，また，社会的地位の高い者ほどこの種犯行の犯人性を頑強に否認して争うことも少なくないものであることを付言しておこう。

3　事実認定の方法――供述証拠の信用性判断について

　筆者が書評で触れたのは，自白（それも自白調書）の信用性判断に関する木谷氏の論述部分であった。木谷氏の論述は，自白の信用性判断に関する最高裁判例の中には二つの流れがあり，「自白内容自体の具体性，詳細性，迫真性等からする直感的な印象を重視し，その変転の状況，細部における食い違いなどは，重要性がないとして切り捨てようとする」立場であり，いま一つは，「自白の変遷の有無・程度や物的・客観的証拠による裏づけの有無などを検討し，より分析的・客観的に判断しようとする」立場であるとし，後者を正しいとするのである。

　筆者の批判は，前記のとおり，「自白内容自体の具体性，詳細性，迫真性等を重視する見方は，自白内容の分析的・客観的判断方法を切り捨てている」とする木谷氏の指摘は言いすぎではないかという点であった。敷衍すれば，両者は車の両輪のようなもので，自白に限らず，供述証拠の信用性判断に当たっては，供述内容の分析的・客観的評価とともに供述内容自体の具体性，詳細性，迫真性等が評価されているのであって，前者の評価方法は後者のそれを無視してなされているものではないし，後者の評価方法が前者の方法を切り捨てているというわけでもない。

　たしかに，判例の中には，前者を重視して判示したもの，あるいは後者を重視して判示したものがあるが，それは，その事案における具体的な証拠の評価についてのものであって，およそ供述証拠の信用性判断の方法として，択一的に扱われているものではない，というのが筆者の見方であった。

　判例の見方について言えば，たとえば，物的・客観的証拠というものがおよそない事件というものも少なくない。たとえば，先に述べた電車内における痴漢事件や交通違反（信号無視，踏み切り不停止など）を想定してみると，被告人および被害者の供述あるいは被告人および交通違反を現認したとする警察官の

供述以外に外界に残る犯罪の痕跡すなわち物的・客観的証拠がない。そうすると，この種の事件では，各供述の内容から感得される具体性，詳細性，迫真性あるいは合理性等からその供述の信用性を判断せざるを得ない。また，事案によっては，供述に変遷があり，物的・客観的証拠との食い違いがあっても，それらが取るに足りないものであって，供述の核心部分の信用性に影響を及ぼさない場合も少なくない。この種の事案では，供述内容の具体性，詳細性，迫真性等に重点を置いた供述の信用性判断が判決の説示の中心になることも自然である。また，逆に，供述の変遷や物的・客観的証拠との食い違いが大きく，供述内容の具体性等を考慮しても，およそその供述の核心部分が信用できないという場合は，前者に重点を置いた判決の説示になることもこれまた自然である。

これに対し，木谷氏は，最高裁判例の中にこのような相容れない二つの流れがあること自体は否定し難いこと，捜査実務で作成される供述調書は一人称で語られる取調官の要領調書であるから，供述内容が詳細で迫真力に満ちたものであったとしても，被疑者の供述自体がそうであったかを調書の記載自体から判断できないのであって，これらの点に目を奪われ過ぎると誤りを犯すこと，判例の二つの流れが相容れない手法であることは明らかであると反論している[40]。

いまこれらを読み返してみると，木谷氏の論述は，自白調書の信用性判断に関する最高裁判例の流れを分析・評価し，筆者の批判は，それらを超えて供述証拠の信用性判断一般を念頭に置いて述べたものであるから，若干のすれ違いがあったかも知れない。

自白調書に限らず，捜査段階において作成される供述調書は，供述者の供述したところを機械的にあるいは逐語的に録取して作成されるものではなく，取調官の要領調書すなわち平たく言えば「取調官の頭の中をいったんくぐり抜けて整理された供述」であることはたしかであるから，供述者の供述自体と調書の供述記載との一致性については，常に注意を払わなければならないことは，筆者もそのとおりだと考えている[41]。したがって，調書に記載された供述の

---

[40] 木谷・前掲『事実認定の適正化』16頁。
[41] 石井・前掲『刑事事実認定入門』56頁。

具体性，詳細性，迫真性等からする直感的な印象を重視して供述内容の分析的・客観的評価をなおざりにする判断方法は適切でない。しかし，このことから，供述調書については，およそ供述内容自体の具体性，詳細性，迫真性等をその信用性判断に当たって考慮してはならないと言うのであれば（木谷・前掲書 47 頁によれば，木谷氏の反論もそこまで言うものではないかも知れない），自由心証主義に例外を設けるに等しく，適切な事実認定に沿うものではない。

いわんや，公判供述を含め，供述証拠一般の信用性判断に当たっておよそ供述内容自体の具体性，詳細性，迫真性等を考慮しないなどというのは，もはや論外というべきである。われわれは日常生活においてたえず人の供述の真偽を判断しているわけであるが，その際われわれは，真し性など供述者の供述態度とともに供述内容自体の具体性，詳細性，迫真性等を総合して判断していることを忘れてはならない。裁判員裁判において直接主義・口頭主義の徹底が要請され，また，事実認定においても裁判員の常識的な判断が尊重すべきであるとされ，したがって，上訴審における第一審のした事実認定への介入の消極性を強調しながら，供述証拠の信用性評価に当たって，このような側面を否定ないし軽視するのは，むしろ背理というべきである。

また，供述証拠の信用性評価に当たって，このような側面を考慮することは，それが事実認定者の直感によるものであり，多義的な解釈を許すものであるから，自由心証主義の合理性を担保するには，ある証拠に対する証明力の判断過程を，当該証拠以外の「他の手がかり（証拠）」から検証するよりほかはないのではないか，としながら，これらの側面を有罪方向で用いることは禁止すべきであるが，被告人に有利な方向で用いることは許容されるとする見解[42]も，自由心証主義に対する例外を設けるに等しく，また，証拠法則を片面的に構成するものであって賛同できない。

供述証拠とりわけ自白調書の信用性判断の方法として，分析的・客観的評価が有効であることが強調されている。そのこと自体は筆者も見解を異にするものではないし，多くの判例において用いられている信用性の評価方法であることも事実である[43]。その趣旨で，木谷氏が指摘するように，この評価方法を

---

[42] 上田信太郎「供述の信用性判断に関する一考察」福田雅章先生古稀祝賀論文集『刑事法における人権の諸相』（成文堂，2010）76 頁。

重視すべきことは，今日では，学説・実務における基本的なコンセンサスであると言えよう。

筆者がそれを承知であえて言いたいことは，この判断方法が強調され過ぎて，①供述者の供述態度や供述内容自体から感得される信用性の判断が「切り捨てられようとしている」ことへの危惧感と②分析的・客観的評価方法があたかも万能のように受け取られて，実はこの方法も使い方によっては，かえって適正な事実認定を害する危険性があるということ自覚しておかなければならないことの，二点である。

①の点について言えば，供述者の供述態度や供述内容自体から感得される信用性の判断は，「直感的・主観的・多義的」であるとか「他から検証できない」という理由で排斥ないし軽視され勝ちであるが，必ずしもそうではない。供述の具体性や詳細さあるいは明確さの有無などは客観的なものであるし，供述内容に不合理な点を含むか否かなども，「合理・不合理」の判断が判断者の判断基準すなわち経験法則によって異なることがあり得るにしても，客観的なものである。供述態度の真し性や誠実さなども，もとより判断者により評価が分かれる場合もあり得るが，供述者を目の当たりにして虚心に観察すれば，その評価に実はそれほど差異はないものである。

供述調書の場合，先に述べたように，たとえば，供述の「真の迫真性」と「創作された迫真性」との区別などに十分な注意を払う必要があるが[44]，これとても，虚心に調書を読めば，かなりの程度に判別できるものである。

②の点について言えば，第一に，分析的・客観的評価は，供述内容と物的・客観的証拠との一致・不一致や変遷の有無・程度など供述証拠の客観的側面を信用性判断に用いるわけであるが，ややもすれば，証拠の信用性評価の前提的な視点としての事件の大局的な判断をなおざりにしがちであるし，また，その供述の信用性判断の基本的視点を軽視しがちであるということである。

事実認定に当たっては，その事件の大局的判断をひとまずしてみることが有益であるし[45]，それぞれの供述証拠の信用性の判断に当たっては，基本的な

---

43) 石井・前掲『刑事事実認定入門』59頁，70頁。
44) 石井・前掲『刑事事実認定入門』73頁。
45) 石井・前掲『刑事事実認定入門』56頁。

視点があり，これを念頭に置いておくことが重要である[46]。
　事件の大局的な判断やその供述証拠の信用性評価の基本的視点をなおざりにして，いきなり供述内容の分析的・客観的評価をすれば，一見もっともらしいが，実は誤った証拠判断になってしまう危険性があることを考えておかなければならない。まさに「木を見て森を見ない」証拠判断になるおそれがある。
　次に，分析的・客観的評価によって供述内容と物的・客観的証拠との一致・不一致や変遷の有無・程度などを認定する場合，この認定を慎重にする必要がある。供述内容と物的・客観的証拠とが完全に一致しているとか明白に食い違っているときとか，供述が首尾一貫してまったく変遷していないとかまるっきり違ったことを述べているときには，この判断は容易である。しかし，実際には，一致・不一致や変遷の有無自体がかなり微妙な場合も少なくない。そのような場合の認定ついては，人の言葉による表現の不明確さや不完全さに留意しなければならない。客観的事実に沿うことを述べているのだが，表現が未熟であったり，意を尽くさないため，客観的事実と食い違うように受け取られかねない場合もあり得る。変遷について言えば，人の供述は，問いの建て方やその場の雰囲気によって同じことを述べているのだが，微妙にニュアンスが違ってきたり，供述のうわべだけあるいは字面だけを取り出すと，前と違ったことを述べているように見えることがある[47]。人が自己の体験を他人に正確・明晰に伝えることがいかに困難なものであるかを常に念頭に置いておかなければならない。
　第三に，分析的・客観的評価によって供述証拠の信用性判断をする場合，その供述証拠と対比した物的・客観的証拠が完全に整合しているとか，まったく反している場合は，その供述証拠の信用性の判断にそれほどの困難はない。しかし，実際には，その整合性はいわば程度問題であり，ある部分は整合するが，ある部分は矛盾するという事態が少なくない。この場合，矛盾する部分は信用性がないということになろう。しかし，その余の供述部分とりわけ供述の核心部分の信用性をも左右するかどうかは，慎重な吟味が必要である。なぜなら，人の知覚，記憶，表現の本質的な不完全さを考慮しなければならないし，

---

46) 石井・前掲『刑事事実認定入門』66頁，74頁，81頁，89頁，99頁。
47) 石井・前掲『刑事事実認定入門』61頁。

人はあることがらについては真実を述べるが，他のことがらとりわけ供述者本人が枝葉末節と考えることは種々の思惑から虚偽を述べることもあり得るのである。したがって，自白にしろ，被害者の供述にせよ，その供述内容が物的・客観的証拠との間にいささかの食い違いもなく述べられていることの方がむしろ稀だと考えなければならないのである[48]。そうすると，結局，供述の一部に存する物的・客観的証拠との矛盾が，その供述の核心部分の信用性に結びつくような性質のものであるか否かを経験法則，論理法則を駆使して判断しなければならないのであり，この判断作用が実は事実認定の難しさの原因の一つである[49]。

したがって，供述内容と物的・客観的証拠との一致・不一致を厳密に吟味することが必要だとしても，そしてそれならなおさら，その不一致が供述の核心部分の信用性に結びつくようなものであるかをこれまた厳密に判断しなければならない。この部分の判断を誤ると，適正な事実認定が害されることになる。

そして，この点は，供述の変遷の場合も同様である。供述の変遷といっても，同じ人が時と場所を異にしてまるっきり違ったことを述べた場合は別として，実際には，供述の一部について変遷している場合が少なくない。この場合，供述の核心部分の信用性を左右するかどうかは，慎重な吟味が必要である。ここでも，人の供述がその細部についてまで終始一貫していることは，むしろ稀であるし，その部分の変遷に相応の理由がある場合も多いからである[50]（この部分は，思い違いであったとか，記憶が不鮮明になってしまったとかいうことも多々ある。）。

刑事事実認定にとって，供述証拠の信用性評価はいぜんとして中心的な課題である。そして，その評価方法に万能なものはない。種々の方法を多角的に適用して[51]，適正な評価にたどり着くようにしなければならない。一つの方法だけを強調して他を排斥ないし軽視することは，適正な事実認定を害することを肝に銘じておかなければならない。

---

48) 最二小決昭 52.8.9 刑集 31 巻 5 号 821 頁〔狭山事件〕。
49) 石井・前掲『刑事事実認定入門』59 頁。
50) 石井・前掲『刑事事実認定入門』61 頁。
51) その基本的な方法については，石井・前掲『刑事事実認定入門』58 頁以下参照。

第Ⅶ部　刑事控訴審

第27章　刑事控訴審の実情と若干の感想

第1　はじめに

　刑事控訴審の変革も，周知のとおり，現行刑訴法の一つの柱であった。変革は，一口でいえば，旧刑訴法の覆審から事後審へ変わったということである。しかし，控訴審に関する現行法の規定が極めて簡潔であることも手伝って，控訴審の運用は，予想された変革を一直線に進んできたわけではなく，曲折があり，また，良くいえば多彩で奔放であった。それだけに控訴審の運用は，裁判所にとって常に重要な事柄であったし，当事者にとっても関心の強い，あるいは利害関係の深い事柄であった。実際，たとえば，控訴趣意書における事実の援用や必要とされる添付書類（刑訴法377条ないし383条参照）をどの程度厳格に考えるか，どの種の事件に答弁書の提出を求めるか（刑訴規則243条参照），どの程度事実の取調べを行うか（刑訴法393条参照），などの刑事控訴審にとって日常的な問題はいずれも運用の問題に属するし，量刑不当（原判決後の情状によるものを含む）で破棄するか否か，破棄するとして自判か差戻しかなどという正に結論自体ですら運用の問題といえるのである。しかし，現行刑訴法の施行から50年近い月日が流れ，刑事控訴審の在り方に少なからぬ影響を与えた昭和28年の法改正からも既に45年近くの歳月が流れたから，刑事控訴審の運用も，細部は別にして大筋のところはそれなりに定着したのではないか。

　刑事控訴審の運用を左右する因子には，さまざまなものがあろうが，最大の因子は，後に述べるように，現在の控訴審の基本的構造とされる事後審性をどの程度厳格に考えるか，あるいはどの程度強く意識するかであろう。この点につき，かつては控訴審は事後審に徹せず続審的の運用をしていると批判していた学説が，最近ではこのような批判をせず，むしろ，控訴審の事実審の面を重視し，事実誤認の関係では事後審ということはありえないという主張すら有力になってきたのは極めて興味深い。その背景には，冤罪防止という控訴審の役割

への期待が看取される。このような動きをどう受け止めるべきであろうか。

久方ぶりに刑事控訴審を担当するようになったのを機に、統計を基に刑事控訴審の実情を若干整理し、更に控訴審の運用についての多少の感想を述べてみたい。

第2　刑事控訴審の実情

1　控訴率

その年度に控訴申立のあった被告人数を同じくその年度に一審で判決（有罪あるいは無罪）のあった被告人数（判決人員）で除した率をパーセントで表したものが控訴率であるが、この数値をここ10年（昭和61年から平成7年、以下同じ）ほどでみると、**別表1**のとおり、8パーセントないし9パーセントである[1]。特別増加傾向にあるともみえないし、減少傾向にあるともいえない。年度によって多少の増減はあるものの、ここのところは、この枠内にある。ただ、**別表1**を見れば明らかなように、原審が地裁か簡裁かによって控訴率は相当異なっている。前者の控訴率は後者のそれのほぼ2倍の高さを示しており、10パーセント内外である。また、控訴申立人員の総数も前者のそれは後者のそれの約10倍にのぼっている。

控訴申立を検察官と被告人側に分けてみると、後者が圧倒的に多い。検察官控訴は、双方控訴を含めても、毎年度高裁が受理する控訴事件の2パーセント内外にすぎない（平成7年度でいえば2.4パーセント）。

以上のことを念頭に置いて、ごくおおざっぱにいえば、控訴審の現状は、原審地裁の事件を被告人側控訴により審理しており、地裁で判決を受けた被告人10人のうち1人が控訴しているということになる。

ちなみに、控訴審が1年間に受理する被告人の人数（新受人員）自体は、昭和31年から減少しはじめ、平成6年からやや増加に転じているが、それでも昭和30年のそれの3分の1にも満たない人数である（平成7年でいえば、5162人）。先に触れたように、ここのところ控訴率にたいした変動がないのに控訴

---

1) 以下、統計については、司法統計年報、毎年法曹時報に掲載される「刑事事件の概況」（ただし、昭和24年ないし26年については刑資47号、61号、68号）によった。

別表 1　控訴申立人員及び控訴率（地裁・簡裁）

区分 年次	総数 判決人員	総数 控訴申立人員	総数 控訴率(%)	地裁第一審事件につき 判決人員	地裁第一審事件につき 控訴申立人員	地裁第一審事件につき 控訴率(%)	簡裁第一審事件につき 判決人員	簡裁第一審事件につき 控訴申立人員	簡裁第一審事件につき 控訴率(%)
昭61	76,604	6,753	8.8	62,583	5,976	9.5	14,021	777	5.5
62	74,828	6,288	8.4	61,361	5,667	9.2	13,467	621	4.6
63	69,005	5,857	8.5	57,336	5,328	9.3	11,669	529	4.5
平1	62,815	5,609	8.9	52,177	5,059	9.7	10,638	550	5.2
2	58,872	5,295	9.0	49,184	4,864	9.9	9,688	431	4.4
3	55,717	4,975	8.9	46,994	4,554	9.7	8,723	421	4.8
4	55,487	5,086	9.2	46,409	4,678	10.1	9,078	408	4.5
5	57,645	4,920	8.5	48,123	4,485	9.3	9,522	435	4.6
6	59,122	5,110	8.6	49,325	4,650	9.4	9,797	460	4.7
7	60,102	5,601	9.3	50,816	5,108	10.1	9,286	493	5.3

審の新受人員が変動しでいるのは，地方裁判所の新受人員の変動に——やや遅れ気味ではあるが——対応しているからである。すなわち，地方裁判所のそれは昭和59年をピークとして減少を続けてきたものの，平成5年から増加に転じている。これが平成6年から控訴審の新受人員がやや増加に転じた原因であると思われる。

　さて，8ないし9パーセント（原審地裁の事件でいえば10パーセント）程度の控訴率を高いとみるか，低いとみるかは一個の問題である。

　諸外国と比べてわが国の上訴率は高いとする見解がある[2]。この見解は，裁判による裁断をできるだけ先に延ばし，苦痛を和らげたいというわが国の国民性が高い上訴率の基底にあるというのであって，諸外国の統計と比較してわが国の控訴率の高低を考察したものではない。我々としては，そこを知りたいところである。だが，諸外国の控訴率を算出できる統計を参照することができない。

　ただ，わが国の控訴あるいは広く上訴制度を諸外国のそれと比較すれば，上

---

2) 青柳文雄『刑事訴訟法通論(下)〔5訂版〕』（立花書房，1976）497頁。

訴の対象となる判決,上訴の理由,上訴の手続のいずれにおいても,当事者にとってわが国の方が上訴しやすい制度であると思われる。青柳教授はわが国の上訴制度を「世界に類を見ないくらい親切な上訴制度」と評されている[3]。

諸外国の上訴制度との比較をここで詳論する余裕がないので,ごくおおまかなことをいえば,わが国では,被告人は無罪判決等[4]を除けば全ての一審判決に対し——軽微な犯罪に対する簡易裁判所の判決であろうと重い罪に対する地方裁判所の判決に対してであろうと,はたまた家庭裁判所の刑事事件に対する判決であろうと——控訴することができる(刑訴法372条)のに比し,ドイツ,フランスでは[5],概していえば,軽罪に対する判決に対しては控訴できるが,重罪に対する判決は控訴の対象とならない(上告のみ許される)。次に,わが国では,控訴理由は刑訴法377条以下に掲げられたものに限られている(控訴理由法定主義)とはいうものの,これには,訴訟手続面,事実認定面,法令適用面,量刑面等およそ当事者の不服の対象となる分野が全て含まれているから,実際上は控訴理由無限定主義と変わらない(検察官の控訴理由にも制限はなく,無罪判決に対し事実誤認を理由に控訴することができる。)のに比し,英米では[6],原則として,事実誤認,量刑不当は控訴の理由となしえない。正に,事実認定と量刑については,ワントライアル・ワンチャンスであり,一審の判断が「ザッツオール」なのである[7]。しかも,無罪判決に対し検察官は控訴することができない。手続面でみても,わが国では控訴申立の段階で控訴の理由を明示する必要性はまったくないので,文字通り控訴の意思が読み取れる書面一

---

3) 青柳・前掲注2) 500頁。
4) 免訴の判決に対し被告人が無罪を主張して控訴することができるかは争いがあるものの,判例はこれを否定している(最大判昭23.5.26刑集2巻6号529頁〔プラカード事件〕など)。
5) ドイツ,フランスの上訴制度については,さしずめ,カール・ペータースほか「欧米における上訴制度の現状——西独」熊谷弘ほか編『公判法大系(4)』(日本評論社,1975)45頁,G・ステファニーほか(澤登俊雄ほか訳)『フランス刑事法』(成文堂,1987)547頁,後藤昭『刑事控訴立法史の研究』(成文堂,1987)7頁など参照。
6) 英米の上訴制度については,さしずめ,山崎茂『米国刑事上訴審の研究』司法研究報告書23輯2号,島田仁郎「欧米における上訴制度の現状——英国」熊谷ほか編・前掲注5)『公判法大系(4)』15頁,敷田稔「欧米における上訴制度の現状——米国」熊谷ほか編・前掲注5)『公判法大系(4)』35頁など参照。
7) 司法研修所『日米比較刑事訴訟手続——ハールバット教授セミナー記録』163頁。

枚を原裁判所に提出するだけで足りるのであって（刑訴法374条），特別な手続は必要とされていないのに比し，たとえば，英国では，日本でいえば地方裁判所に相当する裁判所（Crown Court）の判決に対し事実誤認あるいは量刑不当で控訴するには，原裁判所の承認ないし控訴審（Court of Appeal）の許可が必要である。

　また，わが国では控訴に伴い，執行力等原判決の効力が自動的に停止される反面，被告人にとって一審判決を未確定の状態に置くこと自体が利益になる場合が少なくない（たとえば，執行猶予期間の経過，身分や資格の保持）のに比し，たとえば，アメリカでは必ずしも執行力は停止されないから，控訴しても刑の執行が開始されることがある。しかも，わが国では控訴審においても，国選弁護制度の適用はあるし，未決勾留日数もかなりの程度に算入される。刑の面でも不利益変更の禁止の制度がある（刑訴法402条，この制度はもともと大陸法のもので，全ての国が採用しているわけではない。）。

　被告人にとり利用しやすい上訴制度は，原判決に不服を持つ被告人の権利保護に厚くて望ましい制度であるといえる反面，濫上訴の余地をも許すことになる。現に，濫上訴が多いことを指摘する見解もある[8]。

　諸外国の控訴率との統計的比較はできないとして，わが国の過去の統計と比較して，現在の控訴率の高低を検討してみよう。

　戦前（昭和5年～14年）は，原審地裁の判決に対する控訴率はおよそ35パーセント内外（原審区裁判所の判決に対するそれは，現在の簡裁の判決に対する控訴率の状況と同じくその約半分）であり，この控訴率は太平洋戦争の直前まで大きな変化はなかったが，その後やや減り，戦時下の特例法によって控訴自体が広範囲に制限されたことにより控訴率は著しく減少したとはいうものの，それでも，昭和18年の原審地裁の判決に対する控訴率はおよそ20パーセントあったという[9]。

　終戦直後の控訴率は低かったが（それでも，昭和23年のそれは26パーセント

---

[8] 青柳・前掲注2）497頁，福山忠義「刑事控訴審における濫訴の弊風と対策」判タ201号282頁など。
[9] 以下，戦前の統計については，最高裁刑事局「新刑事手続下における上訴率」曹時2巻1号17頁によった。

に近い),新刑訴法施行(昭和24年)直後の控訴率は顕著な増加を示している。もっとも,これは旧刑訴法による事件の控訴率が異常に高い(58パーセント)ことによるのであって,新法事件の控訴率は,格段に低い(昭和24年13.3パーセント,同25年17.1パーセント,同26年16.9パーセント)。そして,その後控訴率は,10パーセント台前半へ減少し,昭和59年には10パーセント台を切り,やがて8ないし9パーセントという現在の控訴率に落ち着くのである。

旧刑訴法時代の戦前(戦争中の特例を除く。)に比べれば,現在の控訴率が格段に低いことは明らかである。新刑訴法の施行は控訴率の減少をもたらしたといってよいであろう。その原因がどこにあるかはこれも興味のある問題であるが,やはり控訴審の構造の変革(覆審から事後審へ),それに伴う手続の変化(実刑の言渡しによる保釈の失効=実刑収監の規定の新設などを含む。)など上訴制度をめぐる新刑訴法の規定の変化が大きな要因と思われる。

更に,その後も控訴率の減少が続いたのは,検察官の訴追精度の向上,弁護活動の充実を含む一審の審理の充実に加えて,量刑も被告人にそれほど酷でない水準で安定してきたことによるのではなかろうか。あるいは,控訴審の運用も段々と安定し,破棄率も,後に述べるように,少しずつ低下してきたような状況も影響しているかも知れない[10]。

ところで,控訴率に関し注目を引くのは,高裁管内によって地域差があり,原審地裁の事件に対する控訴率で比較してみると(**別表2参照**),年度によって若干の例外がないわけでないが,おおむねの傾向として,大阪,広島,高松各高裁管内の控訴率は全国平均よりも高く,逆に,東京,仙台,札幌の各高裁管内のそれは低く,名古屋高裁,福岡高裁管内のそれは全国平均の数値に近い。この現象を一言でいえば,「西高東低型」ということになる。なぜこのような現象が生ずるのかは極めて興味深いところである。

一審の審理の仕方や判決結果(とりわけ量刑)は,多少の地域差やあるいは裁判官の個人差があろうが,これらはいわば微差であって,巨視的にみると,わが国の刑事司法は統一的・均質的に運用されていると思われる[11]。換言すれ

---

10) 松尾教授は控訴率の低下を「低温化」現象(無罪率をはじめ全ての数値が縮小し,いわば絶対零度の世界へ接近するかの観を呈している状態)の一つと評される(松尾浩也「刑事裁判の経年変化」『平野龍一先生古稀祝賀論文集(下)』〔有斐閣,1991〕385頁)。

別表2　高裁管内別控訴率（原審地裁）

年次 高裁	昭61	62	63	平1	2	3	4	5	6	7
東　京	8.2	7.6	7.4	8.0	8.0	8.2	8.3	7.9	7.8	8.8
大　阪	12.1	12.4	12.6	12.5	13.9	13.0	14.0	13.0	12.4	13.8
名古屋	10.3	8.7	9.3	9.7	9.4	8.5	8.1	7.9	9.0	8.7
広　島	12.0	11.4	11.5	11.5	13.1	13.7	12.5	11.6	12.8	12.6
福　岡	10.4	10.0	9.9	10.9	9.8	9.0	10.1	9.1	10.4	10.6
仙　台	6.8	7.1	6.7	7.5	6.5	7.6	9.4	8.1	6.9	7.6
札　幌	4.9	6.5	6.3	7.8	8.0	8.1	8.9	8.3	8.0	9.3
高　松	12.2	11.1	12.1	11.0	11.6	11.6	12.2	11.7	11.6	10.0
全　国	9.5	9.2	9.3	9.7	9.9	9.7	10.1	9.3	9.4	10.1

ば，西方の高裁管内の地方裁判所が東方のそれに比べて，被告人に不服を残す審理や量刑を多くしているとは考えにくい。してみると，控訴率の高低は原審の審理の仕方や原判決の内容にあるのではなく，被告人の気質や弁護の方針，高裁との地理的な関係等々が要因としてあるのかも知れない。しかしこれらの要因はまったくの推測の域を出ない。統計的に多少いえることは，ある時期西方の三高裁とりわけ大阪高裁は破棄率が高かった。破棄率と控訴率は連動するというのはごく常識的な推論である。もっとも，後にみるように，近年大阪高裁の破棄率は減少している。それでも，控訴率は減少していないから，この推論も確度の低いものというべきか，あるいは「連動」の影響が今でも残存しているとみるべきなのだろうか。

2　控訴趣意書の提出と控訴の理由

　控訴申立書が原審に提出された後，原審では記録を整理し，証拠物とともに，控訴審に送付する。規則では「速やかに」となっているが（刑訴規則235条），相応の期間を必要とするのはやむを得ない（ほとんどの事件は控訴申立から1か月ないし2か月以内に送付されている。）。控訴審では記録等を受理した後，

---

11)　組織としての統一性と均質性がわが国の刑事司法の特色の一つとさえいえるくらいである（鈴木義男『刑事司法と国際交流』〔成文堂，1986〕31頁，石井一正「わが国刑事司法の特色とその功罪」司研79号〔創立40周年記念特集号〕308頁）。

これもまた「速やかに」控訴趣意書を差し出すべき最終日を指定してこれを控訴申立人（弁護人があるときは弁護人にも）に通知する（刑訴規則236条1項）。控訴趣意書の差し出し期間は，規則では通知書送達の翌日から起算して21日目以後の日でなければならないことになっているが，通常は30日ないし40日先の日を指定している。事件によっては，当事者の要望に基づきもっと先の日を指定することもあるし，いったん決められた最終日を延長することもある。このあたりの実務も裁判体によって多少の差異があるが[12]，大筋は変わらないし，経年的変化もないところと思われる。

　控訴趣意書差し出し期間の延長もないのにこの期間に控訴趣意書が提出されないと，原則として（規則238条），控訴棄却の決定をする（刑訴法386条1項1号）。しかし，実務では，期間内に控訴趣意書が提出されないという事態は稀である[13]。被告人側控訴の場合，被告人自身から控訴趣意書が提出されることがあるが，ほとんどの事件では弁護人のみが控訴趣意書を提出する。控訴審としてはここではじめて，控訴申立人の控訴理由を知ることができるわけである。

　ちなみに，ここで控訴審における弁護人についてみてみよう。控訴審の弁護人はもともと一審に比べて私選弁護人の占める割合が高い。この傾向自体は現在でも変わらないが，私選弁護人と国選弁護人の割合を比べてみると，控訴審においても国選弁護人の占める割合がじりじりと増え，平成4年度には終局人員中国選弁護人の占める割合が私選弁護人の占める割合をついに超えてしまっている。平成7年度でいえば，前者が6割弱，後者が4割弱である。また，面白いことには，ここでも高裁によって差異があり，広島高裁は伝統的に国選弁護人の占める割合が低い（私選弁護人の占める割合が高い）のに反し，札幌高裁はその逆である。また，大阪高裁は，以前は広島と同じような状況を示していたが，近年は国選弁護人の占める割合が全国平均を超えるような状況になっている。これら弁護人に関する統計の変化がなにを物語るのか，あるいは，どう

[12] 照屋勲ほか『書記官事務を中心とした刑事控訴審の研究』書記官実務研究報告書27巻1号68頁。
[13] 昭和24年には，期間経過後に控訴趣意書が提出された事件がなんと245件にのぼったという（「昭和24年における刑事事件の概況」刑資47号24頁）。

いう事柄に影響をあたえているのか，確たる結論を引き出すのは困難である。

被告人側控訴の場合，ごくおおざっぱにいうと，控訴理由のうち，75パーセントが量刑不当，25パーセントが事実誤認，10パーセントが訴訟手続の法令違反とか法令適用の誤りなどである（複数の控訴理由がありうるので，全体で100パーセントを超える）。訴訟手続の法令違反とか理由不備，理由齟齬，法令適用の誤りなども事実誤認の前提あるいは事実誤認の結果として主張されることが多いので，結局被告人側の不服の理由は原判決の事実認定と量刑に尽きるといっても過言ではなく，しかも後者が前者の約3倍に当たるわけである。なお，この傾向は，この10年ほどでみるとほぼ一定している。公訴事実に争いのない事件が多い一審の実情からすれば，被告人側の関心も（したがって，また不満も）量刑に集中するのはけだし当然であろう。

ただ，被告人側控訴の場合控訴理由の中に事実誤認の控訴理由が占める割合について統計を遡ってみると，昭和30年代から40年代の前半は40パーセント内外であったが，その後逐次減少して，30パーセント内外になり，昭和59年あたりから25パーセント内外という現在の数値に落ち着いてきたことがわかる。ここでも，訴追精度の向上，自白事件の増加という一審の状況が反映しているのであろう。

検察官控訴の場合はこれとやや様相を異にしている。量刑不当と事実誤認の控訴理由が多いのは被告人側控訴の場合と同じであるが，両者の控訴理由が占める割合に被告人側控訴の場合ほどの差はないし，その差は年度によって異なっている。たとえば，平成3年，平成4年では量刑不当と事実誤認にそれほど差がないが，平成5年以降は，量刑不当が事実誤認より圧倒的に多い（平成7年では，量刑不当の控訴理由が占める割合が52.1パーセント，事実誤認のそれが，28.9パーセント）。また，訴訟手続の法令違反と法令適用の誤りの控訴理由が比較的多い（控訴理由のうち，20ないし40パーセント程度）のも，被告人側控訴の場合と比べて特徴的である。

3 事実の取調べ

控訴審において終局した事件の被告人数（終局人員）に対する事実の取調べが行われた被告人数の割合をここ10年間の統計で見ると，**別表3**のとおりで

別表3　控訴審における事実の取調べの行われた人員及び被告人質問の実施状況

区分 年次	終局人員	事実の取調べの行われた人員			
^	^	総　数	被告人質問のみ	被告人質問と他の証拠調べ	他の証拠調べのみ
昭61	6,139	(72.0) 4,421	(24.9) 1,527	(41.8) 2,569	(5.3) 325
62	6,189	(72.1) 4,460	(25.2) 1,559	(42.0) 2,602	(4.8) 299
63	5,820	(71.5) 4,159	(23.7) 1,380	(42.3) 2,460	(5.5) 319
平1	5,164	(70.8) 3,654	(24.0) 1,241	(41.7) 2,155	(5.0) 258
2	5,077	(73.5) 3,733	(24.6) 1,247	(44.3) 2,248	(4.7) 238
3	4,762	(73.0) 3,478	(24.5) 1,165	(43.5) 2,073	(5.0) 240
4	4,715	(75.4) 3,557	(27.3) 1,288	(42.9) 2,025	(5.2) 244
5	4,643	(74.7) 3,466	(25.0) 1,161	(45.4) 2,110	(4.2) 195
6	4,808	(76.7) 3,688	(27.6) 1,329	(45.1) 2,167	(4.0) 192
7	5,086	(75.4) 3,834	(27.7) 1,409	(44.0) 2,238	(3.7) 187

（注）（　）内は終局人員に対する％である。

あり，平成7年ではおよそ75パーセントを示している。終局人員には判決人員のほかにその他の終局（といっても大半は控訴取下）人員が含まれているから，正味の判決人員に対する事実の取調べをした被告人の数を算出するとこの数値より高くなるし，破棄人員のうち事実の取調べの行われた人員を計算するともっと高くなる（たとえば，平成7年度において98パーセント）。実務の実感としても，事実の取調べを一切しないで，すなわち，控訴趣意書の陳述と答弁だけで結審し，判決にいたるケースはごくわずかである。

　統計を**別表3**より遡って，事実の取調べ率を見ると，新刑訴法施行直後の

それは微々たる数値を示していたが[14]、昭和30年代には30パーセント台に入り、やがて40パーセント台に増え、昭和40年代には50パーセントを超え、やがて60パーセント台になり、昭和57年からはコンスタントに70パーセント台に増加していることがわかる。

　控訴率、破棄率（後述）など控訴審に関する種々の統計が年代を経るにつれて、減少しているのに反し、事実の取調べ率がかくも上昇を続けた理由がどこにあるのか、とりわけ、一審の強化がうたわれ、一審の審理が丁重で充実してきたのにもかかわらず、控訴審における事実の取調べが減少するどころか増加しつづけたのはなぜか、これも興味のある問題である。ともあれ、この数値を表面的にみる限り、事実の取調べが控訴審において多用されているといわざるを得ないであろう。しかし、この現象に対する評価には、事実の取調べの実体の把握あるいは控訴審の役割とか構造にからんで、微妙なところがあり、この点は後に述べることにしよう。

4　破棄率

　その年度の終局人員に対する破棄人員の比率を破棄率というが、この10年間の破棄率を全体及び控訴申立人別に算出したのが**別表4**である。終局人員には控訴を取り下げた被告人、控訴趣意書を期限内に提出しなかった被告人や死亡した被告人が含まれているから、控訴審の判決（棄却あるいは破棄）を受けた被告人のうち、破棄になった者の比率（いわば実質的破棄率）は当然のことながら、**別表4**の数値よりもかなり高い（これに3ないし4パーセントを足した数値、平成7年度でいえば19.0パーセント）。

　まず、破棄率にみられるいくつかの特徴を挙げてみよう。

　①全体の破棄率は、ここ10年間は16ないし18パーセントを上下していたが、平成7年には15パーセント台にまで減少してる。

　②被告人控訴の場合と検察官控訴の場合の破棄率を比較してみると、検察官控訴の場合破棄率は75パーセントから80パーセント近いのであるが、これ

---

[14] ただ、当時は、情状については事実の取調べの代わりに書証を参考書類として取り調べたり、参考人の取調べ、非公式に被告人の供述を求めたりしていたようであるから、実数値はもうすこし高いとみられる。

別表4　破棄率

区分＼年次	全体	被告人側	検察官
昭61	16.7	15.6	78.6
62	17.0	16.1	79.5
63	16.4	15.2	79.9
平1	16.7	16.1	64.2
2	18.1	17.1	76.8
3	17.3	16.6	77.6
4	18.6	17.5	78.3
5	16.2	15.1	76.8
6	16.2	15.1	79.3
7	15.4	14.1	77.7

は，被告人控訴の場合の破棄率の5倍強である。検察官控訴が対象事件を精選しているといわれること[15]の現われであろう。

16ないし18パーセント程度の破棄率を高いとみるか低いとみるかも，一個の問題である。控訴審の現状が被告人側にとっても一応は不服申立制度として正常に機能しているとみてよい数値だとする在野法曹の評価がある[16]。

過去の統計を遡ってみよう。新刑訴法施行後──直後の昭和24年は別として──破棄率は，多少の上下はあるものの，25パーセント前後を示していたが，昭和57年に20パーセントを切り，昭和60年頃から後は前述の数値（16ないし18パーセント）になっている。大局的には減少傾向にあるといえるだろう。先にも触れたように控訴審の判決のほとんどは被告人側の控訴に基づいてのものであるから，全体の破棄率の減少傾向は被告人側控訴の事件の破棄率の減少を示している（検察官控訴事件の破棄率は年度によって多少の上下はあるものの，大局的にみれば増減の傾向は認められないし，もともと控訴の絶対数が少ない。）とみてよいであろう。

なお，覚せい剤取締法違反など薬物事件は，一般事件に比べ，控訴率は高い

---

[15] 伊達秋雄ほか「座談会・刑事訴訟法の問題点について──控訴審の諸問題」判夕31号2頁など。
[16] 田邨弁護士のコメント（三井誠ほか編『刑事手続(下)』〔筑摩書房, 1988〕963頁）。

のに破棄率は半分程度である（平成7年度でいえば7パーセント）。控訴審でもここのところ薬物事件の占める割合は高いから，これが破棄率の低下現象の一因になっているのかも知れない。

ちなみに，旧刑訴法時代の大審院や控訴審は，現行の控訴審と性格が異なるから，その破棄率との比較は一応の参考になるという程度のものであるが，紹介すると，現行の控訴審の破棄率は大審院のそれに比して高いが，旧控訴審が原判決（刑の言渡し）を被告人に有利に変更した件数の全終局事件に対する割合（昭和13年から昭和15年までの平均で35パーセント）[17]に比すれば，かなり低いといえよう。

次に，各高裁管内の破棄率を算出して比較してみると，高裁によって多少異なるとはいえ，近年それほど顕著な差異はない。ある時期，大阪，広島，高松各高裁の破棄率が高く，東京，仙台，札幌各高裁が低いという「西高東低型」を示していたが，ここ2，3年この現象がなくなり，とりわけ，大阪高裁の破棄率が減少したのが目につく。破棄率も平準化に向かいつつあるように見受けられる。もっとも，統計を更に遡ってみると，破棄率が高裁によって異なっているという現象はあったものの，「西高東低型」が古くからの現象というわけではないことが知れる。新刑訴法施行後数年間は，東京，大阪など大裁判所の破棄率が低く，秋田，宮崎など高裁支部の破棄率の高さが目立っていた。その後は年によって各庁の破棄率に変動があるが，なんらかの特徴を見出すことは困難である。しいていえば，やはり裁判体の多い大裁判所の控訴審の破棄率は比較的安定しているのに比べ，裁判体が少ない高裁支部など小高等裁判所の控訴審の破棄率は年による変動が激しいこと，破棄率の変動は，量刑不当による破棄率の変動にほぼ照応していることが指摘されている[18]。

なぜ，各高裁管内によって（あるいは裁判体によって）破棄率の差異が生じるのであろうか。検討を要する問題であるが，断定的結論を出すのはむつかしい。いずれにしても，破棄率の高低からそれぞれの高等裁判所に対応する一審の裁判所の瑕疵率の高低を推論するのは，早計であろう。しいて実務上の経験から推測すれば，破棄率の高低は，主としてむしろ控訴審の側にあるのではな

---

[17]「昭和24年における刑事事件の概況」刑資47号25頁。
[18] 岩田誠「総説」『法律実務講座刑事編(10)』（有斐閣，1956）2198頁。

別表 5　破棄理由別人員内訳

年次 破棄理由	昭 61	62	63	平 1	2	3	4	5	6	7
量刑不当	35.2	30.5	33.5	28.6	26.5	24.9	27.8	25.9	23.0	24.9
事実誤認	12.0	9.3	10.4	8.0	11.7	9.5	10.1	7.8	8.2	9.2
判決後の情状	47.3	54.2	50.6	54.9	57.8	62.2	59.2	60.9	60.8	60.2
その他	8.6	8.7	8.5	11.1	8.3	8.5	9.1	9.4	9.6	10.2

いかと思われるが，この点は後に述べることにしよう。

　破棄された被告人につき破棄理由別の人員構成の割合をここ 10 年にかけて示したのが**別表 5** である。複数の破棄理由があるものは重複して計上してあるから，合計は 100 パーセントを超えている。これをみると，「事実誤認」，「その他」（訴訟手続の法令違反，法令適用の誤りなど）の破棄理由はどちらもおおむね 10 パーセント内外で，とりたてて増加傾向もなければ減少傾向もなさそうである。破棄理由の大半は量刑不当及び原判決後の情状である。いずれも，量刑に関する破棄であるが，控訴理由そのものとしても量刑不当が多いのであるから，これは，当然の現象ということになるであろう。

　ところで，注目すべきことは，昭和 50 年代の終わりから特に明らかな現象として，破棄理由のうちで量刑不当が減り，その分原判決後の情状による破棄（刑訴法 397 条 2 項に根拠を置く破棄，いわゆる 2 項破棄）が増えていることである。**別表 5** でわかるように，最近では，破棄人員の 60 パーセント以上が，原判決後の情状たとえば原判決後にした示談，弁償等を考慮されて，本来の控訴理由はないが，職権で破棄されているのであり，量刑不当による破棄が占める割合は 25 パーセント前後にすぎない。この数値は検察官控訴による破棄を含めたものであるから，被告人側の控訴に限定をして調査すれば，原判決後の情状による破棄の占める割合はもっと高いと思われる。

　原判決後の情状による破棄の規定は，昭和 28 年の刑訴法の改正により新設されたものであるが，在野法曹の強い要望によるものであったし，裁判所側も，それまでの運用を正面から認めた立法として受け止めていたから，ある程度の活用は当然見込まれていたわけである。それでも当初は，この理由による破棄が占める割合は 10 パーセント内（量刑不当による破棄が 70 パーセント程度）

であったのが，年代を経るにつれてどんどん増加し，昭和60年を境にとうとう量刑不当による破棄の占める割合と逆転している。

　この現象の原因ももとより定かではない。いわゆる2項破棄の運用が法文から離れてゆるやかすぎないかという疑問が呈せられたこともあった[19]。しかし，近年特にそういう運用が加速されたわけではなさそうである。むしろ，近年量刑における地域差や個人差が少なくなり，しかも，そう重くないところで量刑されている，いいかえれば，一審の量刑が被告人にそれほど酷でない水準で安定してきたから，よほどでないかぎり一審の量刑が不当であるとの判断を受けないようになった，つまり量刑不当を理由とする破棄が減り，その分だけ相対的に2項破棄の占める割合が大きくなってきたといえるのではないか。量刑不当を理由とする破棄が減ってきたのは，後に述べるように控訴審における量刑不当の控訴趣意に対する判断方法あるいは審査態度が一定してきたことにも原因があるのかも知れない。

　いずれにせよ，被告人側控訴の場合の控訴理由の75パーセント近くは量刑不当であるから，量刑不当による破棄の減少が，前述の破棄率そのものの減少の大きな要因になっていると思われる。

　次に，事実誤認と量刑不当だけを取り出して，これを控訴理由とした被告人の人員数（検察官控訴の場合はその相手方となっている被告人の人員数）と事実誤認あるいは量刑不当を理由として破棄された人員数（検察官控訴の場合は同上）の割合をここ10年ほど比較してみたのが，**別表6**である。控訴理由や破棄理由は二つ以上あるものは各理由に計上されているし，検察官控訴を含むから正確な比率ではないが，おおざっぱにいえば，事実誤認なり量刑不当を主張して控訴してきた被告人のうち何割程度のものがその目的を達しているかがわかる。

　この表を見ると，事実誤認についても，量刑不当についても破棄率はおおむね5パーセントから8パーセント程度を上下していることがわかる。ただ，原判決後の情状による破棄（いわゆる2項破棄）を含めて，量刑不当の破棄率を算出すると一番下の欄のとおり20パーセント前後である。

---

19) 千葉裕「量刑不当を理由とする控訴審の破棄判決について」判タ236号98頁。

別表6　控訴理由別破棄率

区分＼年次	昭61	62	63	平1	2	3	4	5	6	7
事実誤認を控訴理由とする被告人数（A）	1,546	1,564	1,530	1,377	1,283	1,135	1,256	1,256	1,278	1,374
事実誤認で破棄された被告人数（B）	123	98	99	69	108	78	88	59	64	72
% $\left(\frac{B}{A}\right)$	8.0	6.3	6.5	5.0	8.4	6.9	7.0	4.7	5.0	5.2
量刑不当を控訴理由とする被告人数（C）	4,510	4,748	4,367	3,732	3,760	3,552	3,540	3,416	3,583	3,700
量刑不当で破棄された被告人数（D）	361	322	320	247	244	205	243	195	179	195
判決後の情状で破棄された被告人数（E）	486	572	484	475	532	511	518	458	473	471
合計（D＋E）	847	894	804	722	776	716	761	653	652	666
% $\left(\frac{D}{C}\right)$	8.0	6.8	7.3	6.6	6.5	5.8	6.9	5.7	5.0	5.2
% $\left(\frac{D＋E}{C}\right)$	18.8	18.8	18.4	19.3	20.6	20.2	21.5	19.1	18.2	18.0

　これらの数値にはいまのところ増加傾向も減少傾向もみられない。ただし，平成4年をピークとして平成5年ころからいずれの破棄率もやや減少しはじめていた感じはある。

　なお，破棄判決のほとんどが周知の通り自判であり，差戻しないし移送は被告人人員数にして，毎年10人前後にすぎない。この点も控訴審の続審的運用として批判を受けている所ではあるが，実務感覚からいえば，それほどおおげさな問題ではなく，ほとんどの場合破棄と同時に事件について審判するだけの

資料がそろっているので（刑訴法400条但書），訴訟経済の点から自判が望ましいうえ，当事者もまた，自判を望んでいる場合が多いと思われるからである。とりわけ，破棄理由のほとんどが，先に述べたように，量刑不当ないし原判決後の情状であって，この場合自判に親しみやすいし，多くの場合被告人に有利な方向で破棄するわけだから，被告人の審級の利益を害するということもない。法令適用の誤りによる破棄も同様である。問題となる事実誤認による破棄の場合も，自判に困難ではないし，こちらも多くの場合は被告人に有利な方向で破棄するわけだから，被告人の審級の利益を害することはない。

5　上告率

上告率（判決人員に対する上告した被告人の人員）を全国及び各高裁管内に分けてここ10年ほどで示したのが**別表7**である。まず，全国平均をみると，年度により多少の差異があるが，とりたてて増加傾向もなければ，減少傾向もない。ここ10年で区切ると，多い年（平成元年）で38パーセント，少ない年（昭和62年）で33パーセント，平均すると35，6パーセントということになろうか。もっとおおざっぱにいえば，控訴審で判決を受けた被告人3人のうち1人は毎年確実に上告していることになる。

この上告率は，前述の控訴率に比較しても，あるいは，上告理由が憲法違反と判例違反に制限されている法の建前（刑訴法405条）に照らしても，また，最高裁で原判決が破棄されるのは，職権破棄（刑訴法411条）を含めても毎年微々たる数である現状にかんがみても（平成7年度において最高裁で終局した被告人の人員は総計1424名であるが，このうち破棄人員はわずか3名），異様に高いと感じられる。

この原因を定かに分析することは，もとより不可能であるが，実務の経験からいえば，憲法違反や判例違反という本来の上告理由はなくても原判決ないし一審判決の事実認定や量刑にどうしても承服しがたい被告人が相当数いることはたしかであろうし，上告した被告人のうちの何割かは上告審の判決内容いかんにかかわらず判決の確定をのばすこと自体に実際的な利益を持つ者であろう（執行猶予期間の満了を待つというのが最も典型的である。）。こういう上訴の是非はともかくとして，その立場にいる被告人の心情としては理解できないわけで

第Ⅶ部 刑事控訴審

別表7 高裁管内別上告率

年次\高裁	昭61	62	63	平1	2	3	4	5	6	7
東 京	33.1	31.9	36.0	39.7	36.0	31.6	35.8	34.3	34.4	36.6
大 阪	38.1	31.5	32.7	35.6	37.3	33.5	37.5	37.3	35.9	40.7
名古屋	37.3	38.8	41.6	36.4	39.8	37.6	39.9	36.3	37.6	35.6
広 島	39.7	37.2	39.5	40.3	41.3	39.5	45.6	35.9	38.5	42.0
福 岡	29.6	34.8	38.9	44.1	37.7	39.7	41.8	38.9	37.5	43.3
仙 台	36.3	41.1	38.1	40.4	37.2	37.1	29.0	40.1	34.0	32.0
札 幌	24.3	29.1	25.8	35.1	20.0	33.3	24.4	26.9	25.6	29.5
高 松	32.4	22.0	24.4	33.3	27.0	24.7	26.7	30.9	30.9	24.1
全 国	34.5	33.2	35.6	38.4	36.4	34.3	36.9	35.8	35.2	37.7

はない。しかし，この種の上告だけでは，これだけの多くの被告人が上告している事態の説明としては不足であろう。やはり，「とにかく上告[20]」しておきたい，「すぱっと決まってしまってはたまらないので，とにかく未確定の状態においておきたい[21]」という心情の被告人が相当数いるのであろうか。

　ちなみに，戦前の旧法時代の上告率も高かったようで，昭和5年から14年までの平均でみると，地方裁判所の控訴事件（一審が区裁判所の刑事事件の控訴審は地方裁判所であった。）に対する上告率は34パーセント，控訴院の控訴事件（一審が地方裁判所の刑事事件の控訴審は控訴院であった。）に対する上告率が45パーセント，全体としては35.8パーセントの上告率を示していたから，新刑訴法になって，控訴率は格段に下がり，しかも年に経るにつれて減少したのと対照的に上告率は，新刑訴法になっても，それほど変わらず，しかも減少傾向にもないということになる。このことは，統計を遡ってもいえることである。すなわち，新刑訴法施行後3年間こそ上告率は比較的低かった（昭和24年7.8パーセント，昭和25年19パーセント，昭和26年24.8パーセント）ものの，その後は40パーセント前後の数値を維持し，昭和50年に入ってさすがに40パーセントを超えることはなくなったが，30パーセント台前半と後半を行き来しているのである。

---

20) 高木俊夫「上告審」三井ほか編・前掲注16)『刑事手続(下)』968頁。
21) 伊達ほか・前掲注15) 4頁。

次に，上告率の各高裁管内の比較をみてみよう。**別表7**から判明するように，広島，福岡の各高裁管内の上告率が比較的高い。とりわけ広島高裁管内の上告率が高いのが目につく（平成4年などは，45パーセント強の被告人が上告していることになる。）。福岡は平成に入ってから上告率が高くなっている。一方，札幌，高松各高裁管内の上告率はずっと低い。

この現象の原因も定かではない。破棄率の高低と反比例しそうなものだが，必ずしもそうでもない（前述したように広島は破棄率は高い方に入る。一方，札幌は破棄率が低いが上告率も低い。）。控訴率との比例関係も明確ではない。

6　まとめ

新刑訴法施行から最近にいたる控訴審の運用を統計上の数字でみると，次のようにいえるだろう。

①控訴率，被告人側控訴の場合控訴理由中に事実誤認の控訴理由の占める割合，控訴審において私選弁護人が占める割合，破棄率，破棄理由中に量刑不当による破棄が占める割合はいずれも減少し，

②事実の取調べ率，破棄理由中に原判決後の情状による破棄（2項破棄）の占める割合は増加し，

③上告率はずっと高い数値を維持し，

④数値の変動が見られるものについては昭和50年代のおわりころに結節点があり，

⑤その後年を追うにつれて，各数値の変動が小さくなり，

⑥各高等裁判所の差異も少なくなってきた，要するに，控訴審の運用が平準化し，安定してきたといえるのではないか。

第3　刑事控訴審の運用

刑事控訴審の運用たとえばどの程度事実の取調べをするか，どういう場合に原判決を破棄するか，とりわけ量刑不当ないし原判決後の情状を理由としてどの程度破棄するかなどは，近年はおおむね全国的に平準化されてきたとはいえ，まだまだ，各高裁管内によってあるいは同じ高裁内でも裁判体によって多少の差異はある。

これら刑事控訴審の運用を規定する要素はなにか，実務の経験を通して考察してみよう。
　最も大きな要素としては，やはり控訴審の構造や役割に関する認識であろう。
　構造に関していえば，刑事控訴審の在り方としては事後審に徹する運用と事後審とはいいながら実質は事後審性を稀薄化させ続審ないし覆審的に運用する立場の双方が対立する。各裁判所，裁判体ともこの両極に位置しているわけではない。どちらかといえば，事後審の方に軸足をかけているか，どちらかといえば事後審ということをあまり意識しない方に軸足をかけているかという程度の違いであろう。その意味では，控訴審の構造に関する学説の対立ほどの差違はない。それにしても，やはり控訴審の運用の基本になる差異である。もっとも，事後審ということばは多義的であり，いうほどに明確ではない。鈴木教授は，平野教授の分析をも参考にして，控訴審における審判の対象いかんという観点からいえば，「審査審」と「実体審」を区別し，判断資料の扱い方の観点から，「事後審」，「覆審」，「続審」を区別し，判断基準の時点は別個の問題として扱えばよいとされ，原審の資料のみで判断する手続構造である「事後審」を狭義の事後審とし，前者の「審査審」を広義の事後審ととらえるのが妥当であるとされる[22]。
　審判の対象の観点からいえば，現行の控訴審は，旧法の覆審とちがって，事件そのものを審判する「実体審」ではなく，原判決の当否を審判する「審査審」であることは法文上も明らかであるし（刑訴法400条など），最高裁の判例も明示するところである。たとえば，最大決昭46.3.24刑集25巻2号293頁〔新島ミサイル事件〕は，刑訴法は控訴審の性格を原則として事後審たるべきものとしていると明言し，「控訴審は，第一審と同じ立場で事件そのものを審理するのではなく，……第一審判決を対象とし，これに事後的な審査を加えるべきもの」と判示している。すなわち，現行の控訴審は少なくとも広義の事後審である。実務においてこの点の認識に対立があるわけではない。しかし，原判

---

22) 鈴木茂嗣「刑事控訴審の構造」石松竹雄判事退官記念論文集『刑事裁判の復興』（勁草書房，1990）368頁（のち『続刑事訴訟の基本構造(下)』〔成文堂，1997〕に収録），同『刑事訴訟法の基本問題』（成文堂，1988）274頁。

決の当否を審査するというその方法や態度において，実は，事件そのものを審判する方法や態度と近似したものから，相当距離があるものまで存在しうる。これは，言い換えれば，一審の判断の幅をどの程度認めるか，一審判決をどの程度尊重するか，逆にいえば，控訴審の謙抑性をどの程度意識するかということでもある。

　もっとも，このような方法・態度の違いは原判決の法令違反が問題となる場面（刑訴法377条ないし380条）では，現れない（ただし，法令違反の前提たる事実に争いがある場合はその事実の存否の判断について同じような問題が生じうる。）。法解釈については，原審の裁量を考慮するべきではなく，上級審である控訴審の判断が原審の判断に優先することに疑いがないと思われる。原判決の事実認定や量刑の当否が争われる場面でこの問題が生じるのであり，しかも，控訴審で争われるのは，先にみたように，圧倒的に事実認定と量刑なのである。

　ところで，量刑不当の判断は，控訴審が脳裏に描く当該事案の量刑と原判決の量刑が一致しているかどうかで決めるのではなく，原判決の量刑が相当とされる枠の中に入っているかどうか，換言すれば，原裁判官の正当な裁量の範囲内をはみ出していないか否かで決することに争いはない[23]。しかし，原裁判官の許された枠としてどの程度の広さのものを想定するかは，しかく一義的ではない。これを非常に狭く考えれば，原判決の当否を審査するといいながら，実は控訴審が事件の量刑を自ら決めるのと大差がなくなってしまう。かつてはともかく，近時は量刑不当の判断に当たり，このような審査の方法・態度というのは少なくなってきたといえるのではないか。換言すれば，量刑不当の判断については，原裁判官に相当の範囲の枠を認め，控訴審は事後審（審査審）に徹する運用がかなり一般化してきたといえるのではなかろうか。このあたりも，推測の域を出ないものであるが，先にみたように，量刑不当を理由とする破棄の減少はこのことをも示しているのではないかというのが筆者の感想である。

　これに対し事実誤認の判断はどうか。ここでは，審査の方法や態度にかなり

---

[23] 藤野英一「刑事控訴審（事後審）における事実審査・量刑審査について」曹時33巻3号26頁，佐藤文哉「上訴審の機能」石原一彦編『現代刑罰法大系(6)』（日本評論社，1982）251頁，小林充「控訴審における量刑判断」司研94号70頁など。

大きな差異がある。言い換えれば，一審の証拠判断の裁量をどの程度認めるかにつき争いがある。その裁量範囲を広く認め，一審の証拠判断が経験法則や論理法則に違反しているか否かを審査すべきとする立場[24]から，控訴審が自ら事件について心証を形成し，これと原判決の認定を比較して，その一致不一致により原判決の当否を審査する立場[25]までいくつかの考え方がある。前者の立場が事後審（審査審）にふさわしいが，この見解によれば，職業裁判官が事実認定をしているわが国の場合実際上事実誤認ということはほとんどありえないことになり，控訴審の機能・役割あるいは在り方としてそれでよいかはやはり疑問であろう。経験法則，論理法則違反の審査は原審の事実認定過程における合理性判断の審査だというのであれば，この批判を回避できるし，たしかに控訴趣意と原判決の説示（事実認定についての補足説明）を検討することによって合理性を審査することができる場合もあるが，一般的にいえばやはり控訴審が証拠により心証形成をしないと原審の事実認定過程の合理性の審査はできないという場合が多い。

　事実誤認の判断についての実務の大勢は後者の立場すなわち事件についての心証を形成し，これと原判決の認定を比較することによって事実誤認の有無を決するという方法であると思われる。ただ，こういう方法をとっているからといって，事実誤認については事後審（審査審）ということはありえない[26]とまではいえないと考える。なぜなら，控訴審が事件についての心証を形成するといっても，それは事件の有罪・無罪等を一審と同様に認定する（それなら正に実体審である）のではなく，事実誤認の有無すなわち原判決の認定の当否を判断するために，一審の証拠評価の幅をある程度は考慮しつつ，一応の心証を形成してみるというにすぎないのである（覆審ならもともと原審の認定との一致不一致を比較する必要はない。）。もっとも，そうはいっても，これといわば固有の

---

24) 実務家に限っていえば，真野英一『刑事上訴審の研究』（一粒社，1970）266頁，船田三雄「控訴審における事実審査のあり方」曹時34巻10号11頁，同「刑事控訴審における事実審査」判時1311号20頁など。
25) 実務家に限っていえば，石松竹雄「控訴審における事実判断」小野慶二判事退官記念論文集『刑事裁判の現代的展開』（勁草書房，1988）205頁，214頁（のち『刑事裁判の空洞化』〔勁草書房，1993〕に収録）など。
26) 後藤・前掲注5) 411頁。

事実認定との実際上の距離は大きくない。その意味で事実誤認の判断の関係では，現行の控訴審は事後審（審査審）ではあるが，実質は多分に実体審の性質を持つともいえよう。しかし，これは，控訴審に事実認定についての，いわば中身のある審査審という役割を期待する以上やむを得ないのではなかろうか。

判断資料という面からいえば，控訴審の構造をどうとらえるかという問題に直結して争われてきたところである。これを原審の資料に限定した方が事後審（審査審）の性格に適合していたかも知れない。現行法上，控訴審が原審の証拠資料をご破算にして改めて収集した証拠資料に基づいて審判する手続構造（覆審）でないことは明白であるが，同時に原審の資料のみに基づいて審判する手続構造（狭義の事後審）でないことも明らかである。刑訴法393条が控訴審における事実の取調べを認め，判断資料の追加を許容しているからである。判断資料の面からいえば，現行の控訴審は事後審に徹せず，続審の余地を残す手続構造である。そして，このような手続構造にも相応の合理性があると考えられる。すなわち，一審で全ての判断資料が出揃っているのが望ましいが，一審では提出できなかった証拠というものがありうるし（法393条1項但書），一審の証拠調べ自体も迅速裁判の要請上一定の時間的制約があり，全ての証拠を出しきれない事態がありうる。また，なによりも当事者は判決の見通しを念頭に置いて立証を選択してくるから，そんな判断をされるならこの証拠も出しておきたかったという事態も避けがたいのである。更に，一審で問題にされなかった争点が控訴審で問題にされ，その争点との関係では判断資料が不足しているという場合もありうるからである。実体的真実の発見や裁判の具体的妥当性が強調されるわが国の刑事裁判で資料の追加を一切認めないという手続構造の控訴審はむしろふさわしくないであろう。

もっとも，同条の事実の取調べが行われるのは，必要性の観点を含めて考えればなおさら，例外的であることは実務における共通の認識である。すなわち，控訴審は一審で取り調べた証拠及び訴訟記録によって原判決の当否を判断するのが原則である（最三小判昭25.12.24刑集4巻12号2621頁参照）。しかし，例外のとらえ方に広狭がありうる。事実の取調べの範囲・程度いかんによっては，狭義の事後審的運用から続審あるいは覆審的運用までありえよう。

ところで，前述したように，控訴審における事実の取調べは，数字的には多

用されている。形の上では原審の訴訟資料に控訴審における訴訟資料を加えて控訴理由の有無を判断している場合が実務では圧倒的に多い。むしろ，事実の取調べをしない場合の方が例外的である観を呈している。そしてこの点が，かつては学説から実務は続審化していると批判され，裁判所内部でも自省の声が聞かれたところである。この現象をどう理解すべきであろうか。

　たしかに，実務は，法393条1項本文により事実の取調べができる場合や法382条の2の「やむを得ない事由」の疎明についてそれほど厳格な解釈運用をしていない。しいていえば，事実の取調べの採否は「必要性」という観点から，ことを決していると思われる[27]。この分野で著名な最一小決昭59.9.20刑集38巻9号2810頁も結果的にはこういう運用を是認するものといえる。事実の取調べについては当事者から要望が強い[28]という現実やその採否に関する基準からいえば「必要性」で判断する方が簡明であるという実務的発想がこの運用を支えてきたといえようが，それ以外にも事実の取調べの実体にも関係していると思われる。

　すなわち，事実の取調べの実体に目を向ければ，実は，その大半が，量刑不当の控訴趣意の事件で行われている情状に関する簡単な被告人質問ないし情状証人の取調べあるいは書証（上申書，示談書，嘆願書など）の取調べである。とりわけ，昭和28年の刑訴法改正により，原判決後の情状に関する証拠の取調べが可能となり（刑訴法393条2項），その取調べの結果原判決を破棄すること

---

[27] 中野次雄「刑事控訴審における若干の問題」岩田誠先生傘寿祝賀『刑事裁判の諸問題』（判例タイムズ社，1982）339頁，横川敏雄『刑事控訴審の実際』（日本評論社，1978）16頁，阿部文洋「控訴審——裁判の立場から」三井ほか編・前掲注16）『刑事手続(下)』949頁，石松・前掲注25）205頁，石丸俊彦ほか『刑事訴訟の実務(下)』（新日本法規出版，1990）573頁など。

[28] 弁護士階層は，立法当初から控訴審における事実の取調べに積極的な見解を持っていたから（後藤・前掲注5）286頁参照），その後の事実の取調べの多用という現象に不服があるはずがなく，むしろ，事実誤認を理由とする控訴の場合もっと手厚い事実の取調べをという声があり（たとえば，青柳文雄ほか「座談会・刑事控訴審の諸問題(下)」曹時24巻12号における菅野弁護士の発言），実際にも被告人側控訴のほとんどの事件で事実の取調べの請求をする。検察官は事実の取調べの多用については概して批判的のようであり（たとえば，福山・前掲注8）282頁），法廷でも被告人側の事実の取調べ請求に対し反対意見を述べることが少なくないが，自ら控訴を申立てた事件では，積極的に事実の取調べの請求をしているのが現状である。

もありうる（刑訴法397条2項）ようになってから，原判決後の情状を主とした事実の取調べはよく行われている（なお，この場合法文上は職権による取調べのみが可能であり，当事者に請求権はないのであるが，実務では当事者の請求に基づいて行われている）。量刑不当の控訴趣意の事件における情状証拠の取調べの範囲や必要性は，後述する被告人の納得という観点やたいした時間もかからないということもあって，それほど厳格に解釈されていないのが実情であって[29]，これがおそらく事実の取調べの多用という統計を現出させる第一の原因かと思う。

事実誤認が控訴趣意の事件ではどうか。これも統計の分析ではないが，実務の実感では，被告人質問は別として，控訴審で証人尋問や検証，鑑定など事実の取調べを重ねる事件はそれほど多くないと思われる。いわんや一審で取り調べた証人を同じ立証趣旨で再度取り調べて控訴審が事件そのものについての心証を形成するというようないわば覆審的運用は現在では少ないと考えられる。

一審が充実した証拠調べをしている事件では，事実誤認の主張と一審での争点が同一である限り，控訴審がこれに証拠調べを重ねないと事実誤認の有無の判断がおよそできないというような事態は少ない。また，犯罪の発生から相当日時が経過した控訴審における証拠調べの結果により，良質な証拠が集まる可能性は実際問題として少ない（覆審から事後審への変革の理論的根拠の一端はここにあった）。

ただ，事実誤認の控訴趣意の事件の事実の取調べに関しても，被告人質問の必要性は他の証拠方法に比べればややゆるやかに解釈運用されているといえようか[30]。事実の取調べの多用という統計を現出させる第二の原因はここにあるかも知れない。しかし，最近の一審の状況をみると，否認事件では，証人尋問等はもとより被告人質問自体も繰り返し詳密になされている場合が多い。時には数開廷にわたって被告人質問を実施している事件も珍しくない。そういう場合には控訴審で被告人質問も必要がない場合があるし，実施するにしても補足的で足りる場合が多い。事実の取調べとしての被告人質問も安易に原審の繰り返しに陥らない工夫が望まれよう。

---

29) 青柳ほか・前掲注28) 3頁など参照。
30) 石松・前掲注25) 204頁など参照。

これら以外の，いわば真の意味での事実の取調べがもとより行われているわけだが，これを必要とする事件が全体に占める割合は少ないので，結局，事実の取調べの実体をとりわけ事実誤認が控訴趣意の事件に中心にみると，判断資料の点では現在の控訴審はいわれるほどの続審的運用にはなっていないというのが筆者の感想である[31]。

　控訴審の運用を規定する第二の大きな要素は，いうまでもなく，一審の充実の度合いやそれに対する認識である。すなわち，一審で当事者の活発な訴訟活動に基づき，公平で充実した審理が行われ，適正な事実認定，量刑がなされているか否かである。思い返してみれば，覆審であった旧刑訴法から事後審の新刑訴法への変革の少なくとも理論的な根拠の一つは，一審の審理が新刑訴法になって当事者主義を基調として，公判中心主義，直接主義，口頭主義などにより充実した審理が予定されているから控訴審はそれを繰り返す必要性がないというところにあった。また，新刑訴法下の当初の控訴審の運用において続審ないし覆審的な運用のいわば「弁解」として一審の審理がいまだ充実していないからとの主張がなされていたことも想起され，一審の審理の充実と控訴審の運用が密接な関係にあることが知れるのである。

　また，先ほど触れたように最近では，実務家のみならず研究者を含め，控訴審の事後審性を希薄化し，事実誤認の関係ではむしろ事後審であることを否定し，「事実審」であることを強調した方がよいとする見解が強くなっているが，それらの見解の基調には，現在の一審では冤罪防止の機能が十分果たされておらず，その機能を控訴審に求めるニュアンスがあるように思える。しかし，この点は一審の現状の認識などを含め，慎重な検討を要すると思われる。一審の充実はいまだ十全でないとしても，相当の水準まで来ているし，その方向に歩み続けていると思える。先ほど検討したように，事実の取調べの関係で現在の控訴審が実質的には続審化していないことや破棄率の減少の一端は，そのことのゆえによるのではないかと推測される。

---

[31] 実務家で同様な感想を持つものとして，青柳文雄「事後審としての事実審の限界」判時967号4頁。なお，野間禮二『刑事訴訟における現代的課題』（判例タイムズ社，1994）137頁以下は，本稿同様，統計を踏まえて，刑事控訴審の実情を分析したものであるが，「実務の大勢は不当に続審化していない」と結論づけられている。

次に，控訴審の運用とりわけ事実の取調べの範囲・程度に関しては，第三の要素として「被告人の納得」という要素をどの程度重視するかによって，変わってこよう。

被告人が公正な手続を経て適正・妥当な裁判を受けたことを「被告人が納得した」といい，これに反した裁判を受けたことを「被告人が納得しない」というのであれば，「被告人の納得」こそ刑事裁判のかなめということになる。しかし，わが国の刑事裁判で強調される「被告人の納得」というのは，この意味を超えて，もう少し主観的・情緒的な被告人の心情を意味することが多い。そしてこの意味での「被告人の納得」が強調されるのも，わが国の刑事裁判の一つの大きな特色と思われるが，控訴審ではとりわけそれが顕著である。被告人の不服の主たるものである事実認定や量刑については控訴審が事実上最後の審判の場であり，また，被告人が法廷に立つのも最後の機会であるからであろう。半谷（元）判事は，手続を重ねたことへの満足観から被告人を快く服罪する心境にいざない，刑政の効果を挙げることも控訴審の機能のかなり重要な側面をなすことは否定できないとされ，この機能を控訴審の「説得審」としての機能ということばで表現されている[32]。

刑事裁判における「被告人の納得」という要素は，実務家にとっては実に微妙でなやましい要素であり，一概には無視できないのが実感である。おそらくこういう要素はわが国の国民性に根ざしたものであるからかも知れない。

研究者も「被告人の納得」という要素を強調される[33]。そのニュアンスはやや異なるようにも思えるが，このことは，国民性のほかにわが国の刑事司法にかかる要素を必要とする要因があることを窺わせるのである。すなわち，わが国では「十分な捜査」と「慎重な起訴」により，有罪の証拠が精密に固めら

---

32) 半谷恭一「控訴審の運用状況」熊谷弘ほか編『公判法大系(4)』（日本評論社，1975）114頁。
33) たとえば，渡辺教授は「刑事手続は被告人の説得と納得に基づく真実発見の場」とされ（渡辺修「冒頭陳述の欠如，並びに，326条の同意の撤回について」石松竹雄判事退官記念論文集『刑事裁判の復興』〔勁草書房，1990〕366頁），井戸田教授は上訴の利益を論ずる場合被告人の納得という要素を考慮しなければならないとされる（井戸田侃「上訴の利益」井上正仁編『刑事訴訟法の争点〔新版〕』239頁，なお，同『刑事手続構造論の展開』〔有斐閣，1982〕242頁参照）。

れかつ精選された事件が起訴されているから，公判で被告人が有罪・無罪を争っても無罪率は極めて低いし，控訴審で事実誤認を主張しても，それが通る確率は先に指摘したように高くない。こういう制度の是非は根本的に議論がある[34]にしても，現実がこうである以上，せめて被告人に有罪を納得させるだけの手続と説明[35]を，ということであろう。その意味で「被告人の納得」は，訴追側にとって効率のよいわが国の刑事司法のいわば潤滑油であり，補完物である。また，わが国では，圧倒的に多い自白事件を否認事件と全く同様のトライアル手続で審理しているわけだが，自白事件の審理は量刑を決めるだけのいわば非訟事件であり，その手続がそんなに多彩であるわけがない（量刑の大枠は提出された書証によって判断が可能である）。そうすると，公判の手続自体が被告人を自戒させ，更生させる効果を持つものと観念されやすい。そして，教育には被告人の心からの納得が必要なのである。こういうこともあって，わが国では，一審も控訴審も「被告人の納得」という点に相応の配慮をしているのが実情である。しかし，「被告人の納得」という主観的・情緒的要素をあまりに強調すると，不必要な証拠調べなどが増え，ただでさえ詳密なわが国の刑事裁判をますますこの方向に傾けさせるおそれがある。控訴審でいえば，控訴理由の有無を判断するために是非必要というわけではないが，「被告人の納得」という観点からの事実の取調べ（たとえば，被告人質問）をどの程度実施するかは正にこの問題であり，被告人を納得させるための代替手段の検討を示唆するもの[36]，漫然と一審の繰り返しをすることをいましめるもの[37]がある。たしかに，「被告人の納得」というだけの配慮から，訴訟法的には不必要な事実の取調べを重ねるのでは，控訴審の審理が活性化しないし，審理の長期化を招きかねない。そこで，控訴審の裁判官は，「無用の用[38]」と「無用」の間に相応のバランスをとって，事実の取調べを運用しているのが実情であると思われる。ただ，「相応のバランス」も裁判官により，あるいは裁判体により差異が

---

34) 石井・前掲注 11) 320 頁など参照。
35) 松尾浩也ほか「座談会・刑事裁判の現状と課題」ジュリ 930 号 126 頁における松尾教授の発言参照。
36) 半谷・前掲注 32) 114 頁。
37) 野間・前掲注 31) 161 頁。
38) 寺尾正二「事実の取調」熊谷ほか編・前掲注 32)『公判法大系(4)』201 頁。

あり，バランスのとりかたによって控訴審の事実の取調べの範囲・程度が異なってこよう。

　控訴審の運用を規定する要因はほかにもあろうが，ここでは以上の三点を挙げてみた。

　最後に，まとめ的な感想として，控訴審の運用や役割を考える場合，これもよく指摘されているように，一審の運用や役割と上告審の運用や役割をにらみあわせて，そのバランスに配慮する必要があると思う。この観点からいえば，事実と刑については「充実した一審」とその判断の当否を慎重かつ綿密に審査するが，しかし「簡素で謙抑的な控訴審」及び「法律審としての上告審」という組合せが原則的には望ましいと思える。

第28章 「裁判員制度のもとにおける控訴審の在り方」の連載終了に当たって

第1 はじめに

　このところ，全国の地方裁判所において来るべき裁判員制度の円滑な実施に向け，模擬裁判や広報活動が精力的に繰り広げられている。また，司法研修所などにおいても裁判員裁判の在り方について共同研究や司法研究などがこれまた精力的に行われている。今や地方裁判所刑事部の裁判官・裁判所職員は，裁判員裁判の準備に大きなエネルギーを注いでいるようである。このような状況は，多かれ少なかれ，法務省・検察庁や弁護士会においても同様であろう。

　私は，裁判員制度の在り方の議論は，いずれこの制度のもとにおける控訴審の在り方に及ばざるを得ないと考えていた。控訴審の運用いかんは，裁判員制度そのものに大きな影響を及ぼすだけではなく，裁判員制度を含めた，多少大げさな言い方をすれば，一国の刑事司法の命運にかかわるようにさえ思えた。それだけに，裁判員制度のもとにおける控訴審の在り方について，多方面から，理論的かつ実務的でしかも詳細・綿密な検討を加える必要があると考えていた。

　なるほど現時点でも，第1回掲載の小川育央「裁判員制度のもとにおける控訴審の在り方(1)総論」判タ1271号84頁，85頁に添付されている文献目録を一覧すれば判るように，控訴審の在り方に言及した文献はかなりの数にのぼっている。しかし，その多くは，立法論であったり，裁判員裁判の審理や事実認定に関連して付随的に言及したものとか，あるいは，裁判員制度の導入により控訴審も裁判員裁判の結果を尊重しなければならないという，いわば総論的・一般的提言にとどまっているものが多い。しかし，実際に控訴審を運用する者としては，これでは動きようがないのではないかと考えていた。

　そういう思いでいた際に，小川判事から，大阪高裁の陪席裁判官で裁判員制度のもとにおける控訴審の在り方について議論する研究会を開きたいので出席してくれないかとの依頼があり，これを了承してこの研究会に出席し，各研究

論文に目を通すとともに，判例タイムズ誌上への掲載に協力したものである。

　裁判員制度のもとにおける控訴審の在り方などという問題は，いうまでもなく，大問題であり，到底この研究会で論じつくされるものではない。各論文の執筆者自体が，結論に迷いがあることが看取されるが，後に述べるように，それも無理のないところである。それだけに，この問題について各方面から多様な議論が公表され，これらが切磋琢磨され，いずれはしかるべき結論に到達することが望ましい。そして，これらの議論が将来的に，それぞれの控訴裁判所における具体的事件の審理・判決に活かされ，よりよい控訴審の運用をもたらすことを期待したい。

　この研究会は，小川判事が連載に当たって紹介しているように，比較的短期間に前後7回にわたって開かれたが，毎回ほぼ全員の陪席裁判官と1名の高裁総括裁判官が出席し，熱心に討議をし，しかも，研究会終了後これまた比較的短期間に研究結果が論文としてまとめられた。高裁の陪席裁判官の忙しさを思うと，これは，この問題に対する高裁裁判官の切実な関心を示しているといえよう。たしかに，裁判員裁判の実施は目前といっていいほど迫っており，そして，そこでは迅速で集中的な審理・判決がなされるであろうから，裁判員裁判の事件が控訴審に係属し，控訴審の裁判官がこれに直面するのもそんなに遠くではないのである。

第2　裁判員制度のもとにおける控訴審の在り方——考えられる三つの方向

　裁判員制度のもとにおける控訴審の在り方を総論的・一般的にいえば，控訴審としては，(1)裁判員制度導入の趣旨からして裁判員裁判の結果を尊重するという考え方（仮にこれを「尊重論」という），(2)裁判員制度の導入に当たっても，控訴審に関する法規は改正されていないのだから，従来どおりの運用でよいとする考え方（仮にこれを「従来論」という），(3)予想される裁判員裁判の不安定さを是正し，被告人の具体的救済をはかるためにも，従来よりも審査を厳格にすべきであるという考え方（仮にこれを「厳格審査論」という）がありうる。

　もとより，これは裁判員制度のもとにおける控訴審の在り方を抽象的にいえば，ということであって，小川論文に添付されている文献にこの三つの考え方

が相拮抗して主張されているというものではない。同論文が指摘するように，従来の論者のほとんどは「尊重論」であり，「従来論」は裁判官の共同研究会において高裁の裁判官の意見として紹介されているところである。ただし，「尊重論」の中にも，原判決の判断を被告人に有利なもの（典型的には無罪判決）と不利なもの（典型的には有罪判決）に分け，前者については「尊重論」を，後者については「従来論」をというニュアンスのものも少なくない（仮にこれを「片面的尊重論」という）。「厳格審査論」を明示した文献は見当たらないが，裁判員裁判の結果に懸念を示す論者から予想される考え方である。

　実は，これらの考え方は，それぞれ実務的には一定の合理性を持っている。したがって，この研究会の議論において，しばしばあるときには「尊重論」が強調され，あるときには「従来論」が述べられ，あるいは「厳格審査論」らしき発言がなされ，またときには「片面的尊重論」に理解を示す発言があったし，小川論文や他の多くの論文において指摘されているように，実務的にどちらの方向を目指すべきかということをいわば各論的に検討しない限り，そう単純には結論が出ないのも，この意味でも当然のように思われる。

第3　「尊重論」の実務上の問題点

　「尊重論」は，たしかに裁判員制度導入の趣旨に適合するから，一般論としていえば，通りのいい結論である。司法制度改革推進本部に設置された「裁判員制度・刑事検討委員会」（以下「検討委員会」という）は，控訴審に関する各種の規定の改正提案を採用せず，現行法どおりとしたものの，控訴審は裁判員が加わっている第一審判決を尊重し，破棄についても，破棄後の自判についても慎重になされるべきこと，そのための方法としては，控訴審が事後審に徹する運用をすべきことなどの点は，委員の暗黙の合意であったことが窺われるのである。しかし，このような方向を良しとする場合には，(1)現在の控訴審の実態が続審的（あるいは覆審的）に運用がなされているのか，それとも相当程度事後審に徹しているかという点の吟味が必要であるし，(2)事後審性を強めるとして，どの部分の解釈・運用を変えるのかという問題の検討が必要である。これらの具体的検討がなされないままであると，「尊重論」は，一般的提言にとどまって有効な実務上の指針になり得ないと考えられる。検討委員会では，審

議時間の関係もあったのだろうが，これらの点について具体的な検討はなされていない。

第4　控訴審の現状

現在の控訴審が，続審的（あるいは覆審的）に運用されているのか，それとも相当程度事後審に徹しているかという問題も，議論の存するところである。議論の一端は，小川論文にも紹介されている。

議論が混迷している基底には，事後審の定義すなわち事後審と続審・覆審を区別するメルクマール自体が一義的ではないこと及び現行の控訴審の構造をどう見るかという点も必ずしも一致していないことがあると思われるし，なによりも控訴審の運用の実態を解明しなければ，議論が困難であるという側面が強い。

1　事後審の定義及び現行控訴審の構造

事後審の定義すなわち事後審と続審・覆審を区別するメルクマールについて，ここでは詳論できないが，多くの論者が指摘するように，控訴審における審判の対象及び審査の資料の観点に着目するのが妥当である。すなわち，審判の対象の観点から区別すると，事件そのものを審判するのが続審・覆審であり，原判決の当否を事後的に審判するのが事後審である。審査の資料の観点から区別すると，原審の資料に限らず資料の追加を認めるのが続審・覆審であり，これに限定するのが事後審である。

この定義を前提に現行の控訴審の構造を考えてみると，それが基本的には事後審であることに異論はないと思われる。

まず，審判の対象の観点からいえば，現行の控訴審は，旧刑訴法の覆審と違って，事件そのものを審判するものではなく，原判決の当否を事後的に審判するものであることは，法文上も明らかであるし（刑訴法400条と旧刑訴法401条1項の対比など），最高裁の判例も，刑訴法は控訴審の性格を原則として事後審たるべきものとしていると明言し，控訴審は，第一審と同じ立場で事件そのものを審理するのではなく，第一審判決を対象とし，これに事後的な審査を加えるべきもの，と判示している[1]。

ただ，この観点からいって多少微妙なのは，事実誤認及び量刑不当が控訴理由である場合（刑訴法381，382条）の審査方法である。
　すなわち，事実誤認の控訴理由に対する審査方法として実務では，控訴審が証拠判断をして問題になっている事実の存否についての心証を形成し，これと原判決の認定とを比較するという手法を採っている。事実誤認の意義・判断方法については種々の見解があり，後にも触れるが，これを論理法則・経験法則違反とする説によっても，その判断のためには，このような手法は不可欠であると思われる。もっとも，控訴審が問題となっている事実についての心証を形成するといっても，それは事件の有罪・無罪等を第一審と同様に認定する（それなら正に続審・覆審である）のではなく，事実誤認の有無すなわち原判決の認定の当否を判断するために，一応の心証を形成してみるというにすぎないのである。もっとも，そうはいっても，これといわば固有の事実認定との実際上の距離は大きくない。
　量刑不当の控訴理由に対する審査方法については，「わくの審査」あるいは「幅の審査」であるといわれている[2]。すなわち，控訴審の量刑判断と原判決の量刑が一致する必要はなく，控訴審がその事件に対する量刑のわく（幅）を措定し，原判決の量刑がそのわく（幅）の中にある限り，量刑不当に当たらないのである。しかし，控訴審がそのわく（幅）を措定するためには，やはり証拠に基づき，量刑判断をしてみる必要がある。この判断と第一審における量刑判断との実際上の距離はここでもそれほど大きくない。
　事実誤認及び量刑不当の審査が上記のような手法で行われていることは，事実認定及び量刑という事件の実体に関する不服が控訴理由とされている現行法のもと（事実審）では，やむを得ないと考えられる。
　次に，審査の資料という観点からいえば，控訴審の構造をどうとらえるかという問題に直結して立法当初から争われてきたところである。たしかに，現行控訴審の審査資料が原則的には原審の資料に限られていることは，法文上明らかである（事実の援用に関する刑訴法381条や382条，382条の2など）。しかし，

---

1) 最大決昭46.3.24刑集25巻2号293頁〔新島ミサイル事件〕。
2) 藤野英一「刑事控訴審（事後審）における事実審査・量刑審査について」曹時33巻3号26頁など。

現行の控訴審が，原審の収集した資料のみに基づいて原判決の当否を審査する手続構造（いわば「硬い事後審」）でないことも明らかである。刑訴法393条1項が控訴審における事実の取調べを認め，審査資料の追加を——その広狭を論ずる余地はあるにしても——許容しているからである。また，昭和28年の刑訴法改正により，量刑に関しては，職権により原判決後に生じた情状についての証拠の取調べが認められ（同条2項），この取調べの結果原判決を破棄することが肯認されたのである（刑訴法397条2項）。審査資料の観点からいえば，現行の控訴審は，もともと事後審に徹してはいないので，いわば「柔らかい事後審」であるといえよう。

2 統計的考察及びその評価

控訴審が続審的（あるいは覆審的）に運用されているとして，しばしば指摘されるのは，事実の取調べ（刑訴法393条）の多用と原判決を破棄したときの自判（刑訴法400条但書）の多さである。

控訴審に関する各種統計の紹介及びその実態の分析については，既に控訴審経験者（裁判官）により何度かなされているが[3]，ここでは，事実の取調べに関する統計と破棄・自判に関する統計を簡単に紹介し，その実態の分析に言及しておきたい。

(1) 事実の取調べに関する統計と実態の分析

控訴審における終局人員に対する事実の取調べが行われた被告人人員の割合を統計で見ると，新刑訴法施行直後のそれは微々たる数値を示していたが，年代を追うにつれて増加し，昭和40年代には50パーセントを超え，昭和57年からは70パーセント台に増加し，平成4年ころからは75パーセント前後を推移していたことが判る。もっとも，平成15年からやや減少傾向を見せ始めていることが注目される（平成18年では，70パーセントを少し切っている）。い

---

3) 野間禮二『刑事訴訟における現代的課題』（判例タイムズ社，1994）150頁以下，石井一正「刑事控訴審の実情と若干の感想」判タ952号4頁以下，佐藤文哉「中間上訴審からみた刑事裁判の運営」『松尾浩也先生古稀祝賀論文集(下)』（有斐閣，1998）542頁以下，飯田喜信「刑事控訴審の経年変化」同書565頁以下，久保眞人「控訴審の構造——裁判の立場から」三井誠ほか編『新刑事手続Ⅲ』（悠々社，2002）410頁以下など。

ずれにしても，この数値を見る限り，控訴審において事実の取調べが多用されているといわざるを得ないであろう[4]。
　しかし，実は，事実の取調べの大半が，控訴理由が量刑不当である事件で行われている情状に関する簡単な被告人質問ないし情状証人の取調べあるいは書証（上申書，示談書，嘆願書など）の取調べである。とりわけ，前述のとおり，昭和28年の刑訴法改正により，原判決後の情状に関する証拠の取調べが可能となり，その取調べの結果原判決を破棄することもありうるようになってから，原判決後の情状を主とした事実の取調べはよく行われている。
　控訴理由が量刑不当である事件は，被告人側控訴事件の多数を占める上，情状証拠の取調べの範囲やその必要性は，被告人の納得という観点やたいした時間もかからないということもあって，それほど厳格に解釈・運用されていないのが実情である。これがおそらく事実の取調べの多用という統計を現出させる第一の原因かと思う。
　控訴理由が事実誤認の事件ではどうか。実務の実情としては，被告人質問は別として，証人尋問や検証，鑑定など事実の取調べを重ねる事件はそれほど多くないと思われる。強いて統計をあげれば，証人2人以上，検証，鑑定が事実の取調べとして行われた事件の被告人人員数の終局人員数に対する割合は微々たるものであり，しかも，この数値は，平成15年ころから更に減少していることが，これを示すものといえよう（平成18年では2パーセント弱。なお，その減少が平成15年からの事実の取調べ率の減少傾向の一因になっていると推測される）。いわんや第一審で取り調べた証人を同じ立証趣旨で再度取り調べて控訴審が事件そのものについての心証を形成するというような運用は現在では少ない。
　事実の取調べとしての被告人質問の必要性は，他の証拠方法のそれに比べればややゆるやかに解釈・運用されているといえようか。被告人質問は弁論能力のない被告人の主張の代用とか被告人の納得のためという性格があるからである。また，控訴審において事実誤認の控訴理由として新たな主張がなされることも少なくないが，この場合請求されている証人尋問等の採否を決定するため

4）統計は，毎年法曹時報に掲載される「刑事事件の概況」などによる（以下同じ）。

に，被告人質問によって，刑訴法382条の2にいう「やむを得ない事由」の有無や新主張の信憑性を確認するという運用も少なくない。事実の取調べの多用という統計を現出させる第二の原因はここにあると考えられる。

　結局，事実の取調べの実態をとりわけ控訴理由が量刑不当あるいは事実誤認の事件を中心に観察すると（これらの控訴理由以外の控訴理由の関係で事実の取調べを行うことはほとんどない），事実の取調べが例外的・補充的な調査手段であるという法の建前に形式的には反しているように見えるけれども，原判決後の情状に関する事実の取調べはもともと事後審の例外を法が許容しているものであるし，その他の事実の取調べも控訴審の続審化というほどの実質を伴っていないと思われる。実はこれが，控訴審実務を担当した多くの裁判官が指摘するところである[5]。

　もっとも，これが法曹実務家に共通した認識であるかといえば，必ずしもそうではない。検察官からは，事実の取調べに関し続審的運用であるという批判が，依然として，なされているし，一方，弁護士層には，事実誤認が控訴理由となっている事件の場合，必要な事実の取調べが十分なされていないという批判が，従前から根強い[6]。

(2) 破棄・自判に関する統計と実態の分析

　統計を見ると，控訴審において原判決を破棄した場合，終局人員のうち差戻しあるいは移送された人員は，たしかに微々たるものである。毎年せいぜい10名内外であり（平成18年においては16名。一方，自判人員は1474名)，圧倒的多数の事件は，自判されていることが判る。

　この数値は，これまた形式的に見ると，控訴審が刑訴法400条の本文と但書の建前に反した続審的運用をしており，事後審に徹していないことを示すものといえるかもしれない。しかし，破棄事件の実情からするとこれも，続審的運用というほどの実態ではない。

---

5) 前掲注3) 掲記の文献参照。
6) 河上和雄「コメント1」三井誠ほか編『刑事手続(下)』（筑摩書房，1988) 960頁以下，渡邉一弘「控訴審の構造――検察の立場から」前掲注3)『新刑事手続Ⅲ』421頁以下，岡部保男「上訴――弁護の立場から」同407頁以下，秋山賢三「控訴審の構造――弁護の立場から」同426頁，石松竹雄『刑事裁判の空洞化』（勁草書房，1993) 183頁以下など。

破棄理由のほとんどが量刑不当と原判決後の情状によるものであり（平成18年で量刑不当による破棄人員が総破棄人員に占める割合は20パーセント弱，原判決後の情状による破棄人員が占める割合は53パーセント），この理由による破棄の場合，訴訟資料の面からして自判に適している上，多くの場合被告人に有利な方向で原判決が変更されているから，被告人側の審級の利益を害することもないのである。事実誤認による破棄の場合も，原審で取り調べた証拠と控訴審において取り調べた証拠を併せるとほとんどの事件では，自判が可能であって，差戻しをして原審で証拠調べを続けなければならない事件はごく限られているのが実情である。また，事実誤認による破棄も多くの場合は被告人に有利な方向で原判決が変更されているから（検察官が控訴申立をしている事件は，量刑不当を理由とする事件であれ，事実誤認を理由とするものであれ，もともと絶対量が少ない），被告人側の審級の利益を害することもないし，迅速な裁判の観点からいっても，自判に適しているのである。

このように自判の多さも，破棄事件につき刑訴法400条を条文どおりに適用した結果のいわば自然な流れであり，控訴審の続審的運用と評価するほどの実質はない。そして，この見方がこれまた控訴審実務を担当した裁判官に共通したものである[7]。また，破棄した場合の自判の多さについては，無罪判決の破棄・自判に対する弁護士層の批判は別として，他の法曹実務家からもそれほどの批判は見られないのである。

破棄に関して控訴審が相当程度事後審に徹した運用をしているのか，続審的（あるいは覆審的）に運用されているのかを統計的に判別する契機となるのは，破棄率（終局人員に対する破棄人員の比率）ではないかと思われる。続審・覆審よりも事後審の控訴審のほうが，原判決を維持する（尊重する）度合いが大きいと考えられ，破棄率はこの度合いを推測する数値であるといえるからである。

破棄率の変動についても，かつて述べたとおりであるが[8]，破棄率は，現行刑訴法施行後年代を経るにつれて減少し，近年は15パーセント前後を推移している（平成18年は16パーセント）。被告人側の控訴申立事件についていえば，

---

[7] 野間・前掲注3) 168頁，石井・前掲注3) 11頁，久保・前掲注3) 419頁以下など。
[8] 石井・前掲注3) 8頁以下。

これより低い (13 パーセント前後)。ただし，前述のとおり，破棄理由の中では原判決後の情状による職権破棄が相当大きな割合を占めているから，これを除き，その年度の量刑不当を控訴理由とする人員数とその年度の量刑不当による破棄人員数の比率及び事実誤認を控訴理由とする人員数と事実誤認による破棄人員数の比率を試みに算出してみると，どちらも 5 パーセント前後である。この数値は，ごくおおざっぱにいえばということであるが，量刑不当なり事実誤認を主張して控訴してきた事件で，原判決が維持されている割合がかなり高いことを示すものでもある。あるいはまた，量刑不当なり事実誤認を主張して控訴してきた被告人のうち，その目的を達している者は 20 人に 1 人位であることを示すものである（検察官控訴事件は，破棄率こそ高いものの，絶対量はごくわずかである）。

これらの数値からすると，現行の控訴審は，事後審の構造部分については，続審的運用といわれるほどの実態になく，相当程度これに徹した運用をしており，一方，法が続審的運用を認めている部分（原判決後の情状の取調べとこれによる職権破棄）については，それに従った運用がなされており，しかも年々この部分が控訴審の審判の大きなシェアを占めつつあるといえよう。

第 5　事後審に徹した控訴審の運用

控訴審は事後審に徹した運用をすることにより，裁判員裁判を尊重するとして，具体的には，どの部分の解釈・運用を変えればいいのか，そして，それは可能なのかということが，次に検討すべき問題であり，それが難問であることは，小川論文はじめ各論文から看取されるところである。

ここでは，いくつかの問題を取り上げて，若干の私見を付け加えておきたい。

1　事実の取調べについて

事実の取調べの実態は，先に述べたとおりであって，この実態からすると，現行の控訴審が続審的（あるいは覆審的）運用をしているとの批判は当たらないと考えられるが，さりとてまったく問題のない運用をしており改善の余地がないというわけではない。また，裁判員裁判の導入により，現在の事実の取調

べの解釈・運用になんらかの変容が必要ではないかということも検討されなければならない。本連載の第2回，第3回に掲載された「控訴審の訴訟手続(1)(2)」は，控訴審における新たな主張の可否，証拠構造の再構築・組替えの可否を含め，この問題を取り扱っている。

両論文とも，事実の取調べに関する諸問題が，単純には議論できないし，結論も単一ではないことを随所に指摘している。裁判員裁判が導入されると，事実の取調べについては現在より厳格な運用が行われるべきであると簡単にはいえないのである。

議論が輻輳する原因は，両論文から窺われるように，一つには，事実の取調べに関する実務が，良くいえば簡明・弾力的に，悪くいえばとらえどころのない形で運用されているところにあると思われる。もう一つの原因は，これまた両論文が指摘するように，事実の取調べ，とりわけ新主張に伴う新証拠の取調べは，控訴審の役割・機能（誤判の是正，被告人の救済）は裁判員制度のもとで変容してしかるべきものなのかという根本的な問題とつながっており，更にこの問題は，裁判員裁判のもとでは審理期間や裁判員の負担の関係から，主張・立証に強い制約が生じることは避けがたいが，そのような状況のもとで実体的真実に即した審判が可能なのかという点についての見通しの不確かさにもつながっているのである。

事実の取調べの範囲とりわけ刑訴法393条1項本文によって取調べ請求することができる証拠の範囲については，学説が多岐に別れているが，実務家の見解はどうかというと，現在では，当事者の請求による場合と職権による場合を分け，前者には一定の制限を，後者は無制限にという見解（仮に「制限説」という）[9]とすべて無制限にという見解（仮に「無制限説」という）[10]の対立がある。前説によれば，取調べ請求することができる証拠は，原裁判所で取り調べられた証拠及び取調べ請求をしたが却下された証拠に加えて，原裁判所が職権

---

[9] 平良木登規男『刑事控訴審』（成文堂，1990）116頁，野間・前掲注3）145頁，小林充『注釈刑事訴訟法(6)』（立花書房，1998）268頁，同「刑事控訴審における事実の取調べ」前掲注3）『松尾古稀祝賀論文集(下)』618頁以下など。

[10] 安廣文夫・昭59最判解説㊢407頁以下，原田國男『大コンメンタール刑事訴訟法(6)』（青林書院，1996）352頁以下，阿部文洋「控訴審——裁判の立場から」三井ほか編・前掲注6）『刑事手続(下)』949以下頁など。

で取り調べるのが相当であった証拠あるいは原審の記録又は証拠中にその存在が現れている証拠などに限定されることになる。しかし，どちらの説によるにしても，職権による取調べには証拠の制限がないことになる。

　刑訴法393条1項本文によって取り調べることができる証拠の範囲について実務の運用の指針となる最高裁判例[11]は，第一審判決前に存在した事実に関する限り，新たな証拠につき，「やむを得ない事由」の疎明がないなど同項但書の要件を欠く場合であっても，控訴裁判所が第一審判決の当否を判断するため必要と認めたときは，同項本文に基づき，「裁量によって」その取調べをすることができると判示しているものの，前記二説のうちいずれの見解によるのかは明確ではない。

　ところで，事実の取調べに関する実務の処理方法は，第2回掲載の植野＝今泉＝出口論文が指摘しているように，当事者から事実の取調べの請求があれば，刑訴法393条1項但書により取調べ請求をすることができる証拠すなわち「やむを得ない事由」や「量刑不当又は事実誤認を証明するために欠くことができない」など同法382条の2の疎明があった証拠かどうか，あるいはまた，同項本文によるとしても請求権があるのか否かについて逐一明らかにせず，その採否を決している。同条2項の事実の取調べ（原判決後の情状の取調べ）のように，本来職権でのみ認められるものを当事者が取調べ請求した場合ですら，請求権がないとして取調べ請求を一旦却下し，その後改めて職権による取調べという形をとらず，請求を職権発動の申出とみなし，これによる取調べという外形を維持している。

　したがって，外形からすると，事実の取調べ請求を採用した場合は，取調べが義務付けられている場合（刑訴法393条1項但書，この場合は取調べの必要性の判断をするまでもない）なのか，同項本文による取調べの必要性を肯定したが，それが請求によるものか職権によるものか判然としないし，却下した場合もどの要件を欠くのかが判然としないのである。

　実務の運用は，事実の取調べの請求があれば，事実の取調べの必要性の有無という一元的な基準でその採否を決しているように見える。そこから，現在の

---

[11] 最一小決昭 59.9.20 刑集 38 巻 9 号 2810 頁（控訴審において検察官が前科調書等の取調べ請求をした事案）。

実務は，事実の取調べに関し，請求による場合も証拠の制限がないとの前記無制限説に従う運用が一般化しているという見方がある[12]。この見方が正しいとすれば，その原因は一つには，制限説によれば，事実の取調べの必要性の判断に先立って，取調べ請求のあった個々の証拠につき，制限内の証拠であるかどうかをまず検討しなければならないところ，原審で取り調べた証拠及び請求したが却下された証拠であるか否かの判断は簡明であるにしても，原審で職権により取り調べるのが相当であった証拠か否かの判断はかなり微妙であるし，原審で取り調べた証拠の中に存在した他の証拠であるか否かは，証拠の膨大な事件ではその探知が容易ではないのに比べ，無制限説によれば，事実の取調べの必要性という一元的な基準により直截にその採否を判断できるという実務上の簡便さにあると推測される。たしかに，判断基準の簡便さも実務の運用にとっては，一つの合理性であるといえよう。

　いま一つの原因は，当事者の請求による事実の取調べの必要性と職権による事実の取調べの必要性にかなりの差異があるとするならば，制限説に従うか無制限説に従うかは理論的にも実際的にも重大な差異があるが，これにさほどの差異がないとすると，理論的には重大であるにしても，実際的にはほとんど径庭はないことになる[13]という認識が潜んでいるのかもしれない。

　無制限説によれば，事実の取調べの必要性という幅の広い裁量によってその採否を決しうるから，事実の取調べが事案に応じ，弾力的・自在に実施できるという利点がある反面，ややもすると事実の取調べが安易に実施される危険性がないわけではない。それだけに，事実の取調べの必要性について，慎重で細やかな検討が今後一層必要であろう。

　そのためには，量刑不当が控訴理由となっている場合と事実誤認が控訴理由になっている場合に分け，後者の場合は更に，事実の取調べの必要性が問題となるケースを類型化し，あるいは，証拠の種類（原審で取り調べた証人の再尋問，原審で取調べ請求を却下された証拠，新証人，検証，鑑定，被告人質問など）に応じて，事実の取調べの基準を明確化していくことが必要である[14]。

---

12) 阿部・前掲注10) 949頁。
13) 髙木俊夫「新たな証拠の取調べ」松尾浩也＝井上正仁編『刑事訴訟法判例百選〔第6版〕』207頁。

次に，制限説による実務の運用を行うとすれば，刑訴法393条1項本文の請求による事実の取調べと職権による事実の取調べとでその必要性につき，どのような差異があるのかを明確にしていくことが今後の課題であろう。職権による事実の取調べの必要性がある場合については，これまでにも，検討がなされているが[15]，今後も実務に根ざした個別的・具体的検討が積み上げられることが必要であろうと思う。

請求による事実の取調べか職権による事実の取調べに関連して付言しておきたいことは，控訴審における新主張とこれに伴う新証拠の取調べ請求の問題である。この問題は，植野＝今泉＝出口論文が裁判員制度との関係で詳細に論じている。

控訴審において，原審で主張されていない主張がなされることは稀ではない。この新主張は，二つの類型に分別されることに留意する必要がある。一つは，新主張ではあるが，訴訟記録又は原審で取り調べた証拠に現れている事実に基づくものである。例えば，原審の証拠の中に被告人が泥酔していた事実はあるが，心神耗弱等の主張はなされていなかったとき，あるいは，被害者の攻撃に対し被告人が防衛していた事実はあるが，正当防衛等の主張はなされていなかったときに，控訴趣意書においてこれらの事実をあげて心神耗弱なり正当防衛なりを主張する場合である。この場合，新主張は適法な控訴趣意である（刑訴法381条，382条）。

もう一つの新主張は，このような事実に基づかないものである。例えば，原審においては，被告人側は公訴事実を認め検察官が取調べ請求した証拠をすべて同意し，被告人の犯人性を疑わせる事実はまったくないのに，控訴審においてはじめて被告人は犯人ではないと争うような場合である。このような新主張は，再審事由があることを控訴理由とする場合（刑訴法383条1号）は別として，本来は許されないのである。しかし，昭和28年の法改正により，同法382条の2が設けられ，やむを得ない事由によって第一審の弁論終結前に取調

14）事実の取調べの必要性につき，証拠の種類に応じ個別的な検討を加えたものとして，原田・前掲注10）354頁以下などがある。
15）小林・前掲注9）『注釈刑事訴訟法(6)』268頁以下，同・前掲注9）「刑事控訴審における事実の取調べ」618頁以下など。

べを請求することができなかった証拠などによって証明することのできる事実に基づく新主張は，例外的に許されることになった（同条1項，2項）。しかし，この場合は，この事実を疎明する資料及び「やむを得ない事由」を疎明する資料をも添付しなければならないことになっている（同条3項）。

この疎明の時期及び方法については弾力的な運用が認められているものの，疎明がまったくできていない場合，あるいは，疎明資料によっても，例えば「やむを得ない事由」がないと認められる場合，控訴趣意書はこの法律で定める方式に違反しており，控訴棄却の決定をするか（刑訴法386条1項2号）あるいは不適法な控訴趣意としてこの主張に対し控訴裁判所は調査・判断の義務がないのであり，控訴趣意書に包含されない事項と同様，職権でのみ調査・判断をすることができるにすぎないのである（刑訴法392条2項）。

そうすると，このような新主張に伴う新証拠の取調べについても，刑訴法393条1項本文による取調べ請求権を認めるならば，主張は適法にできないのにその主張を証明する証拠の取調べ請求はできるという，いわば本末転倒の結論を容認することになる[16]。職権により調査・判断する主張については，同条2項と同様，職権による事実の取調べのみが可能であるというべきである。刑訴法393条1項本文の請求による事実の取調べの対象となる証拠につき，基本的には無制限説によるとしても，この部分は請求の対象から除外されると解すべきである。

したがって，職権による事実の取調べの必要性を判断する前に，この新主張が職権調査の対象に値するか否かを決めなければならないのである。この判断をしないで，新証拠の採否を決めるのは当を得ない。この場合の職権調査の必要性の判断をするためには，主張内容自体の信憑性及び原審で取り調べた証拠と対比しての主張の信憑性が吟味されなければならない。また，なぜその主張が原審でなされなかったかについて釈明を求め，その理由に説得性があるか否かも主張の信憑性判断にとって必要である。事案の重大性（死刑など重刑の事件か否か），新主張の重要性（犯罪の成否，被告人と犯人の同一性など有罪・無罪

---

[16] 半谷恭一「刑事控訴審の研究」判タ347号33頁，小林・前掲注9）『注釈刑事訴訟法(6)』264頁，同・前掲注9）「刑事控訴審における事実の取調べ」597頁，607頁など。なお，半谷論文は，新主張の類別，新主張への対処などに詳しい。

を左右する主張か犯情に影響する程度の主張か）も考慮されることになろう。新主張が職権調査の対象に値するとの判断がなされた後，請求されている新証拠がその主張の判断にとって重要か否かを吟味しなければならない。

　以上に述べたところは，直接的には，裁判員制度の導入による事実の取調べの変容というわけではないが，これを機会に事実の取調べの運用を見直し，裁判員裁判の尊重を念頭におきながら，過不足のない事実の取調べの運用に努めることが肝要だと考える。

2　量刑の審査について

　控訴審の状況を控訴理由から概観すると，被告人側控訴の場合，ここ10年程度の状況をごくおおざっぱにいうと，72ないし75パーセント前後が量刑不当である。公訴事実に争いのない事件が多い第一審の実情からすると，被告人側の関心も（したがって，その不満も）量刑に集中するのはけだし当然であろう。検察官が控訴の申立をした事件でも，近年では60パーセント強ないし70パーセント弱が量刑不当を控訴理由としている。

　このような状況が，裁判員裁判の控訴事件に当てはまるかどうかは，不確かである。裁判員裁判の対象事件は，重大な犯罪であって法定刑も重い罪である（裁判員法2条）。それだけに，第一審から事実認定の争われる事件が多いとも予想され，第一審の事実認定に対する不満が控訴審に持ち込まれる可能性が今よりも高いとも考えられる。しかし，一方で，やはり控訴理由としては，現在と同様，量刑不当が控訴理由とされる事件が相当の割合を占めるだろうとも予測される。

　いずれにしても，裁判員裁判に対する控訴事件における量刑の審査は，控訴審の大きな課題である。この問題については，第5回に掲載された中桐論文「量刑の審査」が詳細な検討を加えており，同論文にこれまでに公刊されている文献の紹介もなされている。

　前にも述べたように，量刑の審査は，現在でも控訴審が判断する量刑と原判決の量刑が一致するか否かを審査するものではない。控訴審が措定するその事件の量刑のわくあるいは幅の中に原判決の量刑が含まれているかどうかを審査し，それが肯定されれば量刑不当に当たらず，原判決は維持されることにな

る。そのわくあるいは幅が広ければ広いほど原判決の量刑が維持され，量刑不当の控訴理由が容れられる余地が乏しくなる。

　量刑判断については，国民の常識的な感覚を刑事裁判に取り入れやすい部分であるから，その判断をできるだけ尊重するという方向が基本的には正しいし，その方法としては，量刑の審査に当たっては，従来の量刑のわくあるいは幅を広げることによって可能である。そしてそれは，事後審性の徹底という趣旨にも合致するであろう。

　抽象的にいえば，正しく先に述べたとおりである。しかし，控訴審が実際の具体的事件の量刑の審査に当たり，どこまでそのわくあるいは幅を広げることが可能であるかは，実は容易な問題ではない。もともと，量刑のわくあるいは幅といっても，それほど客観的・明確で共通性のあるものではないからである。

　その点をさしおいても，他の面からして，広げるわくあるいは幅に限界があろう。中桐論文では，それは公平の理念と行為責任であると指摘されている。日本人はもともと平等志向が強く，わが国の量刑実務において量刑相場なるものが存在するのも，この日本人の平等志向に根ざしているという指摘もある[17]。とりわけ，共犯者間の刑の均衡は，この平等志向が現実味を持って強く現れ，無視し得ないのではないかと思われる。

　また，中桐論文では検討対象から除外されているが，死刑の適用基準のわくあるいは幅を広げることが相当であるかは，深刻な問題である。これを広げれば，従来の基準によれば死刑に処せられていた被告人が無期刑に処せられることを容認する一方，従来の基準によれば無期刑に処せられていた被告人が死刑に処せられることを容認しなければならないのである。前者は，遺族の感情や社会に与える影響が大きいし，後者はいうまでもなく被告人の人権に重大な影響を与える。

　裁判員裁判は，死刑・無期刑に当たる罪が対象になっているだけに，この問題は，今後避けて通れないであろう。控訴審における量刑の審査のうちでも死刑・無期刑の境界基準は，わくあるいは幅の審査ではなく，点の審査であるべ

17）鈴木義男『刑事司法と国際交流』（成文堂，1986）32頁以下。

きであり，裁判員制度が導入されてもこの点は変わらないとするのも，ひとつの見識であるが，ここにも国民の量刑感覚を尊重すべきでこれを除外する理由がないともいえるのである[18]。

　裁判員裁判の導入に伴って原判決後の情状による破棄（刑訴法397条2項，いわゆる2項破棄）の解釈・運用にも変容が必要か否かも実務上大きな影響を持つ問題である。前に述べたように，現在の控訴審の運用においては，事実の取調べとして原判決後の情状の取調べがかなり多用されているし，破棄理由の中で2項破棄の占める割合は高い。

　裁判員裁判の対象事件とりわけ殺人未遂や危険運転致死の罪などにおいて，控訴審で被害者に対する示談・弁償がなされ，あるいはこれに伴って被害感情が宥和し，被告人に有利なこれらの情状を立証することによって，原判決の量刑を減軽する弁護活動が行われるであろうことは，十分予測できる。

　もともと，現在の2項破棄の運用が法文から離れてゆるやかにすぎないかという批判はありうるところである[19]。たしかに，法文にいう「破棄しなければ明らかに正義に反する」とまでいえないにしても，示談・弁償など原判決後に被告人に有利な情状が生じ，それが第一審でもできたのにあえて控訴審に持ち越したとか，原判決の量刑の中に既に織り込み済みであるなどの事情がなければ，なにがしか原判決の刑を減軽しているのが実情だと思われる。しかし，一方で，この規定が弁護士層の強い要望により制定されたものであり，原判決後の情状の立証が現実にも控訴審における重要な弁護活動になっている事情を考慮すると，2項破棄に関しては，多少ゆるやかな運用が許されるという見方もあろう。

　ところで，中桐論文は，裁判員裁判の導入に伴って2項破棄の解釈・運用にも変容が必要であると説いている。裁判員裁判における量刑判断の尊重という点からいえば，量刑不当の審査と同列ではないかとするのである。これに対し，同論文に引用されているように，原田判事は，裁判員裁判が導入されても2項破棄の解釈・運用に大きな変更をもたらさないとの見解である。

---

18) 原田國男「量刑をめぐる諸問題——裁判員裁判の実施を迎えて」判タ1242号83頁以下。
19) 千葉裕「量刑不当を理由とする控訴審の破棄判決について」判タ236号98頁など。

この問題も困難な問題であり，今後の議論が期待されるが，2項破棄はもともと事後審の例外であり，また原判決後の情状によって原判決を破棄することは裁判員裁判の量刑判断を尊重しなかったことには当たらないとすると，この部分の解釈・運用には大きな変容はないとする見解が相当であろうか。量刑不当による破棄が少ない現状を視野に入れると，この部分の多少ゆるやかな運用は量刑政策全体として落ち着きが良いとも思われるのである。

3 事実認定の審査について

裁判員裁判の対象事件は死刑・無期刑を含む重い罪であるから，裁判員裁判において被告人と犯人の同一性など重要な事実の存否が激しく争われ，その争いが事実誤認として控訴審に持ち込まれることも少なくないと思われる。裁判員裁判においてこのような重い罪に関する事実認定が適正に行われ，あるいは，控訴審が事実認定に関する当事者の不服に対し適正に対処することが，裁判員裁判への信頼を築くことになるのみならず刑事司法全体に対する国民の信頼を確保する上で，きわめて重要であると思われる。その意味で，控訴審における事実認定の審査が裁判員制度のもとでどのようにあるべきかは，最も重要な問題である。

この問題については，第6回に掲載の遠藤＝冨田論文が裁判員裁判における事実認定の尊重を出発点としながら，多角的に掘り下げて検討している。

裁判員裁判における事実認定の尊重とは，とりもなおさず刑訴法382条の事実誤認の成立する範囲をせばめ，この理由による破棄を抑制することにほかならない。そのためには，事後審性の徹底という見地から事実誤認の意義・判断方法を考え直してみることが必要である[20]。

この点につき同論文では，原判決の心証ないし認定と控訴審のそれを比較し，その不一致が事実誤認であり，法は控訴審の心証ないし認定を原判決のそれに優先させたものであるとする考え方を心証比較説と名づけ，この考え方の

---

20) 事実誤認の成立をせばめるためには，このほかに事実誤認の対象となる「事実」の範囲とか「判決への影響」をせばめる（例えば，主文への影響に限定）とかの方法が考えられる。しかし，前者は実効性に乏しいし，後者は他の相対的控訴理由の解釈・運用とのバランスという問題があり，簡単ではない。

対極にあるものとして，原判決の判断過程（又は結論）に経験則・論理法則違反（又は不合理性）があることが事実誤認であるとする考え方をあげて，これを法則違反説と名づけている。そして，この説は，第一審における自由心証主義の優位を認め，原判決の判断と控訴審のそれに差異があっても，原判決の判断が不合理と判断される場合のみが事実誤認であるとするから，事後審に適合する考え方であるとしている。

控訴審が事後審に徹することにより裁判員裁判の事実認定を尊重するという方向を良しとするならば，事実誤認の意義・判断方法に関する考え方を前者から後者へ変えなければならないという議論は首肯できる。

しかし，問題は，両説の適用にどれほどの差異があるのかということである。実際にはことばで表現するほどの差異がないからこそ，実務はどちらの説によって運用されているか判然としないのではあるまいか。控訴審の判決書の記載ぶりからどちらの説によって運用されているかを判断するのは当を得ない。

まず，どちらの説によっても，事実認定の審査方法として控訴審が証拠判断をしてみて，これと原判決の証拠判断を比較するという作業が必要である。事実認定の当否は，つまるところ証拠の信用性の有無，情況証拠からの推認の可否など証拠判断の当否に帰するから，控訴審としては，まずは原審で取り調べた証拠と控訴審が事実の取調べを行った場合はその証拠を併せて，争いになっている事実に関する証拠判断をし，心証を形成してみる必要がある。このことは心証比較説によれば当然である。しかし，実は法則違反説によっても，原判決の証拠判断が経験則・論理法則に反しているか否かを決するには，同様に控訴審が証拠判断をしてみてこれと原判決の証拠判断を比較しなければ判明しないのである。原判決の証拠判断に関する説示がいかに経験則・論理法則に反したものであっても，それが事実誤認に当たるわけではない。

ただ，留意を要するのは，控訴審の心証形成は，控訴趣意書において主張されている原判決の事実誤認の有無を審査するためのものにすぎないから，それに必要な程度でなされ，また，心証形成の対象となる証拠の広狭も，第一審における事実認定とはおのずから異なることである。心証の比較という事実認定の審査方法が実務に適合することは，遠藤＝冨田論文に指摘されているし，第

3回に掲載された西田論文でも強調されているところである。
　説が分かれるのは，控訴審が証拠判断をした後の事実誤認の有無の判断方法にある。
　控訴審の証拠判断が原判決のそれと一致すれば，問題なく事実誤認はないことになる。
　遠藤＝冨田論文にいう心証比較説は，両者が一致しない場合が事実誤認であり，控訴審の心証が直ちに原判決のそれに優先するとする考え方である（心証比較説ということばは，先ほど述べた判断手法からいってまぎらわしいので，この考え方は，むしろ「心証優越（あるいは優先）説」と呼称したほうがよい）。法則違反説は，両者が一致しなくても事実誤認に当たらない場合を許容する考え方である。
　証拠判断は，経験法則・論理法則に従ったものでなければならないといわれる。しかし，具体的な証拠判断に当たって「法則」と呼ばれるほどの客観的・明示的なルールが存在することは稀である。証拠判断は，判断者の知識・経験を踏まえ，直感も交えながら，証拠を分析的かつ全体的・総合的に見て，合理的に推論し，合理的な結論に至るものでなければならない。法則違反説といっても，法令違反のような明白な瑕疵が原判決に存するか否かを審査する考え方ではない。原判決の証拠判断が合理的か不合理かを審査し，原判決の証拠判断が不合理でない限り事実誤認に当たらないという許容幅を設定する考え方である（この趣旨からすると，法則違反説は，むしろ「合理・不合理説」と呼称したほうがよいと思われる）。
　だが，ある証拠の信用性の有無や情況証拠による推認の可否の審査において，控訴審の証拠判断と異なるがなお，原判決の証拠判断が不合理ではないというような事態は，どの程度の広がりを持って実際に存在するのだろうかという疑問がある。
　許容幅を設定する際に，裁判員という職業裁判官ではない人々の持つ合理性基準を認識して取り入れるという見解は，傾聴に値するが，これも実践としては，容易なことではない。
　このように考えてくると，事実誤認の意義・判断方法に関する解釈・運用を変容させることにより，事後審に徹し，裁判員裁判の事実認定を尊重するとい

うことも実際にはかなり難しい問題であることが判る。この点についても，更なる議論と実践の積み上げが必要であろう。

4　破棄後の手続──自判と差戻しについて

　原判決を破棄した後の手続すなわち自判か差戻しかということも，今後の実務に大きな影響を与える重要な問題である。この問題については，第7回に掲載された小島＝細谷論文が差戻し原則論と自判許容論とを対比させて詳しく検討している。

　自判と差戻しに関する現在の控訴審の状況は，前に述べたように，ほとんどが自判であるが，それは続審的運用という評価をするほどの実態ではなく，要するに，破棄理由の大半が原判決後の情状によるもの（2項破棄）及び量刑不当であって自判に適した状況にあり，しかも大多数が被告人に有利な方向で原判決の量刑を変更しているから，被告人側の審級の利益を害することもないのである。要するに，刑訴法400条をごく自然に適用すると，自判が多いという結果が現出していることになる。

　裁判員裁判の原判決を破棄した場合の破棄理由の状況は，もとより不確かであり推測の域を出ないが，やはり破棄理由のうち相当数の部分は現在と同じく2項破棄と量刑不当で占めるであろう。そうすると，この部分については，裁判員裁判の尊重という観点をさほど強調するまでもなく，現在と同じく自判で足りると思われる。

　前記「尊重論」は破棄した後の手続についても，差戻し原則説をとるようであるが，検討委員会の議論や関係の文献を見ると，量刑に関する破棄は原則として自判でよいとするものが少なくないことを指摘しておきたい[21]。

　問題は，事実誤認による破棄の場合である。この場合でも，証拠調べを重ねる必要があるなど自判に適しない状況にあるときは，刑訴法400条但書に従い，差戻し（又は移送）せざるを得ないことはいうまでもない。原審で取り調

---

21) 後藤昭「裁判員制度に伴う上訴の構想」一橋法学2巻1号16頁，加藤克佳「裁判員制度における判決と上訴の構想」刑法43巻3号102頁，池田修『解説　裁判員法』（弘文堂，2005）124頁，光藤景皎「『裁判員の参加する裁判』と上訴」菊田幸一ほか編『社会のなかの刑事司法と犯罪者』（日本評論社，2007）391頁など。

べた証拠及び控訴審において取り調べた証拠により，直ちに判決できるものと認められるにもかかわらず，裁判員裁判尊重の観点からあえて差し戻すべきであろうか。

差戻し原則説は正に事実誤認による破棄の場合とりわけ，無罪の原判決を破棄する場合を念頭において，再度の裁判員裁判が必要であるとするものである。事実誤認を理由とする破棄差戻し事件の審理を裁判員裁判で行うことの困難さという予測される要素を抜きにして考えれば，換言すれば，理念的（あるいは観念的）にいえば，差戻し原則説も首肯されないではない。

しかし，差戻し後の裁判員裁判は続審であって，訴訟記録中の証拠を基礎に事実認定をしなければならず，そのため，現在と同様，差戻し審の冒頭に公判手続を更新する。そこでは，更新前の被告人及び被告人以外の者の供述を録取した書面を取り調べなければならない（刑訴規則213条の2第2号）。更新手続で裁判員がかなりの量の証人尋問調書あるいは被告人供述調書の朗読に耐え，これにより心証形成をすることの困難さは容易に推測できる。裁判員裁判における証人尋問はすべてビデオテープに録画して証人尋問調書の一部とし，更新手続の際には調書の朗読に代えてビデオテープを再生するというような規定は設けられていない（刑訴法157条の4第2項，3項，305条3項参照）。また，このような立法措置をとったとしても，ビデオテープの再生による心証形成も相当困難であって，裁判員の負担が過重なものになることは避けがたい（裁判員法61条2項参照）。

差戻し後の裁判員裁判の困難さに着目して差戻し原則説にはたやすく賛成できないとするのが小島＝細谷論文の帰結のようであり，これに訴訟経済の観点も加えて自判許容説を説くのが，遠藤＝冨田論文である[22]。

事実誤認による破棄の場合も，刑訴法400条の規定に則った，いわば自然体の処理が相当だと思われる。裁判員裁判の尊重という理念も，どこまでも，あるいは，どういう局面でも貫き通さなければならないというものではない。現実の困難さや他の原理（訴訟経済あるいは迅速な裁判）との関係で，これを貫き得ない事態があってもやむを得ないのである。

[22) 佐藤博史『刑事弁護の技術と倫理』（有斐閣，2007）323頁も，裁判員にとって差戻し後の審理の困難性を指摘している。

問題は，刑訴法400条の規定に反して，自判できる状況にはなく差戻しをする必要がある場合であるのに，控訴審が差戻しを避けるため，自判のためのみの事実の取調べを重ねることである。自判のためのみの事実の取調べが許されないことに争いはない。このような控訴審の審理が実務の一部に残っているとすれば，それは続審的運用であり，事後審に徹していないとして批判を受けることになろう。

　ただし，差戻し事件の裁判員裁判の実際上の困難さなどを考慮してもなお，差戻しをして再度裁判員を加えた判断を受けたほうが良いと考えられる特別な場合があるとすれば，自判に適する状況にあってもあえて差し戻すということがありえるかもしれない。無罪判決破棄の場合が常にこの特別な場合に当たるとはいえまい。そういう特別な場合とはいかなる場合かについても，今後の議論と実践による解明に期待したい。

第6　おわりに

　裁判員制度のもとにおける控訴審の在り方を考えなければならないもう一つの分野は，法令違反の審査である。審査の基準は，おそらく裁判員制度が導入されても現在と変わらないであろう。ただ，裁判員制度が導入されることによって裁判員裁判特有の訴訟手続が新たに加わることになり，この法令違反が控訴理由として控訴審に持ち込まれる可能性がある。この場合の審査の在り方を取り上げて逐一検討したのが，第4回に掲載された芦髙＝飯畑＝中田論文である。

　なお，本稿の第2で紹介した「片面的尊重論」をどう考えるかも，控訴審の在り方にとって重要な課題である。刑事訴訟法の解釈・運用を被告人側と検察官側に分けて扱う（片面的構成）という発想は，古くは松川事件に関連して刑訴法328条で提出できる証拠の範囲に関して提言され，その後も，厳格な証明の適用，控訴審における事実の取調べなどに関して学説の一部で主張されている。しかし，刑事訴訟法の解釈・運用を当事者によって使い分ける，あるいは，控訴審でいえば原判決の内容がどちらの当事者にとって有利かによって破棄の基準などを使い分ける，というようなことが正当な法的根拠を有するとするには多大の疑問がある。

第Ⅶ部　刑事控訴審

　また，今後の控訴審の在り方として，原判決が裁判員裁判の場合と職業裁判官の場合とで解釈・運用に差異を認めることが正当か否かも検討を要する問題である。

第29章　刑事控訴審の片面的構成について

第1　はじめに

　平成21年5月いよいよ裁判員法が施行されるに至った。同年夏ころからは実際にも各地で裁判員裁判が始まり，現時点で実施から既に3年を経過し，多数の事件が裁判員裁判によって審理・判決されている。また，この内のかなりの事件については控訴の申立がなされ，これに対する控訴審の判決，更には，上告審の判決も相当数に及んでいる[1]。

　裁判員制度が導入されることによって，刑事第一審の運用やこれを支える基本原理が大きく変容することが予測されていたし，現にこれらの変容が看取される。裁判員制度のほか公判前整理手続をはじめとする刑事訴訟法の改正，弁護制度の充実，刑事手続における被害者参加制度なども第一審の運用に大きな影響を及ぼしつつある（本書24頁）。

　刑事第一審の変容は，控訴審の在り方に影響を及ぼさざるを得ない。中間上訴審である控訴審の在り方は，上告審の運用に関係するが，いっそう強く第一審の運用と関係するからである。

　他方で，控訴審の運用いかんは，裁判員制度を含めた第一審の運用にこれまた大きな影響を及ぼす。

　この意味で，控訴審の在り方は，一国の刑事司法の在り方にとって極めて重要な課題である。それだけに，裁判員制度の導入を踏まえて，あるいは，これを機として，これからの控訴審の在り方について，さまざまな議論が——研究者及び実務家双方から——なされているのも肯けるところである。

　裁判員裁判の実施前からこの制度の下における控訴審の在り方に言及した文献はかなりの数にのぼっており[2]，司法研修所の司法研究報告や大阪高裁及び

---

1) 統計を交えながら裁判員裁判の実施状況を明らかにした文献としては，井上正仁「国民の司法参加の意義・現状・課題——日韓意見交換の第一歩として(1)」刑事法ジャーナル32号4頁などがある。これには，裁判員裁判に対する控訴率，控訴理由，控訴審の判決結果なども紹介されている。

東京高裁裁判官による具体的な検討結果も公にされていた[3]。

もとより，裁判員裁判が実施された後にも同様に活発な議論が行われ，この問題に対する研究者，実務家の関心の深さを推知させる。とりわけ，控訴審の重要な破棄理由である事実誤認の意義ないしその判断方法について，平成24年2月最高裁が裁判員裁判を視野に入れた判決（後掲）をするに至って，議論はますます活発化したと言えよう[4]。

裁判員制度の下における控訴審の在り方を総論的・一般的に言えば，控訴審としては，(1)裁判員制度導入の趣旨・目的からして裁判員裁判の結果を尊重するという考え方（仮にこれを「尊重論」という），(2)裁判員制度の導入に当たっても，控訴審に関する法規は改正されていないのだから，従来どおりの運用でよいとする考え方（仮にこれを「従来論」という），(3)予想される裁判員裁判の不安定さを是正し，被告人の具体的救済を図るためにも，従来よりも審査を厳格にすべきであるという考え方（仮にこれを「厳格審査論」という）があり得る。

もとより，これは裁判員制度の下における控訴審の在り方を抽象的に言えば，ということであって，これらの3つの考え方が相拮抗して主張されているというものではない。従来の論者のほとんどは「尊重論」であり，「従来論」は裁判官の共同研究会において高裁の裁判官の意見として紹介されているとこ

---

2) 小川育央「裁判員制度の下における控訴審の在り方(1)総論」判タ1271号84頁に掲載されている文献のほか，宮城啓子「裁判員制度と上訴審の在り方」刑事法ジャーナル13号8頁，井上正仁ほか「座談会・刑事訴訟法60年・裁判員法元年――総括と展望」ジュリ1370号209頁など。
3) 司法研修所編『裁判員裁判における第一審の判決書及び控訴審の在り方』（法曹会，2009），大阪高裁陪席会「裁判員制度の下における控訴審の在り方（総論，控訴審の訴訟手続[1][2]，訴訟手続の審査，量刑の審査，事実認定の審査，控訴審の判決）」判タ1271号77頁，1272号50頁，1273号105頁，1274号72頁，1275号66頁，1276号43頁，1278号16頁。なお，筆者もこの連載終了に当たって一文を掲載している（判タ1278号22頁〔本書576頁〕），東京高裁刑事部陪席裁判官研究会「裁判員制度の下における控訴審の在り方について」判タ1288号5頁，東京高裁刑事部部総括裁判官研究会「控訴審における裁判員裁判の審査の在り方」判タ1296号5頁。
なお，前記司法研究を素材に検討した文献として，後藤昭「裁判員裁判と判決書，控訴審のあり方」刑事法ジャーナル19号25頁，高橋省吾「裁判員裁判と判決書，控訴審の在り方」同32頁がある。

ろである[5]。ただし,「尊重論」の中にも,原判決の判断を被告人に有利なもの(典型的には無罪判決)と不利なもの(典型的には有罪判決)に分け,前者については「尊重論」を,後者については「従来論」をというニュアンスのもの

---

4) 刑法学会においては,平成23年及び24年の両年にわたって,裁判員制度の下での控訴審の在り方の問題が取り上げられ,平成23年における議論の状況については,既に公にされている(刑法51巻3号133頁)。
　法律雑誌もこの問題を取り上げた特集を組んでおり,そこでは,多数の研究者及び実務家がこの問題を論じている。すなわち,季刊刑事弁護68号は「裁判員裁判と控訴審のあり方」と題する特集を組み,これには後藤昭「裁判員裁判の無罪判決と検察官控訴」,中川孝博「裁判員裁判を審査する控訴審の動向」のほか,裁判員裁判に対する5つの控訴審判決の事例報告及び4つのテーマ別事例分析が収められている。また,刑事法ジャーナル33号は「事実誤認の意義」と題する特集を組み,これには原田國雄「事実誤認の意義——最高裁平成24年2月13日判決を契機として」ほか2篇が収められている。
　また,近刊の裁判官退官記念論文集においても,控訴審に関する問題を取り上げた論稿が少なくない(原田國雄判事退官記念論文集『新しい時代の刑事裁判』〔判例タイムズ社,2010〕,植村立郎判事退官記念論文集『現代刑事法の諸問題(3)』〔立花書房,2011〕)。前者には,池田修「控訴審における共犯者間の刑の均衡の考慮」ほか1篇が収められ,後者には,小西秀宣「裁判員裁判についての覚え書——控訴審からみて」のほか3篇が収められている。
　これら以外の論稿としては,研究者によるものでは,氏家仁「裁判員制度導入による控訴審の審査の制約根拠についての考察」中央大学大学院研究年報40巻225頁,高橋正太郎「再考・控訴審構造論」明治大学大学院法学研究論集34号231頁,同「刑事控訴制度の制定過程から見た『事後審』の概念」明治大学大学院法学研究論集35号185頁,「控訴審における新証拠の許容範囲」明治大学大学院法学研究論集36号109頁,麻妻和人「上訴制度の在り方について」『立石二六先生古稀祝賀論文集』(成文堂,2010)823頁,田淵浩二「控訴審における事実誤認の審査——最判平24・2・13の意義」法時84巻9号48頁,前田雅英「控訴審と上告審の判断の在り方——専門性と国民の意識の調整」学論65巻6号153頁,正木祐史「控訴審における事実誤認の審査方法」法セ687号162頁,中川孝博「最判平24・2・13の意義と射程」刑弁71号129頁,徳永光「控訴審における事実誤認の審査」法時85巻1号124頁,公文孝佳「事実誤認——裁判員裁判と控訴審」法セ698号18頁などがある。
　実務家による論稿としては,小出錞一「裁判員裁判の運用に関する2つの問題」専修ロージャーナル5号27頁,出田孝一「高裁からみた裁判員裁判の運用について」司研121号29頁,龍岡資晃「上訴審のあり方」論究ジュリ2号77頁,井戸俊一「刑事控訴審における事実誤認の審査方法について」判タ1359号63頁,樋上慎二「共犯者間の刑の均衡と量刑審査」判タ1364号56頁,同「刑事控訴審における事実の取調べ」判タ1370号65頁,同「破棄判決における差戻しと自判」判タ1378号66頁,高崎秀雄「刑事控訴審における事実誤認の審査」ひろば2012年5月号45頁などがある。
5) 今崎幸彦「裁判員裁判における審理及び制度運営上の課題」判タ1255号17頁。なお,小出・前掲注4) 37頁は,基本的には「従来論」に属すると思われる。

も少なくない（仮にこれを「片面的尊重論」という）。

「尊重論」は，たしかに裁判員制度導入の趣旨・目的に適合するから，一般論としていえば，通りのいい結論である。司法制度改革推進本部に設置された「裁判員制度・刑事検討委員会」は，控訴審に関する各種の規定の改正提案を採用せず，現行法どおりとしたものの，控訴審は裁判員が加わっている第一審判決を尊重し，破棄についても，破棄後の自判についても慎重になされるべきこと，そのための方法としては，控訴審が事後審に徹する運用をすべきことなどの点は，委員の暗黙の合意であったことがうかがわれるのである。

裁判員制度の下における控訴審の在り方の基本的方向として，「尊重論」を採るとして，前記の「片面的尊重論」をどう考えるかも，これからの控訴審の在り方を考える上で重要な課題である。そこで，本稿では，刑事控訴審の片面的構成ひいてはこの「片面的尊重論」について，いささか検討を加えたい。

第2　刑事訴訟法の片面的構成について

裁判員制度の導入をひとまずおいて，刑事訴訟法の解釈・運用を被告人側と検察官側に分けて扱う（片面的構成）という発想について考えてみよう。このような発想は，古くは松川事件に関連して刑訴法328条で提出できる証拠の範囲に関して提言され，その後も，厳格な証明の適用（例えば，被告人側提出の証拠には伝聞法則等は適用されない，情状の認定にも厳格な証明が必要であるが被告人に有利な情状は自由な証明で足りるなど），控訴審における事実の取調べの範囲，職権調査の範囲，審理不尽の概念などに関して学説の一部で，しかしかなり有力に，主張されている[6]。

このような発想をどう考えるべきか。刑事裁判は「ピサの斜塔」でなければならないと言われている。つまり，被告人の権利保障とりわけ無辜（むこ）の不処罰の重要性，更には，検察官に比べて訴訟遂行能力の劣っている被告人側の実質的平等の確保などからすると，刑事裁判においては被告人側に有利に傾斜した解

---

[6] 片面的構成の理論的基礎を記述したものとしては，平田元「刑事訴訟における片面的構成の理論的基礎――厳格な証明，弾劾証拠を中心に」横山晃一郎先生追悼論文集『市民社会と刑事法の交錯』（成文堂，1997）197頁，新屋達之「厳格な証明について」『光藤景皎先生古稀祝賀論文集(上)』（成文堂，2001）485頁などがある。

釈・運用が正しいというのである。たしかに，このような発想は貴重である。しかし，刑事裁判の目的が被告人の権利保障に尽きるわけではなく，他方で事案の真相を明らかにして，刑罰法令を適正に適用実現することにもあることは明らかである。刑事裁判においては，正に「公共の福祉の維持と個人の基本的人権の保障とを全うする」ことが求められている（法1条）。換言すれば，刑事裁判は，「社会の保護」と「人権の保護」というときに相対立する二つの目的を共に全うしなければならないのである。したがって，刑事訴訟法の解釈・運用については，常に両者の適当なバランスを考慮せざるを得ない。

そうすると，すべての場合において刑事訴訟法の解釈・運用を検察官側に比べて被告人側には有利に扱うことが正当化されると考えることはできない。そういうことが可能であるし，また妥当な場合もあるし，そうでない場合もある。このことは，控訴審に関する解釈・運用についても同様である。

第3　刑事控訴審の片面的構成について

1　事実認定の審査における片面性

公訴事実（訴因として特定された犯罪事実及び被告人がその犯罪の犯人であること）の挙証責任がほぼ全面的に検察官にあることは言うまでもない。「無罪の推定」とか「疑わしきは罰せず」，「疑わしきは被告人の有利に」は刑事裁判の鉄則である。このいわば刑事裁判の根本原理が存在するために，例えば，控訴審における事実誤認の審査は，原判決が有罪判決の場合と無罪判決の場合とは異なる。すなわち，前者の場合は，公訴事実の認定につき「合理的疑い」があるか否かが審査される。それがあると判断されれば，有罪の原判決は事実誤認があるとして破棄される。後者の場合は「合理的疑いを超えた証明」がなされているかが審査される。そう判断されない限り，無罪の原判決には事実誤認はないことになる。しかし，これは，原判決が被告人に有利な判決かどうかによって事実誤認による破棄の基準が異なる，あるいは，原判決尊重の度合いを異にするということではない。審査対象である有罪の判断と無罪の判断の差異が事実誤認の判断に反映しているに過ぎないのである。

事実誤認の審査方法ないし事実誤認による破棄の基準については，見解の対

立があるが（石井一正『刑事控訴審の理論と実務』〔判例タイムズ社，2010〕356頁参照），そこでは，異論がないわけではないものの[7]，原判決が有罪の場合と無罪の場合を区別して考えられていない。この基準について原判決の事実認定すなわち証拠判断が不合理であるか否かであるとする説（不合理説）によれば，両者間にその不合理の程度に差異があるとは考えられていない。

　このことは，判例上も言えることである。すなわち，近時最高裁は，事実認定に関する注目すべき判例を相次いで出しているが（本書513頁参照），事実誤認の意義ないしその判断方法についても，注目すべき見解を打ち出していることは，前に触れたとおりである。すなわち，最一小判平24.2.13刑集66巻4号482頁，判タ1368号69頁，判時2145号9頁がこれであり，そこでは，「控訴審における事実誤認の審査は，第一審判決の行った証拠の信用性評価や証拠の総合判断が論理則，経験則等に照らして不合理といえるかどうかという観点から行うべきものであって，刑訴法382条の事実誤認とは，第一審判決の事実認定が論理則，経験則等に照らして不合理であることをいうものと解するのが相当である。したがって，控訴審が第一審判決に事実誤認があるというためには，第一審判決の事実認定が論理則，経験則等に照らして不合理であることを具体的に示すことが必要であるというべきである。このことは，裁判員制度の導入を契機として，第一審において直接主義・口頭主義が徹底された状況においては，より強く妥当する」と判示されている。

　この判例の事案は，第一審が覚せい剤の密輸入事件について被告人には覚せい剤であることの認識がなかったとして無罪判決を言い渡したものの，検察官控訴に基づき，原審（東京高裁）がその認識を肯定して，第一審判決を破棄・自判の上，有罪に変更したものである。最高裁は，事実誤認の意義ないし判断方法について上記のとおり判示した上，原判決は第一審判決の認定が不合理であることを十分示していないとしてこれを破棄し（破棄理由は，法411条1号の

---

[7] 最近の論稿としては，井戸・前掲注4）69頁が，事実誤認の審査方法としては，経験法則・論理法則違反説を採用しながら，有罪判決を無罪判決に変更する場合には，第一審の事実認定を尊重する必要がないから，心証優越（優先）説によるとしている。門野博「刑訴法382条の事実誤認の意義」法教390号別冊付録判例セレクト［Ⅱ］42頁も同趣旨か。なお，無罪判決に対する検察官控訴は本来許されず，控訴審を被告人救済の制度に純化するという基本的発想からも事実誤認の基準ないし判断方法を片面的に構成する考え方が出てこよう。

法令違反），検察官の控訴を棄却したものである。

　この判例の意義ないし射程距離について言えば，事実誤認の意義及びその判断方法について控訴審の一般論として判示していることやその根拠として挙げている諸点（控訴審の事後審性，第一審における直接主義・口頭主義に基づく事実認定など）に照らすと，原判決が無罪の場合と有罪の場合とを区別しているものとは考えられない[8]。そうすると，この判例による限り，控訴審における事実誤認の審査は，原判決が無罪の場合も有罪の場合も，原判決の事実認定が論理則，経験則等に照らして不合理であるかどうかを判断し，不合理であると判断するのであればそれを具体的に示さなければならないということになる。

　この審査方法は，心証優越（優先）説でないことは明らかである。しかし，論理則，経験則違反説そのものでもなく，論理則，経験則等をいわば物差しとして原判決の事実認定が不合理かどうかを事実誤認の判断基準とするわけだから，いわば「不合理説」とでも呼称すべきものであり，かつ，合理・不合理の判断をするに当たっては，控訴審が証拠の内容を検討して，原判決の事実認定と比較するという方法を排していないと解されるのである（本書522頁参照）。

2　量刑の審査における片面性

　量刑不当の控訴理由が主張されている場合，量刑不当の意義やその審査方法についても，従来からしばしば論じられているが，控訴審の量刑判断と原判決の量刑が一致する必要はなく，控訴審がその事件に対する量刑のわく（幅）を措定し，原判決の量刑がそのわく（幅）の中にある限り，量刑不当に当たらないとするのがほぼ争いのない考え方であり（石井・前掲『刑事控訴審の理論と実務』360頁），かつ，そのわく（幅）の広さについては，被告人側が控訴の申立をしている場合と検察官が控訴の申立をしている場合と区別して考えられては

[8)] 高崎・前掲注4) 48頁，原田・前掲注4) 40頁。ただし，原田・前掲注4) 41頁は，解釈論としは，両者を区別する可能性があるとしている。なお，中川・前掲注4) 132頁は，この判例に言う不合理性の実質に関し，事実認定に関する他の最高裁判例も参照しながら，原判決が有罪判決の場合は「合理的疑い」の有無と同義であるとし，無罪判決の場合と片面的に構成する。同様に，田淵・前掲注4) 53頁は，最高裁は，破棄のために要求される不合理性の水準を無罪判決の場合と有罪判決の場合とで使い分けているとしている（このような理解が無理であることについては，原田・前掲注4) 41頁参照）。

いない。
　しかし，量刑の審査においては，明文上あるいは運用上，被告人側と検察官とを区別する扱いが存する。
　一つは，不利益変更禁止の原則である。すなわち，被告人のみが控訴の申立をしている場合には原判決の刑より重い刑を言い渡すことができない（法402条）。したがって，控訴審が原判決の認定より重い犯罪事実を認定することになっても，これに相応して刑を加重することはできず，原判決の刑を維持せざるを得ないことになる。逆に，検察官のみが控訴している場合，原判決の刑を検察官に不利益に変更することは，もとより可能である。
　不利益変更の禁止は被告人側のみに有利に働く原則であるが，この原則は被告人に控訴を躊躇させないために設けられたものであって，検察官にはこのような配慮をする必要はないから，両者間に区別があっても立法政策としての合理性が存するのである。
　次に，刑訴法397条2項による破棄（いわゆる2項破棄）は，理論上は原判決後の被告人に不利な情状を職権で取り調べて原判決を破棄することが可能なのであるが，実際には被告人側に不利益になるような運用がなされておらず，ほとんどすべてが被告人に有利な刑の変更のみに適用されている。この規定が，原判決後の示談・弁償など被告人に有利な情状により原判決の刑を軽減するために，弁護士層の強い要望により制定された事情もあり，そのような運用が妥当であることに今日でも異論はない。
　2項破棄の運用における片面性は，同条項が，原判決を破棄する要件として「明らかに正義に反する」という文言を掲げていることからも肯定されよう。なぜなら，「正義」という優れて価値的・抽象的な文言を用いている例外的破棄理由の解釈・運用については，上訴審における被告人の救済機能を重視して検察官と被告人側では区別する運用が可能であるし，妥当でもある。
　このことはまた，上告審が職権により本来の上告理由（法405条）に当たらない量刑不当を理由に原判決を破棄する場合（法411条2号）の運用にも当てはまるであろう。現に，上告審が「著しく正義に反する」として量刑不当を理由に原判決を破棄するのは，そのほとんどが被告人にとって重すぎると言える場合である（河上和雄ほか編『大コンメンタール刑事訴訟法(9)〔第2版〕』〔青林書

院，2011〕616頁〔原田國男〕)。

3 職権調査における片面性

控訴裁判所は，控訴趣意書に包含されない事項であっても，刑訴法377条ないし382条及び383条に規定する事由に関しては，職権でこれを調査することができることになっている（法392条2項)。職権調査の範囲すなわちこの条文にかかわらず控訴裁判所が職権で調査できない事項があり得るのか，調査できるとしても，どのような場合にこの職権を発動するのが妥当なのか，あるいはどのような場合にはその義務があると言えるのかなどの問題が論じられている。そして，ここでも，職権調査の範囲が，被告人側に有利な場合と不利な場合に広狭の差異があるかは重要な問題である。

職権調査の可否の範囲については，判例により確立されたいわゆる攻防対象論がある。攻防対象論とは，要するに，原判決が科刑上一罪ないし包括一罪の一部について犯罪の証明がないとして理由中において無罪の言渡しをしたが，検察官が控訴の申立をせず，被告人側のみが控訴の申立をしている場合，この無罪部分は，控訴審に移審係属するものの，攻防の対象からはずされているから，控訴裁判所が無罪部分の事実認定について職権調査をし，有罪の自判をすることは，職権調査の限度を超えたものであつて，違法であるとする判例理論である（攻防対象論に関する判例の展開，その理論的根拠，適用範囲等については，石井・前掲『刑事控訴審の理論と実務』336頁参照)。

同じような事例について，逆に，無罪部分について検察官が控訴の申立をし，有罪部分には被告人が控訴の申立をしていない場合には，攻防対象論は適用されない。すなわち，控訴裁判所は有罪部分について職権調査を加え，無罪の判断をすることができるのである（同書342頁)。職権調査の可否の範囲では，このように被告人側控訴の場合と検察官控訴の場合とで異なった解釈がなされている。正に，片面的構成が許容されているのである。攻防対象論の根拠を一罪の一部に対する検察官の訴追意思（処罰意思）の放棄に求めるならば，このような両者間に差異のある解釈は合理性があると言えよう。

しかし，攻防対象論が適用される場合を除き，控訴審における職権調査の可否一般について言えば，その範囲につき両者間に差異はない。

被告人側のみが控訴の申立をしている場合には被告人に不利益な職権調査を違法視する見解もないではないものの[9]，一般的にはそうは考えられていない。この場合でも，控訴裁判所は被告人の有利・不利を問わず職権調査を行い，破棄理由があれば，自判に際し被告人に不利益な事実認定や法令の適用が可能なのである（石井・前掲『刑事控訴審の理論と実務』350頁）。控訴審には第一審の誤った事実認定や法令の適用を是正する機能・職責があるからである。ただし，この場合でも，先に述べたように，不利益変更禁止の原則があるから，原判決が認定した犯罪事実より重い犯罪事実を認定したとしても，刑を被告人に不利益に変更することはできないことになる（この種の場合の最近の事例として，東京高判平22.7.14判タ1380号251頁がある）。

もっとも，このことは職権調査の可能な理論的範囲についての法理であり，職権調査が相当な範囲あるいは職権調査義務の範囲ということになると，被告人に有利な方向と不利益な方向との間に広狭を設けることに合理性が存するであろう。

第一審においても同様であるが，およそ裁判所の職権的な訴訟活動，典型的には職権証拠調べの必要性などは，検察官に対する関係と被告人側に対する関係で差異を設けて解釈・運用することが可能であるし，相当でもある（石井一正『刑事実務証拠法〔第5版〕』〔判例タイムズ社，2011〕290頁）。

4 事実の取調べにおける片面性

控訴審における事実の取調べの範囲すなわち刑訴法393条1項本文で取り調べることができる証拠の範囲あるいは同法382条の2第1項の「やむを得ない事由」については，被告人側と検察官側を区別し，前者には後者よりもゆるやかな解釈・運用を提唱する見解がある[10]。例えば，刑訴法393条1項本文で取り調べることができる証拠の範囲に関し，被告人に有利な証拠については無

---

[9] 小野慶二「控訴審の審判における当事者主義」『団藤重光博士古稀祝賀論文集(4)』（有斐閣，1994）265頁，273頁など。
[10] 井戸田侃「刑事上訴の構造論」平場博士還暦祝賀『現代の刑事法学(下)』（有斐閣，1977）255頁，小田中聰樹「控訴審における事実取調──刑訴法393条1項の解釈試論」同書264頁，鈴木茂嗣「刑事控訴審の構造」『続・刑事訴訟の基本構造(下)』（成文堂，1997）632頁など。

制限に，検察官に有利な証拠については厳格な制限をとか，「やむを得ない事由」に関し被告人側については物理的不能に限らず錯誤など心理的不能も含むなどと主張されている。

この主張は，学説において有力ではあるものの，いまだ通説とは言えないし，無理な解釈であるとの批判も根強い[11]。前述の「事実誤認」と同様，同じ法文を被告人側と検察官側に分けて解釈・運用することの文理的な根拠が乏しい上，無罪判決に対する検察官控訴を認める以上，控訴理由の有無の判断資料に差異を設ける合理性がないからである。

控訴審における事実の取調べに限らず，証拠法の解釈・運用，例えば，伝聞法則の適用などについては，「片面的構成論」は法文上も採用しがたい（例えば，法321条1項3号は犯罪事実を否定する証拠について伝聞法則が適用されることを示しているし，法322条1項は被告人に有利な供述書等にも伝聞法則が適用されることを示している）。また，刑訴法328条により提出できる証拠の範囲について自己矛盾に限るとする限定説を明言した最高裁判例は，被告人側が同条により提出する証拠についても同様であることを示している（最三小判平18.11.7刑集60巻9号561頁，判タ1228号137頁，判時1957号167頁）。

検察官に比べて被告人側の証拠収集能力が劣っていることや「無辜の不処罰」の重要性は言うまでもないが，他方で検察官は，犯罪及びその犯人という本来隠密裏の事実について証拠を提出し，かつ，「合理的疑いを超えた証明」を果たさなければならないという重い負担を負っていることや刑事裁判においては前述した刑罰法令を適正に適用実現することの重要性もまたないがしろにできないのである。そうすると，この分野での，少なくとも理論的な平等性を否定するのは相当でない。

第4 裁判員裁判の「片面的尊重論」について

裁判員制度の導入に当たり主張された「片面的尊重論」は，裁判員制度が導入された趣旨・目的からして，控訴審は裁判員裁判の原判決を尊重し，その破棄を抑制すべきであるが，有罪の原判決と無罪の原判決を区別し，有罪判決の

---

[11] 野間禮二『刑事訴訟における現代的課題』（判例タイムズ社，1994）101頁，115頁，平良木登規男『刑事控訴審』（成文堂，1990）114頁，121頁など。

破棄は裁判員裁判であっても躊躇すべきではないとか,一審尊重の度合いは原判決が無罪判決のほうが高い,あるいは,有罪判決の破棄の場合は控訴審が自判して差し支えないが,無罪判決の破棄の場合は差し戻すべきであるなどという見解である。「片面的尊重論」は,このように主として事実誤認による破棄を念頭に学説の一部又は弁護士の論者を中心に主張されている。裁判員裁判に対する控訴審における事実誤認の審査方法ないし破棄の基準あるいは破棄後の手続に前記の片面的構成論を持ち込む考え方と言えよう[12]。

　「片面的尊重論」の根拠として挙げられている点も論者によって異なるが,無罪判決に対する検察官控訴は本来認めるべきものではなく,上訴制度は被告人の救済のためにあるという基本的発想の上に,裁判員が参加した原裁判所が「合理的疑い」ありとしたものを職業裁判官3名の控訴裁判所がその疑いは不合理であるとして覆すのは「疑わしきは被告人の利益に」の趣旨と整合しない,裁判員関与の下で直接主義,口頭主義を徹底してなされた無罪の事実認定を控訴審の裁判官が記録に基づいて破棄自判するのはよほどのことがない限り許されないが,有罪判決の破棄自判は「合理的疑い」があると判断するだけであるから可能である,また,裁判員制度導入の趣旨・目的に照らすと控訴審が裁判員裁判の事実認定に介入するのはできる限り避けなければならないが,「疑わしきは被告人の利益に」という刑事裁判の鉄則と実体的真実に合致した事実認定でなければならないとする原則との重要性に差異があるから,原判決が有罪の場合と無罪の場合とで控訴審の第一審の事実認定の介入の程度が異なることは許容される,裁判員裁判尊重の根拠が裁判員裁判の民主的正当性（主権者である市民が参加した判断）の尊重と解せば,罪を犯していない者が処罰されない権利が,民主主義によっても否定することはできない,このことは裁判員裁判の特殊な評決条件（裁判員法67条1項）からも説明することができる,

---

12) 中川孝博「裁判員制度の下における控訴審のあり方」刑弁43号63頁,水谷則男「裁判員裁判と上訴・再審制度の課題」法時79巻12号76頁,後藤・前掲注3) 28頁,同・前掲注4) 17頁,佐藤博史『刑事弁護の技術と倫理——刑事弁護の心・技・体』(有斐閣, 2007) 322頁,河津博史「裁判員制度と事実認定」法時77巻11号54頁など。

　裁判官（元）のこれに賛同する見解としては,杉森研二「裁判員制度導入後の控訴審」『鈴木茂嗣先生古稀祝賀論文集(下)』（成文堂, 2007) 755頁,石原悟ほか「座談会・制度設計に市民の観点をどう活かすか」法セ2006年11月号33頁〔木谷発言〕など。

すなわち，同条項は，裁判官が無実の者が処罰されないという人権を守るべき役割を負っていることを現しているなどと，説明されている。

しかし，これらの説明は，裁判員制度が導入されたことを理由に控訴審における事実誤認の審査方法や破棄の基準を片面的に構成する根拠としては，薄弱であると考えられる。

現行法では，裁判員裁判が原判決である場合も含め，無罪判決に対する検察官控訴が，有罪判決に対する被告人側のそれとまったく同じ要件で認められており（382条），それは控訴審の機能・職責が，被告人の救済に尽きるものではなく，裁判員裁判にあっても生じうる誤判の是正にあることに由来する。そして，誤判という以上は，原判決が無罪の場合も有罪の場合もあり得るので，前者は尊重する（破棄しない）が後者は尊重の度合いがこれより低い（破棄の度合いが高い）とは言えない。

裁判員が参加した原裁判所が「合理的疑い」ありとした判断を尊重するというなら，「その疑いはない」とした判断も同様に尊重されるべきであろうし，直接主義，口頭主義によった第一審判決の尊重という観点からすれば，これまた原判決が有罪の場合も無罪の場合も異ならないはずである。ただし，この観点から言って，控訴審が無罪の原判決を破棄した上，有罪の自判する場合には，「事件の核心」あるいは「主要な争点」について事実の取調べが必要的であるが，有罪の原判決を破棄して無罪の自判をするには，そのような必要はないというのが，判例上確立された理論であり（石井・前掲『刑事控訴審の理論と実務』404頁），そこでは両者に差異が生じ，その限度で片面的な解釈が採用されていることになるが，これは，もとより，裁判員裁判の導入とは無関係である。

「疑わしきは被告人の利益に」という刑事裁判の鉄則と実体的真実に合致した事実認定でなければならないとする原則との重要性に差異があることに着目して，原判決が有罪の場合と無罪の場合とで控訴審の第一審の事実認定の介入の程度が異なるという説明は，およそ裁判員制度の導入と関係なく，主張し得るところであるが，上告審の破棄基準（法411条の「著しく正義に反する」）は別として，控訴審におけるそれには採用されていない見解であることは，前に述べたとおりである。

また，事実誤認による審査方法ないし破棄の基準を片面的に構成し，原判決が有罪の場合は「広義の経験則違反」に無罪の場合は「狭義の経験則違反」に求める見解（前掲注12）の杉森論文）によったとしても，事実認定の実際に照らせば，この両者の使い分けは，相当微妙であって，あえて言えば，至難というべきである。
　同様に，裁判員裁判の尊重よりも無実の者の処罰の防止を優先させ，事実誤認による無罪判決の破棄は，証拠に対する評価の違いを超えて明らかな事実の無視，すなわち，意図的に証拠を無視することによって真犯人を放免する判断に相当する場合しか正当化できない（後藤・前掲注3）論文）とか，この場合に加えて，控訴審に至って重要な新証拠が発見，提出されたため有罪とすべきことが明白となった場合に限られる（後藤・前掲注4）論文）という見解によれば，原判決の事実認定がいかに不合理であっても，無罪判決の破棄はできないことになり，実際上は，無罪判決に対する検察官の控訴を認めない解釈に帰するが，それが，現行法規の解釈の許容範囲とは考えがたいのである。
　ちなみに，控訴審における事実誤認の意義ないし審査方法について判示した前記最一小判平24.2.13は，第一審が裁判員裁判である場合について裁判員裁判の導入を強く意識してなされたものであるが，この場合においても，控訴審における事実誤認の審査は，第一審の裁判員裁判が無罪の場合も有罪の場合も，「合理・不合理」という等しい基準でなされることを予定していると解され，原判決が被告人に有利な場合と不利な場合をその尊重の度合いにおいて区別するという片面的な解釈・運用は考えられていないことに留意しなければならない。
　そうすると，「片面的尊重論」はたやすく賛同しがたいと考える[13]。

---

13) 遠藤和正＝冨田敦史「事実認定の審査」判タ1276号48頁。

第VIII部 その他

第30章 交通事故における過失の個数

第1 はじめに

　刑事交通事故（業務上過失致死傷罪）の審理においては，何よりも過失の認定とその評価（量刑）が重要である。過失の認定に関連して過失の個数が論じられている。すなわち，交通事故において結果に結びつく法律上の過失の数は理論上常に一個に限られるか，という問題である。

　ところで，実務上起訴状には複数の過失が記載されていることが多い。一個の過失だけが記載されている起訴状の方がむしろ少ないといえるであろう[1]。訴因として複数の過失が主張されている場合にも，検察官としてはそのどれもが当該事故の過失と考えているわけではなくてその内のどれかの過失を認定してもらえばよいと考えている場合が実際にはあるのかも知れない。訴因として数多くの過失を掲げておいた方が訴追側としては有利であるし，後に訴因変更の手続を考慮する必要性が少ないという利益もあるから，このような起訴の仕方はないとはいえぬであろう。この場合は，実質的には予備的あるいは択一的訴因の記載と解され，"秘められた択一的認定"（後述）という言葉と対比させれば，さしずめ"秘められた択一的主張"ということができよう。したがって，起訴状における複数過失の記載から，捜査および訴追機関の交通事故における過失の個数に関する見解を速断することはできないのであるが，概していえば，やはり「交通事故において，過失は理論上常に一個である」という見解（過失単一説）に依拠していないことを示していると見てもよさそうである。表

---

1) 試みに，筆者の手持事件の起訴状を調べてみると，やはり複数過失が記載されている場合の方が多い。とくに，減速義務違反と前方不注視ないし動静不注視，減速義務違反とハンドルの不適正操作，一時不停止と安全不確認，適正間隔保持義務違反と動静不注視などの組合せが例として多い。一方，単一過失が記載されている例としては，運転避止ないし中止義務違反（酒酔，無免許，いねむり）のほかは信号無視事件が多い。

面に現われた意見から推測しても，このような見解に対する反撥は強い[2]。

一方，裁判官の中では，段階的過失論（後述）を基礎とした過失単一説が実務上有力であるといわれている[3]。果して真に「有力である」かどうかはともかく，理論的賛同者は少なくないのではなかろうか。しかし，過失認定の実情は必ずしもそうではなさそうである。もとより推測の域を出ないが，裁判所の認定としても複数の過失を罪となるべき事実に掲げる例が依然として多いのが実情であるといえようか[4]。

検察，裁判の実務の大勢は過失単一説に固まっているとはいい難い。大勢は，むしろ「交通事故における過失は理論上常に一個とは限らず複数ありうる」という立場（過失複数説ないし過失併存説）にあると見てよいのかも知れない。

このことは，過失のとらえ方に関し実務上いまだ十分な理解がなされていないことを意味するのであろうか。それとも，過失単一説に理論上および実践上の難点があることを意味しているのであろうか。本稿は，このような問題意識から出発して，過失の個数をめぐるいくつかの論点をとりあげて検討したものである。検討の際に若干の私見や批判がましいことを述べてはいるが，交通事故の処理に関する自己の覚え書とするとともに大方の批判を受けたいというのがその真意である。本稿は，もとより，筆者の個人的な見解であって，筆者の在籍する大阪地裁交通部の一般的見解や取扱いとは関係がない。この点は，当然のことながら，あらかじめ明確におことわりしておきたい。

第2　過失の個数の基準

過失の個数論——過失単一説と過失複数説の対立——は，後述するように，交通事故における過失のとらえ方（構成）に関係する。しかし，この議論は，実は，過失の数の決め方というもう一つの側面を持っていることに注目しておかなければならない[5]。すなわち，当該事故の過失の数が一個であるか数個で

---

[2] 「座談会・自動車交通事故と刑事上の諸問題(下)」曹時23巻5号5頁など参照。なお，以下では右の文献を「座談会」と略記して引用する。
[3] 判タ307号314頁（後掲秋田地判昭48.10.5のコメント），曽根威彦「交通事犯における過失の個数」ジュリ592号110頁など参照。
[4] 片岡聰「過失の認定に関する実務上の諸問題」曹時27巻9号8頁。

あるかは何を基準に数えるのであろうか。これがまずもって問題となる。

　過失は注意義務違反であるから、違反した注意義務の数を基準として過失の個数を決定するという立場が一つありうる[6]（以下、「注意義務基準説」と仮称）。この説に対立する見解として、運転者の不注意な運転行為（過失行為ないし過失の実行行為）の数を基準として過失の個数を決定する立場がありうる[7]（以下、「過失行為基準説」と仮称）。

　過失が注意義務違反であることは争いないとしても、注意義務および過失行為の内容やその体系的地位について、実は、種々の見解があって帰を一にしていないことは、周知のとおりである。たとえば、結果発生の実質的な危険性を持つ行為を過失行為ととらえ、不注意により自己の行為にこのような性質があることを認識しなかったところに過失の責任としての実質を求める見解[8]を基礎として、過失の数の決め方の問題を考えれば、過失行為基準説しか意味がないことになろう。なぜなら、この見解によれば、注意義務そのものは一義的であり、結果発生回避のための具体的措置（減速、警笛吹鳴など）はいくつあっても、それは当該行為を危険でないものにするためになすべきであった行為にすぎず、過失の内容ではないと解されるからである。一方、結果回避義務を中心として注意義務を考え結果回避措置をとるべき義務あるいはこれをとるよう配慮すべき義務違反に過失の本質を求め、結果を回避するために要求される行動基準に反した行為（落度ある行為）を過失行為としてとらえる見解[9]を基礎としてこの問題を考えれば、具体的な回避措置の内容（減速、警笛吹鳴など）

---

5) 朝岡智幸「業務上過失致死傷の問題点」遠藤浩編『実務法律大系(4)交通事故』（青林書院新社、1973）107頁。
6) 佐野昭一「過失の構成と訴因」判タ262号226頁以下はこのような見解に立つものと思われる。
7) 片岡・前掲注4）はこのような見解に立つものであろうか。そこでは、過失は一個であるがその内容をなす注意義務違反として数個の注意義務違反が併存することもある、と述べられている（25頁以下）。
8) 平野龍一『刑法総論I』（有斐閣、1972）193頁以下、同「過失犯の構造について」司研1972-I号5頁以下。
9) 藤木英雄『過失犯の理論』（有信堂、1969）25頁以下、同「過失犯の構造について」司研1971-I号70頁以下、同『過失犯』（学陽書房、1975）23頁以下。西原春夫『交通事故と過失の認定』（成文堂、1975）24頁以下、同『犯罪各論』（筑摩書房、1974）100頁。

によって注意義務が識別されるから，過失の数の基準については，過失行為基準説を論理上排するというわけではないとしても，どちらかといえば注意義務基準説に親近性があると解されよう。

　注意義務および過失行為の内容やその体系的地位というような過失犯に関する根本的な問題について，本稿で解明することは，もとよりできるものではない。本稿では，これらについて，私自身はさしあたり結果回避義務を中心とした過失の構成になじんでいることを明らかにする程度にとどめたい。この見解によれば，過失の数の基準については，注意義務基準説に親しみやすいことは前に述べたとおりであるし，以下の理由を加えて，この説が相当であると考えている。

　それは，第一に，過失は注意義務違反であるとする以上，過失の個数は違反した注意義務の数に相応すると考えた方が理論的であるし自然でもあること。第二に，基準としての明快さの点において注意義務基準説の方がすぐれているということである。この点若干付言すれば，過失行為基準説は運転者の不注意な運転行為という，特定の注意義務違反という評価，あてはめを受ける以前の自然的な行為の数を問題とする。過失犯においてもこのような行為がありうることは，最近の多くの学説が認めるところであるし，その数を容易に数えあげることができる場合も想定できる（たとえば，車間距離を保持しないで追従運転した行為と追突しそうになってあわててアクセルをブレーキと誤って踏んだ行為）。しかし，どこまでが一個の過失行為であり，どこからが別個の行為になるのかを判別することがむつかしいことも多い。結局，特定の注意義務違反によって評価されるごとに行為があるということにならざるをえないのではなかろうか。たとえば，交通整理の行われていない見とおしの悪い交差点を徐行もせずかつ交差道路の安全確認もしないで直進した場合，不注意な行為は一個なのか二個あるといえるのか。自然的に観察して行為の数が識別しやすい故意行為と注意義務違反というライトをあてることによってはじめて識別される過失行為との差異があると思われる[10]。

---

10) 藤木・前掲注9)『過失犯の理論』331頁参照。

第3　注意義務個別化の基準

1　基準の意義

　以上述べてきたように，過失の個数の決め方としては注意義務基準説の方が妥当であると考えているのであるが，実は，これで問題が残らないわけでもない。というのは，どこからどこまでが一個の注意義務というのかは問題であるし，また，注意義務とこれを尽すための手段方法とをどこで区別するかなどという問題も残っているのである。たとえば，同じ前方注視義務といっても，右前方注視義務と左前方注視義務では別個のものと考えるべきなのかあるいは前方注視義務という一個の注意義務の内部的差異にすぎないと見てよいものなのか。いいかえれば，前方注視の対象との関係でどの程度個別化して一個の注意義務を考えるのが妥当なのであろうか[11]。

　結局，注意義務基準説による限り，この説が基礎とする「注意義務の数」を明確にするために，注意義務個別化の基準ないし注意義務とこれを尽すための手段方法との区別などが明らかにされなければならないことになるのである。そしてこの基準ないし区別は，単に注意義務の数を明確にするにとどまらず，実務上相当重要な役割を果すことを指摘しておきたい。

　すなわち，注意義務個別化の基準は，訴因や判決の罪となるべき事実においてどの程度詳細具体的に注意義務を記載すべきかという問題を解決するために有用であるし，注意義務とこれを尽す手段方法との区別は，たとえば起訴状に複数の注意義務が記載されていると見える場合にそれら相互の関係を明らかにするために有用である。さらに，過失の変動と訴因変更の要否に関しても，これらの基準ないし区別は，解決の手がかりを与えてくれるものと思われる。というのは，過失犯における訴因変更に関し，訴因の過失と別の態様の過失を認定するには訴因変更を要すると解すれば，訴因変更の要否はもっぱら訴因の過失と認定される過失を対比してみて，「過失態様の同一性」があるかどうかすなわち注意義務の同一性の有無により決せられることになり，注意義務の同一

---

[11]　朝岡・前掲注5）107頁。

性を決定するためには，どこからどこまでが同一の注意義務といえるのかが明らかにされねばならず，まさに注意義務の個別化の基準が妥当するのである。また，過失犯における訴因変更に関し，今までこれを不要とした判例を整理すると，注意義務を尽す手段方法のみが訴因と異なったりあるいは訴因と異なった手段方法を例示として付加する場合および訴因と同一の過失を認定したのだが，事案に則し具体的に説明したのにすぎない場合などであって[12]，注意義務が異なるのか，これを尽す手段方法のみが異なるのかという差異の重要性が理解されるのである[13]。

2 基準の内容

注意義務個別化の基準すなわち注意義務分類の方法については，すでに実務家の手によって貴重な研究が公にされている。この分類は，自動車運転の心理的構造に着眼し，運転にあたっての不注意の発現形態をもって注意義務構成の基準としようとするもので，具体的には，不注意を認識欠除型，判断欠除型，操作不完全型の三種類に分類し，これと注意を払うべき対象事項——これも，運転主体，運転手段（車両），運転の場ないし運転の実行（道路状況等）の三種類に大別される——との組み合せによって注意義務を個別化し，注意義務の同一性ひいては訴因変更要否の基準としての訴因の同一性を決定するものである[14]。この基準は交通事故の過失の構成や刑罰による事故の抑止力の分析検討ならびに運転者に対する再犯防止のための矯正教育の重点などを明らかにするためにきわめて意義のあるものであり[15]，さらに交通事故以外の過失事件にも応用可能な思考方法であるといえる。しかし，注意義務個別化の基準は，訴因の特定や訴因変更要否の基準（訴因の同一性）として機能することは前に

---

12) 石井一正「過失犯における訴因変更——判例の総合的研究」判時 792 号 138 頁以下。
13) 前述したような平野教授の考え方によれば，注意義務そのものは常に一義的であり，その個別化などは問題にならないことになり，訴因変更の要否も，注意義務の変動ではなくて，過失行為（危険行為）のずれの程度の問題ということになるのであろう（平野・前掲注8)『刑法総論 I』202 頁，同・前掲注8)「過失犯の構造について」12 頁）。
14) 佐野・前掲注6) 206 頁以下，土屋一英「第一審における刑事交通事件の審理上の諸問題」判タ 262 号 249 頁以下。
15) 山本卓「事故防止からみた量刑」判タ 262 号 126 頁以下，朝岡・前掲注5) 92 頁以下。

指摘したとおりであり，これら訴因の問題は，結局審判対象の個別化（明確化）および機能的には被告人の防禦の保障という訴訟におけるきわめて実際的な目的に資するものである。とすれば，注意義務個別化の基準はやはり自動車運転の現象的，常識的分類に求めるべきではなかろうか。

　私が，今のところ考えているのは，運転態様に応じた，結果（事故）回避の手段方法の類型性を軸として注意義務を個別化できないか，ということである。すなわち，一定の運転態様をとる際に，事故回避のため運転者が注意すべき点ないしとるべき具体的措置は，さまざまであるとはいえ，大まかには類型化されうるし，運転者によって千差万別というわけではなくて，一般化，定型化されていると考えられる。実際にもそうであろうし，理論的にいっても，ここでいう注意義務は，いわゆる客観的注意義務として平均的な運転者に対し，自動車運転の危険性と自動車の交通機関としての使命役割の調和という条理に基づいて，要求されるものであるから，本来ごく一般的，常識的なものであり，かつ定型的分類が可能でなければならないはずのものである。

　ところで，特殊な形態の事故（積荷や乗客に対する不注意のために生じた事故，ドアを開く際の事故など）や特殊な自動車による事故（緊急自動車，乗合バスなど）を除き，ごく普通の自動車事故を想定してみると，事故防止のため運転者に要求される注意義務は，次のように分類することができる。まず，㈠運転避止ないし中止義務と㈡運転過程における個別的注意義務に大別される。㈠は運転の開始または継続についての注意義務であり，「当初から正常な運転を期待することができないかまたはそれが著しく困難な事情が存在し，あるいは，運転の途中でそのような事情が生じた場合に問題となる注意義務である。その事情としては，運転未熟，高度の酒酔い，眠け，制動装置等車両の構造機能の著るしい不良などが考えられる。」（柏井康夫「過失の認定」判タ262号69頁）。㈡は運転過程の種類に応じ，さらに(1)発進の際の注意義務，(2)進行中の注意義務，(3)駐停車の際の注意義務に分けることができる。㈠が運転そのものが許容されない場合であるのに対し，㈡は運転は許容されるが，個々の運転過程に，それに即応した注意が要求される場合である。㈠と㈡とはこのように性質上二律背反であることおよび注意義務違反の程度としては一般に㈠の方が重大であることに留意すべきである。

私のいう注意義務の個別化とは，右のような大分類を前提として，さらに細かく注意義務を分類しようとするものである。たとえば，進行中の注意義務（前記㈡(2)）は，㈦通常の注意義務（前方注視，速度調節，ハンドルブレーキの適正操作など）と㈠道路や運転態様の特異性から生ずる特殊な注意義務を含むものである。㈠は，特殊な道路（交差点，横断歩道，踏切，カーブ，狭あいな道路，往来のはげしい道路など）を進行したり，特殊な運転態様（追越し・追抜き，側方通過，離合，追従，左折右折，横断，転回，進路変更，後退など）をとる際に必要とされる注意義務である。そして，右の個別的な運転の態様に応じた，結果（事故）回避のために必要とされる類型的な注意ないし手段方法を考えるわけである。二，三の例をあげてこれを説明しよう。

　まず，追越しを例にとると，運転者が追越しに際し事故防止のため必要とする注意は，(1)追越しに適した道路状況にあるかどうかに関する注意，(2)対向車に対する関係（対向車の有無，距離関係など）での注意，(3)被追越し車両に対する関係での注意（安全間隔の保持，ハンドルの適正操作など），(4)その前方の道路に対する注意などに類型化され，個別化される。一定の運転態様に応じた，事故回避のため注意すべき点ないし具体的措置の類型は，当該被告人も含め普通の運転者の予知しているところである。少なくとも，法的には予知しているものと考えてよい。したがって，訴因において当該事故の場合被告人はどの類型に不注意があったか——前例でいえば，(1)ないし(4)の類型のうちどれに不注意があったか——を指摘しておけば，最小限防禦が可能となり，また裁判所の審判の範囲も明確になると解される。さらに，たとえば，右の(2)の注意義務違反の訴因に対し，(1)，(3)，(4)の注意義務違反を認定するには，相互に注意義務の類型を異にするから，訴因変更を要するが，(2)の内部における事実の変動にすぎない場合は（たとえば，対向車の有無を確認しないで追越しをした過失という訴因に対し，その確認はしたが距離関係の判断を誤った過失を認定するがごとき），同一類型の注意義務のわくをこえていないから，訴因変更を要しないと解することができよう。

　次に，対向車との離合を例にとって，対向車との接触を回避するため注意すべき点ないし具体的措置をあげれば，(1)安全な側方間隔の保持，および道路状況によっては，(2)減速徐行，(3)進路の避譲などに類型化され，個別化される。

また，赤信号の無視と見落しの過失は同一類型の注意義務違反と考えてよい。なぜなら，信号機により交通整理の行われている交差点を直進する場合，信号の現示に従う義務が類型的に存在するからである。

最後に，後退の場合を例にとって，注意義務とこれを尽す手段方法との区別を説明しよう。もともと，この区別は，結果回避のための具体的措置を注意義務の内容とする考え方に立つ限り，常に微妙で困難さを伴うものである。後退にあたり自車の進路にある障害物との衝突を回避するためには，当然のことながら後方の安全確認が必要である。この確認は，状況により次の二つの手段方法によって尽されることになる。すなわち，(1)運転者自からによる場合と(2)他人を介しての場合である。この二つは，同じ後方安全確認の手段方法といいながら，運転者にとって類型を異にする措置といわなければならない。したがって，たとえば，助手を介しての後方安全確認義務という点で訴因も裁判所の認定も一致する限り，助手を下車させるか同乗させたままかは，同一類型の注意義務（前記(2)）を尽す手段の相違にすぎないことになるから，訴因変更を要しないと解されるが[16]，逆に，運転者自からがする後方安全義務の訴因に対し，後退を誘導していた者を介しての後方安全義務を認定するのは，注意義務の類型を異にするから，訴因変更を要すると解すべきであって，これを同一類型の注意義務を尽す手段の相違にすぎないとみるのは正当ではない[17]。

第4 過失単一説の検討

さて，過失の個数論のもう一つの，しかもより本質的な側面すなわち過失のとらえ方に関連して過失の個数を論じよう。

過失単一説は，過失のとらえ方としての段階的過失論（過失段階説，直近過失説ともいわれる）を基礎としている。段階的過失論とは，交通事故において過失をとらえる方法として，発生した結果から思考をさかのぼらせて，現実に生じた法益侵害の結果に最も近接した時点における予見および回避の可能性を

---

16) 東京高判昭 48.3.26 東高時報 24 巻 3 号 33 頁。
17) 東京高判昭 43.11.22 東高時報 19 巻 11 号 223 頁，判タ 235 号 286 頁は，このような場合訴因変更を要しないとしているが，東京高判昭 49.1.10 判時 738 号 112 頁と対比しても，疑問である。

検討し，これが否定された後はじめて順次それ以前の段階にさかのぼって同様の検討を繰り返すことが必要であるとする考え方である[18]。

　段階的過失論は，右に述べたように，発生した結果から因果の連鎖を逆にさかのぼって段階的に過失の有無を判断していくところに特徴があるが，このような過失のとらえ方（構成論）そのものには，格別異論はないようである。また，段階的過失論という特定の理論的立場を標榜すると否とにかかわらず，そのような思考はすでに見られるところでもある。たとえば，安西検事は，過失の有無の判断は「映画のフィルムを逆回転させるように，衝突地点から段階的に遡って行く方法が便利である。」と述べられ，かつ，このような判断方式は実務上一般化しているといわれている[19]。藤木教授が「結果回避義務は，具体的に生じたある危害からさかのぼって，その原因となった行動をした時点において行為者に対し何をなすべきであったかということを論じてその内容を特定するもの……」と述べられ[20]，また，西原教授が「過失認定のためにはまず結果から出発し，どのような態度（結果回避措置）をとればその結果は回避しえたかを考え……」と述べ，ついで主観的予見可能性はなかったが客観的予見可能性はあったという場合には双方が合致するところまで時期をさかのぼって過失を認定する方法を示されている[21]のは，過失のとらえ方について同じような思考があると考えてよいように思う。鈴木教授も，過失の成否を論ずる面では事故に最も近い時点での注意義務違反を過失の内容としてとらえる判断方法が適切で便利であるといえるかも知れないと評され，このような判断方法が学説においても支配的だと理解されている[22]。

　過失犯が結果犯であることからも，あるいは因果関係の検討の面からも，こうした過失のとらえ方は合理的であるし便利でもあるといえよう。ただ，通常の場合はそうだというだけのことで，事故によっては，結果に対する時間的先後をぬきにして，最も明白で基本的，特徴的な運転者の不注意な行為をピック

[18) 札幌高判昭40.3.20高刑18巻2号117頁，判タ179号143頁が段階的過失論の指導的判例であると一般にいわれている。
19) 安西温「自動車事故における過失認定の実際」日沖憲郎博士還暦祝賀『過失犯(2)』（有斐閣，1966）349頁以下。
20) 藤木・前掲注9）『過失犯』32頁。
21) 西原・前掲注9）『交通事故と過失の認定』20頁以下。

アップして過失の成否を検討した方がよい場合もあるのではないかと思われる。

　過失単一説は，過失のとらえ方としての右の段階的過失論を前提とし，さらに，運転開始から事故発生まで運転者に数個の不注意な行為が認められる場合においても，結果に結びつく法律上の過失は，事故に最も接着した段階で認められるもの一個に限られ，他は経過としての事情として理解すべきものとする考え方である[23]。そして，この考え方からすると過失が数個同時に存在しているような場合にも，厳密に検討すれば，それは時間的に前後していたり，または性質上大，小ないし主従の関係にあって，一方が認められると他は不要であったり，あるいは理論的には両者同時成立は矛盾していて，一方が成り立てば他方は成り立たない関係にあったりして，結局は，過失は理論上一個にならざるをえないというのである[24]。

　先に述べたように，結果からさかのぼって過失の有無を判断していく方法そのものには異論がないとしても，ここからさらに，過失単一説にまで歩を進めるとなると異論なしとはしない。なぜなら，過失単一説には，主として次のような疑問があるからである。まず，理論上の疑問として，法律上の過失はなぜ結果に最も近接したもの（以下「直近過失」という。）一個に限られ，これに先行する運転者の他の不注意な行為（以下「先行不注意」という。）は事情にすぎない，すなわち法律上の過失たりえないのか，という点であり，次に実践上の疑問としては，第一に，直近過失の認定の困難性である。すなわち，直近過失が不分明の場合いかにすべきか，とくに二個以上の注意義務違反が同一ないし接着した時点にからみ合っているような場合いかにしてここから一個の過失を

---

22) 鈴木茂嗣「酒酔い運転の罪と業務上過失傷害罪との罪数関係」判タ 269 号 81 頁。もっとも同教授は過失犯の具体的・実質的内容如何という点からは，このような判断方法は不十分であるとされている。
　なお，正田満三郎「訴因変更の許容性と必要性(6)」判時 494 号 7 頁も，前掲札幌高判昭 40.3.20 を刑事過失に対する基本的な認識の方法として正当とする（ただし，数個の過失を一過失犯の原因とみることを否定する点は正当でないとしている）。
23) 佐野・前掲注 6) 226 頁以下，片岡・前掲注 4) 1 頁以下。小野寺規夫「刑事交通事件の審理」遠藤編・前掲注 5)『実務法律大系(4)』114 頁以下。
24) 佐野・前掲注 6) 227 頁。

分離すべきか，という点である。第二に，直近過失が比較的軽微であり，先行不注意の方が結果に対して重大かつ基本的な影響を与えているような場合において，直近過失のみを刑法上の過失とするのは不自然ではないか，という点である。

以下，これらの諸点につき，順次検討していくことにする。

1 理論上の問題

過失単一説によれば，先行不注意が刑法上の過失たりえない理由について，二通りの面から説明されているようである。一つは因果関係の面から，他は予見可能性の面からである。

たとえば，段階的過失論の理論的提唱者の一人である佐野判事の前掲論文には，この点明確ではないけれども，この理論の正しい理由として「何が過失かは，発生した結果から因果関係を逆にさかのぼらせて検討し，結果に最も接着した段階で認められる，その結果への因果の流れを変えることができた，いいかえると，結果の回避をなお支配し得た行為者の判断と行動，すなわち作為または不作為は何であったかを確定し，これに出るべきが注意義務であり，これを欠いたのが過失というべきである」という注意義務の構成につき，と述べておられるところを推察すると，先行不注意は，直近過失の存在により結果への因果関係が断たれているから刑法上の過失たりえないという趣旨のようにも理解されるのである[25]。

先行不注意が刑法上の過失たりえない理由は，これが結果に対して因果関係がないからであるとする考え方は，刑法における因果関係論と矛盾しないか。刑法上の因果関係の有無を決定する基礎的方法は，いうまでもなく条件説である。条件説は，行為と結果との間にその行為がなかったならばそのような結果は生じなかったであろうという関係（条件関係）があれば，因果関係ありとするのであるから，結果と因果関係を持つ行為は複数ありうることを認め（条件の競合），それらをすべて同等のものとみる点において等価説ともよばれる。相当因果関係説といえども，条件説を基礎とし，これによって肯定された条件

---

[25] 佐野・前掲注6) 227頁。なお，同228頁，「座談会」6頁〔海老原発言〕参照。

のうち一般的に相当な条件だけを刑法上重要として因果関係の範囲を画する理論にすぎない。いわゆる原因説のように複数の条件の中から，最終条件とか決定的条件だとかの基準で一個の原因をとり出す因果関係の決定方法は今日支持されていない。

　過失犯における過失と結果との関係においても，このことは同様であり，A過失がB過失を誘引しその結果事故が発生した場合，直近のB過失がなければ事故は発生しなかったという意味でB過失は事故と因果関係は当然あるが，先行過失たるAがなければB過失もなく，したがって事故発生もないという意味でA過失もやはり事故と因果関係を有しているのである。A過失とB過失が同時的に共同して作用し事故を発生させた場合はなおさら因果関係は明らかである。また，因果関係の面で考える限り，他人の過失が競合した場合も同一の問題であり[26]，これについては，「……他の過失が同時に競合し，或は時の前後に従って累加的に重なり，……問題とされる過失が間接且つ劣勢なものであったとしても，これによって因果関係は中断されず，右過失と結果との間にはなお法律上の因果関係ありといわなければならない。」とする判例がある[27]。

　もちろん事故によっては，先行不注意と結果との間には因果関係がなく，したがって，先行不注意は当該事故の過失たりえない場合が多々ある。しかし，そうでない場合が先に示した例のようにありうる以上，因果関係の面から，直近過失が認められればおよそ先行不注意は法律上の過失たりえず，過失は理論上常に直近過失一個である，とすることはできない。

　そこで，過失単一説の中でも，この論議は因果関係の問題ではないことを指摘し，注意義務の前提としての予見可能性の面からこれを説明しようとする見解がある。片岡判事の前掲注4）論文がこれである。この見解の詳細は同論文を参照してもらうのが最適なのであるが，要するに，(1)複数過失認定の実務は，注意義務違反の問題を責任の問題としてのみ理解し，過失犯の構成要件に該当する行為としては単に結果の発生に原因を与えた有意的な行為であれば足りるとする従前の犯罪論の体系から脱却していないことによるものであるこ

---

[26] 江碕太郎「高裁判例研究」判タ199号75頁参照。
[27] 最二小決昭35.4.15刑集14巻5号591頁。

と，(2)現在では，過失犯の構成要件を充足するためには「注意義務に違反した行為」の存在とこれによる結果の発生とその間の因果関係の存在が必要であると解すべきであり，注意義務の判断にあたっては予見可能性の存否が検討されなければならず，この検討は相当因果関係説における相当因果関係の判断と基準が一致するから，過失犯については予見可能性の存否を吟味することによって，結局相当因果関係説をとる場合とほぼ同一の結論に帰着すること，(3)運転者としては事故発生に至るまでに不注意な行為を操り返したとしても，なお結果回避の最後の手段が残されている以上，いまだ予見可能性は存在しないこと，などを骨子とするものである。結局，先行不注意が刑法上の過失たりえないのは，その時点では結果に対する予見可能性がないからであるというのがその結論であり，例証として「前方不注視」と「酒酔い運転」の関係などがあげられている[28]。

右の見解のうち，まず第一に，犯罪論体系における過失の位置に関する議論と過失の個数論との関連については，困難な問題であるというほかはない。ここでは，従前の過失犯の構造に関する論争（いわゆる新旧過失論の対立など）は過失をめぐる理論的検討が主であり，過失の具体的なとらえ方というような実践面での検討はあまり行われていなかったせいか，この論争の中で段階的過失論がどのような位置を占めるのか，あるいは過失犯の構造に関する理解の仕方と過失のとらえ方の方法論や過失の個数論とが理論的に結びつくものかどうかについては，十分解明されていなかったことを指摘しておきたい。結果回避義務を強調する新過失論および「危惧感」説は段階的過失論ないし過失単一説に，結果の予見可能性（行為の危険性）を中心に考える立場は過失複数説につながると理解するむきもないではないが[29]，その根拠は明示されていないし，果してそういえるかはきわめて疑問である。試みに考えてみると，結果回避義務を中心に過失犯の構造を考える見解（前記藤木，西原教授の見解など）をとったとしても，当該具体的状況の下において結果回避のための具体的措置は一個とは限らない，すなわち複数の行動基準に反する態度があるわけだから，必ずしも過失単一説につながるものではないし，また，結果の予見可能性（過失行

---

28) 片岡・前掲注4) 10頁以下。
29) 三井誠「予見可能性」藤木編・前掲注9)『過失犯』180頁。

為の危険性）を中心に過失犯の構造を考える見解（前記平野教授の見解など）においても，過失の個数の点は明らかではない。結果発生の防止可能性があり，かつ実質的に危険な行為を複数考えることも可能であるし，あるいはその最終の（より危険性が高い）行為のみを過失行為としてとらえることもできると思われる。

　次に，注意義務違反が成立するためには予見可能性の存在が必要であることなど過失犯成立の一般理論として説かれている部分は，学説上種々の議論があるところではあるが，ここでは異論をさしはさむつもりはない。問題は，同論文の見解の最後の部分（前記(3)）すなわち，右の一般理論を前提としても，先行不注意の時点において常に結果の予見可能性がないといえるか，という点にある。この点の検討は先行不注意と結果との間に常に相当因果関係がないといえるかを吟味することとほぼ同一である。

　たしかに，同論文で例としてあげられている「前方不注視」と「酒酔い運転」という二つの不注意な行為でいえば，右の結論はあてはまるようである。しかし，この二つの注意義務違反の関係は——無免許など技術未熟運転と事故直前の不適切なハンドル操作などとの関係も同様であるが——前にふれたように，必ずしも過失単一説によらなくても，一方を過失としてとらえうる限り他は過失にあたらないという意味で二律背反であり，これら二つの過失が同時に成立することはないと解されるのである。

　この点，やや詳論すれば，次のようになる。まず，飲酒の影響により知覚能力，判断能力，運転操作能力が著しく低下している場合は（正常運転能力の欠如），前方不注視など事故直前の不注意な運転行為を過失として問擬できないかわりに，運転開始ないし継続自体を過失としてとらえることができる。前方不注視など事故直前の不注意な行為を過失として問擬できないことの理由づけについては，責任能力の欠缺に求める見解もあるが[30]，一般にはそこまで高度の酩酊を考えているわけではなくて，心神喪失や心神耗弱である必要はないと解されており[31]，結局，飲酒酩酊により正常運転能力を欠いたため当該運

---

30) 小松正富「酒酔い運転と過失の実行行為」判タ220号45頁。
31) 西原・前掲注9)『交通事故と過失の認定』257頁以下，高木典雄「業務上過失（含重過失）致死傷事件における酩酊運転の諸問題」ジュリ355号64頁。

転者にとっては，決定的段階において結果回避の可能性がないというところに右の理由を求めるべきであろう（主観的注意義務の不存在）。一方，運転者がこのような状態にまで至らない場合すなわち正常運転能力を失わない程度の飲酒運転の場合は，直前の不注意な運転行為が一定の客観的注意義務に違反する限りこれを過失としてとらえることができることはいうまでもない。また，この場合飲酒運転自体が道路交通法によって禁止されあるいは処罰される行為である（同法65条1項，117条の2・1号，119条1項7号の2）といっても，飲酒運転と事故とは因果関係がない場合が多いであろうし，もともと正常運転能力が備っている運転者なのだから，運転避止ないし中止義務まで負わせることはできないのである[32]。これは，まさに，道路交通法上の義務と業務過失致死傷罪の注意義務が一致しない一例である。

以上のような次第で，前方不注視と酒酔い運転は，もともと同時に二つの過失になりえない関係にあり[33]，これを直近過失と先行不注意一般にまで拡げることはできず，したがって，先行不注意が刑法上の過失たりえないことの例証として適当ではないと思われる[34]。

---

32) 小松・前掲注30) 47頁。なお藤木・前掲注9)『過失犯の理論』332頁，348頁，高木・前掲注31) 63頁が，これを飲酒運転と事故との間に必然的因果関係がない，あるいは飲酒運転は具体的結果に直接結びついた（定型性を持った）過失行為ではないからだと説明する。
33) 一般的な見解であるが（前注掲記の文献のほか，柏井康夫「過失の認定」判タ262号69頁，判例としては仙台高判昭42.5.11高刑20巻4号391頁など参照），この二者択一性について異論がないわけではない。とくに，酩酊の結果正常運転能力の欠如とまでは至らなくても，相当程度正常運転が困難になり，前方不注視が誘発された場合，過失の競合を認めるべきだとする見解は有力である（鈴木・前掲注22) 81頁以下，曽根・前掲注3) 111頁。なお，前掲注2)「座談会」5頁〔武田発言〕や西原・前掲注9)『交通事故と過失の認定』260頁以下も同旨か。判例としては，東京高判昭38.8.27下刑5巻7＝8号667頁，判タ152号50頁参照)。
また逆に，正常運転能力が欠如している場合であっても，事故直前の過失をとらえることができるとする見解も見られる（最大判昭49.5.29刑集28巻4号114頁，判タ309号234頁における岸裁判官の補足意見参照)。
34) それ故，前方不注視と酒酔い運転の関係を内容とする最三小判昭38.11.12刑集17巻11号2399頁を段階的過失論ないし過失単一説を前提とした判例と評価することは相当でない（判旨自体も過失のとらえ方や個数論を問題にしたものではない）。さらに，同様事案の東京高判昭47.1.17判タ277号375頁は過失単一説を判示するが，これによらなければ判旨の結論が出てこないというわけでもない。

むしろ一般論としていえば，先行不注意の時点において結果に対する予見可能性を肯定することができる場合が考えられる。とくに，相関連した先行不注意と直近過失が時間的に接着した場合はそうであるし，複数の不注意な行為が同時的に混在する場合はなおさらそうである。たとえば，前車に追従進行するに際し，車間距離不保持という不注意な運転行為があり，前車が急停車したので追突しそうになってあわててハンドルを右に切ったが，切りすぎたため対向車と衝突した，という事案を考えてみる。直近過失はハンドルの切りすぎ（ハンドルの適正操作義務違反）である。先行不注意である車間距離不保持の時点において，設例のような因果の経過の概要ないし重要部分を一般通常人が予見するのは通例であると考えられないだろうか。車間距離がないため前車が急停車した際追突しそうになってあわててハンドルなどにより回避措置をとるが，これがまた不適切で結局事故を発生させるという事態はありがちなのであるから，一般通常の運転者が，車間距離不保持の時点において，このような事態の推移を考え及びもつかないというわけにはいくまい。予見可能性の有無を相当因果関係の有無の判断基準に置き換えて吟味してみても，対向車のある道路における車間距離不保持——（追突の危険）——ハンドルを右に切りすぎ——対向車との衝突事故発生と連鎖的に条件関係があることは明らかであるし，このような条件関係は経験則上相当程度ありうることは先に述べたとおりであるから，「相当性」も肯定してよいといえるであろう。車間距離不保持については，回避可能性の点は問題なく認められるから，右のような予見可能性を肯定できる以上，車間距離保持義務違反をも過失と考えてよいわけである。すなわち，設例の場合，過失は累積的に二個競合すると解される。

同様な例として，高速運転中対向車の前照灯に眩惑され，急停車しようとして強くブレーキを踏んだためハンドル操作の自由を失い対向車線に進入して衝突した事故の場合がある。判例[35]にあらわれた事案であるが，この場合も高速運転という先行過失と強くブレーキを踏んだという直近過失とが累積的に競合して結果を発生させたことになり，過失は二個と解すべきである[36]。

---

35) 東京高判昭 47.7.25 判タ 288 号 396 頁。判旨は「交通事故において，犯人が二個以上の注意義務を怠り死傷の結果を発生せしめた場合，その結果発生に対し相当性のある不注意が一個でなければならないと解すべき理由はない」とする。

もっとも，設例や右の判例の場合のような危急の際のハンドル，ブレーキの不適切な操作を過失としてとらえることはどうであろうかという疑問があるかも知れない。たしかに，あわててハンドルを切りそこなったりする現象は，結果の発生に至る因果の系列を示す事情にすぎない[37]ので，過失として意味をもつのはあわてる原因となった事実（設例でいえば，車間距離不保持）であるとしか解せない場合も多い。しかし，そうでない場合もありうるのであって，どちらの場合であるかは，主として回避可能性の有無によって決まることである。適正にハンドルを切っておれば結果回避の客観的可能性があったという状況は十分考えられるし，また，あわてていたといっても，きわめて強度の狼狽等に陥った場合は別論として[38]，適切な行動を期待できる，すなわち結果回避の主観的可能性があった場合も多いのである。
　以上検討したように，事故直前に結果回避の最後の手段が残されていることは，ただちにそれより前の時点では一切予見可能性がないことにはならない。直近過失が介在する場合は，先行不注意の時点における，事故発生に至る経過の予見が，直近過失の介在しない場合に比べて，より間接的であり，事故回避の方向への予見も考えられるだけに，予見可能性の程度がより低いということは，一般的にいえるだろうと思う。そして，ときに予見可能性がゼロになる場合もありうるであろう。しかし，これが，常にゼロになるとは限らないのである。ゼロになるかどうかは，先行不注意と直近過失の関連の度合いによって決せられると思われる。
　相当因果関係の面からいっても，直近過失が介在した，すなわち事故直前に回避手段が残されていたということは，先行不注意と事故との間に必然的，決定的因果関係がなかったというにとどまり，相当因果関係が常にないとはいえないのである。先行不注意と事故との結びつきは，「必然的ではない」（直近過失がなければ事故は究極的に発生していないという意味で）が，「相当程度ありうる」という場合は考えられるのであり，かかる場合かどうかは，やはり先行不注意と直近過失の関連性の経験則上の高低によって決まると思われる。

---

36) 同旨，曽根・前掲注3) 112頁。
37) 柏井・前掲注33) 73頁参照。
38) 安西温『自動車交通犯罪』（青林書院新社，1968) 197頁。

2　実践上の問題

過失単一説については，以上の理論的な問題もさることながら，次に述べる実践上の問題があり，むしろこれが，実務においてこの理論に対する反対説の有力な根拠となっている。

第一に，直近過失をとらえることの困難さである。交通事故はもともと瞬間的な犯罪であるから，事実関係に不明確なところが残らざるをえないし，明らかにされた事実であっても，不確実な要素がつきまとう。事故発生直後の加害者，被害者の現場における指示，説明すらも心理的動揺のために不安定なものにならざるをえないことに留意しておく必要がある[39]。さらに，過失の有無および態様は外形的，可視的なものではなく，現場や事故の状況から推認せざるをえないものであるだけに，たえず複数の蓋然性を含むものである。いわんや，「結果回避の最後の手段が残されている時点での過失をとらえる」などということは，ことばでは仮にいえても，実際上はなかなかむつかしい[40]。

過失単一説を厳格に適用すれば，なんらかの明白な運転上の不注意によって危険が発生しても，直前のハンドルやブレーキの適正操作によって結果を回避しえた以上，その不注意な行為は過失たりえないことになるから，常に直前のハンドルやブレーキによる事故の回避可能性を検討することが必要である。しかし，このような検討をすべての事件について行うことは，実際上困難であるし，仮にやってみても，あやふやな事実関係を前提にした仮の答にすぎない場合がある。

さらに，一例として，前方不注視と高速運転が重なって事故が発生した場合をあげよう。この場合いずれが直近過失なのだろうか。過失単一説によれば，この二つの過失の関係は，識別距離（最初に障害物を発見しうる距離）と停止距離（広義の制動距離）を確定し，前者が後者より大であれば，前方不注視のみが過失であるし，逆の場合は高速運転のみが過失であると解されている[41]。

---

39) 後藤芳則「交通事故捜査における過失認定上の諸問題」警論28巻4号28頁。
40) 前掲注2)「座談会」10頁〔武田発言〕など参照。
41) 佐野・前掲注6) 228頁，片岡・前掲注4) 18頁以下。ただし，片岡判事は一個の過失の内容として双方の注意義務違反が併存することもある，とされている。

しかし，このどちらの場合にあたるかを決める基礎となる識別距離や停止距離を明確に算定することは，困難な場合が多い。なぜなら，はじめて障害物を発見した地点は，加害者の供述により（これが信用できる限り）確定することができるとしても，はじめて障害物を発見しうる地点を前方不注視の加害者に指示説明させることはできない。せいぜい，前照灯の照射距離や見通し関係，事故後の実験等を参考として大体のところを把握することができるにすぎない。停止距離にしても，前提となる速度がそう厳密なものではないし，これが確定されても実際の距離は計算上の数値と一致しないものである。そうだとすれば，過失は前方不注視か高速運転かというように割り切ることは実際上困難な場合が多い。場合によっては，双方の過失を認定せざるをえないのではなかろうか。のみならず，理論上も双方の過失が競合した事故を考えることができる。すなわち，前方注視を尽しておればその速度でも事故の発生を回避しえたし，前方不注視で発見がおくれても速度超過さえなければ同じく事故を回避しえたという事案で，加害者がその双方の義務を尽さなかった場合や単に減速義務の履行だけでは事故の発生を回避できずこれと共に前方注視義務の履行も必要とされるが，加害者はその双方の義務を尽さなかった場合などである。

　高速運転のみを過失とした原判決を破棄して前方不注視の過失も併存するとした判例[42]や段階的過失論によらないことを明言して，双方の過失を認めた判例[43]があるのは，右に述べたような事情を物語っているといえようか。

　認定した事実関係からはどの点が結果と直接結びつく過失であるかが判明しない場合として，右の例のほかに，たとえば，カーブや凹凸のある道路を減速しないで通過しようとし荷台への固定が不十分であった積荷が車外に転落し歩行者に傷害を負わせた事例において，過失は発進前に積荷の固定等転落防止の措置に十分意を用いなかった点に求めるべきかあるいは減速を怠った点に求めるべきか断定できない場合，車間距離不保持と前方不注視の場合，スリップ事故の場合などをあげることができる[44]。

---

42) 東京高判昭 44.8.4 東高時報 20 巻 8 号 145 頁，判タ 242 号 313 頁。
43) 秋田地判昭 48.10.5 判タ 307 号 314 頁。
44) 佐野・前掲注 6) 227 頁以下，海老原震一「交通事件」熊谷弘ほか編『公判法大系Ⅲ』（日本評論社，1975) 134 頁，土屋・前掲注 14) 250 頁。

右に述べたような直近過失認定の困難さということは，基本的に段階的過失論を是とする論者も認めているところであり，いくつかの対応策が主張されている。

第一には，直近過失が不分明の場合に限り複数過失を認定する方法である。前に掲げた例のようなときに，過失単一説を貫いて過失はどちらか一つでなければならないとすると，その確定ができない以上無罪ということになり常識に反する。そこで，直近過失が認定できない場合二個以上の過失を認定することも許されると考えるのである[45]。この対応策は柔軟で実際的ではあるが，直近過失が認定できない場合というのは「日常しばしば生起すること」（土屋・前掲注14）論文250頁）であるだけに，実際には，過失複数説と大差のない運用になると思われる。

第二の対応策は，直近過失のとらえ方に法的見地からの検討を加味し，「直近」過失を文字どおり物理的，自然的，事実的なものとしてとらえないで，社会生活上要求される注意は何かという観点からいって，社会が通常平均的運転者に要求する行為，態度は何か，基準的行為は何かを考え，そこに照準を合わせた注意義務の構成をする方法である[46]。この見解は，直近過失認定に基準的行為という規範的要素をとり入れることによって，物理的にぎりぎりの点で過失を考えるような方法の困難さと不自然さを避けたもので，運転者の常識に合致した過失のとらえ方ということができよう。仮に名を付すれば，"規範的段階的過失論"ないし"ゆるやかな段階的過失論"とでもいうことになろうか。だが，基準的過失とそうでない過失との区別は微妙であり，時に困難であるかも知れない。なお，この見解からは，過失の個数は常に一個であるとまでいい切れるかは，なお検討を要することになる[47]。

第三として，A過失かB過失かいずれかではあるが，いずれとも確定しがたい場合に，いわゆる択一的認定を認める方法である[48]。

---

45) 土屋・前掲注14) 250頁，海老原・前掲注44) 134頁。
46) 朝岡・前掲注5) 104頁以下。
47) 朝岡・前掲注5) 107頁。
48) 朝岡・前掲注5) 108頁，佐野・前掲注6) 228頁は共にこの方法を示唆するが，前者は肯定的であり，後者は否定的である。

択一的認定の問題については，その概念やどの範囲で可能かということが従前から議論されている。かなり肯定的な見解もないわけではないが[49]，おおむねは否定的な見解が支配的であるといわれている[50]。否定説が問題とするところは，いうまでもなく，択一的認定は犯罪事実について疑いが残っているにもかかわらず疑わしさが被告人の利益に作用しているとはいえない点にある[51]（窃盗か贓物故買かというような異なる構成要件間の択一的認定については，さらに罪刑法定主義との関係も問題になる）。過失の択一的認定についても問題は同様である[52]。また，Ａ過失かＢ過失か確定できない場合に，択一的認定に踏み切れないため，Ａ，Ｂいずれかの過失に割り切って認定することは，いわゆる"秘められた択一的認定"であり，同様の問題点を包蔵するものである[53]。

　択一的認定など刑事裁判における認定および証明の緩和は，その訴訟構造の理論と実際（たとえば，黙秘権の実効性）に即応して今後考えていかなければならない問題であるが，さしずめ過失単一説にとって，択一的認定は大きなジレンマであり，未解決として残された研究課題であるといえよう[54]。

　過失単一説の実践上の問題の第二として，直近過失が比較的軽微であり，先行過失が結果に対して重大かつ基本的な影響を与えているような場合において，直近過失のみを刑法上の過失とするのは不自然ではないか，という点が指摘されている[55]。これに対しては，先行過失を情状として評価すれば全体としての事故の態様を適切にとらえることができるとする反論が用意されてい

---

49) 横井大三『刑訴裁判例ノート(4)』（有斐閣，1972）130頁以下。
50) 択一的認定に関する理論的状況につき，大野平吉「択一的認定」熊谷ほか編・前掲注44)『公判法大系Ⅲ』300頁以下参照。
51) 米田泰邦「択一的事実認定について」佐伯千仭編『続生きている刑事訴訟法』（日本評論社，1970）265頁。
52) 秋田地判昭37.4.24判タ131号166頁は，失火罪の過失につき，選択的な事実認定を可能としているが，問題は多い（松尾浩也「いわゆる不特定認定について」平野龍一＝松尾浩也編『刑事訴訟法（実例法学全集）』〔青林書院新社，1963〕462頁は，この判例の事案についての択一的認定に反対）。
53) 米田・前掲注51) 265頁，井戸田侃「疑わしきは被告人の利益に」熊谷弘ほか編『証拠法大系Ⅰ』（日本評論社，1970）231頁。
54) 朝岡・前掲注5) 108頁，海老原・前掲注44) 134頁。
55) 前掲注2)「座談会」5頁，6頁，前掲注3) 判タ307号314頁等参照。

る。たしかにそういえるとはいうものの、犯罪事実そのもの（過失内容）のとらえ方としての不自然性はやはり否めないであろう。このような事態を回避するため、基本的には段階的過失論によりながら基準的行為という規範的要素を加味して直近過失をとらえる見解があることは、前に紹介したとおりである。

第5 過失単一説と過失複数説の相違

1 実体面の相違

　段階的過失論ないし過失単一説は、以上のような理論上および実践上の問題点を包蔵するとはいうものの、過失のとらえ方の具体的な方法論を提示した点で実務上有益な議論であったし、従来ともすれば安易な過失認定に陥りがちな実務に対する反省をうながすものでもあった。また、訴訟の実際においても、過失を単一化することによって争点の単純化、明確化に役立ったと思われる。

　過失複数説といっても、安易に複数の過失を認める立場であってはならない。すなわち、事故発生に至るまでの運転者の数個の不注意な行為を、事故と条件関係さえあればすべて過失としてとらえるようなものであってはならない。一つ一つの不注意な行為について予見可能性と回避可能性を基礎とした注意義務の存否などを慎重に検討しなければならない点では、変りはないのである。そして、このような作業の前提としての不注意な行為の発見のために、加害者に交通法規や交通上の条理に反する行為があったか否かをまずピックアップしなければならないし、それらと結果との因果関係の有無の確定も必要なのである。

　従来、過失単一説に批判的な見解は公にされていたが（江碕・前掲注26）論文など）、過失複数説の立場を積極的に述べたものは少なかった。曽根・前掲注3）論文はその数少ない文献であるが、そこでは、過失を肯定するために、不注意な行為と結果との間の条件関係の存在、不注意な行為は具体的（実質的）危険性を具備していること、結果回避の可能性の三要件が必要であるとされ、外見上二個以上の過失が併存するように見えてその実一個の過失しか存在しない場合として、いずれか一方に「過失」につき右の要件のうちどれかが欠けている場合をあげ、これ以外の場合はすべて過失の併存が認められることに

なる，とされている[56]。この曽根氏の過失犯の成立要件に関する見解は，前述した平野教授らの見解にくみするものであって，私が先に述べた過失のとらえ方とやや異なるのであるが，いずれにしても，過失犯の成立要件や過失が併存する場合の要件がはっきり画定されていることに留意しておかなければならない。

　予見可能性と回避可能性を基礎とした注意義務の存否の検討を尽すことによって，あるいは不注意な行為と事故との因果関係を確定することによって，数個の過失が併存するように見えても，その実一個の過失しかない場合が実際にはかなりあるであろう[57]。しかし，このような検討の結果，事故によっては，数個の過失が累積的ないしは並列的に存在するといわなければならない場合も多々ある，というだけのことなのである。

　さらに，過失複数説により実体的に数個の過失が認定できる場合であっても，過失相互間に，結果との関係からいって，第一次的，直接的，基本的，本質的，中心的過失と第二次的，間接的，派生的，附随的，非中心的過失との区別があることに留意しなければならない。いわんや過失とその縁由ないし原因とを区別すべきは当然である[58]。

　以上のように，個々の過失の成否の判断という実体的な面においては，過失単一説も過失複数説も実際上それほど大きな差異はないものと思われる。差異は，むしろ訴訟手続面に大きくあらわれるのではないか。

2　手続面の相違

　過失単一説によるか過失複数説によるかは，交通事件の訴訟手続面では相当大きな差異をもたらすように思われるので，最後に，訴訟法上の問題を二，三検討しておくことにする。

　第一は，起訴状の訴因に数個の過失が記載されている場合の取扱いである。

---

56) 曽根・前掲注3) 111頁以下。
57) たとえば東京高判昭46.10.25判タ276号371頁の事案は，はじめから過失が一個の場合であって過失複数説に立っても同一の結論が得られる（曽根・前掲注3) 111頁)。
58) このように，石丸俊彦・昭38最判解説(刑)166頁の記述は，過失複数説にもあてはまることだと思われる。

過失単一説によれば，本来そういう事態はありえないはずであるから，このうちから適切なもの一個にしぼって，これを過失とし，他は事情にすぎない旨の釈明を行わせることによって訴因を特定させなければならないことになる[59]。

過失複数説によれば，実体的に数個の過失が存在しうる以上，数個の過失が訴因として主張されることも当然ありうることだから，主張としての不備はないわけで，したがってまた，なんらの釈明を求める必要はないことになる。ただ，過失複数説によっても，訴因記載の具体的前提状況からは到底発生しえない注意義務違反が付加されている場合，数個の注意義務が記載されているのか一個の注意義務だがこれを尽すための手段が数個記載されているのかまぎらわしい場合，酒酔い運転（運転避止ないし中止義務違反）と前方不注視などのように，本来二者択一関係にある過失が共に記載されている場合などには，例外的に釈明を要することになろう。

第二に，一つの過失にしぼった訴因に対する審理の範囲の問題がある。

過失単一説によれば，訴因の過失を認定するためには，それが直近過失であることいいかえればそれより事故に近接した段階において過失がないことを審理しなければならない。したがって，結局は，訴因をいったん離れて当該事故の過失は何であるかを構成し直してみる必要が生ずる。

過失複数説によれば，訴因の過失の存否のみに限って審理すれば足りることになる。訴因の過失も認められるが他の過失もありそうな場合でも，訴因の変更がない限り他の過失を審理する必要はないであろう。

第三に，訴因変更の問題がある。

過失単一説によれば，過失に関する訴因変更としては，過失を交換的に変更する場合のみが生ずる。そして，直近過失は，訴因のA過失ではなくて，証拠上認められるB過失であるという場合がおうおうにして生ずるであろう。この場合，裁判所が訴因変更を促がしたりまたはこれを命ずる義務があるか。この問題は，もとより過失犯特有のものではなくて，訴因変更命令の義務性に関する一般理論の適用の一場面にすぎない。訴因のA過失のままだと無罪と

---

[59] 佐野・前掲注6) 229頁。

するほかなくても，B過失に変更すれば有罪であることが証拠上明らかであるときは，判例[60]の基準に従っても，訴因変更を促がしまたはこれを命ずる義務があるということになろう。もっとも，このような措置をとる前に，勧告その他適切な訴訟指揮権の行使により検察官の自発的な訴因変更を待った方が妥当であることはもちろんである。

　過失複数説によれば，過失の交換的変更の場合と追加的変更の場合が生ずる。訴因変更を促がしまたはこれを命ずる義務との関係でいえば，前者の場合は過失単一説によって述べたところと変りはないが，後者の場合すなわち訴因のA過失も認められるが証拠上他のB過失も併存していると認められる場合，AからA＋Bへの訴因変更を促がしたりまたはこれを命ずる義務は，前者の場合と違って，ないというべきであろう。もとより裁判所として訴訟法上の義務がない，したがってこの義務違反が上訴理由たりえないというだけのことであって，こういう場合に裁判所の訴訟指揮としてどうしたら最も良いかという問題とは同一ではない[61]。B過失がA過失よりも基本的，中心的なものであるときは，B過失も訴因に加えるよう勧告しあるいはこれを促がす程度のことは訴訟指揮のあり方として適当といえようか。先にふれたように，複数過失が認められる場合にも，過失相互間に軽重の区別があることの認識が活かされてくるわけである。

　なお，これに関連し，検察官の起訴の段階において実体的には数個の過失が認められる事案の場合でも，このうち最も基本的，中心的な過失でかつ証拠上明白なもの一個にしぼって訴因を構成することは，法的にも許されるし，訴訟技術としても考慮されてよいことを指摘しておきたい。

　このような起訴の可否は，いわゆる「一罪の一部起訴」の可否として，実体的真実主義の評価，単一の犯罪の不可分性，訴因の法的性格などをめぐって，従来から論じられてきた問題であって，種々の議論があるところではあるが[62]，この程度の一部起訴は著しく実体的真実に反するとはいえないので許

---

60) 最三小決昭 43.11.26 刑集 22 巻 12 号 1352 頁，判タ 229 号 255 頁。
61) 石井・前掲注 12) 141 頁。
62) 一罪の一部起訴については，石井一正「一罪の一部起訴」谷口正孝編『刑事法演習(1)』（判例タイムズ社，1974) 108 頁以下（判タ 274 号 50 頁以下）およびそこに掲記の文献参照。

されると解してよいと考える。たとえば，先に複数過失の例としてあげた車間距離不保持とハンドルの切りすぎの事案でいえば，基本的な過失である車間距離不保持の過失にしぼって訴因を構成した方が好ましいであろう。このような起訴を考慮することによって，争点を一個の過失にしぼって，攻撃，防禦がなされ能率的な訴訟運営が可能となる。いわば，過失単一説の持つ争点単純化，明確化という前記長所を訴訟法的に活かそうというわけである。

【追　記】

　本論稿は，筆者が大阪地裁刑事交通部に所属して刑事交通事件を専門に取り扱っていた昭和51年5月に判例時報誌に登載されたものである。したがって，本論稿を発表してから既に30数年を経過しており，また，そこで取り上げている判例や文献はおおむね昭和50年末ころまでに参照し得たものに限られている。

　本書を刊行するに当たり，その後の判例や文献を可能な限り収集して改めて検討してみたが，本論稿で示した筆者の見解，すなわち，過失の個数を決める基準としては違反した注意義務の数を基準とするのが相当であること，段階的過失論ないし過失単一説は理論上も実践上も難点があって賛成し難いという論旨は，今日においても変更する必要はないと考えるに至ったので，ここでは，その後の判例や文献を紹介するにとどめ，本論稿の追記としたい。

　後に紹介するとおり，関係する判例や文献はそれほど多くはない上，最近公にされたものは——たとえば，ここ10年に限ってみても——ほとんどない。この問題も，最近は学説においてそれほど議論されなくなり，実務においても，段階的過失論ないし過失単一説がそれほど強調されず，過失複数説（過失併存説）に立つ運用に落ち着いてきたものと言えようか。あるいは，多くの論者が指摘する段階的過失論ないし過失単一説の持つ実務上の有用性は実務にかなり浸透し，その役割を終えたと言えるのかも知れない。このことは，下記の諸文献からもうかがい知れるところである。

　まず，判例としては，大阪高判昭60.4.10高刑38巻1号90頁，判タ564号269頁がある。夜間暗い道路を普通乗用自動車を運転して直進していた被告人が前方を横断していた歩行者をはね飛ばして即死させたという事故である（い

わゆるひき逃げの事案でもある)。第一審は，道路左側の警察官派出所に注意を奪われていたという前方不注視の過失と高速運転(制限速度30キロメートル毎時のところを時速70キロメートルで走行)の過失を認めたが，被告人側が控訴し，わき見および高速運転の点を事実誤認として争うとともに量刑不当を主張したものである。

控訴審は，被告人が前方注視義務を尽していても被害者との衝突は回避されないから，高速運転のみが過失であるとする所論の主張も一理なしとしないが，前方注視義務を尽し直ちに急制動の措置をとっておれば，衝突は回避し得ないものの，被害の結果は現実のそれよりも軽いものとなり，少なくとも被害者の即死という事態は回避できた蓋然性は否定し得ないから，高速運転と前方注視義務違反双方が過失であると判断した。

この判例については，西修一郎「いわゆる段階的過失論」と題する判例解説があり(『新交通事故判例百選』190頁)，そこでは，この判例は結果的には過失併存説であるが，段階的過失論を十分に意識した過失併存説であって，本件事案について過失の並存を認めた結論は妥当であると評されている。

文献に目を転じると，研究者の論文としては，①篠田公穂「いわゆる『段階的過失論』について(上)(下)」判時855号12頁，857号26頁および②平良木登規男「交通事件における過失について——段階的過失論の批判的検討を中心に」法学研究62巻12号225頁がある。①，②はともに，段階的過失論を巡る実務家の議論を過失犯の概念ないし構造を踏まえて研究者の立場から検討したものである。①は，段階的過失論ないし過失単一説には，理論上および実践上の難点があり，賛成できないことを具体例を挙げながら詳細に論証している。②は，過失行為を結果発生の現実的危険性を持った行為であることを前提に，過失行為が並存すると見るのは誤りであり，その中核をなす注意義務についても，複数個あるように見える注意義務全体を一個のものと把握する必要があり，その意味では，かつての過失併存説および段階的過失論とも一線を画し，過失犯においては，結果発生の危険性を持つ主要な過失をすべて一個の(幅を持った)過失行為とすべきであると主張し，かかる見解を「主要過失説」と命名するのが相当である，としている。

本論稿で指摘したように(本書616頁参照)，過失の個数——過失は常に一個

か複数あり得るか——という論議には，過失の個数を定める基準というもう一つ側面があり，この問題について，①論文は，注意義務違反の数を基準とし，同②は，過失行為を基準とするようである。後者の見解によれば，複数の注意義務違反が一個の過失に当たることがあり，段階的過失論には与みしないが，過失併存説でもないということになる。しかし，段階的過失論ないし過失単一説の是非を議論するならば，過失の個数を定める基準としては，注意義務違反の個数という基準で考えるのが妥当であることは，本論稿で述べているとおりである。

実務家の論文としては，前掲西修一郎の判例解説のほか，③吉丸真「刑事交通事件の処理について」司研60号（1977-Ⅱ）64頁，④向井千杉「過失のとらえ方について——いわゆる段階的過失論について」判タ684号4頁，⑤鈴木勝利「自動車事故における過失の認定——段階的過失論を中心に」中山善房判事退官記念『刑事裁判の理論と実務』（成文堂，1998）417頁，⑥西修一郎「段階的過失論」荒木友雄編『刑事裁判実務大系(5)交通事故』（青林書院，1990）66頁などがある。

③の吉丸論文は，司法研修所における講演を基に論述されたものであるが，段階的過失論ないし過失単一説の実践的な意義を高く評価しながらも，具体的事例を豊富に挙げてすべての交通事故の過失を単一のものとしてとらえることは困難であるとする。たとえば，前記大阪高判昭60.4.10のような事例の場合は，前方不注視と高速運転の過失を肯定すべきとされ（ただし，このような場合は，両者が全体として一個の注意義務をなすと解され，したがって，両者の注意義務違反は一個の過失を構成する）。また，高速運転でカーブへ進入し，自車が対抗車線に進出しそうな気配がしてあわてて左に急ハンドルをしたところ歩道に乗り上げて歩行者をはねたというような事例の場合には，高速運転とハンドルの操作ミスの双方の過失が並存するとされている。

なお，①ないし③の論文はいずれも，段階的過失論により結果の発生から遡って過失を認定するという方法自体，論理的必然性がないと言及されていることが注目される。

④の向井論文は，名古屋刑事実務研究会において具体的な事例を中心に過失のとらえ方を議論した際の状況を中心に論述したものであるが，そこでは，段

階的過失論が有力であったものの，段階的過失論に対してはいくつかの疑問が根強く提起されたことが報告されている。

⑤の鈴木論文，⑥の西論文はともに，段階的過失論の実務における有用性を肯定しつつも，これを徹底することは極めて困難であり，現在の実務の大勢は，過失併存説によっているとする。なお，⑥の論文（筆者は当時弁護士）は，直近唯一の過失以外は過失でないとすると，検察官の立場からすると，訴因の確定が困難となり，わずらわしい訴因変更の手続が何度も必要になる場合が出てくるという面もあるし，弁護人としても，あまり実益がない議論であると指摘している点が目を引く。

また，この議論と交通事件の捜査の関係について，捜査官（警察官）の立場から論及したものとして，⑦山田良助「段階的過失論と交通事故事件捜査」警論37巻12号27頁がある。そこでは，段階的過失論ないし過失単一説に依拠した交通事件捜査方法の不十分さが根拠を挙げて論述されており，事実の確定とりわけ，間接事実の確定は運転開始から事故発生までを考察の対象として考えておく必要性があることが指摘されている。

第31章　道路交通法違反事件の量刑について

第1　はじめに

　道路交通法違反事件（以下，単に「道交事件」という）といっても，ここで，その量刑について考察するのは，地方裁判所に起訴されたそれであり，かつ業務上（重）過失致死傷罪や一般刑法犯に併せて起訴されたものを除き，純粋に道交法違反のみを内容とする事件である。この種の事件が地裁に起訴されることは，かつてはほとんどなかったが，昭和40年代に入ってから増加しており，ここ2,3年特に多くなっている[1]。刑事交通訴訟における一つの新しい現象といえよう。この現象は，いうまでもなく，常習的に同種犯行を重ねている悪質，無謀な運転者に対しては，単なる交通違反といえども，罰金刑にとどめず，地裁に起訴して自由刑を求刑するという検察官の訴追態度の変動を示して

---

1) 全国の道交事件起訴総数(A)およびこの内の地裁公判請求総数(B)ならびにその比率は次表のとおりである（検察統計年報による）。

年　度 (昭和)	A	B	$\frac{B}{A}$ (%)
35	1,893,710	708	0.04
42	3,916,609	2,056	0.05
43	2,396,989	2,373	0.1
44	975,758	1,983	0.2
45	1,000,070	2,398	0.2
46	1,184,259	3,552	0.3
47	1,488,483	4,151	0.3
48	1,595,090	5,949	0.4

　大阪地裁（本庁）では，昭和46年までは，年間100件に満たない数であったが，47年で前年の倍の数（164件）になり，48年261件，49年210件を数えている。
　東京地裁における増加の傾向については，山本卓「東京地裁における自動車交通刑事事件の現況と問題点」判タ192号39頁，51頁，海老原震一「道路交通法違反事件の回顧と展望」判タ284号30頁，西脇静雄「東京地裁における交通事件の統計的現況」判タ290号51頁など参照。

いる（永井登志彦「刑事交通事件の量刑の動向」ひろば26巻10号16頁）。そして，かような訴追態度の合理性を是認する見解も少なくないのである。そこには，罰金刑の感銘力のとぼしさと自由刑でのぞむことによる事故防止への効果が指摘されている[2]。

一方，この種事件を受理した裁判所としては，量刑——刑期はいうまでもないが，特に執行猶予にするかどうか——について，多大の困難さを感じているのが現状である。というのは，一般刑法犯のように量刑についての過去の大量の蓄積がないうえ，これら違反者は相当数の交通前科を有しているのが常で交通法規無視の態度がうかがえるから，その刑責を軽視できない反面，体刑歴がない，すなわち略式手続による罰金前科のみ，という者がかなりいるだけに，懲役刑の実刑を科するには，相応の慎重な選別が必要となってくるからである。さらに，当事者や世間一般も交通違反は金を払えばすむという意識が強い[3]。そして，交通違反を全体として眺めれば，たしかに罰金ないし反則金で処理されているのが大部分である。地裁の道交事件は，増加したといっても，絶対量はごくわずかであり（前掲注1）掲記の表参照），比喩的にいえば，罰金刑事犯の大海に浮ぶ小島にすぎない[4]。それだけに，当事者の納得のいく量刑の困難さを増々強く感ずるのである。

そこで，本稿では，道交事件についての大阪地裁および大阪高裁の裁判例を調査した結果を報告して，量刑の実情を明らかにし，併せて実刑と執行猶予（あるいは棄却と破棄）の区分となる情状について考察してみたい。地裁の裁判例については，なるべく数量的に，高裁の裁判例については，その理由づけを

---

[2] 西原春夫「西ドイツにおける過失交通事犯」刑法10巻2号59頁，高木典雄「刑事交通裁判」判時465号21頁，森美樹「刑事処分と交通事故の抑止」自正25巻4号49頁，山本卓「道路交通法の将来と課題」判タ284号12頁。
[3] 交通違反で逮捕された上，地裁へ起訴されることについて，たいていの被告人は意外な感を持ち，ショックを受けているようである。大半の者が，罰金ですむと思っていたからであろう（竹村照雄「交通事故防止と道路交通法の役割」判タ284号23頁参照）。
[4] 地裁の道交事件の大半は，無免許ないし酒酔い（酒気おび）運転であるが，これらの違反の数自体が，交通違反の総数からすれば限られており（昭和49年版犯罪白書481頁によると，昭和48年の酒酔いないし酒気おび検挙件数は約26万件で全体の3.2%，無免許は約29万件で全体の3.6%），さらに，この内から地裁へ起訴されるものはまたまた限られてくる。

中心に，と試みてみたが，何分にも限られた資料をもとにした考察であるから，結論の一般化には注意を要すると考えている。

第2 大阪地裁の裁判例

調査の対象とした資料は，大阪地裁交通部で昭和49年10月から同年12月末までの3か月間に言渡しのあった判決58例である。交通部では，各裁判官（4名）が道交事件の裁判結果について同一様式の結果表を作成して保存しているので，原則としてこれをもとにして調査を行った。

1 資料の概観

(1) 違反の種類と実刑率

右の58例の違反種類別，実刑，執行猶予など裁判結果別の件数および実刑率は**第1表**のとおりである。

第1表でわかるように，58例中無免許者の違反が実に56例を数えている。この56例の詳細は，末尾別表A―IないしIV記載のとおりである。有免許者の違反は，**第1表**「その他」の欄に計上した2例[5]のみで，意外と少ない[6]。

全体の実刑率は47％，およそ半分弱が実刑に処せられているが，この数値は，東京や全国の道交事件の平均実刑率と大差がないし[7]，地裁で懲役刑の言渡しがあった全国全事件の実刑率とも大差はない。けれども，このうち3年以下の懲役に処せられた者の実刑率よりは高いし，業務上過失致死傷罪（交通事故）の実刑率に比べても高い[8]。このことは，道交事件の量刑の第一の特徴である。

---

5) 酒酔い1件（懲役5月，猶予4年，確定），速度違反1件（懲役2月，猶予1年，確定）。
6) 有免者の違反――酒酔い運転が主となろう――が意外と少ないのは，東京地裁の交通部（道交事件の約4割が酒酔い運転事犯のようである――海老原・前掲注1）33頁，西脇・前掲注1）55頁，萩原昌三郎「無免許運転」判タ284号229頁など）に比べ，特徴的である。
7) 全国の道交事件（懲役・禁錮）の実刑率は，おおむね45％前後で，例えば昭和48年度40％，同47年度42.8％，同46年度45％となっている（曹時27巻2号143頁）。
　ただし，この統計にいう道交事件とは，同事件で処断されたものを対象としているから，本資料とは正確には一致しない。東京地裁の道交事件の実刑率は，昭和48年度で約50％という（大久保太郎「交通事件の刑事裁判について」判時741号24頁）。

第Ⅷ部　その他

第1表　違反の種類と実刑率

	総　数	実　刑	猶　予	罰　金	実刑率
無免許	37	18	17 (2)	2	49%
無・酒	19	9	10 (1)	0	47%
その他	2	0	2	0	0%
計	58	27	29 (3)	2	47%

（　）は保護観察付猶予で内数。
無・酒は無免許かつ酒酔いないし酒気おびを示す。

(2) **求刑および科刑**

　無免許37例（以下「無免許グループ」という），無免許かつ酒酔いないし酒気おび（以下「無免許飲酒グループ」という）19例の各々の求刑および宣告刑は前記別表の該当欄にそれぞれ記載してあるが，その分布は，**第2表**のとおりである。

　これによると，無免許グループについては，求刑で最も多いのは，実刑になった者で懲役4月（平均求刑も同4月），猶予などになった者で同3月（平均求刑3.6月）で，懲役3月が求刑の最下限である。言い渡された刑は，実刑では懲役2月が最も多く，ついで同3月であり（平均刑期2.6月），猶予の場合の刑は懲役3月が最も多く，ついで4月で（平均刑期3.6月），罰金になった2件を除けば，すべて求刑と一致している。ここでも，実刑となると，猶予の場合の刑より刑期を減ずる傾向が見受けられ，そのため実刑と猶予とでは，刑期は1月ほど前者の方が軽い状況になっている。この種事件での実刑の重味が考慮されているためであろう。なお，求刑，判決とも懲役6月というのが2例（末尾別表A—Ⅰ18，A—Ⅱ3）あるが，どちらも無免許運転4回が違反内容である。また，罰金刑で処断された2例（A—Ⅱ18，19）は，いずれも懲役刑を選択する限り，執行猶予の法的余地がない事案であって，地裁の道交事件で，懲役刑

---

8) 例えば，昭和48年度地裁で懲役3年以下に処せられた者の実刑率は41.2%（全事件であれば，44.6%）である（曹時27巻1号177頁）。
　交通事故の全国平均実刑率は，ここ数年およそ30ないし35%であり（曹時27巻2号141頁），大阪地裁もほぼ同じである（荒石利雄ほか「大阪地裁における刑事交通事件の量刑の現状」判タ262号164頁など参照）。

第31章 道路交通法違反事件の量刑について

第2表の1 求刑分布表

	懲役						総数
	2月	3月	4月	5月	6月	7〜10月	
無免許 実 刑		5	9	3	1		18
猶予など		10	8		1		19
無・酒 実 刑			1	1	3	4	9
猶 予		1	6		3		10
計	0	16	24	4	8	4	56

第2表の2 科刑分布表

	懲役						罰金	総数
	2月	3月	4月	5月	6月	7〜10月		
無免許 実 刑	10	7			1			18
猶予など		9	7		1		2	19
無・酒 実 刑		2	3	2	2			9
猶 予		1	7	1	1			10
計	10	19	17	3	5	0	2	56

の執行猶予も可能であるのに罰金刑が選択されることは，まずないと考えてよい。

　無免許飲酒グループについては，求刑は無免許グループより，当然のことながら重い。特に実刑になった者の場合は，懲役6月以上の求刑が大半で，最高は同10月（A—Ⅲ3），平均でも同7月である。猶予になった者の場合は，懲役4月の求刑が最も多い（平均求刑懲役4.5月）。言い渡された刑は，実刑の場合も猶予の場合も大差はなく（平均刑期前者で同4.4月，後者で同4.2月），懲役4月が分布の中心であり，同6月を超える事例はない。求刑には相当差があるのと対照的である。

　ちなみに，執行猶予の期間は，2年ないし4年であるが，3年というのが最も多い。保護観察付執行猶予は3件で，うち1件は必要的なものである。

(3) 控訴率

控訴申立があったのは，総数58例中，19例，すべて実刑に処せられた者で被告人側の控訴である。末尾別表Ａ—ⅠないしⅣの「控訴」欄に○印を付したものがこれにあたる。全体の控訴率は32％で一般事件を含めた全事件の控訴率より高いし，道交事件についての全国平均控訴率に比べても相当高い。これらに比べ約2倍の高数値を示している[9]。

実刑に処せられた者の控訴率は約70％だが，無免許グループの実刑者の控訴率は，末尾別表Ａ—Ⅰを一覧してわかるとおり，ことに高い（18名中15名控訴，控訴率83％）。無免許飲酒グループの実刑者が，同Ａ—Ⅲのとおり，半数ほど確定している（控訴率44％）のと対照的である。

(4) 被告人の年令，職業など

年令については，20才代，30才代など若年者が多いことが目につく（末尾別表の「年令」欄参照）。これらの世代が全体の85％を占め，平均年令も32才である。若年者が多いことは，交通事故者についてもあてはまることで[10]，若い者ほど車利用の誘惑と機会が多いことを示している。交通犯罪の一つの特色といえようか。職業についていえば，無免許者が多いことからして，さすがに職業運転手は少ない（3名——末尾別表備考欄参照）。ちなみに，違反車種では，圧倒的に普通車が多い（52例）。大型車，バイクによる違反が各3例見られるだけである（同備考欄参照）。

2 実刑と執行猶予

以下は，末尾別表Ａ—ⅠないしⅣに詳細を記載した無免許者の違反合計56例につき，同表記載の車の所有，免許（無免許の区別），違反内容，前科の順に，実刑に処せられた者（以下「実刑グループ」という）と執行猶予，罰金に処せられた者（以下「猶予グループ」という）との間になんらかの有意的な差異が

---

9) 地裁を第一審とする全事件の全国平均控訴率はここ数年16ないし17％台（曹時27巻1号164頁），道交事件の通常第一審判決に対する全国平均控訴率も同様15ないし16％位である（曹時27巻2号145頁）。

10) 例えば，交通事犯禁錮受刑者の年令構成につき，佐伯克「交通違反者の素質調査」ジュリ355号85頁，丸岡瞭「違反者の素質調査」ジュリ431号396頁，佐藤晴夫「交通刑務所の実態と今後の問題点」ひろば26巻10号32頁など参照。

あるかどうかを中心として検討してみたい。

(1) 車の所有

末尾別表Ａ―ⅠないしⅣの「車」欄に○印を付したものは，違反車両が被告人の所有に属する

第3表　車の所有

	総　数	所有者	比　率
実　刑	27	15	56%
猶　予	29	14	48%
計	56	29	2%

ことを示している。実刑グループと猶予グループに分けて車の所有者数およびその比率を明らかにしたものが，**第3表**である。これによると，驚くべきことに，無免許者56人のうち29名（約半数）が自己所有の車で違反を犯していることがわかる。今まで全く免許を受けたことがない者ですら，約半数が車を所有している（21名中11名）。

実刑グループは，猶予グループに比べ，さほどの差ではないにしても，車所有率が高い。無免許でありながら車を所有していることは，一応無免許の常習性を疑わしめるし，すくなくとも無免許運転に親しみ易い環境にあったといえよう。

(2) 免許――無免許の区別

無免許の区別は，前記別表の「免許」欄記載のとおりである。同欄に「なし」というのは，今まで全く運転免許を受けたことがない旨を，「取消し」，「失効」とは，かつて運転免許を有していたが，本件違反時，免許が取り消され，あるいは有効期間満了で免許失効したため，無免許になった旨を示している。

この区別を実刑グループと猶予グループに分け，「取消し」および「失効」型の占める率（旧有免率）を明らかにしたのが，**第4表**である。これによると，旧有免者の方が，全くの無免許者より，全体としても多いが，特に，実刑グループでは，猶予グループに比べ，旧有免者の占める率がやや高いことがわかる。旧有免者は，違反歴が多い（とくに「取消し」型の場合）などもともと交通法規遵守の精神に欠けるものが相当数おり，かつ，なまじ運転技術に遜色がないと自負しているだけに無免許になった後も運転になじみ易いといえよう。

(3) 違反内容

各被告人の起訴・認定された違反内容（犯罪事実）は，前記別表の該当欄記

第Ⅷ部　その他

第4表　無免許の区別

	総　数	な　し	取消し	失　効	旧有免率
実　刑	27	8	14	5	70%
猶　予	29	13	13	3	55%
計	56	21	27	8	60%

載のとおりである。「無免許」あるいは「無・酒」欄の数字は，起訴・認定された無免許あるいは無免許かつ酒酔いないし酒気おびの回数を示し，「その他」の欄の数字は，これらに付加して起訴・認定された他の交通違反の回数を示している（このうち，「S」は速度違反，「信」は信号無視を示し，付記のないものは，これら以外の違反を示す。）。

　無免許グループ，無免許飲酒グループとも，これらの違反1件で起訴されている者が圧倒的に多いことは，道交違反が現認犯罪であることからして，当然である。付加されたその他の違反は，無免許かつ酒酔いに付加された無免許の例（A—Ⅲ4，5）を除けば，速度違反（5件），信号無視（4件）などが代表的なものである。

　実刑グループと猶予グループに分けて，違反内容である無免許あるいは無免許かつ酒酔いないし酒気おびの平均回数を算出したのが，**第5表**である。これによると，両グループの間に差異が認められない。道交事件では，犯罪事実の内容（違反回数）は，おしなべて均一であるから，これのみで実刑と執行猶予を区分することが困難であることを示している。一般事件では，犯罪事実の内容（件数，被害金額，傷害の程度など）が千差万別であり，これが情状の大きな要素を占めるのと対照的である。

(4)　前　科

　各被告人の前科は，末尾別表の該当欄記載のとおりである。

　このうち，前科の「特徴」という欄は，前科が累犯前科にあたる場合（「累」で示す），前科が執行猶予付であって本件犯行時および判決言渡時執行猶予期間中である場合（「猶」で示す），これら以外の場合すなわちほとんどは前科が罰金前科のみの場合（同欄がブランクはこれを示す）の区別を明らかにしたものである。この区別を実刑グループと猶予グループに分けてみたのが，**第6表**

652

第5表　平均違反回数

	無免許	無・酒	全体
実　刑	1.3	1.3	1.3
猶　予	1.4		1.3
全　体	1.4	1.2	1.3

第6表　前科の特徴

	総　数	累　犯	猶予中	その他	累犯・猶予中の占める割合
実　刑	27	8 (1)	4 (3)	15	44%
猶　予	29	1	2	26	10%
計	56	9 (1)	6 (3)	41	27%

（　）内は交通前科で累犯あるいは猶予中の件数で内数。

である。累犯前科にあたる場合が計9例あるが，累犯前科の内訳は，業務上過失致死傷罪1例（「累」の表示の側に「業」と付記したもの），その他一般刑法犯8例（付記のないもの）である。また，執行猶予中の場合は計6例あるが，その前科の内訳は，無免許運転など同種前科3例（「猶」の表示の側に「同」と付記したもの），その他一般刑法犯3例（付記のないもの）である。

　第6表でわかるとおり，累犯や猶予中の者が占める割合は，当然のことながら，実刑グループの方が高い。累犯と猶予中の者合計15名のうち，猶予グループに含まれているのは3名であるが，うち2名は，この前科の関係で罰金刑を選択された者であり（末尾別表A—II 18, 19），他の1名は再度の執行猶予に付されたもの（同A—IV 1）である。ともに，一般刑法犯の前科であることに注目しておかなければならない。逆に，同種前科や業務上過失致死傷罪の前科が累犯となったり，これらで猶予中の場合（計4名）はすべて実刑グループに属している（同A—I 1, 6ないし8）。

　なお，ここで，累犯と猶予中の者の実刑率とこれら以外の者（すなわち，ほとんどが罰金前科のみの者）の実刑率を比較しておくと，**第6表**の数字から算出できるように，前者は80%，後者は約37%である。

　次に，交通関係の前科の数に目をむけよう。まず，無免許グループ，無免許飲酒グループ全体を通じて，1人あたりの交通関係の前科数を実刑グループと

第7表　平均交通前科数（全体）

	交通前科	道交前科	業過前科
実　刑	8.1	7.5	0.6
猶　予	5.0	4.7	0.3
全　体	6.5	6.1	0.5

第8表　事故歴者

	総　数	事故歴者	比　率
実　刑	27	12	44％
猶　予	29	8	28％
計	56	20	36％

　猶予グループについてみたのが**第7表**である。交通前科は，道交法違反前科（以下「道交前科」という）と業務上過失致死傷罪の前科（以下「業過前科」という）で構成される。末尾別表では，道交前科のうち同種前科を別欄にとりだし，同種前科以外の道交前科（「道」と表示）と業過前科（「業」と表示）を「その他の交通前科の欄」に記載してある。

　第7表でわかるとおり，交通前科の数は，実刑グループと猶予グループとで相当な差がある。業過前科の1人あたりの件数も，同表のとおり，実刑グループが猶予グループの倍あるが，業過前科を持つ者（事故歴者）の比率でも，実刑グループの方が高い。これを示したのが**第8表**である。全体でも，36％すなわち3人に1人は交通事故で処罰されたことがある。これらのことは，交通違反の累行者と事故者との相関関係を思わせる[11]。

　次に，無免許グループ，無免許飲酒グループごとに交通前科の1人あたり平均数を実刑と猶予で比較したのが**第9，10表**である。

　無免許グループでは，交通前科の最多者は前科26犯で（A—Ⅰ 12），この被告人は，無免許かつ酒酔い運転などの事犯が別に控訴審係属中である（備考欄

---

11)「交通違反の累犯はそれが意識的であり，反復的である点で致命的な交通事犯の兆候と受けとめてさしつかえない」（森・前掲注2）49頁）のであり，現に，交通事故の禁錮受刑者には速度違反，無免許運転など道交前科のある者が非常に多い（佐伯・前掲注10）86頁，丸岡・前掲注10）394頁）。

第9表　平均交通前科数（無免許）

	交通前科	業過前科	道交前科 同種	道交前科 その他	悪質前科
実　刑	8.8	0.8	4.4	3.6	6.0
猶　予	5.2	0.4	2.8	2.0	3.2
全　体	7.0	0.6	3.6	2.9	4.6

参照）。逆に，前科2犯というのが最少である（A―Ⅰ2，A―Ⅱ2，5，10）。1人あたりの平均は，**第9表**のとおり，実刑に処せられた者で約9件，猶予などになった者の平均は約5件と明瞭な差異を示している。道交前科の数も同じような対比を示す（8対5）。同種前科（無免許グループにあって，同種前科とは過去5年内の無免許前科を意味する）の最多は，実刑に処せられた者で9犯（A―Ⅰ13），猶予などになった者で4犯（A―Ⅱ6，8，15，16），逆に最少は前者で2犯（A―Ⅰ2，4），後者で1犯（A―Ⅱ9）である。1人あたりの平均同種前科数は，実刑で4.4であるが猶予などでは，3にも満たない。ところが，実刑に処せられた者のうち，前述した累犯および執行猶予中の者の同種前科の平均は3・7，これら以外の者のそれは5.2を示している。すなわち，前者の方がより少ない数の同種前科で実刑に処せられていることになる。同種前科を拡大して，5年の前後を問わず，無免許または酒酔い運転で処罰された前科およびこれらを伴なう業過前科を含めて，悪質前科と仮称するならば，その1人あたりの平均数は，**第9表**の右欄のとおり，実刑では6，猶予などでは3.2となるから，前者が約2倍という差異を示す。累犯や猶予中でなくて実刑に処せられた者（A―Ⅰ10以下）のうちで，この悪質前科6に満たない者を試みに探すと，同表の14，15，17，18の4例であるが，17，18は今回の無免許の回数が2件以上であるし，14，15はともに業過前科が2犯あり，交通危険者と見られたのであろうか。逆に，猶予などになった者で悪質前科6は，別表A―Ⅱ4のみである。

　いずれにしても，無免許グループの場合，無免許前科，酒酔いの前科にこれらを伴う業過前科を併せれば6犯ほどになるとほとんど実刑，これらが，3，4犯程度であれば，累犯や猶予中でない限り，執行猶予になるというのが，本資

第Ⅷ部　その他

第10表　平均交通前科数（無・酒）

	交通前科	業過前科	道交前科 同種	道交前科 その他	悪質前科
実刑	6.7	0.2	0.8	5.6	3.4
猶予	4.7	0.2	0.3	4.3	2.3
全体	5.6	0.2	0.5	4.9	2.8

料から読みとれる範囲の科刑状況のようである。

　ちなみに，前科関係は類似しているのに，実刑と猶予（A—Ⅰ2とA—Ⅱ18）あるいは保護観察のあるなし（A—Ⅱ15と同6，16）の違いが生じているが，記録によれば具体的情状は相応に違っている。

　無免許飲酒グループでも，**第10表**のとおり，実刑グループの方が平均前科数は多い。ただし，無免許グループにおけるような大きな差はない。また，無免許グループに比べると前科の数が全般に少ないことに気づく。これは，単純な無免許よりも無免許かつ酒酔い（酒気おび）の方が早い段階で公判請求され，かつ早い段階で実刑になっていることを示している。別表A—Ⅲ，Ⅳおよび**第10表**にいう「同種前科」とは，過去2年内に無免許かつ酒酔い（酒気おび）で処罰された前科を意味するので，これを拡大して，先に述べたと同じ意味の悪質前科を算出すると，**第10表**右欄のとおり，実刑に処せられた者の平均が3.4であり，猶予になった者で悪質前科が3を超える者はない。結局，無免許飲酒グループでは，無免許，酒酔い（酒気おび）やこれらの複合型の前科あるいはこれらを伴う悪質な業過前科を併せた数が4以上になると実刑グループに入ってくる可能性が強いといえそうである。

第3　大阪高裁の裁判例

　調査の対象とした資料は，大阪高裁の判決で昭和48年1月から同49年10月までの1年10か月間に確定した道交事件の裁判例のうち，量刑不当を控訴理由とした56件の事例である[12]。原審はすべて地裁である。ちなみに，同期間内の道交事件の裁判総数は117件（被告人控訴113件，検察官控訴4件）であって，これから右の事例を除いた61件は，すべて原審を簡裁とするもので，

その大部分は事実誤認（速度違反の有無，信号の表示など）を控訴理由とするものである。原審を地裁とする道交事件はすべて量刑の当否が争われているのときわめて対照的である。地裁に公判請求されてくるような，無免許を主体とした事件は，被告人にも争いようのない明瞭な事案が多いから，事実認定や訴訟手続などを争う余地が少ないためであろう。

対象資料56例の調査は，原則として高裁の判決書によったが，一部は控訴趣意書を参考としたり，原審の刑や犯罪事実などで判決書では判然としないものについては適宜照会して補充した。

1 資料の概観

(1) 違反の種類と破棄率

右の56例の違反種類別，破棄，棄却など裁判結果別の件数および破棄率は**第11表**のとおりである。

第11表でわかるように，56例中無免許者の違反が54例を数えている。これらの違反の詳細は末尾別表B―ⅠないしⅣ記載のとおりである。有免許者の違反は，**第11表**「その他」の欄に計上した2例[13]のみである。このように，違反の種類の構成は，前記地裁資料と相似ている。なお，56例中54例が被告人控訴，2例（末尾別表B―Ⅱ9，Ⅳ9）が検察官控訴である。

全体の破棄率は36％，およそ3件に1件は破棄されていることになる。この数値は，全国全事件を対象とした量刑不当についての破棄率[14]に比べて相当高いが，業務上致死傷罪（交通事故）の破棄率[15]に比べるとそう変わらな

---

12) したがって，本文記載の期間内に言渡しがあってもその期間内に確定していない判決は除かれているし，昭和47年中に言渡しがあって本文記載の期間内に上告棄却などにより確定した判決が含まれている。また，このうち4件は，他の控訴理由も併せて主張されているが，中心は量刑不当のようであるので，これをも含めることにした。
13) 速度違反1件（原審懲役3月，控訴審破棄，懲役3月猶予4年，確定），救護義務・報告義務違反1件（原審懲役4月，控訴審破棄，懲役4月猶予2年，確定）。
14) おおむね20％前後である（曹時26巻1号93頁，同27巻1号166頁）。
15) 全国平均破棄率（量刑不当に限らない）は，昭和48年度で37.1％（曹時27巻2号145頁）。なお，大阪高裁の昭和44年9月から同45年8月までの同罪の量刑不当についての破棄率は36.6％と報告されている（村上保之助「大阪高裁における刑事交通事件に関する破棄判決からみた量刑の現状」判タ262号193頁）。

第Ⅷ部　その他

第11表　違反の種類と破棄率

	総数	棄却	破棄	破棄率
無免許	36	27	9 (1)	25%
無・酒	18	9	9 (1)	50%
その他	2	0	2	100%
計	56	36	20 (2)	36%

（　）は検察官控訴で内数。

といえそうである。ただし，本資料では，破棄事例の中に，被告人の量刑不当の控訴趣意に対し法令適用の誤り（無免許と酒酔い運転の罪数関係）で破棄したが刑は原審の刑を維持したもの2例（末尾別表B—Ⅳ7，8）および検察官控訴2例が含まれているので，これらを除いた破棄率を算出すると，右の36％よりも，やや低くなる（31％）。なお，無免許グループの破棄率と無免許飲酒グループのそれとに大差があるが，事例の数からして有意差と断ずるのはむつかしかろう。

(2)　原審および控訴審の刑

　無免許36例，無免許かつ酒酔いないし酒気および18例の各々の原審の刑および控訴審の刑（破棄自判の場合）は，末尾別表BⅠないしⅣの該当欄記載のとおりである。

　原審の刑は，検察官控訴事件2例を除くと，もとよりすべて実刑であり，その分布状況は，地裁資料のそれと大差はない。すなわち，無免許グループでは，懲役3月が分布の中心で，ついで同4月が多く（平均刑期3.6月），無免許飲酒グループでは，同4月が分布の中心である（平均刑期3.5月）。

　控訴審で原審の実刑を破棄自判する場合，実刑は維持するが刑期を減じた例は本資料ではない。おおむね刑期は変更せず，これに執行猶予を付している（別表B—Ⅱ7は刑期まで変更した例外）。この場合，執行猶予期間は3年が多く，保護観察に付したものは——再度の執行猶予は別にして——少ない（同B—Ⅳ6のみ）。また，破棄自判の結果罰金刑に処したものが2例あるが（同B—Ⅱ5，6），再度の執行猶予が意味がないかあるいはその法的余地のない場合である（備考欄参照）。ここでも，懲役刑の執行猶予の余地があるのに罰金刑が選択される可能性は少ない。結局，破棄自判の際の科刑の方法そのものは，地裁

(3) 上告率

総数56例中，上告申立があったのは25例で，検察官控訴による破棄判決への上告1例を除き，他はすべて棄却判決に対するものであり，かつ被告人側の上告である。末尾別表B—Ⅰ，Ⅲの「上告欄」に○印を付したものがこれにあたる。全体の上告率は45％で，全国の道交事件の上告率に近い数字であるが，業務上過失致死傷罪（交通事故）の上告率や全事件の上告率よりはやや高い[16]。

棄却事例中の上告率は67％（36例中24例）だから，3人に2人は上告していることになる。なお，上告はすべて取下ないし棄却で終了している。

(4) 被告人の年令，職業

末尾別表B—ⅠないしⅣの被告人の「生年，職業」欄記載のとおり，生年については，昭和10年代生れ35名，同20年代生れ10名，その他11名で全体の80％を両世代で占めている（同欄のS＝昭和，T＝大正）。年令に表せば，おおむね犯行時30才代，20才代ということになろう。この年令構成は，地裁資料と変わらない。

職業は種々雑多であるが，建築関係（建築請負，大工，左官，配管工，電工，土工など）23名，自営業（不動産，金融業などの店主，会社役員）18名，勤め人（会社員，事務員，工員など）11名，その他（農業，会計士，ガードマンなど）4名に大別できる。職業運転手がいないことは，地裁資料で述べたと同一の理由によるものであろう。右のとおり，建築関係の職業と中小自営業主が相当数を占める（両者で73％）ことは，いささか示唆的である。両業種とも車利用の必要性が高く，逆に勤め人などに比べ，日常規律，職場規律が比較的ゆるやかで違反防止の基盤が弱く，前者にあっては，さらに工事現場などで運転をおぼえ易い環境にあり，また飲酒運転の機会と風潮にもなじみ易いことによるのであろうか。

---

[16] 全国の道交事件の上告率は，昭和46年で45.4％，業務上過失致死傷罪のそれは39.8％（曹時26巻2号111頁）。全事件のそれは昭和47年で37％（曹時26巻1号96頁）。

2 棄却と破棄

以下は、末尾別表B―ⅠないしⅣに詳細を記載した無免許者の違反のうち合計50例（控訴棄却事例全36例、破棄事例のうちから検察官控訴事件2例および法令適用の誤りによる職権破棄2例を除いた14例）につき、同表記載の違反内容、前科の順に、控訴棄却事例（以下「棄却グループ」という）と破棄事例（以下「破棄グループ」という）との間になんらかの差異があるかどうかを検討し、ついで、控訴審は、棄却なり破棄する理由として、どのような点をとり上げているかを考察したい。後者は自ずと無免許運転を中心とした道交事件の量刑の因子を浮び出させることになると思われる。棄却グループと破棄グループの対比は、地裁資料における実刑グループと猶予グループの対比に相応するわけである。

(1) 違反内容

各被告人の違反内容（原審の確定した犯罪事実）は、前記別表の該当欄記載のとおりであり、そこで用いられている略語は、地裁資料で説明したのと同一である。

無免許グループ、無免許飲酒グループとも、やはりこれらの違反1件というのが多い。付加されたその他の違反は速度違反が典型的である。棄却グループと破棄グループの平均違反回数を対比させたのが**第12表**であるが、ここでも両グループ間に有意的な差はない。むしろ、無免許グループでは、破棄事例の方がやや違反回数が多い結果を示している。

(2) 前 科

各被告人の前科は、末尾別表の該当欄記載のとおりである。

前科の「特徴」という欄の趣旨およびそこで用いられている略語の意味は、地裁資料について述べたのと同一である。この区別を棄却グループと破棄グループに分けてみたのが**第13表**である。この表でわかるとおり、累犯および猶予中の者の占める割合が大変高い（**第6表**参照）。棄却グループにおいて特に顕著である。ただ、特徴的なことは、棄却グループには累犯者が多く、破棄グループには比較的猶予中の者が多い、という点である。このことは、第一に、累犯前科を有する者（ほとんどが控訴審判決時にも執行猶予の法的余地がない）に

第12表　平均違反回数

	無免許	無・酒	全体
棄　却	1.9	1	1.6
破　棄	2.5	1	1.9
全　体	2.0	1	1.7

第13表　前科の特徴

	総　数	累　犯	猶予中	その他	累犯・猶予中の占める割合
棄　却	36	24 (5)	6 (3)	6	83%
破　棄	14	0	9 (6)	5	64%
計	50	24 (5)	15 (9)	11	78%

（　）内は交通前科で累犯あるいは猶予中の件数で内数。

つき，体刑求刑の趣旨で地裁に公判請求され，一審が体刑（実刑）を選択した場合，控訴審がこの原判決を変更してまで罰金刑に処するのは，よほどでない限り，ない，ということを示す。累犯前科の内訳は，同種前科1例，業過前科4例，その他一般刑法犯19例であるが，累犯者はすべて棄却グループに含まれ，破棄グループには1例もない。次に，上記の特徴は，執行猶予中の道交事件の再犯の場合は案外一審の実刑判決が破棄されて再度の執行猶予になる傾向を示している。執行猶予の付されている前科の内訳は，同種前科7例，業過前科2例，その他一般刑法犯6例で，交通前科なかんずく無免許運転など同種前科が多い。しかも，これら交通前科で執行猶予中であっても，破棄自判で再度の執行猶予に付されている事例が多いのである（該当者9名中6名が破棄グループに含まれる）。この点は，地裁資料の量刑状況と明確な相違を見せている。もっとも，この傾向は，資料の数からして，本資料に限られたものというべきで，一般化することは早計であろう。

　なお，累犯および猶予中の者の破棄率とこれら以外の者の破棄率を比較しておくと，前者は23%，後者は45%となる。

　次に，棄却グループと破棄グループとの前科の数の比較に移るわけであるが，高裁資料の前科欄は，判決文でわかる範囲で記載しているため，完全なも

のではないことをお断りしておきたい（したがって，例えば前科の「特徴」欄に「累」とあり「その他」の欄がブランクになっているのは，一般刑法犯の累犯前科があることは判明しているが，その他は不明であることを意味しており，必ずしも，その他の前科が全くないとは断定できないわけである。数字が記載されているのは，その点が明確なものであり，例えば，B—I 7であれば，累犯前科を含め一般刑法犯の前科が5あることを示している）。

そこで，数の比較ということにあまり大きな意味を置くことはできないのであるが，試みに，業過前科を有する者（事故歴者）の比率を算出し，ついで無免許前科の数が一応判明しているものをピックアップしてその平均数を比較してみたい。

事故歴者は，判明している限りで，23名で，全体に占める率は46％である。この率は，地裁資料の実刑グループにおけるそれと近い数字である。もっとも，棄却グループにおける事故歴者の占める割合と破棄グループにおけるそれとは，地裁資料における実刑グループと猶予グループの対比のような数値を示していない（**第8表**参照）。むしろ破棄グループの方が高い率を示している。

無免許前科の1人あたり平均数は，棄却グループで4.3，破棄グループ3.8で，前者の方がやや多いが，それほどの差はない。なお，無免許前科の最多者は，棄却グループで14犯（B—I 17），破棄グループでも8犯（B—II 3）あって，地裁資料の猶予グループにおける同種前科の最多者と比べて差異がある。いずれにしても，この調査では，棄却と破棄両グループの分岐点を前科の数といった明確なものに求めることは困難であるので，数の比較はこの程度にして，両グループの前科の特徴をいま少し探ってみたい。

まず，棄却グループに目をむけると，第一に，交通前科のみならず一般刑法犯の前科を有する者が，破棄グループに比べ，多いことに気づく。一般刑法犯前科の数にしても，前科11犯（B—I 15）を最高に4犯ないし7犯程度の者も相当多い。前科の種類は，窃盗など財産犯や公文書（免許証）偽造，行使などのほか暴行，傷害など粗暴犯が目立つ。交通事故禁錮受刑者の中には，一般刑法犯の前科を有する者がかなりおり，かつその罪種は暴行，傷害など粗暴犯が多いことは，すでに指摘されているところであるが[17]，道交法違反の悪質な者についてもこのことはあてはまるようで，注目すべきことである。交通関

係の前科のみならず多数の一般刑法犯前科を有する者は，その人格に問題があることをうかがわせ[18]，犯罪性も強いから，実刑はやむをえないものとして棄却グループの多数を占めることになるのであろう。

　第二に，本資料では，累犯前科の刑の執行終了後，何回か無免許運転で罰金刑に処せられながら改まらず，公判請求に至った事案が多い（末尾別表B—Ⅰ，Ⅲの備考欄参照）。このことが，累犯者については，罰金刑選択は相当でなく実刑やむなしとして棄却グループに含められる一つの理由とも推測される。

　次に，破棄グループの前科に注目すると，第一に，執行猶予中の者の無免許前科は，相当数あるとはいえ，猶予後の無免許前科は少ない，すなわち猶予後はじめて検挙された場合が多いことに気づく（同表B—Ⅱ，Ⅳの備考欄参照）。このことは，被告人の不利な情状になる場合もあるが（同種前科で猶予言渡後間もない違反など），一面では，今回の違反で実刑にすると前の執行猶予の裁判が取消されてその裁判の趣旨を活かすことができず，かつ被告人も併せて服役せねばならぬ酷な面があるのでなるべく避けたいという配慮にもつながるように思われる。現にその趣旨を判示した事例が散見される（後述）。

　第二に，一般刑法犯の前科で執行猶予中の者で破棄グループに含まれているもの（B—Ⅱ5ないし7）は，猶予の前後の合計の無免許前科が少ない。

　第三に，前科関係は類似しているが，一方は棄却，一方は破棄と結論を異にする事例も目につく（例えば，B—Ⅰ21とⅡ1および2，B—Ⅲ5とⅣ1など）。これは，他の具体的情状——その他の犯歴，生活態度，犯行後の状況，運転の動機，態様など——が大きく働いていることを推測させる（別表の「控訴審の判断」欄参照）。

(3) 棄却，破棄の理由

　控訴審が控訴申立を棄却しあるいはこれを容れて原判決を破棄する際に判示された理由は多岐にわたるが，その代表的なものをピックアップすると，別表

17）佐伯・前掲注10）86頁，丸岡・前掲注10）394頁。
18）無免許運転者の人格特性として，低知能，精神病質，法規軽視傾向が指摘されている（佐竹隆三ほか「交通事犯受刑者の特徴」法務総合研究所研究部紀要1968年第2分冊55頁以下，佐伯・前掲注10）83頁）。これらの特性は，粗暴犯の累行者のそれと共通性があるのかも知れない。

の「控訴審の判断」欄記載のとおりとなる。

これは，大体以下のように分類される（別表は，以下の分類の頭の符号を略語として用いている）。

まず，棄却グループの判断理由としては，無免許運転の累行性，そこからうかがわれる法無視の態度に言及したものが最も多く，ついで運転の動機，態様の悪質さにふれたものが多い。その詳細は下記のとおりである（末尾の数字はその点を判示した事例数）。

　〇　無免許累行性（計28）
　　イ　無免許の常習性，同種前科が多い（16）。
　　ロ　交通法規無視の態度，遵法精神の欠如(7)。
　　ハ　右の典型的な現われとしての，同種事犯の公判審理中の再犯であること，あるいは審理中に同種事犯を再び犯したこと(5)。
　〇　運転の動機，態様の悪質性，危険性（計14）
　　ニ　犯行態様の悪質性(6)。
　　ホ　交通事故につながる危険性の高い運転(4)。
　　ヘ　運転動機に同情すべき点がない(4)。

無免許あるいは無免許かつ飲酒運転の量刑の第一の因子が，同種前科から判断される常習性の有無および無免許や飲酒運転というそれ自体交通に危険な違反[19]を再三の刑罰にもかかわらずくり返すその反規範性に求められるのは当然であって，イないしハが棄却の主たる理由を占めることは容易に理解できるところである。

当該運転行為自体はどの事件も格別の差異がないのが普通であるが，特に態様が悪質であるとか事故発生の危険性が高いと認められる場合，これらが量刑の因子として，併せて考慮されることも当然である。本資料で犯行態様の悪質

---

19) 飲酒の運転への影響は，視覚などに対する反応時間が長くなる，ハンドル操作の正確性が失われる，注意配分能力が低下する，過大な自信を持つ，などに現われるといわれ，飲酒運転の危険性を理解することはたやすい。無免許運転者についても，その反応時間は免許取得者のそれに比べ遅れがあることが調査結果として現われており（山本・前掲注1）48頁），また地裁に公判請求される無免許運転事犯はその大部分が運転技術ないし運転感覚についてきわめて貧弱なものしか身につけていない（同論文47頁）から，多大の危険性を包蔵している。単なる形式犯，行政犯と理解することはできない（萩原・前掲注6）225頁）。

性としてとり上げられているのは，違反の都度他人の免許証を提示して係官をだます（B—Ⅰ12），違反を検挙した白バイから逃走するためさらに速度違反を犯す（B—Ⅰ16），ひきにげを伴なう（B—Ⅰ24），酒酔いの程度も高いし，検挙の都度逃走する（B—Ⅲ1），昼間から飲酒した後遊びに行くため運転（B—Ⅲ5）などがある。事故発生の危険性として指摘される具体例は，通行禁止違反を犯し建造物を損壊した（B—Ⅰ16），同乗者が酒酔い運転に気づいて降車を求めたのに高速運転を継続した（B—Ⅲ1），京都市内河原町通を制限速度より58キロ超過の高速で運転した（B—Ⅲ4）などがある。

　次に，破棄グループの判断理由は，前科関係に言及したもの，運転の動機や運転に危険がなかったことに言及したもの，被告人の反省，生活状況など一般的情状に言及したものに大別される。

　〇 A 前科関係(5)
　〇　運転の動機，危険性（計8）
　　　B　事故発生の危険性少ない(4)。
　　　C　運転動機に同情の余地がある(4)。
　〇　一般的情状（計21）
　　　D　反省，改悛，違反しないことの誓約など(11)。
　　　E　自車を処分するなど運転環境から遠ざかったこと(5)。
　　　F　家庭事情，生活状況など(5)。

Aでは，体刑前科がないこと（B—Ⅱ7，Ⅳ5），少年時代の前科であること（B—Ⅳ4），人身事故の前科がないこと（B—Ⅱ1）などがとり上げられている。Bでは，当該運転が事故を現実に起していないというかなり消極的な情状（B—Ⅱ5，8），免許失効型で運転技術はあること（B—Ⅳ3），酔をさまして運転したこと（B—Ⅳ3，6）などが具体例である。Cでは，父の危とくの急報（B—Ⅱ2），通行のじゃまになる車をガレージに入れるため（B—Ⅱ3），運転者が途中で帰ってしまったため（B—Ⅳ3），適当な交通機関が当時なかったため（B—Ⅳ6）などが同情できる運転動機として評価されている。運転の動機，目的を量刑上考慮してよいかどうかは問題があろうが（萩原・前掲注6）228頁），原審がすべて実刑にした事件の中からこれを維持するものとしからざるものを選別するという微妙な量刑判断を迫られる控訴審としては，総合的，多

角的な情状の検討が必要であり，その一つとしてこれが相応に考慮されているということなのであろう。

　Fでは，一家の柱だから実刑になると家族が困る，というのが多い。前記のとおり，DないしFなどの一般的情状を破棄理由として判示する事例が数の上では一番多いのであるが，これらが無免許運転の量刑の大きな要素を占めていると速断することはできないであろう。

　その他これらに類型化されない破棄理由では，実刑だと前の執行猶予が取消されて併せて服役しなければならなくなる（B—Ⅱ2, 5, 6），被告人の年令（B—Ⅳ2, 4），物損の弁償（B—Ⅳ6）などがある。

第31章 道路交通法違反事件の量刑について

A－I　無免許（実刑）

	被告人			違反内容		前科			求刑(月)	判決(月)	控訴	備考
	年令	車	免許	無免許	その他	特徴	同種	その他の交通前科				
1	34	○	なし	1		累(業)	6	業1（累犯）	4	3	○	
2	41		〃	〃		累	2		3	2		
3	32	○	〃	2		〃	3	業1（無つき）	3	2	○	
4	33		取	1		〃	2	道2（酔2）	4	3		職業運転手
5	32	○	なし	2		〃	5	道3（無3）	4	3	○	
6	30	○	取	1	1	猶(同)	3	道1（酔1） 業1（酔つき死亡）	5	2	○	
7	29		〃	〃		〃	3	道7（うち無1, 酔1） 業1	4	2	○	
8	31		失	〃		〃	6	道3（無3） 業1	3	2	○	
9	23	○	取	2		猶	3	道7	3	2	○	
10	44	○	失	〃			6	道5 業1	4	2	○	
11	32		取	〃			4	道4（うち酔3） 業1	4	2	○	
12	58	○	〃	〃			4	道18（うち酔5） 業4	5	3		別件（無・酔など）控訴中の事犯
13	27		なし	〃			9	道8（うち無4）	4	2	○	
14	26		取	〃			3	道4（うち無・酔1） 業2	4	2	○	
15	31	○	失	〃			4	業2	4	3	○	
16	46	○	取	〃			8	道2（無2）	3	2	○	
17	57	○	失	2			5		5	3	○	
18	36		なし	4	1(S)		4		6	6	○	

667

第Ⅷ部　その他

A－Ⅱ　無免許（執行猶予・罰金）

	被告人			違反内容		前　科			求刑(月)	判決		控訴	備　考
	年令	車	免許	無免許	その他	特徴	同種	その他の交通前科		刑(月)	猶予期間(年)		
1	56	○	取	1			3	道15 業2	3	3	3		
2	35	○	なし	2	1 (信)		2		3	3	3		
3	21		〃	4	〃		2	業1	6	6	4		付保護観察
4	29	○	〃	1			3	道3（無3）	3	3	3		
5	45	○	失	3	〃		2		3罰4千	3罰4千	2		バイク
6	23		なし	1			4		4	4	3		
7	30	○	取	2			3		3	3	3		
8	23	○	〃	1			4	道3 業2	4	4	4		
9	32		〃	1			1	道4（うち酔2）	4	4	3		
10	26		なし	3			2		4	4	2		
11	36		取	1	1 (S)		3	業1	3	3	3		大型職業運転手
12	31		〃	1			3	道6（うち酒気1） 業2	3	3	3		
13	44		〃	1			3	道7	3	3	4		
14	23		なし	1			2	業1（無つき）	3	3	2		
15	30	○	〃	1			4		4	4	4		付保護観察
16	27		〃	1			4		4	4	3		
17	29		取	1			3		4	4	2		大型
18	27	○	なし	1		累	3		3	罰5万			
19	22		〃	1		猶	3		4	〃			前刑の猶予は付保護観察

668

A—Ⅲ　無免許かつ酒酔い（酒気おび）（実刑）

	被告人			違反内容		前　　科			求刑(月)	判決(月)	控訴	備　考
	年令	車	免許	無・酒	その他	特徴	同種	その他の交通前科				
1	25		取	1	1(信)	累	1		6	3		
2	34		なし	1		〃	0	道1（無1），累犯は無と偽造免許証の行使など	5	4		
3	32		取	1		〃	1	道6（うち無4, 無・酔2）	10	6		
4	38	○	〃	1	10(無9 信1)		0	道9（うち酔2）	6	5	○	大型，職業運転手　無9は一括検挙
5	46	○	なし	3	10(無)		2		9	6	○	無10は個別検挙
6	32	○	取	1			1	道8（うち酔3, 無・酔1），業1	8	4	○	
7	24	○	〃	1			0	道12（うち無2）業1	6	4	○	
8	30		失	2	2(S)		2	道5（無5）	9	5		
9	32	○	取	1			0	道10（うち無1，酔3）	4	3		酒気おび

第Ⅷ部 その他

A─Ⅳ 無免許かつ酒酔い（酒気および）（執行猶予）

	被告人			違反内容		前	科	求	判　決			控	備　考
	年令	車	免許	無・酒	その他	特徴	同種	その他の交通前科	刑(月)	刑(月)	猶予期間(年)	訴	
1	23	○	なし	1	1(S)	猶	1	道1（無1）	6	5	3		バイク付保護観察
2	32	○	取	1			0	道18（うち無2、酔1）	6	6	3		
3	22		失	1	1		1		4	4	4		
4	26	○	取	1			0	道4（うち無2）	〃	〃	3		バイク
5	31	○	なし	1			0	道3（うち無3）	〃	〃	2		
6	24		取	1			0	道2（無2）業1	6	4	2		
7	30		〃	1			0	道4（うち無3）業1	4	4	2		酒気おび
8	〃	○	なし	1			1	道2（無2）	〃	〃	〃		〃
9	〃	○	取	1			0	道3（無1、酒気2）	〃	〃	〃		〃 (起訴は酒酔)
10	31		失	1			0	道6（うち無2、酒気1）	3	3	3		〃

670

第31章 道路交通法違反事件の量刑について

B―I 無免許（棄却事例）

	被告人 生年 職業	違反内容 無免許	違反内容 その他	特徴	前科 無免許	前科 その他	原審の刑(月)	控訴審の判断	上告	備考
1	S15 土工	1		累(同)	?	道10数回（無で実刑），業（無つき）1	4	イ	○	累犯の刑終後2犯目の無
2	S11 宝石輸入業	〃		累(業)	4	業（無つき）1 (＝累犯)	〃	イ, ハ	○	同4犯目
3	S13 電気工事	〃		〃	2	業（無つき）1 (＝累犯)	3	ロ, ホ	○	同3犯目
4	S22 家屋解体業	2		〃	2	業1（＝累犯） 刑1	〃			
5	T12 左官	4		累	8		4	イ	○	
6	S11 会計士	2		〃	4		〃		○	同5犯目
7	〃 庭石採取業	〃		〃	?(多数)	刑5	3	イ	○	同2犯目
8	S6 中古車販売	〃		〃	3	刑4	〃		○	
9	S13 土工	1		〃	4	刑1 (免許証偽造など)	〃	イ		無の公判請求3回目
10	S7 不動産業	4		〃	〃	道18, 業1, 刑6	4	イ, ヘ	○	
11	S18 スナック経営	2		〃	4	刑7	3		○	元ヤクザ
12	S19 工芸品販売	3	3(S2)	〃	3	刑3	4	ニ	○	
13	S18 金融業	2	2(S)	〃	5		5	ヘ	○	累犯の刑終後6犯目の無
14	S17 鶏肉販売	6	1(S)	〃	?	刑4	3	イ, ロ	○	
15	S3 電工	1	1	〃	2	刑11	2		○	ヤクザ
16	S22 土工	2	4(S1)	〃	?	道7, 業1, 刑3	12	ロ, ハ, ニ, ホ	○	求刑どおり
17	S12 ダイヤカット加工	1	1(S)	〃	14		3	イ	○	累犯の刑終後5犯目の無

671

第Ⅷ部　その他

18	S20 事　務　員	〃	〃	〃	6	業1	〃		○	
19	S11 会 社 役 員	〃	1	〃	5		3 罰3千	イ，ハ	○	同6犯目
20	S19 土　　　工	〃	2	〃	1	業（無つき）2	4	イ，ニ		
21	T10 家具木工業	〃		猶 (同)	4	道5	3	イ		無で猶予後間も なく本件
22	S18 会　社　員	〃		猶	7	刑2	3	イ	○	猶予は付保護観 察
23	S13 配　管　業	2		〃	2	道14, 業1, 刑3	3	イ，ロ	○	
24	S16 会 社 役 員	〃			6		〃	イ，ニ	○	無6は約8年間 で
25	S18 重 機 運 転	〃			4	業（無つき）1 刑2	2	ロ		
26	S19 寝 具 販 売	1	1 (S)		4	道14 業3（1件は致死 　　で実刑）	3	ロ		
27	S9 土　　　工	〃	1		?	道10（ほとんど無） 業2 刑1（免許証偽造 　　など）	3 罰5千	イ		

第31章　道路交通法違反事件の量刑について

B—Ⅱ　無免許（破棄事例）

	被告人 生年 職業	違反内容		特徴	前　　科		原審の刑（月）	控　訴　審		備　考
		無免許	その他		無免許	その他		刑	判断	
1	S17 農業	1		猶（同）	5	道9	5	5 (3) 保	A, D, E, F	猶予後初の事犯
2	S20 起毛工	〃		〃	6	刑, 多	4	4 (3) 保	C, D, F	〃
3	T11 とび職	〃		猶（業）	8	業1（猶予）	2	2 (2) 保	C, D	
4	S12 木工業	4	1	〃	？	道3 業1（猶予）	6 罰6千	6 (3) 保 罰6千	D	〃
5	S13 店員	3		猶	3	刑4	3	罰6万	B, D	付保護観察の別件猶予あり，猶予後初の事犯
6	S17 土工	8		〃	0	刑3	4	罰20万	A, F	8回の無は1年内の個別検挙，前刑の猶予は付保護観察
7	S19 店員	2	1	〃	2	業（無つき）1 刑1（猶予）	3	2 (3) 保	A	
8	S10 建築請負	1			1	業1	2	2 (3)	B, D, E	
9	S22 調理師見習	4	1 (S)	猶（業）	2	業（無つき）2	4 (2)	4	イ, ホ, ヘ	検事控訴，上告取下．4月半に4回の無

「控訴審の刑」欄で，5 (3) 保とは懲役5月執行猶予3年付保護観察を示す．（Ⅳ表も同じ）

第Ⅷ部 その他

B—Ⅲ 無免許かつ酒酔い（酒気）（棄却事例）

	被告人 生年 職業	違反内容 無・酒	違反内容 その他	前科 特徴	前科 無免許	前科 その他	原審の刑（月）	控訴審の判断	上告	備 考
1	S22 土 工	1	1（無）	累（業）	3	業（無つき）1（＝累犯），刑2	2	ニ，ホ，ヘ		累犯の刑終後無，その後無・酔
2	S20 〃	〃		累	3		3	〃		累犯の刑終後3犯目
3	S14 〃	〃		〃	?	道11（うち6は無ないし酔）	2	ハ		
4	S9 互葦業	〃	1（S）	〃	0	道0	〃	ホ	○	酒気おび，現在免許取得
5	S18 大 工	〃		猶（同）	6	無・酔で執予中	3	ニ，ヘ	○	
6	〃 現場監督	〃	3（無2 S1）	〃	12		5	ロ，ハ	○	酒気おび
7	S26 土 工	〃		猶	1	刑1（免許証偽造などで猶予前科）	4		○	
8	S16 金属回収業	〃			?	道4，業2その他多数	3	イ	○	
9	〃 会社員	〃	2（S1）			道5（うち酔2），業2，刑2（猶予）	4 罰4千		○	酒気おび

674

第31章 道路交通法違反事件の量刑について

B—Ⅳ 無免許かつ酒酔い（酒気）（破棄事例）

	被告人 生年 職業	違反内容 無・酒	違反内容 その他	特徴	前科 無免許	前科 その他	原審の刑（月）	控訴審 刑	控訴審 判断	備考
1	T15 家屋解体業	1		猶（同）	5	道11 業2	5	5(3)保	D, E, F	猶予後初の事犯 酒気おび
2	T14 会社役員	〃		〃	?	道7（うち1は無・酔で猶予）, 業2	4	4(3)保	B, E	猶予後初の事犯
3	S14 工員	〃			5		3	3(3)	B, C, D, E, F	酒気おび
4	S23 会社員	〃			?	道11 業1	4	4(3)	A, D	〃
5	S14 プレス加工業	〃			?（多数）	道?, 業1, 刑2	〃	〃	A, D	
6	S10 砥業	〃			3	道3（無・酔3）	〃	〃 保	B, C, D, E	
7	S11 板金工	2		累	3		〃	4	ニ, ヘ	法令適用で破棄 1つは酒気おび
8	S20 会社員	1		〃		道4（うち酔3）, 刑3（うち2個の前科で再犯）	〃	〃	ニ, ホ	法令適用で破棄
9	S7 建築業	1	1(S)	累（業）	2	無3（無・酔2・無・気1）, 業1（無・気つきで実刑）, 刑12	罰13万	3	イ, ホ, ヘ	検事控訴 酒気おび

675

判例索引

大審院

明 治
大判明 44.10.3 刑録 17 輯 1569 頁 ………………………………… 168
大判明 45.7.23 刑録 18 輯 1095 頁 ………………………………… 168

大 正
大判大 4.6.2 刑録 21 輯 721 頁 …………………………………… 168
大判大 13.4.5 刑集 3 巻 318 頁 …………………………………… 155
大判大 14.6.23 刑集 4 巻 429 頁 ………………………………… 304

昭 和
大判昭 3.6.27 刑集 7 巻 445 頁 …………………………………… 168
大判昭 4.7.4 刑集 8 巻 394 頁 …………………………………… 309
大判昭 5.1.24 刑集 9 巻 7 頁 ……………………………………… 304
大判昭 7.5.12 刑集 11 巻 621 頁 …………………………… 155, 168
大決昭 8.5.13 新聞 3592 号 14 頁 ………………………………… 304
大判昭 13.6.14 刑集 17 巻 433 頁 …………………………… 155, 168
大判昭 14.7.13 新聞 4470 号 10 頁 ……………………………… 155

最高裁判所

昭和 23～29 年
最二小判昭 23.4.23 刑集 2 巻 4 号 422 頁 ……………………… 309
最大判昭 23.5.26 刑集 2 巻 6 号 529 頁 ………………………… 550
最大判昭 23.6.9 刑集 2 巻 7 号 658 頁 ………………………… 104
最一小判昭 23.8.5 刑集 2 巻 9 号 1123 頁 ……………………… 513
最一小判昭 23.10.7 刑集 2 巻 11 号 1284 頁 …………………… 100
最大判昭 23.12.1 刑集 2 巻 13 号 1679 頁 ……………………… 104
最二小判昭 24.2.22 刑集 3 巻 2 号 221 頁 ……………………… 325
最三小判昭 24.7.26 刑集 3 巻 8 号 1391 頁 …………………… 100
最三小判昭 24.12.13 裁判集刑 15 号 349 頁 ……………… 381, 383
最一小決昭 25.6.8 刑集 4 巻 6 号 972 頁, 判タ 4 号 46 頁 …… 151
最大判昭 25.7.19 刑集 4 巻 8 号 1481 頁 ……………………… 133
最一小決昭 25.10.26 刑集 4 巻 10 号 2170 頁 ………………… 140
最大判昭 25.12.20 刑集 4 巻 13 号 2870 頁 …………………… 307
最三小判昭 25.12.24 刑集 4 巻 12 号 2621 頁 ………………… 569

最二小判昭 26.6.15 刑集 5 巻 7 号 1277 頁，判タ 13 号 66 頁 ·················· 192, 262
最大判昭 26.8.1 刑集 5 巻 9 号 1684 頁 ··· 461
最二小判昭 27.7.11 刑集 6 巻 7 号 896 頁，判タ 23 号 40 頁 ··················· 152
最一小決昭 27.12.11 刑集 6 巻 11 号 1297 頁，判タ 28 号 49 頁 ··············· 380
最二小決昭 28.6.19 刑集 7 巻 6 号 1342 頁 ··· 380
最二小決昭 28.7.8 刑集 7 巻 7 号 1462 頁，判タ 33 号 50 頁 ···················· 332
最二小決昭 28.10.9 刑集 7 巻 10 号 1904 頁，判タ 35 号 46 頁 ················· 329
最大判昭 28.12.16 刑集 7 巻 12 号 2550 頁，判タ 35 号 57 頁 ··················· 152
最一小判昭 29.1.21 刑集 8 巻 1 号 71 頁，判タ 39 号 55 頁 ·············· 180, 262
最一小判昭 29.1.28 刑集 8 巻 1 号 95 頁，判タ 39 号 56 頁 ·············· 180, 262
最一小判昭 29.5.20 刑集 8 巻 5 号 711 頁 ··· 264
最二小判昭 29.8.20 刑集 8 巻 8 号 1249 頁 ··· 151

昭和 30〜39 年

最二小決昭 30.3.18 刑集 9 巻 3 号 508 頁 ···································· 140, 141
最三小判昭 30.9.13 刑集 9 巻 10 号 2059 頁 ······································· 334
最二小判昭 31.8.3 刑集 10 巻 8 号 1202 頁，判タ 63 号 48 頁 ·················· 171
最一小決昭 31.10.25 刑集 10 巻 10 号 1447 頁 ···································· 171
最一小決昭 32.1.24 刑集 11 巻 1 号 252 頁 ··· 201
最一小判昭 32.2.14 刑集 11 巻 2 号 554 頁〔幸浦事件〕 ······················· 463
最二小判昭 32.5.24 刑集 11 巻 5 号 1540 頁 ··· 8
最二小判昭 32.11.2 刑集 11 巻 12 号 3056 頁 ······································ 307
最一小判昭 33.1.23 刑集 12 巻 1 号 34 頁 ··· 240
最三小判昭 33.5.20 刑集 12 巻 7 号 1416 頁 ···························· 84, 145, 199, 270
最大判昭 33.5.28 刑集 12 巻 8 号 1718 頁 ···································· 314, 380
最二小判昭 33.7.18 刑集 12 巻 12 号 2656 頁 ······································ 263
最二小判昭 34.7.24 刑集 13 巻 8 号 1150 頁 ······································· 263
最三小決昭 34.12.26 刑集 13 巻 13 号 3372 頁 ···························· 44, 70, 274
最二小決昭 35.4.15 刑集 14 巻 5 号 591 頁 ··· 627
最三小判昭 36.6.13 刑集 15 巻 6 号 961 頁 ··· 265
最大決昭 37.2.14 刑集 16 巻 2 号 85 頁 ······································· 13, 307
最大判昭 37.11.28 刑集 16 巻 11 号 1633 頁 ······································· 234
最一小判昭 38.1.17 裁判集民 64 号 1 頁 ·· 132
最一小判昭 38.10.17 刑集 17 巻 10 号 1795 頁 ···································· 314
最三小判昭 38.11.12 刑集 17 巻 11 号 2399 頁 ···································· 630

昭和 40〜49 年

最大判昭 40.4.28 刑集 19 巻 3 号 270 頁，判タ 174 号 223 頁 ········· 85, 145, 150, 199, 264〜266
最一小判昭 41.4.21 刑集 20 巻 4 号 275 頁，判タ 191 号 148 頁 ··············· 171
最二小判昭 41.7.1 刑集 20 巻 6 号 537 頁，判タ 196 号 149 頁 ········· 352, 353
最一小判昭 41.7.21 刑集 20 巻 6 号 696 頁，判タ 196 号 150 頁〔大森鞭打ち傷害事件〕 ········ 103, 105
最三小判昭 41.7.26 刑集 20 巻 6 号 711 頁，判タ 198 号 146 頁 ··············· 265
最一小決昭 41.11.10 判時 467 号 63 頁 ······································· 165, 172

677

最一小決昭 42.8.31 刑集 21 巻 7 号 890 頁，判タ 211 号 181 頁 ･･････････････････････････････ 102
最一小判昭 42.8.31 刑集 21 巻 7 号 879 頁，判タ 211 号 182 頁 ･･････････････････････ 153, 199, 270
最二小判昭 43.3.29 刑集 22 巻 3 号 153 頁，判タ 221 号 176 頁 ･･････････････････････････････ 171
最二小決昭 43.10.25 刑集 22 巻 11 号 961 頁，判タ 226 号 250 頁〔八海事件〕 ･･････････････ 454, 515, 532
最三小決昭 43.11.26 刑集 22 巻 12 号 1352 頁，判タ 229 号 255 頁 ･････････････････ 145, 199, 270, 640
最二小決昭 44.4.25 刑集 23 巻 4 号 248 頁，判タ 233 号 284 頁 ･･････････････････････････ 88, 275
最二小決昭 44.4.25 刑集 23 巻 4 号 275 頁，判タ 233 号 290 頁 ･･････････････････････････ 88, 275
最二小決昭 44.9.27 裁判集刑 172 号 529 頁 ･･ 102
最大決昭 44.12.3 刑集 23 巻 12 号 1525 頁，判タ 241 号 279 頁 ･･････････････････････････････ 317
最二小判昭 44.12.5 刑集 23 巻 12 号 1583 頁，判タ 241 号 179 頁 ････････････････････････････ 104
最大決昭 46.3.24 刑集 25 巻 2 号 293 頁，判タ 260 号 163 頁〔新島ミサイル事件〕 ･･･ 84, 85, 153, 566, 580
最三小判昭 46.6.22 刑集 25 巻 4 号 588 頁，判タ 265 号 94 頁，判時 638 号 50 頁
　･･ 183, 220, 221, 229, 242, 245, 248
最大判昭 47.12.20 刑集 26 巻 10 号 631 頁，判タ 287 号 165 頁 ･･････････････････････････････ 13
最三小決昭 48.7.24 裁判集刑 189 号 733 頁 ･･ 102
最一小判昭 48.12.13 裁判集刑 190 号 781 頁，判時 725 号 104 頁〔長坂町放火事件〕 ･･････････ 514
最大判昭 49.5.29 刑集 28 巻 4 号 114 頁，判タ 309 号 234 頁 ････････････････････････････････ 630

昭和 50〜59 年

最一小決昭 50.5.20 刑集 29 巻 5 号 177 頁，判タ 321 号 69 頁，判時 776 号 24 頁〔白鳥事件〕 ･･････････ 529
最二小決昭 52.8.9 刑集 31 巻 5 号 821 頁，判タ 352 号 138 頁〔狭山事件〕 ････････････････ 464, 546
最三小判昭 53.6.20 刑集 32 巻 4 号 670 頁，判タ 366 号 152 頁 ･･････････････････････････････ 395
最二小決昭 53.7.3 判タ 364 号 190 頁，判時 897 号 114 頁〔布川事件〕 ･･････････････････････ 526
最一小判昭 53.9.7 刑集 32 巻 6 号 1672 頁，判タ 369 号 125 頁，判時 901 号 15 頁
　･･････････････････････････ 13, 111, 346, 357, 377, 381〜384, 386, 387, 390, 396〜398, 400, 403, 405, 417, 420
最一小決昭 53.10.31 刑集 32 巻 7 号 1847 頁，判タ 373 号 63 頁 ･･････････････････････････････ 102
最三小決昭 54.10.16 刑集 33 巻 6 号 633 頁，判タ 401 号 70 頁 ･･････････････････････････ 364, 366
最三小決昭 55.3.4 刑集 34 巻 3 号 89 頁，判時 956 号 134 頁 ････････････････････････････････ 261
最一小決昭 55.10.23 刑集 34 巻 5 号 300 頁，判タ 424 号 52 頁 ･･････････････････････････････ 387
最一小決昭 55.12.17 刑集 34 巻 7 号 672 頁，判タ 428 号 69 頁 ･･････････････････････････････ 105
最一小決昭 56.4.25 刑集 35 巻 3 号 116 頁 ･･･ 234
最二小判昭 56.6.26 刑集 35 巻 4 号 426 頁，判タ 444 号 55 頁 ･･･････････････････････････････ 105
最二小判昭 58.6.25 刑集 37 巻 5 号 592 頁，判タ 500 号 132 頁 ･･････････････････････････ 115, 126
最三小判昭 58.7.12 刑集 37 巻 6 号 791 頁，判タ 509 号 71 頁 ･･･････････････････････････ 108, 422
最三小判昭 58.12.13 刑集 37 巻 10 号 1581 頁〔よど号ハイジャック事件〕 ････････････････････ 241
最一小決昭 58.12.19 刑集 37 巻 10 号 1753 頁，判タ 517 号 126 頁，判時 1102 号 147 頁 ･･････････ 341
最一小決昭 59.1.27 刑集 38 巻 1 号 136 頁，判タ 519 号 76 頁，判時 1105 号 32 頁 ･･････････ 158, 159, 162
最三小判昭 59.4.24 刑集 38 巻 6 号 2196 頁，判タ 528 号 154 頁 ････････････････････････････ 461
最一小決昭 59.9.20 刑集 38 巻 9 号 2810 頁 ･･ 570, 587

昭和 60〜63 年

最二小判昭 61.4.25 刑集 40 巻 3 号 215 頁，判タ 600 号 78 頁，判時 1194 号 45 頁 ･･･ 106, 113, 406, 419
最一小決昭 63.3.17 刑集 42 巻 3 号 403 頁，判タ 669 号 133 頁 ･･････････････････････････ 109, 418

最二小決昭 63.9.16 刑集 42 巻 7 号 1051 頁, 判タ 680 号 121 頁 ……………………… 107, 113, 420
最一小決昭 63.10.24 刑集 42 巻 8 号 1079 頁, 判タ 683 号 66 頁, 判時 1299 号 144 頁
　………………………………………………… 218〜220, 225, 229, 242, 243, 249〜253, 259

平成 1〜9 年

最一小決平 1.10.26 判タ 713 号 75 頁, 判時 1331 号 145 頁〔板橋強制わいせつ事件〕……………… 449
最三小判平 4.9.18 刑集 46 巻 6 号 355 頁, 判タ 798 号 76 頁, 判時 1436 号 3 頁〔ロッキード事件〕… 159
最三小決平 6.9.16 刑集 48 巻 6 号 420 頁, 判タ 862 号 267 頁, 判時 1510 号 154 頁 … 107, 113, 406, 420
最一小決平 6.12.22 裁判集刑 264 号 487 頁〔星野事件〕………………………………………………… 464
最三小決平 7.5.30 刑集 49 巻 5 号 703 頁, 判タ 884 号 130 頁 ……………………………… 107, 113, 420
最三小決平 8.10.29 刑集 50 巻 9 号 683 頁, 判タ 924 号 155 頁 …………………………… 109, 418, 419

平成 10〜19 年

最大判平 11.3.24 民集 53 巻 3 号 514 頁, 判タ 1007 号 106 頁 ……………………………………………86
最二小決平 12.7.17 刑集 54 巻 6 号 550 頁, 判タ 1044 号 79 頁, 判時 1726 号 177 頁〔足利事件〕
　……………………………………………………………………………………………………… 494, 526
最三小決平 13.4.11 刑集 55 巻 3 号 127 頁, 判タ 1060 号 175 頁, 判時 1748 号 175 頁
　…………………………………………………… 229, 230, 232, 235, 236, 242, 246, 249, 250, 252, 255
最一小決平 14.7.18 刑集 56 巻 6 号 307 頁 ………………………………………………………………… 234
最二小決平 14.12.17 裁判集刑 282 号 1041 頁 …………………………………………………………… 131
最二小判平 15.2.14 刑集 57 巻 2 号 121 頁, 判タ 1118 号 94 頁, 判時 1819 号 19 頁
　……………………………………………………………………… 107, 113, 410, 411, 414, 425, 491
最二小決平 15.2.20 判タ 1120 号 105 頁, 判時 1820 号 149 頁 ……………… 229, 242, 244, 253, 255, 256
最大判平 15.4.23 刑集 57 巻 4 号 467 頁, 判タ 1127 号 89 頁, 判時 1829 号 32 頁 ………… 158, 159, 162
最一小決平 15.5.1 刑集 57 巻 5 号 507 頁, 判タ 1131 号 111 頁, 判時 1832 号 174 頁 ………………… 518
最一小決平 15.5.26 刑集 57 巻 5 号 620 頁, 判タ 1127 号 123 頁 ……………………………………… 418
最三小判平 15.10.7 刑集 57 巻 9 号 1002 頁, 判タ 1139 号 57 頁, 判時 1843 号 3 頁 ………………… 159
最二小決平 16.1.20 刑集 58 巻 1 号 26 頁, 判タ 1144 号 167 頁, 判時 1849 号 133 頁 ………………… 412
最一小決平 17.11.29 裁判集刑 288 号 543 頁 ……………………………………………………………… 518
最三小判平 18.11.7 刑集 60 巻 9 号 561 頁, 判タ 1228 号 137 頁, 判時 1957 号 167 頁 ……………… 611
最三小決平 18.11.14 判タ 1222 号 102 頁, 判時 1947 号 167 頁 ………………………………………… 292
最一小決平 19.10.10 判タ 1251 号 152 頁, 判時 1988 号 152 頁 ………………………………… 521, 522, 524
最一小決平 19.10.16 刑集 61 巻 7 号 677 頁, 判タ 1253 号 118 頁, 判時 1988 号 159 頁〔高松郵便爆弾
　事件〕……………………………………………………………………………………………… 513, 532
最三小決平 19.12.25 刑集 61 巻 9 号 895 頁, 判タ 1260 号 102 頁, 判時 1996 号 157 頁 ……… 286, 287

平成 20〜24 年

最三小決平 20.6.25 刑集 62 巻 6 号 1886 頁, 判タ 1275 号 89 頁, 判時 2014 号 155 頁 ……… 286, 287
最一小決平 20.9.30 刑集 62 巻 8 号 2753 頁, 判タ 1292 号 157 頁, 判時 2036 号, 143 頁
　………………………………………………………………………………………… 286, 287, 288, 295
最二小判平 20.11.10 裁判集刑 295 号 341 頁〔焼肉店経営者強盗殺人事件〕………………………… 517
最三小判平 21.4.14 刑集 63 巻 4 号 331 頁, 判タ 1303 号 95 頁, 判時 2052 号 151 頁〔防衛大学教授痴
　漢事件〕……………………………………………………………………… 515〜517, 520, 523, 535
最三小決平 21.7.21 刑集 63 巻 6 号 762 頁, 判タ 1335 号 82 頁, 判時 2096 号 149 頁 ………………… 159

679

最二小判平 21.9.25 判タ 1310 号 132 頁，判時 2061 号 153 頁〔ゴルフ場支配人殺害未遂事件〕… 517, 520
最三小決平 21.9.28 刑集 63 巻 7 号 868 頁，判タ 1336 号 72 頁，判時 2099 号 160 頁 ………… 406, 425
最一小判平 21.10.8 判時 2098 号 160 頁 ……………………………………………………………… 517
最二小判平 21.10.19 判タ 1311 号 82 頁，判時 2063 号 155 頁 ……………………………………… 518
最一小決平 21.10.21 刑集 63 巻 8 号 1070 頁 …………………………………………………………… 162
最三小決平 22.4.5 判タ 1331 号 83 頁，判時 2090 号 152 頁〔名張ぶどう酒事件〕……………… 526
最三小判平 22.4.27 刑集 64 巻 3 号 233 頁，判タ 1326 号 137 頁，判時 2080 号 135 頁〔刑務官の殺人放火事件〕……………………………………………………………………… 514, 518, 521, 524
最一小判平 22.6.3 裁判集刑 300 号 319 頁 ……………………………………………………………… 518
最一小判平 23.7.25 判タ 1358 号 79 頁，判時 2132 号 134 頁 ………………………… 515, 519, 521, 540
最三小決平 23.8.25 刑集 65 巻 5 号 935 頁，判タ 1356 号 95 頁，判時 2127 号 145 頁 ……………… 298
最二小決平 23.10.26 刑集 65 巻 7 号 1107 頁，判タ 1364 号 87 頁，判時 2139 号 145 頁 …………… 342
最大判平 23.11.16 裁時 1544 号 1 頁，判タ 1362 号 62 頁 ……………………………………………… 46
最一小判平 24.2.13 刑集 66 巻 4 号 482 頁，判タ 1368 号 69 頁，判時 2145 号 9 頁
…………………………………………………………………………… 511, 515, 516, 519, 606, 614
最一小決平 24.2.22 判タ 1374 号 107 頁，判時 2155 号 119 頁 ……………………………………… 515
最二小決平 24.2.29 刑集 66 巻 4 号 589 頁，判タ 1373 号 151 頁，判時 2153 号 142 頁
………………………………………………………………………………………… 234, 236, 238, 239

高等裁判所

昭和 24～29 年

名古屋高判昭 24.12.10 判特 3 号 38 頁 ………………………………………………………… 368, 369
大阪高判昭 24.12.19 判特 3 号 70 頁 …………………………………………………………… 371, 378
東京高判昭 25.1.14 高刑 3 巻 1 号 5 頁 ……………………………………………………………… 311
福岡高判昭 25.1.23 判特 3 号 103 頁 ………………………………………………………………… 368
東京高判昭 25.2.14 判特 16 号 30 頁 ………………………………………………………………… 269
東京高判昭 25.2.24 判特 15 号 34 頁 ………………………………………………………………… 309
福岡高判昭 25.5.23 判特 9 号 130 頁，判タ 8 号 55 頁 …………………………………………… 368
札幌高判昭 25.7.12 判特 11 号 184 頁 ……………………………………………………………… 368
東京高判昭 25.11.21 判特 15 号 32 頁 ………………………………………………………… 368, 369
福岡高判昭 25.11.22 高刑 3 巻 4 号 583 頁 …………………………………………………… 368, 369
広島高判昭 25.12.26 高刑 3 巻 4 号 692 頁，判タ 13 号 70 頁 …………………………………… 152
仙台高秋田支判昭 26.1.24 判特 22 号 213 頁 ……………………………………………………… 311
仙台高判昭 26.1.31 判特 22 号 3 頁 ………………………………………………………………… 140
東京高判昭 26.3.30 裁時 80 号 5 頁〔三鷹事件〕………………………………………………… 307
東京高判昭 26.7.17 判特 21 号 138 頁 ……………………………………………………………… 311
札幌高判昭 26.7.25 高刑 4 巻 7 号 809 頁 ………………………………………………………… 309
東京高判昭 26.7.27 高刑 4 巻 13 号 1715 頁 ……………………………………………………… 332
東京高判昭 26.10.22 東高時報 1 巻 10 号 140 頁 ………………………………………………… 311
東京高判昭 26.11.6 高刑 4 巻 13 号 1891 頁 ……………………………………………………… 308

東京高判昭 26.12.18 東高時報 1 巻 13 号 194 頁 ･･････････････････････････････････････ 339
札幌高判昭 27.1.10 判特 18 号 66 頁 ･･･ 309
福岡高判昭 27.2.8 判特 19 号 62 頁 ･･･ 140
仙台高判昭 27.5.12 判特 22 号 129 頁 ･･･ 140
札幌高判昭 27.6.25 高刑 5 巻 6 号 995 頁 ･･････････････････････････････････････ 152, 154
東京高判昭 27.7.11 判特 34 号 115 頁，判タ 23 号 53 頁 ･････････････････････････････ 311
東京高決昭 27.7.17 高刑 5 巻 7 号 1163 頁，判タ 23 号 54 頁 ･･････････････････････････ 323
仙台高判昭 27.8.8 高刑 5 巻 12 号 2039 頁 ･･･ 311
高松高判昭 27.10.16 高刑 5 巻 12 号 2134 頁 ･･･････････････････････････････････････ 152
東京高判昭 28.2.26 判タ 30 号 50 頁 ･･ 339
東京高判昭 28.11.25 判時 39 号 202 頁 ･･ 356, 381
仙台高秋田支判昭 29.2.2 判特 36 号 87 頁 ･･･ 165
福岡高判昭 29.6.30 高民 7 巻 6 号 513 頁 ･･ 140
仙台高判昭 29.10.4 裁特 1 巻 7 号 305 頁 ･･･ 368

昭和 30～39 年

名古屋高金沢支判昭 30.3.8 裁特 2 巻 5 号 119 頁 ････････････････････････････････････ 152
名古屋高判昭 30.4.21 裁特 2 巻 9 号 360 頁 ･･ 165
東京高判昭 30.4.23 高刑 8 巻 4 号 522 頁 ･･ 168
東京高判昭 30.11.30 裁特 2 巻 23 号 1227 頁 ･･･････････････････････････････････････ 311
福岡高宮崎支判昭 31.9.27 下民 7 巻 9 号 2655 頁 ･･･････････････････････････････ 140, 141
東京高判昭 32.2.5 東高時報 8 巻 2 号 23 頁 ･･ 181
東京高判昭 33.1.31 下民 9 巻 1 号 153 頁 ･･ 138
東京高判昭 34.3.30 下刑 1 巻 3 号 560 頁 ･･ 195
大阪高判昭 35.5.26 下刑 2 巻 5＝6 号 676 頁 ･･･････････････････････････････････････ 351
名古屋高判昭 36.9.25 高刑 14 巻 8 号 548 頁，判タ 127 号 56 頁 ･･･････････････････････ 176
東京高判昭 37.3.7 下刑 4 巻 3＝4 号 183 頁，判タ 130 号 61 頁 ････････････････････････ 195
札幌高判昭 37.11.1 高刑 15 巻 8 号 633 頁，判タ 140 号 77 頁 ･････････････････････････ 153
大阪高判昭 37.12.25 判タ 141 号 111 頁 ･･･ 138
東京高判昭 38.8.27 下刑 5 巻 7＝8 号 667 頁，判タ 152 号 50 頁 ･･･････････････････････ 630
東京高判昭 39.4.27 東高時報 15 巻 4 号 76 頁，判タ 164 号 115 頁 ････････････････････ 153

昭和 40～49 年

札幌高判昭 40.3.20 高刑 18 巻 2 号 117 頁，判タ 179 号 143 頁 ･･････････････････ 624, 625
東京高判昭 40.8.27 下刑 7 巻 8 号 1583 頁，判タ 183 号 192 頁 ････････････････････････ 189
東京高判昭 40.10.26 判時 428 号 57 頁 ･･ 138
大阪高判昭 41.7.22 下刑 8 巻 7 号 970 頁，判タ 196 号 187 頁 ･････････････････････････ 182
大阪高判昭 41.11.28 下刑 8 巻 11 号 1418 頁，判タ 204 号 175 頁 ･････････････ 354, 371, 375
高松高判昭 41.12.15 高民 19 巻 6 号 536 頁，判タ 206 号 111 頁 ･･･････････････････････ 138
福岡高決昭 42.3.24 下刑 9 巻 3 号 257 頁，判タ 208 号 158 頁 ･････････････････････････ 169
仙台高判昭 42.5.11 高刑 20 巻 4 号 391 頁 ･･･ 630
大阪高判昭 42.5.29 高刑 20 巻 3 号 330 頁，判タ 215 号 144 頁 ････････････････････････ 165
東京高判昭 42.7.26 高刑 20 巻 4 号 480 頁，判タ 215 号 143 頁 ･････････････････････ 176, 247

681

大阪高判昭 42.8.29 下刑 9 巻 8 号 1056 頁，判タ 215 号 204 頁 ………………………… 195
名古屋高金沢支判昭 42.12.5 下刑 9 巻 12 号 1482 頁 …………………………………… 354
名古屋高判昭 43.1.22 高刑 21 巻 1 号 1 頁，判タ 219 号 148 頁 ……………… 176, 247
仙台高判昭 43.7.18 高刑 21 巻 4 号 281 頁，判タ 230 号 271 頁 ……………………… 187
大阪高判昭 43.7.25 判タ 223 号 123 頁，判時 525 号 3 頁〔吹田事件〕…………… 354
東京高判昭 43.11.22 東高時報 19 巻 11 号 223 頁，判タ 235 号 286 頁 ……… 197, 623
大阪高判昭 44.3.10 刑月 1 巻 3 号 193 頁，判タ 237 号 322 頁 ………………………… 188
東京高判昭 44.8.4 東高時報 20 巻 8 号 145 頁，判タ 242 号 313 頁 ………………… 634
東京高判昭 44.10.22 判時 593 号 103 頁 ……………………………………………… 197
東京高判昭 45.10.12 高刑 23 巻 4 号 737 頁，判タ 259 号 195 頁 …………………… 184
東京高判昭 45.10.21 判タ 259 号 193 頁，判時 620 号 94 頁 ………………………… 142
東京高判昭 46.1.21 判タ 263 号 360 頁 ………………………………………………… 186
東京高判昭 46.3.29 高刑 24 巻 1 号 282 頁，判タ 264 号 345 頁 ……………………… 191
大阪高判昭 46.5.28 高刑 24 巻 2 号 374 頁，判タ 269 号 254 頁 ……………………… 189
東京高判昭 46.8.5 判時 655 号 87 頁 …………………………………………………… 185
東京高判昭 46.10.25 判タ 276 号 371 頁 ……………………………………………… 638
東京高判昭 46.10.28 刑月 3 巻 10 号 1340 頁，判タ 276 号 372 頁 ………………… 190
東京高判昭 47.1.17 判タ 277 号 375 頁 ………………………………………………… 630
仙台高判昭 47.1.25 刑月 4 巻 1 号 14 頁 ……………………………………………… 382
東京高判昭 47.7.25 判タ 288 号 396 頁 ………………………………………………… 631
東京高判昭 47.10.9 東高時報 23 巻 10 号 196 頁 ……………………………………… 193
東京高判昭 47.10.13 刑月 4 巻 10 号 1651 頁，判タ 289 号 391 頁 ………………… 382
東京高判昭 47.12.18 東高時報 23 巻 12 号 236 頁，判タ 298 号 442 頁 …………… 197
東京高判昭 48.2.19 判タ 302 号 316 頁，判時 705 号 119 頁 ………………………… 190
東京高判昭 48.3.26 東高時報 24 巻 3 号 33 頁 ………………………………… 196, 623
東京高判昭 48.5.21 判時 716 号 110 頁 ………………………………………………… 115
広島高岡山支判昭 48.7.31 判時 717 号 101 頁 ………………………………………… 188
東京高判昭 48.12.12 東高時報 24 巻 12 号 176 頁 …………………………………… 196
東京高判昭 49.1.10 判時 738 号 112 頁 ………………………………………… 190, 623
大阪高判昭 49.2.20 判時 745 号 109 頁 ………………………………………………… 181
大阪高判昭 49.3.29 高刑 27 巻 1 号 84 頁，判タ 312 号 289 頁 ……………………… 379
大阪高判昭 49.7.18 判タ 316 号 263 頁，判時 755 号 118 頁 ………………………… 348
大阪高判昭 49.11.5 判タ 329 号 290 頁 ………………………………………………… 382

昭和 50～59 年

大阪高判昭 51.4.27 判タ 340 号 318 頁，判時 823 号 106 頁 ………………………… 386
東京高判昭 51.9.21 東高時報 27 巻 9 号 125 頁 ……………………………… 212, 223, 257
仙台高判昭 52.2.10 判時 846 号 43 頁 ………………………………………………… 241
東京高判昭 52.3.22 判時 850 号 111 頁 ……………………………………… 213, 223, 257
福岡高判昭 52.6.16 判時 866 号 190 頁 ………………………………………………… 433
大阪高判昭 52.6.28 刑月 9 巻 5＝6 号 334 頁，判タ 357 号 337 頁 ………………… 422
大阪高判昭 53.1.24 判時 895 号 122 頁 ………………………………………………… 351

東京高判昭 53.3.29 刑月 10 巻 3 号 233 頁 ･･･ 438
名古屋高判昭 54.2.14 判タ 383 号 156 頁，判時 939 号 128 頁 ･･････････････････････････････ 387
東京高判昭 54.6.27 判時 961 号 133 頁 ･･ 356
東京高判昭 54.11.28 判タ 420 号 125 頁 ･･･ 214, 224, 257
東京高判昭 54.12.26 判タ 420 号 125 頁 ･･･ 215, 224, 257
大阪高判昭 56.1.23 判時 998 号 126 頁 ･･･････････････････････ 387, 390〜393, 396, 398, 401, 402, 404
名古屋高金沢支判昭 56.3.12 判タ 450 号 154 頁，判時 1026 号 140 頁 ･･･････････ 390, 391, 398, 404
東京高判昭 56.4.21 東京高検裁判速報昭和 56 年 2507 号 ･･･････････････････････ 389, 390, 399, 404
広島高岡山支判昭 56.8.7 判タ 454 号 168 頁 ････････････････････････････････････ 388, 389, 397, 403
東京高判昭 56.9.29 判タ 455 号 155 頁 ･･････････････････････････････････ 391, 392, 396〜398, 401, 404
広島高判昭 56.11.26 判タ 468 号 148 頁，判時 1047 号 162 頁 ････････････････････ 388, 389, 393, 398, 403
東京高判昭 57.3.8 判タ 467 号 157 頁，判時 1047 号 157 頁 ･････････････････････････････････ 387
東京高判昭 57.8.9 東高時報 33 巻 7＝8 号 42 頁 ･･････････････････････････････････ 216, 224, 258
札幌高判昭 57.10.28 判時 1079 号 142 頁 ･･･････････････････････････････････････ 390, 391, 396, 397, 405
札幌高判昭 57.12.16 判時 1104 号 152 頁 ･･･････････････････････････ 387, 391, 392, 395, 400〜402, 405
札幌高判昭 58.3.28 判タ 496 号 172 頁 ･･ 430, 444
東京高判昭 58.6.22 判時 1085 号 30 頁 ･･18
東京高判昭 58.9.22 東高時報 34 巻 9＝12 号 61 頁 ･････････････････････････････ 217, 220, 225, 259
札幌高判昭 58.12.26 刑月 15 巻 11＝12 号 1219 頁，判時 1111 号 143 頁 ･･････････ 388, 389, 393, 399, 404
東京高判昭 59.7.18 高刑 37 巻 2 号 360 頁，判タ 533 号 261 頁，判時 1128 号 32 頁 ･････････ 342
大阪高判昭 59.8.1 刑月 16 巻 7＝8 号 515 頁，判タ 541 号 257 頁 ･･･････ 389, 390, 394, 401, 402, 404, 424
東京高判昭 59.11.27 東高時報 35 巻 10＝12 号 94 頁 ････････････････････････････････ 216, 224, 258

昭和 60〜63 年

大阪高判昭 60.2.27 判タ 555 号 339 頁 ･････････････････････････････････････ 387, 391, 392, 395, 405
大阪高判昭 60.3.29 判タ 556 号 204 頁 ･･･ 438
大阪高判昭 60.4.10 高刑 38 巻 1 号 90 頁，判タ 564 号 269 頁 ････････････････････････ 641, 643
東京高判昭 60.4.30 判タ 555 号 330 頁 ･･･ 438
東京高判昭 60.6.26 刑月 17 巻 5＝6 号 539 頁，判タ 564 号 288 頁，判時 1180 号 141 頁 ･････････ 435
大阪高判昭 60.9.24 判タ 589 号 127 頁 ･･18
大阪高判昭 60.10.2 判タ 585 号 81 頁 ･･ 216, 224, 258
東京高判昭 60.12.13 判時 1183 号 3 頁 ･･18
大阪高判昭 61.1.30 判時 1189 号 134 頁 ･･･18
大阪高判昭 61.4.4 判タ 606 号 95 頁 ･･ 435, 449
東京高判昭 62.1.27 判タ 632 号 259 頁 ･･･ 441
東京高判昭 62.2.4 判タ 634 号 250 頁 ･･ 412
名古屋高判昭 62.9.7 判タ 653 号 228 頁 ･･･ 159, 162
札幌高判昭 63.1.21 判タ 672 号 70 頁，判時 1281 号 22 頁 ･･････････････････････････ 441, 448

平成 1〜9 年

大阪高判平 3.2.15 判時 1377 号 138 頁 ･･･ 448, 449
大阪高判平 4.2.28 判タ 829 号 277 頁，判時 1470 号 154 頁 ･････････････････････････････ 448
東京高判平 5.9.13 判時 1496 号 130 頁 ･･ 217, 225, 258

東京高判平 6.2.23 判タ 858 号 294 頁 ·· 219, 220, 226, 259
東京高判平 6.6.6 高刑 47 巻 2 号 252 頁 ··· 241
福岡高判平 6.9.6 判タ 867 号 296 頁 ·································· 217, 225, 228, 259
東京高判平 6.12.2 判タ 865 号 107 頁，判時 1533 号 25 頁〔自民党本部放火事件〕················· 448
名古屋高金沢支判平 7.2.9 判時 1542 号 26 頁〔福井女子中学生殺人事件〕··············· 527
東京高判平 7.3.30 判タ 884 号 264 頁，判時 1535 号 138 頁 ·························· 448, 449
東京高判平 8.1.17 判タ 908 号 264 頁，判時 1558 号 145 頁 ·························· 448, 449
東京高判平 8.5.9 高刑 49 巻 2 号 181 頁，判タ 922 号 296 頁〔足利事件〕········· 494
大阪高判平 8.5.15 判タ 933 号 275 頁 ··· 420
大阪高判平 9.9.17 判時 1628 号 145 頁 ··· 418

平成 10～19 年

仙台高判平 11.3.4 高刑 52 巻 1 号 1 頁 ··· 230
東京高判平 11.8.17 判タ 1051 号 326 頁 ·· 448
名古屋高判平 11.10.6 判タ 1026 号 297 頁 ··· 448
大阪高判平 12.7.21 判時 1734 号 151 頁 ·· 238
東京高判平 12.8.2 判時 1725 号 174 頁 ·· 448
東京高判平 12.12.22 判タ 1050 号 83 頁，判時 1737 号 3 頁〔東電 OL 強盗殺人事件〕 ··········· 494, 527
東京高判平 14.9.4 判時 1808 号 144 頁〔ロザール事件〕·· 361
福岡高判平 17.5.19 判時 1903 号 3 頁 ·· 361
東京高判平 17.12.26 判時 1918 号 122 頁 ··· 162
大阪高決平 18.6.26 判時 1940 号 164 頁 ·· 290, 292, 296
大阪高決平 18.10.6 判時 1945 号 166 頁 ·· 291
東京高決平 18.10.16 判タ 1229 号 204 頁，判時 1945 号 166 頁 ······················ 285, 291
名古屋高決平 18.12.26 判タ 1235 号 94 頁〔名張ぶどう酒事件〕············· 526, 528

平成 20～25 年

東京高決平 20.2.1 東高時報 59 巻 1＝12 号 1 頁 ··································· 293, 295, 296
東京高決平 20.6.18 東高時報 59 巻 1＝12 号 47 頁 ··· 294
東京高決平 20.7.11 東高時報 59 巻 1＝12 号 65 頁 ···································· 290, 295, 296
東京高決平 20.7.14 判タ 1290 号 73 頁〔布川事件〕······································ 525, 526
東京高決平 20.7.28 東高時報 59 巻 1＝12 号 71 頁 ·· 289
東京高判平 20.9.25 東高時報 59 巻 1＝12 号 83 頁 ·· 408
大阪高判平 20.12.3 判タ 1292 号 150 頁 ··· 285
東京高決平 21.1.20 東高時報 60 巻 1＝12 号 1 頁 ·· 298
東京高決平 21.5.28 東高時報 60 巻 1＝12 号 74 頁，判タ 1347 号 253 頁 ············· 288
東京高決平 21.6.23 判タ 1303 号 90 頁，判時 2057 号 168 頁〔足利事件〕············ 525, 527
東京高判平 21.7.1 東高時報 60 巻 1＝12 号 94 頁，判タ 1314 号 302 頁 ············· 408, 412
東京高決平 21.8.19 東高時報 60 巻 1＝12 号 131 頁 ·· 297
東京高決平 21.9.15 東高時報 60 巻 1＝12 号 137 頁 ·· 297
東京高決平 21.10.9 東高時報 60 巻 1＝12 号 147 頁 ·· 294
東京高決平 22.1.5 判タ 1334 号 262 頁 ··· 297
東京高決平 22.3.17 判タ 1336 号 284 頁 ··· 297

東京高判平 22.4.22 高刑 63 巻 1 号 1 頁，判タ 1341 号 37 頁 ················ 46
東京高判平 22.7.14 判タ 1380 号 251 頁 ··· 610
東京高判平 22.9.24 東高時報 61 巻 1 = 12 号 211 頁 ························· 361
東京高判平 22.11.8 高刑 63 巻 3 号 4 頁，判タ 1374 号 248 頁 ············ 408
東京高判平 22.11.16 東高時報 61 巻 1 = 12 号 282 頁 ························ 173
東京高決平 22.12.1 判タ 1370 号 254 頁 ·· 289
東京高判平 22.2.15 東高時報 61 巻 1 = 12 号 31 頁 ···························· 406
福岡高判平 23.4.13 判タ 1382 号 377 頁 ·· 235
東京高決平 23.11.22 判タ 1383 号 382 頁 ··································· 291, 298

地方裁判所

昭和 28 年

鹿児島地判昭 28.10.27 判例体系 36-2 巻 488 の 4 頁 ·························· 140

昭和 30〜39 年

横浜地横須賀支判昭 33.2.28 一審刑集 1 巻 2 号 307 頁 ························ 152
福岡地久留米支判昭 33.4.14 一審刑集 1 巻 4 号 538 頁 ························ 354
神戸地判昭 34.7.3 下刑 1 巻 7 号 1580 頁 ·· 354
東京地判昭 35.9.13 下刑 2 巻 9 = 10 号 1234 頁，判タ 110 号 92 頁 ········ 139
千葉地館山支決昭 36.5.25 下刑 3 巻 5 = 6 号 610 頁 ···························· 120
秋田地判昭 37.4.24 判タ 131 号 166 頁 ·· 636
東京地判昭 38.12.21 下刑 5 巻 11 = 12 号 1184 頁 ························ 152, 156
東京地判昭 39.4.28 判タ 163 号 106 頁，判時 381 号 36 頁 ···················· 132
東京地判昭 39.8.15 判時 383 号 2 頁 ··· 136

昭和 40〜49 年

高知地判昭 40.7.8 判時 428 号 86 頁 ··· 133
神戸地判昭 41.12.21 下刑 8 巻 12 号 1575 頁 ······································ 165
東京地判昭 42.4.12 下刑 9 巻 4 号 410 頁 ··· 359
東京地判昭 42.12.18 判タ 218 号 259 頁 ··· 115
東京地八王子支昭 44.5.9 刑月 1 巻 5 号 595 頁 ·································· 121
大阪地判昭 44.9.9 判タ 242 号 321 頁 ·· 186
横浜地判昭 45.6.22 刑月 2 巻 6 号 685 頁 ··· 382
横浜地判昭 46.4.26 刑月 3 巻 4 号 586 頁 ··· 354
大阪地判昭 46.5.15 判時 3 巻 5 号 661 頁，判タ 269 号 166 頁 ········· 351, 359
東京地判昭 46.7.31 判時 640 号 56 頁 ·· 137, 140
仙台地判昭 46.8.4 判時 653 号 121 頁 ·· 382
大阪地判昭 46.12.4 判タ 277 号 382 頁 ·· 263
大阪地決昭 47.4.27 刑月 4 巻 4 号 916 頁 ··· 382
徳島地判昭 47.6.2 刑月 4 巻 6 号 1113 頁 ···································· 355, 436
福井地決昭 48.7.17 判タ 299 号 419 頁，判時 717 号 113 頁 ··················· 115
秋田地判昭 48.10.5 判タ 307 号 314 頁 ······································ 616, 634

東京地判昭 49.11.20 判時 768 号 122 頁 ··· 437
昭和 50〜59 年
東京地決昭 50.1.29 刑月 7 巻 1 号 63 頁, 判タ 323 号 296 頁 ··················· 348
札幌地判昭 50.2.24 判時 786 号 110 頁 ··· 382
東京地判昭 50.3.7 判タ 321 号 211 頁, 判時 777 号 21 頁 ··························· 437
大阪地判昭 50.6.6 判時 810 号 109 頁 ·· 382, 395
東京地決昭 53.9.21 刑月 10 巻 9 = 10 号 1256 頁 ································· 372, 379
東京地決昭 53.12.20 刑月 10 巻 11 = 12 号 1514 頁 ····························· 372, 379
大阪地判昭 53.12.27 判タ 383 号 164 頁, 判時 942 号 145 頁 ····· 388, 389, 403
大阪地判昭 54.6.4 刑月 11 巻 6 号 539 頁, 判タ 399 号 154 頁 ················· 434
静岡地沼津支決昭 54.7.13 判時 960 号 127 頁 ·· 387
東京地決昭 54.10.30 刑月 11 巻 10 号 1269 頁 ·· 372
東京地決昭 55.3.26 判タ 413 号 79 頁, 判時 968 号 27 頁 ··························· 379
札幌地判昭 58.3.29 判時 1087 号 33 頁 ··· 434
大阪地判昭 58.7.14 判タ 541 号 264 頁 ··· 390
佐賀地判昭 58.12.26 判時 1100 号 20 頁 ·· 19
大阪地決昭 59.3.9 刑月 16 巻 3 = 4 号 344 頁 ··· 18
東京地判昭 59.6.19 判タ 589 号 81 頁 ··· 18
東京地判昭 59.6.29 判時 1122 号 34 頁 ··· 19
旭川地決昭 59.8.27 判時 1171 号 148 頁 ·· 18
函館地決昭 59.9.14 判タ 537 号 259 頁 ··· 394
昭和 60〜63 年
函館地決昭 60.1.22 判タ 550 号 294 頁, 判時 1144 号 157 頁 ····················· 394
静岡地沼津支決昭 61.2.24 刑月 18 巻 1 = 2 号 132 頁, 判時 1184 号 165 頁 ······· 427
東京地判昭 61.8.25 判タ 622 号 243 頁 ··· 420
名古屋地判昭 62.12.18 判時 1262 号 143 頁 ·· 439
大阪地判昭 63.10.25 判時 1304 号 55 頁 ·· 436
平成 1〜9 年
浦和地判平 2.10.12 判タ 743 号 69 頁, 判時 1376 号 24 頁 ························· 448
東京地判平 3.6.27 判タ 763 号 74 頁, 判時 1430 号 3 頁〔自民党本部放火事件〕 ······· 448
東京地判平 4.9.11 判時 1460 号 158 頁 ··· 423
千葉地松戸支判平 5.2.8 判時 1458 号 156 頁 ·· 423
宇都宮地判平 5.7.7 判タ 820 号 177 頁〔足利事件〕 ···································· 494
和歌山地判平 6.3.15 判タ 870 号 286 頁, 判時 1525 号 158 頁 ··················· 362
東京地判平 9.9.25 判タ 984 号 288 頁 ··· 341
平成 10〜19 年
神戸地判平 10.10.13 判時 1664 号 151 頁 ·· 423
東京地八王子支判平 12.4.13 判タ 1053 号 284 頁 ·· 448
東京地判平 12.4.14 判タ 1029 号 120 頁〔東電 OL 強盗殺人事件〕 ········ 494
和歌山地判平 14.12.11 判タ 1122 号 464 頁 ·· 503
大阪地判平 16.4.9 判タ 1153 号 296 頁 ··· 449

686

広島地決平 18.4.26 判時 1940 号 168 頁 ·· 294
大阪地判平 18.9.13 判タ 1250 号 339 頁 ·· 426

平成 20〜24 年
大阪地決平 20.3.26 判タ 1264 号 343 頁 ·· 285
宇都宮地判平 22.3.26 判時 2084 号 157 頁〔足利事件〕······························· 525, 527
東京地判平 22.8.6 判タ 1366 号 248 頁 ··· 406, 407
鹿児島地判平 22.12.20（判例集未登載）·· 524
東京地判平 23.3.30 判タ 1356 号 237 頁，判時 2114 号 131 頁 ···················· 406, 408
東京地判平 23.12.21 判タ 1375 号 252 頁 ··· 406, 408
東京地判平 24.2.27 判タ 1381 号 251 頁 ··· 406, 408

著者紹介

石 井 一 正

昭和12年	神戸市に生まれる
昭和36年	京都大学法学部卒業
同 年	司法修習生
昭和38年	大阪地方裁判所判事補

　書記官研修所教官，神戸地方裁判所判事，大阪地方裁判所判事，大阪高等裁判所判事，札幌家庭・地方裁判所長，京都・大阪家庭裁判所長等を経て，札幌高等裁判所長官

平成14年	定年退官
同 年	関西大学法学部教授
平成16年	関西大学大学院法務研究科教授
平成20年	定年退職
平成21年	関西大学特別顧問教授，現在に至る

〔主著〕
刑事控訴審の理論と実務（平成22年，判例タイムズ社）
刑事事実認定入門（第2版，平成22年，判例タイムズ社）
刑事実務証拠法（第5版，平成23年，判例タイムズ社）

　　　けいじ そしょう しょもんだい
　　　刑事訴訟の諸問題

2014年6月8日　第1版第1刷発行

著　　者　石　井　一　正
発　行　者　浦　野　哲　哉
発　行　所　判例タイムズ社
102-0083　東京都千代田区麹町三丁目2番1号
TEL 03-5210-3040／FAX 03-5210-3141
http://www.hanta.co.jp/

装丁
印刷・製本　株式会社シナノ
© Kazumasa Ishii 2014 Printed in Japan.

定価は外函に表示してあります。
ISBN978-4-89186-193-3